"十三五"国家重点图书出版规划项目

西方古典学研究
编辑委员会

主　编：黄　洋　（复旦大学）
　　　　高峰枫　（北京大学）

编　委：陈　恒　（上海师范大学）
　　　　李　猛　（北京大学）
　　　　刘津瑜　（美国德堡大学）
　　　　刘　玮　（中国人民大学）
　　　　穆启乐　（Fritz-Heiner Mutschler，德国德累斯顿大学）
　　　　彭小瑜　（北京大学）
　　　　吴　飞　（北京大学）
　　　　吴天岳　（北京大学）
　　　　徐向东　（浙江大学）
　　　　薛　军　（北京大学）
　　　　晏绍祥　（首都师范大学）
　　　　岳秀坤　（首都师范大学）
　　　　张　强　（东北师范大学）
　　　　张　巍　（复旦大学）

西方古典学研究

Lineamenti
di Storia
del
Diritto Romano

罗马法史纲
（第二版）·下卷

Mario Talamanca

[意] 马里奥·塔拉曼卡 主编

周杰 译

北京大学出版社
PEKING UNIVERSITY PRESS

著作权合同登记号 图字：01-2016-7499

图书在版编目（CIP）数据

罗马法史纲：第二版. 下卷 /（意）马里奥·塔拉曼卡（Mario Talamanca）主编；周杰译. —北京：北京大学出版社，2019.7
（西方古典学研究）
ISBN 978-7-301-30150-0

Ⅰ.①罗… Ⅱ.①马… ②周… Ⅲ.①罗马法 – 法学史 – 研究 Ⅳ.①D904.1

中国版本图书馆 CIP 数据核字（2018）第 284866 号

LINEAMENTI DI STORIA DEL DIRITTO ROMANO
SECONDA EDIZIONE
© Dott. A. Giuffrè Editore, S.p.A. Milano, 1989

书　　名	罗马法史纲（第二版）·下卷 LUOMAFA SHIGANG（DI-ER BAN）·XIAJUAN
著作责任者	[意] 马里奥·塔拉曼卡（Mario Talamanca）主编　周杰 译
责任编辑	王晨玉
标准书号	ISBN 978-7-301-30150-0
出版发行	北京大学出版社
地　　址	北京市海淀区成府路 205 号　100871
网　　址	http://www.pup.cn　　新浪微博：@北京大学出版社
电子信箱	pkuwsz@126.com
电　　话	邮购部 010-62752015　发行部 010-62750672　编辑部 010-62752025
印 刷 者	北京中科印刷有限公司
经 销 者	新华书店
	730 毫米 × 1020 毫米　16 开　32.5 印张　900 千字 2019 年 7 月第 1 版　2019 年 7 月第 1 次印刷
定　　价	98.00 元（下卷）

未经许可，不得以任何方式复制或抄袭本书之部分或全部内容。
版权所有，侵权必究
举报电话：010-62752024　电子信箱：td@pup.pku.edu.cn
图书如有印装质量问题，请与出版部联系，电话：010-62756370

"西方古典学研究"总序

古典学是西方一门具有悠久传统的学问,初时是以学习和通晓古希腊文和拉丁文为基础,研读和整理古代希腊拉丁文献,阐发其大意。18世纪中后期以来,古典教育成为西方人文教育的核心,古典学逐渐发展成为以多学科的视野和方法全面而深入研究希腊罗马文明的一个现代学科,也是西方知识体系中必不可少的基础人文学科。

在我国,明末即有士人与来华传教士陆续译介希腊拉丁文献,传播西方古典知识。进入20世纪,梁启超、周作人等不遗余力地介绍希腊文明,希冀以希腊之精神改造我们的国民性。鲁迅亦曾撰《斯巴达之魂》,以此呼唤中国的武士精神。20世纪40年代,陈康开创了我国的希腊哲学研究,发出欲使欧美学者不通汉语为憾的豪言壮语。晚年周作人专事希腊文学译介,罗念生一生献身希腊文学翻译。更晚近,张竹明和王焕生亦致力于希腊和拉丁文学译介。就国内学科分化来看,古典知识基本被分割在文学、历史、哲学这些传统学科之中。20世纪80年代初,我国世界古代史学科的开创者日知(林志纯)先生始倡建立古典学学科。时至今日,古典学作为一门学问已渐为学界所识,其在西学和人文研究中的地位日益凸显。在此背景之下,我们编辑出版这套"西方古典学研究"丛书,希冀它成为古典学学习者和研究者的一个知识与精神的园地。"古典学"一词在西文中固无歧义,但在中文中可包含多重意思。丛书取"西方古典学"之名,是为避免中文语境中的歧义。

收入本丛书的著述大体包括以下几类：一是我国学者的研究成果。近年来国内开始出现一批严肃的西方古典学研究者，尤其是立志于从事西方古典学研究的青年学子。他们具有国际学术视野，其研究往往大胆而独具见解，代表了我国西方古典学研究的前沿水平和发展方向。二是国外学者的研究论著。我们选择翻译出版在一些重要领域或是重要问题上反映国外最新研究取向的论著，希望为国内研究者和学习者提供一定的指引。三是西方古典学研习者亟需的书籍，包括一些工具书和部分不常见的英译西方古典文献汇编。对这类书，我们采取影印原著的方式予以出版。四是关系到西方古典学学科基础建设的著述，尤其是西方古典文献的汉文译注。收入这类的著述要求直接从古希腊文和拉丁文原文译出，且译者要有研究基础，在翻译的同时做研究性评注。这是一项长远的事业，非经几代人的努力不能见成效，但又是亟需的学术积累。我们希望能从细小处着手，为这一项事业添砖加瓦。无论哪一类著述，我们在收入时都将以学术品质为要，倡导严谨、踏实、审慎的学风。

我们希望，这套丛书能够引领读者走进古希腊罗马文明的世界，也盼望西方古典学研习者共同关心、浇灌这片精神的园地，使之呈现常绿的景色。

"西方古典学研究"编委会
2013 年 7 月

目 录

下 卷

第三章　元首制时期　439

74. 元首制的新旧前提　440

75. "最高地位的缔造者"：奥古斯都的元首制　442

76. 元首制的宪制形式　447

77. 与元老院的关系　452

78. 元老院的体制安排　458

79. 元首制时代的"元老院决议"　461

80. 继承问题　466

81. 民众大会　471

82. "君主"的规范性活动、"敕告"和"敕训"　477

83. "敕答""敕函""敕裁"　486

84. 元首制规范体系里的君主谕令、"非常法"和"非常审判"　492

85. 君权和法学　506

86. 公元1世纪的法学家和法律学派　512

87. 公元2—3世纪的法学家　517

88.《尤利法》和"普通公共审判"　528

89. 刑事领域的"非常审判"　532

90. 实体法和"非常审判"的诉讼形式　540

91. 帝制的行政管理和共和制的官制	547
92. 皇帝的官僚系统和"君主顾问委员会"	552
93. 中央与"罗马城"的行政管理	554
94. 意大利的行政管理	563
95. 行省的行政管理	564
96. 财政上的行政管理	571
97. 城市自治和地方政府	578
98. 罗马和地方自治之间的关系	585
99. "市民身份"和法律制度	589
100. "安东尼谕令"	600

第四章　君主专制时期 ……611

101. 戴克里先改革	612
102. 君士坦丁革新	620
103. 随后直到公元 476 年的帝国事件	626
104. 西部的蛮族人王国、公元 476 年到优士丁尼时代的东罗马帝国	637
105. 经济和社会环境	641
106. 皇帝	646
107. 中央行政管理机构	649
108. 两京行政管理与边疆行政管理机构	654
109. 地方城市管理机构	658
110. 社会阶级的组织	660
111. 刑事领域帝国立法的趋势	667
112. 刑罚的各种类型	668

113. 各种犯罪类型 669

114. 刑事诉讼程序 680

115. 皇帝的法律 682

116. 习惯和实践 689

117. 法学活动 694

118. 皇帝谕令的汇编、法典 701

119. 被归到某个古典法学家名下的作品 706

120. 重述或者评注古典文本的作品 709

121. 立法题材和法学题材的混合汇编作品 711

122. 蛮族化的罗马法律 714

第五章 优士丁尼和拜占庭时代 719

123. 优士丁尼时代的序言以及方法论的提出 720

124. 登上帝位之前的优士丁尼的生活和职业生涯（482—527年） 721

125. 优士丁尼统治的各个时期（527—565年） 725

126. 第一部《优士丁尼法典》（《新编优士丁尼法典》）（528—529年） 729

127. "法学"汇编作品（《学说汇纂》暨《潘德克顿》）计划及其实施（530—533年） 732

128. 《学说汇纂》的编纂方法和添加的问题 740

129. 优士丁尼所谓的古典主义情结和《学说汇纂》的实际效力 746

130. 优士丁尼的《法学阶梯》或《入门》（即法律研究改革）（533年） 749

131. 第二部《优士丁尼法典》(《重述法典》)(534 年)   756

132. 《优帝新律》(特别涉及 535—542 年)   761

133. 优士丁尼最后的立法(543—565 年)和《新律》的
      私人汇编作品   766

134. 皇帝权力：法律基础和政治意识形态   772

135. 优士丁尼时代的刑法和刑事程序   778

136. 优士丁尼的"辅佐者"：东方大区长官   785

137. "圣殿执法官"   789

138. 文学文献中的优士丁尼时代   793

139. 优士丁尼时代的法学学派   797

140. 伊苏里亚王朝和马其顿王朝时代的法律经验   803

141. 意大利的拜占庭法   809

索 引   811

译后记   931

第三章

元/首/制/时/期

74. 元首制的新旧前提

随着亚克兴海战（前31年9月2日）的结束以及安东尼与克里奥帕特拉的自杀，在历史风潮的长卷中，内战这一幕昏暗的悲剧宣告结束了。意大利各个自治市的寡头们都紧密地围绕在屋大维身边，否决了安东尼的政策前提——把罗马世界的轴心由意大利转向希腊文化影响下的行省——并与东方国家之间竖起屏障，以此来保护罗马人的治权（imperium Romanum）。得到强化的还有，意大利和西部行省力压东方行省而获得的政治、社会和经济上的统治地位。内战的终结实际上根源于这样的前提条件，即与罗马的扩展相伴的社会和政治秩序——所谓罗马式的帝国主义——但是，在所有人看来，好像都是一个人，即尤利乌·恺撒的养子屋大维的政治能力的成果。他从权力之争中脱颖而出，成为胜利者和这个国家唯一的僭主。他面对的问题是需要创造出新的体制，在界定此前数十年流血事件的意义的同时，以法律和宪政形式把现实状况制度化。

把屋大维界定为一个政治天才并不夸张。正如在内战中做出那些睿智的行动一样，在创建新体制的过程中，他懂得如何把在罗马人民的各个阶层中最普遍而广泛传播的希望转变成完美的政策。从这个意义上讲，英国历史学家罗纳德·斯密（Ronald Syme）在一部基础性的历史学著作里提出来的"一个搞宣传的部门""一个公共意见的组织"的观点就要加以重新审视了。诚然，奥古斯都和梅塞纳特（Mecenate）①懂得把那个年代文化上的重要人物和代表性人物吸引到自己周围来，其中首屈一指的就是最为伟大的诗人维吉尔（Virgilio），但是没有必要把这看成是兴趣的推动，或者是想让文化依附于政治。实际上，这是新阶层（novus ordo）的需求得到了深刻的理解；宪制上制度化的必要性与各种含混的对社会变革的期待都合并在一起了。"奥古斯都时代"（saeculum Augustum）（斯维托

---

① 梅塞纳斯是奥古斯都的谋臣，著名外交家，也是诗人、艺术家的保护人。诗人维吉尔和奥拉兹（Orazio）都曾蒙他提携。他的名字在西方被认为是文学、艺术赞助者的代名词，英语和意大利语中"艺术赞助人"（maecenas，mecenatismo）一词即来源于他的名字。

尼奥语）是大量这种需求的综合体。之所以奥古斯都获得如此巨大威望，是因为他具有对新体制建立的准可权（auctoritas）。基于纯粹依靠政治和军事命令的事实，准可权建立在实力关系的基础上。在帝国的东部行省，罗马的帝国主义政策已经表现出贪得无厌；因此，这就会滋生出芥蒂抵牾，成为征服者所实施的经济社会政策的后果，造成社会上的紧张关系日益严重。在这些行省中，奥古斯都·屋大维的形象具有一种宗教意味，比在意大利或者西部行省具有更复杂一点的权力神授的意义。从这一点上讲，根据一些"奥古斯都"诗人们提供的书面材料所蕴含的内容，同时代的人对奥古斯都·屋大维这一称号的反应要比一般认为的更为复杂。在 Sveta. Aug. 28. 2 所引用的一份告示中，奥古斯都·屋大维还想自命为"最高地位的缔造者"（optimi status auctor）。同时代的人——除了很少一些人以外——都是从制度的破旧与立新的意义上对此进行评价的。这种破旧立新的意识要远甚于在经济和社会结构的变动中保持某种延续性的观点，在好些情况下，这种所谓的延续性都要追溯到同盟者战争，甚至有时候要到格拉古时代去了。

实际上，当代的历史学家们比古典时代的那些先辈们更加关注延续性的问题，用布罗代尔（Braudel）的话来说，就是关注"长期存续"（longue durée）的问题。罗纳德·斯密在一本非常重要且畅销的著作中谈论过"罗马的革命"，然而却使用了带有贬义的词汇，利用的是"革命"一词的经典含义，即政治动乱和统治阶级的更替。而马克思主义出身的学者，比如乌特琴科（S. I. Utchenko）或者马斯克金（N. A. Maschekin）则反对这一概念在共和国晚期的那些事件上具有适用性。他们观察到从实质上看，只有意识形态这一上层建筑和制度形式的转变，而社会经济基础结构、现实的生产关系并没有相应的变动。

这类争论走向了一种风险，因没有对现实情况做出恰当判断而转变成纯粹的唯名论。但有一个事实仍然是不容置疑的，即在从共和国向元首制的过渡过程中，罗马社会并没有经历实质变动。之所以没有创造出什么新的社会关系引发根本性的转变，是因为经济结构在基本面上保持不变。从这个视角来看，只有两个新的要素可以被考虑进来，用来对帝制初期罗马的社会发展加以评判。另外，这两个要素并不是在奥古斯都时代第一次出现的，它们中有一部分已经"蓄势待发",有一部分则是由共和国晚期的事件所引发的。

第一个因素是帝国君主制的建立。如果说在制度层面上这是一种区别因素的话,那它在社会层面上具有的后果也同样重要。它不仅导致部分地重新界定了各个社会阶层的地位和功能,还通过帝王家族的出现建立起社会这座金字塔的最顶层。另一个要素是行省和行省民众在罗马国家和社会制度范围内的一体化。除了在经济层面上带来一系列的后果以外,在社会层面上,这主要意味着可以被界定为"罗马式"的社会形态实际上扩展到了整个帝国,并且被强加给了行省的民众。

因此可以认为,帝制最初的年代就是罗马社会发展的顶峰。从奥古斯都统治到公元2世纪中叶,从第二次布匿战争到共和国晚期创建起的社会制度达到了完全的成熟,实现"经典"模式。一方面,通过在元首制的政治范围内的纵向变动,即通过帝国内部的等级制度使其变得完全公开可见;另一方面,通过罗马化进程中横向的扩张,将其扩展到帝国全境。当然,这不意味着从奥古斯都到安东尼·皮奥(Antonino Pio)皇帝期间,这种社会制度完全处于静态,而是意味着它处在一种非常缓慢的变动之中,尽管这种变动是持续的。个别社会阶层的状况,比如说,元老院贵族和农村土地上的奴隶们就并不是完全不变的。通过授予市民权来进行的行省居民的一体化进程也是逐步推进的,只是在一些特殊时刻和特殊情况下才发生过重大的动摇。不过,社会制度与其普遍结构是一体的。危机发生在公元2世纪中叶,当时罗马社会开始有了结构上的改变,这种改变到出现在公元3世纪的被称之为"普遍危机"的时代就非常明确了。但是,这是一个相当缓慢的过程,其间暴露出形成于共和国初期而一直未得到解决的经济社会制度上的矛盾,这些矛盾源于元首制的建立所导致的困境。

75. "最高地位的缔造者":奥古斯都的元首制

从亚克兴大战当中走出来的屋大维当然拥有了巨大的权力,不过,也有很多严重的问题。他身处五十个军团首领的地位,享有不寻常的权力和声望,实际上成了罗马国家的僭主;但是,他必须给自己的个人权力披上一件合法的外衣，必须为行使这种事实上的君主权力创造出宪制上的必要前提，同时还要保持他曾经为之战斗的共和国的制度面貌。换言之，这涉及一种政治体制的创建。自公元前31—前27年，奥古斯都执行的极具特色的政策就具有一种独特的"相互妥协"的倾向，即这种政策建立在对当时的现状极富伸缩性的囊括的基础上，小心谨慎地调和相互对立的阶级利益，以有利于新的社会平衡态势的创建，意在使胜利的阶级之需求同那些在内战中失败出局了的阶层（ordo）之需求相互协调。他还成功地实现了这一点：骑士阶层和无产阶级的需求是一方，元老院阶层则是另一方。这种妥协精神、这种在不同的需求和倾向之间进行调和的能力，在某种程度上构成了一种关键要点，可以用来对那些制度问题的特定解决之道加以解读，而恰恰就是通过这些解决之道，奥古斯都创建了元首制。

因此，无论是在社会生活里还是在政治生活里，都有各种方法和形式的"正常化"过程。如果说其中一些能够满足新的需求的话，那么其他大多数的"正常化"就能够表现为是对共和国盛世的形式和规则的重建。随着和平的建立，"大恐惧时代"结束了，重建社会和政治生活各个领域里的"规范性"的使命就落在了屋大维这个取得了极大的"社会同意"的强人身上。虽没有必要把这种"正常化"过程说成是屋大维以完全独特的方式引导出来的，不过，其结果的确是奥古斯都式的体制。

正如我们已经说过的，奥古斯都的政治行动是极其谨慎的，却极为有效。他和他的团队在应对宪制问题的时候，考虑到了既有观念和文化上的期许，也有具体实践中的状况。甚至有些人想到在奥古斯都的行为里面有某种"试错过程"（tâtonnement）。实际上，在灵活性和实用性方面，很明显地出现了一种总体性构想：根据理想的共和国模式（或者至少是借助共和国的文化传统），减少绝对的个人权力的存在。即使对于像奥古斯都这样一个掌握了巨大实权的人来说，这个问题也不那么简单，这从该问题是通过渐进的方式来解决就可以看出来。而且，奥古斯都在没有准备好一种可以有效操作的替代性解决方案之前，也是极不情愿放弃国王式的权力地位的。因此，在公元前27年之前，他毫不犹豫地维持了一种在共和国制度背景下非常独特的，而且从严格的宪制层面上讲很难得到支撑的地位，他对其加以正当化的基础恰恰就在于一种并非起源于法律，但具有卓著的政治和意识形态特点的概念：（普遍）同意（consensus [universorum]）。《蒂齐法》于公元前43年授予三头执政同盟，并在公元前38—前33年续期五年的非常权力于前32年到期，奥古斯都为了将其地位正当化，可以依赖的是意大利和西部行省的宣誓、属于平民保民官的神圣不可侵犯性和平民护佑权（ius auxilii），这是公元前36年劳洛克（Nauloco）海战① 后授予他的。而且，他从公元前31年以后每年都毫不犹豫地担任执政官，但这有明显的违宪性；公元前30年安东尼死后，在接下来的三份元老院决议里，还授予奥古斯都另外一些保民官的权力，同意并确认他在这位对手死后作为无限权力的掌握者。

把埃及纳入体制是这种策略的一个具有非常重要意义的例证，缓慢而曲折，但通常很有效，屋大维借此行动逐渐建立起新的制度。在这种制度化手段中，展现出在罗马政治的"新进程"里的一些基本方针运作的有效性。毫无疑问，在逐渐被罗马征服占领的那些希腊化国家的体制内部，埃及代表着一种具有相当独特的社会和文化特征的实体；这就要求这位罗马国家的新僭主给予特别的关注，埃及"在世界历史上有最为首要的重要性"（马扎里诺[S. Mazzarino]语），其中有两种文明——希腊文明和埃及文明，它们有时候被混为一谈，但更多的时候则是并存，如今有第三种文明加入。屋大维成功地想出一种行省体制，其中考虑到了这种状况和条件，并符合罗马征服行动的稳固性要求。他"把埃及纳入这个罗马人民的帝国里"（Aegyptum imperio populi Romano adieci：Res Gestae, 27.1）；按照这种方式，埃及"受到直接听命于这位将其纳入帝国版图的皇帝的管理"（马扎里诺语），通过一部官定法律，这位皇帝的统治权被托付给一个骑士阶层的官吏（funzionario）：亚历山大与埃及行政长官（praefectus Alexandreae et Aegpti），也就是托付给已经准备成为统治工具的这个阶层的代表人物，正如所直观感受到的那样，奥古斯都要使这些官吏成为新的行政管理组织及国家的核心成员。而元老院议员却甚至被禁止进入埃及。

---

① 这场海战是在老庞培之子塞斯特·庞培和奥古斯都的部将阿格里帕之间进行的，战斗地点在西西里海域。结果小庞培战败，并丧失了与后三头对抗的实力。

依此方法，适应性和安全性的基本需求都得到了满足。一方面，与罗马皇帝的这位直接代表相伴，赐予埃及人的是"已知世界"（oikouméne）的一个新主人，用以弥补他们失去了自己的神一样的国王，这就为属于帝国不同部分的臣民之间的难度颇大的融合，以及在唯一"统治者"，即所有人的神圣家父统治下的平等性提供了必要条件；另一方面，在完成征服之际，为了和平与避免危险的野心，将元老院议员阶层的民选执法官（magistrato）排除在外，一个大家族的或者有雄心壮志的元老院议员总是代表一种持续的内战危险。从这个意义上讲，第一位埃及行政长官科尔内利·高卢（Cornelio Gallo）闪电般地上台又迅速地走向终点，就显得很有教育意义。奥古斯都在行省的社会和经济布局中果断且深入地采取行动，这是富有特色的。神职人员阶层的权威受到强烈的打压，财政制度以维持罗马平民的生计为导向而被重新组织。埃及辅币的流通决定了整个国家的经济生命，直到戴克里先（Diocleziano）时代都还拥有特别的活力。税务制度和行政管理结构也有其独特的特点。从新政策的角度来看，所有这一切都是必需的。然而，不可否认的是埃及行政长官的设置构成了共和国制度中最早的裂口，却也构成了建立其新地位（novus status）的第一块基石。（关于这一点，参见第99节。）

与元老院的关系也是屋大维政策的决定性要点之一，尤其是在元首制的初期阶段。剥夺元老院议员（以及"地位显赫的骑士"）进入埃及领土的权利，这反映出屋大维对这些人的不信任和怀疑，导致屋大维跟元老院之间关系的紧张，体现了他们之间复杂的关系，也反映出国家最高机构对这位新僭主的温驯和谄媚。安东尼死后不久，元老院颁布了三份元老院决议，后经平民会决议批准，授予屋大维保护平民权，其保护的地域范围延伸到城墙以外直至第一个界碑；授予他对针对执法官行为提起的上诉案件的审判权——其范围尚有争议；授予他所谓"最终决定权"（calculus Minervae），即在一个恰恰仅需一票就能将罪犯开释的案件里，用他的施恩行为来对尚缺一票的表决加以补充的权力（参见第89节，关于上诉案件审理权，有部分不同观点）。这些明显带有技术性的措施使得现实权力有了某种巨大的转变，伟大的知名学者安东·冯·普勒梅尔施泰因（Anton von Premerstein）认为，这些举措构建起了元首制的"社会学基础"。

这个缺口变成了一道深深的裂痕，由此共和国制度开始解体。元老院颜面丧尽，对其最根本特权的放弃也未能博得这位多疑的胜利者的欢心。屋大维仍然害怕的是，在这个对他来说犹如同安东尼战斗时一样的决定性时刻，元老院大会会毫不犹豫地带着全部七百名成员转身投向他致命的敌手。在大会里占据席位的有他的门客和敌人，也有共和国贵族阶层的显赫代表，不过，同样存在内战中的投机分子、士兵、百人团长、书记员、解放自由人和行省民众的子弟。用斯维托尼奥的话来说，对这群乌合之众（deformis et incondita）加以"清理"，对于屋大维来说是必要且有益的。因此，在埃及被纳入体制之后，公元前29年，他进行了第一次元老院议员选拔（lectio senatus）。当然，这并不像以阿格里帕和梅塞纳特为首的在宣传活动中所传播的那样，是一个伟大的、提高其德性的工程：在当时由超过一千人组成的元老院中有不到一百九十人辞职或者被驱逐（见第78节）。不过，屋大维还是实现了他预定的目标，即拥有一个更加同质化的实体，尤其是对其政策的进一步发展更有可塑性和可支配性的实体。他被这样一个机构宣布为"元首"（princeps）①，这诉诸的是一种因共和国的传统而闻名于世的称号，而且西塞罗也曾援用过该称号，但对于奥古斯都来说，这一尊号载有更为浓重而权威的政治意义。根据同样的精神，他还确定地获得了"统帅"（Imperator）②的尊号（praenomen），把这一尊号转化为他头衔中一个组成部分，并且"把胜利者的尊荣和领袖的威望跟他的人身不可分割地联系在一起"。

这个头衔的意义不能低估。屋大维确定采用"Imperator"为尊号以后，在对旧体制的拆解过程中，完成了关键一步。对于他来说，罗马人民（cives Romani）被同化为士兵，因此城内治权和军事治权之间的根本区分消失了，尤其是随着这一尊号传给长子，也就为在制度形态上的一种转变创造出决定性的必要条件，非

---

① Princeps 这一称号的最初含义是"首席元老"（部分中文史学著作也将其译为"第一公民"），后被引申为"君主"之意。

② Imperator 这一尊号，最初是士兵在军营里对统帅进行欢呼时所用的，因此在早期语境下，也有人将其译为"大元帅""大将军"。后引申为"皇帝"之意。

常有用地引入了君主制概念的某种基本原则，即有了世袭的希望（见第 80 节）。

76. 元首制的宪制形式

正如我们已经说过的，奥古斯都的根本性问题是把他的非凡权力转化为"合宪的"形式。在公元前 28—前 27 年这两年里，他就致力于这个目标。就这个话题，应该观察到的是，绝对不应该低估前 28 年在推行奥古斯都元首制这一进程中的重要性，除非像很多人有时候会无意识地做的那样，想要坚持认为元首制的"创建"具有"天赐神授"和不系统的成分。如果照我们看来，把元首制的形成看作一个持续性过程，那么公元前 28 年就具有一种不一样的意义。一位法国学者格雷纳德（P. Grenade）已经把这一年看作元首制的起始年份。从整体上看，这一理论似乎有些牵强，因此不能接受，不过，《编年史》（*Annali*）一书第三卷极为简明地提到了一点，塔西陀（Tacito）的确把公元前 28 年（正好是第六次任执政官 [*sexto demum consulatu*]）看作屋大维政策的一个转折点，当时他已有一种毫无忌惮的权力（*potentiae securus*）了。

毫无疑问，公元前 28—前 27 年是宪政制度棘手工程的一个极其重要的转折年代。就像任何真正的政治天才一样，屋大维在传统和创新之间行动，懂得在表面平静但内部极为紧张的年月里如何实现这一工程，并且在前 23 年发生过一场艰难的危机之后，他从这一制度的现实基础当中明确界定了这一工程，并剥离掉任何多余的因素。在《本人所立功业之目录》（*Index rerum a se gestarum*，即《功业录》）里面回忆这一事件时，屋大维还坚持认为这几年的"划时代"意义，这并不是偶然的。尽管塔西陀借用历史学家那种露骨的坦率笔调，在大约一个世纪之后认为"那是更令人难以忍受的枷锁"（*acriora ex eo vincta*），但屋大维当时非常清楚，当共和国的形式和帝制的实质达成妥协，而他的新地位（*novus status*）存于其间的时候，他的这种宪制上的解决之道就会开始发挥作用。因此，很有可能在前 28 年，就已经开始了"正常化"进程：屋大维与另一位同僚共享了执政官的束棒，把亚洲行省交还给元老院管理，以一个单独的行为（可能是在八月份）废除了后三头执政联盟的例外规范，恢复了正常立法，提出与财政管理、司法和禁止异族崇拜有关的规定。借助聪明才智和小心谨慎，他来到公元前 27 年 1 月 13 日和 16 日那场关键的元老院大会上，这次会上正式通过了新的宪政体制。

383 　　在 13 日的会上，屋大维在人们的惊惧中向元老院宣布，他愿意"交还公共事务（res publica）"，大家害怕内战的苦难重新出现，显然这些担心是没有必要的。尽管屋大维的这种姿态已是炉火纯青而且是自发的，但没有留下任何动乱的机会。他这个"导演"已是相当精明，而且起着完美的作用。一些或多或少出于自发以及并无偏见的意见说服了屋大维——略有不情愿——导致他撤回了"决定"。他保留了执政官一职，并获得对尚未实现和平（pacatae）的行省的特殊治权（"namenloses Imperium"）（根据德国学者的界定，即"非典型治权"），而行省总督则跟他一样对其他行省进行统治，并直接对元老院负责。于是，人民、元老院、各种民选执法官职重新开始依法行使他们各自的职责。1 月 16 日，元老院再次集会，感谢屋大维的姿态并授予他相应的荣誉，向他颁发了桂冠，并于元老院为他树立一块金盾，上面书写他的美德：宽厚、仁慈、公正和英勇（clementia, virtus, iustitia, pietas）。根据执政官穆纳齐奥·普朗克（Munazio Planco）的提议，"用一个不仅新颖而且更加尊崇的名号"（non tantum novo sed ediam ampliore cognomina: Svet. Aug. 7），授予他"奥古斯都"（Augustus）的称号，即"至尊之神的祝福"（augustum augurium）的意思，根据这一名号才建立了罗马城，这几乎就是在宣示他做罗马新缔造者的野心——就像他想自称是新的罗慕洛（Romolo）一样——并承认了他在新的宪政体制背景下所享有的特殊地位。准可（auctoritas）的制度安排就这样形成了。

　　就像不需要对公元前 27 年的宪制新秩序有所高估一样，也不应该太低估它。当然，从实际的角度来看，这没有什么太大的影响，正如斯密所说，这无非可以被看作"对专制权力的合法化，因此是对它的巩固"。实际上，奥古斯都获得的东西并没有超过他实际能够利用的——执政官职位和一些驻扎有军队的行省，其他的东西都只是观念形态上的。准可权构成了一个轴心，据此可以支撑起奥古斯都的君主权力与形式上的共和国宪制之间的某种稳固的平衡。在《功业录》的一个极为著名的段落里面就有这样的记载："从此以后，我因为有准可权而处于比所有人更高的地位，但是，我并不拥有比其他也是我同僚的那些民选执法官更大的权力"（c. 34: *post id tempus auctoritate omnibus praestiti, potestatis autem nihilo amplius habui quam ceteri, qui mihi quoque in magistrate conlegae fuerunt*）。以准可权为基础，就可以支撑起与元老院议员和骑士这一旧的统治阶层达成的妥协，由于这种妥协，奥古斯都实际有效的君主权力就可以和共和国的制度形式共存，同时权力的有效性在这些形式中甚至还不会被减损。

　　准可（*auctoritas*）是一个古老的法律和神学概念，被屋大维至高的政治宣传能力重新复活并发挥作用。一方面，它极有助于表达出这位新君主在罗马国家里的特殊地位，另一方面，它也使屋大维能够开辟出新的空间来干预政治和文化生活。公元前 27 年之后的几年里，奥古斯都正是在这个方向上以极端的谨慎行为和策略来采取行动的。恰恰就是基于这种在准可权之中暗示出来的意识形态和宗教上的前提条件，建立起了对一种旧工具的利用，即解答行为（*respondere*），奥古斯都会以新的形式对其加以利用——公共解答权（*ius publice respondendi*）（也参见第 85 节）。不能低估的是这一创举的政治意义：通过这一权力，奥古斯都把一种极为重要的罗马政治文化环境同元首制的命运联系在一起了，这就是罗马法学，其声望尽管在动乱时期有所折损，但仍然保持着很高地位。在这个背景下，奥古斯都"创造了一种有区别的政治和权力要素，把这个狭小的圈子里的人纳入体制，由于他们的知识和道德上的能力，而不是他们的谄媚而使他们获得了奥古斯都的友谊、支持和恩惠。因为，人们一致认为，（有公共解答权的）法学家就是也仍然是……私人市民，但是他们是根据君主的准可（*ex auctoritate principis*）在思考、行为和发表意见的……"奥古斯都明确地引入了一种新的法律—政治干预工具，同时成为该工具的保证人，通过加强法学家的准可权，来促成并赋予那些依据他的准可（*ex auctoritate sua*）而出现的解答意见以约束力。同样，根据准可的法律和宗教基础，"（罗马人民之）尊严"（*maiestas* [*populi Romani*]）的概念也与准可联系起来了。根据公元前 8 年的一部《尤利法》，针对叛逆罪（*crimen maiestatis*）有关的保障手段也扩展到了君主身上。恰恰就是这种犯罪的复杂表现证实了，在那些年里，国家这一概念是如何实体化为君主的人身的——奥古斯都这位君主个人的"九五之尊"（最高尊严 [*chárisma*]）

转化为制度上的"九五之尊"(最高尊严 [chárisma])。

并不存在什么"得天命的人",存在的都是伟大的政治家。自然,奥古斯都就是这样一个政治天才。借助极端的灵活性和延展性,他懂得使自己的战略层面、自己的根本意图适应于现实状况。他懂得在创新和传统之间行动,尤其是在这样一些时候,元老院的反对派尽管毫无组织并且已被打败,但尚未完全驯服。就像这个国家所有伟大的人物一样,他当然也有能力做出一些不会对他的根本规划造成影响的让步。在任何情况下,他都有能力,并且采用他总能找到的多种计策来约束并制服每一个反对派。实际上,在没有最低限度地恢复表面的共和制形式的情况下,就谈论共和国的重建是不可能的。因此,奥古斯都采取措施恢复了民众大会并选举执法官员(第81节)。当然,所有这一切都是"民主的"和"合宪的",但是并非因此就重建了共和国。推荐(commendatio)、支持(suffragatio)和指定(nominatio)这类实践(君主用来直接干预民众大会的技术性手段:见第81节)确保了对民选官员选举的控制,而且,在任何一种情况下,都掏空了这些选举的实际意义。奥古斯都很懂得如何去应对新的需求,同时还使那些传统的阶层感到满意,但实际上是对他们加以压制。在公元前26年设置城市行政长官(praefectura urbis)一职就是这样进行的。现实状况当然会要求创新,并且这些创新也符合在新的元首制中规定的各项行政合理化进程。但是,奥古斯都很了解元老院阶层的需要,他在设置的这一职位上任命的不是骑士阶层的成员,而是一名元老院议员,就是考虑到了元老院议员阶层对声望的需求,他们既是一种精神层面的阶层也是一种社会层面上的阶层。在对瓦勒里·梅萨拉·科尔维诺(Valerio Messalla Corvino)迅速辞职这一事件所做的解读中(充满自信的首任城市行政长官在上任六天后就弃职而去,这证明了权力使用不当 [primus praefectus urbi fretus sexto die magistratu se abdicavit, incivilem potestatem esse contestans]),可以毫无争议地承认,奥古斯都确实未曾选出一个最温驯听话以及最适合掌管这一新职务的人(也参见第93节)。

政治斗争主要就是对局势的控制。如果说奥古斯都同意各种大会以及宪制实践中规定的那些民选执法官们正常地发挥作用的话,当然就不会意味着对这些大会内在动力里的政治首创性的抛弃。即使奥古斯都还没有停止向元老院这个最高机构赐予一些形式上的小恩小惠，但实际上，他在最大程度地削减其有效权力，贵族元老们都已被控制起来。公元前27年，他创建了君主顾问委员会（*concilium principis*），这是一个用来对构成民众大会工作对象的事务进行审查和讨论的委员会，以此方式，民众大会就能够招之即来，仅仅是为了批准通过这个与君主一条心的最狭小的会议所做出的决议。常常需要考虑到的是新贵们的焦虑不安和反对意见。在公元前25—前24年之间这些艰难的年月里，在很多晦暗的历史片段里都表现出了这种焦虑和反对，比如行省总督普里莫（M. Primo），或者法尼·切皮奥（Fannio Cepione）与瓦罗·穆雷纳（Varro Murena）的那场"阴谋"，这里面还间接地牵扯到梅塞纳特的权势下的一个人物。在西班牙进行艰苦战争的那些年里也是这样——直到公元前10年靠阿格里帕的功劳才告结束——那时候，经过多年的紧张斗争，奥古斯都的身体已经每况愈下，最终他病入膏肓。

奥古斯都很快就控制了局势。他懂得很好地抓住标志性的政治机遇。公元前23年的这种新的宪制安排可以被认为是元首制真正的起始年代。它的粉墨登场并没有太多的舆论宣传上的反响，但是却构成了宪制上一处关键的转折点，这是新体制的真正起点。从政治的视角来看，奥古斯都是以示范性的方式在行事，他清除了多余的部分，保留并加强了实质部分。因此，他辞去了执政官一职，从公元前32年开始，他就不间断地担任这一职务，获得了整个帝国范围内的"行省总督治权"（*imperium proconsulare*）。没有理由怀疑这种治权就像文献中（卡西·迪奥[Cassio Dione]）所表现出来的那样，是更大的（*maius*）和不受限制的（*infinitum*），即高于其他行省总督的治权并且不受空间范围的限制。换言之，其他所有的行省总督都在事实上而非名义上被降低为奥古斯都特使一样的职位。公元前23年7月1日，他获得了保民官权力（*tribunicia potestas*），这是一种终生的资格且具有完整的扩展范围，他还把这一名称添加到了他的尊号里来。不能低估这样一种举措的重要意义，这在明确的君主制意义上承认了他在公元前27年的时候树立起来的那种新地位。实际上，从公元前36年开始，奥古斯都就享有保民官的神圣不可侵犯性了；到公元前30年他又获得一些立法权力，不过，他似乎从来没有运用过。如今，奥古斯都想要行使保民官权力，"作为他放弃执政官的部分补偿,并且,在没有执政官名分的情况下而能够拥有某种非常设性官职的权力"(斯密语)。这就涉及了一种并不显眼,但却无比巨大的权力,他并非保民官,却拥有保民官的所有权力,不过,这是一种跟正常的保民官权力相当不同的权力。作为真正的保民官,他能够发起表决一项具有法律效力的平民会决议,也能够召集元老院、使用否决权;更进一步,他还拥有准可权,能够给单个官职的个别权力赋予一种全新的且更加明确的实在性。

塔西陀把"保民官权力"界定为"最高位阶的用语"(*summi fastigi vocabulum*),他坚信,公元前23年这个宪制上的转折点有"君主制"的外观。如果说以最纯粹的奥古斯都"风格",在这次宪制重构中剔除授予奥古斯都权力中的多余成分的话,更加强调了其中最根本的成分,为他的权力提供了更加坚实的基础。行省总督治权和保民官权力成了元首制不可动摇的两大支柱,正像斯密所写的那样,它们代表了"革命的两大要素:军队和人民",在此基础上建立了君主的真正权力;作为从"战争僭主们"的斗争中脱颖而出的军事化民众领袖,奥古斯都并不需要其他的权力了:他常常拒绝独裁官职位,并仅在例外的情况下才担任执政官一职,只是到了公元前2年,犹豫再三之后他才接受了"祖国之父"(*pater patriae*)的称号。如果说"更高且不受限制的行省总督治权"(*imperium proconsulare maius et imfinitum*)构成了他在行省权力的军事基础的话,那么保民官权力就代表其权力的政制基础,这种基础之上"共和国的形式被保留下来了,而君主制基础也获得了保证"(马扎里诺语)。单个皇帝的统治年份要以保民官权力为基础来计算,尽管这有不同的起始日。随着公元前23年奥古斯都的政治工程最终高潮的到来,可以说元首制真正建立起来了;毫无疑问,奥古斯都被他同时代的人彻底地理解为是对于这一年的宪政制度安排至关重要的人物。

77. 与元老院的关系

从宪制角度来看,元首制的一个基本事实就是,一种压倒性权力叠加在了共和制国家的人民和元老院的传统权力之上。"元老院做决议,人民来批准"(*senatus censuit popolusque iussit*):这个传统公式简明扼要地代表了在罗马人的国家观念里集中了两种权力的模式。如果说奥古斯都作为皇帝，已经具备了直接代表人民的资格的话，那就必须尝试着明确他同元老院的关系。这个任务并不那么简单，而元老院本身的属性又导致这一问题更复杂。元老院是一个特征并不太确定的机构，因此很难加以限定，而在当时，它成了一群心怀嫉妒的新贵阶层的意识形态的堡垒。他们有自己的特权并且同旧制度有联系，既是因为具有意识形态特点的原因，也是出于在现实秩序上的一些更加可靠而有效的理由（其成员所享有的经济和社会上的特权）。奥古斯都成功完成了这一任务，因为他知道去考虑这方面的需求，懂得向这个被内战的悲剧耗尽了的组织队伍里面输入新鲜血液，使元老院复活，最后也是因为他就像所有伟大的政治家一样，并不拥有足以大获全胜的实力——他为元老院保留了一些职能和特权，而不对他的实际权力造成侵蚀，并让这个阶层及其内部活力的存在具有正当性。

常常是由元老院议员阶层的成员撰写的古代史籍里的明确倾向，奥古斯都在《功业录》里的明确表述，以及尤其是西奥多·蒙森（Theodor Mommsen）在罗马政制史领域里拥有的最高权威，都使得"双头政治"这个观点被很容易地接受了，即在奥古斯都创建的新体制内，在元老院和皇帝之间，对权力进行一种现实而平等的划分。这种体制就是蒙森所提倡的自由主义思想想要实现的，带有对权力平衡的根本期待，而且这也是希望奥古斯都在建立新秩序过程中对元老院增进信任的体制。"根据元老院准可"（ex senatus auctoritate）、"元老院和罗马人民的同意"（senatu populoque Romano）等都是《功业录》里面的表述，指出奥古斯都想要以这样的视野来观察元老院和君主之间在政制上的关系——它们构成了一种法治氛围的组成部分，这是奥古斯都从元首制建立之初就想实现的一种氛围，与之相伴的就是一个如同是宪制权力保管人一样的元老院——与人民同在，并且受人尊重。不过，说到对权力的平等划分就远不是那么回事儿了。实际上，权力的划分是不均等的。比如，我们在后面会谈到的对行省的划分（第95节）。元老院同时保留的是那种最危险的且只存在理论意义的授职权力，从原则上讲，就是任命君主的权力，但实际上只是在法律上对这种选任加以批准。即使是在元首制时期，元老院直接干预对君主的选择的情况也是极其少见的。而且，实际上，不能把涅尔瓦（Nerva）皇帝在他自己同意的前提下由元老院大会选任出来说成是这方面的例证。从原则上讲，这种授职权力就是将权力，即治权和保民官权力加以转交，不过，元老院把这种权力交到他们需要的人选或者需要他们的人选手上才会感到满意。但是，这种职权具有的更多的是一种形式上的意义：对于维斯帕西安（Vespasiano）皇帝，他统治的正式起始日（获得治权日 [dies imperii]）是他受到军队欢呼拥戴的当天；而从戴克里先（Diocleziano）皇帝开始，就已经不再需要这种授职了。

毫无疑问，在元首制的政治和社会背景下，作为一个机构的元老院的角色已经无关紧要了。原则上，君主对元老院表示尊重还要归结于他是这个国家的最高大会：从大体上来看，元老院与皇帝在国家日常事务的管理中进行合作，必须得到国家事务方面的知会，从形式上对君主的行动加以批准，并接见外国大使。事实上，很多方面都取决于君主的好意，他实际上决定了元老院的参与程度。一如往常一样，在我们看来，对这个大会和君主之间的关系问题应该具有一种"动态"的观点，无论好坏，这个大会在共和国时期也构成了一种最高权力。无须考虑的是，对于君主而言，问题不在于从绝对意义上减少元老院的权力，而在于为了他自己的政治目的来掌控和扭转元老院的权力；作为政治工具，一个完全怯懦无能的元老院与一个火爆好战或者充满敌意的元老院一样，都是有危害的。

除了很多学者已经做到的，还要进一步考虑的是，在这样一种关系当中，像君主顾问委员会（第 92 节）那样的一个机构能够发挥的作用。尽管有些荒谬之处，但也有很大程度的真实性，可以说，如果权力的基本来源有两个的话——即使明显是不均等的——现实的政治博弈却是在三个主体之间展开的，君主、元老院和顾问委员会，出于顾问委员会的组成和功能，它能够在前两者之间进行调和。它的声望和权力在持续增长，这也不是偶然的，直到君主专制时期元老院在事实上彻底失去权力，退化为只具有摆设性的功能。

按照我们的意见，当对元首制时期元老院行动的各方面加以分析的时候，这种情况就必然会表现出来。在这一时期，通过采用一种有效的立法工具，元老院使其决议（第 79 节）增加了立法性权力。但是，没有必要认为元老院的立法行为相对于皇帝的权力是独立自主的。尽管存在着一定程度的自主性，但在帝王权力的逻辑里面，会试图逐渐地减少这种自主性。在具体的实践当中，元老院决议逐渐被降低成一种纯粹而简单的在形式上批准一些规定的手续而走向终点，这些规定是由君主或者顾问委员会这一有效的官僚机构事先准备好的，通过君主的一份报告，即君主诏书（*oratio principis*）来告知元老院。

元老院在司法活动方面的发展也具有重要意义（也参见第89节）。在这一领域，元老院在共和国时代就已经行使的那些实际权力得以巩固和拓展，尽管是以非常方式行使，并且仅仅针对有政治重要性的实践，但因此并没有解散那些法定的机构，尤其是那些刑事法庭。这里涉及的是一种重要但却危险而模糊的权力。尽管不必认为这是来自君主的一种过分的权谋之术，但毫无疑问，对于元老院议员而言——从政治上来看——这种针对这个阶层里的同僚们进行的与叛逆罪和搜刮钱财罪有关的审判程序是没什么好处的：如果判罚，就意味着在这个狭窄的新贵阶层内部制造出仇恨来，还把这个制造仇恨的判罚所带来的污名带回到这个本就不受人待见的机构里来；如果开释，就有可能成为一种丑闻而使元老院失去信誉。正如从西兰尼遗址（Cirene）① 的第五告示中了解到的那样，《卡尔维西安元老院决议》（*sc. um Calvisianum*）为那些没有设置死刑的贪腐案件规定了一种加速审判程序（见第89节）。当然，元老院在这一领域内的职责也表现为附属于君主的政治意志。但是，不能否认的是，随着时间的推移，元老院的职权不仅限于惩治政治犯罪，也不仅限于处理元老院议员阶层成员受到的指控，而是更为宽泛，尤其要处理那些不归诉讼程序（*ordo iudiciorum*）调整的事务。小普林尼（Plinio il giovane）为我们提供了一些关于元老院开会进行这种司法功能运作的有趣细节，在公元1—2世纪之间，这种司法职能已经变得毫无争议。但并不意味着可以据此主张元老院有了某种现实的独立自主性。这里应该做出区分：在政治审判案件中，元老院的附属地位会更加突出，而在其他场合下则不那么严格了。只是到了塞维鲁王朝（Severi）② 时，元老院的司法权才更加走向衰落，直到它被皇帝的官吏主持的审判所取代（非常审判 [*cognition extra ordinem*]）。

正如我们将会在后面（第91—96节）看到的那样，一种真正

---

① 西兰尼是位于今利比亚境内的古希腊城市。
② 公元193—235年统治罗马帝国的塞维鲁家族。

的行政管理体制创建起来，这是元首制的成果，这一行政管理体制由骑士阶层来掌管。但是，尤其是在意大利，元老院仍然在行政管理方面保留一种实际的职能，由于很微弱不太为人所知。在罗马，关于货币的发行，他们握有铸造辅币（moneta enea）的权力，这是不应该忽略的，这种辅币是小额商业（vilia commercia）和日常小型交易的货币。在他们的圈子内，元老院选拔出官员，他们出身裁判官或者前裁判官，授予"长官"（praefecti）称号来管理国库，即罗马人民金库（aerarium populi Romani），它常常位于萨图尔农神神庙（aedes Saturni）里。在同样的地方，托付给元老院议员的责任还有掌管军事金库（aerarium militare），这是奥古斯都于公元6年的时候创建的一笔特别基金，用于向老兵们发放军事犒赏（praemia militaria）作为遣散费，这笔资金由三名元老院议员组成的集体来管理，他们是具有裁判官位阶的军事金库长官（praefecti aerarii militaris），担任此职务为期三年。元老院行省，比如亚洲、亚加亚（Acaia）①、非洲、远山高卢、贝提加（Betica）②、西西里、撒丁等也被交付给元老院，但这不是独占的权力。一般说来，所涉及的都是具有古老文化的富庶行省，不过，在战略和军事上只有相对的重要性，而且其数量注定不会再增长。这些行省的收入要归到金库（aerarium）里去，不过，仅仅是其中的一部分（通常不是最重要的部分，比如矿山的收入）；由君主的代理人（procuratores）来管理君主利益，另外，他还可以根据君主的"更高治权"（imperium maius）干预行省有关的内部事务。不过，跟这些行省有关的是，元老院完全展开了它对司法和行政职能的全面掌控。

如果认为奥古斯都有意压制元老院，或者说跟元老院作对的话，那就完全搞错了。恰恰相反，他旨在重建元老院的尊严并授予它一部分重要的帝国管理工作，这种新的宪制实践认可元老院具有一种非常崇高的地位。不过，在这个事实里面，这位君主的意志才是占主导的：国家的实际政治地位、对外政策的实施、宣战与媾和权、管理国家、领导军队都牢牢地攥在他的手上。因此，他同元老院的关系就要以一种完全特殊的方式来加以理解：正如已经正确

---

① 在今希腊境内。

② 在今西班牙南部。

地看到的那样，不是元老院本身，而是元老院议员参与到了国家的统治当中来，这通过由高层选拔出来的少数委员会来运作——有时候他们是极为高效的，尤其是在奥古斯都或者马可·奥勒留皇帝手下——或者通过单个的特别职位，即传统的或非传统的官职，或者通过各种监护人、特使、行省总督以及其他一些帝国行政管理范围内的职务来运作。

在对元老院议员阶层同君主的具体关系进行评价的过程中，不能忽略的是该阶层的构成状况。实际上，元老院已经不可避免地受到制约，而任何一种针对元老院行为的批评都必须要考虑到这一客观情况。首先，多次内战已经摧毁相当一部分旧的共和国贵族，他们在等级上的尊贵地位和经济基础曾经能够保证他们面对一个统治者的时候尚有独立自主性。相反，对现行体制忠心耿耿的一些人新近加入到元老院之后，就形成了对帝国政策予以支持的强大基础。此外，尤其是在该体制的起始阶段，从个人来讲，元老院议员们都非常依赖皇帝，而无法忽略他的恩惠，或者不能考虑展开一种与之对抗的政策：有赖于皇帝，他才能进入到元老院并实际开启政治生涯，即仕途（cursus）；即使在不算最坏的情况下，那种坚决并且一以贯之的反对态度也不可能走到仕途的终点。另外，元老院也没有很好地组织起来，发起针对君主的一种有效而持续的反对。元老院议员都只会空谈，通常他们是一些出色的法学家和熟练的指挥家，但是，他们却从来都没有想过在他们的机构里建立起一种稳固的组织结构。到了这个行政管理工作注定要比政治空谈更占主导地位的年代里，元老院仍然建立在一种大会结构的基础上，现在我们说它是自发进行集会的类型：这里面没有下级职员或者公务员，没有处于从属地位的奴隶或者解放自由人、没有任何办公室或者档案馆，除了一些官方的法令（acta），总之，就是没有那种行政化管理的传统；没有很多可支配的财政手段，没有武装力量或者警察力量，没有可控制的公务机构。一般而言，它就是没有技术化的实体，也没有这种意义上的传统；这种正儿八经的行政化管理从来就不是元老院的典型特征。

这种意识，如同一种错误的观念，没有考虑到客观情况和产生出这些客观情况的内在动力。元首制时代的新元老院议员，由于文化事件中存在着一种延续性的特征，而接受了很多共和国时代新贵们的思维方式和习惯。他们常常从自己所属或者身处的那个阶级的自由共和国（libertas）的视角来观察元首制时代的制度，不过，这种自由共和国在新体制下不可能具有跟以前同样的特征。因此，君主的行为常常也从这种自由的视野中来看待。出自元老院议员手笔的那些书面文献，实际上就是根据与这个标准有关的君主行为来评价每一个王朝统治的，并按照这一方式来判定"好"皇帝和"坏"皇帝。因此，由于在人物形象和政治行动上极为不同，一些皇帝可能被认定为是"坏"皇帝，比如卡利古拉（Caligola）、尼禄（Nerone）、图密善（Domiziano），他们要么是疯子要么是专制者，甚至还有克劳迪、哈德良（Adriano）、塞第米·塞维鲁（Settimo Severo），尽管他们的行政和军事才能、他们对国家的贡献都是无可争议的。此处涉及的就是这种历史观的缺陷了，而元老院议员阶层将会为此付出高昂的代价。实际上，他们在这种阶级意识形态的局限下，对体制上普遍的进化发展不加以辩护，而对自己的使命有充分意识的皇帝们却加速了这种进化：由解放自由人承担起来的官僚集团的发展是克劳迪的成果；行政管理结构的常规化及其中骑士的突出地位（是哈德良皇帝的成果）；市民权的扩展——反对克劳迪把荣誉权（ius honorum）授予高卢贵族——以及给省居民以好处，从维斯帕西安皇帝以后，更加频繁地通过选拔（adlectio）制度来征召他们参与高级职务和元老院；规范性活动的发展，尤其要归功于哈德良皇帝。相反，那些"好"皇帝就可能是一些毋庸置疑的卓越人物，比如图拉真或者马可·奥勒留；不过，他们也可能是一些平庸的人，比如安东尼·皮奥，甚至是一些经不起推敲的类型，比如提图斯（Tito）或者高尔迪安（Gordiano），他们的实际功绩的存在都是因为事实上采用了元老院议员阶层的解释标准，以及他们放弃了独立自主的行为而已。不过，阶级的视角当然不能保证得出公正的评价。

78. 元老院的体制安排

为了理解奥古斯都治下的元老院和君主之间关系的实质，还需要具体考虑这个组织的组成情况，因此要关注在《功业录》（8.2: senatum ter legi）里面奥古斯都本人宣称进行过的三次元老院选拔（lectiones）。

首次此类改组可能就是公元前 29—前 28 年实施的那一次，这导致被免职的元老院议员的数量是不可忽视的（根据 Dio Cass. 52. 42. 1-3 记载，五十名议员是主动辞职，另有一百四十名议员是被强制撤免的）。但是，并没有显示出，公元前 22 年选举出来的两位监察官成功地实施了元老院选拔工作（lectio）。除了有关文献中提出的解释以外（见第 91 节），必须指出的还有，这场选拔的整个操作必然会遭遇到的抵制，以及随之而来这些执法官实际上的不称职。此外，奥古斯都于公元前 18 年进行了接下来的一次改组行动。必须承认，此次改组有决定性的重要意义，这是在公元前 22 年那次选拔失败的基础上反复酝酿的结果。其实，要强调的是激起此次改组的一些原则标准，因为这些标准在合理的范围内确保此次选拔的本质所在，而且必定使得其操作的进行至少在部分程度上没有受到奥古斯都的直接干预。实际上，按这些标准为这次大会选出了首批三十名新的组成人员，并且确定了其成员总数（他定下的是六百人，而他此前更趋限制性的倾向规定的是仅仅三百名，不过，这被证实是难以实现的），这都必须通过增补与抽签相混合的操作模式来加以补足。这里提到的奥古斯都事先亲自选出的三十名元老院议员自己又必须再挑出五个提名人选（按 Sve. Aug. 35. 1 所表述的，就是选举人（团）[vir virum legit]，强调这个补选的安排是特别重要的），在这样收集起来的一百五十名的人选里面，抽签选出仅仅三十个人成为元老院成员。通过类似的操作方式，从每次新选出来的每个议员所挑出的五个提名人选里再进行这个步骤，最终实现前面已经提到过的六百名议员这个总数。实际上，在增补和抽签这个阶段里面（不过，这方面安排也可以归结于奥古斯都的政策逻辑），奥古斯都的直接干预成为不可避免的，这既是为了避免一些疏漏，这些疏漏在客观上表现为是不合理的，也是为了改动某些选择。奥古斯都实施的这些元老院改组行动，特别是公元前 18 年的这一次，与对这一大会进行革新的要求有关系，这种革新要求是因为当时的保守潮流而发起的，实际上这些改组构成了最有效的手段来消灭政治对手，而又不会导致过分的结果（Dio Cass. 54. 13-15; Svet. Aug. 35. 1; 54. 2），尤其是在由安提斯蒂·拉贝奥（M. Antistio Labeone）（第 86 节）及其选出的原来担任后三头之一雷比达所挑选的人选身上所展示出来的那样。第三次涉及奥古斯都的改组行动应该是在公元前 13—前 11 年之

394 间完成的（Dio Cass. 54. 35. 1），因为公元 4 年实施的那次改组至少从形式上看是由一个三人元老院议员集体完成的（Svet. *Aug.* 37. 1：元老院选举三人官 [*triumviratus legendi senatus*]；Dio Cass. 55.13.3）。

除了要求财产总数要达到很有可能是一百万塞斯特之外（《功业录》附件四记载奥古斯都为了那些遇到财政困难的元老院议员而实施的援助），成为元老院议员的资格仍然与通常一样，以曾经担任过某个官职为标准（财政官、高级长官、裁判官、执政官），这也导致规定最低二十五岁的任职年龄（Dio Cass. 52. 20. 1）。

不过，选拔这种实践仍然是被认可和继续操作的，这就是说，对某位市民的选择与他是否曾经担任过上面提到的官职的事实是相互独立的。与此同时，要求在元老院大会里面授予这位被选拔出来的人（*adlectus*）一个明确的身份，这就意味着要涉及上面提到的那些官职中的一个。对于获得元老院成员资格的人来说，选拔能够带来的只是把他提升到比之前担任官职而应当享有的地位更高的位阶上去。在公元 1 世纪的帝国，就任何一种模式而言，都没有出现过在执政官当中进行选拔（*adlectio inter consulares*）的实践，共同适用这一可能前提的还有在裁判官当中（*adlectio inter praetorios*）、市政官当中（*inter aedilicios*）或者保民官当中的选拔（*inter tribunicios*）；在财政官当中的选拔（*inter quaestorios*）也很少实施。

最后，在奥古斯都时代，有时候对皇帝的亲属也进行补选，而且在有些情况下（特别是考虑到在这一年代），这种补选是他们参与这个大会会议的唯一合法方式（关于盖尤·恺撒 [Gaio Cesare]：Dio Cass. 55. 9. 4 及 *Res gestae*, 14. 3；关于卢齐奥·恺撒 [Lucio Cesare]：*Res gestate*, 前引选断），或者是表达自己意见（关于公元前 24 年的马尔切罗 [Marcello]：Dio Cass. 53. 28. 3）或投票的（关于公元 9 年的德鲁索 [Druso]：Dio Cass. 56. 17. 3）唯一一种合法方式。

元老院在政治上的颓势不可避免其中的个体开始对具体职能的行使漠不关心了，尽管奥古斯都提出了调整规定（就像 Gell. 4. 10. 1 里面表述出来《关于元老院主管事务的……法》[*lex... de senatu* habendo]），但这一点还是非常明显地表现出来了。如果考虑到其决议有效性的法定人数已经变化了（很有可能是同一个规定必然做出的），即公元前 11 年规定该数目为不到四百人，以及公元前 17 年规定对无正当理由的缺席处以罚款（Dio Cass. 54. 18. 3）的话，那么曾经推定此法律的日期（公元前 9 年）就会有问题，而这种时间推定可以被看作是指示出，从程序的角度上讲，先前已对这一大会进行的一次重组。

除了非常设的会议以外（所谓的元老院召会 [senatus indicti]），还规定了（Svet. Aug. 35. 4）每年 9—10 月的两次常设会议，并规定以抽签形式选出必须出席会议的元老院议员。此外，每六个月通过抽签选出的元老院议员组成一个委员会，应当由他们来对提交给大会的问题进行预先审查（Svet. Aug. 35. 4; Dio Cass. 53. 21. 4[公元前 17 年] 及 56. 28. 2；Editti di Cirene, 1. 87）。

79. 元首制时代的"元老院决议"

在 Gai. 1. 4 里记载的内容证实，元老院决议在帝国时代到达了鼎盛期，其中承认元老院的这些规范性决定的法律效力，同时也提醒说在这一点上存在争议（它取得了法律效力，尽管这曾存在争议 [idque legis vicem optinet, quamvis fuerit quaesitum]）。

盖尤斯在第 3 节到第 7 节里面连续地使用"legis vicem optinere"（"取得法律效力"）这一概念表述形式，用来确认这里面所谈及的那些规范性决定具有约束力，并且大致上是适于生成市民法的：这种确认在第 5 节和第 7 节涉及君主谕令（constitutiones principum）（见第 82—84 节）和法学家解答（responsa prudentium）（见第 84 节）的时候也是存在的，而在第 6 节谈到执法官告示（edicta magistratuum）（见第 84 节）的时候却没有用到这一表述形式，这是因为此种规定的性质并不适合创制市民法，而仅能生成荣誉法。这种讨论的方式反映出在市民法和荣誉法之间的二元状态，需要上溯到共和国时代，尤其是盖尤斯的年代，所谓的非常法（ius extraordinarium）（见第 84 节）对这种二元状态产生了影响，尽管只是边缘性的，不过，这对于元老院决议来说倒是无关紧要的。在这种二元论里面，因为把元老院决议作为有约束力的法律渊源而赋予其对制度主体的直接效力，也就无非是承认了元老院的这些规范性规定具有创制市民法的能力。

另外，需要注意到的是"legis vicem optinere"这种表述形式在盖尤斯的文本里是以有些许差别的方式使用的。当正好用于元老院决议的时候，这一表述表达的是它在市民法层面上生成普遍规范和抽象规范的能力，而这就完全等同于法律。当用于君主谕令和法学家解答的时候，这个表述就具有不一样的意义了。将其用于君主谕令时，并不是所有的谕令都必须被看作是可以生成普遍规范和抽象规范的，也不是全都拥有市民法层面上的效力（见第82—83节），只有一般君主谕令（constitutiones generales）才被承认具有这样的效果。而关于法学家解答，"legis vicem optinere"当然不可能导致它们具备了普遍规范和抽象规范的价值，更不要说应当规定它们在市民法层面上具有什么效力了。解答所具有的价值显然并不依赖于法学家加以解释的那些规范的属性，也不依赖于这些规范性文本的属性，他们是创造性地为这些文本加入可操作性；另外，它们从来都不具有抽象的约束力，而是在具体案件中呈现出承审员必须予以遵行的判决原则，因为这些在诉讼程序里确认下来的事实状况对应着这些原则所涉及的那些抽象的案例类型。

前面已经看到（第40节），直到共和国末叶，元老院的规范性参与活动都还是非常少见的，尤其是在私法层面上；而且，正是在这一时期开始表现出变革的某些征兆来。另外，如果不考虑以最高元老院决议为代表的那种充满争议的举措的话，那么频繁出现非常刑事法庭（quaestiones extraordinariae）的阶段就已经过去了，在刑事制裁层面上元老院已不再施加干预了。

无须考虑那些具有具体化特点和行政管理属性（元老院在这方面的职责趋于弱化，因为所有的相关权力都集中到君主及其官僚系统的手上）的规定，在公元1世纪期间，在提到的这两个领域里面都发生了一种深刻的转变。在公元1世纪和2世纪，元老院决议还是一种出色的规范化工具，用来提出具有普遍和抽象特征的规范，尽管是具有各不相同的效力和可操作性的。因此，要通过使用这种类型的规定来进行创新。首先，这获得了法律的地位，而且从某个时刻起也有了法律的效力,随着奥古斯都元首制的到来,它作为一种规范性工具在实践中也彻底实现了这一角色(第81节);其次,尤其是在这个时期最初的一段时间,皇帝利用元老院决议来指导裁判官的司法和规范活动,为的是在他们颁布告示的重大时刻的创新活动中加以引导。

关于这种现象,已经说到过对其的政治性评价(第77节):作为创制法律的机构,元老院在法律技术层面上的重要性逐渐增长。毫无疑问,关于元老院决议的"法律效力"必然就生出一些争议来,这就是在 Gai 1.4 里面已经提到的。公元前1世纪期间,这种争议已被提出,尽管是以间接方式表现的,因此必须对这一时期在私法层面和刑事制裁层面上的此类干预活动加以评判。

关于私法,毫无疑问的是,在整个公元1世纪,如同共和国时代一样,最重要的元老院决议都是由裁判官通过其治权行为和司法审判行为来加以实施的,因此是在荣誉法层面上具有效力。

> 这里,只要提到这样一些元老院决议就足够了:公元46年的《维勒亚元老院决议》(sc.um Vellaeanum),禁止妇女对第三人承担保证之债;公元56年的《特雷贝里安元老院决议》(sc. um Trebellianum),向遗产信托受托人概括转移属于被继承人(de cuius)的有利或和不利的诉,使之主动或者被动地成为市民法上的合法继承人;大约是公元60年的《尼禄元老院决议》(sc.um Neronianum),涉及的是由于所处理的内容及相关的形式不恰当而无效的直接遗赠可以转化为具有"荣誉法权利"(iure honorario)的间接遗赠(legati per damnationem);维斯帕西安时代的《马切多尼安元老院决议》(sc.um Macedonianum),禁止与家子进行涉及债权的交易。

但是,在公元1世纪期间,一些似乎在市民法层面上具有直接效力的元老院决议已经开始出现,根据 Gai 1.4 的记载,此类元老院决议可以说已经取得法律效力(legis vicem optinent)。最初的时候,这涉及的是跟个人法律地位(status personarum)有关的规定。对此,稍晚些时候的法学家普遍承认其具有市民法的效力。

> 就此主题需要考虑的是,在对个人的主体地位和他们在城邦与

家庭中的地位进行调整的领域里，罗马人似乎只是出于例外才接受荣誉法的可适用性（唯一的例证就是，公元 19 年的《诺尔巴·尤尼法》[lex Iunia Norbana] 规定以非要式形式解放的奴隶在被正式解放之前获得裁判官法律上的保护 [tuitio praetoria]，这一例子的存续时间也很短）：这也并不构成一种不常见的特点，而是反映出对此类关系采取的保护措施仅仅在荣誉法上才具有有效性是不够的。然后，应该适当注意到的是，在很多情况下，元老院决议都致力于调整这一领域中信托解放（libertas fideicommissaria）制度的效力，在受信托人拒绝解放该奴隶的情况下，就会赋予非常审判中的承审员做出的判决以市民法的效力，而这同样也引起所谓非常法（第 84 节）与元老院的此类规范性决定的关系问题。

具有市民法效力的元老院决议在公元 2 世纪的时候成为唯一一种实践类型，这个事实当然应该跟 Gai 1.4 里面记录的关于这类决定的正式效力的争论渐渐平息有关。这一时期，发布了很多决议，它们都更加显著地对市民法产生影响，比如说（哈德良皇帝时代的）《德尔图里安元老院决议》（sc.um Tertullianum）和（公元 178 年的）《奥尔菲梯安元老院决议》（sc.um Orfitianum），它们创造了新的市民法上的无遗嘱（ab intestato）继承人的角色，承认儿子对母亲和母亲对儿子的继承资格；不过，到了该世纪末，元老院决议的形式转变为主持元老院的君主诏书（oratio principis in senatu habita），对此我们后面会谈到。

关于刑事制裁，元老院的活动主要集中在公元 1 世纪的普通公共审判（ordo iudiciorum publicorum）的发展这个范围内，而刑事非常审判则是在皇帝的规范性活动的基础上加以组织的。公元 2 世纪，非常刑事制裁手段占据主导的事实也解释了元老院决议在这一领域的消退，因为非常刑事制裁跟这个普通公共审判程序有更多的牵连。在这种背景下，元老院决议就不在由各个刑事法庭予以制裁的犯罪类型上添加和认定全新的犯罪形态了，相应地，也不再设置新的常设刑事法庭。它们扩大并重新划定了这些犯罪类型的外延，拓展了单个刑事法庭的职责，因此，可以把它们认定为简单的解释性规定，尽管这是冒着对现实中实际出现的信息牵强附会的风险（参见第 88 节）。

如果说在公元 2 世纪，关于"法律效力"的争论已经明确地结束了，那么对我们而言，仍然完全不明了的是，这个问题最初是以什么样的法律技术术语提出的，然后又是怎么解决的，因为 Gai 1. 4 展现的仅仅是这个问题的存在和化解，而没有其他这方面的文献。从政治视角来看，在确定"元老院决议""具有法律效力"的过程中，君主意志的影响是很明显的，总的看来，君主与该宪政制度已形成了对向关系，君主意志是元老院的每一个规范性规定的基础，直接地说，这些提议就出自皇帝本人；间接地说，从此以后皇帝掌控了这个大会所做的每一项决定。

这一时期，元老院决议在涉及已经提及的这类情况时，其重要性就会显著增加，因为在公元 1—2 世纪，这种规范性工具是皇帝利用的唯一一种干预手段——以普遍和抽象的方式——那些以普通私人诉讼（*ordo iudiciorum privatorum*）或普通公共审判（*publicorum*）形式予以保护的事务，因为出于一些不易确定的原因，皇帝在这方面要尽量避免使用敕告（*edicta*），虽然从公元 1 世纪末开始，告示也被承认具有"法律效力"。

从某个角度来看，在一份元老院决议的形成过程中，直接或间接地牵扯进皇帝的意志，导致了这种规范性决定的形式被超越，随之浮现出"主持元老院的君主诏书"（*oratio principis in senatu habita*），从元老院决议本身被明确地确认为具有法律效力的那个时期起，就已经有了这种实践的最初迹象了。正如前面提到的，皇帝以各种各样的形式参与到元老院名下的程序进展中来：从公元 1 世纪开始，得到更多证实的实践是，皇帝通过诏书（*oratio*）提出一份元老院做出决议的倡议，以书面形式知会元老院，并由他委托的一位财政官（*questore*）向大会宣读，或者在少数情况下由与会的君主亲自宣读。但随着皇帝权力的进一步加强，下述做法变得极为罕见了——或许就完全停止了——即元老院大会对皇帝提出的决议草案加以修改，于是法学家们就养成了一种习惯，更多把君主诏书而不是随后的决议当作真正的规范性决定来加以参考援引。

另外，当皇帝的提案和元老院的决议不吻合的时候，法学家们在解释意见里呈现的内容似乎也是君主诏书而不是正式的元老院决议。一个特别明显的例子就是那份所谓的"哈德良皇帝诏书"（*oratio Hadriani*）（保罗在 D. 5. 3. 22 里面曾经引证过），它曾在后来落实到《尤文第安元老院决议》（*sc.um Iuventianum*）里的那些规定的草案中（乌尔比安在 D. 5. 3. 20. 6-6*d* 里面引用过该决议内容）。在这种情况里，君主诏书是很特别的，它要比在那种规范性文本筹备工作期间表达出来的、尽管也很有权威性的意见要更具约束力。

399　　在学理上已被普遍接受的是，至少在公元 2 世纪末，君主诏书本身就是有效的，而它在元老院被提出，仅仅起到把立法规定加以公示或者发布的作用，这种立法规定在市民法效力上的基础是皇帝的意志。此外，与之有联系的一种确信是，君主的任何一种成文规定都可以根据皇帝对其明确表达出来的意思而获得"法律效力"。按照这种观点，很明显的是，元老院对诏书的审议必然会显得毫无意义。不过，是否已经实际达到了正式废止表决程序的程度，还没有得到文献的充分证实。

　　公元 2 世纪末到 3 世纪初，君主诏书似乎是皇帝在对私法事务进行干预时最频繁使用的一种手段，用于提出市民法层面上的普遍性和抽象性的规范。毫无疑问，相对较少地进行干预要归结于当时经济、政治和社会的萧条，那时正处在要把罗马世界送入一场大危机的开始时刻。此后，随着罗马社会的快速发展，在一个已经深刻变化了的世界里，成为皇帝立法政策选择工具的就已经是君主敕告（*edicta principis*）和一般性君主谕令（*constitutiones generales*）了。

80. 继承问题

　　毫无疑问，元首制是共和制的形式和君主制的实质的完美结合。君主制的实质是一种新的事实，是为所有人所接受的内战的结果，不过，共和制的形式则要多亏长期存在的法制才得以维持。在宪制上，奥古斯都是一名民选执法官，但并不是众多执法官之首，虽然他一人身兼多种官职和多种权力，而在他之前的其他人从来没有这么做过。这些权力和职能对于奥古斯都而言,都是嗣后赋予的结果,但对于那些继任者而言,总的说来就是通过一种程式来授予的,这种程式最初是元老院,后来则是人民批准同意的。对此,尽管我们并不知晓其全貌,但通过那部所谓的《关于维斯帕西安的权力约法》(lex de imperio Vespasiani)的铭文文本,了解到维斯帕西安时代的情况。在其现实属性当中,只有一个要素是难以界定的,即准可权(auctoritas),这是一个神授天命的事实,具有宪制以外的半法律性的起源,从严格的合宪性角度来看,它把奥古斯都置于罗马国家其他所有民选执法官之上。但是,把这种地位加以转让是否是可能的?并且,从更普遍意义上看——使用一种更为抽象的表述方式,但能够更加准确地表达此种情况的进展过程——如何能够把诸如奥古斯都·屋大维这样一个个人的神授天命转换成一种制度上的神授天命,即转交给那些继任者呢?这里恰恰就是元首制作为一种政治制度的自相矛盾之处:尽管是事实上的君主制,但在权力转移问题上,却又不能够把完全纯粹的王朝式继承制度托付给君主。

因此,继承是一个真正的难题,用略微夸张的话来说,这就是"元首制的软肋"。王朝制理想的提出不会有什么困难,但是却不能够基于法律原则建立起来。就权力转移的方式本身而言,每一个登基的新皇帝接受的宪制上的授权都来自于元老院和人民,他的权力并不来自于前任皇帝。但是,元首制时代超过一半的皇帝取得皇位,都是在一种王朝式的内部环境里进行的,其前提条件就是获得自然的或者拟制的继承资格。从奥古斯都到康茂德(Commodo)先后存在过十六位皇帝,其中九位是根据王朝制原则正常地登上大位的,他们是提比留、卡利古拉、尼禄、提图斯、图密善、图拉真(Traiano)、安东尼·皮奥和马可·奥勒留、康茂德,这些人当中有三人是皇帝的亲生子(提图斯、图密善和康茂德)、五人是被正式收养的继子(提比留、尼禄、图拉真、安东尼·皮奥、马可·奥勒留),而第九位——卡利古拉,则是提比留在其遗嘱当中指定的与他的堂兄提比留·杰梅罗(Tiberio Gemello)并列的共同继承人。至于其他人,要么属于帝王之家的成员,比如卡利古拉的叔父克劳迪;要么就是被皇室过继收养了,比如哈德良,他是图拉真的表亲。只有在"漫长而独一无二的一年"①里的那些皇帝,即公元前69年的伽尔巴(Galba)、奥托(Ottone)、维特留(Vitello)和维斯帕西安(Vespasian)四帝以及涅尔瓦,则是在没有家族背景的情况下获得君主地位的:前一种情况是奥古斯都所创建的这一制度首次真正的劫难;而后一种情况则是谋杀了图密善皇帝的人进行商议,并与元老院达成秘密协议之后做出的选择。

因此,在实践中,王朝制原则很明显对于未来皇帝的选择是决定性的。这一点在很早的时候,从奥古斯都时代起就表现为是元首制的一个支撑性结构:在奥古斯都年代的文献材料里,就可以发现一些"皇室"(domus)及其成员的隐性标识,从一份新近发现的碑文里可以转译出公元14年塞浦路斯人(Ciprioti)向提比留皇帝及其"整个家庭"做出的效忠宣誓,在这份誓言里面,他们允诺把罗马女神、提比留及他的亲生子当作神明来崇拜,而不崇拜其他任何人。实际上,所有这一切都在进行着,而且应该在元首制的社会学"基础"之内对其加以理解,用冯·普勒梅尔施泰因(von Premerstein)的表述方式来说,这就是一种门客关系,是对政治庇主(patronus)的家族(domus)的效忠,而且这几乎是当然会产生的。但是,从政治角度来看,问题在于为此类实践提出一种正当化理论,而收养制度的观念意识就表现得很适合于这一目标。

实际上,早在共和国时期,收养制度就已经是一种非常重要的政治斗争工具了。采用这样一种手段,就可以从大的新贵家族里以遗产形式传承经济实力和政治势力;通过收养,当然可以转移财产,不过,主要是转移了大家族和亲属关系的联系纽带,以及政治与门客党人方面的关联。在帝王的收养当中,这些都是具备的,而且还有一点:天命,是这种东西创造了皇帝的遗产,如果找不到其他术语来表达的话,可以说这是一种道义。在政治上,收养所转移的是一种精神遗产,这种遗产确保的是一种同样有效的精神上的亲缘关系,这种关系在元老院的思维当中甚至比血缘上的亲缘关系更受欢迎:被收养者是让出这种天命基础的君主在精神上的继承人,这位君主尝试着在他身上加上自己的天命。从私法的角度来看,王

---

① 史称"四帝内乱之年",指在公元69年时,罗马帝国在一年中出现了四位皇帝——伽尔巴、奥托、维特留和维斯帕西安。

朝制的亲缘关系确保了财富的转移；而从政治的角度来看，这种亲缘关系虽然未能实现元首制的直接传承，因为这在形式上还需要元老院和人民的授权，但是却转移了权力继承所需授权的天命。

如果我们不得不区分出拥立君主的两个根本性时刻，即指定和授权的话——正如我们已经说过的，后者在形式上属于元老院和人民——那么，收养就构成了指定君主的过程中根本性的一步。奥古斯都当然是在这个意义上来理解收养的，在他收养提比留的例子里面，这就是一个双重行为，一方面是自权人收养（adrogatio）的仪式，另一方面则是宣告行为（renuntiatio），据此，被收养人成为其权力的继承人。在这样一种公私二元性里，可以为这种行为找到一种"合宪性"的正当理由，但此行为其实并不太能回应在奥古斯都所创建的成果中包含的那种法制精神，其前提假设就是，一个最好的人，即君主，根据个人的天命而选择了另一个"最好"的人，并向他转让全部的权力，包括宪制性权力和宪制以外的权力，比如准可权，汇聚在一起构成皇帝的权力。不过，具体的权势通常都要比宪制上的模式更强大。实际上，尤利乌—克劳迪王朝①的皇帝们完全是在家族内部进行收养，用来把皇权把持在自己家族内部人手上。在塔西陀对伽尔巴收养皮索（Pisone）的行为发表的一份著名讲话里，这种倾向就受到了明确的抨击："在提比留、卡利古拉和克劳迪治下，我们就像是某种遗产一样在同一个家族内部转移；从我们被挑选开始就出现了一种自由，当尤利乌—克劳迪家族终结之后，将可以通过收养行动来找到最佳之人了。"（sub Tiberio et Gaio et Claudio unius familae quasi hereditas fuimus: loco libertatis erit quod eligi coepimus; et finite Iuliorum Claudiorum que domo optimum quemque adoptio inveniet [Hist. 1. 16]）在伽尔巴重申的一种元老院的视野里面，能够进行选择这样一个事实构成了自由的表象（loco libertatis erit quod eligi coepimus），而随着尤利乌—克劳迪家族的湮灭（finita domo），收养制度也能够在元老院议员中——如其所愿地——找出最佳之人（optimum quemque adoptio inveniet）。

当然，这涉及的正是这个帝国的元老院新贵阶层这种贵族统治

---

① 罗马帝国的建立者屋大维及其家族形成的王朝，是罗马帝国的第一个王朝，统治时间为公元前27年—公元68年，历经五帝，分别是屋大维、提比留、卡利古拉、克劳迪和尼禄。

的意识形态里的一种支柱性想法，但也不过如此。这无非就是有效地解开了帝国继承制度的纠结点，而这是由一个基础性的但非常关键的事实所决定的，即在君主去世的时候，原则上所有的一切都会回到原点，即共和制（respublica），而且没有一部法律规定皇位的延续原则，也没有关于继承的条例。所以，要解决元首制的传承问题当中固有的矛盾并不那么容易，这是在通过遗产来转移的一种王朝式的天命和那种由元老院和人民进行授权的一种制度上的天命之间的矛盾，这种矛盾在某种程度上反映在两种相互有别的行为上，即对于君主的创设而言必不可少的指定行为和授权行为。但是，这种两难的困境在于元首制的建立本身，而不在于它作为君主制度的实质。由于元首制要求遗传性，于是从奥古斯都开始，所选择的主要方法就是最大限度地增加权力指定的标志，显然收养是第一位的，不过，还有各种头衔、荣誉、特权，然后就是现实的权力，最后才是自行指定继承人和权力分配方案。于是，在尤利乌—克劳迪王朝时期，可以看到从提比留开始，就因收养获得了继承天命、统治权（correggenza）、全体人民对他的效忠宣誓和"待位元首"（princeps iuventutis）的称号等等。不过，维斯帕西安开创了一种新的体制，他公开宣布只有他的儿子们，而不是其他人，才能够继承他的地位（...aut filios sibi successuros aut neminem...）。他直接跳过元老院和民众大会，正式指定他的儿子并授予他"统帅"尊号（praenomen Imperatoris）。维斯帕西安这一行动的意义是巨大的，而元首制从中也得以转变。图拉真就是涅尔瓦直接指定的，而小普林尼在这个例子里面也像皮索那个例子里面一样，诉诸"最佳人选"（optimus）的观念意识，以及在一种相当紧要（巨大的……共和国损失 [magnum... reipublicae vulnus]）的关头则诉诸人民和众神同意（consensus）。从那时起，根据一首颂词里面的生动表述，"统帅就是必须为市民们提供君主的人"（principem civibus daturus imperator）。就是通过已经提到的这种贵族的意识形态，确认了王朝制的原则并加以正当化。从哈德良开始，凯撒（Caesar）这个头衔就被用来正式地指代其继承人。而马可·奥勒留实际上与其继承人联合执政，将元首制由一变二：两位奥古斯都（Augusti）一起进行联合统治——他们的名字都被冠以相同的尊号，处于宪制的首领地位，具有相同的权利；如果其中一个是由于另一个指定才登上大位的，那么根据一种不成文的规定，他就从属于另一个皇帝，该规定恰恰构成了这种政制体系中所蕴含的精神。

81. 民众大会

奥古斯都的政治计划不可能不包括对民众选举大会的保留和恢复，因此还有遵守那些对大会进行调整的规范（Svet. Aug. 40.4：恢复古代的关于民众大会的法律 [*comitiorum quoque pristinum ius reduxit*]）。两个仍然存续的民众大会（也就是百人团民众大会和部落民众大会）同样也投身于紧张的立法活动中来，但没有恢复它们对司法功能的行使，这曾经也是民众大会的职权。但所有这一切都无法阻止——不采取一些临时手段的话——民众大会自运作以来就开始的衰落过程，因为如果不通过根本性革新的话，民众大会危机的内在原因是不可能被消除的，这些原因以这样的事实为代表，即市民权的逐渐扩展导致现实中拥有该权利的人参加民众大会的不可能。关于这个问题的显著性，至少在涉及民众选举大会的时候，正如 Svet. *Aug.* 46.1 里所表现出来的，奥古斯都显然考虑过是否应规定位于意大利的殖民地的市议会（decurioni）在各自属地进行投票，然后于民众选举大会举行当日把他们的经封存的票选结果送至罗马。不过，这涉及的是一种有限的解决方式，而且，在随后的年代里也没有实践过；为了确保这些机构正常运作的可能性，必须进行一场深刻的变革，而这不仅不属于奥古斯都真正的政治计划中的一部分，还会表现为跟这里提到的这种重建工程的纲领性宣言相冲突，可能更进一步地在关于意大利和行省之间关系的问题上制造出难题来。

很不幸，我们当下所掌握的文献里无法给出上述两个民众大会运作模式的详细的重建过程。但是，从这里面可以推论出某些核心性的指示，这些指示表现出在元首制的创立过程中这个最普遍问题的显著重要性。实际上，像赫巴铜表（*tabula Hebana*）这样著名的铭文文本，以及公元1947年发现这一铜表所处地点（在托斯卡纳地区马里阿诺 [Magliano] 附近）的古代名称（赫巴 [*Heba*]），都代表着跟执政官和裁判官选举相关的一个特别重要的参照点。这份书面材料实际上保留了一份提案（*rogatio*）的部分内容（在这份碑文里面，这一术语指称的是一种法律类型 [genus legis]），这份提案（正如公元1982年春在西班牙发现的另一份铭文文本，即所谓的"希阿鲁姆铜表"[tabula Siarensis] 当中可以推论出来的一样）在公元20年开始的时候，重提了公元19年的一份元老院决议的内容，涉及安排一些荣典仪式来纪念日尔曼尼斯（Germanico）[①]，它规定设置五个百人团，由元老院议员和骑士组成，这些骑士必须是那些被选为公共诉讼审判员的百人审判团(decurie)[②]成员，他们有资格推选(destinatio)执政官和裁判官；正如从《赫巴铜表》上面所得知的，与此相一致的是，早在公元5年的时候，根据一部《瓦勒里和科尔内利法》还创设了十个百人团，他们也有相同的职能，并以盖尤和卢齐奥·恺撒（Lucio Cesare）的名字命名。

元老院议员和骑士的这些百人团有权行使上述职能，它们是在投票的时候根据抽签方式组建的，这种抽签跟三十五个部落里面的三十三个都有关系，因为苏库萨诺（Succusana）部落和埃斯奎利诺部落不被考虑在内，显然这是由于它们自身成员的社会级别。其余的三十三个部落根据抽签结果被两个一组地归入第一到第四、第六到第九、第十一到第十四百人团里去、三个一组地归入第五、第十和第十五百人团里去。

资料显示，这些有推选权的百人团的数量，趁着纪念德鲁索（Druso）的庆典的机会，于公元前23年，根据一份提案增加到二十个，这份提案的名称是《伊利奇铜表》(tabula Ilicitana)，它是根据发现相关铭文文本的西班牙地名 Elche 的古称 Illci 命名的。

很不幸，《赫巴铜表》文本中的缺漏，尤其是其他相应文献的不足，给民选执法官推选程序(destinatio magistratuum)，即有推选权的百人团最终投票结果的效力这一核心问题的解决造成严重困难。但是，较为可信的一种理论重构和最贴近第四十六行至第四十九行的文本的解释都一致认为，以日耳曼尼斯命名的五个有推选权的百人团跟以盖尤和卢齐奥·恺撒命名的十个百人团一样，其表决结果

[①] 日耳曼尼斯是罗马的第一个王朝的重要成员，是奥古斯都的养孙、克劳迪皇帝的兄长和卡里古拉皇帝的父亲。

[②] 根据 decuria 的字面意思，是指库里亚（Curia）之下的单位"宗联"。到后来，其主要成了帝国时代法庭审判员团体的组成单位。

都必须加入（其他）民众大会百人团的投票结果，这种百人团民众大会是在对有推选权的百人团的投票结果加以审核和公告以后召集起来投票的。民众大会的其他百人团成员为被推选出来的候选人投票的可能性尚未受到限制，从那一刻起，有这样一种观点就显得还说得过去：有推选权的百人团除了表达一种跟最终的表决结果相关联的重要投票意见以外，还发挥一种引导功能。因此，这就跟共和国时代的民众大会里那种所谓的特权百人团（见第41节）联系起来了。

另外，没有理由把这些相应改动的实现归结到提比留头上，甚至上溯到他登基之初。文献上（Vell. Paterc. 2. 124. 3-4; Tac. ann. 1. 14-15）提及的提比留在民众选举大会方面的革新应该要跟奥古斯都的一些规定联系起来（公元14年）。不过，并没有表现出这些规定本身——在奥古斯都去世的时候得以实施——对元老院议员—骑士百人团所操作的推选制度产生什么影响（还要考虑到《赫巴铜表》上恢复了曾提到与此相关的《瓦勒里和科尔内利法》的规定，而《铜表》是公元19年的）。

提比留在其元首制之初引入的一些创新涉及的是选举程序的其他方面，并且，在提比留的元首制初期，似乎不应该具有塔西陀赋予它们的那些效果。塔西陀在提到公元14年裁判官选举时，指出"第一次从民众大会会场转到了元老院"（*tum primum e campo comitia ad patres translate sunt* [Tac. ann. 1. 14]），这强调的是对民选执法官的选择从民众大会转移到了元老院。

当然，这并不表示塔西陀的考虑可以从这样一个意义上来理解，即在提比留元首制之初就承认了元老院的推选职能（在这个问题上，公元23年用来纪念德鲁索的那些有推选权的百人团，不可能不跟其他一些执行此项职能的百人团联合在一起，并运作至少一年时间）。

不过，必须要考虑到的是，在执政官选举问题上（ann. 1. 81. 1-2），塔西陀已明确指出，想要说明提比留遵循的标准是比较困难的。而涉及奥古斯都去世时召开民众大会选举裁判官的问题上，根据塔西陀的阐述，则应该强调的是，提出（即指定 [*nominatio*]）与要担任的职位相同数量的候选人是十二名。

在这个阶段，并没有表现出元老院在相关候选人的任命工作中的合作，虽然他们当中只有四个人是提比留举荐（commendati）的人选，即由他推荐的人，为的是在选举中不会有拉票的需要或者不会有落选的可能性（无风险且无舞弊的受指定人 [sine repulse et ambitu designandos]）。不过，这个预选阶段是在元老院进行的，而且与要担任的职位相关的候选人数量受到了限制，以此为代表的转折点可以用来解释这样一个事实：塔西陀把只是在后来一个阶段里元老院才拥有的对特定执法官员选择的发言权，提前到了提比留元首制初期。

首先，与要担任的职务有关的候选人的数量受到限制，实际上就架空了推选功能的内容，而且它本身也并不具有约束力。其次，公元23年之后，在有推选权的百人团里面缺乏骑士们参加的迹象，这可以理解为是一种受到影响的局面，决定了在提比留元首制后期推选的职能涉及元老院。不过，必须考虑的一个事实是，随着时间的推移，元老院致力于一种真正的推选职能，为的是指定那些并不由君主举荐的候选人。要提到的是，公元32年，迪奥·卡西（Dione Cassio）实际上已经指出（Hist. 58. 20. 1, 4），对不由君主举荐的那些候选人进行选择，是在元老院里根据对他们各自资历加以评判来操作的，或者有时是以抽签以及在他们之间达成协议来操作的，而且，随后在民众大会上的表决的效力就已经跟这位作者生活的那个年代（即公元3世纪）基于传统进行表决的效力类似了①。

照此方式，到了提比留元首制晚期，至少涉及裁判官选举的时候，基于一些偶然因素（提比留不在罗马②），承认元老院相对于民众大会具有选举职能的先决条件，至少从政治意义上讲是如此，塔西陀甚至把这一点上溯到公元14年。但无论如何，这种选举职能都并不十分依赖于参考元老院的推选行动，也不依赖于这种推选本身的拘束效力，以至于要依赖——这一点尚未经证实——对候选人数量进行限定或者元老院在预选阶段能够具体发挥出来的实质性功能而非形式性功能，这种预选是以任命（nominatio）或者指定这些候

---

① 公元3世纪时，民众大会和元老院都已经丧失了大部分的实际权力和职能，其表决也仅仅是形式上的，仅具有象征性的法律意义。

② 提比留皇帝是罗马帝国中的一个异类，在他执政晚期（公元26年以后）直至去世（公元37年）再未回到罗马，他把自己流放到意大利南部的卡布里（Capri）小岛上，仅仅通过他在罗马的全权特使或者近卫军长官进行统治。

选人而告终的，而这类行动就已经代表了推选，即使在法律上没有约束力，却表现为有事实上的约束力。

为了证实这种理论重构，可以回想一下 Dio Cass. 59. 20. 3-5 里面表达出来的想法。在卡利古拉向民众大会归还了实质性职能，并以此方式进行操作之后，为什么会又回到提比留建构的那一套体制上去，这恰恰是因为候选人人数和要担任的职位数量之间相吻合这样一种实践业已根深蒂固并且长期存在了。

这一因素决定了这样一种前提，即在提比留元首制末期，在由皇帝留出来的那个空间里，元老院具有实质重要性。不过，虽然照此方式，民众大会和元老院所承担的功能在形式上被留存下来了，但是也为皇帝在诉诸建议权（suffragatio）和举荐权（commendatio）以外，把某种决定权发扬光大创造了前提条件。如果在最初的阶段区分了建议权，即不具有约束力的对候选人推荐权，与举荐权，即表现为对那些人本人有约束力的权力，那么《关于维斯帕西安的权力约法》第10行至第13行则认为它们具有同样的效力，也就是说，这些成为推荐对象的候选人应该被民众选举大会看作是超越常规的（extra ordinem）。因此，显得很明确的一点是——这也反映出所进行的某些观察的逻辑——随着时间的推移，至少在涉及主要民选执法官时，由皇帝提出来的候选人这一事实本身具有重要性（A. M.）。

正是在奥古斯都政策里的重建意识当中，必须要进入到对民众大会的立法功能加以利用这一范围里来。从公元前20年之后不久的一段时间开始，即当新的制度安排可以被看作已经具有一定稳定性的时候，立法性的民众大会在皇帝的改革步骤当中就被很频繁地用来表达皇帝自己的意见：这至少持续到通俗年代（era volgare）①的初年。此外，这种做法明显的正当性在于这样一个事实：在奥古斯都的年代里，一些新的规范性工具在市民法层面上尚不具备重要性，从公元1世纪和2世纪开始，这些工具，即元老院决议（第79节）和君主谕令（第82—84节）才具有市民法上的效力：为了创设出市民法上的规范——这对奥古斯都改革中最重要的方面而言是必需的——他只能诉诸法律工具。

---

① 以西历公元元年为准，此前的年代称为通俗年代前（avanti era volgare 或者 prima dell'era volgare），此后的年代称为通俗年代。

集中体现奥古斯都行为的两个最重要的领域是对民事与刑事审判程序的规制和对家庭关系的安排（这种表达要从广义上理解）。关于前者，主要要指出公元 17 年的两部《尤利法》(leges Iuliae)：跟民事审判相关的《关于私人诉讼的尤利法》(lex Iulia iudiciorum privatorum) 批准了法律诉讼制度的明确退场——除了一些微不足道的例外情况——以及确定了程式诉讼制度明确的常态化，程式诉讼因此成为既在市民法保护的法律情形，又在荣誉法保护的情形中适用的正常诉讼程序（见第 32 节）。而《关于公共审判的尤利法》(lex Iulia iudiciorum publicorum) 则明确重组了刑事法庭的审判程序（见第 88 节），并可能伴随其他某些法律一起调整了跟单个犯罪类型相关的主题，在它们都被提交给某个刑事法庭来审判时，每一种犯罪类型都找到了一种形式上的一体化原则（见第 88 节）。

经过因共和国危机中那些令人不安的事变引发的长期混乱之后，在家庭方面的立法意在保障那些正在出现的统治阶层中的安定局面，所依据的是一种严格的与家庭伦理相符合的规章制度，这些家庭伦理建立在主流意识形态赋予古代家庭的那种价值观基础之上，并且用于那些最显要阶级稳步的人口增长态势——或者至少是不减少的态势——从这个角度来讲，这些阶级都经受住了危机时代里那些血腥斗争的严格考验。首先，主要是提出了《关于惩治通奸罪的尤利法》(lex Iulia de adulteriis coercendis)（大约是在公元前 18 年），该法组织了一个专门的刑事法庭用来镇压在严格的家庭组织范围内违反了性道德的犯罪行为，并且想要以此方式把属于高层阶级的那些成员的性关系限定在婚姻的范围以内；同时，除了惩治狭义的通奸行为以外，还惩治罗马人犯下的奸情 (stuprum)，即与保持贞节 (honesta) 的女性（即有良好社会地位的）——未婚女子或者寡妇——发生性关系。

不过，涉及对家庭在私法方面规制手段（这或多或少跟上面提到的那种人口增殖的目的有确切联系）的是《关于嫁娶的尤利法》(lex Iulia de maritandis ordinibus)（公元前 18 年，不过，这跟已提及的《关于惩治通奸罪的尤利法》是相互独立的）以及公元 9 年的《巴比·波培法》(lex Papia Poppaea)，这两部法律实际上已经融为一体，成了"单个的文本"，因此，法学家们都将其当作《尤利和巴比法》(lex Iulia et Papia) 来援引。它们以不同的形式规定了 25 岁至 60 岁的男性和 20 岁至 50 岁的女性有结婚的义务；对此义务规定的罚则是间接性的，主要体现在没有资格接受遗产的规定中：独身者不能接受遗产，而多子女者比无子女者更能优先接受遗产。

在其他跟家庭安排和主体资格（status）相关的规定里面，要提到的是两部法律，它们涉及以不同的方式来限制释放奴隶的行为，即公元前 2 年的《富菲亚和卡尼尼法》(lex Fufia Canina) 和公元 4 年的《艾里亚和森迪亚法》(lex Aelia Sentia)。

从提比留开始（公元 19 年的《诺尔巴·尤尼亚法》以后），到奥古斯都元首制的最后几年里，民众大会的立法行动就已经开始迅速地减少了：这必然跟奥古斯都在发起对婚姻与家庭制度方面法律的表决时遭遇到的抵制不无关系（可以想到的是公元 9 年的《巴比·波培法》）。在提比留以及稍后的克劳迪时期，还有一些表决通过的法律。最后一部法律——也是可信的——是涅尔瓦于公元 96—98 年之间表决通过的：这并不偶然，因为奥古斯都元首制的观念对这位皇帝的统治有着特别的影响。

当前，民众立法大会的投票和运作程序并没有显示出相对于民众选举大会的特别创新之处（M. T.）。

82. "君主"的规范性活动、"敕告"和"敕训"

当民众大会法律迅速遭到废弃时，元老院决议（第 79 节）更是如此，而君主谕令则在规范层面上代表了元首制的一种显著的新颖之处，另外，这种新颖性标志着后古典时代将要走过的那些道路。如果说存在皇帝的某种规范性活动并且具有重要性的话，那么，实际情况就是：这种活动都表现在了那种用通常的术语称之为"（君主）谕令"(constitutiones [principis]) 的规范当中。关于此现象的概念和构成，特别是谕令本身的基础及其约束性特征的拓展，尚未达成一种广泛的一致认同。

罗马法学家们已经对不同类型的君主谕令加以区分了：早在元首制时期，这一名单已经明确地确定下来，可以承认它们中有五类，即敕裁（decretum）、敕答（rescriptum）、敕函（epistula）、敕告（edictum），根据合理的主流观点，还有敕训（mandatum）。而它们相互之间，在内在功能、基础、规定的内容上都是不同的，甚至还很明显。从一个当代解读者的直观角度来说（不过，这跟古人的意识并非毫无牵扯），可以在上面提到过的类型里做一个本质区分：具有普遍性和抽象性特点的规定（比如敕告和敕训），和具有特殊性特点，用来直接解决具体案件的规定（比如敕答、敕函和敕裁）。因此，这就提出了一个问题，即在其直接涉及的案件以外，它们能够取得的效力。

第一个必须面对的问题就是，君主谕令在整体上以及单个种类的谕令的合法性和有效性基础。这里提到的路径并不是相互对立的，因为首先这种基础是根据单个谕令种类的不同而变化的，然后要达到的是，为所有能够在规范层面上表达出君主意志的形式确定一个统一的基础。

毫无疑问，古典晚期的法学家们想要对君主谕令的约束效力进行统一的重构，而不加区分地承认了他们"取得法律效力"（legis vicem optinere）（Gai. 1. 5）或者"具有法律效力"（legis habere vigorem）（乌尔比安在 D. 1. 4. 1pr 里面用到，I. 1. 2. 6 里面也有引证）。如果想要使用"法律效力"这种表述方式的话，就会导致在抽象意义上皇帝的规范性决定有创造市民法的资格。盖尤斯发现了这一点的基础：皇帝拥有权力，就像他称其为一种来自法律（per legem）的治权。如果说这还是很明显地暗指"权力约法"（lex de imperio）的话，那么在乌尔比安那里，这一点就是完全明言的，而且这位法学家把它称之为"君王的权力约法"（lex regia de imperio），从这个角度上来看，其内容大致被确认为是人民向皇帝授予全部的权力（根据……人民把治权和权力授予他以及他的每一项命令 [cum... populus ei et in eum omne suum imperium et potestatem conferat]）。

毫无疑问，古典晚期的法学家试图在共和国时期的政制模式里找到君主的立法权力的基础。就此而言，必须指出的是，唯一具有公法学特点的思考到了公元二三世纪的时候仍然停留在上述政制模式上，而没有发展出一套关于元首制结构的类似思考，这可能是因为一些普遍的政治条件。另外，有一种背景状况可能对此有深刻影响,即按照这样一种方式授予皇帝的人民主权概念似乎产生出来了,而且,这一点在乌尔比安那里比在盖尤斯那里更加明显直白:在当时的政治条件下,这极有可能涉及的是一种纯粹精神上的许可,而正是出于这样的理由,法学家们才能够不做过多的考虑。

另外,需要指出的是,在盖尤斯和乌尔比安所做的特征化表述里,并不完全流行共和制的观念。根据后者的意见,人民把本属于自己的治权和权力(*imperium et potestas*)授予皇帝:毫无疑问,这里涉及的是一种重言法①,即想要以泛指的方式来论及曾属于民众大会自身的权力,因为在共和制的视野里,人民既不是治权也不是权力的所有者,这些东西都是他们选举出来的民选执法官以原始方式取得的。而盖尤斯则不那么精确,他使用了"治权"这个术语定义皇帝的整体权力,尤其是在涉及对"权力约法"所做的解析性认定的时候,这可能造成跟"更高且不受限制的行省总督治权"相混淆,而这种权力具有其他一些属性,也参与了整体权力的创设。此外,"治权"一词在共和国制度内的含义当然不是赋予皇帝的规范性决定以法律效力的充分基础。

从历史的角度来看,需要指出的是,以统一的方式对皇帝规范性权力正当化和对其效力加以特征化的时代大概在公元2世纪中叶,而其根源可能要上溯到公元1—2世纪之间的过渡年代,那时必然会提出的问题是,在奥古斯都及紧随其后的年代里,谕令的基础和操作性是如何表现的。需要避免的是,把我们看到的这种古典晚期法学家所做的特征化归结为,如今包含在宪法或者民法典引言性规定里那种被认可的规范:"取得法律效力"(或者"具有法律效力")并不意味着每种君主谕令在所有方面都必然拥有一种效力,从而可以创设出具有市民法效力的普遍性和抽象性规范。

以如此复杂的方式建构并划分开来的奥古斯都"宪制"的特点,使得——至少在文献里没有相反意义上的证据——很有可能,在元首制初期以及至少到公元1世纪后半叶,各种类型的君主谕令的基

---

① 拉丁语系中的一种语法现象,是指用两个名词来替代一个由形容词修饰的名词,这样被修饰的名词由特指变为泛指,比如这里指出的"治权和权力"就是一种替代"治权性权力"的说法。

础和效力都是各不相同的，我们必须以这样一种确证为出发点。只有到了公元 2 世纪初期，在一些法学家的意识里面占据上风的一种意见才是，一般而言，谕令的效力都统一地建立在根据"权力约法"授予君主的那些权力的基础上，而根据这些权力，所有的君主谕令都具有法律效力，即使它不像通常那样以书面形式提出。因此，有必要来分别考虑各种类型的君主谕令，同样也要考虑它们是什么时候出现的或者其内容所涉及的对象。

关于敕告，仅仅从这种规定的名称上就可以想到，它建立在君主"告示权"（*ius edicendi*）的基础上，而这种告示权本身又是建立在奥古斯都及其继承人那种"更高且不受限制的行省总督治权"（第 76 节）的基础上。一部分学说强调了皇帝的敕告和执法官的告示之间的区别，这种区别实际上是无须争论的。从实际角度来看，似乎从来都未提出过这样的质疑，即这些规定的效力在君主去世的时候终止：在严格运用与敕告和告示权相关的原则的情况下，不可避免的一个后果就是，在治权终止的时候（实际上就是皇帝去世的时候），其效力就应该消失；但从另一个侧面，则强调裁判官告示在形式上指对裁判官本身的裁量活动自行制定的规章，而君主敕告则意在直接地对制度主体的活动进行调整，虽然那些荣誉法实际的承受者——从形式上看——仍然处在跟共和国执法官的告示相关的一种控制之下。不过，正如已经考察过的那样（一般参看第 31 节），这并不是告示的一种长期存在的特点，而仅仅在严格的司法审判告示中才会得到印证（这些告示不是君主敕告）。

412　　不过，这里提出的这些区别尚不足以排除一种情况，即当代人倾向于认为把皇帝敕告跟那种更高且不受限制的行省总督治权联系起来。相对于君主想要在表面上予以尊重的那些共和国宪制形式，这种治权更应被当作这些敕告的合法性基础。从"告示"到"治权"，在术语上的巧合以及它们在书面形式上的统一都构成了一个似乎不能无视的话题。可以看到，在君主敕告（*edicta principis*）和执法官告示（*edicta magistratuum*）之间那些不可忽略的区别就是皇帝行使这种（更高且不受限制的）行省总督治权的各种不同情况的反映。在奥古斯都时代的官方意识里（在那些交替曲折的范围内，这种规定存在于整个公元 1 世纪），这无非就是一种行省官员的治权，正如共和国宪制所规定的那样；到了共和国最后的年代，此类治权要托付给私人这一点也没有被遗忘。正如我们在后面会看到的，恰恰就是在这种不同的语境下，元首制随后的发展导致法学家们有差别地认定了皇帝的规范性权力的形式基础，而就所有的谕令而言，则是以统一的方式加以认定：通过给所有谕令赋予法律效力，就将会把作为敕告形式合法性基础的"更高且不受限制的行省总督治权"抹掉。

至少在一开始，元首敕告的有效性是从赋予皇帝的那种治权当中取得的，不过，从这种背景状况当中也出现了一些问题。建立在治权基础上的告示权并不允许共和制的民选执法官提出能够获得正式法律效力的规范，"取得法律效力"是公元 2 世纪，由 Gai 1.5 不加区别地归结到所有的君主谕令头上的。与此相呼应的是，出现了一个问题：至少在最初的时候，仅仅是在荣誉法层面上才具有效力这一点是否并不指向君主敕告？显然，这并不意味着皇帝的敕告必须在裁判官法层面上才能获得实效（在市政官法层面上也不可能），而是在这些敕告的基础上进一步形成一种荣誉法的门类，用来补充已经提到的那种类型？

这个问题应该面对，并从私法的角度分别考虑制度中的各个领域。毫无疑问，在公元 1 世纪，有少数私法制度，比如遗产信托，通过皇帝的规范性活动而获得了法律保护，但是无论是在市民法层面上，还是通过私人诉讼制度，它们都不具有重要性，而是通过非常审判的形式获得保护。根据这种审判，按照在罗马文献里包含的一些要点，习惯上称之为"非常法"（*ius extraordinarium*）（见第 84 节）。这里现象就跟以裁判官司法活动为基础的荣誉法的形成有类似之处，不过，非常法却没有被罗马法学家们照此方式予以概念化。

> 文献在这个领域并没有直接展示出某种确切的解释。一方面，需要强调的是，一般说来，皇帝根据敕告在私法层面上的参与活动仅仅具有有限的创新之处；另一方面，古典时期的法学把皇帝的规范性活动置于与裁判官活动同一水平会遇到困难，因为皇帝已经想要在自己身上集中全部的国家权力和裁判官权力，裁判官这个共和国时代的宪制机构在元首制的不同氛围下已经不具有真正的政治重要性了；最后，还要考虑到一个情况，就是从公元 2 世纪初开始，君主敕告已经能够在市民法层面上获得法律效力（这就像在所有的普遍性谕令身上发生的一样）。

除了这里提到的在非常审判和非常法层面上的可操作性以外，在有些情况下，皇帝敕告里提出来的规范也获得了裁判官层面上的批准认可，比如在《关于简约的敕告》（edictum de pacits）身上发生的那样，以及可能还有其他例子。

> 只要一项约定并不违反君主敕告，裁判官实际上就会授予简约抗辩权（exceptio pacti）。关于另一个例子，可以想到的是 D. 16. 1. 2pr 里面记载的一些敕告，代表的是《维勒亚元老院决议》（第79节）这个历史先例，这些敕告拥有的效力与后面这种决议所获得的效力是一致的，因为这些决议授予了一种裁判官法上的抗辩权。

公元1世纪，君主敕告在市民法层面上获得效力遇到了更大的困难。这些案例类型都主要涉及市民权的取得：这种效力只能够在市民法层面上才能获得，因为并不存在一种荣誉法上（iure honorario）的市民权，另外，可能还要授予君主一种相关的特别权限。

在刑事制裁领域里也发现了一些问题，它们表现出与私法领域的那些问题的某种相似性。以皇帝的敕告以及敕训（mandata）为基础，在公元1世纪的公共刑事审判层面上，也已经组织了非常审判程序（第89—90节）：这是非常法的另外一个侧面，跟已经看到的那种私法领域的侧面是并列的，而且这里面的惩治手段，无论是实体方面，还是程序方面，都建立在皇帝的"更高且不受限制的行省总督治权"之上。关于这一领域，也是由于民众大会的相应职能更加迅速地衰落，因此就不再提出申诉权的问题作为死刑判罚的限制手段了。

对于刑事审判制度而言，可能会有一些难题，因为这种制度建立在民众大会法律的基础上，从原则上讲，对其规制的方式只能根据其他法律（leges）来加以修改。与此相关，在不同的指向和不同的语境下，或者能够采用一种学理上对敕告的解释性特点所做的观察（关于对有关元老院决议类似的看法，参见第79节）。皇帝敕告在这方面并没有创造出新的犯罪形态，也没有相应地设置新的刑事法庭，因此，毫无疑问，它还是保留在立法性的规定上（奥古斯都本人就曾借助《关于通奸罪的尤利法》来实现使新的犯罪形态成型，并且组织对其的惩治手段）。不过，敕告则仅限于扩大业已规定下来的犯罪形态的内涵（相应地，扩大业已存在的相关刑事法庭的职权）。在我们看来，这样的行为代表了一种真正的创新，为了具有可操作性，这些创新手段是以那些使它们得以实施的规定具有法律效力为前提的。但是，在公元1世纪罗马的政治气氛下，不能排除的是，可能会有一种考虑，在这种考虑里面，或多或少从工具性角度而言，这些敕告的"解释性"方面更占主导。以此为基础，就可以描绘出这些敕告在普通公共审判制度（ordo iudiciorum publicorum）层面上的可操作性，而且随后由于任何一种类型的君主谕令和法律的等同，这种操作性才成为可能。

在行政组织方面，主要是财政方面，则无法提出什么问题来。就像我们后面马上会谈到的，皇帝在这方面的干预手段主要是通过使用敕训这一工具来进行。不过，建立在更高且不受限制的行省总督治权基础之上的敕告的可操作性不会遇到什么难题，因为在这方面并不存在什么法律上的保留，也没有共和国时代的行政管理组织，这些组织管理——在较为宽泛的范围里——都是在元首制时期才实现的，其所根据的民众大会法律只是代表了对皇帝干预手段的某种形式上的阻碍。

敕训也是具有普遍性特征的谕令，这是皇帝对自己的官吏们（包括奥古斯都的代行裁判官特使 [legati Augusti pro praetore]，他们统治着属于皇帝的行省，以及在特别行省担任首脑的皇帝代理人，出于这个理由，他们被称为地方行政长官 [procuratores]，见第95节）以及元老院行省的总督（proconsules）发出的训示。最初，敕训可以说是发给个别官吏的个性化训示；不过，慢慢地就形成了一种定型的诸多敕训的集合，即敕训大全（corpus mandatorum），其并非具有普遍性的特点，针对所有可能收到这些敕令的人，而是跟单个的职务相关而有所区分。很难认定这种敕训大全——照所说的这种方式而区分开来的——本身有没有效力（即不需要用一份特别规定将其发往接任职务的各个主体）；或者说，是否是在每名官吏每次将要赴任时，在需要专门做出具有约束力的敕训的时候，须参考这些敕训大全：后一种假设似乎更受青睐。

可能有一些敕训大全具有不同层面的普遍效力，比如说，有对所有代行裁判官特使（legati pro praetore），或者所有各行省国库代管人（procuratore fisci）有效的敕训大全，也有对个别行省的总督或者国库代管人适用的特别敕训大全。后面这种敕训大全的存在已经由所谓的伊迪奥斯罗格长官日程表（Gnomon dell'Idioslogos）所证实，它保存在一份埃及的纸莎草文献里面，大约在七十年前得到发表，其中保留了关于伊迪奥斯罗格代理长官（procurator idioslogi）职责的敕令大全，这一官职被设置用来管理位于罗马的埃及行省的君主私产（res private principis）（第96节），其中包括有相当比例的针对埃及社会的特别规范。

有人坚持认为，敕训不可能是一种真正的谕令，主要因为它并不包含有创新特点的规范，而仅仅是发出适用现存规范的训示。

毫无疑问，在当下的学说里面，"创新性"构成了实质意义上的法律的核心特点之一，即规范性措施的特点，这个特点能够将其从法律措施（legge-provvedimento），即仅仅是一种形式意义上的法律里面明显地标示出来；不过，不能确定的是，在罗马人的法律经验里面，"规范性"——这被认为是君主谕令的本质要件——也必须以这些规范性规定具有现代意义上的"创新性"为前提。

不过，上面提到的这种意见似乎受到了抵制，尽管必须承认的是，罗马法学家提出来的各种关于皇帝谕令的列举名单上面都没有"敕训"这一类型。一个同样毋庸置疑的实际情况是，这些法学家们也把敕训当作一系列规范的渊源加以引用。另外，这明确揭示出，他们并没有把这种谕令看作是对其他规范的简单重复，并因此仅具有适用性特点。考虑到这些敕训毫无疑问的是君主的规定，法学家承认敕训具有规范性的特点，因此将其归属于谕令，而不把它归入到其他类型的君主法规。

另一个问题是，敕训的约束性特点的基础以及赋予这些敕训可操作性的资格的问题。至少，在法学理论尚未提出因为所有君主谕令都有"法律效力"而具有统一的正当性基础之前，除了那种"更高且不受限制的行省总督治权"以外，还找不到其他的根据（第84节）。

君主的官吏们建构起一种科层制组织，而该组织的权力来自皇帝，并且在可能的范围内，它也是明确地建立在这种"更高且不受限制的行省总督治权"基础上的。而对元老院行省的总督而言，其制定规则的权力如果不是来自这种治权的话，也就不可能来自君主。

关于敕训的可操作性，文献里有一些不同的迹象。在那份著名的敕函（*epistula*）中——向图拉真皇帝请求如何对基督徒采取行动的请示——普林尼提到他自己的一份根据敕训而颁布的告示（Plin. ep. 10. 96. 7）。这里涉及的情况要上溯到公元2世纪初，照此方式发出训示，通过敕训的接收者的治权而使这种类型的谕令得以执行。在该训示里包含的规范对那些制度主体似乎并没有直接的约束力，大概仅仅是对被要求对其予以适用的官吏有约束力。但在另外一个大约是一二十年之后的案例里（不过，马尔奇亚诺[Marciano]在后来一个世纪的头十年里也谈到过，见D. 48. 3. 6），似乎是亚洲行省总督（*proconsul Asiae*）（恰好就是未来的皇帝安东尼·皮奥）通过他自己的一份告示将敕训予以公布。按照这样的方法，告示仅仅具有对敕训加以公示的作用，而敕训本身就被承认对制度主体具有直接的约束效力。

公元2世纪，当所有的君主谕令都获得法律效力的时候，这种直接的约束力当然不会引发什么问题。而且，在这个世纪以前，如果敕训是仅限于在公共行政管理和非常审判层面上做出的训示，那显然也不会有问题。不过，上面指出的这一时期，在涉及私法的情况下（这方面敕训的影响力是微不足道的，而且它常常出现在涉及官僚组织和军事组织的领域里），当必须把这种类型的君主谕令引向市民法层面的效力时，比如，在军事遗嘱（*testamentum militis*）和一系列打击官吏或者军人的禁令（禁止结婚、禁止接受赠予等等）应该产生的效力方面，就存在问题了。

关于敕训，现代理论提出了一个问题：随着发出敕训的皇帝的去世，其效力会偶然中断。该问题之所以被提出，主要是根据君主及其官吏之间的关系具有一种假想的私人性特点，在这种关系里面，应该适用的是在私人间的委托合同上有效的规则。根据这类规则，当委托人去世的时候，合同即告解除。但实际上，在文献里并没有留下任何痕迹明确地指出皇帝去世之时他发出的敕训丧失效力，因此把私法制度和公法制度进行类比，可能就显得相当令人怀疑。

83. "敕答""敕函""敕裁"

另外一些类型的君主谕令都是用来解决具体案件的裁判的：因此，它们都跟诉讼审判具有密切联系，无论是民事的还是刑事的，无论是普通私人诉讼（第30节）还是普通公共审判（第88节），以及民事或刑事的非常审判程序（第89—90节）。这就提出了另外一个问题：鉴于其特殊的作用涉及的是单个的具体案件，那么这类谕令的普遍内容及其可操作的方式是什么。

"*decretum*"（裁决）这一术语具有一种宽泛的含义。在这种意义上，对该词的使用既可以涉及君主（像帕比尼安 [Papiniano] 在 D. 1. 1. 7pr 里用到的这个词语所证实的那样，为的是在一般意义上指代皇帝谕令），也可以涉及共和国的民选执法官（这在动词"*decerenere*"上能更有效地得到证实）。不过，从技术意义上讲，君主敕裁（*decreta principis*）指皇帝在他的司法活动中颁布的判决，既有上诉审的，也有很例外地发生在初审阶段的，既有民事领域的，也有刑事领域的，既有严格形式的（ [*pro tribunali*] ），也有简易即决程序（ [*de plano*] ）。

关于皇帝在既决案件上所做的宣判具有约束力的特点，是不存在任何疑问的。公元1世纪，君主已经代表司法组织体系的顶点，而他的判决，无论是在上诉审中还是在初审中宣布的，都当然地可以排除掉任何复审。不过，在不同的时代，究竟什么是皇帝的决定权的基础，还是引发了不少争论。

一般说来，在上诉审的司法管辖权被指引为是"根据请求审理案件"（*ékkleton dikázein*）的权力这样一种明确的属性（关于这一点，除参看第76节以外，还有第89节，存在关于君主司法管辖权属性的个别不同观点），这是公元前30年的时候发生的。迪奥·卡西——这方面的信息是他传递给我们的——并没有说清楚这种权力，而且也没有说到该权力是同时涉及民事审判和刑事审判，还是只有其中一种。不考虑上诉审审判的明确属性的话，"更高且不受限制的行省总督治权"——这种权力不受限制而且还受到准可权的支撑——适合为君主在初审当中的司法介入活动提供基础，这必然也被同时代的人认定为是充分的根据：对于上诉审而言，则必须要有一份特别规定，这可能要归因于这样一种现实状况，它涉及的是罗马制度完全不为人所知的一种结构，而且，很难能够认为这种结构也包含在行省总督治权这样一个很宽泛的权力里面（这种行省总督治权在公元前30年尚未授予屋大维）。但经过数年以后，由皇帝来行使司法权力，无论是在程序的哪个阶段，都被认为是属于他的职权整体范围之内，在 Gai 1.5 里的那种宽泛意义上的治权概念，已经摆脱了奥古斯都时期才有的"特殊职权"这样一种属性，这种职权从形式上看，会在很长一段时间内留存在"权力约法"那套已普遍定型了的条款之中。

敕答和敕函履行的是另一种功能，它们作为直接的规定来影响单项争议的判决。

> 需要考虑的情况是，敕函和敕答这种形式都不是专门被用于这里所说的功能。敕函是一封皇帝的信件，可以用作写书信的任何目的；而敕答则必须以一个私人的请求为前提，也可以被用作处理行政事务，不过，单独说来，在罗马人的经验中，要把这方面的敕答同皇帝参与司法活动背景下的敕答彻底区分开来还是有困难的。

敕答和敕函都是在一个诉讼审判过程当中被添加进来的，或者，前者可以是在将来要进行或者可能会进行的一次诉讼之前被请求做出并颁布的。除了在前提和必要条件方面的不同以外，两者都有一个共同的目的，即以具有约束力的方式在一个特定的诉讼审判里为有权机关的判决解决某个法律问题（或者解决一项关于行政管理的事务）。

敕函，正如其名称所言，就是一份由君主所写的正常通告，由书信吏（*ab epistulis*）（第93节）来起草准备。皇帝本人用敕函来回复另一封由皇帝的某位吏员或者民选执法官发出的信函（更多的问题则是来自程式诉讼里的私人承审员 [index privatus]）。吏员或执法官向皇帝提交引发争论的法律问题，这个问题对于他们自己分内的一个待决案件的解决有决定性意义。在这样一份回复敕函里面，皇帝解决了照此提交给他的这类问题，而且，这位吏员或者执法官行使其职责的时候就会予以执行，并使之同皇帝提出来的解决方案相适应（当然，只要是在事实情况得以明确查证而没有改变这个提问目的的情况下）。

正常情况下，所涉及的案件都是在行省以非常审判（不论是民事的还是刑事的）的形式加以讨论过的案件；不过，不能排除的是，以普通私人诉讼或者普通公共审判程序来加以解决的那些诉讼的负责官员也会求助于皇帝来解决这些争议问题，尽管这方面似乎欠缺可靠的线索。

而敕答则是皇帝根据某个私人的请求——诉状（libelli）、请求函（preces）——发出的回复，常常带有对争议法律问题的解决意见，跟正在进行中或者即将举行的诉讼程序有关；私人似乎不能以不同于诉状的形式向皇帝进行求助，这些诉状应当在开庭当日由他本人或者他的代理人呈递给皇帝（因此，不需交给文书署 [cancelleria]）。相对于敕函而言，敕答具有一种不同的结构，这取决于私人是以不同的方式来向皇帝本人求助的。这些决定，实际上是由管理诉状的文书署来准备的，写在这些请求信的页边并由皇帝附上落款（subscriptio）（相伴的表述有："已署"[scripsi]、"已复"[rescripsi]、"已准"[vale] 等等），诉状和敕答随后就会被张贴在皇帝所在地方的公共场所（所谓的"公示"[propositio]）。

为了获得敕答的文本，请求人或者他委托的人不得不在原文本尚在张贴的那些天里获得一份副本。从实际角度来看，这显然构成了一个沉重的负担，而且并不能肯定的是，为了把它们张贴到请求人所居住的行省省会去，会发送一份请求书和回信的副本，这似乎只是偶尔才会发生的（但从抽象层面上讲，这显得才是合适的）。无论什么方式，实践方式上的难题似乎都未影响到这种工具的传播，用于某个具体案件里在法律要点上的争议的解决。这种敕答能够基于任何一种类型的诉讼，并在诉讼程序的任何阶段加以请求。

一种并非个别的观点认为，只能把这种类型的君主谕令同非常审判程序联系在一起，这似乎是不可取的。尽管从统计数字上看，在我们的文献里面，对按照这种形式进行的诉讼产生影响的敕答好像占了主导地位。但另外需要考虑到的是，在实质方面，行省的审判涉及的大体上都是运用市民法和荣誉法进行调整的争议。

关于敕函和敕答，首先要提出的问题是它们在这种特别决定的案件上的效力，以及这种效力建立在什么样的基础上。官吏、执法官（还有授权承审员 [iudex pedaneus]：参见第 84 节）以及私人承审员都不得不遵循皇帝表达出来的意见，这一点是毋庸置疑的，就我们的书面证据而言，也没留下他们在这方面有什么含糊犹豫态度的迹象。

但是据记载，根据请求人、执法官和听审官吏提供的对事实的陈述，皇帝决定的只是法律问题。即使这种陈述是来自公共主体，比如吏员或者执法官，它也不当然地就构成对可能产生争议的事实状况的明确查证，而是由审判机关，无论是公共主体还是私人承审员，来提交这种明确的查证。这一状况构成了对这种类型谕令之效力的第一种限定，而这也是皇帝本人在敕答里面明确指出的，如果已经有来自利害关系当事人的陈述，那么对真正的事实情况指手画脚（即使它不是完全恶意的）就将面临更大的风险。在敕答里专门强调了，皇帝提出来的解决方式的有效性取决于请求人陈述出来的事实跟真相是吻合的，这并不偶然（陈述是否为真，请求是否以事实为依据 [si vera sunt exposita, si preces veritate nitantur]）。

并非没有道理的是，敕函和敕答的约束力特点的基础在于君主的准可权，这种权力赋予他表达出来的意见、判决（sententia）以一种权威性，而无论民选执法官还是吏员抑或承审员都不能够加以反对。就元首制初期而言，可以想见这种基础是唯一的，因为正如已经说过的（第 82 节），在当时，效力和运作模式可能根据不同种类的谕令而有所差别。不过，这种看法应该与一种现实情况联系起来加以判断，即作为规范性工具，敕函尤其是敕答，是在公元 2 世纪最终兴盛起来的。而正如我们从 Gai 1.5 得知，那时，君主谕令的运作模式已经得到巩固，并赋予它们以"法律效力"，即 legis vicem optinere，这就使得再求助于准可权来为这些类型谕令的约束性特点提供正当基础显得有点多余。

不过，这种提法建立在一种严格的法律实证主义的判断之上，即 Gai 1-5 里面说到的关于君主谕令效力的内容。当涉及具体案件的时候，准可权而不是"法律效力"才起作用，准可权有助于君主提出自己的解决方案，这类解决方案不仅在市民法的层面上，而且在荣誉法的层面上，有时候甚至还有非常法层面都是存在的，这要根据被解释或者被适用的规范的特性，或者规范的语境——单个的敕答就是嵌在这种语境下的，偶尔还会对这些规范加以创新。

其次，对敕答和敕函（也涉及敕裁）提出的问题是，皇帝就特定的具体案件颁布的决定在今后可能出现的同类或者相似案件中的效力。如果用它"具有法律效力"或者"获得法律效力"来解决这个问题，那就意味着不考虑在罗马人的法律经验里是以什么方式来看待规范体系和法律渊源的。另外，也不从这种具有严格现代性的提法里面提取出本应推论出的所有结果。

实际上，如果君主谕令获得一种效果，能够引入普遍性和抽象性的规范，而这种规范根据其"具有法律效力"在市民法层面展开实效的话，那么结果就会是，在由荣誉法或者非常法调整的领域里，皇帝的任何一种解释性或者创新性参与活动都会被该制度部分地市民法化，相伴随的还有，很容易能想象到那种偏离原有路径的后果。这就解释了那些机械地相信 Gai 1.5 和 D. 1. 4. 1pr（乌尔比安）字面的人为什么对于这种提法导致的必然做法心存疑虑，考虑到激发出这种提法的基础是严格的"本本主义"，那么它还算说得过去。

古典晚期的法学家们提出的那些抽象的程序，至少在形式上违背了对元首制中晚期权力结构和意识形态的尊重，但这必然不会掩饰法学家和皇帝是以一定的方式，在与罗马人的原则相一致的情况下，来关注谕令在既决案件以外的特定范围内的规范性效力。在乌尔比安那里可以发现一个非常明显的迹象，尽管 D. 1. 4. 1. 2 里面不乏矛盾之处，但是，他在这个文本里面还是描述了这类谕令具有"得出先例"（trahere ad exemplum）的效力，即提出一种原则使得君主的决定成为一种权威的先例。

就一种关于 D. 1. 4. 1 的一致看法而言，里面的不确切之处是相当明显的。在第一节中，这位法学家以完全明确的方式确认了君主通过敕函、落款（subscriptio）（这种情况下，似乎是一种等同于敕答的表述形式），敕裁（或者是简易即时判决 [interlocutio de plano]），或者敕告（在这种语境下，将这个普遍性的谕令放在最后会给人留下深刻印象）确立的原则就是法律（esse legem）。但是，在第二节里，那些私人的谕令（constitutiones personales）不能够"得出先例"，但同时又以此认定具有特殊性质谕令的操作性等同于权威先例的操作性，而那些私人的谕令又当然属于这类谕令的范围。

因此，皇帝对单个的具体案件提出的解决方案，在得到君主的全部准可之后，就像那些拥有同样的结构和同等功能的法学家的解答意见一样，进入到法律冲突选择（ius controversum）的范围里来。另外，在罗马人的法律经验里面，考虑到他们的文化以及从这种文化中表达出来的价值观，如果承认在法律的个案决疑过程中，取得完全法律效力的这些决定拥有的效力不同于按照上述方法创造出来的其他一些材料的效力的话，就很出人意料。显然，这种伴随着君主判决（sententiae principis）的特别锐利而透彻的准可权，使得彻底而公开的反对意见变得极为困难，甚至不可能。不过，这种在具体案件中发挥作用的准可权并不是使得皇帝的意见在法律冲突选择过程中占据优势的抽象意义的"法律效力"（这种法律效力在实践中的执行也会遇到很多困难）。

这种操作模式也解释了为何法学家在利用这些来自于敕答、敕函和敕裁中的规范材料时具有相对的自由和灵活性。正是因为这些东西本身在一定范围内也被"法律冲突选择"体制看作另外一些重要的判决，因此可能发生的是，在或多或少比较边缘性的案件里，法学家们把那些具有特殊性质的谕令看作在以"法律冲突选择"为代表的"开放性制度"范围内探讨的另外一些原则，或者说看作原则上的解决方案。借助少许的"区别"程度，这种原则上的解决方案就能够给不同的解决方式留下空间。这既是因为皇帝可能不曾考虑得特别周到；也是因为皇帝提出的判决原则被用于一些案件类型，但由于这些案件有各自不同的特点，因此解决方法也会不同。

另外，敕答、敕函以及敕裁的可操作性还可能会根据它们将要影响的法律门类的不同而有所区分。在非常法的层面上，皇帝其实通过解决具体案件的那些判决原则而拥有完全的自由裁量权，因为——不考虑法学领域的个案决疑这类技艺——这个法律门类无论是在实质方面还是程序方面，本身就建立在皇帝本人的规范性参与活动的基础上。而在荣誉法层面上，事情实际上也是以类似的方式表现出来，尽管在形式方面有些不同：无论是在发给执法官的直接敕函里，还是在指示给私人的敕答里，皇帝所确定下来的原则，都可以被认为对这些司法活动主体具有约束力，因此这些人都必须执行这样表述出来的指示。并不偶然的是，尤其在财产领域，通过特别谕令引入的一些创新基本上都是在荣誉法层面上得以实施的，借助授予荣誉法的诉权或者抗辩。如果说这样产生的创新的本质基础在于皇帝的规定，那么在形式上它们则根据执法官们行使治权才得以创造出来。

在市民法层面上，想要找到君主通过在具体案件里进行规范性活动而引入的一些根本性创新的痕迹就更加困难了。正如前面所说的，显而易见，最纯粹的创新之处都倾向于在荣誉法的层面上获得效力（不考虑使用其他一些具有普遍性特点的规范性工具，比如元老院决议，参见第79、84节）。或许，这代表的是一种研究领域，它是向某种研究结果开放的，这种考察涉及的是法学家解释（interpretatio prudentium）和皇帝文书署的回敕活动在市民法层面上运作的不同方式，同样也考虑了各种不同的历史背景。具体地核实在什么样的限度内，法学解释权（interpretatio iuris）可以有效地实现更大的自由，而即使在市民法的范围内，这种解释权显然也已经赋予君主。

84. 元首制规范体系里的君主谕令、"非常法"和"非常审判"

从元首制初期开始，规范性活动已经趋于集中到君主身上。如果说这是一种广泛传播的看法的话，那么，在这一时期对法律渊源体系所做的判断里，这样一种看法被深化了。首先，实质方面与形式方面形成对比；其次，要考虑到这样一个事实，在公元后的前三个世纪里，那些在法律渊源中以穷尽列举的方式开启，但后来又不再发挥实际作用的规范，都保留了它们的效力。

在公元2世纪和3世纪之间，法学家们仍然只给出了对法律渊源体系的静态描述，所参照的是规范产生的事实，这些事实创造出罗马制度中的现行规范，这些规范的效力已经不同于原初。虽然每位作者都有各自的特殊之处（具体而言，有盖尤士的 Gai 1. 2-7；彭波尼的 D. 1. 2. 2. 12；帕比尼安的 D. 1. 1. 7），但是，他们的分类方式认定的全部都是同样的法律渊源，并要以上述静态的意义来理解：民决法律（包括狭义的民众大会法律 [leges comitiales]，因为他们是在民众大会以及平民会上表决通过的决议）、元老院决议、执法官告示、君主谕令、法学家解答或者准可（auctoritas prud entium）。另外，在元首制运作的三个世纪里，尽管时间不同、方式各异，但所有这些渊源都还保有一种最原初时的重要特性。

不过，实际的趋势是，创制新法律的资格集中到君主身上（也就是集中到他的谕令上来），而先前的规范仍保持其有效性，这种趋势正成为一种事实。这一切发生在不同的时期，并采取不同的方式。正如已经看到的（第 81 节），从公元 1 世纪中叶开始，法律（leges）不再被当作规范性工具来使用，不过，法律的最后一个旺季是在奥古斯都治下的元首制时期。但实际上，这些法律并不像共和国时代发生的那样，代表统治阶级或者他们当中或大或小的派别自行完成的某种政治提议的成果（就算在那个年代，人民立法大会也从不享有提议权以及对执法官或平民保民官的提案进行修改的权力）。这些《尤利法》通常是名义上的，但常常也是实际上的，代表着奥古斯都为了实现他的改革目的和重建目的而使用的一种工具，尽管有时候对民众大会加以操纵并不像君主所希望的那样简单。这也就解释了为什么从提比留元首制以来，皇帝们更多地使用元老院决议继而利用元老院的君主诏书（oratio principis in senatu habita），来对罗马制度整体上的普遍性和抽象性规则施加影响，虽然在这数十年里，此类元老院决定只有在荣誉法层面上才能得以贯彻（见第 79 节）。

而一种关涉裁判官告示（也有一般意义上的荣誉法）的正式且深刻的改变发生在哈德良统治时期，当时对告示进行了"法典编纂"。尽管我们在这方面掌握的文献不多，也有观点否认其可信性，而且这种观点还得到了权威而坚决的支持。但是主流学说仍然有理由继续认为，这次法典编纂实际上是进行了的，而且受哈德良所托，这件事由法学家萨尔维·尤里安（Salvio Giuliano）（第 87 节）主管。

实际上，现有的信息只涉及内务裁判官告示的重新编纂，但毫无疑问，外务裁判官告示也应该在法典编纂范围之内，在这一时期，它们跟内务告示已经不再具有实际区别。如果说在共同的主题上从来就没有什么区别的话（我们也并不知道有特别主题的外务告示的形式），那么，到了共和国末期，并从奥古斯都元首制时期开始，一些尚存的其他区别必然也已经消除了。毫无疑问，这种法典化进程也曾扩展到"贵族市政官告示"（edictum aedilium curulium）（第35节）上，但关于行省总督告示的编纂形式则更为不确定。如果在公元1世纪，单个行省总督以各不相同的方式行事的自由权受到君主行动（"更高且不受限制的行省总督治权"为此提供了正式根据）的实际限制，那么不可能确认的是，涉及各个行省之特殊性质的行省告示（edicta provincialia）会通过哈德良的法典编纂来明确地加以固定。可能这并不是必需的，因为通过皇帝的敕训，其指示权能够很容易地对这方面的告示加以干预，而且告示的数量也必然受到限制。

不过，早在先前，内务裁判官和外务裁判官（和受到君主控制权和领导权支配的行省总督们）就已经丧失了对具有一定重要性的改革措施进行提议的自由，除了对已经开始适用的相关条款和告示手段做出具有法律技术性特征的简单修改。那些每次担任裁判官职务的元老院阶层的代表人物在没有听取皇帝意见的情况下就进行较为重大的改革，是不可想象的。另外，君主本人会亲自或者以元老院决议（第79节）为工具来参与并指导裁判官在告示中引入一些不可或缺的修改。有些审判官员的活动是通过并未规定在告示里的一些特许权（所谓的裁定手段，参见第31节）来实施的，他们行事尽管没有在君主的直接掌控之下（这是因为直到哈德良皇帝之前，敕答和敕函都是很少见的），但仍是根据法学意见的建议或者监督。这种法学意见尽管在政治意见上仍有差别，但从提比留开始，已经不再表现为是对共和国宪制的意识形态和价值观具有忠实的怀旧感的现象了，而这种现象主要是在奥古斯都元首政时期的拉贝奥身上发生的（见第85节）。

哈德良法典编纂之后，担任裁判官职务的人必须从编纂后的版本里面提出告示，这种版本是通过一项元老院决议加以批准通过的

（对元老院本身和执法官之间的旧有关系尚保持形式上的尊重，这是基于共和国时代的宪制），并且这种版本也只能根据后来的一项元老院决议或者有时候是一份君主谕令来对其书面文字加以修改。在法典编纂完成之后，裁判官以及行省总督在授予诉权以及其他裁判手段，或者不授予，即驳回（denegare）告示上的诉讼手段上，仍拥有自由权。对此，他们常常根据皇帝在敕函或敕答里面含有的准确指示来行事，或者像此前的年代里所发生的那样，受到法学意见的控制，正如后面我们将看到，这种控制实际上是被补充进统治体系里来的。

另外，不考虑以皇帝谕令为代表的这种新手段，罗马法学家在元首制晚期的时候也认定了法学家解答和准可是一种法律渊源。如前所述（第45节），彭波尼认为，"特有的市民法"（proprium ius civile）就是"仅仅以不成文形式存在于法学家解释中"（quod sine scripto in sola prudentium interpretatione consistit）。在罗马人的经验里，作为法律渊源，法学的地位因强烈的典型特征而十分显眼。它毫无疑问地构成了一种渊源，或者可以说是一种途径，以此来首先了解市民法，很久以来，这些市民法就是建立在《十二表法》基础上的，并且从共和国末期开始其实际渊源来自于法学家解释，因为这部十人委员会的法典本身已经失效，而只能根据以历史视角为出发点的那种法学解释才具有约束效力。在元首制时期，这种解释成了主要以《十二表法》为基础的特有市民法所借助的唯一手段，以此才能够跟那些主导着市民法的基本原则协调发展。

涉及那些起源不能回溯到《十二表法》上的市民法制度的时候，法学家对它们的解释也发挥着类似作用，因为——按照当代人对其了解而言——它们是在与任何一种规范性规定相独立的情况下，通过法学家解释的途径被引入到市民法体系里来的。举两个典型的例证，一个是有文字契约之债（obligationes litteris prudentium）和支出（expensilatio）①，另一个是有历史的诉讼程序。通过这种程序与诚

---

① 支出（expensilatio）是文字契约之债（obligationes litteris contractae）的形式之一"债权誊帐"（nomen transcriptcium）制度的组成部分，起源于罗马家庭的账目管理，表现为家父把日常的收支情况登记在专门的收支簿（codex accepti et expensi）上，通常由债权人把债权（nomen）誊抄在收支簿的支出栏中，并取得债务人的认同。

信契约，无论是合意的或者非合意的，这些法学家解释都被市民法体系所接受。

不过，除了法学家解释在这种"仅以不成文形式存在于法学家解释的特有市民法"上面发挥出来的功能以外，法学家的工作还覆盖了所有的法律制度，尽管其先决条件和模式有所不同。一方面，它涉及那些直接建立在一次规范性活动之上的市民法，比如一部法律或者一项元老院决议（比如，奥古斯都的婚姻立法），还有建立在裁判官告示基础之上的荣誉法，以及很快就会谈到的非常法和新法（*ius novum*）。另一方面，法学通过对法律的各个领域进行科学的阐释，实现了对整个制度的统一认识，没有这种认识的话，实践中的运作将更加困难。

> 在制度的不同领域里，与特定的市民法不同的是，法学家所面对的一种规范性事实是，在他们看来，这些制度是无条件地有效的，而且不受他们的解释（*interpretatio*）的左右（由于《十二表法》里通过的市民法原则，这类解释是不存在的）。毫无疑问，这种解释可能对以什么样的方式来阐释这些法律材料产生了影响，不过，在学理上，尚未尝试过在一个足够广泛的基础之上，开展对这个特定方面的进一步深化。据载，杰尔苏（Celso）这位公元2世纪上半叶非常活跃的法学家，就忙于研究以什么样的原则来对成文的规范文本，即法律和元老院决议进行现代意义上的解释。不过，那些可能并不在对裁判官告示（以及贵族市政官告示）的解释过程中适用的原则也不是无关紧要的，这种解释是以词条形式进行的（见第87节），不过，在这类词条里面，会跟被解释的文本里的个别词语挂上钩，这给法学家留下了更大的自由度。

427 如果说在特有市民法范围以外，法学家解释并不代表唯一的认识途径或者法律调整手段发展仅有的形式的话，也并不会认为赋予法学家解释和准可的那种法律渊源的资格是不适当的。法学家的决定（*sententiae*）涉及该制度里的任何一个门类，而根据一种实际上很准确的解释——关于那些与法学相关的罗马人的法律经验存在的基本方式——它构成了如今习惯称之为"法律的冲突选择"（*ius controversum*）的一部分。罗马人的世界相对于我们如今的经历而言，实际上并不是以存在着一种当代意义上的"法例"为其特点的，这种法例被理解为是与法学家予以阐释的法律相对的（即跟狭义的法律科学相对），如同对法庭尤其是最高法院的判决做出阐释的那些学说的总和，而从这些判决本身的说理部分就可以获知这些学说。

> 为了避免语义不清，需要注意的是"giurisprudenza"这一术语的含义中的矛盾之处。在涉及罗马人的法律经验的时候，该词指代的是我们如今称之为"学说"的东西，即那些专业而科学地研习法律的人提出的观点的总和，而且至少从单个学者的层面上讲，意在以体系化的方式提出来的观点的总和；而在涉及我们现今的经验时，这个术语指代的则是"法庭的学理"，就像已经说过的那样，这是从判决本身当中得来的，而且在大陆法系里面，对于今后的判决而言，事实上具有如同先例一样的或大或小的价值。

在罗马，并没有一种现代意义上的"giurisprudenza"（判例、判理），这一点同它的法律经验的各个方面都有联系。最主要的是，在法律诉讼程序和程式诉讼程序下，承审员是一个世俗人士和私人，当事人和执法官为了解决纠纷才赋予他的意见（判决 [sententia]）以终决效力；这种判决里并没有一个说理部分，而这是现代意义上的 giurisprudenza（判例、判理）形成的一个基本要素；但法律诉讼和程式诉讼程序都同样地对此付之阙如。只有在非常诉讼里面，大概才慢慢地兴起了说理的原则，而执法官或者审判官们就会以某种方式表述出其判决所根据的事实，但至少在刚开始的时候，这是非常粗略的。另外，这也并不非常适合于形成一种"法庭的学理"。

在这种情况下，法学家们的意见本身就被认为对这些世俗的私人承审员有约束力，甚至以不同的方式对执法官和那些并非法律研习者的官吏们也有约束力（因此，他们被认为跟专业进行解释活动的法学家一样处在同一层面上）。承审员几乎从来都不被认为有权对法学家的意见不加理会，这种意见被当事人一方提出来以后，就会是唯一适用到行动中来的意见。只有当这些意见不止一种并且互不相合的情况下，承审员才重新获得行动自由，但是，这种行动自由完全是受到限制的，因为他的选择只能是在既有的各种意见当中进行。

从某种意义上讲，这一切展现了 Gai 1.7 里面引用过的哈德良皇帝的一封敕答所完成的工作，即无非就是将罗马世界里必然广泛存在着的一种实践加以固化。这封敕答规定，拥有解答权（第85节）的法学家的意见在相互一致的时候具有约束力，而当这些意见有分歧的时候，则由承审员在里面自由地选择，而那个时候正是祭司解释（interpretatio pontificum）被法学家解释所取代的时候。很显然，哈德良的这封敕答是在这样一种意义上被解读的，即该敕答所涉及的解答意见都是为了争议案件而特别做出的。如果把这份敕答跟法学家们在任何情况下做出的所有意见（如同现在传播非常广泛的一种学说所希望的那样）联系起来，那就意味着这份敕答不具有任何实践价值。

在这里面，祭司的解释所提供的那种模式的影响力也发挥了作用，祭司解释对私人和执法官的约束力特性从来都没受到过质疑，相对于法学家解释而言，它表现为是统一化的。"法律冲突选择"恰恰就是在法学家取代祭司的时候才诞生的，解释意见的统一性渐渐地就让位于意见的多元性。就承认给世俗法学家的准可权而言，它还受到了法学家在元老院议员阶层（ordo senatorius）中所处地位的滋养，单个法学家所发布的任何一种判决意见本身都被认为是有约束力的，仅限于受到其他的或者有不同倾向的判决意见的竞争。所有意见都在抽象意义上构成了法律，因为所有意见都能够被承审员选择适用于具体案件，没有人可以怪罪承审员不适用现行法。在有多种可适用于案件但相互分歧的判决意见的情况下——这是正常情况——这些意见中没有任何一个可以被合理地看作比其他意见更像是现行法。尤其是在单个案件里面，承审员愿意选择的那种判决意见就代表了现行法。

迪尔特·诺赫尔（Dieter Nörr）以他一贯的严谨细致，在其提出的一种言论中非常欣喜地表达了这种现象：罗马人的法律经历投向了"法律冲突选择"，这种"法律冲突选择"在同一时间内，既是"超稳固的"（überstabel）也是"不稳固的"（instabel），因为在承审员判决之前，没人知道在这些意见里面哪一个会成为具体案件类型里的法律。

因此，在元首制时期，法学继续履行这一种功能，这种功能旨在对现行规定的运用和调整以及规定本身的发展。用现代的话来说，它能够表现出来的特征是，法学家们把罗马的法律制度看作为一种"开放性"而非"封闭性"的体系。

在这种对比当中，必须要理解为什么有些制度是"封闭性制度"。在这样的体系里面，立法政策的选择和与之相对的价值评判都是通过专门的程序进行的，这些程序几乎都是在完善这种明确表现出来的规范性行动。作为法学家并不参与这类程序，"在原则上"（*en principe*），他本人仅限于解释性活动，以及对他所属的制度进行重建的活动中承认这种选择和价值，并在它们这样一个范围内不时地运用类推法（这里可能引起争论的是后面这种举措的实际操作性，以及在不带有价值评判的情况下实施这类举措的可能性）。但"开放性制度"则允许法学家在体制所包含的各种价值能够逐次变化的范围内进行补充结合。在罗马法学的范围内，这种补充结合实际上是以两种方式进行的，并且这是一种标示出了法学本身的"个案决疑式"特点的方法。要么是因为同样的案例而在整体上被重新对待，同时对在以前的考虑中被判定为无关紧要的方面寄予重视；要么是因为采用了古代修辞学上称之为"特别理由"（*argumentum a specie*）的方法：即一个属于此前的规范判断范围内的案件，而它又表现出了特殊方面，那么在这种案件面前，法律调整方式就要根据这些方面而有所改变。显然，"开放性制度"的天然存在方式就习惯性地被称之为"法官法"或者"判例法"，即在这种存在模式下，在一定的广泛程度上，制度的发展被留给审判员的判决（比如，盎格鲁－撒克逊式的"普通法"）或者学说的解释（比如，古典时期的罗马法和中世纪时代的共同法）。

在元首制时代，法学——以皇帝的答复行为为代表的调整方式也加入进来，并且具有更大的权威性——继续发挥着作用，并建立在一种事实基础上。在这一时期（关于共和国时代，参见第45节），"习惯"成功地找到进入法律渊源这一队列的入口。在元首制时代，并不像在共和国时代的法学家身上所发生的，相关问题仍然跟法学家完全无关。根据《学说汇纂》（Digesto）里所显示的，主要是尤里安（第 87 节）对这类问题感兴趣，最终他提出了一种关于习俗（*consuetudo*）的一般理论，其中包含关于习俗之基础的详细情况。但无论是他，还是后来的法学家们，似乎都是在地方习惯（*mos regionis*）的范围以外赋予这种制度以实用效力。

在 D. 1. 3. 32 里面，尤里安以人民意志（*voluntas populi*）在法律和习俗当中展现出来的形象为基础，建立了两者之间的等同关系。这种意识是明确地表达在前者当中的，而在后者里面，则是通过某种确凿无疑的行动（*rebus ipsis et factis*）来表现的，这存在于行动的一致性当中。到了完全的元首制时期，人民意志的存在迹象当然就显得令人意外了。不过，在这里（还有另一种情况，见第 82 节），制度结构的巩固使得致力于承认纯理论的"人民主权"这样一种意识形态在政治上变得不可动摇。另外，很有趣的是，为什么因此而赋予习俗以约束力的那种正当性基础明确地跟它本身的实际操作性脱钩了，并被限制在上面提到的地方习惯范围内。不过，最终为这种表现找到一个理由并不是不可能的：各个地方的习惯都是在罗马法学之外被提出来的，而没有渗透到——这涉及这些习惯所代表的社会经济需求——法律冲突选择当中，它们跟法律冲突选择这种法学活动的典型产品并不相关。因此，不能在法学家准可的范围内找到这些地方性习惯的合法性基础和有效性，而要诉诸习俗这个范畴。

不过，法学活动在多个方面都与元首制这一新的制度现实以及这种现实中典型的规范性工具，即君主谕令形成对照，对此我们已经进行过分析（第 82—83 节）。有关君主和法学家——包括单个的和团体的——之间的各种关系问题，对此将在专门的章节说到（第 85—87 节）。这里只需观察，在以各种方式贯穿整个元首制时期的政治、社会和文化的辩证关系的范围内，个别法学家的个性并没有被皇权所完全束缚。

在这里，更加突出的是，新的元首制的政治现实及其典型的规范工具进入到罗马人的法律经验里来的方式，尤其是进入到一些平衡关系里来。在作为制度发展要素的法学与跟法学本身相区别的规范创新之间的关系里面，这种平衡关系是一些事件的先决条件。关于私法制度，从元首制的第一个世纪起到弗拉维（flavia）王朝①终结之时，皇帝都是通过使用共和国时代宪制里的一些法律工具来行事的，尽管随着时间推移，其方式有所变化。奥古斯都元首制代表了各种重大改革的成果，同时也重新建立了城邦的社会基础和制度结构。

当时，被特别选中的一些领域所具有的固有特征导致所使用的工具是民众大会法律，但随后很快就废弃不用了（第81节）。接下来，从提比留到弗拉维王朝的皇帝，主要利用的都是元老院决议，作为一种工具来强制要求执法官在正式的裁量权力——这种权力是执法官在展示司法审判告示的过程中具有的——里把握一定的立场。不过，从立法政策的角度来看，这种干预并不比共和国时代元老院以及他们中的行家——裁判官所能进行的干预更具有渗透力。

如果不是出现在非常有限的一些案件里（第82节），那种具有普遍性特点的谕令实际上没有在私法层面上得到运用，这可能要归结于他们在效力资格上的不确定性，这种不确定性随着公元2世纪初承认了这些谕令具有"法律效力"之后就被克服了。这些一般性谕令被选择用于主要是行省行政活动的组织，也用来为非常审判以及以此形式进行的刑事制裁活动提出规制手段。特别谕令的例子（*exemplum*）仅限于敕裁这种类型——不过，这方面的迹象并不是太明显——同时必须要强调的是，敕答在这方面几乎是付之阙如的。留给法学的就是通过个案决疑的方法来使制度取得进展，如公元前2世纪开始以来一直发生的那样。

从这个角度来看，这种转折是从图拉真皇帝时就有预兆的，到了哈德良皇帝则完全生成了，并且到塞维鲁（Severi）王朝②时特别明显，当时法学家著述活动的枯竭给皇帝文书署留下了活动空间，使其成为在个案决疑说理层面上制度发展的唯一工具。随着这一机构的迅速崛起，敕答的数量开始增长（在一定的限度内，承认敕函相较敕答所具有的独特实用操作性，但跟敕答相比，至少从官方汇

---

① 弗拉维（Falvia）王朝是罗马帝国的第二个王朝，于公元69—96年统治罗马，共历三帝，分别是维斯帕西安、提图斯和图密善。

② 于公元193—235年统治罗马的王朝，共经历六帝，塞维鲁、卡拉卡拉和盖塔（起初兄弟俩共同执政，后来盖塔被其弟所杀）、马可留、埃拉迦巴略、亚历山大·塞维鲁。

编文集的层面上来讲，它在数量上从来都不占优势），不过，这并不意味着法学家的解答活动就减少了，直到帕比尼安、保罗、乌尔比安和莫德斯汀时代，即古典时代法学著作终结之前，他们在这一领域仍然很活跃。

除了对法学家或多或少的间接控制以外（在这一时期，还表现出不同的形式来），与潜在的和正进行的纠纷相关的判决原则仍然由皇帝直接做出提议。这种活动的开始与哈德良的统治相重合并不是偶然的，这或许要归结于这位君主的强烈个性，以及他对国家进行的深刻重组工作和他的集权倾向。不过，需要强调的是，这位皇帝所选择的途径在创新的同时，仍与共和国时代流行的社会文化模式具有完全的相似性，主要是忠实于判例法（diritto giurisprudenziali）这一罗马人经验的典型方面。在这种法律里面，制度是通过具体案件的判决而发展进步的。而直到戴克里先之前，他的继承人都忠实于这种模式。关于必须把效力赋予具有特殊性质的谕令，前面已经说过了（第83节）。这里仍然需要强调的是，在实际的咨询活动层面，从哈德良皇帝开始表现明显的集权。因此，皇帝文书署处于与法学家解答相竞争的位置上，但这个转折点并不对应具有一般性和抽象性特点的规范的增长，这种增长态势直到君主专制（dominato）初期之前，常常都只有一种完全边缘化的价值。这种状况还跟罗马世界从公元2世纪初开始经历的萧条阶段，即后来的危机相关联。在这类提出具有普遍性和抽象性特点规范的有限活动里，不太使用敕告，而是用元老院决议，后来则是主持元老院的君主诏书（见第79节）。

另外，并不需要过分地强调皇帝文书署和法学之间存在的对立，以及哪些是对立的要素。正如将要看到的，单个的法学家从哈德良皇帝开始就加入了君主顾问委员会（第87、92节）。他们当中最重要的一些人都或多或少地拥有解答权（ius respondendi），是皇帝信任的人。大体上，他们共同分享皇帝的法律政策，尽管可能在一些边缘方面有不同意见，这主要都跟法律技术性问题相关。法学家和皇帝之间的辩证关系通常都是在个人层面上展开的，并且完全是在大体同质的权力结构内部形成的。

> 需要提醒的是，正如已经谈到的（第83节），对敕答、敕函

和敕裁里面提出原则的利用被完全留给了法学,而法学把这些原则都引入"法律冲突选择"的范围里来。另外,要强调的是,在某些情况下,君主的准可权已经允许通过答复这种实践来引入原则,而这些原则如果由法学来提出就可能会遇到更多困难,尤其是强加到戴克里先时代的文书署这个层面上;同时,在很多时候,敕答又好像是在对法学里面发展出来的原则加以复述,以成为固定下来的原则,关于这些原则,有时候似乎很难证明优士丁尼以前的汇编和《新编优士丁尼法典》(*Novus Codex Iustinianus*)当中所保留内容的正确性。

在跟私法制度相关的谕令的范围内,所谓的新法或者非常法提出了一个特别的问题。已经看到(第83节),在特别谕令当中确立下的原则是如何通过法学解释,并根据它们会发挥影响的环境而提到市民法或者荣誉法层面上。不过,这常常并不是皇帝规范活动的运作方式。一方面,在程序层面,根据君主的司法权力,会组织起一种新的程序形式:非常审判(*cognitio extra ordinem*),这代表刑事非常审判(第88—89节)在民事权利保护层面上的对应物;另一方面,在实体层面,表现为一些主观法律状况完全是在非常审判当中找到了保护手段。

在理论上,非常审判的起源问题充满争议。就此主题,需要把涉及这种新程序结构中的一些偶然内容——这些内容或多或少都可以有根有据地还原到共和国时代的先例上去——同那些被认为是非常审判自身组织的内容区分开来。每一种观点追逐的都是前面一方面的话题,但毫无疑问,这样一种审判方式只是到了帝国时代出于皇帝各种干预方式的效力才出现的。通常要合理强调的是,就起源而言,我们并没有看到一种具有统一特征的现象:有多少适用非常审判的案件,就有多少种非常审判。如果说这是对的话,那么也明确了一点,即这种审判是以某些类型为标志性特点,这些类型代表着这种新的诉讼类型的本质和标准化特点,尽管中间还有些不可忽视的区别。

首先消失的是法律审阶段和裁判审阶段的区别。在非常审判里,执法官或者受理案件的官吏对整个诉讼程序负责——从诉讼的引入到争执的内容再到判决。因此,对非常审判负责的这些执法官和官吏都被宽泛地称作承审员（*iudices*），这个术语是用来指代在审判程序里，相对审判官员而言，那些被招来裁判案件的私人。

把职能都累积在某些官吏或者执法官身上——可以想到的只有行省总督（主要是在那些完全或者大部分以非常审判的形式来进行司法保护的行省里面）——使得在这种诉讼范围内，这些有权限的审判员们也能够授权他人来完成特定的行为，有时候甚至是判决。因此就有了一种角色，交办承审员（*iudex datus*）或者授权承审员（*pedaneus*）。不过，它跟私人承审员（*iudex privatus*）的角色是完全不同的，因为前者是有权的公共机关的被授权人，是在授权人的直接控制之下实施行为的，而从来都不是当事人所信赖的人，也不是他们在达成任命协议的时候自由挑选出来的。

由此可见，非常审判程序的根本特点是诉讼程序建立在公共权力的基础上，而不基于当事人的意志。这一特点还在其他一些要点上表现出来。实际上，在程式诉讼里面（甚至更早在法律诉讼里面），对争议事实状况加以确认的可能性依赖于被告的善意，他必须赞成进入争讼程序（*litis contestatio*），即在法律诉讼阶段终结的一刻（在这个时候，当事人对执法官许可的程式表示同意）；在不同意进入该程序的情况下，被告就会因为所谓"不承认"（*indefensio*）而遭遇制裁的风险，这种制裁在实践层面，尤其是在审判程序当中，相对于接受审判更处于劣势，但无论如何也不会实现对争议问题，即对审判事务（*res iudicata*）加以查实的那种判决。

在非常审判里面，则可以通过一种特殊的程序，实现对拒不出庭的被告的判罚，如果他不遵守审判期间到庭出席的义务的话——这种义务是可以体现出来的，这也是跟普通诉讼制度的区别，因为对被告的传唤是靠受到原告请求的司法当局的工作而直接进行的，或者是由有授权的人进行的。

因此，非常审判相对于普通私人诉讼制度而言，是一种有明显公法特点的诉讼程序，就像这两种程序里存在的其他一些区别所表现出来的特点一样，不过，此处不讨论这些区别。在私人诉讼程序的范围内，第一次承认了对争议事实进行查明这一职能完全属于国家，而且这种职能是以审判者的公共权力为前提的，在判决的时候也是如此。非常审判的这个特点事先注定它会兴起，成为与元首制晚期的结构有相同属性的诉讼程序（在这时候，普通私人诉讼制度实际上在行省层面已经废弃了，而在大城市的实践里也因迅速过时而衰落了），并且会被提出来作为君主专制时期的日常审判程序。

早在最初起源的时候，从程序视角来看，非常审判就具有双重功能，在与普通诉讼制度竞争的过程中，其中一个功能在整个元首制时期都保留下来。一方面，它被用于确保对一些主观法律状况采取司法保护手段，而这类状况既不受市民法也不受荣誉法规制，是由君主的规范性活动加以调整的；另一方面，它恰恰在共和国晚期和元首制时期的两大法律体系当中，为相关主观权利提供了一种新的程序性保护形式。在后面这种适用过程里，主要是在行省中兴起了非常审判，并替代了普通私人诉讼制度，这代表对后者的衰落做出最大贡献的各种因素之一。

> 从法律技术的角度来看，从市民法和荣誉法的程式诉讼的结构变化，到非常审判的不一样的运作方式，尤其是考虑到这种结构的实际内容的话，都可能衍生出一些问题。另外，至少从一个当代解读者的视野——这是非常体系化的——来看，会提出的一个问题是，这种以非常审判的形式建立起来的诉讼程序，对那些倾注于该程序里的实体权利产生何种效果，这些权利本该是在市民法或者荣誉法层面上获得保护的。

在前一个方面，这种非常审判的主旨跟所谓的新法或者非常法的主旨是契合的。尽管表现形式不同，但这里又再现了荣誉法作为一种规范体系而出现，最终与市民法相并列的过程里所发生的现象：新的体制与新的诉讼形式的出现紧密相联（就荣誉法而言，程式诉讼与法律诉讼相对，后者是根据那些建立在市民法基础之上的请求而保留下来的），而在非常审判里，新的诉讼形式也延伸到对与先前体制相关的一些主观状况的保护上去。

但是，非常法的重要性相对于市民法和裁判官法体系而言，是非常边缘化的。从非常法上面展现出来的制度为数不多，尽管有时也有相当的重要价值，涉及遗产信托（这包括了信托解放 [*libertas fideicomissaria*]）、最亲近的亲属之间的抚养义务、荣誉（*honoraria*），可能还有其他一些类型。在其他情况下，借助非常审判的保护措施可能在实体的体制上也具有一种影响力，不过，这里涉及的制度都要在其他法律部门当中或多或少地找到某种规范上的支持和勾连（可以想到的是单方允诺 [pollicitationes]、要求获得落空遗产份额之诉 [vindicatio caducorum]、不合义务遗嘱之告诉 [querela inofficiosi testamenti]，以及主要是监护和保佐领域的自愿接受司法管辖的规定）。

85. 君权和法学

奥古斯都元首制，掩盖在对共和国秩序进行重建这样一种观念外表之下，实际上是一种新的政体。君主的形象通过奥古斯都及其继任者逐渐成为所有制度围绕运转的中心。不过，他的权力存在一种事实上的基础——准可权使之成为百官之首。在这方面，出现了一个很明显的问题，涉及这种新的权力结构和法学之间的关系，这种关系在此前的数节内容里已经提到过。但对这个问题的解答却不可能是单一明确的。

有一种印象是，与奥古斯都同时代的法学家们并没有感受到他耐着性子慢慢建立起来的这种政体有什么新颖之处；对制度上的改变未加以考虑，这种想象注定会影响到私法的创制和解释方式。我们知道的关于奥古斯都时代的法学家的一切都证明了，在政治和法学之间有一种分离的趋势，这在共和国末期已在某种程度上显露出来了，政治上有了官职（honores）的等级位阶（如今是由君主主宰），而法学当中的权威性却是与学说、解释的内在理由、解答意见的说服力联系在一起的。在政治领域，法学家们或者站在奥古斯都一边，或者跟他的权势保持距离，却仍然按照传统的模式和方法，继续从事他们的法学活动。

首要的一种政治强加于法学的例证就以解答权（ius respondendi）（对此，在本节稍后部分会提到）为代表，但这种强加似乎并不是以直接的方式对解释活动的内容施加影响。对于奥古斯都来说，这是一种结盟的手段，并且在某种程度上限制承审员（或许还有执法官）在法学素材上的自由评判权。总之，在我们眼里并没有看见，在一种秩序向另一种秩序过渡的时候，法学家当中也有这样一种触及他们劳动本身的前提的知识转型。正如我们将要看到的，拉贝奥反对奥古斯都的态度是跟他对法学的延续性、规范性传统的延续性、他自由表达的解释活动的延续性所具有的坚定信念相伴随的。

那个由法学家和裁判官来引领法律转型的时代正在走向终结。如今，根本性的问题变成了君主的法律政治性提议同作为传统的保管者的法学之间的关系问题。在奥古斯都时代，首先是民众大会立法有了一次急剧的增长，而且在私法制度范围内也是如此。而具有重要意义的是，这位皇帝向法学家特雷巴奇·特斯塔（Trebazio Testa）征求权威意见，为的是有关遗产信托制度的干预手段，这种制度正是在非常审判和非常法的层面上发展起来的（第84节）。

在帝国的最初几年里，法学家的历史是由安第斯蒂·拉贝奥（Antistio Labeone）和阿特尤·卡比多（Ateio Capito）之间的对立开启的，这种对立以多种政治性动机为导向。不过，他们的分歧尽管非常明显，却跟真正的法学劳动并不相关。像卡比多那样宣称支持奥古斯都或者像拉贝奥那样反对他，不意味着采纳了一种法学方针而没采用另一种，这也是因为，在这些法学家眼里，奥古斯都并不是一个新的法律秩序的承载者，他代表的是一种处于各种制度之上并且强加在传统官职之上的政治权势。因此，像拉贝奥这样的保守人士，习惯于创作有关贵族政治的价值和某种理想化的新贵身份的著述，他是反对奥古斯都的，这在西塞罗的很多回忆录和提纲里可以找到。拉贝奥的这种敌意还牵涉到权力本身的范围，以及法学家可以通过担任最高官职来提升其声望的观念。正如他的一些重要前辈曾经做过的那样，拉贝奥选择了远离仕途：他宁可从事法学研究（*studium iuris*），也不在他所憎恶的一个胜利者的阴影下来共同承担政治责任。正如塔西陀的一份证据显示的，拉贝奥是公元前18年的元老院议员，并担任过裁判官，但（公元前5年以后），他拒绝了奥古斯古提供的执政官一职（*Ann.* 3. 75）。早在他之前，同样的提议已经投向了更加年轻的卡比多，此人则欣然接受。

> 塔西陀给了阿特尤·卡比多一种负面的评价，这跟在他的史书中贯穿始终的那种元老院议员阵营的原则倾向是一致的。他强调卡比多随波逐流、曲意迎上（*obsequium dominatibus*）（*Ann.* 3.75）。而另外一份关于奥罗·杰里欧（Aulo Gellio）的文本里面，则保留

了对卡比多在公元 20 年之后的较晚年代里表达出来的对他的对手拉贝奥的评价。他首先承认了拉贝奥的学说：这是罗马人民的法律和习俗以及法学科学的巨大权威。但对此，他又马上加入一种政治评价："他（拉贝奥）被一种过犹不及的自由性所驱驰，以至于只要不是他阅读过的曾经在罗马古代建立起来并获通过的那些内容，他就不会把任何一种并非罗马人民的法律、习俗和法学看作是有效的，即使神圣的奥古斯都已然成为君主并统治着共和国。"从卡比多的这种显然是片面的评价里面，可以提取出两种表明拉贝奥派立场的因素。一方面是对屋大维已经把共和国控制在手中这个事实有（至少在卡比多看来）不适当的判断，对新的权利体系仍然视而不见；另一方面，是传统的延续性和他对传统的尊重，而这种传统是他通过阅读而获知的。众所周知，拉贝奥每年会到远离罗马的地方生活六个月。在这种离群索居的状态下，他研习并撰写法律作品（参见彭波尼 [D. 1. 2. 2. 47]）。这样一种组织生活的方式跟完全投身于政治的做法是不相容的。

选择置身于高位（*honores*）之外，是拉贝奥在效仿共和制末期法学家当中出现的一种典范，并强化了这种风尚。那些法学家们曾目睹过政治灾难。不过，他们对此的回应却是，培育自己这种科学里的严谨性并发展出它的创造潜力。正如我们已经看到过的，这条路线也得到了阿奎里·加卢（Aquilio Gallo）、奥罗·欧菲利（Aulo Ofilio）、库伊特·埃里·杜贝罗（Quinto Elio Tuberone）的遵循。后来，在元首制的最初几年里，奥罗·卡谢里（Aulo Cascellio）和特雷巴奇·特斯塔也拒绝了奥古斯都提供的执政官职位。"不事政治"的选择是跟拉贝奥的这种传统精神紧密联系的。实际上，这种精神把法律研究置于首位，致力于法学，并致力于对过去加以保存，这种过去常常是在对习惯加以解释的过程里表露出来的，以及致力于它拥有的发展和创新的能力，这主要是跟执法官创制的法律和告示有关。

拉贝奥在他的三本书面著作里对内务裁判官、外务裁判官和贵族市政官的告示做了评注，而后世的法学家们大量地利用了这些作品。在这些评注里面，可以找到最具原创性的拉贝奥学派的阐述——理论化的要点，不过，主要是对跟告示规范相关的具体案例的分析。而《论解答》(*libri responsorum*)则特别致力于个案决疑法，里面收录了不以解答权为根据的一些意见。此外，我们还有一些选断或者引证部分是来自于《关于祭司法》(*Libri de iure pintificio*)、《"偶成"集》("*Pithanon*" *libri*)、《遗作》(*Posteriores*)——最后这部作品是在他死后收录的——以及一些具有个案决疑法内容的作品。

人们理解拉贝奥为什么担任了裁判官，却拒绝执政官职位。前面这个职位更符合他法学家职业的志趣。对于他的生平和作用而言，司法审判权跟法学的创造性活动强烈地联系在一起，而且在帝国的最初几年里，这也没有因为制度重组而遭受冲击。此外，告示、他常常带有批判性的解释意见，以及他对实践的态度等问题是拉贝奥工作的核心内容。这跟一种普遍性的视野是相联系的，即动用他掌握的一切革新手段来让法学的传统生存下去，在公平原则的基础上把法律解释活动向前推进，并且彰显出司法审判官员在创造法律方面的独立自主性。这种资格是共和国时代的制度赋予他们的。

彭波尼的评价是可信的，他通过研读拉贝奥的著作（D. 1. 2. 2. 47），把他看作是一个法律革新家。此外，拉贝奥所有非专业方面的文化兴趣，包括语言理论、语法和辩证法，（正如卡比多所以为的那样）都表现出一种仅仅局限于对罗马古风加以深思苦索的情感。他甚至不止一次地处理过对翻译家需利用的词汇加以丰富和严格界定的问题，甚至提出用希腊语作为法律用语。因此，这套话语成为发展出批判意见的土壤，并且它曾经提供了用于定义和区分的工具，以此来建立概念。种（*gens*）和属（*species*）这些范畴被频繁地用来明确阐述各种定义（*definitiones*），以及研究相似或者相邻类型之间的区别。

尽管在拉贝奥运用这种文化知识的方式里面，相对共和国晚期的法学家们而言（从库伊特·穆齐到阿奎里·加卢，再到塞尔维学派），并没有什么本质的方法论上的创新之处，但也可以领悟到一种趋势，会对在法学活动当中业已出现的某个特征加以发展。首先，一种具有严格逻辑内涵的研究在这种定义工作里面找到了表现形式，并且被投射到解释活动的客体对象身上。其次，在对规范加以单纯收录记载的工作里面，公平性判断具有举足轻重的地位，而这种判断是在这些规范的传统内涵里进行的。

可能在奥古斯都成为最高大祭司以后，公元 12 年，卡比多自己撰写了至少七卷本的《论祭司法》(De iure Pontificio)，以近乎颂扬的口吻支持由这位君主来履行祭司职能。他还写了《综述集》(Libri coniectaneorum)，里面考察了公法问题，尽管是在效法共和制传统，但这些问题还是限于元首制的政治和文化世界的范围。奥古斯都计划的一个方面实际上就是，仿效从这座城邦的最古老的那套制度里抽取出来的榜样 (Res gestae, 8)。

卡比多在他的法学工作里遵循的似乎是比他的对手拉贝奥更为保守的方针，至少彭波尼是这样认定的 (D. 1. 2. 2. 47)。实际上，很难把这两位相互对立的法学家的作品放在一起比较，因为，我们拥有极其频繁的对拉贝奥的援引，但却只获得了卡比多在私法方面的三个选断。奥罗·杰里欧把卡比多认定为在"公法私法都极其擅长"(publici privatique iuris peritissimus)，我们应该可以想象，他通过解答对私法也做出了贡献。实际上，我们没有他关于私法方面著述的信息。另外，卡比多站在奥古斯都一边的立场使得人们可以想到，他是最早拥有解答权的人之一。而且，更晚些时候，他肯定也收录并出版了这类活动的成果。或许，在私法领域，他比拉贝奥更加保守，不过，他最重要并受后世好评的作品却是跟公法相关，但其中并没有显示出什么特别的创新之处。卡比多对最古老的仪式和先人的重大习俗 (mos maiorum) 的坚持似乎跟帝国政策中的那种重建方针有关联。

在元首制初期，奥古斯都试图跟最著名和最活跃的这些法学家们建立起友好关系。他把特雷巴奇擢升到骑士阶层，向奥罗·卡谢留、卡比多和拉贝奥提供执政官职位。不过，他为了让那些最杰出的法学家跟他的政策联合起来，所采用的最基本的手段是授予他们一种特殊权利，覆盖到法学界和司法实践之间的关系。实际上，奥古斯都给一些法学家授予做出特别解答的权力，因此这些解答跟其他所有解答都不再相同，而是表现为得到了皇帝权力的强化。这就是所谓的"根据君主准可的解答权"(ius respondendi ex auctoritate principis)。

法学家的解答活动继续保持自由，并且他们的才智仍然保有最高的价值。但是，不可充耳不闻的是君主赋予某些法学家的这种权威给他们的学说带来一种外来肯定。尽管尚未正式化，这种权威性对承审员的判决产生了引导作用，而且也不可能不制约着执法官们的活动，渐渐地在审判中引入了一种无意识动作。审判者对君主准可权所特许的解答意见产生了依附性，而这种依附在哈德良皇帝的一封敕答里面固定下来，这封敕答赋予了这些解答意见以法律效力（Gai 1.7，关于这一点参见第 84 节）。

不过，正是从哈德良开始，向这个或者那个法学家授予解答权的制度开始废弃而走向衰落。实际上，当时对法学可能提出了一种新的政策。显然，给这位皇帝提出的问题跟奥古斯都面临的问题是同样的：与法学家们或者至少是他们中的一部分建立更密切的联盟关系。哈德良解决这个问题不再通过给他们中的某些人擢升的机会，到那个时候他们已经因为君主给予的恩赐（*beneficium*）而具有最权威法学家的地位。他加强的是一种稳定的机制：君主顾问委员会（*consilium principis*）。这并不是一个新的制度，但如今却在更加牢固的基础上进行了重组。这个委员会由吏员们组成，其成员不外是那些基于信任关系而在法律事务方面为君主提供帮助的法学家。在法律事务上，它如今被置于帝国机关的顶点。它协助起草谕令，并在君主直接过问的案件或者以敕裁审结而不得复审的审判工作里提供帮助。

因此，联盟就以这样一种更加全面而简便的方式实现了。因为，在上述这种方法里面，创造出一个法学家阶层，他们同时又是皇帝的吏员。这些人继续着他们前辈和导师们的传统工作。但是，如果说法律形成的工具已经完全被帝国机构所吸收，而且这一制度是围绕君主运转的话，那么在实践中，去调整和补充法学的观点和方法这样一笔财富——这笔财富是他们继承下来的，并且希望对其加以发展而不致衰败——的唯一方式就是进入帝国机关成为其一部分。

事实是，从公元前 2 世纪最初几十年直到塞维鲁王朝时代，绝大部分法学家都普遍成为官僚集团的成员。这是一种职业上的条件，可以支撑他们参与对法律的阐释以及在法律解释当中保持法学的延续性。有时候（尤其是在塞维鲁时代），在社会结构和体制处于变化的背景下，这也仅仅是一种形式上的延续性。但是，传统的原则直到公元 3 世纪仍然是这门科学的对象，而法学家则被迫在这些原则和帝国机构不得不面对的新问题之间进行调和。

这种调和过程是由一种长达数世纪的学说发动起来的，而且跟保留住法学家在政治上的分量也是相吻合的，这些法学家是作为主导元首制的官僚集团内部的知识阶层。另外，法学家们——他们把现状同旧有模式联系起来所用的那种线索更加细微纤弱了——在公元 3 世纪最初几十年一直使用的那些东西，都是一套经过提炼萃取的规范和概念素材，这些材料适合被用来围绕君主的无所不入的统治权建构一套合法性制度。

86. 公元 1 世纪的法学家和法律学派

在帝国的第一个世纪里面，君主和法学家之间结成了联盟，但并没有使得这些法学家的工作发生深刻变化，而我们必须要强调的是，法律的传授以及更一般意义上的知识活动——它们是通过解决实践中的法律问题，或者理论上的问题（*quaestiones*）而表现出来的——采用的是一种独立的组织，即学派（*scholae*）或者流派（*sectae*）。这或许是从古代希腊的哲学流派模式那里启发出来的，或者是模仿公元 1 世纪中叶以后在罗马繁荣起来的语法学和修辞学流派。

根据彭波尼的记载（D. 1. 2. 2. 47），法律学派最早的划分诞生于拉贝奥和卡比多之间的对立。这是一种政治上的对立，在法律解释的内容上（至少在我们眼里看来）却没有什么可以看得到的对照情况。彭波尼强调在拉贝奥那里存在着一些其对手不具备的创新之处，不过，这样一种价值判断——涉及的可能是私法作品，在这里，这位反奥古斯都的法学家做出了最具原创性的贡献——却并不能够扩展到彭波尼所说的从拉贝奥的教学工作开始算起的所有学派上面去。

这种教学工作是由科切伊·涅尔瓦（M. Cocceio Nerva）和普罗库勒（Proculo）恢复起来的，并以后者的名字为这个学派命名，正好称之为普罗库勒学派（Proculiani）。而卡比多的继承人则是马苏里·萨宾（Masurio Sabino）和卡西·隆琴（Cassio Longino），这第二个学派的两种名称就来源于他们：萨宾学派（Sabiniana）或者卡西学派（Cassiana）。根据小普林尼的记载（epist. 7. 24. 8），它真正的创始人是卡西。

关于这种对立的文化基础曾被多次研究过。有些人认为已经找到了根据：萨宾学派更多的关注是在万民法（ius gentium）上面，这跟普罗库勒学派在市民法上的兴趣形成了对比。另一些人则看到它们的区别其实是主导着语法学学派的区别的翻版，即在类比推理（这是萨宾学派恢复起来的方法）和反证推理（普罗库勒学派的方法与之相似）之间的区分：前者更多地关注规则的恒定性，而后者则对单个案件的特殊性更敏感。

实际上，不可能找出一个观点或者方法论上的公分母，分别把普罗库勒学派和萨宾学派统合起来。在这两个学派各自的内部，各个法学家之间的联系似乎也完全是偶然的。有些人认为，这完全是因为拉贝奥在元首制初年的教学工作带来的吸引力和新颖性而生成的。这就会自发地出现一个学派，而那些奥古斯都阵营的人很快就会创建另外一个学派，他们害怕拉贝奥培育起来的这种自由的法律思考方式享有盛誉。

其实，这就回到了这种对立的政治根源上来，不过，也只够用来解释这些学派的起源。这些学派随后又繁衍并具备了不同的特征，主要是有了一种培养教育的任务，而不仅仅作为知识圈子。他们是由一个学派带头人来引领，如果说此人通常是对其前辈们的法律解决方案加以尊崇和发展的话，那么，他也可以在观点信念和学科方法上与之相脱离。依附于这个学派带头人的可能还有一些较低的法学家，教学的"路线"则对他们会有影响，而且他们接受雇佣。总之，跟我们了解的维斯帕西安帝国时代的语法学或者修辞学学派一样，法律学派是在组织方面，而不是在文化方面具有一种自成一体而明确的表现形式。

> 根据彭波尼的记述，在公元1世纪和2世纪之间，有两个序列的法学家（这是他们那个时代主要的法学家），分别是普罗库勒学派和萨宾学派。正如我们所知道的，第一个序列始于拉贝奥，依次还有涅尔瓦、普罗库勒、佩加索（Pegaso）、老杰尔苏（Gelso padre）、小杰尔苏（Gelso figlio）和内拉蒂·普里斯科（Nerazio Prisco）。第二个序列则始于卡比多，接下来是马苏里·萨宾、卡西·隆琴、杰里欧·萨宾、雅沃伦·普里斯科（Giavoleno

Prisco)、阿布尔尼·瓦伦兹（Aburnio Valente）、图西安（Tusciano）和萨尔维·尤里安。尤里安似乎正是这两种传统的相交点，这位法学家解决了多年以来导致两大学派相互对立而争论不休的问题。

到哈德良皇帝以后，学派的划分就不明显乃至消失了。我们在盖尤斯的作品里面还能发现对这种划分的提及，但只是一些残留的痕迹。同样意义重大的是，作为法律知识汇集地和传播地的学派也失去了重要性，当时随着哈德良皇帝新的调整工具"君主顾问委员会"的出现，法学家们与帝国机构日趋等同。这并没有削减他们为了法学教育而继续作为培训中心的特殊功能，但是这些活动已经与法学的实践性活动脱钩了。

马苏里·萨宾是卡比多的弟子，他远离政治，是法律的解答者和大师，也是第一个不属于骑士阶层而被提比留皇帝授予解答权的法学家。大约在五十岁左右的时候，他加入了骑士阶层（ordo equester）。他活到了尼禄时代，撰写了《市民法三卷》（Libri tres iuris civilis）——这是一部基本论著，或许有教科书式特点，在后世的法学界非常知名并有学者对其进行评注。这部作品在主线上再现了库依特·穆齐的《论市民法》（Libri iuris civilis）的结构，没有包括荣誉法中的内容，着力于合意契约和要物契约，并且相对于库依特·穆齐那些年的工作而言有了进一步的发展，但仍是一部对某些主题有所回避和存在疏漏的著作。如果假设萨宾有一定程度的拟古情结，或者把其中的不连贯性归结于文本的更迭变换，这就可以得到解释，这些文本都是他讲课的部分要点，可能是在作者死后由他的弟子发表的。此外，他还撰写了五卷《论内务裁判官告示》（Libri ad edictum praetoris urbani）和一部《论幕僚单编本》（Liber singularis adsessorius），证实了他与裁判官的司法审判活动展开合作。《论维泰利》（Libri ad Vitellium）涉及的是市民法主题，而《回忆录》（Memorabilia）则展现的是公法和神法（ius sacrum）主题，这是按照奥古斯都重建工作的线索来探讨的，我们已经在卡比多的作品里面看到过这种线索。

卡西·隆琴，跟他的老师萨宾不一样，他很富有并在帝国行政系统里担任高级职位。他是公元30年的补选执政官，后来则是亚洲行省的总督和皇帝在叙利亚的特使。在尼禄时代，他失宠倒台被流放到撒丁岛，到了维斯帕西安时代才回到罗马。他也撰写了《论市民法》(Libri iuris civilis)，但并不是毫无创建地追随萨宾的模式。他的讨论比其导师更加广泛，可能在契约领域，他还涉猎了萨宾未曾触及过的主题（比如租赁 [locatio conductio]）。

在同一年代里，特别致力于关注契约问题的一位法学家是塞斯特·佩蒂（Sesto Pedio），除了他阐述的法律学说方面的记载以外，我们对他知之甚少。此外，他也没有被收录在彭波尼罗列的名单上面。他的合约（conventio）理论是特别有趣的。这一范畴跟"意思的交会"相重合，而贝蒂把它作为契约"制度"的基础。根据我们掌握的为数不多的书面材料，这位法学家主要培养的是理论兴趣，而没有从事解答活动。

科切伊·涅尔瓦（父亲）①是拉贝奥的学生，并从某些方面恢复了他的一些政治信念。尽管他是公元前 22 年的执政官，而且在稍晚些时候成为保水官（curator aquatum）②，但他对自由和古代共和国的终结感到绝望，于公元 33 年自杀。他还领导过普罗库勒学派，并创作了《书信集》(Epistulae)和《解答集》(Responsa)。跟萨宾一样，他似乎也对政治职务敬而远之。

在公元 1 世纪末前后，法学家出现在行政性政治机构里面成为一种更加常见的现象。除了担任传统的共和制民选执法官以外，他们也成了皇帝的顾问和官吏。在担任元首制的行政管理职务最主要的人里面，佩加索的地位是出类拔萃的。他因为学识渊博而在同时代的人里面赫赫有名。他被认为是"一部书更甚于是一个人"（Schol. in Iuven. 4. 77），他并不置身于官场之外，而是顺着官阶往上爬，一直做到了执政官，后来还被维斯帕西安任命为城市行政长官（praefectus urbi）。与此同时，他还领导着普罗库勒学派，并留下了一些解答意见的汇编集。

雅沃伦·普里斯科的公职生涯也很忙碌，他出生于公元 60 年以前，在很年轻的时候就被皇帝作为军团的指挥官派往达尔马提亚

---

① 马可·科切伊·涅尔瓦（父亲）(M. Cocceio Nerva padre)是后来成为罗马皇帝的小科切伊·涅尔瓦的父亲，他们父子同名同姓。

② 保水官是一种古老的罗马高级官职，主管罗马城内的供水和排水系统以及水利设施，一般要由高级元老和执政官级别的贵族担任。

（Dalmazia）、莫西亚（Mesia）①和非洲，还被任命为不列颠（Britannia）的司法官（iuridicus）、补选执政官（83年），然后是有执政官地位的驻叙利亚特使、亚洲行省总督。他是卡西的学生，并领导萨宾学派。尽管他的政治任务很重，但他仍然从事教学活动，而且还招收了像萨尔维·尤里安这样的弟子（参见 D. 40.2.5）。

正如普林尼记载的那样（epist. 6. 15），雅沃伦还向公众进行解答，此外，还提出自己的意见来参与解决与执法官活动相关联的一些问题。显然，他的权威性来自于他所占据的第一位阶的政治地位，而且他必然也利用了这种地位来获得来自皇帝特许的解答权。

雅沃伦撰写了十卷《来自拉贝奥身后的作品》（Libro ex posterioribus Labeonis）。这是一个法学家认真细致的研究，他成了过去所属学派的反对派的创始人，尽管这是完全可以理解的，但也展现了雅沃伦评价判断的自由性。他还创作了十五卷对卡西著作的评注，五卷对普劳迪（Plauzio）（这是一位数十年前的法学家）的注释和《书信集十四卷》（Libei XIV epistularum），这里面包括了解答和一些理论问题（questiones）的解决意见。

就这位法学家的特点而言，他的理论阐述是具有非常重要的价值的，这可以在 D. 50. 17. 202 里面找到印证，它们来自从原始文本摘录到优士丁尼时代编撰者的作品。这位法学家确认了，"任何一种法律科学里面的定义都是有风险的：实际上，它不被推翻倒是很困难的"（omnis definition in iure civili periculosa est: parum est enim, ut non subverti posset）。除了技术性的术语含义以外，这种定义（definitio）唤起一种建构观念，用来把一个概念从其他概念里面认定和区分出来：这些术语里的观念代表了从库伊特·穆齐直到塞尔维时代的罗马法学都在使用的一种工具。因此，这是以罗马的判例法的一种自有特点为核心的。它是一种开放性"体系"（第84节），同时，也强调了个案决疑法的提出具有效用。雅沃伦的创新之处就在于他了解定义的相对性，这种认识很明显是以罗马判例法学作为

---

① 达尔马提亚和莫西亚这两个地方大致在今天的前南斯拉夫地区（即克罗地亚、塞尔维亚和保加利亚一带）。

一种"开放性体系"而展现出来的特征为核心的,并且强调了要相应地坚持罗马法学中的个案决疑方法。

87. 公元 2—3 世纪的法学家

内拉蒂·普里斯科是公元 86 年(雅沃伦之后的那一年)的补选执政官,以及公元 98 年的潘诺尼亚(Pannonia)行省①的总督,他支持涅尔瓦和图拉真的意大利化的政治和文化世界。因此,他的意识形态可能非常接近小普林尼在《颂歌》(Panegirico)或者《书信集》(epistolario)里面表述出来的内容:具有一种保守的态度,并且会利用君主和元老院贵族之间达成的妥协。内拉蒂是图拉真皇帝的君主委员会的成员,在这个环境下他获得了巨大的政治声誉。他也是这个委员会里最年长的成员之一,是普罗库勒学派的带头人,于公元 133 年之后去世。他撰写了十五卷《论规则》(Regulae),三卷《论解答》(Responsa)(根据告示的体例排序),以及一部以《羊皮纸书七卷》(Libri septem membranarum)为题的著作,这里面也包含在羊皮纸卷(menbranae)上写作的一些解答。还有一些《书信集》似乎跟个案决疑法方面有联系,但我们所获知的只有两段残片。还有后世编撰者偶尔用到的另外两部作品:《来自普劳迪的作品》(Libri ex Plautio)、《论婚姻单编本》(Liber singularis de nuptiis)。

布布里·尤文第·杰尔苏(Publio Giuvenzio Celso)是公元 106 年或者 107 年的裁判官,并两次担任执政官,后一次是在公元 129 年,他也是哈德良君主委员会的成员,但是死于这位皇帝之前。他是一位具有很强知识独立性的法学家,也是彭波尼在 D. 1. 2. 2. 53 里面记载的普罗库勒学派的最后一位掌门人,他时刻准备着跟最古老的作者进行论战,就好像是在跟同时代的人进行的那样。他在参与这些论辩时,常常使用归谬法(deductio ad absurdum)这种论证方式来支持他的观点并反驳对手的观点。我们可以指出,杰尔苏的单个解释论上的选择每次遵循的都是个案判断。这种推理过程似乎完

---

① 潘诺尼亚在公元 1 世纪到 4 世纪是罗马的一个行省,大致相当于今天匈牙利西部、奥地利东部、斯洛文尼亚、克罗地亚和波黑北部。

全遵循了个案决疑法的特殊性,而且,即使是在同样的素材里面,也很难找出一种统一的、接合在恒定不变的范畴上的观点。但正是为了加强解释上的灵活性,也是以此来要求法学家在理论工作中的自由度,杰尔苏认定"法是公正与善良的技艺"(*ius est ars oni er aequi*)(D. 1. 1. 1 pr.)。这是一种关于这门科学的非形式主义的观点,跟公元2世纪那些案例实践所具有的新价值是相关的。

杰尔苏撰写了三十九卷《学说汇纂》(*Libri digestorum*),其中收录了对理论领域问题的解决方案,通过想象出一些争议案件(理论问题 [*quaestiones*])的方式来阐明这些解决方案,并在这些问题旁边附上真正的解答意见。前面二十七卷遵循的是告示的顺序,其余部分则探讨一些立法文本,从《十二表法》到《琴其亚法》再到《尤利和巴比法》,特别关注于这些法律的实际适用情况。

我们已经说过,萨尔维·尤里安是罗马法学里最重要的人物之一。他是雅沃伦的学生,可能是公元148年的日常执政官,并在哈德良手下担任过财政官一职,并且是日耳曼、西班牙和非洲行省的总督。此外,他还是哈德良皇帝及其继任者,直到马可·奥勒留皇帝时的君主委员会的成员。但跟他联系最为紧密的皇帝当然还是哈德良,后者在公元134—138年之间托付给他一项职责,编纂一份常设告示(第84节)的明确而唯一的文本。

尤里安撰写了九十卷《学说汇纂》(*Digesta*),在前一部分(第一至五十八卷)讨论了告示题材,而在后一部分则是一系列数量众多的法律和元老院决议,他总是对前辈们相互分歧的学说投入巨大的关注,还有具体的个案,他都平等对待,并强调其中的多样性。在尤里安死后,这部作品与包括毛利西安(Mauriziano)、马尔切罗(Marcello)、杰尔维迪·谢沃拉(Cervidio Scevola)和保罗在内的九位法学家的作品被重新出版。除此以外,传统文献还把一些篇幅较小的作品也归结到尤里安的名下,其中就有《论乌尔塞伊·费罗克四卷本》(*Libro quattor ad Urseium Ferocem*),该书主要着力于继承和契约问题,还有《论歧义单编本》(*Liber singularis de ambiguitatibus*),但有人认为这是后古典时代的编纂作品。

可以回想起来的还有,萨尔维·尤里安对习惯这一题材有特别的兴趣（第84节）。而在其他方面，他也特别关注法律渊源的问题。就这个主题，他看到了适合于制度发展的工具是法律解释和君主谕令。这方面的相互替代关系在 D. 1. 3. 11 里面被明确表达出来了。优士丁尼于 C. 1. 17. 2. 18 把这一观点归结到这位法学家名下，不过，这里面似乎强调的是君主谕令具有首要的地位。不能确认的是，这位古代晚期的皇帝是否使用了在刚才引述的那部《学说汇纂》的片段里留下痕迹的尤里安的说法。如果的确如此的话，那么很明显，《优帝法典》的文本对尤里安的原始观点进行过强化，即忽略掉他对法律解释的提及。不过，在尤里安的作品里有其他更加确切的对君主威权的确认，这也是事实。

尤里安的弟子是塞斯特·切其利·阿富里坎（Sesto Cecilio Africano）。他受到自己导师思想的强烈影响，并在他的《问题集》（Libri quaestionum）里面广泛地重新提出来，他表现出对理论争议的兴趣，而这些理论争议都与从实践中抽取出来的或者假想出来的案件相联系。

塞斯特·彭波尼好像主要致力于教学活动。他跟尤里安同龄，但比他活得更久，一直到六十多岁，到了马可·奥勒留和卢齐奥·维罗（Lucio Vero）皇帝时代。他撰写大量的作品，其中一部我们常有机会引用到，在罗马法学的整体全貌中，它具有完全的特殊性和非同寻常之处，它就是《手稿单编本》（Liber singularis enchiridii）。

> 史学上对这份文本的真实性有过非常大的争论，它在不只一处地方显露出了后古典时期添加的迹象。在《学说汇纂》里面，出现了一些选断，其小标题（insciptio）有时援用的是《手稿单编本》，有时候又来自一部题为《手稿两卷本》（Libri duo enchiridii）的书，这一事实构成了文本不确定性的一个重要因素。真正有意义的是，确定了在这些文本里面——比如我们获得的那些文本——尤其是根据这些小标题从《单编本》（D. 1. 2. 2）里面提取出来的极长的编年史选断里，是否表达了一种跟公元2世纪的法律文化相关的思想。对此的回答是肯定的。尤其是关于制度和法学事件的那些描绘——引用的这些段落一直描述到萨尔维·尤利乌的年代——回应了关于学说的延续性和制度的历史考量方面的问题，尽管法学的官僚化已

经开始了，但这种问题仍然存在。

在盖尤斯的一个选断里（D.1.2.1），我们也发现了对过去进行研究这样一种兴趣的一处证据，在这里确认了，如果想要对《十二表法》进行正确地解读，那就有对城邦的起源加以考察的必要性。这并不是为了让评注变得冗长，而是为了有一个完整的检查，来抓住所探讨题材的(年代顺序上的)开端。这就是盖尤斯在《法学阶梯》(Institutiones)里面所遵循的方法本身，他以一种完整的分析表述了法律诉讼程序那套遭到废弃的机制。总之，在公元2世纪的法律文化里面，历史知识是一种对解释意见的补充，而且也是教学活动不可缺少的一部分，尽管这种知识似乎跟解答活动和解决案件的法学实践有着严格的区分。

彭波尼也撰写了大约一百五十卷《论告示》(Libri ad edictum)（在我们的意识里，这是罗马法学部头最大的一部作品），七卷《来自普劳迪的作品》(Libri ex Plautio)，里面占主导的是荣誉法题材，三十九卷《论库伊特·穆齐》(Ad Quintum Mucium)和三十六卷《论萨宾》(Ad Sabinum)，这里面占主导的是市民法题材，五部致力于元老院决议和遗产信托主题的作品。

一部教科书让盖尤斯这个名字在古代晚期直至今日都赫赫有名，那就是《法学阶梯》(Institutiones)，它回应了一种简明易懂的法律教学法的需求，这种教学法有助于培养新的吏员型法学家，为他们提供一种扼要但明确的关于传统法律形式和基本学说的知识。对我们来说，盖尤斯是特别重要的人，因为他跟我们在优士丁尼编纂工作以外能够获得的唯一一部古典时代的法学著作有关（关于冒乌尔比安和保罗之命的伪作，参见第119节）。在19世纪初，于维罗纳的教会图书馆里发现了一份字迹模糊的羊皮纸手稿之后[①]，《法学阶梯》的文本已经被公布出来，不过，最初从这份羊皮纸上也只获得了零散的信息。这份手稿极有可能属于公元5世纪，并且是一个修订版，如今的主流意见认为这个修订版是值得信赖的，尽管也

[①] 这里是指19世纪初，在维罗纳发现的一份羊皮纸宗教文献，该纸张在公元6世纪就经过刮涂用于誊写该宗教文献，但最初的原文还隐约可见，经过萨维尼的辨认，才认定这正是《法学阶梯》的手抄本。通过他和后世学者的技术复原和学术研究，基本恢复了该书原文内容，并于19世纪20年代出版。

承认——在不考虑后面将要提到的《日常事务》(Res cottidianae)一书的情况下——还存在其他一些在某些要点上要比维罗纳手稿所包含的内容更好或者更完备的该作品的修订版。这正如如下事实所证实的一样：在各个要点上，这个修订版与优士丁尼时代编撰者为了优帝《法学阶梯》的编撰所掌握并呈现出来的版本，尤其与来自于罗马的埃及行省的羊皮纸和纸莎草文献残片反映出来的该作品的版本都不完全一致。

19世纪对维罗纳手稿的公布具有重大意义，这是因为它有利于方法论上的转型，这种转型在最初的时候进行得很缓慢，随后就快多了（这主要归结于具有实际性特点的一些理由，比如，减少在德意志帝国的罗马法的现行有效性这样一种前景展望，而且这种前景展望实际上也实现了），这带来了现今的罗马法研究中的历史建构方式。在这样一种背景下，《法学阶梯》的第四卷是特别重要的，这一卷使得罗马法学说第一次具有足够深入的关于程式诉讼程序机制的知识。

对于盖尤斯的生平和形象，我们知之甚少，他可能生于图拉真元首制时期，于公元178年之后不久去世。他没有从事过什么政治活动，仅仅致力于教学活动。他以盖尤斯这个简单的名字(praenomen)闻名于世，这个事实暗示出一种假设：他生活在某个行省，按当时的习惯，行省居民都是用罗马人的名字。在他的作品里，追求希腊化形式的风格、编纂一部《论行省告示》的评注以及参考一些具有东方起源的行省规范，引发人们相信他是生活在一个希腊化的行省里面，不过，起始时间则相当模糊了。另外，盖尤斯似乎对罗马法自身的传统也非常敏感。只需要提到这么一点就够了：在《法学阶梯》第四卷的一个较长选断里面，主要着力于法律诉讼的古老的程序机制，以及他撰写了六卷对《十二表法》的评论。在更多的要点上，他都认为普罗库勒学派和萨宾学派的分歧是有现实意义的，并且他坚决地站在前者一边。这使人想到，他使用了此前时代的一本或许是公元1世纪的教学作品来作为他的范本。

盖尤斯手稿的完整题目是"四卷评注本法学阶梯"(Institutionum commentarii quattuor)。其文本内容可能是来自于授课，并且按照一种新的阐述顺序展示出了罗马私法的基本面貌。在第一卷里，经过一个讲述构成罗马人民法律（iure populi Romani）的那些行为的七段长序言之后，他就开始讨论人法（关于人的法律 [ius quod ad personas pertinet]）。首先是自由人和奴隶之间的划分，然后是自由人可能处于的不同地位、关于解放（manumissiones）的主题、自权人（sui iuris）或者他权人（alieni iuris）的处境，监护制度的规制手段。在第二卷和第三卷里面则探讨物法。首先是物的分类，然后是取得物的方法以及与此相关的物的话题，最后是因合同和私犯引起的债。还涉及遗产、他物权（iura in re aliena）和以任何一种合同方式产生的债的调整方式，根据盖尤斯的观点，它们都是跟物相关的（关于物的法律 [ius quod ad res pertinet]），因为他是以一种极具包容性的物的概念出发的。这个概念的内涵既包括有体物，即以物质性的持有为基础的明确而有形的归属关系；也包括无体物，它们的存在和定义基础仅在于权利。遗产、他物权和债恰恰就属于这一类。第四卷探讨的是民事诉讼的题材：关于诉的法律（ius quod ad actions pertinet）。首先是一个关于诉的分类的草图：根据诉的对象（对人 [in personam] 或者对物 [in rem]）、诉看重的目标（利益填补或者针对被告的有惩罚性质的报复）、形式——这就是指法律诉讼，当时仅仅在一些由百人审判团审理的继承案件里面才使用，或者程式诉讼，根据公元前17年的《关于私人诉讼的尤利法》而成为排他性的诉讼模式。这里，在那种最古老的诉讼体制中有了巨大的历史转向，随即而来的是对程式诉讼机制的详细阐述。在对诉进行分析后——主要是在程式诉讼的内容里面进行的——探讨了一些例外情形，然后是令状制度，这跟诉一样也有把发生争议的关系加以正常化的目的。最后，还考察了针对轻率提起诉讼的人的救济措施，以及一些调整传唤受审（in ius vocatio）和出庭保证（vadimonium）的规则。

在古典时代很少有法学家考虑到盖尤斯的《法学阶梯》，到公元4世纪向5世纪过渡之时它时来运转，直到被优士丁尼拿来当作他自己的《法学阶梯》的范本和底稿。盖尤斯最大的才能就在于简洁明了，这是通过一种简明而有体系的阐述来实现的，在这种阐述当中，他常常试着把单个问题联系到（有时候是采用混合或者叠加的手段）具有分类功能的普遍性范畴里。一般而言，这种划分形式从来没有被用在罗马的法律著作里面，用于勾勒一部作品的整体体系，但盖尤斯却把它用作普遍性的体系化方案和教学的传播方式。其文本内容保持着高水平的抽象性，而且涉及的规则和概念类型都不是以这些规则本身所适用的案例为基础构建的。在缺少对实践进行调查的情况下，那些最有限的概念范畴就显得更加抽象了，不过，这些概念范畴并没有掌控整个讨论内容，它们是由盖尤斯从前辈的学说当中重新提出来的（比如监护类型 [genera tutelarum] 或者盗窃类型 [genera furtorum]）。

在优士丁尼的编纂工作中，还有针对另一部归入盖尤斯名下的《法学阶梯》式的教科书所做的摘录：《珍本》（Libro aureorum）或叫《日常事务》，这些摘录在很多要点上都表现了，相对于维罗纳手稿这一版本的《法学阶梯》所包含的学说和方案的创新之处。添加学派的评论者绝大多数都倾向于认为这部作品并不纯粹，但是，如今则倾向于一种相反的解读，虽然还有一些最细致谨慎的学者认为有必要逐次地检验这些选断里面包含的单个观点的真实可靠程度。另外，可以观察到，尽管相对于《法学阶梯》，《珍本》一书涉及更广泛、更新近的主题，但并没有动摇后古典时代的学派对这部最早的教科书的认识：绝大部分教学活动使用的还是后者，而且被置于优帝《法学阶梯》的基础地位。

佛罗伦汀（Fiorentino）在安东尼王朝①时代也撰写了一部《法学阶梯》的教科书，分十二卷，不过，并不是按照盖尤斯的顺序，而是先谈论契约，然后是人的地位，最后是继承题材。

乌尔比奥·马尔切罗（Ulpio Marcello）是安东尼·皮奥和马可·奥勒留皇帝的君主委员会的成员，他是最早在多处要点上批判性地重新审视前辈思想，特别是尤里安的思想的法学家。在三十卷《学说汇纂》里，他常常论及对同时代皇帝谕令的引用和评注，这里面我们也找到了乌尔比安和谢沃拉的注释。

---

① 公元96—192年统治罗马的王朝，共经历六帝（涅尔瓦、图拉真、哈德良、安东尼·皮奥、马可·奥勒留、康茂德），前五帝是著名的罗马"五贤帝时期"，这是罗马历史上最强大的全盛时期，这段时间也是罗马法学最为繁荣成熟的时期，对应着罗马法发展史上的"古典时期"。

杰尔维迪·谢沃拉（Cervidio Scevola）或许有相隔遥远的古意大利人血统，他是公元 195 年的治安长官（praefectus vigilum）以及马可·奥勒留皇帝君主委员会的成员，并常常作为专家为皇帝服务。他活到塞第米·塞维鲁皇帝的时代（Settimo Severo）。他撰写了四十卷《学说汇纂》，其中四分之三是按照告示的顺序，而在最后十卷谈论了一些法律和元老院决议。此外，他还留下了十一卷《解答》、二十卷《争议问题》（Quaestiones）和四卷《规则》。有些阐述既出现在《解答》里，也出现在《学说汇纂》里，而仅有一些无足轻重的差别。这种重合使人可以假设，这两部文集都是后世编定的，只是利用了谢沃拉的法学工作所探讨过的题材。另一种类似的假设则不怀疑单个文本内容的可信度，因为这需要逐个根据文本的内容进行判断，而是考虑这些文集的传播和撰写可以由它的弟子和继承人来很好地完成。总之，如果接受这一类假说的话，那就很难确定这部作品的时间。

艾米利·帕比尼安（Emilio Papiniano）是第一个在塞维鲁王朝时代度过其整个生涯的大法学家。他出生于行省，可能是叙利亚或者非洲，最初是国库事务员（advocatus fisci），然后在塞第米·塞维鲁帝国前期成为大区长官（praefecti praetorio）的幕僚（adsessor），向这些长官献言献策。有一些晚期的主要材料（《皇帝实录》[Scriptores Historiae Augustae]①）提到了帕比尼安和塞维鲁王朝首位皇帝之间的某种姻亲（adfinitas）关系。这位法学家应该是塞第米第二任妻子尤利娅·多姆娜（Giulia Domna）的亲戚（cognitus），而她恰恰有叙利亚血统。不过，这只是非常不确切的信息，从中我们只能获知一种印象，即甚至早在公元 193 年之前，他们就已经有很紧密的联系（这一年正好是塞第米登上王位），塞第米必然把帕比尼安拉入官僚系统的核心层和塞维鲁家族当中。总之，帕比尼安在公元 203 年时成为大区长官，但是他的好运随着塞第米的去世而停止。实际上，公元 211 年，卡拉卡拉皇帝把他从大区长官的位置上拽了下来，并在一年以后将其杀害——这跟卡拉卡拉谋害兄长盖塔（Geta）的时间相去不远，或许是因为这位法学家拒绝为这个弑杀亲人的皇帝服务，并

---

① 这是一部关于罗马帝国皇帝生平的史书汇编，记载了从哈德良皇帝到努梅尼安皇帝（Numeriano，283—284 年在位）期间的历史事件，也是这一时期唯一一部编年体史籍。

且不愿意在元老院和人民面前为他的罪行辩护。

帕比尼安撰写了三十七卷《问题集》，后来还加上了九卷保罗的。这部作品是在公元192—198年之间完成的。其遵循的顺序是典型的"学说汇纂"类型：前面二十八卷按照告示编排；然后转到《十二表法》和其他法律上去。不过，如今最后一部分的讨论更多是对皇帝谕令的分析，它们这个时候已经处在与共和制起源的法律同等层面上了。盖尤斯已经把这种等同化方式提出来了，这就决定了把这种话题——在这些话题里面对皇帝规范的涉及既不是偶尔为之，也不停留在次要的层面上——串联到曾经以对古代法律进行解释为主导的论述方式里去。因此，诸如《问题集》中的一整编，第三十一卷似乎都在着力对安东尼·皮奥的一封关于未适婚人的收养（abrogatio）问题的敕函进行解释。

公元198年之后，帕比尼安遵循同样的模式还撰写了十九卷《解答》。同这位作者的意见一起，我们还可以找到对其他法学家以及主要是皇帝谕令的引证，而且跟大区长官的一些决定也不乏联系。他最后还写了两编《定义集》（Libri definitionum）和两编《论通奸》（De adulteriis）。

尤利乌·保罗（Giulio Paolo）是杰尔维迪·谢沃拉的弟子，也是帕比尼安任大区长官那些年里的幕僚，他来自一个有古意大利血统的家族，属于塞第米·塞尔维和卡拉卡拉皇帝的君主委员会成员，并成为皇帝文书署档案吏（a memoria）的负责人，随后在亚历山大·塞维鲁皇帝统治时（222—235年）成为大区长官。他撰写了大量作品，其中很多致力于对前辈法学家的作品进行评注。这里面有九卷《论普劳迪》（Libei ad Plautium）、十六卷《论萨宾》（Ad Sabinum）、四卷《论内拉蒂》（Ad Neratium）、《阿尔芬摘要八卷本》（Libri octo pluresve epitomarum Alfeni）、《拉贝奥偶成集之保罗摘要本》（Pithanon Labeonis a Paulo epitomatorum libri）、对尤里安的《学说汇纂》及其导师谢沃拉的《争议问题》所做的《注释》（Notae），借助这本《注释》，他合作参与了政治和行政活动。这些作品所做的一个重大工作就是对前代法学体系工作加以重新考察，保罗对此的处理与乌尔比安所做的一样，是没有任何历史认识感的。塞维鲁皇帝的这两位老师在他们自己和他们观念里的对话者之间并没有设置什么时间距离，也没有领会他们所评注或者重新提出的这些法律素材所涉及的政治结构和意识形态已经有了变化。

保罗撰写了八十卷《论告示》（*Libri ad edictum*），并大规模地使用了传统法学文献。这里面最重要的两编是对贵族市政官告示里的条款进行解释。为了教学，他还创作了三卷《教科书》（*Libri manualium*）、两卷《法学阶梯》、六卷《规则》（*Regulae*）。在投身于实践，尤其是帝国法庭的工作的同时，他撰写了二十三卷《解答》（*Libri responsarum*）。这部作品里包含的一些解答在字面上表现为跟我们从《优士丁尼法典》当中获知的同时代的皇帝谕令是相同的。最后，在那些较次要的作品里面，占中心地位的是大量的皇帝规范、元首制行政管理方面的问题、非常审判的诉讼程序形式，以及对被认为是不公平的执法官判决或者宣告的上诉。我们还要提到的是一部《论上诉单编本》（*Liber singularis de appellationibus*）、一部《论审判》（*De cognitionibus*）、一部《论起诉权》（*De iure libellorum*）、三卷《告示》（*Libri decretorum*）、三卷《论遗产信托》《*De fideicommussis*》、六卷《在预审中的皇帝敕决》（*Libri imperialium sententiarum in cognitionibus prolatarum*）。

多米第·乌尔比安（Domizio Ulpiano）具有叙利亚血统，生于"罗马最为富庶繁华的殖民地"蒂罗（Tiro），塞第米·塞维鲁皇帝授予这个殖民地以拉丁人权（*ius Italicum*）（D. 50. 15. 1 pr）。最初他是某位裁判官的顾问委员会成员，公元193年以后则跟保罗一样成为帕比尼安的幕僚。在他被埃拉迦巴（Eliogabalo）皇帝放逐以后，公元222年又被亚历山大·塞维鲁皇帝召回罗马，进入这位皇帝的顾问委员会，并与之联系颇密，成为诉状受理官（*magister libellorum*）、粮食供应长官（*praefectus annonae*）和大区长官（*praefectus praetorio*）。他的著述活动可能是在公元212—222年之间进行的，这是他在帝国机关的最高层工作最为紧张的那个阶段的初期。不过，根据最近发现的一些资料，公元223年他在一场事变中被禁卫军杀害，而这次事变也预示着导致亚历山大·塞维鲁皇帝走向终点的那场灾难。

乌尔比安撰写了八十一卷《论裁判官告示》（*Libri ad edictum praetoris*），与之相随的还有两编对贵族市政官告示的评注。另外，他著有五十一卷《论萨宾》（*Libri ad Sabinum*）：这似乎是一本中断了的作品，或许应该是这位作者在为了从事皇帝吏员的活动而舍弃法律著述的那些年里放弃掉的。在他另外一些作品里面，我们要提到的是四卷《论上诉》(*Libri de appellationibus*)、十卷《争论》(*Libri disputationum*)、两卷《法学阶梯》、六卷《论遗产信托》(*Libri de fideicommissis*)、一卷《执政官职责单编本》(*Liber singularis de officio consularium*)、一卷《论公共事务保佐官职责》(*De officio curatoris rei publicae*)、一卷《论城市长官职责》(*De officio praefecti urbi*)、三卷《论执政官职责》(*Libri de officio consulis*)、十卷《论行省总督职责》(*De officio proconsulis*)、十卷《论全体保民官》(*De omnibus tribunalibus*)。

这些关注帝国各种执法官职之职责的专题著作把庞杂散乱的规范都收集起来，并界定了落在各种角色身上应尽的客观责任，这些角色必然构成了元首制晚期庞大而复杂的官僚集团。一方面，这类专著解决了权力运行当中对确定性的要求，所根据的是一种保护主义的精神，在塞维鲁王朝时期，这种精神在对臣民的保护机制里面曾经多次盛行，以对抗不平等待遇或者对付官吏们的欺压。另外，这类专著也确立了一种职业上的章程、一系列行为规则，而这些章程和规则应该和帝国体制下新的私人化领导是相统一的。

乌尔比安接下来几年的作品就是马尔奇亚诺（Marciano）写下的那些文稿，它们是在卡拉卡拉、埃拉迦巴和亚历山大·塞维鲁皇帝统治时期汇编起来的。在这些作品当中，我们首先要提到的是十六卷《法学阶梯》。在一个简短的引言之后（这里面强调的是，在市民法的适用和荣誉法之间存在着起源上的关联性——这是沿着帕比尼安的线索），这位法学家似乎愿意遵循盖尤斯的那种体例。

  实际上，他在第一卷里面讨论的是人法，与之相联系的是第二卷里面的财产和保护手段。在第三卷里面则转到对物的讨论，并且考察了它们之间的区分，为的是接下来关注所有权的取得方式。从第四卷到第九卷则提出了继承法的主题。从第十卷到第十四卷，他放弃了盖尤斯的体例，而是考虑了共和国时代或者帝国初期的一系列关于私法和刑事制裁方面题材的法律，他探讨了通过频繁地诉诸公元二三世纪的皇帝决定来适用这些法律。

对敕答进行大量地援引展示出马尔奇亚诺对帝国案卷的熟悉。除了《法学阶梯》以外，他还撰写了两卷《论上诉》(*Libri de* appellationibus）、两卷《论公共审判》（*De iudiciis publicis*）、五卷《规则》（*Libri regularum*）、一部《论推定程式单编本》（*Liber singularis ad formulam hypothecariam*）和一部《论杜尔皮里安元老院决议》（*Ad senatusconsultum Turpillianum*）。

赫雷宁·德莫斯汀（Erennio Modestino）是乌尔比安的学生，也是塞维鲁王朝时代最后的法学家。他在公元 224—244 年之间任城市治安长官（*praefectus vigilum*）一职。他是马西莫皇帝儿子的法律导师。在他的作品当中，我们要提及的是十二卷《学说汇纂》（*Libri pandectarum*）、四卷《论刑罚》（*De poenis*）、十卷《规则》、十九卷《解答》（*Responsorum*）。公元 217 年之后，他撰写了九卷《差别》（*Libri differentiarum*）、一本《个案分析单编本》（*Liber gingularis de enucleates casibus*）和六卷《论辩词》（*Libri de excusationibus*），这是唯一一部以希腊语编写的罗马法作品（除了有疑义的帕比尼安的《论城市维护单编本》[*Astynomikòs monóbiblos*] 以外）。

88.《尤利法》和"普通公共审判"

在《关于公共审判的尤利法》里面，常设刑事法庭得以确定而有机的制度化，这部法律是奥古斯都于公元前 17 年发起投票通过的，这跟对私人诉讼程序进行重组的《关于私人诉讼的尤利法》是同时的（如果说即使不是联合通过的话）。不过，很不幸，关于其宽泛的立法全貌，我们只获知一些只言片语的书面材料，但这也足以明确地展示出奥古斯都的规划路线和内容。在审判员面前进行的诉讼程序里所有的要点构成了这份详细规范的对象：审判资格的条件、审判员职位的分配、辩护人的数量、起诉权的限制范围、提交证据的禁令等等。这里面还引入了一些重要的改革。根据这部《尤利法》，审判员名册（*album iudicum*）由三个骑士百人审判团组成——根据《奥勒留法》由三个元老院议员百人审判团（*decuria*）、骑士百人审判团和高级骑士（*tribuni aerarii*）百人审判团（最后这个百人审判团后来被恺撒所废除）组成——后来还加入了第四个百人审判团，这是由较少财产状况的成员组成的，用于审判较不重要的民事案件。再后来，卡里古拉皇帝又设置了第五个百人审判团。不过，很难想象的是，随着奥古斯都的重组，元老院议员们已不再构成审判法庭的成员。最可能的情况是，他们被囊括进了这三个骑士百人审判团中，但是毫无疑问，在这个团体里面，他们仅仅构成一个很小的少数派，据认为，每个百人审判团是由大约一千名皇帝任命的终身成员所组成的。审判员的最低年龄要求从三十岁降低到二十五岁。正如斯维托尼奥所提到的，很多人都试图逃避这一职务，导致每个百人审判团轮流享受一年的服役豁免期以及司法活动在九月和十月期间暂停成为一种必须。

这部《尤利法》似乎并没有授予皇帝进行上诉审的审判权力来推翻某个刑事法庭的宣告判决。但是，在仅以一票多数做出判罚的案件里，奥古斯都可以利用公元前30年授予他的一项权利，将自己的一票投给少数派，这样就重新确立了票数的相等，并在这个意义上允许开释罪犯（所谓的最终决定权 [calculus Minervae] 或者"密涅瓦之票" [voto di Minerva]①，暗指雅典娜女神在埃斯库罗斯的《复仇女神》[Eumenidi di Eschilo] 里面所具有的那种作用② ）。

在这部重要的法规全集里，还伴随有其他一些法律，旨在以不同的方式或者更加具体的方式对一些已由先前的刑事立法予以调整的犯罪形态进行规制。这些法律包括：公元前18年的《关于舞弊的法律》(lex de ambitu)，这减轻了共和国晚期那些最为严厉的关于选举腐败行为的规范，把刑罚降低为简单的罚金，并伴有褫夺公职五年；公元前17年的《关于公共和私人暴力的法律》(lex de vi publica et privata)，该法可能扩展了恺撒提出的一部法律的内容，规定了更为详细的对公共制度（扰乱审判及民众大会的正常进行、滥用与治权相关的权力、非法课征新税等等）或者私人市民（携武器侵占不动产、趁公共灾害期间抢劫、虐待他人的奴隶等等）造成损害的暴力行为的类别，它们由关于暴力罪的刑事法庭来惩治，并各自处以

---

① 密涅瓦，是罗马神话里的智慧女神、战神、艺术家和手工艺人的保护神，对应于希腊神话的雅典娜。

② 埃斯库罗斯是古希腊最伟大的悲剧作家，他最有名的作品是《奥瑞斯忒斯》(Orestea)，这一希腊悲剧当中唯一一部流传至今的三部曲，由《阿伽门农》(Agamennone)、《祭酒人》(Coefore) 和《复仇女神》(Eumenidi)（中文译本还有《善好者》）组成，第三部《复仇女神》写道，奥瑞斯忒斯杀母后被复仇女神们追逐，要他血债血还。他四处流浪，最后来到雅典，由战神山法庭（ Areopagus Court ）依法裁决其是否有罪，结果定罪票和赦罪票相等。最后由庭长雅典娜投了关键的一票，最终将其无罪赦免。因此，"雅典娜（或者密涅瓦）之票"就具有在正反票数相等情况下的最终决定权之意。

"放逐令"（*aquae et igni interdictio*）及没收三分之一财产；日期不详的《关于侵占公款的法律》（*lex de peculatu*），规定了新的规范来对付侵吞或者不法使用公共款项或财物的行为（这是狭义的侵占公款），对付盗窃圣物或者宗教物品的行为（亵渎圣灵 [*sacrilegium*]），以及在物品并不构成某部特别法客体的情况下，对付非法截留为完成公共职责而从国库接受的款项或者财物的行为（截留罪 [*crimen de residuis*]），在前面两种情况下，对违反者规定了总额为四倍于所侵占财物数额的金钱制裁，在第三种情况下则等于比应付款项多三分之一数额的罚金；最后也是一部日期不详的《关于叛逆罪的法律》（*lex de maiestate*），这可能跟恺撒此前一部法律有关联，规定了一份关于各种对罗马人民之"尊严"有所侵犯的行为类型的详细名单（对国家官员的侵辱、暴乱、煽动叛乱等等），这都归设置用于审判这类罪行的刑事法庭主管，规定的刑罚是"放逐令"。

还有两个新的常设刑事法庭的设立也要追溯到奥古斯都时代：关于通奸罪的刑事法庭（*quaestio de adulteriis*）和关于粮食供应的刑事法庭（*quaestio de annona*）。关于前一种类型的犯罪，公元18年（？）的《关于惩治通奸罪的尤利法》是最基本的。根据该法，通奸罪首次被引入公共犯罪的范围里来。这部法律既惩治与有夫之妇交合者（狭义的通奸），也惩罚与未婚有贞节女性的性交行为（强奸 [*stuprum*]），以及从这类犯罪中渔利和收取好处的皮条客 [*lenocinium*]）。但据我们所知，并没有规定血亲或者姻亲之间的性交行为（乱伦 [*incestum*]）是一种独立的犯罪形态，这只有在与通奸罪或者强奸罪发生竞合的情况下才会受到惩罚。根据优先权序列，起诉可以由通奸女性的丈夫或者父亲发起（丈夫或者父亲的起诉权 [*accusatio iure mariti vel patris*]）。不过，丈夫不能像过去一样对事实保持缄默来宽恕这个女性，因为如果在他得知了通奸行为之后还不解除婚姻的话，就会被认为是拉皮条而有过错，而且如果不在离婚后七十天内提起诉讼的话，该权利就可以由任何市民来行使（外人起诉权 [*accusatio iure extranei*]）。犯罪人会遭到放逐到另外的小岛上去的惩罚，除此以外，这位女性也要承受被没收一半嫁妆以及被没收三分之一嫁妆以外的财产的处罚，而男性则是没收一半财产。

关于粮食供应犯罪，相关的最基本的规范是由公元前18年（？）的《关于粮食供给的尤利法》加以规定的，它以一个专门的刑事法庭为工具来惩治任何旨在让粮食,尤其是谷物价格非正常上涨的囤积居奇和投机行为,对违法者处以罚金。不过,跟关于通奸罪的刑事法庭不同的是,这个法庭没有太长的寿命,它在很早的时候就被皇帝吏员的非常设法庭所取代了。

在帝国时代的最初阶段,设置刑事法庭的这些法律的原始规范经受了一系列明显的扩展,这便是元老院决议的工作成果,它们把一些值得处以刑事制裁的新类型引入了先前既存的犯罪类型的范围内。有些作者把这类元老院决议与私法里面的拟制程式(*formulae ficticiae*)进行类比(列维 [Levy]),另一些人则认为这些决议被用来以解释的方式扩大单项法律规定的内容(布拉西耶罗 [Brasiello]),还有一些人则承认了——这是更加合适的——根据一种并未明确提出来的实质标准,新的案例和法律规定的那些情况之间具有相似性,这些元老院决议在相当程度上增加了可由这种常设的诉讼程序形式加以惩治的犯罪种类。将新的案例抽象化并划入旧法律的范围内,这在形式层面上得以实现,即给这些案例所科加的刑罚就是为单项法律最初考虑的那些犯罪类型而规定的(参见 D. 47. 13. 2:元老院决议在此规定执行《科尔内利法》上的刑罚 [*senatusconsultis, quibus poena legis Corneliae teneri iubentur*];D. 48. 7. 6:根据元老院决议……执行《关于私人暴力行为的尤利法》[*ex senatus consulto... lege Iulia de vi private tenentur*];Coll. 8.7.1:元老院决议……于此科以《科尔内利法》上的刑罚 [*senatusconsultum... quo poena legis Corneliae inrogatur*] 等等)。另外,正如已经准确强调过的那样,毫无疑问的一点是,通过刑罚这种外部表现上的标准,"抽象化过程在实体层面上就不言自明地运作起来,并且根据的是一种没有明确表明的罗马风格"。

特别值得注意的是提比留时代的一些元老院决议,它们使得《关于多重遗嘱的科尔内利法》文本里面未加规定的各种前提类型都可以采用同一部法律设定的刑罚予以制裁,包括:在他人遗嘱中作最有利于自己的规定(公元 16 年的《里波尼安元老院决议》[*sc. um Libonianum*]),在与遗嘱不同的虚假文件上签字(*signatio*)或者盖章(同一部元老院决议 [?]),同意或者接受金钱而起诉无辜者(公元 26 年的《梅萨里安元老院决议》[*sc.um Messalianum*]),

旨在安排虚假的书面证据或者证人证言等作为工具的协议（公元 27 年的《李奇尼安元老院决议》[sc.um Licinanum]），贿赂证人（公元 29 年的《杰米尼安元老院决议》[sc.um Geminianum]）。而在伪造领域之外，相关证据就更加零碎了。多亏了塔西陀，他让我们知道了两部提比留和克劳迪时代的元老院决议，它们使行省总督因为自己的妻子犯下的有害于行省的罪行（公元 24 年 [或是公元 20 年？]），以及律师收受超过最高许可额度的酬金（公元 47 年的《克劳迪元老院决议》[sc.um Claudianum]）要受到《关于搜刮钱财罪的尤利法》（lex Iulia repetundarum）的制裁。斯维托尼奥、塔西陀和法学家帕比尼安都提到过，公元 13 年的一部元老院决议（所谓的《关于惩治妇人拉皮条的元老院决议》[sc.um de matronarum lenocinio coercendo]）把《关于通奸罪的尤利法》的处罚对象扩展到——为了逃避该法律设立的公共审判——从事拉皮条、卖淫或者舞台演艺等妇人的活动。关于私人暴力行为，保留给我们的是公元 56 年的一部《沃鲁西安元老院决议》（Sc.um Volusianum），该决议把《关于暴力罪的尤利法》里的制裁手段运用到了那些被认为是故意共同参加他人诉讼以便从中渔利的人身上。我们还知道克劳迪时代（？）的一部元老院决议，它根据《关于杀人罪的科尔内利法》规定的刑罚来打击那些在海难事故中发生的几种确定的犯罪形态。最后，法学家莫德斯汀提到了一部年代未知的元老院决议，它让《关于舞弊罪的尤利法》可以适用于不法课征新税的行为，该行为业已作为公共暴力行为的类型受到奥古斯都立法的惩治。不过，这涉及一份在学理上引发重大困惑的证据材料。

89. 刑事领域的"非常审判"

多部《尤利法》确立起来的常设刑事法庭制度从元首制初年就开始遭到一种新的刑事诉讼类型的竞争，这类诉讼程序更符合这个国家新的宪政制度安排。很显然，尽管奥古斯都一开始倾向于将这种常设刑事法庭作为日常的诉讼机构来加以维持，但是它们却不能得到新体制的青睐。它的审判任务是交给私人市民的；就君主对其组成人员进行决定性干预而言，其名单过于庞大了（正如已经说过的，每个百人审判团背后都有一份千人名单）；而这个审判机构的召集形式又阻碍了任何一种由中央权力来对其加以控制的可能性。从技术视角来看，其缺陷也不胜枚举。一个市民想要成为一种应予制裁的新罪行的指控者，是不能够到某个刑事法庭面前去提起这项指控的，因为任何一个法庭都只对设置该法庭的单项法律里面规定的犯罪类型有主管权。在主体发生竞合，或者罪行发生竞合，以及与各种犯罪类型的主客观方面相关的判罚序列发生竞合时，是不可能在同一个法庭进行审判的，这带来了明显的不便。

这必然导致常设刑事法庭的一场缓慢但不可阻挡的衰落，而君主的势力在这些旧有的共和制机构之上得以崛起，为皇帝的权力在刑事制裁领域进行一种更大更坚决的干预开启了道路。尽管尚待证实，但在整个公元2世纪，常设审判法庭就这样逐渐地把领地让与新的诉讼程序，这种程序没有审判团的参与，整个审问都交给皇帝或者他的授权委托人，该委托人是以完整的方式被授权的，从他进入审判到他做出判决。这一程序通常被冠以"非常审判"（*cognitio extra ordinem*）之名，因为它是在正常的民事和刑事审判制度以外出现并发展起来的，所以并没有常设司法审判活动中的那些形式上的束缚和限制，它首先跟刑事法庭的诉讼程序相并列，然后取而代之，从而导致非常刑事法律的形成，这种法律一点一点地排挤掉了旧有的犯罪和刑罚体制。

从奥古斯都开始，这里提到的这种发展就显露出来了，与之相伴的是两个新的刑事法庭的登场，一个是由这位皇帝在他的顾问委员会的协助下设立起来的，另一个则是由元老院设立并由执政官主持。

君主的司法权限的法律基础是充满争议的。相当一部分学说把这种权限同迪奥·卡西提供的信息联系在一起，据他所言，从公元前30年开始，根据平民会决议，屋大维被授予"*ékkleton dikázein*"的权力，即（按照人们愿意理解的那样）"根据请求而审判"的权力。不过，关于这一证据的法律意义，正如操希腊语的晚期历史学家在讨论理论及技术类问题时一样，常常是泛泛而不确切的，故似乎并不能给予明确的信赖。据显示，另一些作者则倾向于一种假说，即君主的司法权的法律根据在于共和国宪制或者"权力约法"的自由裁量条款里已经规定过的执法权力之一，但该假说引发了一些质疑，因为所采用的论点太过于模糊而不能得出确切的推论。根据其历史背景下的一些原文资料，有一种观点似乎是更可取的（最近得到支持的一种论点与此相接近，即随着时间的推移，对权力的攫取得以合法化），即认定君主司法权的宪政基础和合法性是在皇帝的准可权里面。

在刑事制裁领域行使这种权力涵盖了司法的三个基本方面：提审、上诉审和授权审。君主可以自行或者根据利害关系人的请求而在自己的法庭里进行提审，不光是对公共法律（lege publicae）里没有规定的犯罪类型进行审理，还有对已经预先规定了特定刑事法庭的罪行进行审理，这样一来，就架空了常设审判员的主管权限。皇帝亲自审判的案件从奥古斯都开始就在文献里面得到证实（只要想到对诗人奥维德[Ovidio]的判罚①就够了；还有斯维托尼奥告诉我们的，在弑亲罪、伪造罪和诽谤罪方面的非常干预；以及西兰尼遗址[Cirene]第二告示里面提到的因为皇威受到损害而针对奥罗·斯特拉齐·马西莫[Aulo Stlaccio Massimo]提起的诉讼）。但是，只是到了克劳迪治下，这一现象才得以普遍化，并开始为君主的审判逐步确定地成为帝国的最高审级提供了依据。归属于皇帝的案件类型是最多种多样的，并特别涉及跟叛逆罪行（crimina maiestatis）有关的指控，这跟君主本人直接相关；或者是关于公共行政当局的职员以及官吏犯下的罪行；针对巫师、星象师、占卜家的诉讼也不少见，他们的实践活动会对皇威有所冒犯，因为他们试图以神秘的技艺来揭示皇帝及其家族成员的未来命运。

除了我们已经谈到过的初审司法权以外，君主还有权在上诉审里面去了解已颁布的判决，无论是意大利的还是行省的，无论是由执法官或者官吏还是由他的下属颁布的，为了反对这些判决，就要求助于他的权威（向凯撒上诉[appellatio ad Caesarem]）。据研究，这种权力的基础在于皇帝的准可权，这就正如在一般意义上的非常审判——这是此种权力所对准的范围——所揭示出来的一样。这导致直接发起向人民申诉的上诉活动被排除掉了（随着民众大会司法职能的枯竭，一种制度已经成为一种诉求，即把案件下放至常设刑

---

① 奥维德，古罗马诗人。因与奥古斯都推行的道德改革政策发生冲突，于公元 8 年被流放到黑海边。

事法庭或者皇帝以及元老院的法庭，以避免案件受到官员的自由裁量 [*animadversio*])，尽管近来一些学者对此有不同看法，但是也不能不承认，随着时间的推移，就实际效果而言，这种新制度会替代原有的向民众大会申诉制度。

不过，除了直接审理或者最后在上诉中审理以外，皇帝还通过委托授权的方式行使司法权，即以普遍而长期的方式把决定事务的审判权授予他自己的官吏（在罗马和意大利，在城市 [*urbi*]、大区 [*praetorio*]、粮食供应 [*annonae*] 和治安 [*vigilum*] 方面，设有四个行政长官 [*praefecti*])，或者把单个案件的判决重新交给逐次指定的某个特别委员会（指定承审员 [*iudices dati*])。城市行政长官的司法权限最初仅限于跟治安活动有关的事务，早在公元二三世纪之交就扩展到了任何一种在罗马或者罗马方圆一百千步长范围内犯下的罪行，这样就确定地取代了刑事法庭的常设审判。在这个半岛余下的领土里，惩治权的行使就交给大区长官，他们从塞维鲁王朝开始就被赋予在上诉审当中代表皇帝（*vice sacra*）对来自帝国的各个区域的刑事指控进行审判的任务。授予粮食供应长官和治安长官的权力是对属于他们行政管理权限内的犯罪行为责任人进行司法审判，因此分别是针对谷物或者其他一般食品的囤积投机商人，以及（正如保罗告诉我们的）"纵火者、破门而入者、盗贼、劫匪、窝藏犯等等，除了涉及一些格外恶劣无耻的人而必须要把他们交给城市行政长官"。

值得更加深入讨论的是，配置在行省政府的官吏的刑事司法权限这一话题。正如我们已经看到的，从元首制伊始，行省总督的惩治权就是根据罪行是由异邦人还是由享有市民权的人所犯而灵活变化着：无论是在皇帝行省还是元老院行省里都是如此。针对非市民的人，总督的裁量权可以自由地行使，除了来自个别"城邦"的司法独立自主性的某些限制。但实际上，这位罗马统治的代表常常更喜欢按照与市民的刑事法庭相类似的形式和规制手段来行使这种权力；如有必要，还可以求助于向君主提出上诉。不过，当涉及罗马市民所犯罪行且该罪行可受死刑惩罚的时候，总督在他的刑罚惩治权范围内就要受到承认给市民的那些保障手段的限制。因此，一旦他们面对这些要求，就必须把被指控者送往罗马，为的是在那里受到某个常设刑事法庭或者皇帝以及元老院法庭的审判。如果说文献上为我们保留了一些由行省总督对罗马市民执行死刑的证据的话，那也必须认为，在这些案例里面，总督们是冒着风险在行事，在违反法律规定的情形下行使这种惩治权，而且无视《关于暴力罪的尤利法》对执法官规定的制裁措施，这些执法官利用自己的治权"处死罗马市民，或者对他施加打击，或者命令伤害他，或者令其身陷囹圄来折磨他，而罔顾所规定的申诉权"。

这种体制在元首制期间注定会承受深刻的转变。在公元1世纪的时候，皇帝已经开创了授予生杀权（剑罚权 [ius gladii]）——仅限于军事领域——的实践，即把属于他享有的对市民处以死刑的高级司法权授予一些皇帝行省的总督，这些总督被安排作为一支军队的首领，这样他们就获得了处死士兵、罗马市民的权利，而无须请求下放处理罗马城法庭相关诉讼程序的权力。随着时间的推移，频繁地授予行省城邦的居民以罗马市民权，相应而来，一个数量要巨大得多的人群获得了使用申诉权的权利，这必然让皇帝们相信，把市民的死刑司法权集中保留在罗马手上是不可能的，因此引导他们不仅在军事领域，而是在更大范围内对生杀权进行授权。从公元3世纪开始，这种特权大体上已赋予所有行省的总督，他们是行省执政官，或者代行裁判官的皇帝特使（*legati Augusti pro praetore*）。乌尔比安是在塞维鲁王朝时期进行写作，他毫不犹豫地证实了"那些被安排对整个行省进行统治的人都有生杀权，而且他们被授予作出去矿山进行强制劳动的判罚的权力"。

罗马市民就这样被剥夺了古老的申诉保障手段。他们当然可以通过提起上诉来向君主求助，但是这涉及的是一种不那么确定的救济措施，这很容易导致滥用，正如可以从亚历山大·塞维鲁皇帝致比提尼亚（Bitinia）"邦联"（*koinón*）的一封著名敕答（公元233年？）中推论出来，这封敕答禁止皇帝代理官（*procuratores*）和行省总督（*praesides provinciarum*）对上诉人施暴或者把他们置于军事监控之下以阻止其向皇帝的法庭求助。即便不考虑这些过分的例子，但无论如何，君主的这些吏员们的相关权力是非常广泛的。他们可以拒绝受理仅仅以推迟判决执行为目的的上诉，以及以基于罪犯的自行认罪而做出的判决为对象的上诉。就莫德斯汀提到的信息而言，他们还能够对"出于公共安全而必须立即加以惩治的"被判罚者提出的上诉不予受理，"比如远近闻名的土匪强盗、造反的唆使者、门阀宗派的头领,等等"。根据乌尔比安提供的一处证据,他们还有权不予接受的是,那些理由无根据而不可能在更高部门得到受理的上诉,但是文献里面并没有为我们提供与此相关的准确比较。

上面展示出来的关于生杀权的观点是建立在蒙森的基本观察的基础之上的,如今这已经为大部分历史学家和法学家所接受(尽管有些许变化)。琼斯(Jones)也是从这位德国学者的线索出发,他给上面描绘出来的领域带来了具有重大意义的精确细化,尽管在很多方面还充满争议。根据这位作者的意见,生杀权(对此,他以 Dio Cass. 53. 12. 6-7 为根据,强调了它最初始的军事化色彩)应该是从公元212年以后——《安东尼皇帝谕令》(*constitutio Antoniniana*)的日期——就授予所有行省总督,来针对他的司法权治下的所有市民,无论是否是士兵(在此前的年代里,这只是零星的:参见 Venuleio Saturnino, in D. 1. 16. 11, *Passio S. Perpetuae*, 6);然而,从元首制初期开始,总督们就有权对受到公共审判法律(*leges iudiciorum publicorum*)所规定罪名指控的罗马市民进行终局性审判:琼斯把这种权利称之为"公共审判的践行权"(*exercitio publici iudicii*,参见 Papiniano, in D. 1. 21. 1pr)。不过,这种理论构建尽管非常完善而精巧,但是在文献里面却找不到具体细节的支撑,尤其是这种"公共审判的践行权"还完全有待证实。

在一篇研究行省总督的刑事惩治权的文章里面,加恩塞(Garnsey)提出了对蒙森观点的尖锐批判。这位作者通过考察与这个主题有关的基本的法律和文学文本,试图证明生杀权到共和国末叶已属于所有的行省总督。而且,在《学说汇纂》的一些选断里面宣告出来的学说(Papiniano, in D. 1. 21. 1 pr-1; Ulpiano, in D. 1. 16. 6 pr., 参见 D. 50. 17. 70)认为,对市民处以死刑的权力的基础在于皇帝的某种授权,但这种学说只是塞维鲁皇帝时期法学家们的作品,他们当时担心所有权力都依附于君权。但是,这位学者的观点更是建立在一种薄弱而没有说服力的解读的基础上(尤其是对 Plin. *ep.* 10. 96 的解读是没有说服力的,在那里,普林尼确认向罗马遣送比提尼亚行省的基督徒以便制裁他们,"因为他们是罗马市民"),这使得在没有更具定论的资料的情况下,那种传统观点就显得更加可取。

关于元老院的司法权限的起源和基础，当代的罗马法学家可以说获得了一种足够明确的结论。实际上，不算晚近的一种学说认为，这类权限可能像它们此前的历史先例一样，在共和国最后一个世纪里进行的那些政治斗争中，呈现为在元老院大会里所使用一些惩治十恶措施（设置非常刑事法庭 [quaestiones extraordinariae]、以最高元老院决议为工具宣布战争法律、把对国家安全造成危害的被指控市民宣布为公敌 [hostis publius]）。而另一种更加深刻的研究则揭示出，这类干预手段为什么没有表现为直接从事司法活动——在某种程度上跟元老院在帝国时代所从事的活动相类似——而是一些具有显著的政治特性的措施。通过这些措施，在情节特别严重的案件中，这个高级大会把对市民进行惩治的非常权力交给执政官。如今，赢得大部分赞同的一种观点则放弃了对共和国时代那些假设的先例进行研究，而更倾向于确认元老院的刑事权限的法律基础来自于皇帝通过明示或者默示的同意而给予的授权，这是正确的。这种授权毫无疑问构成了一种有利于元老院的政治措施，在某种程度上这被理解为是对元老院统治活动受到明显削弱的补偿。不过，出于带有法律性质的动机，这个大会的司法职能得到了君主的支持，这一点也并无不妥，即通过引入一种更加富有弹性的程序来纠正普通公共审判程序的刚性，这样才能够对不属于刑事法庭惩治范围内的新犯罪类型加以追诉，加重或者减轻为属于这种法庭权限范围内的罪行确定的刑罚，以及同时针对多人或者多种罪行进行诉讼审判。当然，君主有可能以决定性的方式对元老院审判的任何阶段进行干预——正如他可以自由地决定让元老院，而不是刑事法庭或者他自己的法庭来商议某个特定程序——要么是凭借他的保民官权力来阻止指控的引入或者判决的公布，要么他能够作为首席元老第一个投票，以便在事实上去制约元老贵族们的决定。

在整个奥古斯都年代里，元老院在刑事领域的参与似乎都仅限于叛逆罪和搜刮钱财罪。《卡尔维西安元老院决议》（senatusconsultum Calvisanum）（西兰尼遗址第五告示）恰恰就是针对后面一种犯罪的，经证实，这是由于奥古斯都的建议，由执政官卡尔维西·萨宾（C. Calvisio Sabino）和帕西恩·鲁弗（Passieno Rufo）于公元前4年提议的，根据该决议，授权元老院在他们内部选拔出五名成员组成一个委员会，以此为工具对一些（尚未构成死罪的）贪腐罪行进行审判，而此前这属于搜刮钱财罪刑事法庭的权限。不过，到了提比留时代，元老院吸收了针对各种形式的罪行的审判权（通奸、拉皮条、诬陷诽谤、伪造、杀人、暴力、抢劫），与此同时也勾勒出一种新的与身份有关（ratione personae）的特殊权限，即针对元老院议员或者更加一般意义上的元老院议员阶层成员所犯的罪行。随着时局变化，元老院还在继续行使司法权，直到公元2世纪最后几十年，后来它就把这一领域逐渐交给了皇帝。这种衰落是随着康茂德皇帝的专制体制开始的，到了塞维鲁王朝时期进一步加剧。在亚历山大·塞维鲁治下，我们就不再有关于委托贵族元老进行刑事审判的信息了，元老院审判也就无疑被君主审判或者根据其授权进行的吏员审判，特别是城市行政长官和大区长官审判所取代。

元老院诉讼程序虽然表现为一种技术上的审判（参见 Tac. ann, 1. 75. 1，这里面明确对比了元老院审判 [cognitions patrum] 和常设审判 [iudicia]，但也参见 Plin. ep. 2. 11. 4 及 Quint. inst. Or. 3. 10. 1），在很大程度上还受到刑事法庭控告制度的影响，并且在很多方面复制了在审判团面前所遵循的那套程序。指控（postulatio）被提交给执政官，如果他受理（receptio）的话，就把这个诉讼案件交给大会。另外，元老院经常对该请求是否可接受进行商议，在这种情况下，如果君主在商议现场的话，就可以借助他的否决权（intercessio）来取消元老们的决定。被指控者被允许有一段时间来出庭应讯（只有在例外情况下，审判程序才可以在受理之后立即开始）；接下来一段时间，至少通常来说，他无须受到限制人身自由的措施的控制。到了为论辩活动确立的日子，罪犯（reus）必须出现在元老院，若其试图缺席，则可借助强制手段保证其出庭。辩论是从主持官员的引导性发言开始的，紧随其后的是指控人和被指控人（或者他们的辩护人）的辩词（orationes），中间穿插对正反两方证言的听取：指控人被许可的论辩时间通常仅是被指控者的三分之二，这是为了让后者的抗辩更有效。辩论结束后，元老院议员们就受邀表达他们的意见（判决提议 [rogatio sententiarum]），不过，跟刑事法庭的陪审团不同——唯一能够宣布的只是被指控者有罪或无罪——他们也能够就刑罚的适用表达自己的意见。自然而然，参与这次会议的君主有可能以决定性的方式影响大会的走向。于是，主持官员会把那些显得值得批准通过的提议交付表决，而元老院议员们则通过分组投票（*discessio*）来表达他们的意愿。在这个阶段，君主也可以进行干预，以他的否决权为工具阻止判决的形成。最终判决（*decretum*）是以一份元老院决议的形式做出的，不过，其效力是一份司法决定。它以书面形式写就并保存于农神金库（*aerarium Saturni*），旋即可以被执行。但是，为了让没有参加审判程序的皇帝也有可能对死刑判决加以掌控，提比留皇帝于公元21年发起并通过了一项元老院决议，确定了这些判决在公布之后十日内不得入库保存（也就是执行）。然后，对于那些导致向第三人返还金钱的判罚（这主要发生在搜刮钱财罪上面），应支付数额的决定被交付给一个人数有限的判还官（*recuperatores*）集体。大约是从克劳迪王朝时期开始，这一程序取代了公元前4年由《卡尔维西安元老院决议》引入的那套程序，根据这一程序，整个审判（即包括责任的确认、赔偿价值的确定）都被下放给一个五人委员会，这个委员会由元老院议员组成以代替全体大会。那些不可撤销的元老院判决可以根据君主或者元老院自身颁布的一份赦免规定而不予执行，但是，还有相当疑问的是，这个大会的判决是否或者说偶尔在什么范围内可以构成向凯撒上诉制度（*appello ad Caesarem*）的对象（参见德·马里尼·阿文佐 [De Marini Avonzo]、贝伦 [bellen]、布雷克恩 [Bleicken] 和文森蒂 [Vincenti] 从不同角度对此问题的贡献）。

90. 实体法和"非常审判"的诉讼形式

对于元老院审判（*cognitio senatus*）而言，非常审判构成了一种例外，正如已经看到的，元老院审判在原则上遵循了常设诉讼程序中适用的那些规则，并且要依赖其进行指控，而这种非常（*extra ordinem*）程序则具有精确的纠问制特点。诉讼是由当局发起的，不需要有一项正式的指控罪名（*accusatio*）：有时候，执法官的指控提议是由某个私人的举报（*denuntiatio, delatio*）所激发的，不过，这个举报人（*delatores*）仅仅是个告发者，而不是技术意义上的指控人（作为指控人，是要承担对带有恶意发起指控或者不正当地放弃指控所规定的那些制裁措施的）。只有针对那些公共审判法律所表现出来的古老罪行——即使它们是以新的形式进行追诉——才会发起公共起诉。这必然导致某些古典晚期的法学家（比如马可罗 [Macro]，在他关于公共审判 [de publicis iudiciis] 的论述中）有些矫枉过正地认定，公共审判不仅仅是通过公共起诉而在陪审团面前发起的一类诉讼程序，而且同样是跟最初属于常设刑事法庭的那些罪行相关的审判制度。

在这些保留了控诉制原则的少量案件里，该原则本身也开始逐渐退化，这就有利于审判员自由纠问（inquistio）这种与之对立的原则的普遍化。比如，它试图进一步限制跟罪犯受到惩罚具有某种个人利害关系的人提出指控的权力（一方面，承认被侵犯者或者他们的近亲属有一些特殊优待便利；另一方面，还认可了一些人在自己或者亲属的利益范围内进行指控，而这些人在以前是被排除在外的，比如妇女、未适婚人和丧廉耻的人）；这使得行使控诉权更加困难（可能扩大了诬陷诽谤罪的范围，也可能让指控者和被指控者之间的通谋行为在刑法上可以受到追诉，还可能让放弃了业已开始的程序的指控人承受罚金）；这就给向每一位市民开放的控告制原则施加了极大的限制（阻止对特定的人行使这种控诉权，或者在指控人和被指控人之间交织着个人关系时，排出其权利的可适用性）；最后，它还引入了各种强制起诉的案件，这些案件同样构成了对私人自由起意原则的废除（继承人必须提起罚金之诉来保护死者的留言记录，监护人为了被监护儿童的利益也是如此等等）。所有这些规定都在很大程度上破坏了公共起诉制的特点和功能（有时是把它转变成一种当事人起诉制的类型，即只能由利益受到侵害的主体提起），而且给"人民中的任何一人（quivis de popolo）都可以提起诉讼"这一共和国时代的原则带来了一种真正的转变。

不过，在其他方面，常设审判程序和非常审判之间存在着深刻的对立。在普通公共审判程序里，刑罚是固定的，而且审判团也仅限于对被指控人的责任加以肯定或者否定；与此相反，在非常审判里面，刑罚可以根据罪行的主客观状况、罪犯在其中所起的作用、罪犯在犯罪事实前后的表现及其个人或者社会地位而有所变化（对上等人阶层 [honestiores] 的成员施加的惩罚要比对下等人 [humiliores] 阶层施加的惩罚更轻，自由人所承受的严厉程度也小于奴隶）。审判官员被认可在刑罚的决定中具有一种广泛的裁量权，而且，当他审理普通公共审判程序规定的某种罪行时，也并不被要求严格遵守法定刑。自然，他的仁慈宽宥不能够达到赦免有罪之人刑罚的程度。这种恩赦（*Inaulentia, venia*）是君主和元老院的特权，而不属于审判员的权力。不过，除去这些限制前提，审判员在刑罚种类和程度的决定上具有最大的自由权，皇帝谕令曾明确地要求他们"谨慎地考虑罪犯和罪行的严重程度，科处的刑罚既不要比具体案件所要求的更重，也不要更轻"。因此，当皇帝受到关于对特定事实进行惩罚的相关问题的咨询时，也仅限于给出灵活的指示，而不是具有约束性的规定，而这种需要诉诸确定刑罚的地方也考虑到了把一定程度的自由判断留给审判官员，一个明显的前提假设就是，没有任何一种犯罪事实跟另一种事实是完全相同的。

> 关于审判官员面对皇帝法令和根据事实的严重性在他自己的裁定中对刑罚有所斟酌损益的权力的问题，德·罗伯茨（De Robertis）和列维（Levy）在两篇于20世纪30年代末发表的重要文章里面表达出了截然相反的两种观点。在前一位作者看来，被安排履行惩治职能的执法官或者司吏是从安东尼王朝时代开始受到约束的，要最严格地遵守皇帝谕令里面规定的刑罚。这些人"从皇帝权力那里获得了自身属性，或者说直接受制于皇帝，他们（要是能够）对相关的法令置之不理、毫不介意"，那就绝对是难以理解的。而根据后一位作者的判断，君主的这些谕令——只有敕训构成了例外——至少在君士坦丁（Costantino）皇帝年代之前只是给审判官员提供一些简单的指示，而把很大的判处刑罚的裁量权都留给他们。后一种观点得到了丰富的证据支持，并且很难有什么争论，到今天被接受为通说（*communis opinio*），而且在本节也获得了采纳。

这种跟非常审判有关的广泛的裁量权自然而然会在制裁措施的层面上带来显著的后果。在普通公共审判程序里面实际上相当温和的固定刑罚，被一种按序排列的刑罚体系所取代，这些刑罚大多数都要比法律里面规定的刑罚更令人痛苦并且严厉得多。伴随着相应的放逐令而出现的流放刑实践的普及，针对市民的死刑，在共和国的最后一个世纪已经不再使用，但从帝国时代初年又被恢复起来，用来针对新的犯罪类型，或者刑事法庭的法律规定的法定刑畸轻。行刑的形式仍然是斩首（*capitis amputatio*），不过以长剑取代了利斧。这一现象也在术语层面上得到反映，与生命刑（*poena capitalis*）（审判脑袋 [*iudicium capite*]、指控脑袋 [*capitis accusare*]）这种已经不再指代放逐刑的表述相伴，得到更广泛普及的表述是极刑（*poena capitis*）（敲脑袋 [*capite plecti*]、罚脑袋 [*capite puniri*]），在这种表述里面隐含地提到了这种极刑是通过斩首来执行的。比斩首刑更加残酷的刑罚是钉十字架（*damnatio in crucem*）、委弃于斗兽场中的野兽（*damnatio ad bestias*）、火刑（*vivi crematio*），这些刑罚都是判处给那些有最大严重性的罪行或者属于最卑微的社会阶层的成员（奴隶、下等人）所犯罪行。据观察，这并不是涉及死刑的不同行刑方式，而是各自独立的刑种，具有自身的个性和适用范围，尽管它们都拥有共同的目的：在肉体上消灭犯罪者。与这些因其残酷性而被认定为是酷刑（*summa supplicia*）的制裁手段相伴，文献上还提到了其他一些刑罚，它们尽管并不直接剥夺生命，却会把生命直接置于一种危险境地，因此也就类似于那些导致死亡的刑罚：判处到矿山进行强制劳动（*damnatio in metallum*）、去矿山服役（*in opus metallic*）或其他一些不那么繁重或危险性较小的辅助性劳动（*in ministerium metallicorum*）；判处强制从事公共劳作（*damnatio in opus publicum*），如果这是永久性的话，就会导致失去市民权；判处在竞技场以角斗士身份进行表演（*damnatio in ludum gladiatorium*）或者去同猛兽搏斗（*damnatio in ludum venatorium*）；判处流放（*deportatio*），即永久地单独软禁于某个小岛或者荒漠里的绿洲，从图拉真皇帝时代开始，最后这种刑罚取代了古代的"放逐令"。判处这些剥夺生命或者自由的刑罚（死刑、酷刑、到矿山从事永久性劳役或者劳作、竞技）都把被判罚者置于"刑罚奴隶"（*servitus poenae*）的地位，即他被剥夺了任何权利能力，其婚姻被解除、财产被没收、接受或者订立遗嘱的权利也被废掉。

　　与这里提到的一些制裁手段相伴，非常审判还有另外一些不那么严厉的刑罚，它们不会导致直接失去生命或者将其置于直接的危险之下。其中特别重要的一种是驱逐刑（*relegatio*），即把人赶到某个小岛或者特定的城市或地区，或者是禁止在一定地方定居。跟常常是永久性的流放刑不同的是，驱逐刑可以是临时性的。另外，它也并不导致失去市民身份或者财产。然后，还有一些肉体刑，它们通常是与死刑相伴随的，用棍棒（杖刑 [*fustium ictus*]）或者鞭子（鞭

刑 [*flagellorum ictus*]）拷打：前者适用于上等人，后者被认为是侮辱性的，适用于下等人和奴隶。没收财产（*ademptio bonorum*）通常也具有辅助性特点，可以是全部没收或者部分没收。最后，还有各种更轻微的刑罚，与钱有关（罚金 [*multa*]）或者具有其他性质（取得荣誉官职 [*honores*] 受限、禁止从事一些岗位或者职业等等）。在帝国时代，囚禁还是不构成一种真正的刑罚。"（乌尔比安写道）监狱实际上是用来看管人而不是用来惩罚人的"，这就是说，它涉及的是一种预防性措施，而不能被用作惩治的目的。

跟新的制裁手段的创设相伴随的是这样一种趋势，它在元首制期间显现出来，即用新的方式——扩大这些方法的内容——来镇压那些普通公共审判法律（或者是随后在帝制初年的元老院决议）已经予以制裁的犯罪类型。这种皇帝的干预手段引入的新的惩治方式深刻地改变了各种犯罪的表现形态和概念本身，常常是以失去它们在最初的规范性文本中的典型特点而告终。

比如，谋逆罪最初是反对罗马国家及其安全的一种犯罪，逐步转变成一种反对皇帝的罪行，从某种程度上讲，这个国家的尊严都被个人化地体现在皇帝身上。在这个范围内，很多跟《尤利法》不相干的犯罪类型都被加进来，比如，对君主的人身或者名号有所冒犯、对他的雕像或者表现他的画像有所不敬、未经他的命令领导军事行动、拒绝信仰皇帝的神灵（最后这种类型就构成了对基督徒进行迫害的法律基础）。至少在塞维鲁王朝时代，对此通常施加的刑罚是：上等人斩首、下等人火刑或者委弃给猛兽。

搜刮钱财罪同样也经历了深刻的转变，因为决定它得以出现的那些特别的社会和政治条件都消退了。它已经不再仅仅适用于行省总督所犯的对被征服居民造成损害的那种掠夺行径，也适用于（根据恺撒的立法所开创的一套方针路线）任何一个执法官或者被授予某项公职的官吏所犯的权力滥用行为。一些最初属于这一罪行范围的类型已经转变为独立的犯罪形态，比如，通过滥用与职务相关的权力而巧取豪夺，这种行为归到索贿罪（*concussio*）名下，如今要受到非常态化的惩治，并以特别严厉的制裁手段来处罚。而对于那些通常的压榨行为，《尤利法》规定的金钱刑让位于新的惩罚性的刑罚（主要是流放），由审判官员根据罪行的严重程度来斟酌损益，而旧的财产刑则（似乎）实体化为一种原物返还之诉，用来对遭受了财产损失的受害者进行补偿。

舞弊罪，传统上被理解为选举性舞弊，提比留皇帝把为各种执法官职挑选候选人的任务转交给元老院以后，这就变成一种仅在罗马城之外才能构成的犯罪。莫德斯汀这位在塞维鲁王朝最后几位皇帝治下写作的法学家证实，在他那个时候，《关于舞弊罪的尤利法》"在罗马城内再也不适用了，因为官职的创设属于君主主管，而不是为了人民"，并且他强调，根据一部日期不详的元老院决议，这部奥古斯都的法律被扩展到自治市的执法官职和神职的候选人（petitio）身上。刑罚是金钱性的，相伴随的还有"丧廉耻"。

在普通犯罪领域，罪行也表现出显著的扩张趋势。在杀人罪范围内，通过皇帝谕令或者法学的解释工作这些手段，吸收进来一些并未由《关于杀人罪的尤利法》加以规定的重要类型，包括蓄意谋杀奴隶、遗弃婴儿，尤其是过失或者故意杀人（对此，似乎可以从哈德良皇帝的两封著名的敕答里面推论出来）。不过，认为这种罪行扩展到引产堕胎行为上去的观点似乎没有被接受，这种行为从塞维鲁和卡拉卡拉皇帝时期开始被当作一种独立的非常罪行而遭惩处。弑亲罪相对于杀人罪仍然还是一种独立的类型，受到特别严厉的刑罚制裁（对于弑杀父母的罪行甚至恢复了古代的投水沉底刑 [poena cullei]）；对普通杀人罪的刑罚通常是：上等人流放，下等人火刑或者委弃于猛兽。

相对于《关于遗嘱的科尔内利法》（以及后来相关的一些元老院决议）里面的制度，伪造罪也经历了明显的扩展。落入这一罪名范围内的有：制造虚假文书，即使没有备有印章（sine consignatione）；使用虚假文件；窃取认证文件（subreptio instrumentorum）；司法上的作假类型；使用虚假姓名；拒收铸有皇帝头像的硬币；伪装怀孕分娩（partus suppositus）；某些虚报债权的案例；被寄存人泄漏寄存人的文件材料等等。通常，对此的刑罚是：上等人流放、下等人进矿山或者钉十字架。

对暴力罪所经受的扩展进行理论重构有更多问题，这是因为优士丁尼皇帝的委员会做出的一些深入修改。由于法学家或者皇帝们的工作，几乎确定无疑进入到私人暴力行为范围里来的一类事实是：直接以暴力强取某项债务以及擅自占有债务人的财产。但关于其他的类型则存在明显的疑问，包括抢劫、暴力强奸和劫持人质。

根据事实的严重性，刑罚会有所变化，最高可至：上等人流放、下等人送往矿山。

另外一些罪行承受了较轻微的扩展，包括盗用公款（如果是上等人所犯处以流放，如果是下等人则送往矿山）和诱使他人为奴（上等人要被处以终身驱逐并没收一半财产，下等人则是送往矿山或者钉十字架）。

至于那些反对司法管理的罪行，则标志着一些有趣的发展状况。诬告罪（calumnia），即故意提出没有根据的控告，这已经由《雷米法》（lex Remmia）予以规定，并由公元 61 年的《杜尔皮里安元老院决议》（Sc. um Turpillianum）扩展到轻率的（但并非故意）起诉行为上面，而且被后来的皇帝谕令甚至扩展到举报行为（delatio），这样该行为就被吸收到公共控告制里面来。对诬告者判处的刑罚就是对他轻率提起的那种犯罪所决定的同样的刑罚（诬告反坐）。服从于类似制度安排的还有通谋行为（praevaricatio）（该罪行由《关于公共审判的尤利法》予以规定），即在控告者和被控告者之间串通，旨在将不愿意跟犯罪人进行和解的另一位控告者排除在外，以便将罪犯开释。敷衍推诿的行为（tergiversatio）或者故意放弃控告的行为——已经构成这里提到的《杜尔皮里安元老院决议》的特定对象——也是如此。

用新的方式来惩治可以诉诸一部这里提到过的公共法律里的犯罪类型，与之相伴的是，在元首制期间还出现了新的特别罪名的设置，它们跟共和国法律里面的规范性规定毫不相关。特别有意思的趋势是，把一些最初用私人罚金之诉加以制裁的私犯类型吸收到（非常的 [extra ordinem]）公共惩治手段的范围里来。比如，要用非常制裁手段进行惩罚的有：盗取牲畜的窃贼（abigei, abactores）、在公共浴室里作案的窃贼（fures balneari）、扒手（saccularii）、入室行窃的盗贼（derectarii）、撬门而入的窃贼（effractores）、窝赃者（receptatores）、抢夺者（expolatores）、夜盗（fures nocturni）。可能跟这些类型接近的还有窃取遗产（expilata hereditas），即盗取属于尚未分配的遗产。在其他一些处于私人罚金之诉对象的犯罪形态里，需要加以记载的一些类型还有，不法侵害（iniuria）（诬告性的传播言论、侮辱女性或者年轻人的贞操、侵辱特权阶级成员或者执法官、侮辱行为）以及侵犯陵墓罪（crimen sepulchri violati），以前这被当作裁判官法类型的犯罪。那些不能追溯到私法性的最初起源的形态则是一物二卖罪（*stellionatus*）（这是外延不太清晰精确的一类犯罪，包括不能冠之以某个特定罪名的各种欺诈性行为）、撬门越狱（*effractio carceris*）和移动界碑罪（*crimen termini moti*）。

91. 帝制的行政管理和共和制的官制

正如在很多其他领域一样，在行政管理方面，元首制在形式上也意味着共和制的治理形式与君主制体制的实质之间的某种妥协，与之相伴的事实是，所有的实际权力和相应的责任都毫不含糊地落在了皇帝手上。因此，这涉及的是一种并不平衡的妥协，比其他领域更加不平衡：在新制度的那些不可遏止的需求上面尤其突出。奥古斯都可以被认为是帝国行政管理制度真正的缔造者，他在这一领域的创新要胜于其他任何领域，否则他不可能成为奥古斯都。首先，因为在共和制时代，行政管理制度几乎是不存在的，并没有一个特定的制度安排、机构和人员。在意大利，是由民选执法官和元老院进行管理；而在行省，则是由总督，辅之以财政官，金融和财政的管理脱离国家之手，而是由包税人（*publicani*）组成的私人合伙进行经营，因此，最终呈现的是很少的控制、很少的责任，没有任何国家意识以及同其他集体的关系意识。得到赞同的一种学说认为：行省就是罗马人民的"战利品"（*praeda*），可以根据喜好来剥削。其次，主要是因为奥古斯都具有一种标志着他是伟大政治家的现实主义精神，他非常了解行政管理制度起到对这个新国家的实际掌控作用。因此，奥古斯都在行政管理方面的政策建立在两大原则基础上：其一，削弱共和制的民选执法官职，让他们更加远离行政管理职能，并相应地创设与之平行的行政体系，并把它们交付给骑士阶层；其二，相对于共和国治下多重权力和决策中心的集权化，行政管理系统具有相对的自主性。

因此，这些就是帝国行政管理制度范围内的奥古斯都"哲学"的普遍化路线。由于不可能对所有的特定要点进行细节考察，我们将考虑给出某些本质性的说明。

首先，要考察的是共和国民选执法官制的失势。这里可以更好地领悟到奥古斯都是"政治"天才。如果说在原则上，元老院保留了对罗马和意大利的管理的话,那么具体而言,这并不意味着什么。具有共和制血统的那些民选执法官职已经缺少了政治上的重要性,他们由元老院选出,而在这里面,君主们借助已经提到过的指定(destinatio)、推荐(commendatio)这类实践进行大范围干预,所以他们实际上只行使一种表面上的行政管理职能。最高民选执法官员——执政官,事实上有两三个月不会视事,而且无非只是一些受到限缩的司法活动,仅限于"私法"事务,比如监护、奴隶解放、遗产信托等等。裁判官的数量从十名增长到十六名,并加以特定专业化。保民官还保留了自己的特权(帮助权、神圣不可侵犯性、否决权),却十分荒谬地背弃了自己的历史,由元老院来选举并转而为皇帝效劳,正如我们知道的,皇帝现在承担起了平民的代表权。市政官仍然保留了一定的监管权力(市场、道路、碑刻、给养)和司法权,但在这方面也逐渐被皇帝的吏员排挤出去;最终,这一官职开始仅仅作为官职序列当中的一级阶梯。关于财政官,其中十二人听命于元老院行省的行省总督,其余的则从事执政官或者皇帝的秘书之职(皇帝财政官 [quaestores Augusti])。现实中,这些官职在本质上仍然有用,因为通过掌握这些官职,进入到帝制的财政官、裁判官和执政官性质的职位以及元老院行省的政府职位里去的道路就是开放的,这些职位也是被保留给这些前财政官、前裁判官、前执政官的(M. M)。

转到对单个官职进行更具解析性的考察上来,可以看到的是,尽管至少在元首制初年执政官还存在,但正如可以理解的那样,它的正式特权也受到了现实有效的权力限制,尤其是它的政治性内涵实际上早已被掏空了。如果说从形式角度来看,至少在君主缺位的情况下,执政官其实还保留着国家最高代表的职能,而且通常还有召集和主持元老院及民众大会的权力以及城内治权的话,那么从实际角度来看,这类权力本身已经被授予君主的类似权力所削减——还不用考虑在这些权力之上反映出,已经提到的其他机构(元老院、民众大会)同样也已不具备独立自主的地位——君主本人对罗马进行行政管理,无论是直接的还是通过他自己的吏员,主要是城市行政长官。

不过,这里描绘出来的状况被奥古斯都时代集中反映出来的一种趋势所缓和,即对这些职位形式上的尊严加以恢复,尤其要注意到的是，返回到该职位的一年一任制以及保留以执政官姓名指代执政年份的权利。但随之而来的是，在应于年初上任的执政官（常任 [ordinarii]）的基础上，添加了更大数量的其他类型的执政官，用来对常任执政官进行候补（补任 [suffecti]）。另外，这一职务的重要性常常由元老院里面曾经担任过该职位的人的地位所保证，而且不仅元老院行省的总督们，还有皇帝行省的总督以及皇帝的吏员（比如城市行政长官）也是从执政官当中选拔出来的，这一事实也体现了执政官职位的重要性。

另外，必须揭示出来的是，在私法和司法范围里赋予执政官的特定权限：涉及遗产信托（这是奥古斯都的成果，参见 I. 2. 23. 1；这种权限被特别赋予两位有遗产信托认定权 [qui de fideicommisso ius dicerent] 的裁判官，这要归结于克劳迪皇帝，见 Pomponio, D. 1. 2. 2. 32；Svet. Claud. 23）、监护（这是克劳迪的成果，Svet. Claud. 23）、抚养、奴隶解放和单方允诺 [pollicitationes]（Ulpiano, in D. 40. 12. 8）。

关于裁判官一职，其履行的职能具有技术性特点，使得相应的官职能够保留住它在政制上的重要性。要突出强调的一个事实是，奥古斯都的司法法律已经承认了内务与外务裁判官以及那些受托主持刑事法庭的裁判官所从事的职能。不过，一方面，先不考虑因权力的逐渐收窄、刑事法庭的衰落以及裁判官告示的修改可能引发的一些思考；从另一方面看，也揭示出给其他裁判官特别地赋予一些特定的司法权限，这本身不仅仅具体地限制了内务和外务裁判官应该能够发挥作用的范围，而且有助于削弱他们在这一职位上有创新动力的可能性，而这种创新动力正是他们在共和国时代的标志性特点。

在奥古斯都元首制时期，裁判官的数量经历了摇摆不定的过程，要么是出于授予特定职能的需要，要么是出于一些偶然的理由。裁判官的数量从十名（Dio Cass. 53. 32. 2 向我们证实，这是发生在公元前 23 年，跟此前属于金库长官的自身职责被托付给两名裁判官得以落实有关），到据 Dio Cass. 56. 25. 4 证实的公元 11 年（创设所谓的主审裁判官 [preator hastarius] 也要上溯到奥古斯都元首制年代，他的权限是主持百人审判团的法庭审理）最多时的十六名（这似乎可以从彭波尼的一份证据当中看出，D. 1. 2. 2. 32）。另外，必须指出的是，奥古斯都曾亲自指示提比留，裁判官的总数为十二名（Tac.

ann. 1. 14），而从公元 33 年以后，裁判官的数目就在十四到十六个之间变动（Dio Cass. 58. 20. 5）。跟十六这个数量相关而必须考虑到的是，克劳迪创设了两位有遗产信托认定权的裁判官，而提图斯皇帝又把职位由两个削减为一个，而且涅尔瓦皇帝还创设了在国库与私人事务方面有决定权（*qui inter fiscum et privates ius deceret*）的裁判官。根据彭波尼提到的此类信息（D. 1. 2. 2. 32），裁判官的总数已达十八位。后来出现的另一个职位——所谓的监护裁判官（*praetor tutelaris*）——是由马可·奥勒留皇帝创设的，而到了塞维鲁王朝则又出现了一个裁判官，他的职权跟自由权方面的诉讼特别相关（关于自由权案件的裁判官 [*praetor de liberalibus causis*]）。

从原则上讲，向被选出来的这些裁判官每人赋予各自的职权是以抽签方式确定的（参见 Tac. *ann.* 12. 39）。而就内务裁判官而言，有证据显示是由奥古斯都予以准确地指定（参见 Dio Cass. 53. 2. 2-3）。

公元前 23 年，奥古斯都恢复了监察官一职，并选出了卢齐奥·穆纳齐奥·普朗克（Lucio Munazio Planco）和保罗·艾米利·雷比达两人担任，这不仅跟他重建共和制度的计划有关，而且，似乎也是为了解决这种重建背景下的具体需求。根据文献上有关选举这两个人的记载（参见 Dio Cass. 54. 2. 1-2, Vell. Paterc. 2. 95），可以从分析中推导出，这一官职衰落的原因是奥古斯都所假设的这套计划的实质方面没有得到实现。因此，就可以理解，在克劳迪皇帝重新提议设置该职位前，它有相当一段时间是废置的（Svet. *Claud.* 16），而克劳迪是同卢齐奥·维特留（Lucio Vitellio）共同行使该职务的。总之，在图密善皇帝以永久监察官（*censor perpetuus*）身份履行其职责之前，这一官职都是具有显著的独立自主性的（这已由公元 85 年的铸币所证实）。

尽管保民官的典型特征表现为其在政治上的极端重要性，但这种重要性已经被掏空，尤其是由于君主具备了保民官权力以后。但是，保民官一职还是被奥古斯都所保留，也没有改变它在形式上的权力和特权，并且未加变化地留下了同样数量的十位保民官。如今，保民官实际上还拥有否决权（但不能针对君主的行动，因为君主不是保民官所以也就不是保民官的同僚，他实际上拥有保民官权力，所以可以对保民官的行为拥有否决权）、帮助权、强制权、开列罚金权、召集并领导平民集会的权力、召集元老院的权力和神圣不可侵犯性。另外，民众大会机构以及其他民选执法官职逐渐退化，而这对于保民官的重要性产生了影响。在这个意义上，小普林尼在给保民官庞培·法尔科内（Pompeo Falcone）的一封回信里面的内容（epist. 1. 23）具有重要价值，庞培向他请教在保民官任职期间继续从事辩护人职业的适当性意见。普林尼说到，决定保民官是空洞无物、有名无实的，还是一种神圣的权力（inanem umbram et sine honore nomen, an potestatem sacrosanctam），要考量担任这一职务的人所具有的职权。不过，很明显，普林尼的回答和态度触及的只是问题的形式方面，而不是它的政制本质，因为保民官的角色功能——如果说不是一些外在方面的话——已经不再是在"被要求担任该职务的人被赋予什么样的职能"这个意义上所决定的了。因此，随着君主专制的到来，它的衰落集中表现出来也就可以理解了。

市政官一职也得到保留（不仅是贵族市政官，还有平民市政官，到公元3世纪时都还证实存在），不过，其本身的权限实际很大程度上被皇帝的吏员们在粮食供应和预防火灾方面的工作所限制，而且，在公元前22年以后，奥古斯都授权裁判官主管公共竞技活动，这也限制了他们的权限。因此，公元1世纪，出现在其剩余权限里面的是，与罗马的市场控制、道路碑刻的维护和公共工程主管相适应的司法性权力。

如果不是在相类似的种类里面的话，财政官一职已不再出现在新的政制安排中，更不用说把国库的管理工作交付给两位裁判官而不是两位财政官为代表的那场实际改革（见第96节）。另外，财政官的总数被奥古斯都从四十人减至二十人。其中十二人在行省总督手下做事（见第95节）并行使跟罗马的贵族市政官相似的职能（Gai 1. 6）。在罗马履行各自职责的财政官中有两人则是在君主手下做事（皇帝财政官 [quaestores Augusti]）。

所谓的一些较低级的执法官，从二十六人（二十六人官 [vigintisexviri]）减少到了二十人（二十人官 [vigintiviri]）。他们成为四个集体的成员，一直运行到公元3世纪：三人铸币官（tresviri monetales），被委派铸造元老院货币，到了奥古斯都治下则仅被限于铸造铜币；争议裁判十人委员会（decemviri litibus iudicandis）主持四个法庭，这些法庭被划分给百人审判团法庭；赋予三人行刑官（tresviri capitals）的权力受到逐渐兴起的新皇帝吏员治安权力的限制；城市清洁四人官（*quattuorviri viis in urbe purgandis*）帮助市政官进行道路维护（*cura viarum*）。不过，在奥古斯都治下，库玛与卡布阿城市四人长官（*quattuorviri praefecti Capuam Cumas*）和市郊清洁两人官（*duoviri viis extra urbem purgandis*）已经被取消。

92. 皇帝的官僚系统和"君主顾问委员会"

就一种平行的行政管理体系的创建而言，奥古斯都标示出了一条基本路径，而这也是他对帝国社会结构稳定性的直观认知。两大阶级之间的竞争是共和国历史上长期存在的消极面之一，此时也没有理由继续存在了：无论哪个阶级，在这种来之不易的和谐关系里，都致力于为国家效劳。骑士阶层，传统上是跟收税工作联系在一起的，如今必然也会为由国家支付报酬的行政管理官吏队伍提供人手，他们或是亲自去收税或是对其他人执行的收税工作进行监督。除了如同西塞罗和恺撒那个年代里面的一些抽象的表现方式以外，"阶级和谐"（*concordia ordinum*）还在行政管理的现实层面上得以实现。当然，这是一个长期而复杂的工程，不可能由一己之力来实现。而且实际上，在这个领域，就像跟元老院的关系一样，展示出每一个皇帝作为政治家的真正素质。奥古斯都毫无疑问是创始者，他以革命性的方式组织起他的行省里面的行政管理体系。如果说为了尊重元老院，他没有把手伸向意大利，但他仍然引入了很多大区长官。不过，据说关于对建立在服务型官僚之上的行政管理体制做出（在韦伯的意义上）真正"理性的"观察，在奥古斯都身上也存在很强的局限性。实际上，中底层的职位都被皇帝托付给其家族（*domus*）的奴隶或者解放自由人，而不对私人事务和国家事务做严格区分。现实中，这是一种共和国时代新贵的思维方式的残留，从根本上来讲，奥古斯都常常与这种思维相联系，而且，在极力主张贵族政治的尤利乌—克劳迪王朝的皇帝里仍然经常很有市场。在奥古斯都身后，克劳迪革新了这种"陈年旧事"，他重新组织起中央的官僚职位，把它们交给一些拥有最上等阶层地位的解放自由人。

但是，从维斯帕西安开始——这位皇帝真正标志着奥古斯都所创建的那套体制发展进化过程中的一个转折点——官僚体系得以专业化和技术化。到他的儿子图密善皇帝的时候—— 一位继承了他父亲的实用性与坚韧性的伟大管理者——在重要的岗位上,解放自由人开始被骑士们所取代;这一进程继续正常进行着,直到哈德良皇帝时得以制度化,这位美学家兼文学家的皇帝也并没有忽略对帝国行政管理方面的实际问题的悉心过问;而到了康茂德治下,骑士阶层的职业结构似乎得到了最终的制度化。这就可以理解,为什么除了神一般的奥古斯都以外,所有这些皇帝都不受到来自元老院立场的史书的好评。

没有必要被奥古斯都及其继承者们围绕真正的权力问题创造的那套"维护正统"的机构的表象所蒙蔽,也没有必要只是在一定限度内才把罗马皇帝看作"宪制上"的主权者。正如卡西·迪奥所熟知的,元首制就是"真正的一人之治"(akribés monarchia)。在这万能的君主和那些不得不遵守他的命令的行政管理者之间,并不存在任何中间机构:从来都没有什么"政府"或者"内阁"的概念,也没有什么准确界定的责任和职能,尤其是由不同于皇帝意志的旨意所明确指定的那种责任和职能。实际上,君主是以绝对的独立性来操作权力的,并由他最青睐的人来加以赞襄和协助,而不受任何公示程序和义务的制约。卡西·迪奥就曾抱怨,随着元首制的到来,"公共事务都被隐藏起来了,变得悄无声息"。

因此,这个帝国实际上是由君主和他的幕友们统治的,这些幕友汇集在一个非正式的机构里,直到公元2世纪末,这个机构才被正式命名为君主顾问委员会(consilium principis)。很可能从一种古代的习惯里就能发现它的起源,根据这种习惯,任何一类罗马执法官在决策或者听审的时候,都有他本人亲自选出的一群参谋(幕僚[adsessores])围绕在他周围,并"为他出谋划策",但是执法官在决策上完全独立自主,并不全盘采纳幕僚的意见。还要提到的是,一种围绕家父建立的亲属议事会,以及尤其是希腊式国王的"幕友"(philoi)议事会,或多或少是区分等级的。但在任何一种情况下,委员会(议事会)这种实践的本质特点都不具有正式性:皇帝可以自由地咨询他认为合适的人员,正如他也可以自由地把不受他待见的人从委员会里面撵出去。但是,可以想见,在某种程度上存在着一种趋势,即把同样的参谋从一个皇帝保留给另一个皇帝,很明显,这些参谋都是担任一定职务而具有咨询价值的人,比如大区长官;另外,主要是因为这些幕友的建议对他来说不具有约束性。康茂德就毫不犹豫地在多瑙河（Danubio）畔缔结了和平，这有违他父亲托付给他的那些具有威望的幕友们的意见。

顾问委员会在其性质和结构上意味着，奥古斯都尽管建立了帝制统治，但实际上还仍然跟共和制的元老院—骑士阶层统治的某些构想有关联，而且出于很多理由，他跟元老院的关系也很模糊微妙。在这一点上，他并不缺乏对元老院形式上的尊重。他创设了元老院议员委员会，最初是十五名成员，后来是二十名，用于商讨跟宪制事务和行政管理事务相关的问题，但是，我们对它的实际运作几乎一无所知。另外一些皇帝以奥古斯都为榜样，不过，存在的问题常常更加复杂。事实上，这一类型的机构总是试图被制度化。而据我们所知，克劳迪皇帝就是第一个向他的幕友们咨询法律意见的人，到了哈德良时期，则是首次把真正的法学家邀请进顾问委员会。从哈德良开始，由于为骑士们引入了常设的头衔，这似乎就意味着顾问委员会的"功能化"。到马可·奥勒留时，实际上就出现了"参事/资政"（consiliarius）的头衔（有资格的参谋）。公元3世纪，顾问委员会的作用有所改变，尽管在塞维鲁·亚历山大皇帝和他的法学家出任大区长官之时，它已经具有巨大的重要性（第87节）。不过，它最终得以制度化是发生在君主专制时代枢密院（consistorium）① 出现时（第107节）。

93. 中央与"罗马城"的行政管理

创造出中央行政管理体制是罗马皇帝们的主要任务之一。正如我们已经提到的，如果不算萌芽形式的话，在共和国时代并不存在行政管理的机构，这正如我们已经谈到过的，也不存在任何即使是

---

① "枢密院"这一机构名称在中西方政治语境下分别具有非常不同的内涵和外延。在中国古代政治制度当中，它指代的主要是具有军事职能的实权机构，是皇帝用来制衡文职宰相相权的重要工具之一。而在光荣革命前的英国，"枢密院"是英王的私人顾问机关，也是代表王权的最高行政机关。它是由国王的佃户总管、宫廷官员和国王选定的其他人组成的王国法院演变而来的，中世纪时成为协助国王处理立法、司法和行政事务的中央政府机构，全称为"女王陛下最尊敬的枢密院（Her Majesty's Most Honourable Privy Council）"。古罗马帝国语境下的"consistorium"更接近后者，指代的是一种由皇帝直接控制，尽管无实权而仅对公共事务发挥咨询议事功能，但实际上具有非常显著的政治重要性的机构。

在模糊意义上类似于现代"政府"概念的东西。元首制作为一种稳定的宪政体制得以建立，这自然导致皇帝朝廷里设置行政管理职位的必要性，这些职务随着时间的推移在官僚等级制当中扮演了非常重要的角色。有一个重要的社会阶层可以被广泛地用于满足这种需求：这就是骑士阶层，他们成了皇帝提用的人才储备。从这个意义上讲，帝国的行政管理体制的兴替更迭也就是与元老院议员阶层相并列的骑士阶层的兴替更迭，他们由皇帝们加以推动，成为罗马国家行政管理官僚体系赖以支撑的中流砥柱。不过，也要承认的是，至少在初期，奥古斯都及其继任者们都更倾向于使用他们自己家族的组成人员：奴隶和解放自由人，即使是针对那些最为重要的岗位。只是随着弗拉维王朝的建立，尤其是图密善皇帝时期，才开始对这些人在中央行政管理体制顶端所起的作用加以某种限缩。

就权力的威望而言，大区长官和稍后要提到的埃及行政长官（第 95 节），代表着骑士阶层生涯的最高点，而且它也构成了王权的一个巨大核心。出于自身的本质和形成过程，对这个职务来说，这一点是内在固有的。实际上，奥古斯都在设置它的时候，就如通常那样是试图在创新和传统之间进行调和。新颖之处在于它是不同于罗马军团制的一个主体，传统之处在于它还具有共和制军队制度的出身。尽管很早的时候从提比留皇帝治下一位权势巨大的大区长官谢亚诺（Seiano）① 身上，我们就得知，对于君主制而言，这个新职务所暗示的是一种潜在的不稳定因素。在共和国时期的长官卫队（cohors praetoria），即统帅的个人保镖基础上，奥古斯都创建了一个特别接近皇帝人身的军事单位，包括九个营的序列（前三个驻扎在罗马，后来到了提比留时期则全部都在首都安营扎寨），并交由一位从骑士阶层里面选出的大区长官（praefectus praetorio）指挥：这样就保障了皇帝的人身安全，也报偿了骑士阶层（ordo equester）的期待，这对奥古斯都来说是非常宝贵的。需要领会的是，这不是像一般意义上所理解的那种禁卫部队，这将其误认为是如今所说的一种特殊部队——禁卫军是从投身军旅的意大利籍青年精英中选出来

---

① 谢亚诺曾是提比留皇帝对付和打击政敌的得力助手，后来试图获得皇帝继承人资格而受到提比留的猜疑，公元 32 年被撤销大区长官一职。随后在一场元老院的会议中，提比留公开宣读一封信，指控谢亚诺阴谋夺权的计划。后者当场遭到逮捕，旋即与其女儿一起被杀。

的——从待遇和职业生涯上的特权到其部队精神，都具有骑士的全部特征。大区长官的职务（第一位似乎是梅塞纳特 [Mecenate]，即诗人奥拉兹 [Orazio] 那位宝贵的骑士朋友梅塞纳特 [carus Maecenas eques]）有时候是两个，这几乎可以确定是同僚制的，不过，更多的情况下似乎只有一个长官。

  从形式上来看，大区长官没有表现出跟共和制传统有什么关联。彭波尼提出（D. 1. 2. 12. 19）而经阿卡丢·卡利西（Arcadio Carisio）（D. 1. 11. 1pr.）发展起来的把它同骑兵长官的职能相比照，这反映的是一种嗣后的系统化需要，而并没有对这里所涉及的那种职能的起源产生什么影响。另外，当这种职能被创造出来的时候（公元前 2 年，参见 Dio Cass. 55. 10. 10），新的宪制安排已经获得的稳定性适应了将中央行政管理体系中的一个高级职位交付给骑士阶层成员这样一种政治需要，而无须担心元老院议员阶层可能出现的反应。

  在一定程度上，在大区长官身上集中了他受命指挥的部队的所有独特性，他的声望和权力就源自这种特殊性。他可以极其频繁地接近皇帝，由于这个事实本身就让他给皇帝传递了巨大的影响力；他还是顾问委员会成员，所接受的荣誉会渐渐等同于元老院议员，能够亲自对很多案件进行干预。在谢亚诺那里，除了渴望荣誉以外，他还明确表达了对权力的现实欲望，想要如同皇帝一样地行事。随着时间的推移，大区长官指挥的军事权力也在扩大（因为到了塞维鲁王朝时代，除了城市里的营团和塞第米·塞维鲁皇帝永久驻扎在意大利的第二帕提亚 [Partica] 军团以外，所有驻扎在意大利的部队都听命于他）。由于他的军事地位，他逐渐成为一种最高身份的指挥作战首领（而且，通常还可以决定生死）：公元 3 世纪就是大区长官殒命疆场或者篡权夺位的一个年代。显然，大区长官的重要地位还随着军事形势吃紧而增加；无论如何，到了进行战争的时候更是如此。不光是在这种情况下，即使是在和平时期，大区长官也是极有权势的。从尼禄皇帝开始，他被赋予军需给养的任务，这使得他可以征收军粮（annona militaris），这是一种自然物赋税，但也可以进行折价（即用金钱换算），所采用的机制导致留下了大量空间进行投机活动；而且，在所有场合中，他都被赋予相当广泛的权力。

当然，不难想象大区长官所具有的权势，尤其是在饥荒或者战争期间。此外，他的司法职能也是极其重要的，随着时间的推移，他成为仅次于皇帝的司法管理的最高官员。对此，他参与并贡献了各种因素：首先是扩大对治安和军事方面（大区长官拥有生杀权）进行规制的最初职能；其次，正如我们已经提到的，由于他职位本身的特点，大区长官可以经常与皇帝进行极为密切的接触，渐渐地，皇帝就把重要案件的判决委托给他们。在意大利，他们对距罗马城一百千步长（约合一百六十千米）以外的初审案件行使刑事司法权。而阿卡丢·卡利西援引过的（D. 1. 11. 1. 1）那种绝对意义上的对大区长官判决的不可上诉原则应该是在更晚的年代里得到确认的。此外，在民事领域，也承认了大区长官代表皇帝（vice sacra）对来自帝国所有行省的案件进行上诉审的权限。赋予大区长官司法管理工作范围内的职权，这一事实就解释了为什么把这些职务赋予诸如帕比尼安、乌尔比安和保罗这样的法学家（不过，至少就帕比尼安而言，不能排除的一点是，正是这位官吏特定的法律能力，对进一步扩大赋予他的权力产生了影响）。亚历山大·塞维鲁皇帝的一项谕令（C. 1. 26. 2）也承认了大区长官提出来的那些规范（formae）的约束效力，即使是普遍性的内容，也不要跟法律或者谕令相冲突。

元首制作为一种稳定的宪政体制建立起来，这自然就提出了对行政管理职位的需求。当然，皇帝作为执法官和元首必然也就有了这种他必须予以应对的使命：通信联系、对官方行动进行分类和编纂、配备并详细提出司法干预手段、主管财政和会计账务，这些都是非常沉重地压在君主身上的任务，而君主也希望能够严肃认真地履行他的义务。由于既缺乏这方面的传统，也没有一套官僚系统的结构，因此，君主不得不逐步地创建，这里有所区别的是克劳迪和哈德良两位皇帝，不过，他们几乎不受倾向元老院阵营的历史文献的好评。在这个背景下，也需要对尤利乌—克劳迪王朝和其他王朝之间的政策进行区分。奥古斯都更经常地被认为是忠实于共和制的贵族思维方式，试图使用自己家族里的奴隶和解放自由人来解决这个问题，因此，在公共事务和君主之间的关系上，他提出的措施常常显示出一种"私人"的视角；克劳迪皇帝创建了真正的专业化服务的组织（宫廷办公室 [scrinia]），为首的是受制于他的重要的解放自由人，有著名的纳尔齐索（Narcisso）和帕兰特（Pallante）。照此方式，他还重新设置财政职位（管账吏［a rationibus］），各个行省国库的收入都由这个职位来集中。实际上，他成了君主财政管理工作的中心，因此极具重要性。书信吏（ab epistulis）这一职位几乎肯定可以上溯到奥古斯都，他负责君主的行政管理方面的通信，对其进行研究和分类；到了更晚的年代，该职位数量加倍，分拉丁语书信吏（ab epistulis Latinis）和希腊语书信吏（ab epistulis Graecis）。克劳迪皇帝创设了调查吏（a cognitionibus），负责指导由皇帝处理的那些上诉案件；研习执笔吏（scrinium a studiis）似乎也是克劳迪创设的，负责为君主提供所有公开宣言、官方解答、发言（relationes）所必需的文件；到了哈德良治下，这一职位随着档案吏（a memoria）出现而数量加倍，它成为公共行动所必需文件的提供者。不过，对于哈德良，我们还有另外一层行政管理方面的观察视角，中央官僚体系里面最重要的那场改革应该归结于他，他在纯粹意义上确立了公立职位、职业和薪酬这种整体上的公共性质。这一进程从图密善和图拉真皇帝就已经开始了，他们把书信吏和管账吏保留给了骑士而非解放自由人，不过，图拉真把这个规矩推广到所有岗位，从那以后它们就都被保留给了骑士阶层的成员。

用骑士来取代奴隶和解放自由人是中央行政管理体制发展过程中的一个主线趋势，而另外一个趋势则是设置了一些长驻罗马的代理执法官，这既是为了取代元老院议员们担任的公共职务，也是为了创造出一些新的职位。其中，最重要的有：大型公共竞技代理行政官（procurator ludi magni）、图书馆代理行政官（bibliothecarum）、道路代理行政官（viarum）、水务代理行政官（aquarum），以及财政代理行政官，其中四人主管遗产税（vicesima hereditatum），还有一些执法官员主管财产（patrimomium）和财产调查的总额平衡（summa ratio, a censibus），所有这些职位都是在公元 2 世纪时创设出来的。

显而易见，罗马作为帝国的首都，行政管理体制具有完全的特殊性，由于其重要性，而无法在其他城市里面找到可对比之处。这里比其他地方更需要对两大阶层之间的平衡关系加以相当的关注，元首制这种新的社会制度就建立在这种平衡的基础上。正如通常一样，奥古斯都尝试着在新旧阶层之间进行调和。他诉诸一种在共和制时代就已经采用过的实践，创设罗马城市行政长官（praefectus urbi），从形式上看，这是他在这座城市的政府代表，因此在尊严上是最高职位,他把该职位交付给从前执政官里面选出的一名元老院议员。这涉及对元老院议员阶层的一种重要的姿态,这个阶层对于捍卫他们自己的特权是极为关注的:从形式上看,他赋予这个自尊心极强的阶层在"罗马城"的管理和保护方面的显赫地位。不过,实际上它的具体作用似乎远不及它的形式那样重要。尽管奥古斯都所做出的是一个艰难的开头,但这个职务作为那种平衡关系的微妙体制里一个重要的中枢也运作起来了,正如我们所能看到的,罗马的行政管理就是在这种体制基础上进行治理的。

无论是相对于王政和共和制时代的同名官职也好,还是相对于恺撒和后三头执政同盟时代的各种长官也罢,城市行政长官都构成了一个新的职位(另外,可以看到,Svet. *Aug.* 37 里面就是以"新职位"[*novum officium*] 的形式来表示这一职务属性的)。有一个事实可以被看作这种意义上的征兆:公元前26年,奥古斯都任命梅萨拉·科尔维诺(Messalla Corvino)为首任城市行政长官,而他在授职仅仅几天之后就辞职了。

> 这个决定涉及该职位在宪制安排上遇到的反对(Svet. *de vir. Ill.*, in Hieron. *Chron ab Abr.* 1891:这证明了权力不当 [*incivilem potestatem esse contestans*]),由于这一决定清楚而明确(另外,这种明确性可以在一个事实中得以核实:正如已经看到的,斯维托尼奥本人也把这个职务认定为具有全新的特点),因此,其动机引起了某种困惑。另外,塔西陀提到了梅萨拉·科尔维诺的这种态度的动机(*ann.* 6. 11:几乎不懂如何行使权力 [*quasi nescius exercendi*]),似乎应该理解为:尽管梅萨拉·科尔维诺得到官方正式授权,却并没有理解行使一职能的意义何在(这里,不能理解成是梅萨拉·科尔维诺本人不具有履行该职能的能力)。

可以想见,奥古斯都本人对于该职位可能遭遇到的抵制也有些茫然,而且他表现出了一种谨慎,虽然他时常不在罗马,但距离他再一次提出这一任命还是经过了十年,公元前16年任命斯塔蒂留·陶洛(Statilio Tauro)为城市行政长官。这种困惑和谨慎都进一步构成了一种客观的因素,来确认上面提到过的那些考虑。另外,随着奥古斯都任命坎布尔尼·比索(Calpurnio Pisone)为下一任城市行政长官以及提比留对此加以确认，而且考虑到他长达二十年不间断地担任该行政长官一职这个事实，就可以认为该职位已经获得了稳固性（Tac. *ann.* 6. 11：另外也参见 Svet. *Tib.* 42. 3）。

这种由新的职务引发的具有宪制特点的困惑，很可能是以一些随着时间的推移而成为其典型特点的因素为代表的，准确地说是这样一个事实：城市行政长官行使其自身职权跟执政官是否在罗马（应该还要补充的是，君主本人是否在罗马）没有关系，而这一点跟在与之同名的古代执法官职身上发生的一切是不同的。甚至，他有权指挥城市营团，在奥古斯都时代，在罗马驻扎了三个营团，在后来的年代里是四个（Svet. *Aug.* 49, 2; Tac. *ann.* 4. 5; Dio Cass. 55. 24. 6）。

这个职位的设置可能引发的抵制，以及该职务与共和制下的同名官职（而不是恺撒和后三头执政同盟时代的长官）之间的关联——虽然只是术语名称上的——对于一个事实而言，可能会表现出是决定性的：城市行政长官跟其他长官所表现出来的特点不同，不仅需要从元老院议员阶层的成员里面选拔出来，而且要从这个范围里的执政官（*consulares*）当中来选。不能排除的是，这通常涉及的是一位吏员，在技术意义上，他不能被看作是一个民选执法官员，因为他是君主直接任命的，他的任职期限并没有事先确定，而且他的权力来自于他代表君主（这一表达是特别有效力的，要追溯到塞第米·塞维鲁皇帝的一项谕令的开头，这是乌尔比安在 D. 1. 12. 1. 4 里面引证过的：我们把我们的城市托付给你照管 [*cum urbem nostram fidei tuae commiserimus*]）。

作为城市的监管者，城市行政长官在对公共秩序进行规制的意义上拥有治安权力。在这些权力当中，有突出地位的是对人群中的平静安宁（*quies popularium*）进行监督的任务，对最拥挤的公共场所进行监管，即对演出进行监管（Ulpiano, in D. 1. 12. 1. 12）、对兑换商（*nummularii*: D. 1. 12. 1. 9）进行监控、对肉价进行控制（D. 1. 12. 1. 11）、对非法结社进行起诉（D. 1. 12. 1. 14）、对普通结社的监控（D. 1. 12. 1. 14）。

承认城市行政长官有司法职能则应该考虑与其治安权力有关。有理由相信，在刑事领域，他的权限扩展到了任何一种犯罪上面以及整个意大利，虽然他的权力只在罗马城内才能行使。到了塞第米·塞维鲁皇帝时代，他的属地权限表现为仅限于罗马城方圆一百千步长的地方（D. 1. 12. 1. 1 和 D. 1. 12. 1. 4），出此范围以外的权限就被赋予大区长官。

在民事领域，城市行政长官的职权没有一个准确的限定，尽管其行使状况常常表现为跟他履行的职能有关联。实际上，属于这一职权范围内的纠纷一般跟请求制止暴力剥夺令状（de vi）或制止暴力和欺瞒令状（quod vi aut clam）、与钱庄主（argentarii）的诉讼有关，或者是针对后者的金钱之诉（in pecuniariis causis），还有跟奴隶和主人、恩主和解放自由人之间的关系有关的来自监护和保佐关系的纠纷。

城市行政长官有权做出驱逐和流放于荒岛（deportatio in insulam）的判罚，还有根据塞第米·塞维鲁皇帝一项谕令（Ulpiano, in D. 48. 19. 8. 5），判罚进入矿山的权力。为了反对城市行政长官的判决，允许向君主提出上诉。

与元老院阵营的城市行政长官同时，在公共秩序领域还有一个出自骑士阶层的治安长官（praefectus vigilum）。显然，这个长官在等级上比城市行政长官要低，而且是在更加有限的范围内行事，不过，他也享有显著的权力。

在罗马，随着大量人口涌入城市，多层建筑（insulae）的发展仅有相对的牢固性，而且常常仅由狭窄的街道加以分隔，这都容易造成火灾的蔓延，并且集中了可能导致频繁垮楼的危险因素。夜间照明的缺乏也要求某种监管活动，以使夜间通行具有可能性，并且可用于防止犯罪行为的发生。奥古斯都在公元前 23 年所采用的手段就是，创设一个依附于市政官的治安队，但随着时间的推移，这显得不敷足用。不过，根据 Dio Cass. 55. 26. 4-5 所显示，到了公元 6 年，奥古斯都在公元前 7 年把罗马城细分为十四个区的基础上，设置了一种新的治安队和一个新的职位——治安长官。实际上创设了七个治安营团，每一个里面包含了一千人，由一名保民官指挥，所涉及的辖区（statio）跟两个区有关（Paolo, in D. 1. 15. 3. pr），并且在每一个区的管辖地（excubitorium）都会安排一个小分队。治安长官除了履行跟防止火灾及相关干预手段有关的特别职责以外，还拥有治安权，相应地，这与城市行政长官的职权有了连接点。另外，一些案件本身或罪犯的人身可能被认为是更加严重的，如果这类案件都被交由城市行政长官裁决，那么就不由治安长官的干预手段来处理这类问题（Ulpiano, in D. 1. 15. 4; Paolo, in D. 1. 15. 3. 1）。实际上，治安长官不仅有权对火灾加以防止和惩治，也有权对盗窃、撬门入室、抢劫和窝赃进行预防和处罚。

不过，在文献上，并没有这个职务被赋予民事领域的某种司法职能的证据，因为被认可给他的那些对租赁行为的可能干预权不仅受到限制，而且，还要跟他本身履行的职能权限有联系。实际上，可以考虑的是，授予他开启住宅或者寄存品权限，目的是如果承租人无法寻获拖延费用，能够对里面存在的财物进行清点查验（Paolo, in D. 19. 2. 56），或者在不履行租金给付之债的情况下，封存出租屋及其里面的物品（Paolo, in D. 20. 2. 9）。治安长官的这种权限是在发表于 CIL. VI. 266 上的一封敕训的两个例证里面显示出来的。这里的一个纠纷跟一群洗衣工人（*fullones*）因为享用一块公共土地而应偿还这样一笔债务有关，该权限在公元 226—244 年之间造就了三个既决案件，其中一个还要归结于法学家赫雷宁·德莫斯汀的名下，而他恰恰就是治安长官。近来，又把这种权限跟亚历山大·塞维鲁皇帝重组罗马的行业组织（见 S. H. A., Alex. 33. 2）以及为每个组织指定有权处理相应纠纷的审判官员关联起来（自权审判 [*sui iudices*]）。

在罗马任职的还有粮食供应长官（*praefectus annonae*），他属于骑士阶层而且在这个阶层里面拥有最高地位。实际上，粮食供应长官的任务是最棘手的使命之一：他必须提供谷物的供应以及公共粮仓（*horrea publica*）的粮食储备首要所需的其他类型；必须对市场进行干预，以制止投机行为并监管价格；主管在行省的征调和向罗马的运送；监管各类粮食的质量等等。显然，跟治安长官一样，粮食供应长官也逐渐享有跟他管理的部分相关的司法权限，这涉及市场里产生的诉讼或者跟粮食供应相关的罪行、运输以及其他类型的问题。实际上，随着时间推移，无论是粮食供应长官，还是治安长官，任务都更加繁重了。到图拉真时代，在他们身边，出现了两个也出自骑士阶层的具有辅助性功能的副长官（*subpraefecti*）。

对于一个官僚制机构而言，其成长及其组成部分发生特定分化——可以说几乎是生理学式的——是正常的。在这方面，首先要揭示的是，在元首制期间，官僚制的发展速度出人意料地缓慢，尤其是相对于当代，比如意大利的官僚制的发展步调而言。要指出的是，这种成长具有一种"政治性"特点。一种清晰的印象是：与共和制民选执法官职逐渐平行并立的是技术官僚化的职位，随后就是后者对前者的取代；因此，元老院经营的事务被出自皇帝家族或者骑士阶层的人员从事的服务所取代。在这个意义上具有教育性的是，导致粮食供应长官出现的那场改革的发生。这始于保佐官和诸如粮食配给长官（*praefecti frumenti dandi*）①一类的执法官的设置，他们都是准执法官（*quasi magistrato*），而且也实现了在共和制模式以外设置一种非执法官式的官吏。照此方式，治安长官实际上也让市政官的职权失去了权威。正如已经说过的，另外一些曾经主要由市政官负责的相关任务被托付给元老院议员委员会：这里涉及的是负责公共渠道、公共工程、台伯河沿岸及河床和城市下水道的保佐官（*curatores aquarum publicarum, operum publicorum, riparum et alvei Tiberis et cloacarum urbis*）。

94. 意大利的行政管理

实际上随着元首制的到来，意大利也跟罗马一样经历了革新。众所周知，无论是罗马还是意大利都没有处在军事治权的控制之下，而且，这里也没有固定驻扎的军团部队。但是，只是在某个特定时间之前，这一原则才得以遵守。比如，罗马就驻扎了九个大区长官的营团，而在拉文那和米塞罗（Miseno）也驻扎了军队，并受各自的武装部队长官（*praefecti classis*）指挥。此外，这里还驻扎着卫戍部队。至于司法的管理，如果是小型案件就留给自治市的执法官，而上诉案件则呈交给大区长官或者城市行政长官，道路的维护因为超越了单个市镇的权限，而被交给保佐官（*curatores*），针对大道则从元老院议员阶层里面选拔，针对小道则出自骑士阶层。这些保佐官们在他们职权的地域范围内也拥有行政管理和司法权限。随着维护制度（*alimenta*）的建立，也有了维护长官（*praefecti alimentorum*），而且到了马可·奥勒留皇帝治下，还有维护行为代理官（*procuratores ad alimenta*）。因为后者跟大道保佐官相对应的既定

---

① 粮食配给长官（*praefecti frumenti dandi*）和粮食供应长官（*praefecti annonae*）是奥古斯都设置的两大粮食事务官员，分别来自元老院议员和骑士阶层。

区域重合，所以常常可能把两个职务统一起来交到一个人手里。这跟上面提到过的帝国统治的集权化趋势是一致的，无论是保佐官还是长官，不管他们是否出自不同的阶层，都是由皇帝任命的，因此也都是在君主的政策之内活动。

事实上，尽管在元首之下，地方自治得到了相当的尊重，但大体上的趋势却是通过中央政府所任命官吏的设置来纠正这种自治。奥古斯都把意大利划分为除罗马以外的十一个大区（regiones），他没有明确告诉我们这种划分的动机，但是似乎很有可能的是，这构成了行政和司法制度的基础，这套制度在我们成功地对其进行了理论重构的范围内得以表现出来。德·马尔蒂诺根据一种敏锐不过尚未得到证实的假设认为，奥古斯都的区划以对国家财产和财政金融进行管理为基本目的。毫无疑问，这个政府常常对地方财政状况显现出特别的关注，这些地方财政常常表现得不令人放心。（公共事务、城市等的）保佐官（curatores rei publicae, civitatis）是掌控城市行政管理体制的官员。正如他们的任命方式所显示出来的，这些保佐官都是吏员，而不是民选执法官员：他们既可以选拔自元老院议员阶层，也可以选拔自骑士阶层（甚至还可以从平民中选拔）。毫无疑问，公元2世纪，出于一些总体上的原因（这里面少不了有经济和社会动力方面的原因），中央权力对地方行政管理进行了大量干预。四大执政官的设置应该归结到哈德良，他们拥有特定的区域，拥有民事事务方面很高的司法权力和对地方共同体行政生活进行掌控的权力。这类执政官被安东尼·皮奥皇帝废除，可能是因为他们激起了地方行政管理体制的抵制，但后来又被马可·奥勒留皇帝于公元169年重新设置，起名为司法官（iuridici），并一直持续到了戴克里先皇帝的改革。这里不可能对他们的权限这个充满争议的问题进行深入探讨；从原则上来看，他们的权限是在民事法律领域，以及那些标的超过了自治市执法官权限的所有民事纠纷；除此以外，还有行政领域的权限（市议会的设置、食品的配给、市镇及行会之间关于豁免权的纠纷、粮食供应商的难题等等）。

95. 行省的行政管理

正如我们所知道的（第76节），元老院行省和皇帝行省之间的区分在公元前 27 年成为制度化的结果，在这里面，奥古斯都和元老院实际上划分了各自的势力范围。事实上，这就成了君主专制时期帝国行政管理制度安排的基础，而且，为君主的军事优势及其治权的正当化理由提供了领土基础，并毫不含糊地认准了元老院处于相对较低的位置，并且它相对于君主的政治主张具有从属性。显而易见，所有新设立的行省都是皇帝的，尽管也有可能在某些情况下从一种变换为另一种。因此，保留于元老院的行省中，即西西里、撒丁、贝提加、伊利里亚、马其顿、亚加亚、亚细亚、比提尼亚与本都、克里特（Creta）、非洲，撒丁变成了皇帝行省，随之还有多次变化（公元 6 年是皇帝行省、尼禄治下则是元老院行省，到维斯帕西安治下再次成为皇帝行省），伊利里亚于公元前 11 年、亚加亚于公元 15—44 年、比提尼亚于公元 135 年也成了皇帝行省。与此相反，山北高卢（前 22 年）、利其亚与潘菲利亚（Licia e Panfilia）（135 年）和塞浦路斯（前 22 年）最初是皇帝行省，又被交还给元老院；为人所知的还有其他一些变化情况，但持续时间都非常短。

根据最接近真实情况的文献，诸如斯特拉波（Strabone）等人一般认为，这种划分本身所依据的原则在于：君主掌控那些尚有军事防卫需要的地区（非和平 [non pacatae] 行省），而元老院则控制那些不需要驻扎军团的地区（和平 [pacatae] 行省）。这个原则被迪奥·卡西极具特点地解读为是一个借口而已，他认为，实际上，奥古斯都归还给元老院的都是些不那么重要的行省，而他保留给自己的却是最富有和强大的行省。该原则本身其实是能够被接受的，不过，应该有一定的限定，即认为这表现出罗马人的实用主义的灵活性。实际上，在奥古斯都治下，罗马军团部队也驻扎在非洲行省；而在提比留治下，还驻扎在伊利里亚，以及后来在马其顿行省。我们还有奎利诺（Quirino）在西兰尼行省指挥了一场战争的证据。很有可能的是，斯特拉波所提出来的这项原则是在后来的年代里才生效的，而且在奥古斯都和后奥古斯都时代也是极具灵活性地加以适用。这一点是完全可以理解的，而且也完全属于我们认为在奥古斯都身上确认出来的政策上的伸展性；在皇帝，即军队统帅这样的身份上，它不可能对罗马行省内部产生出来的状况不闻不问。我们还知道，公元 23 年他接受了对整个帝国的更高治权（imperium maius），正如西兰尼遗址告示上明确显示出来的那样，他从未中断过这种治权的行使，在这种权力里面，他对行省的控制就显得是现实的，而非名义上的。因此，问题就应该从我们曾试图描绘的元老院和君主之间的关系"极具变动活力"这样一个视野来看待。或许，所有能够确认的事情是这样一种占主导的趋势，即扩展皇帝对行省的直接管理，并且仅仅创设皇帝行省。这完全属于在君主制意义上发展进化的政体逻辑。

因此，元老院行省和皇帝行省之间在形式上的区分就在于，前者没有必要进行军事防卫，也就没有驻军的需要；而后者作为非和平行省，是罗马军队活动的地方。这种区分并没有任何行政管理性特点，即并非在这种意义上才说由皇帝对皇帝行省，元老院对元老院行省加以统治；实际上，近来的一种主张是：从公元2世纪开始，除了不同的任命制度以外，唯一一种行政管理上的区别在于，皇帝会在皇帝行省总督赴任之际交给他一张敕训的清单，而元老院行省总督则不会得到这份清单；不过，从哈德良时代以后，后面这些总督也会得到此清单。此外，无论是皇帝还是元老院都会在各地发布可以适用的规范，使这些规定可以延伸到这两种类型的行省中去。

从形式上看，这是对的；但具体而言，事情就稍微复杂一些。实际上，在这种情况下，在行省政府和行政管理体制里面，也实现了共和制形式和据以建立起元首制并且掌握在皇帝手上的那种现实的权力之间的妥协。除了皇帝代理官（procuratorie）以外，行省总督都从元老院议员阶层中选拔，不过，皇帝多少都会不加掩饰地对他们当中大部分的指定进行干预。毫无疑问，元老院统治的是富裕、文明且重要的行省，而皇帝的钦差们统领的则常常是未开化、不友好且动荡的地区。不过，皇帝的统治是真正不受限制和干涉的，而元老院总督们的统治则持续时间很短，且受到其他执法官的协理和制约，旁边还有独立于他们的一些吏员，这是由皇帝的权力直接任命的，这就不可避免地会出现权限上的冲突。事实上，所达成的妥协常常都过于偏向其中的一方。

关于那些涉及罗马人民而依附于元老院的行省而言，从某个形式的角度上可以查明的是，回到了对共和制规范的适用。不仅恢复了遵守（元老院行省总督）在履行该职务和前一个官职结束之间要有五年间隔期这样的规范（Svet. *Aug.* 36; Dio Cass. 53. 14. 2），而且，还通过抽签来决定单个行省及其所属官职职位的分配（实际上，从 Svet. Tib. 35. 14 以及 Dio Cass.53. 14. 5 里面看到的是关于财政官一职的分配）。

至于对与此相关的模式进行重构，则产生了一些问题。而且，考虑到实践中运作的各种原则之间存在分歧，要揭示出来的是，在元老院行省的范围内，作为最重要的行省，亚细亚和非洲行省是被单独考虑的，而且无论如何是被保留给执政官的（我们并不知道，在这个范围内，是否还存在进一步的优先地位）。在若干有权利并且可以胜任所涉职责的人中进行抽签，这种权利是根据有意追求者的资历决定的，在同等资历的情况下，为了表明资历，来源于奥古斯都婚姻立法中的那些先例就具有重要作用（参见 Svet. Tib. 35. 14）。在对这种规则加以形式上的尊重的同时，君主的意志也能够表现为具有决定性，他通过对参与抽签的有权之人施加压力使之弃权（特别参见 Tac. ann. 3. 35; Agr. 42; Svet. Galb. 3. 8）。其实，表现为跟这些原则相一致的是，只有元老院才有权规定特别授权（非常之签 [extra sortem]：Svet. 3. 8），正如它有权延续该职务的期限一样。在元首制末期（正如 Dio Cass. 53. 14. 4 告诉我们的），抽签常常是在若干可以胜任那些待分配职务的追求者之间进行的，但是，这些人都是君主选出的，无论他们的资历如何。抽签也就仅仅变成一种抓取的动作，实际上，这早在提比留时代就运作起来了。

加给元老院行省总督的头衔是代行执政官（proconsole），这跟他此前履行的职务是相互独立的（关于这一点，参见 Tac. ann. 1. 74; 16. 18）。他作为执法官，从形式上讲，权力处于治权和强力权（potestas）里面，不过，按照通常的方式，这被限缩为民事行政管理和司法职能的行使（Dio Cass. 53. 13）。他的任职期限是一年，不过，可以延长至继任者抵达之时，并且，可以根据一项元老院决议而连任。要指出的是，从奥古斯都开始，对这种行省总督也如同皇帝的职员一样，支付一种固定的薪酬（参见 Tac. Agr. 42）

在元老院行省，总督们得到一些特使和财政官的协助，这些人都被授予行省裁判官治权。在驻执政官的行省可以有三名特使，而驻裁判官的行省只有一名。这些特使由事先获得元老院授权的总督来任命，有时候则是皇帝任命。在没有任命的情况下，则进行抽签。财政官是总督的随员，每个行省有一名。属于他们的任务是负责财政问题。从属于元老院行省总督,但却直接听命于皇帝的是骑兵代理官(*procuratori equestri*),他们的职责是经营皇帝财产,有时候是对矿山进行管理,有时候是征收特定税收(比如遗产税[*vicesima hereditatum*])。毫无疑问,这意味着既有数量庞大的行省总督及其"职员"存在,又有在行省行政管理当中被公开证实的来自皇帝的干涉存在;这非常明显,以至于可能出现两种权力之间尖锐的矛盾。

原则上,那些被授予给皇帝的行省是由元老院议员、前执政官和前裁判官来统治的,他们都是由皇帝直接任命。但是,有一些行省是由来自骑士阶层的代理长官治理的。前者获得的头衔是代行裁判官的皇帝特使(*legati Augusti pro praetore*),但执政官获得的头衔是前任执政官(*vir consularis*)(随着时间的推移,特使执政官[*legatus consularis*]取代了这个正式头衔),他一般是被派往最大的行省,比如叙利亚、卡帕多西亚(Cappadocia)、潘诺尼亚(Pannonia)。跟元老院行省总督不一样的是,没有规定他们职务的任何法定任职期限:从理论上讲,他可以持续到做出该项任命的皇帝去世,但实际上,一般确立为三年到五年左右,任职时间更久的例子也不罕见。皇帝特使们都拥有治权(这自然是源自皇帝的治权)。这种治权的基本内容是指挥行省的武装部队。关于他们的辅佐者,皇帝行省的特使是不能拥有另一个听命于他本人的特使,这跟元老院行省的总督有所不同。在皇帝行省,可以有不同的军团指挥官:军团特使(*legati legionibus*),从原则上讲,他们受制于皇帝特使的治权。因此,在皇帝行省,并没有像元老院行省的财政官那样的附随于行省总督本人的较低级执法官;他们的这些职能都是由皇帝的吏员——代理官(*procuratores*)来履行的,一般说来,都是具有财政性特点的权限。需要考虑到,这些行省的收入很可能归入皇帝国库(*fiscus*)。除了军事权力以外,皇帝特使还有行政和司法职能。但是,在一些皇帝行省,还查实有一种特殊类型的特使:司法特使(*legatus iuridicus*),又名行省司法官(*iuridicus provinciae*)。这种特使实际上代表行省总督在整个行省或者其中的特别地区行使他的司法职能。甚至有一种看法似乎也是合理的,他如同君主任命的其他一些特使一样,拥有行省裁判官的治权;而且,还有一种猜想也是可以接受的,这一职务是根据哈德良皇帝对意大利的制度进行的改革而被引进来的。

还有一些行省是完全排除了元老院议员的统治。这就涉及"代理官"行省，一般来说是新近征服的，而且社会、文化、宗教与政治生活尚未高度发展的地区。这些行省完全被托付给选自骑士阶层的成员，他们有时候被命名为"行政长官"（*praefecti*），但更常见的是"皇帝代理官"（*procuratores Augusti*）以及更晚些时候的"总督"（*praesides*），他们是由皇帝直接任命的。这些代理官的权力是非常广泛的，而且不会简单地局限在财政或者财产方面的行政管理事务上；他们要指挥后备部队，掌握民政和军事大权，但是，关于他们在塞维鲁王朝的帝国官僚系统所进行的那场改革之前就被赋予生杀权的观点还具有争议。关于某些行政管理结构，尤其是在官僚人员的任用方面，埃及可能类似于这种代理官行省，它由皇帝任命的长官，即埃及行政长官（*praefectus Aegypti*）来统治。

随着对埃及的吞并，公元前 30 年，设置了埃及行政长官一职（其完整的头衔"埃及及亚历山大城行政长官"[*praefectus Alexandreae et Aegypti*]并不常见，更晚些时候则是"皇帝特派行政长官"[*praefectus Augustalis*]），它是出自骑士阶层的一名官吏，全权代表君主在埃及实施行政管理（关于这个主题，参见 Tac. *hist.* 1. 11）。尽管在君主的吏员里面，并没有显示出有一种真正的关于其优先权的规定，但是应当认为，在奥古斯都时代，埃及行政长官在他们当中地位最高，这种地位随后也被大区长官继承。该总督属于骑士阶层（而不是元老院议员阶层），这对奥古斯都偏向骑士阶层的倾向有象征意义。实际上，有着重要意义的一点是，出于很多理由，这样一种类似的方针是不能被适用于城市行政长官的，而要在新的政制安排被认为已经稳固下来后，才能在大区长官身上得到遵循。不能排除的是，在未经许可的情况下，奥古斯都不仅禁止元老院议员，而且禁止高级骑士进入该行省，目的在于防止叛乱的可能性（Tac. *ann*. 2. 59: *vetitis nisi permissu ingredi senatoribus aut equitibus Romanis inlustribus*）。

埃及，尽管构成一个行省（关于这一点在 *Res gestae*, 5. 2 里面有表现：埃及被加入到罗马人民的治权里来 [*Aegyptum imperio populi Romani adieci*]），此外还跟代理官行省具有类似的特征，但与其在制度上存在区别，其理由可以归结为诸多因素。首要的一方面是，埃及在经济和政治上的影响力发挥了决定性的作用（参见 Svet. *Iul.* 35）。另一方面，必须考虑到罗马皇帝被看作是托勒密王朝的继承人，因此，埃及制度安排的特殊性，以及至少在最初阶段相关的行政长官地位的崇高性，就可以代表对吞并行为这一现实所进行的调和。但是，把赋予埃及行政长官的那种如同行省总督一样（*ad similitudinem proconsulis*）的治权（Ulpiano, in D. 1. 17. 1）的合法性同民众大会的法律联系在一起，这样一种解决之道却引发了困惑。

> 这里讨论的行政长官是皇帝的一位吏员，不仅仅涉及对他的任命和可能的撤销，而且也牵涉到他具体职权的行使。一部旨在对（业已吸收进来的）埃及的行政管理体制进行规范的民众大会法律可能已经承认了，皇帝授权他的一名代表来行使其统治权力，但是，不能够承认这名行政长官拥有跟行省总督类似的权力，这涉及的似乎是一个独立自主的机构。另一方面，文献上与之吻合的证据（Tac. *ann.* 12. 60; Modestino, in D. 40. 2. 21）把埃及行政长官在法律诉讼和奴隶解放方面的权限同奥古斯都的一项谕令联系起来，并把该长官所颁布的告示等同于执法官所颁布的告示。

该行政长官的权限是普遍的，因此延伸到了军事指挥权、涉及不同门类的行政管理事务，也包括财政事务以及司法职能。任职期限也不是事先确定的。该行政长官在他的任务上受到官僚体系的协助，一部分来自被罗马统治所保留下来的托勒密王朝的体制，另一部分则是新引入的。他们当中最重要的就是司法官（*iuridicus* 或者 *dikaiodótes*）：伊迪奥斯罗格官（Idioslogos），这是非常重要的一位官吏，他主管与皇帝财产的经营有关的很多事务（我们是通过一份纸莎草文献得知的，这是一份皇帝们或者在埃及的罗马官吏发布的指向伊迪奥斯罗格官的训示文集，即著名的伊迪奥斯罗格官日程表 [Gnomon dell'Idioslogos]）；直隶区代理官（*procuratores usiaci*），被安排来对皇帝统治区进行行政管理；主审官（*archidikastés*）；主政官（*epistrategi*），他是埃及下辖的三个大区的首脑；最后，还有其他一些较低级的官吏，可以忽略不计。但是需要指出的是，除了例外情况，所有这些官吏都属于骑士阶层，而且正如我们所知，没有一个元老院议员能够在没有皇帝预先授权的情况下进入埃及。

最后一点，在帝国时代的行省，还会每年召开一次民众大会（会议 [concilia, koiná]），如果"把它们界定为这些臣民的代表机关就过高了，但只把它们当作附随于皇帝崇拜这种宗教功能的简单机构又太低了"（德·马尔蒂诺语）。实际上，它们在行省生活里面取得了一种特殊作用，可以更具有代表性地从事活动，尽管罗马政府对于这种要求会非常敏感。事实上，它们是由在行省生活里面具有影响力的人物来掌管的，他们被中央政府笼络（ralliés），所以没有资格独立自主地管理这些大会。但就它们的内部组织和权力而言，行省民众大会拥有属于自己的金库，因此财政独立，并做出预算，进行账目的核准等等。东方式的民众大会最基本的特点之一就是有发行货币的权力，一般是青铜质地的，并要铸上"koinón"（大会）的字样。至于该大会的司法特性，它们是否属于具有宗教目的的合法团体（collegia licita）的范畴，或者是否可以把他们看作具有公共特征的机构都是有争议的。实际上，在文献上也缺乏任何支持来认定有关问题，不过，有一种近来提出来的观点——也仅仅是一种观点——把这种大会看作实际上的公共机构。

96. 财政上的行政管理

正如在经济生活和社会生活的其他很多领域一样，在财政管理范围里面也再次提出了旧的共和世界的体制与新政体的体制之间的根本冲突，正如我们所看到，这种冲突似乎覆盖了整个帝国时代的历史，而且后者逐渐地将前者掏空耗尽。尤其是在金库方面（aerarium），正如已经看到的，这是元老院的财政机构，它跟皇帝通过军事金库（aerarium militare）、国库（fiscus）、财产（patrimonium）和私产（ratio 或 res privata）实施的管理体制形成对立。

在共和国治下，罗马人民金库（aerarium populi Romani）实际上构成了罗马财政制度的中央金库，它不可置疑的重要性就来自于此。它受制于元老院，由元老院直接执行其经营和管理。而新的体制则伴随着一种与之相平行的、以君主为立足点的财政制度，并明显地减小了它的作用（和独立自主性）。但是，它继续履行着自己相当重要的职能。在奥古斯都的法制展望里，有坚持对共和制传统和元老院予以形式上尊重的原则，金库的保留标志着共和制的延续性。甚至，运作它的势力也没有中断。正如我们已经提到过的，从奥古斯都开始，设置了一批从元老院议员里选拔出来的金库长官（*praefecti aerarii*），后来则是一批裁判官（*praetores*）；提比留皇帝诉诸元老院议员委员会，而克劳迪皇帝虽然在第一时间采取过委员会制的解决方案，但还是回到了财政官这个具有共和制起源的民选执法官职上来，但在这种情况下，是由他直接任命并且任期三年。尼禄皇帝提出的一种解决方案持续时间更久，他设立了两个萨图尔农神金库长官（*praefecti aeararii Saturni*），由皇帝从前裁判官里面选拔。

像通常一样，奥古斯都的政策表现出了两面性。这一边是"合乎宪制"的，但那一边却是对共和制的打击，并创造出诸如元首制式的特殊的个人权力，并且加以维持和强化。从这个角度来看，金库虽然是元老院的，也是为了那种集中于皇帝身上的财政组织的利益而受到控制，并逐渐被削弱。奥古斯都保留了一种对金库进行掌控的重要权力：他有效行使了这种权力，无论是通过直接的干预手段还是诉诸出席权（*ius referendi*），即他有权在元老院做出财政方面的提案。在他之后，更能感受到行政管理上诸多问题的皇帝们则试图把金库集中在皇帝的官僚集团的掌握中；克劳迪、尼禄、维斯帕西安、塞第米·塞维鲁都是朝着这个方向在行动。就像我们在后面马上要看到的一些事实那样，国库（*fiscus*）的逐渐发展相应地意味着金库渐渐走向尽头。

军事金库可以被看作是这种状况的一个非常具有指示意义的例证，同时也是奥古斯都在小心谨慎地进行创新的例证。这是一种由环境状况实际启发出来的创新，因为解决老兵的问题变得十分紧要了。如果通过分配殖民地的方法来解决，一方面，这可能会如同已经发生过的那样打乱意大利的土地制度安排；另一方面，这也不可能为这些人所接受，终结他们自己的快活日子而到遥远且未耕作过的土地上去进行艰苦的劳作，这样一个主意完全不会让他们感到满意。奥古斯都在公元前13年以后，向元老院提出不再以土地分配形式来安排退伍老兵，而是用金钱犒赏，他本人参与应发奖金的支付工作，并用各种方式来推迟既定的退伍期限。最后，到了公元6年，设置军事金库，这是一笔独立的资金，其中汇集了新的收入来源（遗产税和公共销售百一税 [*centesima rerum venalium*]）以及君主的直接捐赠。三位长官被安排来领导这个军事金库，他们有裁判官地位，被认为是真正的执法官，并且以抽签形式选出，既不是由元老院，也不是由君主，更不是由民众大会任命。但是他们听命于皇帝本人，因为他是军队的首领，而且有权处置他们受命主管的这笔资金。

正如正确地观察到的那样，随着军事金库的建立，旧的共和制宪制不出所料地遭受到一次非常沉重的打击。尽管这笔新的资金库存继续称为"金库"，以及给养该金库的税收还标榜跟罗马人民有关，但是元老院已经被抽走了一项重大的权力，到这个时候，它仅仅是在形式上受到尊重。实际上，一部分人得出关于该事实状况的结论是，君主已经是军队唯一而真正的指挥者了，军队听命于他，而他则被要求供养军队；而从另一方面来看，元老院的权力仅限于在一种本质论的要点上，但公共行政管理的一个特别重要的部门已摆脱了它的控制。正如我们已经说过的，这是帝国政策在财政管理里面的趋势之一。我们并不准确地了解这个新制度的范围，究竟是否仅仅为解决老兵问题服务，还是拥有真正的军事资金库的性质，用于支撑所有的军事管理职能。众所周知，蒙森支持第二种假说，而他杰出的学生赫希菲尔德（Hirschfeld）则倾向于第一种。最近的一些调查研究趋向于证实赫希菲尔德的这种限制性观点（*M. M.*）。

至于国库，《功业录》上并没有提到任何证据可以推论出在财政领域有这么一个帝国的中央管理体系的存在，根据它提到的，与金库并列的只有军事金库和奥古斯都的财产（"我的财产"[*patrimonium meum*]）。另外，在某个可能涉及奥古斯都本人话语的语境下，斯维托尼奥提到了不同类型的行省资金（*fisci*），但也没有提到统一的中央资金库的存在。

尽管这些信息让人认为，在奥古斯都元首制时期，在财政领域尚未创建出一个皇帝的中央行政管理体制，但是这也引导人们承认至少存在着一种此类管理体制设立的前提条件，而且这跟对所谓的皇帝财产清单（*rationarium imperii*）——这是一种一般预算账目，在奥古斯都时代被证明存在——进行编制和修订这样一种正当需要也是相关的。

结果，可以理解的是，这种发展的自然进程到了提比留皇帝或者无论如何在尤利乌—克劳迪王朝的皇帝治下的时候得以成熟。在任何情况下都显而易见的是，Sen. Ben. 4. 39. 3 和 Plin. nat. hist. 18. 11. 114 里面国库（fiscus）这一术语都是在统一的中央行政管理体制这个含义上使用的，至少因为该术语反映了，在社会意识里面，国库和金库是相互对立的。

在接下来的年代直到弗拉维王朝末期，与那种上溯到共和制时代的制度相对，另一种集权化的皇帝的财政制度的存在无论如何都确定地得以证实了。另外，跟国库的发展相伴随的是，在金库之前优先向国库注入收入的做法更明确了。根据 Tac. ann. 2. 48. 1 的记载，在提比留时代，没有继承人的死者的财产（无主财产 [bona vacantia]）似乎要交给国库；而马可·奥勒留和卢齐奥·维洛皇帝则承认，不仅在属于国库的地方，而且在任何不属于发现者或者其他私人的地方发现的财物，其中一半也要归入国库（D. 49. 13. 3. 19）。到了哈德良时代，跟为异邦人利益设置的遗产信托相关的物品（caduca）同样归属国库，这得到了证实（Gai. 2. 285），而且由卡拉卡拉皇帝的一项谕令所普遍化（Tit. Ulp. 17. 2）。同样的现象在被判罚者财产（bona damnatorum）、金钱刑执行收入、来自关税（vectigalia）执行的收入以及元老院行省的收入上也都得到印证。

关于君主的财产（patrinomium）的法律性质所勾勒出来的问题也同样棘手而复杂。对此，奥古斯都在《功业录》里面特地强调了它的起源及其可能的私人性质。在克劳迪治下，对相关行政管理组织进行强化，这本身似乎并不是要指示出另一种不一样的形态，这种强化早在弗拉维王朝就已经表现出来了，而且在公元 2 世纪初就确定地实现了。实际上，这种财产资格是与皇帝职能的资格相联系的，Plin. Traian, paneg. 50. 7 里面的确认正是在这种意义上具有重要价值。根据该文献，构成这笔财产的财物是根据前任君主的继承指命和收养而由继任君主获得的。这种联系不可能意味着，君主对构成该笔财产的财物没有支配权。但是，对于那些基于可以被认定为是纯粹私人性目的而处置该财产的行为，应该还是设置了一些障碍。另外，正如在安东尼·皮奥皇帝时代已经明确证实并且可以理解的那样（S. H. A., Ant, 4. 8），这种制度还扩展到了属于皇帝的私人财产方面，因为这些财产随着皇帝登基，就混同于那些属于前任皇帝的财产了。

因此，私产（ratio privata）的创立可以跟一种意图联系在一起，即通过这种资产认定，把它同"财产"的整体分隔开来，皇帝对此能够处置，而并不导致他对国库或者"财产"本身加以处置的行为的那种后果。在波德杰·梅迪亚纳（Bordj Mediana）——这是构成曾经名为斯蒂芬斯（Sitifensis）的毛里塔尼亚（Mauretania）一部分的地方——发现于安东尼·皮奥时代的一份非常残破的碑文上提到了私（产）代理（官）（procura[tor rationis] privatae），该碑文被发表在 CIL VIII 8810 上，人们因此认为，在这位皇帝治下，已经存在这样一个私产的组织（而且，可以按上面提到过的那种假设的方式来加以处置），但至少目前没有任何直接的证据可以支持另一种假设，即该类别的财政管理体制的起源可以甚至被上溯到哈德良时代。1963 年在西米耶兹（Cimiez）遗址①中发现了一份碑文，证实了关于皇帝财产分配和批准的代理官（ad Caesaris praedia dividenda et comprobanda）这一职务的存在，但实际上，这本身不能被看作是勾勒出私产相对于财产的不同之处。

> 一份康茂德时代的碑文（Ann. eipr., 1961, nr. 280）显示，在这位皇帝治下，私产的独立存在得到了明确证实。从这位皇帝去世到塞第米·塞维鲁皇帝取得权力的短暂期间内，私产的存在中断过一段时间。不过，后者又重建了私产，并且把私人遗产代理权（procuratio hereditatium patrimonii privati）转移或者说吸收到这个制度里来，该权利在安齐奥（Anzio）的一份碑文里也得到证实，该碑文发表于 CIL X 6657（而在坎尼发现并于 Ann. epigr., 1945, nr. 80 上发表的一份碑文则让人了解到，对同一个人的官职序列进行了进一步的编订，在这里面提到私人遗产代理官的地方，恰恰也提到了私产代理官 [procurator rationis privatae] 这一职务）。

相应地，在 S. H. A., Sev. 12. 1-4 里面流传下来的信息——私产的创设甚至可以归结到塞第米·塞维鲁头上，并且跟他对阿尔比诺（Albino）支持者进行强制没收有关——是不准确的，尽管这可能跟塞第米·塞维鲁皇帝给私产制度烙上的特殊印记有关，他把私产所涉及的财物都汇集在一起，并且曾有过前面提到的中断进程。

虽然考虑到这个问题具有复杂性而掌握的资料又非常有限，

---

① 在今法国南部尼斯境内。

并且最多只能涉及塞维鲁王朝时代，但似乎可以认为，应该把君主看作那些可以引向国库领域的关系的权利主体。与此相应，就要排除把这种君主和国库之间的内部关系引向公共—私人关系二者必居其一的可能性（在同一种意义上，国库中的诉讼关系——国库诉讼 [causa fiscalis]——表现得既跟私法诉讼不同，又跟狭义的公法诉讼不同，这一点保留在 C. 7. 49 的公元 212 年的谕令中，而且乌尔比安在 D. 3. 6. 1. 3 重新提到过）。那些属于国库的场所（in fisci patrimonio）实际上并没有（为了获得禁止在公共场所进行建筑之禁令 [interdictum ne quid in loco publico fiat] 的目的而）表现为是公共的，根据乌尔比安在 D. 3. 6. 1. 3 里面的观点，这是因为国库财物……是君主准自有和私人的（res fiscales... quasi propriae et private principis sunt）。从这一点似乎可以推论出，国库财物不仅跟公共财物（res publicae）并不相似，而且跟君主自有的私人财物也不等同，虽然它可以被视为跟后者是平等的。

在因为君主身份而可能涉及的一些关系和完全只跟他私人方面有关的关系之间存在着一种区别，应该可以推论出，这种区别是可以接受的，如果说在财产制度或者私产制度当中，仅仅是在形式层面上没有表现出这种区别的显著性，那么从实质角度上也很难——尽管不是不可能——表现出这种区别来。

但是，据给出的内容可以认为，这里所讨论的作为私产（或者自有私产）的物品的特性并不意味着，这些财物相对国库或者财产所涉及的财物，属于有区别的另一种体制范围。实际上，如果可以承认君主对私产所涉及的这些财物有转让资格或者不受限制的处置资格的话，那么国库财物和构成财产制度的那些财物的转让性——正如可以理解的那样——也是毫无疑问的。此外，在属于财产制度的关系上，逝世皇帝向其私人继承人进行法定继承是受到禁止的，这样一种考虑也不能不扩展到涉及私产的那些关系。

自此，可以推论出一种趋势，即分割出一部分君主可以不受限制地进行支配的财物，而且并未导致对国库或者财产制度的缩减（不削弱他以绝对的方式对财政管理体制的这些门类所涉及的财物进行处置的合法性）；另外，也可以推论出，在私法部分和以君主为首的公法部分的关系之间做出某种区分是很困难的，虽然也不是不可能的。

关于财政管理方面的官吏，在中央的职能范围内，重要性得到承认的有管账吏（a rationibus）这一职务，他是被安排来对国库进行管理的官吏，哈德良皇帝还正式地在职位的官职序列里面授予管账代理官（procurator a rationibus）最崇高的地位（三十万薪酬官 [trecenarius]① 的地位），而且，他按照所有的中央行政管理体系里的官制的模式，把这一职务保留给了骑士阶层的成员。管账代理官——后来在正式用语里面主要使用管账吏这一头衔来指代——也得到了助手，据认为，其中就有财产总额代理官（procurator summarum rationum）和下属们（助手 [adiutores]、随从 [proximi]、文书 [tabularii]、文案助手 [adiutores tabulariorum]）的协助。

CIL XI 5028 证实，在公元 2 世纪的克劳迪时代，伴随着已经提到的那些事件更替，在管账代理官这一职位之外，又加入私产代理官（procurator rationis privatae）一职，随着时间的推移，他也被承认具有三十万薪酬官的地位，因此，相对于财产代理官（procurator patrimonii），它拥有更显赫的地位。另外，据显示，后者到了卡拉卡拉时代（参见 CIL VI 8498）还是由解放自由人担任。

在行省，除了各自代理官履行的职能的影响以外（第 95 节），在财政管理体制里面，还依据需要和情势反映出不同部门之间的区别，对此已经提到过。

要单独指出的一点是，受托对皇帝财富（根据不同时代，可以涉及财产或者私产）进行管理的机构。实际上，单个领地都被组合成更广泛的地域整体（大区 [regiones] 或者管区 [tractus]），把这些地域托付给代理官，由他们履行对次级代理官的控制，各个领地的行政管理则依赖于后者。从原则上讲，后面这种管理并不是次级代理官直接经手的，而是以招标形式交给包租人（conductores），他们又再以租赁形式向佃农转让单块的土地份额。归根结底，所有这些关系不仅受到一种具有统一性特点的规定的调整（这些规定以一种具有普遍性的规范手段为基础模型，生成于某项告示或者是在契约型

---

① Trecenarius 是尚存争议的一个官职名称，有学者认为这是指一种特殊百人团的长官，该百人团里包括三百名皇帝亲兵和侦察兵，是皇帝的人身卫队；有学者认为，这是指酬金为三十万金币的指挥官；还有学者认为，这是指薪酬超过普通军团士兵薪酬三百倍以上的指挥官。但无论哪一种解读，均公认该指挥官的地位极高。

的实践里面兴起的,并都归到《曼齐亚法》[lex Manciana] 的名下,该法主要补充了后来的一部《哈德良法》[lex Hadriana] 里面的规定),而且(至少潜在地)处于皇帝的某种直接控制之下。因此,代理官不仅代表皇帝控制和行使这一职责,即对佃农和包租人之间争议的司法权,而且一般而言,也在这些领地上行使治安职能。

国库事务员(advocatus fisci)的设立要上溯到哈德良皇帝时代(参见 S. H. A., Hadr. 20. 6: 首次设立国库事务员 [fisci advocatum primus instituit])。尽管不是从其设立开始,但随着时间的推移,他作为一种中央职位得到另一个城郊组织的协助,这里集中了更多具有特定属地职权的国库事务员。从其设立开始,是否承认了他对关涉到国库的那些纠纷拥有职权,或者应该认为,至少在最初阶段,他的行动指向的是一种简单的对国库利益进行维护的职能,这都还有争议。

97. 城市自治和地方政府

在帝国时代,除了罗马城的执法官那种直接的权限以外,罗马为领土的行政管理所采用的法律手段还是城市国家这种结构,这种结构常常纯粹具有日常行政管理机构的功能。意大利和行省之间的对立状况依然如故,虽然也不乏一些改变。在行省的地域上,实际上也已经存在一些罗马人城市了,而与此相反,意大利也受到一种组织的影响(第 94 节),它在部分程度上打破了对罗马城市结构的直接依赖。

继续伴随着这种对立的,还有按照城市国家形式管理组织起来的领土和直接受罗马政府管理的领土之间的对立。在这两种结构之间,前面一种仍然独占意大利,并且在行省也倾向于取得主导。不过,正如已经提到过的,与这种罗马式统治趋势相伴随的是,希腊化城邦(póleis)的政治重要性已经确定无疑地丧失了,尤其是在国际关系层面上。习惯上,用(希腊)城市的"去政治化"这样一个术语来指代这种现象。

为了避免歧义,需要对"城市"的法律方面和物质条件方面进行区分。存在着一些诸如城市居民区的市镇,它们没有被承认具有自治权,哪怕是事实上的,比如说一些都市(metropóleis)或者中心城市、行政管理区，以及直到塞第米·塞维鲁时期的埃及行省的大区（*nomoi*）。尤其是在帝国东部（不过，也包括诸如色雷斯[Tracia]一带），我们看到了相反的现象：在一些尚且以部落结构为特征的社会物质条件上面，也或多或少全面地附加了城市国家的法律模式，这也有利于它们物质条件层面的城市化进程。

城邦的法律问题就是它们的结构和功能跟中央行政管理体系的关系问题，即它们的自治问题。就这个主题，需要考虑到的是城市的不同类型，因为从实质角度来看，这些形式上的区别也不乏重要意义，尽管罗马统治的趋势是在实质层面上把所有这些区别都抹平。

在元首制时代，罗马城市的分类标准和共和制时代仍然相同（见第 46、48、54 节），区分为罗马人城邦、拉丁人城市、异邦人城市，后者则继续区分为盟约城市（*foederatae*）、无盟约的自由城市（*sine foedere liberae*）和事实上的自治城市。

自治市和殖民地仍然是罗马化城邦组织的基本类型：这种形式上的区分一直保留到了卡拉卡拉皇帝告示之后。

> 其他一些地方组织的形式，即在共和国末期进行的自治市化（第 72 节）实际上已经消失，而出现了一种跟变化了的需求相关的新型城市聚居点，常常有自治市化的趋势，比如边镇（*canabae*），这是一种具有永久性特点的城市中心，处在大型的军队营地旁边。

在意大利，殖民地的最初功能一直保留到了塞维鲁王朝，尽管从哈德良和塞第米·塞维鲁皇帝开始，这实际上好像已被舍弃了。与这种实际的殖民地相伴，在公元 1 世纪，开始出现了一种"名誉"殖民地，就是给某个罗马人或者异邦人城邦授予"殖民地"的称号，但它不对应实际的殖民地开拓行动。尽管名誉殖民地要承受它所属的一般类型的所有规制措施，但从哈德良到塞第米·塞维鲁时代，这种法律结构都是唯一被采用的方式。

> 公元 2 世纪，出现了自治市渴望得到殖民地的称号的趋势。对于这种趋势，哈德良皇帝在《致意大利人的演说辞》（*Oratio de Italicensibus*）（Gell. 16. 13 引述的一个选断里面）表达出自己的困惑。这种趋势的准确理由是不清楚的，尽管很容易假设，除了对城邦进行形式上的重建这种充满荣耀的方面是皇帝的成果以外，这与

随着此种资格重建相伴而来的具有实际性的特权也有关联。

502　　不过，在这两种类型的城市之间，即使是相对于他们在（尚存在的范围内）功能上的区别而言，也并没有表现出立法调整方面的实质区别。由民众大会或者元老院选举的民选执法官职方面的制度仍然是共和国末期的那一套（第72节），而到元首制时期，四人官和两人官之间的区分纯粹是形式上的了。前罗马时代机构的最后残余也丧失了，就自治市而言，这些机构的残余在城市官职的类型上还有印证：在元首制时代，这可能仅仅涉及名称的区别，而没有任何实际的比照。消失的还有监察官职位，该职位并没有很广泛的传播，而且它相应的职权也由司法两人官和四人官（*duoviri o quattuorviri iure dicundo*）每五年行使一次，为此它们还被称作五年官（*quinquennales*）。在那些最大的城市里，还查明有财政官的存在。

　　公元一二世纪，成为自治市官员所需的条件基本上反映了这些城市的治理中存在地方"精英"层面上的贵族统治基调（生来自由人[*ingenuitas*]、财产要求、相应地支付入爵费[*summa honoraria*]、官职序列上相关的最低年龄）。随着官职逐渐地从荣誉性（*honores*）变成义务性的（*munera*），即这种义务性的职位带来了具有人身性和财产性的负担，某些无任职资格的原因类型就变为免于承担担任官职之义务的原因；而对于市议员而言，则是根据财产状况而自动被指定，或者常常是强制担任该职务。

　　从技术上讲，自治市官员的权力是用*potestas*这一术语来指代的：该权力赋予各种执法官以特定权限，跟治权（*imperium*）不同，共和国城邦的民选执法官的治权表现为一种普遍的权力，而且倾向于不受限制。

　　关于在这种权力上可能出现的集体同僚制，我们仅仅有只言片语的了解。在古西班牙地区发现的拉丁人自治市的章程里面，可以反映出一种更加普遍的规制手段，这是一种相当错综复杂的规范，证实了严格意义上的集体同僚制仅限于成对出现同等的权力，而且这种制度可能正在被超越。

　　最广泛的权力属于司法两人官或者四人官：市政官（*aediles*）

或者市政四人官（quattuorviri aediles），如同他们在罗马城的共和制同僚一样，他们有权主管竞技庆典（cura ludorum）、粮食供应（cura annonae）和城市维护（cura civitatis）。因此，这些司法官首先必须主管政府的一般性职能，考虑到中央政府在以城市国家形式进行管理的领地上的权限是相当有限的，那么，这些司法官的职权就相对很广泛了。另外，这些最高级的执法官们是因为对司法功能的行使而得名。自治市的司法权会遇到各种限制：首先一点就是案件的金额，这对于所有罗马人城市来说或许都是统一的（对于拉丁人城市，参见第98节），至少从元首制初期开始，就被认定是总额达一万塞斯特银币的案件，尽管这仅仅是一种猜测。其次，还要涉及某些诉讼类型的实体方面的限制。比如，侮辱案件，以及治权因素比司法权因素更具主导性的一些行为，诸如恢复原状（in intergurm restitutiones）或者裁判官法担保（satisdationes praetoriae）①。

在罗马人城邦里面，权力的实际掌握者是地方元老院，一般称为"市议会团体"（ordo decurionum）。这是地方贵族政治的表现形式，从社会视角来看，这种关系类似于在罗马把元老院议员阶层同元老院联结在一起的关系。这种有产阶级（curiales）的贵族统治是建立在经济势力基础上的，并且拥有一系列的特权，他们当中最重要的一部分就是组成上等人（honestiores）这一阶层的核心人员，处在其对立面的就是下等人（humiliores），实际上，他们也等同于平民。

> 在帝国时代之初，市议会组织是从最高执法官中（在这个场合，他们具有司法两人官或者四人官、五年官或者监察官权力的资格）每五年选拔一次：这种选拔是在那些具备必要条件的人选中间进行的，这些条件实际上跟任命为执法官的条件恰好吻合。随着这些城邦在社会经济上的颓势以及施加于有产阶级身上越来越沉重的负担，参与市议会组织也就不再成为地方大户的野心了，而转化为一种负担，逐渐地强加到全部土地的所有者头上，除非有具体的豁免理由。

---

① 裁判官法担保，指在程式诉讼中裁判官要求一方当事人向另一方当事人以要式口约的形式做出承诺，并且由保证人为此提供一笔保证金，以担保不发生另一方当事人担心发生的事件或者保证执行有关的司法裁决。

地方元老院相对执法官具有一种优势地位，后者实际上表现为命令式裁定（*decreta ordinis*）的简单执行者：这种优势地位在公元前 1 世纪末，即《乌尔索内斯法》（*lex Ursonensis*）第 129 条就已经表现出来了，该法为那些不遵行此类告示的执法官规定了罚金。

按照城市国家的模式，这些城市的构造里面第三种基本机构是民众大会（*comitia*）。从帝国时代初开始，在这些城市里面，民众大会也经历了一个衰退的阶段，这跟罗马城里的民众大会所遭遇到的衰退类似，尽管在整个公元 1 世纪它还保留着选举执法官的功能，但在随后的年代里，执法官都是通过市议会组织的任命（*nominatio*）或者前任执法官的指定进行选拔的。审议性的功能似乎仅限于那些名誉性的告示上，而在我们的证据材料里面（的确不是太丰富），实际上不涉及具有规范性或者行政管理性特点的成文规定。

在元首制时代，拉丁人城邦完全位于行省地域内，但正如普遍认为的那样，并不是所有意大利以外的自治市都具有拉丁人权利。对于那些尚在草创阶段，或者想要在此前村落的基础上发起创建一座城市的市民共同体而言，授予拉丁人权（*Latinitas*）通常是有利的。

帝国时代的拉丁人城市仅保留了共和制时代拉丁人殖民地（*coloniae Latinae*）所拥有的一部分特权（第 46 节），因为实际上，迁徙权（*ius migrandi*）在共和国终结之前就已经失去了，而表决权（*ius suffragii*）则随着在罗马的民众大会的湮灭而丧失。保留下来并且或许还得到加强的是荣誉权（*ius honorum*），即获得罗马市民权以履行某个官职的可能性（小拉丁人身份 [*Latium minus*]），或者占有市议会组织的席位（大拉丁人身份 [*latium maius*]）。

> 对《伊尔尼塔法》（*lex Irnitana*）——该法补充了已知的《马拉奇塔法》（*lex Malacitana*）和《萨尔奔撒法》（*lex Salpensana*），而且在很多段落上与它们的内容重合——的一个重要片段的发现和公布证实了，针对罗马的西班牙地区的拉丁人自治市，存在着一部统一的法规，不过，基于某些可变化的要素，可以对其加以改动（比如说，为司法审判目的的案件价值限额），大家一致同意称该法规为《关于自治市的弗拉维法》（*lex Flavia municipalis*）：很可能还有一部相同的或者在很大程度上类似的法规——除了上面提到的那些可变成分以外——针对帝国的所有拉丁人城市都是有效的。这些

拉丁人城市也拥有按照四人官制形式组织起来的执法官、市议会组织、民众大会，并都是按照前面提到的那些法律对其加以非常细致的调整。

拉丁人权也可以由个人获得。明确得到证实的是尤尼亚拉丁人（Latini Iuniani）和艾里亚拉丁人（Aeliani），而学说上认定的其他一些跟军事服役相关的类型（单人骑士 [equites singulares]、裁判官部队士兵）则很有争议。

尤尼亚拉丁人就是以非要式形式解放的奴隶，因此他们不能够取得罗马市民权，而根据公元19年的《诺尔巴·尤尼亚法》成为拉丁人；艾里亚拉丁人是那些违反公元4年的《艾里亚和森迪亚法》（lex Aelia Sentia）的禁令而得以解放的奴隶，根据该法，小于三十岁的奴隶只能按照特殊的模式来解放。公元19年以后，他们取得了一种等同于《诺尔巴·尤尼亚法》规定的地位，实际上可能做了类推扩展。这些拉丁人范畴里面所包含的基本特征都是不利的，主要从财产角度可以得到印证，因为他们没有取得继承人的资格（他们的财产在死时要回到将其释放的主人手上），也不能成为罗马市民遗嘱的受益人；从人身角度来看，他们还不具备与罗马市民的通婚权（conubium）。

异邦人城邦代表了与地方行政管理体制角度相关的最后一种城市范畴，与共和制时代一样，它仍然区分为盟约城邦、无盟约的自由城邦和事实上的自治城邦（见第54节）。

当面对一种低估三种类型异邦人城市之间差别的倾向时，不得不重申的是，对这种差别加以考虑的必要性（尤其是它们同罗马人城邦的根本区别）。那个时代的人对此完全清楚了解。在这个意义上，在某种语境下，致力于证明在实体层面上这些城市本身的差别已经逐渐抹平了，但是这种话语本身的法律参照背景却还没有消失。

在元首制时期，盟约城邦是一种即将枯竭的现象，从原则上讲，不会再订立新的盟约（foedera）。而对自由权（libertas）的正式宣告已经成为君主的权限，而且，尤其在希腊化的帝国东部发挥着重要作用,这种形式可能代表着对授予拉丁人城市地位或者罗马人城市地位的替代选择。而事实上的自治城市则从东部扩展到了西部,不过,相伴随的特点在关键点上却相当的不同。归于这些范畴的,既有帝国东部的希腊及希腊化城邦,它们常常已经实现了好几个世纪的高水平城市生活;也有帝国西部和巴尔干半岛的城市,那里城邦的制度形式常常跟适应部落生活模式的某种社会现实一致,它们正在或紧或慢地朝着城市生活模式发展进化,而且这种发展受到它身处的法律形式化进程的激励。

在帝国西部,实质上和形式上的城市化进程在以不同的方式进行着,而并没有遵循一种共同的模式。从原则上讲,城邦的形成会导致在各个村落或者部落郊野之间出现一个驻有城市官员的中心,而且随着实体上的城市化进程,这个中心会呈现出城市国家的实际面貌来,而其他一些郊野或者村落则表现为城郊地带。

对异邦人城邦的统治形式做出剖析是不可能的,这些形式通常表现为城市国家里那些约定俗成的机构:执法官(在希腊城市是以"*archai*"作为一般名称)、元老院("*boulé*"或者"*gerousia*")、民众大会("*ekklesia*")。就此而言,也有必要对帝国东部和西部做一区分。在西部,异邦人城邦的形式,早在它们可能被授予拉丁人权或者市民权之前,就在或大或小的程度上对罗马人城邦的形式进行复制。但在东部,相对而言形式十分错综复杂:不过,即使在这里,也可以注意到那种以有利于寡头统治类型的政制为主导的罗马式政府的影响力。这样一来,为了对地方元老院(*boulé*)的权力有利,民众大会(*ekklesia*)的政治空间就会更加受到缩减。

在罗马帝国内部,还存在着其他一些自治形式,不过,它们都引发了各种问题。比如,可以想到的是,授予各个犹太人共同体的自治权甚至涉及司法方面。《巴纳斯塔表法》(*tabula Banasitana*)是一份大约在三十年前公布的碑文,上面可能证实了在地方层面上承认了那些具有部落特点的社会结构,即大氏族(*gentes*)的自我治理权,而进一步提出的问题则跟罗马帝国内部以藩属地位存在的王国(*regna*)相关。

在地方自治以外，还保留着由罗马直接进行的行政管理，从原则上讲，这一般通过行省总督的活动来进行（第 54、95 节）。这种行政管理形式排除了自我治理，是以非常不同的方式进行的，在很大程度上要由前罗马时代的组织结构来决定。

就这类组织而言，主要由希腊式的君主制提供模式，众所周知的是——与城邦相伴——对民众进行直接的行政管理，主要是农民，他们是农村（*chóra*）的居民，即所谓的"人民"（*laoí*）。不过，尤其在埃及，还涉及一些城市居民点的管理，比如底比斯（Tebe）和孟斐斯（Menfi），它们拥有真正的城市规模和面貌，但未拥有——也从未拥有过——法律上的地位。在罗马的行省里面，这种模式导致了一种严格集权化的行政管理体制，从总督开始向下分叉，深入到一系列的地域区划和更下层的地域区划里去，每个区域中为首的是一位向他的上级负责的官吏，他处在按序排列的科层制官阶序列当中。基本来看，这种类型的组织可能在针对色雷斯或者坎帕多西亚行省的策略，到埃及的大区（*nomoí*）或者辖区，再到叙利亚的四执政官统治中得到求证。不过，虽然这种结构在事实上有很广泛的使用，但需要指出的是，罗马的统治总会推动城市国家结构成为地方行政管理的工具。

在帝国初期，相对传播广泛的似乎是一种更进一步的行政管理模式，即治区制（*adtributio*）。以此为基础，那些当时尚缺少组织或者某种城市文化的大片人口被划入一个罗马城市或者拉丁人城市当中，该城市通过自己的机构对他们进行管理。治区居民（*adtributi*）只是一类对象，而不是被划定的城市的市民（*cives*）。大约在帝国末期，它们作为地方行政管理机构获得更重要的地位，而大片的皇帝领地或者庄园地产都由代理官以更加突出的自治形式统治，当时甚至在一些矿区，比如葡萄牙的维帕斯卡（*Vipasca*）也出现了这种制度。

98. 罗马和地方自治之间的关系

截止到目前，所描写的各种地方行政管理形式和罗马政府之间的关系都表现出了不同的形式，涉及的是从广义上理解的行政体制所履行的三种基本职能：狭义的行政、司法和立法职能。

在元首制末期，狭义的行政活动代表城市自治权的基本面貌。公元3世纪初，当塞第米·塞维鲁皇帝把一份自治市章程赋予各个省会、埃及大区的都市（metropóleis），并创建异邦人城邦的时候，承认给它们的就只有行政方面的职能，而排除了立法职能以及任何司法活动。

行省总督对事实上的自治城市有不受限制的干预权，这些城市只在罗马政府的容忍限度范围内进行自我治理。但是，针对罗马人城邦存在的这种干预则是出于相反的理由，因为这些城邦是罗马国家的组成部分，所以受到罗马国家机构权力的支配。拉丁人城市跟罗马人城市应该是等同的，从元首制之初开始，它们相对于罗马的独立性就仅仅是一种历史记录而已。

> 对于罗马人城市以及拉丁人城市来说，可能会出现一种抽象的冲突的可能性，在这种情况里面，行省总督违反了这些城市的章程："自治市约法"（lex municipalis）。我们并没有这种类型事情的信息，但对此需要提到的是，既然以罗马中央政府的权力来特许这种章程成了城市自治的基础，那么也就能够做出干预，对它进行更改，即使不是撤销它。

那些异邦人权利的自由城市的情况是不同的。抽象来看，这类城市对罗马保持着完全的自治和独立，其中对于盟约城邦而言，这种地位在国际法层面上得到保障。公元2世纪初，在小普林尼和图拉真的通信里面，图拉真还完全明确地对一个盟约城邦和那些事实上的自治城市进行了区分（Plin. jr. epist. 10. 93），后者被称作"受制于我们的权力之下"（nostro iure obstrictae），即罗马人民的权力，如今已经等同于皇帝的权力。不过，盟约城邦的独立状况并不阻碍逐渐建立起一种实践，即行省总督对这些自由城市行政管理活动的某些领域进行干预，尽管我们无法确立其类型和范围。

> 很有意思的是，已经引述的那份普林尼和图拉真的通信，按照不同的方式来描述罗马当局对所提到不同类型的城市干预的方法。对于自由城市，干预是在取消（或者使之取消[?]）某项行政管理规定的意义上做出的，该规定在被撤销之前本身是有效力的；而对

于事实上的自治城市，采取某种有违罗马政府指令的措施将自动导致该措施无效。

在行政管理活动方面，指出籍贯（origo）这一法律范畴。为了行政管理的目的，借助这一范畴表明某个个体对特定城市机构的归属情况，这跟城市的类型或者该个体的市民地位无关。因此，在一个并不拥有市民权的城市里，是可以拥有籍贯的。作为对某个城邦的归属，籍贯主要涉及在这个城市担任官职（honores）以及承担职责（munera）的权利义务。

> 这种结构很有可能是在共和制晚期出现的，为的是确定并不居住在罗马城内的那些罗马市民归属于单个的自治市或者殖民地，就这些城市而言，并不存在市民权的问题。后来，在确定对帝国各个城市的归属方面，该结构有着实用性，使这一范畴扩展到用来确定对任何一类城市的倾向于排他性的归属①。在这种扩展过程中，籍贯的确定对于市民权问题而言仍然并不敏感。关于以什么方式来决定某个主体的籍贯，从原则上讲，这跟确定市民身份的那些规则是相吻合的。如果是婚生子，则获得父亲所在城市的籍贯，如果是非婚生子，则获得母亲所在城市的籍贯。尚有争论的是，是否存在双重籍贯，它以如下方式发生，在取得了一个新籍贯的同时，并不导致旧籍贯的丧失。由于籍贯相对于市民身份是独立的，所以获得一种新的市民权，并不会影响到籍贯，而是导致双重市民权的现象出现。

在城市结构以外，籍贯制度就无足轻重了。至于埃及，对于农村（chóra）和那里居住着的民众，还有一种范畴发挥着相类似的功能（承担礼拜仪式或者和一些其他类型的强制进贡）："户籍"（idía），不过，其认定标准跟籍贯的标准存在着深刻的区别，它把固定住所这一事实看得很重。

在司法领域，需要先把跟规范方面相关联的问题放在一边（关于这些问题，参见下一节）。要提到的是，已经看到的（第97节）那些自治市执法官在司法权上的固有范围：在这些范围之内，这里

---

① 不限于自治市或者殖民地。

所说的司法权并不受到任何特别的控制。

司法官们的行动受到恢复原状（restitutiones in integrum）制度的控制，这是内务裁判官或者行省总督的权限。从公元2世纪初开始，自治市行使司法权过程中颁布的判决都要受到上诉审的控制，在行省是由总督主管，在意大利可能从审判长官（iuridici）得以设置之日由其主管。

关于拉丁人城邦的地位，如今我们已经从一份才公布不久的碑文文件，即《伊尔尼塔法》第84条上面，相当令人满意地了解到西班牙地区自治市的情况。该法用原文证实了那些曾经以假说方式主张的内容，即在帝国内部不再有形式上的自治权的重要地位，这种形式上的自治地位是共和国时代最后两个世纪由拉丁人城邦享有的。拉丁人自治市官员们行使司法权的范围跟罗马人城邦类似，涉及自治市里面所有的居民：拉丁市民（cives Latini）或者罗马市民（cives Romani），偶尔也还有一些居民（incolae）（即不是这座城市成员的常住者），他们不享有这两种市民身份中的任何一种。《伊尔尼塔法》里面规定的金额限制是非常低的，只有一千塞斯特银币，这可能是因为伊尔尼（Irni）地区自治市幅员较小。这似乎跟现在也能够获知的《马拉奇塔法》里面的规定不一样（这里是两千塞斯特），不过，至少对于拉丁人城邦，可以获得的信息是，这个限额并不是统一规定的，而是根据自治市的不同章程而有所变化。

至于异邦人城市，这种事实上的自治性在司法领域会遭遇到同样的限制，一般说来，限制会减损自治权。因此，它们是在罗马政府授予它们的范围内行使自治权的，不过，除了一些标志着普遍性特点的面貌以外，由于书面材料的欠缺，我们不了解这类城市司法活动的具体类型。在城市执法官的司法权以外，为这些城市中心的居民保留了以行省总督或者总督特使的法庭为代表的审级。向行省总督或者皇帝提出上诉，用以反对事实上的自治城市的法庭判决，这种可能性在法律体系化层面上并不会产生问题，因为这种自治权具有特殊的特点。

对于自由城邦、盟约城邦或者无盟约城邦而言，出发点是不一样的，因为从形式上讲，这类城市的自治权是在罗马的体制内甚或在国际范围内得到保障。这导致司法层面上的任何一种纠纷，无论是民事的还是刑事的，都必须在单一的城市司法组织范围内自行获得解决，而罗马当局对其司法活动的干预从理论上讲是缺乏根据的。

关于这些自由城邦内部的司法活动，我们也知之甚少。不过，似乎还是留有足够的迹象可以确认，关于各个城市的司法事务，通常是在各个地方体制范围内来加以处理的，也就可以排除掉行省总督在初级审层面上进行的大规模干预。另外，这一点对于那些事实上的自治城市也是适用的。而且，从政治层面上讲，也不存在足够的动机去进行这样一种干预。

尽管如此，还是存在着一些有不同标志的现象。普鲁塔克（Plutarco）就批判了那种放弃自己自治权的做法，即希腊城邦的居民们倾向于——甚至是经共同商量——把他们的纠纷提交给罗马总督的法庭。而各种书证，其中就有不久前公布的马可·奥勒留皇帝给雅典人的一封敕函，也证实了至少在公元2世纪，雅典人为了反对这些城市法院的判决，可以向皇帝的法院或是行省总督的法院进行上诉，但是不知道是在什么样的限度内。

> 关于皇帝的法院，这里引证的马可·奥勒留的敕函似乎还暗指了某种初审司法权。

从文献上并没有显示出什么是针对这些自由城邦的现象的宪制根据。另外，很有可能，当时的人们对这方面并没有进行过特别思考，那么对我们而言，在这样一种语境下，也不可能替代他们做出这种考虑。从实质层面上讲，这方面皇帝发挥的作用很明显是政治性的而不是法律性的，在元首制期间，从制度角度来看，在罗马帝国共同体的国际性结构所提供的那套模式以外，国家的各种权力正在被集中到皇帝身上。古典时代末期的法学家们或许没有时间来对建立中的这方面体制进行深入思考，因为公元212年，卡拉卡拉皇帝的谕令改变了整个状况，他把市民权授予帝国的所有居民。

99. "市民身份"和法律制度

当转到对法律制度的讨论上来的时候，城市自治的问题——这里尤其是指异邦人城市——就会处于一个更加广泛的背景之下，以确定帝国的各种主体适用的客观法这一问题为代表，该问题还延伸到了那些无城邦的异邦人（peregrini nullius civitatis）身上。

在共和国时代的意大利，以内务裁判官和外务裁判官之间权限的划分（第28节），以及罗马制度组成部分——既有市民法部分，也有裁判官法部分——的确立为标志，长驻罗马城的执法官的司法权也适用于异邦人（第32节），这一背景到了帝制时代实际上也没有变化，通常在涉及意大利的时候继续有效。

后来，据我们所知，公元二三世纪，在法学家们的意识里，逐渐确立了一种跟意大利的罗马人和异邦人所适用的法律有关的制度，这种制度在共和国最后两个世纪已经创造出来了。尽管内务裁判官所创造的荣誉法和来自外务裁判官告示上的那种荣誉法之间有了更加深入的趋同，但是，这两种告示之间形式上的区别仍然保持下来了，而且，在荣誉法层面上，异邦人仍然只能诉诸他们所依赖的司法管辖区范围内的裁判官告示。

> 这种形式性的区别集中表现在这样一种事实上：毫无疑问，可以假设的是，如果包含在内务裁判官告示里的一种司法手段不曾为外务裁判官的告示所规定，而其性质又可以扩展到异邦人身上的话，这种司法手段就可以通过裁定的方式也运用于异邦人司法活动（iurisdictio peregrina）（反之亦然）。

至于市民法，后来则完成了一次双重运动，对此已经提到过，这在共和国末期是非常广泛的（参见第32节）。在这场运动的基础上，一方面，一些原始的国际商业活动类型被引向了市民法，得到诚信诉讼（iudicia bonae fidei）的保护，而最初它们是由荣誉法来加以保护的；另一方面，很多最初只保留给市民的市民法类型，其可适用性也扩展到异邦人身上，尤其是处于主体的身份地位以及古老的市民法那些形式化行为范围以外的类型。

与这些发展状况相适应，可能在公元1世纪期间，一种概念化运动兴起，即在市民法——按照与荣誉法体系相对立的市民法体系来理解——内部，把狭义的市民法，即只适用于市民的那些规范和制度同万民法区分开来，后者则包括市民法体系中也可以适用于异邦人的那些规范和制度。

众所周知,"市民法"这一范畴的含义是根据与之相对立的术语而变化的:正如我们要看到的,市民法—万民法之间的二分法也具有跟前面提到过的划分所不同的意义,除此以外,还可以想到市民法和荣誉法之间的区别(第32节),而作为私人关系法律的市民法跟公法(*ius publicum*)又是对立的,而且,与之相联系的是民事性行为和刑事性行为(*civiliter e criminaliter agere*)之间的区别(第114条),而且(市民)法和法律(*lex*)(第45节)之间可能还有差别,不过,这个情况是有争议的。

在 Gai 3.93 里面,可以证实这样一种对立:这涉及誓约制度(*sponsio*)和要式口约制度(*stiupulatio*)(第60节),法学家证实了口头之债(*verborum obligatio*)是通过起誓(*spondere*)做出的(你起誓?我起誓![*spondes? spondeo*]),这是市民法制度,因为它仅仅适用于罗马市民,而另一种以不同的言辞做出的债(比如,你允诺?我允诺![*promittis? promitto*] 你给付?我给付 [*dabis? dabo*])则是万民法的,因为据此异邦人是在市民法制度层面(而不是裁判官法层面)上承担债务。在 Gai. 3.154 里面也可以印证关于债权誊帐(*nomina transcripticia*)制度上的一种类似的对立,不过,伴随的问题更加复杂。

显然,市民法和万民法之间的这种对立不能够复制到荣誉法上来。实际上,正如前面提到的那样,有效的只是一种纯粹形式上的区分标准:那些只能适用于异邦人的荣誉法都是由外务裁判官告示揭示出来的,而内务裁判官告示则只适用于市民。在非形式的层面上,能够提出来的区别问题是关于行省告示(*edictum proviciale*)的,因为行省总督在他的行省之内同时行使内务和外务司法权。不过,并没有如同在涉及行省告示时本应表现出的那样,显示出什么区别问题。而且,实际上,我们在这方面也并没有任何其他信息。

到了古典晚期的法学,照此方式看到的市民法和万民法之间的区别又跟一种进一步的含义形成对立,这种含义在 Gai 1.1 中得以反映出来:在这里,这位法学家在罗马法体系和一般意义上的法律制度内部做出了一种基本的两分法:那些在事理之性质(*natulralis ratio*)基础上建立的,并因此在所有民族中都可以获得印证的制度和规范被称作万民法,这恰恰与其广泛传播性有关,而那些仅仅是单个民族或者各个民族(见 Gai 1.55)自有的规范和制度因此就被称为市民法。

这种两分法在乌尔比安的思想里面(比如在 D. 1. 1. 1. 3-4 中所转述的),转变成了三分法:自然法(*ius naturale*)、市民法和万民法,后两者实际上还保留着盖尤斯那里所具有的含义,而为了给自然法找到生存空间,乌尔比安不得不把它引向所有生物所共有的一些制度(所有生物显示出来的本性 [*quod natura omnia animalia docuit*]):不同性别的个体之间的固定交合、对子孙后代的繁衍哺育、在动物中表现出来的更具有生态学而不是法学意义的制度等。这种三分法很久以来就遭到怀疑,但却没什么道理,因为在这种分类法里面并没有当然地证实存在着作为先验性法律的"自然法"这个概念,而且也没有证实它本身有什么效力。实际上,把这种概念归结到一个古典时期的法学家的思想里去,这本身可能就显得可疑。

最后,还存在着万民法的第三种含义,这种含义并没有以明确的方式跟市民法形成对立:这种含义可以在公元前 1 世纪的文学作家那里得到证实,而且,实际上,它跟所谓的国际公法相重合,这种法调整的是国际共同体内部的国家之间的关系。

我们看到在盖尤斯那里明确列出的这样两种分类法具有不同的特点:第一种,即 Gai 3.93 和 154 里面那种分类具有一种教条式规范的含义,因为某种制度或者规范嵌入到市民法或者万民法里来会导致不同的操作;而第二种,即 Gai 1.1 里面呈现的无非是一种比较社会学上的内容,而且没有提到一点这种或那种范畴里内嵌的规范的适用性和操作性。在这种或者那种对立当中所确立的市民法或者万民法的范围是不同的:一个在比较社会学的定义下是市民法的规范可能根据其教条式规范含义就是万民法,反之亦然。

比如,要式口约制度,作为一种口头契约的形式(在这种契约当中出现了一种债,跟当事人的实际意志无关,而只履行对询问行为 [*interrogatio*] 和相应的回答行为 [*responsio*] 之标的给付义务)仅仅只是罗马人的制度,也就是比较社会学意义上的市民法;但从教条式规范的角度来看，只有那些根据誓约做出的要式口约才是市民法，因为它们只保留给罗马市民，而那些以其他任何言辞所做的要式口约都可以触及异邦人（即万民法）。与此相反，毫无疑问，在比较社会学意义上，婚姻是一种万民法制度，因为它在所有民族中都可以得到印证，但是从教条式规范的角度来看，它就是市民法，因为除非被授予通婚权，否则异邦人是不能够跟罗马市民缔结有效婚姻的。

就目前的文献和专著状况，在市民法和万民法之间所存在的对立，很难说有什么样的关系。毫无疑问，在这两种现象之间，存在某种程度的循环，不过，似乎不能被认同的一种观点是，罗马人只是在比较社会学的意义上谈论万民法。一方面，在这个主题上需要重申的是，市民法和万民法之间的对立的教条式规范含义确定地得到了文献上的验证，但先不考虑这种对立的形成问题。另一方面，恰恰就是在这一术语的这种意义上，可能会更容易遇到法学家们实际的和个案决疑式的思维方式。

截至目前谈论的内容涉及的都是意大利的实践和司法权行使，在这里异邦人的法律是不适用的。而在行省情况则有所不同，在那里，大部分的居民、狭义的臣民或者异邦人城邦的市民在或多或少的程度上都并不享有罗马市民的身份。

> 基于罗马当局，实际上就是行省总督的态度，关于行省所适用的法律，在共和制的实践和元首制的实践之间，可能存在着某些或多或少明显的不同。书面材料上对此并没有提供足够详细的指示，但是，很可能这种变化以罗马当局对当地法律生活的干预变小为标志，因此，当不直接攸关罗马人的利益时，对行省居民会更加经常地使用民族法或者城市法。

在行省，那些双方当事人都是罗马市民的案件并不会产生什么问题。这些案件里面适用的都是罗马法，以及那些在单个行省里面颁布的具有有限的属地效力的规范，在主体方面，它们扩展到行省的所有居民身上（所谓的行省法）。从原则上讲，在罗马总督面前，那些罗马人和异邦人之间的案件必须适用万民法和涉及异邦人的荣誉法规范，而在大都市的实践里，也按照同样的方式进行。不过，关于这种待遇的实际扩展状况，还有可能存在一些质疑。

514　　　　在罗马的埃及行省里面，很多这种行省法的例证，我们之所以能对这种实践有更多的了解，是因为在这一地区的沙漠里面发现了大量的碑文文献。行省法制度主要涉及广义的财政管理体制，因此包括根据行省领土的特殊法律地位而对土地的调整。从埃及的实践中，恰恰就可以举出一个例子来：罗马行政体制为这个行省安排了一种不动产及其相关转让的公示制度，它们全都必须在一个称为"所购不动产权利档案馆"（bibliothéke tôn egktéseon）的登记处进行登记。为了有效地取得不动产而必须遵循这样安排出来的模式，这涉及每一个在埃及取得土地财产的人，而跟他是什么样的市民身份无关。

但是，在专题文献上面，罗马人城邦居民的情况是有争议的，这跟这些城邦在规范方面的自治权有关。一方面，毫无疑问的是，居住在自治市或者殖民地里的罗马市民从同盟者战争结束之时开始（第66—67、72节）就构成了这类市民的主体部分，他们适用的是罗马人民的普遍制度。另外，《学说汇纂》和《优士丁尼法典》（Codex Iustinianus）上面读到的内容也非常广泛地确认了这一点，在那里面可以找到一些提示，把这些既决案件的所处位置确定在帝国的领土范围内。另一方面，也可以确定的一点是，至少从抽象意义上讲，这些城邦在它们可以颁布一般性或者抽象性规范的领域内拥有规制调整的权力。问题在于这种规制调整权力的限度范围：此类权力跟文献上提到的行省居民（municipes）（不过，不是殖民地的居民）按照自有权利及自有法律（legibus suis et suo iure uti）进行生活这样一种权利存在的信息有关。关于学说上表达出的一些假说，似乎都是以非常泛泛的方式对这种自治权进行强调，不得不重申的一点是，文献也并没有从某种程度上显示出这些城邦的规范自治权能够以任何方式对罗马人民那套普遍制度产生影响，更没有废除这些既有法律的例证。很有可能，这些罗马人城邦的规范权力仅限于对处于这些城市行政管理自治权范围内的事务进行调整。

提到的这种观点主要是建立在哈德良皇帝对西班牙地区的意大利居民所做的一次演讲（所谓的《致意大利人的演说辞》[oratio

ad Italicenses]）的基础上，这在 Gell. 16. 13 里面有过转述，据此，这位皇帝在他的血缘同胞们面前回应了他们的请求，即希望把他们的城市从自治市转变为殖民地。在讲话的第四节，哈德良记录了上面提到的那种特权是属于自治市的军民而非殖民地的居民的。由于这一信息所处的那种修辞化的语境，不可能再在其中添加这种有争议的观点想要引导的内容了。从杰里欧本人那里获得的观点似乎是使上述观点无效的一种异议意见，在这一章结束的第九节处，他强调在该作者的时代里（仅仅比哈德良统治晚大约十年），并没有以任何形式表现出有什么此前的文本所暗指的那种自治市权力（municipiorum iura）。

对于拉丁人权利城市而言，问题似乎是以不同的方式表现出来的，因为古典时期的法学家们在抽象层面上仍然把拉丁人权看作由不同于罗马市民的一种制度提供的重要的法律资格，因为，相对于后者而言，拉丁人仍然是异邦人，尽管他们处在十分不同于其他异邦人的地位。另外，在公元 2 世纪的作者那里，还存在着一种意识：拉丁人权利不同于罗马人权利（参见 Gell. 4.4），虽然，这些文献至今也没有表明伴随着同盟者战争（bellum sociale）而普遍地授予拉丁人和意大利人以市民权之后，这种区别还存在实际可操作性。如今，一份已经提到过的（第 97 节）最近公布的碑文文献证实，在这个问题上曾经以假说方式提出来的那种解答方案：《伊尔尼塔法》第 93 条批准了对于那些不由自治市章程加以调整的领域，则适用罗马法。这个规定是明确针对市民法做出的，但是对于荣誉法而言，则很可能不被认为是必要的。尽管无法根据现有的文献材料重建《关于自治市的弗拉维法》的最初几章（capita），但是说在这里面存在大量私法领域的特殊规范就显得完全不可信了。

另外，在拉丁人自治市里面，仅仅是在拉丁人之间的关系上才不适用市民法，而从原则上讲，在它们跟罗马市民的关系上是适用的，他们普遍拥有通婚权和通商权。此外，这些城市的章程本身明确规定，在拉丁人权利的自治市里，具有不同市民身份的人之间可能存在监护关系。毫无疑问，关于尤尼亚拉丁人的情况所适用的制度是不同的，他们并不是某个特定拉丁城市的市民，而且因此，除了荣誉法，市民法是不能够根据他们所归属的那个城市的自治市章程而对其适用的。我们并不知道,就这方面而言,在《诺尔巴·尤尼亚法》范围内是否存在什么规定,但是关于他们,先不考虑那种很难加以认定的"拉丁人权",其实看不到其他的适用罗马法上市民法和荣誉法规范的可能性,但可以注意到他们对罗马市民既无通婚权又无立遗嘱资格(testamenti factio)(也参见第97节)。

至于帝国的异邦人臣民,在有一定城邦的异邦人(peregrini alicuius civitatis),他们以任何可能发生的形式享有某种城市自治权,以及无城邦的异邦人(peregrini nullius civitatis),即那些受罗马当局直接管理的区域的居民之间存在着一种根本区别,必须以这种区别为出发点。前者拥有某种自己的法律制度,这种制度适用于单个城市的司法机构,并在任何类型的城市里面都实现了自治,甚至包括那些仅仅享有事实上的自治权的城市,因此其司法活动只是在形式上受到罗马当局的干预。

所适用的法律存在于这些城市被并入罗马帝国之前的那些制度里面(通常可以上溯到希腊王政时期以前),另外,这些城市本身可以根据它们的自治权对这些制度加以修改。不过,无论是在希腊化的帝国东部范围内(比如可以想到的是色雷斯地区),还是尤其在帝国西部(比如高卢地区),都没有明确表现出是在新建城市的情况下,发生了这种做法。

从法律制度的角度来看,要提到的一点是,所有的异邦人权利城市在创造新法方面也保留了规范上的自治权,但根据城市类型会有不同的模式。因为对于那些事实上的自治城市而言,罗马当局为了阻止特定规范被置于生效地位而做出的干预措施在形式上是合法的,而对于那些自由城市而言,在形式上这就不可能(或许会有另外一种间接的方式取而代之,比如从政治层面上进行干预)。关于立法创新方面自治权的实际行使,在有限的文献上面展示出来的是,在行政管理和财政活动的调整以外的领域,有着一种实际上墨守成规的氛围。这种仅有的立法上的干预不是没有意义的,这种干预跟我们从文献上了解到的由罗马皇帝安排出来的一种总体上的城市制度有关:这种制度涉及的就是"nomothesia",即立法,从公元1世纪初开始,哈德良皇帝可能就以古雅典九大执政官之一的身份进行立法。

还有一种可能性是，罗马当局通过提出一些规范来做出干预，这些规范会对某个自治城市的制度产生影响。这样一种干预手段在涉及事实上的自治城市的时候不会引发难题，从定义上看，它们的自治权是建立在罗马当局的容忍的基础上的，因此图拉真皇帝把它们称为"受制于我们的权力"（nostro iure obstrictae）（Plin. jr. epist. 10. 93）。不过，从自由城邦概念的角度来看，问题就出现了，因为这种干预代表了对这些城市自治权形式上保障的某种"破坏"，而这种保障对于那些盟约城邦而言，甚至是从国际法层面上提出来的。

我们有限的文献材料并没有明确阐明自由城邦内部所发生的罗马当局的干预方式和限度范围。已经引用过的马可·奥勒留皇帝致雅典人的那封敕函展示出了他能够采用的方式之一。这位皇帝并没有在雅典制度内部提出具有正式效力的规范，而只是简单地宣布了在他的上诉司法审判权当中会加以遵循的一些原则：在罗马的法律历史当中，实体法又一次是从诉讼程序经验当中产生出来的。

> 毫无疑问，从理论层面上讲，这种干预方式的正当性问题是存在的，而且还要加上皇帝司法权的根据问题，无论是初审（对此已经谈论过，参见第 98 节）或者上诉审。不过，无论是实践层面还是法学思考层面上，都没有显示罗马人曾经提出过此类问题，但这在我们的法律感觉看来则是显而易见的。

异邦人城市的审判机关适用的是这里讨论的单个城市自己的制度，如果说这一点无需讨论的话，那么这类城市中的罗马市民所适用的法律这一问题在牵涉以下两方面的时候就会进一步复杂化：第一，这些市民在初审或者上诉审当中求助罗马司法机关的可能性；第二，双重市民籍的运作。

关于双重市民籍，其涉及的类型在泛希腊化时代之前的希腊"城邦"世界里面，就已经有了一段很长的历史，而更主要存在于后面这个时代。根据这样一种具有不同适用方式的原则，一个主体可以属于两个或者更多的城市国家，这种两重或者多重身份归属在有利害关系的国家是得到认可的，而且不时加以调整，通常是诸如这样一种方式：一个雅典的市民同时拥有罗德岛（Rodi）的市民权，他在雅典制度内被看作雅典市民，而在罗德岛则被看作罗德岛市民。

在共和国时代，罗马人的态度是不一样的。在 Cic. Balb. 45 里面，还完全明确地确认了罗马制度相对于希腊化城邦制度的区别。罗马市民权是不能够与其他城市的市民权兼具的，当异邦人获得了罗马市民身份以后就失去了他的原始身份，而罗马市民获得了异邦市民权的时候就失去罗马市民权。在元首制时期，罗马当局，也就是皇帝的态度又有变化，尤其是在跟罗马市民权的授予而产生的相应结果相关的时候。实际上，这种授予有助于把异邦人城市的统治"精英"与罗马的统治，或者更准确地说是执政家族连接起来，因此，不可或缺的是，获得了罗马市民身份的异邦人能够继续在他出身城市的政治和社会生活中发挥作用，这恰恰就是为了保障这种授予行动所追求的目的。

518 那封被多次提到的马可·奥勒留皇帝致雅典人的敕函证实了，在皇帝面前进行的上诉审里面，在自由城邦的市民身上继续适用据以对初审案件进行判决的当地法，无论是涉及仅有异邦市民权的人，还是也拥有罗马市民权的人。

> 不过，我们占有的文献材料非常有限，因为这涉及的案件是跟城市里的崇拜祭祀组织和主体的家族地位（status familiae）相关的，这些方面只能够根据希腊制度进行调整。另外，要注意到的是，在上诉审当中，通过适用跟初审当中所用制度不同的规范体系来判决案件，也很难让人接受。

这里要插入的一方面是，已经提过的行省总督法庭对那些有特定城邦的异邦人（peregrini alicuius civitatis）的诉讼案件进行的初审，如果考虑到这涉及的是拥有自己法律和司法组织的一些主体，那么总督根据大城市的实践里那些生效原则而必须适用万民法或者荣誉法的做法——当事人作为异邦人成为其参与者——可能就会出现一些质疑。在这方面，我们的文献材料里面欠缺足够的信息。尽管如此，还是可以近似地认为，在这种制度的逻辑范围内，如果涉及一个异邦人城市的市民享有罗马市民权作为他的第二市民籍，在这种情况下，似乎就很难不对他适用罗马法，除非所涉及的纠纷跟他所属城邦的广义上的行政管理组织有关。而在当事人仅有异邦人市民籍的情况下，因为缺乏文献，问题就很难解答了。

在这些案件里面,也可以提出罗马法庭是以什么为根据来适用异邦人法这样一个问题,尤其是这种情况发生在这些主体同时还享有罗马市民权的时候。这里还可以证实,在这一要点上并没有留下法学家们所采纳的立场,这让人想到,司法实践再一次没有建立在某种理论思考的基础之上。

对于那些没有自治权的领土上的居民而言,他们在完全意义上是罗马当局权力的对象,问题就会以不同的方式提出来。因此,对他们可以毫无疑问地适用当局对他们做出的所有规范性决定,无论是涉及所谓的行省法的那些规范,还是专门为了调整无城邦的异邦人(peregrini nullius civitatis)地位而颁布的规范。需要考虑的是,正如稍后将要看到的,罗马当局继续对这些臣民适用旧的地方法,在这一范围内,它也可以在具体案件中不适用当地法,而不必做出一项正式的废除规定。

不过,原则上,罗马当局还是继续对这些异邦人适用旧的地方法和民族法:最著名的例证仍然是由罗马的埃及行省所提供的,这里绝大部分居民都属于这种地位,而且伴随着希腊征服者的制度和征服之前埃及制度的混合,这些农村(chóra)的无城邦的异邦人被特许按照"埃及的法律"(tôn Aigyptíon nómoi)进行生活。

从理论角度来看,对这些无城邦的异邦人适用罗马政府之前就存在的民族法或者当地法也可能引发一些问题。关于这些特殊的主体,公元3世纪的罗马法学家(另外还有随后一段跟《安东尼谕令》[constitutio Antoniniana]① 有关的时期,参见下一节)声称对那些无城邦的异邦人或者"无国籍人"(apolídes)只能适用万民法,因为他们不属于任何城邦,也就没有任何市民法可以对其适用。可能与此显得相反的一个事实是,埃及农村的无城邦异邦人可以适用他们自己的规范(nómoi),而且在罗马人看来,这一领域也属于市民法的范围。

尽管早在卡拉卡拉敕告之前,就有一种普遍化的身份形式在扩展,但是非要给谈到的那些证据赋予一种绝对价值,可能会引发质疑。这些法学家提到的缺乏市民权(ius civitatis)的特殊例子要

---

① 也就是公元212年授予帝国所有居民以罗马市民权的卡拉卡拉敕告。

么是因为刑事判罚（比如流放荒岛 [deportation in insulam]）的后果，要么是因为被罗马市民解放的奴隶由于在受奴役期间的行为而无法取得罗马市民权（艾里亚臣民 [dediticii Aeliani]）。另外，他们还写到帝国所有居民都享有罗马市民权的年代，成为无国籍人的唯一情况就是上面看到的这些，有可能还有其他一些类似的情况，而在这里面，丧失罗马市民权实际上也仍然是作为制裁手段在发挥作用。

出于两方面的理由，公元 3 世纪的法学家们认定的这种身份扩展现象似乎是很可疑的，根据这种认定，无城邦的异邦人在《安东尼谕令》之前存在的法律处境仅仅享有万民法，而在这种认定里，行省臣民里很大一个阶层都从制度上被归属于这样一种主体范畴。无论如何，不管是假设也好，还是罗马法学家在无城邦的异邦人权利问题上遵循的实际态度也好，行省总督针对他们所采取的实践行动都是没有问题的，在这方面可能总可以给出一种理论上的正当性来。

100."安东尼谕令"

安东尼·卡拉卡拉皇帝的统治伊始，准确地说是公元 212 年，颁布了《卡拉卡拉谕令》，这份规定从市民身份的规范方面为帝国制度安排的历史画上了终点。借助这份规定，这位皇帝为帝国境内此前并不享有市民身份的所有居民授予罗马市民权，而且，这种特许权的一些例外情形实际上是没有意义的。如果说这份规定的普遍性价值是毋庸置疑的话，那么一系列关于它实际内容的问题则是专题文献上广泛而热烈讨论的对象，在这上面的争论还在继续。

1910 年一份埃及的纸莎草文献的发表——吉森（Gissen）（P. Giss. 40, col. I）文集的一部分——被当时的主流观点合理地认为是包含了《安东尼谕令》的文本内容，但由于该文献在有关规定的部分极为残破，因此发表出来的文献对于确认该告示的实际内容贡献不大。这些文献仅仅有助于表明该告示很有可能是以非常简明扼要的形式提出来的，因此，它实际上是非常泛泛的。关于出台这份规定的实际理由尚未完全确定下来，与这一事件同时代的一位作者，元老院议员迪奥·卡西就认定这份规定不合时宜的特点，可能这要归结于他对卡拉卡拉皇帝不怀好感的态度，因为这份规定对元老院阶层当然是不利的；而他认定，其理由要从这位君主的一种想法里面去寻找：把异邦人置于应由罗马市民缴纳的税赋之下。

在过去，有一个争议很大的问题，但现在实际上已经平息了，它涉及这份规定的主体范围。在 P. Giss. 40 发表之前，西奥多·蒙森已经让一种观点占据了主导：无城邦的异邦人是被排除在这次市民权授予之外的，他们是直接受到罗马当局管理的土地上的居民，即使是在事实上也不享有市民自治权。这种观点在 P. Giss. 40, col. I 那种缺漏很多的叙述里面获得了一种令人意想不到的却非常明显的支持。

实际上，在这份纸莎草文献里面——在跟那些尚存的文字内容有关的含糊不清的语境下——可以找到"在臣民范围之外"（*chorìs tôn deiditikíon*）的句子。这里所说的"臣民"（*dediticii*）是否能够跟无城邦的异邦人等同起来，不无疑问；另外，这些臣民被排除在什么范围之外也是不明确的。不过，从语法角度来看，把这种排除跟市民权的授予联系起来是一种不太可能的解答方案。相反，把这份遗漏甚多的文本解读为：这种被认为等同于无城邦的异邦人而跟其他人身地位不同的臣民的地位，在告示生效之后就不再存在了，这才显得比较可信。

因此，可以排除从 P. Giss. 40, col. I 里面找到这个问题的答案，还需要说明的是，也不存在任何证据可以证明，在对该谕令的适用当中，存在着对那些不属于任何一个城市的帝国臣民不利的歧视现象。尤其从来源于埃及的一份文献里面，我们拥有一个明确的事实上的证据，证明这些臣民并没有被排除在此次市民权的授予之外：公元 212 年以后，连埃及农村的居民实际上也在部分程度上拥有罗马人的名号制度，采用了奥勒留的族名。

在元首制时期，罗马市民的姓名是根据所谓的三段名制度（*tria nomina*）（原则上，要以父亲的姓为结束）来决定的：字（*praenomen*），对应着我们个人的名（或者是教名）；名（*nomen*）或者氏族名（*gentilicium*），指代的是归属于某个氏族（*gens*）（见第 11 节）；姓（*cognomen*），这是一个说明性成分，它的引入是出于更好地为个人确定身份的需要，主要是跟共和国时代（男性）极少使用字有关。那些无论出于何种理由取得罗马市民权的人都必然要有一个姓，但作为异邦人，他们此前却并不属于任何氏族。这个难题的解决方法是，他们取用使他们获得市民权的人的氏族名，比如，在被解放奴隶的情形里面，他们取得主人的姓，而在异邦人的情况下，则取得提出授予市民权之规定的皇帝或者执法官的姓。因此，那些根据《安东尼谕令》成为新市民的人，以及他们当中的埃及农村的无城邦的异邦人，就获得了奥勒留这个族名，这正是向他们授予罗马市民权的安东尼·卡拉卡拉皇帝的氏族。

如果说市民权被普遍地赋予帝国的所有居民，也包括无城邦的异邦人的话，这也不意味着没有例外。这种特许是否扩展到那些逐渐渗入到帝国境内来的蛮族人口还是有争议的，但明确的一点是，那些因为刑事判罚而失去市民身份的主体是没有被赋予市民权的。而且，还有一些属于特定范畴的主体，他们在市民身份上的一种特殊属性表现出其在自由身份（status libertatis）层面上有一种不同的地位，他们也没有被赋予市民权。

在后面这种类型里，最重要的范畴毫无疑问就是尤尼亚拉丁人（第97节）。与之相伴的还可以提到艾里亚臣民（dediticii Aeliani），他们是获得释放，但因为在奴役期间受到过侮辱刑而不能获得罗马市民权的奴隶。显然，也是在公元212年之后才首次可能获得的这样一种身份。

客观地讲，至今仍然引起很大困惑的一些问题是，根据新市民们所处的地域组织获得的罗马市民权的效力，以及与之密切相关的法律适用问题。

522　关于第一方面，需要指出的是，卡拉卡拉敕告并未包含任何这方面的规定，而且在随后的年代里，在这一点上也没有显示颁布过具有普遍性的规定。因此，这份谕令并没有引起城市自治范围内以及行省总督直接管理范围内的任何变化。但在地方自治地位范围内却有着某种变动。拉丁人城邦或者异邦人城邦的市民都被集体地提升为罗马市民，这些城邦也就完全变成了罗马城市，尽管在最初的时候，他们还保留着自己的制度和行政管理形态，而且，还有早前的一些优惠地位。

首先，要观察到的是，在这方面，尽管我们的文献资料不能算没有，但也极为缺漏。必须要考虑到的是，在一个时期内，一种有限的统一化进程也是遵照着异邦人城邦的"罗马化"在逐渐地进行着。只是可能到了公元3世纪末，这种统一化进程才倾向于以更加明显的形式表现出来。不过，对此需要强调的是，尤其是在城市政府机构及其相应职权的层面上，古代晚期的城市日趋表现出对元首制时代城邦形态的深入革新（见第109节），这也与要求由城市来予以满足的各种不同需求有关。"罗马化"进程明确地使得那些必然会阻碍罗马政府干预自由城邦内部事务的保护层减少了，而这些保护层到公元3世纪初的时候也仅仅是形式上的了。

关于司法权，需要提醒的是，这些新的罗马人城市体制中的统一化进程似乎是逐渐地进行的。在自治市执法官司法权上面施行的限制必然也间接扩展到了这些城市身上；另外，尤其是一些优遇还得以保留。不过，在相反的意义上起作用的是另一种倾向：与司法方面逐渐收紧（另外，在规范性活动方面这种收紧早就开始进行了）相伴，主要从行政管理角度来看这种城市结构是重要的。在城市组织的这种特点里面，城邦的形式在中央政府的行政管理体制下仍然继续赢得了空间，即使到了绝对帝制的形式逐渐兴起的时期，似乎必然在对后者的行政管理形式有利的情况下也是如此。

最近发表的一份跟阿弗罗迪西亚（Afrodisia）① 这座城市有关的纸莎草文献很有意义地揭示了第一个方面，其中确认了该城市居民的特殊待遇是接受自己城市法庭的审判（这一点只具有相对意义，因为没有人知道这种优待的范围）。而第二个方面则在首府城市、地区性都市（metropóleis）和埃及行省以下进一步细分成的大区（nomoi）的"自治市化进程"里面可以找到明显的例证。塞第米·塞维鲁皇帝于公元200年左右在事实上的自治城市当中建立起了罗马化城邦，后来，则是到公元212年，将异邦人城邦变成罗马城市（在整个公元3世纪，它们都保留了一种跟希腊化城邦结构十

---

① 位于今天土耳其境内。

分相似的形态），不过，在整个这一时期，他们都从未进行过任何司法管辖活动。

至于规范性方面，所有的罗马城市，无论新旧，到了公元212年之后，相对于中央政府的权利都处在相同的境遇。不过，从规范角度来看，更重要而且在学理上争论极大的问题是，这些新市民所适用法律的确定。

看待这个问题的视角是多种多样的，还常常表现为相互对立。尤其在稍早的年代，一个通常的出发点是由一种扎根于城市国家的意识形态之上的观察所提供的。据此，属于某个特定城邦的成员必须共同分享该城邦的客观权利，因此就很容易导致一种看法，对那些居住在帝国境内并成为罗马市民的异邦人，是不能不适用他们已经具有的新的市民身份的法律的。

> 这样一种提法，对于城邦世界而言当然是有效的。但是，在古代世界，对于那些前希腊化和希腊化的帝国东部的绝对君主制而言，却并不奏效。在这里，对某个王国（*basileia*）的间接归属，并不会当然导致该王国制度的排他性效力，而这主要是因为这种君主体制并不会像城邦一样，能够拥有一种统一的制度。而从另外一个观察角度来看，需要考虑到的事实是，即使只是在城市国家的形式下，罗马帝国在实质上也已经更加接近于一种领土制国家，并在很大程度上重复着希腊式王政的内涵，而它恰恰在很多领土上都继承了希腊王政的遗产。

可以在相反的意义上观察到的是，在公元212年之前的帝国里面生效的那些制度的存续，尤其是在行为实践的层面上。而到了公元4—5世纪，其规定及规范曾多次代替了古典法上面看待问题的方式。这种存续在路德维希·密特茨（Ludwig Mitteis）的那本基本著作里面也已经强调过（《罗马帝国东方行省的官方法和民间法》[*Reichsrecht und Volksrecht in den östlichen Provinzen des römischen kaiserreichs*]）。不过，在密特茨的著作里面，根据一种或多或少是有意识产生的主流意见，即这些作为罗马人的新市民是不能够使用一种不同于罗马制度的体制的，他主张：那些存续只是一种在事实层面而非法律层面实施的现象。在这个立场上，这种学说在好几十年里都几乎获得了一致的同意。

在 20 世纪 20 年代，却有着相反的趋势，它使得另一种担心更为强烈，即极为广泛的社会阶层遭遇他们所赖以生存的制度逐渐发生了变化，这种变化的后果具有独特性，而且，在专题著作上，已经开始研究从什么角度，地方性法律会在形式上继续有效，尽管有《安东尼谕令》，它们的存续也应该是法律上的而非事实上的。从这个角度来看，有一种观点长久以来也得到了广泛支持：罗马市民权的取得并不会导致这些新市民最初的市民身份的减少，根据双重市民籍体制，随着他们保留最初的身份，也就能够有完全的权利继续使用他们旧有的制度。

更近来一些时候，一种以不同形式提出来的观点似乎得到了广泛的传播，根据这种观点，地方性法律在公元 212 年之后仍然拥有正式的效力。作为帝国范围内以及在罗马法占据统治地位而提供的限度范围之内有效的习惯，可以转述为这样一种事实：这些地方性习惯不能够违背罗马制度的公共规范和指令。不过，这些规范和指令是什么还充满争议，也是可以讨论的。

在对于这些新市民适用法律的确定问题而言不那么重要的其他方面，要强调的是，随着卡拉卡拉敕告而来的"法律罗马化"进程使得问题的形式相比于这些讨论伊始所涉及的问题，就不那么复杂多变了，而这恰恰是因为帝国的很大一片地区已经"罗马化"了，至少从文化知识阶层的层面上讲是这样（或者他们当中的大部分）；而从另一个具有关键性不同的方面来讲，据认为，对罗马法的适用要求有一个训练有素的法律家阶层，既有当事人律师也有法官。因此，罗马法经常得不到适用，因为在跟这种适用相关的主体当中缺乏使用它的必要知识。

预先需要强调的还有，尤其是在更早一些学说当中，这里所讨论的问题还没有普遍地基于严格的历史根据来加以面对，而是或多或少有意识地从抽象的角度上去研究什么应该是案件确切的法律解决方案。因此，这就推动了一元论答案的确立，并且给这些抽象的答案赋予绝对价值。但是，如果说在这方面首要的目标是按照当时的人具体理解问题的方式来理解的话，那么《安东尼谕令》的内容就应该会实现一种必然的结果，这种结果的产生方式会自觉或不自觉地根据案件、环境的变化而变化。

考虑到这样一种说明，马上就要强调的是，在学说上展望的各种视角当中，有两种具有能够获得普遍意义的内涵，一种是双重市民籍的视角，一种是把地方性法律衡量为受制于作为帝国制度的罗马法统治地位之下的习惯。对于第一方面，如今已经鲜有人相信这是有道理的。首先，它缺少正式的依据。因为正是随着《安东尼谕令》之后，帝国境内就不再存在异邦人城邦了；另外，双重市民籍也无法解释由罗马政府直接管理的土地上那些民众的民族法的存续现象。

关于那些地方性法律，它们作为罗马法具有统治地位的环境下保留下来的习惯，不能够违背强制性的罗马法规范。这种提法并不新鲜，因为密特茨也从这个角度明确地承认地方性制度在习惯层面上得以延续，但他被指代为一种极为僵化的观点的支持者，并因此受到批判。在其观点的实际内容里面，这种提法是非常含糊的，因为必须要理解什么是强制性的规范。就此问题，我们能够从罗马法律文献的信息中证实存在着一种环境，在这种环境里面，地方性习惯并不适于对任何一种正在适用的规范有所违背（或许，有一些规范可以在私人自治层面上加以运用，比如，无遗嘱继承 [ab intestato] 的规范）。

另外，文献上可以获知的——或多或少地跟这种法律上或者事实上的存续现象、地方性制度的现象直接相关——那些信息都显示：公元3世纪，在罗马帝国，甚至帝国东部的那些希腊化行省内部的各种主体之间，已经传播开一种意识，即罗马法已经成为评判这些新市民重大法律行动的制度。这一问题最重要的方面——在理论上或多或少还存在广泛的争论——是由皇帝文书署的实践活动，公元3世纪末来自劳迪迦城① 的希腊演说家梅纳德罗（Menandro di Laodicea）所做的某些认定，以及主要是在埃及所证实的所谓要式口约条款上的实践所构成的。

526 关于这些来源于罗马法律文献上的信息，涉及这里所讨论的方面，包括直至戴克里先时代，尤其是这位皇帝治下时的皇帝文书署的实践是特别有意思的。大约从公元230年开始，皇帝敕答坚决拒

---

① 在今天的土耳其境内。

绝受理那些旨在承认与罗马制度中现行适用的规范相冲突的一些法律原则的案件(这些案件的名称往往会泄漏其源自某行省),并且,这些原则常常对应着在希腊地区或者希腊化地区的法律经验当中广泛传播的看法。任何对这种实际存在的重要性予以削弱的企图都是相当站不住脚的,以至于表现为具有偏见。

在一篇关于说辞(epittica)的专题文献(这是修辞学的一部分,研究那些对某个人、某个实体或者某个抽象概念进行褒贬的话语)中,梅纳德罗曾经两次证实:在一些城市的颂词文稿中,关于法律(nómoi)的主题(tópos)已经减少了,"因为我们都被(所有人)共同的罗马法律所统治";与此相对应的是另外一种证实,即对于单个城市来说,已经不再存在着不同类型的政制(politeîai)了,"因为我们全都由一种政制所统治"(这不外乎就是罗马城邦政制,从制度角度来看,这已经是整个帝国正式的安排)。这些信息不可能更清晰了,而且它们保留了其全部的价值,尽管莫德泽耶夫斯基(J. Modrzejewski)那种沙龙清谈式的优雅辩术倾向于"出于合理的理由"(pour cause)去忽略这方面的证据。

不过,要式口约条款却在埃及的实践里面找到一种极为广泛的文献依据。大约从公元220年开始,在所有希腊-埃及的程式所启发出来的行为类型里面,实际上都可以印证有一种条款的存在,根据这种条款,当事人宣布已经缔结了一项以行为为内容对象的双方要式口约。一种说法是(第60节),这种要式口约是罗马法的一种要式且单方的契约,通过它可以承担任何内容的债,只要是特定的、合法的并且可能的。根据学说中一种广泛传播的观点,在文件上有要式口约条款的存在,并不能证明提问和回答这一交互活动曾实际发生过。除此以外需要注意到的是,在一系列案件里面,准确地说是,当从行为中产生出债的时候,这种要式口约条款能够具有一种功能,即按照罗马法来为那些以地方法的形式缔结的契约之债提供强制执行性保障,而地方法本身无论是在市民法层面还是裁判官法层面都是无足轻重的。因此,这就证明了新市民们的一种努力,他们致力于在罗马法层面上给那些以地方法为基础完成的行为赋予法律效力,而它们在罗马法层面上本没有被认可可以产生效力,因为它们并不属于罗马法所承认的行为类型的范围。这样一种实践的传播——实际上并不知道有什么例外——甚至导致这样一种猜测的出台：在埃及，这种实践是行省总督的一项告示所强制规定的，或者是罗马当局授意的，为的是避免罗马人城邦的扩张而给帝国的所有居民造成的不便。后来在转让行为、单方行为（比如遗嘱）、非财产行为（比如释放奴隶）里面，也常常发现要式口约条款。尽管很显然当事人想要把任何一种行为都置于免于争执的状态下，但是，实施方式的不适当则证明他们对罗马法的基本原则是知之甚少的，甚至那些撰写文件的人的实践也是如此，而且，对这些原则的遵守常常转变为一种仅仅是形式上的尊重的行为。

综上，关于这些新市民所适用法律的问题，进行了超过七十年的争论，其展示出来的一些人的立场毫无疑问是有些过头了，他们把法律的这种延续现象仅仅定位在事实层面，而没有考虑到这些地方性法律可能在或大或小的程度上作为习惯存续下来，并具有有限的属地效力，因此成为那种可以称之为帝国制度体制的组成部分。但同时需要强调的是，根据文献可知，那个时代的人似乎并没有在罗马制度范围之外认定帝国当中存在着其他现行有效的制度。

真正的问题是，在实践当中，这些不得违背罗马法的地方性规范的适用范围。前文已经提及，在皇帝文书署里，这种适用的发生是极为严格的，不过，并不能证实在行省实践层面上也有同样的严格性，这要么归功于行省总督或者他的官僚机构自愿采取的宽容政治路线，要么归结于那些未经训练的法律操作者对应予适用的法律的无知。实际上，文献和学说上的现有状态还不能提供对这些方面加以深化的可能性。

关于卡拉卡拉敕告，在学说中另一个重要的方面是，随着普遍授予帝国所有臣民以市民权之后，罗马制度进行的扩张是伴随"残忍暴行"而完成的。毫无疑问，"法律罗马化"方面也应该定位于此，在学说上对此有所强调，但缺少了应有的区分。对于几乎整个帝国西部而言（还有非洲行省的很大一部分），都无须面临这个问题，这一点是没有疑问的，因为在那里，所有方面的文化移植早已经进行过了（也就包括法律方面），因此只呈现出罗马化世界的唯一模式。

而在帝国东部，希腊文化留存了下来，甚至在罗马文化长达百年的挑战中，在很多方面还占得上风。在这里，毫无区别地去谈论"法律罗马化"就意味着曲解了问题的本质，这个问题的提出恰恰是因为地方性法律形式的存续证实从来就没有过什么"法律罗马化"。这里出现的一种现象是将这些异邦人城邦的政治"精英们"的利益同罗马统治的利益加以同化,这一点也通过向这个阶级成员授予罗马人城邦的统治权来实现。但依据文献和相关学说,这些在很大程度上享有双重市民权的"精英",并没有明确显示出他们内部可能出现的私人纠纷的解决方式遵循了罗马法。不过,社会—政治层面上的同化的确有效地推进了,使得这部分统治阶级在普遍地被授予罗马市民权之后,对接受废除地方性制度的做法变得不那么困难了。

此外,在被统治阶级层面上,问题或许就更微不足道了,这恰恰是因为他们所处的社会经济地位使得应该适用什么法律的问题变得不那么重要了。另外,在这些异邦人城市内部,从罗马行政机构而不是从当地贵族统治的地方自治机构当中,民众中不那么重要的阶层更可能看到或多或少的实质公平性。

因此,《安东尼谕令》的实施应该是——出于一系列的复杂原因——按照一种给社会造成创伤的方式进行的,但要比如今所无法想象的那种程度更轻微,虽然实际上法律的程式化进程在帝国走向统一的趋势中已经走过了很长一段时间,而且,这种程式化对统一趋势也是有利的。从法律制度的角度来看,公元4世纪,只有罗马法是现行有效的,这一点不存在疑问,而习惯相对于法和法律而言履行的是次要功能。这对于这里进行的讨论并不是没有意义的。

与此相伴,从君士坦丁皇帝时代开始,在帝国的立法里出现了一些规范,这些规范是由与《安东尼谕令》之前的地方法当中存在的一些观念相似的,尤其是帝国东部(pars Orientis)的观念所生发出来的,并有了一些创新,这些创新对那些此前被视为不得适用的规范产生了影响。至此,尚有疑问的是,究竟应该把这看成是对行省观念——姑且这样称之——的接受,还是在什么程度上这涉及社会经济衰退现象的影响,以及跟法律文化方面相关的"通俗法"或者"法律通俗化"现象(见第116节)?但无论如何,在这种发展进化过程里,没有任何一个证据可以指出,这种体制曾认可习惯性规则在罗马法制度具有短暂的优势地位的背景下获得广泛的传播。

第四章

君/主/专/制/时/期

101. 戴克里先改革

公元 284 年，伊利里亚人戴克里先被军队推举为皇帝。此人决定对此前在军事无政府主义时期遭到强烈削弱的皇帝权力予以加强。他在很早的时候就把忠诚的将领马克西米安召到身边作为同僚，并把帝国西部行省的统治权交给他，而他自己保留对东部的管理。这两位皇帝都拥有"奥古斯都"（*Augustus*）的称号，不过，戴克里先保留了政治领导和军事指挥上的更高权力（实际上，他拥有朱庇特主神之子 [*Iovius*] 的尊号，而马克西米安则得到了海格里斯神 [*Herculius*]①之子的称号）。他在马克西米安的帮助下，重新开始很多夺权的尝试，戴克里先把帝国的统治做了进一步的划分，任命了两位凯撒，迦勒里（Galerio）和君士坦佐·克洛罗（Costanzo Cloro），前者是他本人的助手，后者则是马克西米安的助手。每一位凯撒拥有属于各自奥古斯都的行省中的一部分，因此实际上帝国的治理被分给了四个人，他们之间不但通过效忠关系（特别是对戴克里先的效忠），而且通过亲属纽带（实际上这些凯撒副帝都娶了各自奥古斯都主帝的女儿，并被他们所收养）统一在一起。四帝共治制度的目的不仅仅在于保证帝国拥有——与它被仅仅托付给一个人可能拥有的相比——更加警觉而有效的管理体制，而且还在于提前规定王位继承并且不对它造成冲击。实际上，得到确立的规则是，在奥古斯都主帝去世的时候，他自己的凯撒副帝就自动接替他，在凯撒自己成为奥古斯都主帝以后，再为自己任命一位凯撒副帝。

这种行政管理上的划分不是把帝国实际瓜分成四个王国，也不是分割为东部和西部，四个王国的出现是到了几十年以后才实现的。无论是形式上，还是事实上，帝国仍然仅仅只有一个，戴克里先保留着一种政治上的最高地位，而且对四帝中的其他几位进行控制，因此，这场成为他统治时期突出特点的改革毫无疑问地要归结于他的个人意志。

---

① 海格里斯（也译作赫拉克勒斯、赫克里士），是希腊主神宙斯（对应着罗马主神朱庇特）之子，力大无穷，曾经完成十二项英雄伟业。

正如首先将要看到的，四帝共治制度的表现是失败的，因为它未能成功地确保皇权的和平传承，而戴克里先的其他一些跟罗马国家结构和行政管理体制有关系的改革却在其去世后得以保存下来，因此，他完全可以被定义为是专制国家之父，或者说是专制国家形式之父。于是，罗马帝国又得以保存了数个世纪。戴克里先是第一位开创具有东方特色礼仪和专制传统的皇帝：他避免在公共场合露面；而对他的人身的接近要受到一套复杂仪式的规制；君主顾问委员会具有了枢密院（*consistorium*）的称呼，其成员在面见皇帝时必须站立。即使从形式上看，皇帝谕令也已经成为法律（名曰圣谕、神圣的谕令 [*sacra, divalis constituio*]），而"权力约法"里面的法律拟制过程也早被遗忘，在元首制时代，罗马国家的最高统治者至少在形式上还会根据该法由人民欢呼而被授予权力，或者少数情况下则由元老院来任命；而皇帝已经成了一个专制独裁者，也就是说他的权力来自他自己，从这里，就可以很好地理解收养制度（*adoratio*）存在的理由，由他在世的时候选择收养的对象，该收养对象受到同样的崇拜（另外，早在元首制时代，就存在着对前任君主加以神圣化的做法：戴克里先实际上是自我界定为主宰者和神 [*dominus et deus*]）。

跟戴克里先的名字联系在一起的最重要的改革涉及民事行政管理体制，尤其是边疆的行政管理。为了使得行省更加容易统治，它们当中的大部分都被细分为两个或者更多的部分，这样就出现了很多在幅员上小得多的行政区域，实际数量上相对于原先被加倍。另外，这些行省（多数时候，由骑士阶层的总督 [*praesides*] 来统治，在意大利被称为督察官 [*correctores*]，在非洲和亚洲则是元老院议员阶层的执政官 [*consulares*]）被重新统一于更大的行政区域之内，称之为专区（*diocesi*），由一名专员统治，他本人受大区长官的控制。只有罗马及其领土还相对于意大利专员 [*vicarious Italiae*]（用来对意大利北部的行省进行统治）保留着独立性，继续同元首制时代一样处在城市行政长官治下（关于这个官员被授予的权力，见第112节）。还有一类革新具有显著的重要性：很多行省总督被剥夺了军权（直到此前，行省总督还是所驻扎行省的军队首领），军权被授予职业军人（将领 [*duces*]），于是，相互独立、相互区别的等级制取代原有体制，无论民政等级制还是军事等级制，在其顶层都以皇帝为唯一的首领。

至于中央行政管理体制，这一时期最高级的官吏是大区长官。他仍然保留着最初的军权，甚至被认定为比皇帝地位更高的首领。另外，他的民事权利也极为广泛。实际上，他对整个行政管理体制负责。而在财政方面，他的权力也是非常巨大的，他有两位大臣的协助：财物管账吏（rationalis summae rei）负责货币的发行以及现金税的征收，而私人事务官（magister rei privatae）则征收皇帝的实物税（关于大区长官在后戴克里先时代经历的转变，成为一个边疆行政管理职务，参见第 101、108 节）。

如果说四帝共治的制度和边疆行政管理体制的改革有助于军队的加强，并再次赋予帝国以短暂的稳定的话，那么在另一方面，这也是冗员滋生、负担沉重的一套官僚体系扩散开来的首要原因。中央行政管理体制实际上随着马克西米安被任命为皇帝而分割为两个部分（相应而来的是大臣和公职 [officia] 人数的翻倍），而且至少有一些特定的职务随着两位凯撒副帝的设置又进一步划入了四个不同的行政管理体系。行省数量的翻倍和专员的设置本身也导致边疆的公职数量和公共职员总数翻番成为不可避免的结果。

到了戴克里先时代，共和国宪制无非只是一种历史上的记录了。一些古代的民选执法官职在形式上还存在（执政官、裁判官），不过，它们最多只有纯粹的象征性内容：对执政官职位的追求只是因为执政官仍然可以给其任职的那一年命名，而裁判官的职能已经是组织竞技表演了（参见第 108 节）。元老院也没有什么更大的权力，它的咨询职能早就被君主顾问委员会所吸收（在戴克里先时代变成了枢密院）（关于这两种大会，参见第 107 节）。

不过，把共和国制度（已经运行了好几个世纪）的坍塌归结到戴克里先的专制主义身上并不准确，但无论如何，正是在这一历史时期，作为帝国政治中心的罗马和意大利的衰落已经开始了，这也是事实。如果按照人们常说的，罗马及其领土还保留着一定程度的行政自治权的话，那么这座城市也已经永远地失去了它作为帝国王庭的资格。实际上，戴克里先更青睐帝国东部行省，而西部的统治者马克西米安也选择米兰作为首都。此外，随着行政上的改革，意大利不再是城市国家和具有特权的领土，而是跟帝国的其他部分一样划分成各个专员区和行省；意大利土地——最初似乎只位于意大利北部地区——也被课以赋税，以至于它们的所有权人（*domini*）相对于行省土地占有人（*possessores*）最初具有的特权地位也明确地减少了（意大利中南部的土地也受到田税控制，这似乎要归结到后戴克里先时代了）。

为了在边境地区建立稳定的局势，戴克里先在很可观的程度上加强了军队的规模（这一时期的一份文献甚至说到实际军队规模翻了四倍）；军队主力（所谓的边防军 [*limitaniei*]）稳固驻扎以保卫边境，而一小部分军队，所谓的亲随部队（*comitatus*）（可能源于前戴克里先时代）听命于皇帝的直接指挥，并且有责任随他的转移而转移。

蛮族人支队也构成了军队的一部分，这些人既有俘虏，也有自愿者。似乎从这一时期开始，特许某些蛮族人定居在帝国境内分配给他们的土地上，条件是他们及其后代服军役。这种习惯开始兴起，后来对于罗马国家的安全来说，它的表现具有灾难性。但无论如何，在戴克里先时代，军队的主体仍然由罗马市民组成。

行政管理改革和军费的上涨恶化了本已不稳定的经济形势。戴克里先尝试着提出弥补方式，他于公元301年颁布了一部单行法规——《关于被卖物价格的告示》（*edictum de pretiis rerum venalium*），这是一种真正的官定价格，据此权威性地确定了各种商品和劳务的最高价格。尽管对于违法者规定了极为严厉的刑罚，但这份告示最终还是失效了：随着市场上商品的减少，随之而来的是价格普遍上涨，这是任何一种官定价格都无法避免的后果。

在这份告示发布之前，戴克里先曾经尝试过控制通货膨胀并通过实施货币改革来稳定物价。他发行了新的金币（*aurei*）和银币，并试着提高铜币的发行量，并赋予它们一种信用价值，即高于这些金属的质量中所包含的价值。但是，由于缺少贵金属，那些贵重的硬币无法足量地发行，结果它们很少流通；相反，市场上绝大部分交易行为是以铜币为工具进行的，铜币被大量地铸造出来，相伴的结果是，很快就失去了价值。与此同时，金币和银币的名义价值则得以上升。戴克里先抑制价格的意图也失败了，通货膨胀反而加重了，这位皇帝由此颁布了这份《价格告示》，正如上面所看到的，它本身注定会表现为一种毫无助益的手段。

这场货币改革实际上的消极结果也带来了社会秩序上的后果：贵重硬币的价值上升，由少数特权阶层掌握，也就相应导致最底层民众减少对它们的使用，与此同时降低了中低阶层的地位，并导致把他们压垮。

对帝国财政状况的治理更加有效的是税制改革。已经提到过的一个事实是，意大利在这个时期失去了最初的特权地位。意大利土地的所有人（最初只是那些位于意大利北部的土地）也必须跟行省土地的占有人一样缴纳田税。

年赋（*annona*）是以如下方式来确定的：帝国的领土被划分为价值相同但面积不同的财政单位（称为税区 [*iuga*]），这要根据所采用的作物类型而变化。赋税不仅课加在土地上，而且也课加在农村人口及牲口之上。因此，奴隶、佃农以及用于耕作的牲畜也要进行清查。劳动力的计算是根据劳动单位进行的（称为人头 [*capita*]），每个人头对应着一个健壮男丁的劳动力（至少在帝国的有些地区，一个女性只对应着半个人头；而牲口则是按比例被估算为人头）。落在土地所有人身上的义务有：定期汇报其土地的扩张、作物的类型以及人丁和使用的牲口总数，这样就计算出与被认定的财政单位数量成比例的赋税，也特许他们向国家进贡相应数量的佃农用来充实军队队伍，以代替赋税缴纳——多数情况下是以实物形式进行的。非土地所有者并不缴纳田税，而是成为一种可以用金钱缴纳的人头税的对象（平民人头税 [*capitatio plebeia*]）；不过，这种税是否适用于城市的所有居民尚有疑问。

税收征缴是以非常简单的方法进行的：国家预先按照需求比例确定金额总数（来满足军需和行政开支等）；然后，这些金额就按照财政单位进行细分，划到帝国的各个专区和行省中去。在戴克里先之前，税政（十五年税政 [*indictiones*]）是以非常不规律的方式完成的，戴克里先提出，这应该定期进行，并要有规律性。

从公元 287 年开始，这位皇帝发起了一次普遍性的财产清查活动，针对所有的财富和劳动力，并逐渐地在整个帝国执行。后来，这种财产清查到了固定期限的时候要进行更新，起初是每五年一次，随后从公元312年君士坦丁皇帝开始，变成每十五年一次，这期间称之为十五年税政年度（*indictio*），就像那些规定每年应缴纳的赋税总额的帝国法规也被称为十五年税政（*indictiones*）。

这种新的制度在确保国家有正常的税收收入以及按照统一的方式在整个帝国分配财政负担方面具有优势，但一个事实却构成了硬币的另一面：国家在决定它想要的总额的过程中，其要求是建立在需要的基础之上，而不是以纳税人的实际能力为基础。这使得税负常常表现为过度，结果导致对经济的严重伤害，并且助长了逃税现象。为了避免逃税行为带来的负面后果，国家进行了预防，让市议员们，也就是自治市委员会（库里亚）成员本人成为强加在单个自治市身上的整个税收缴付义务的保证人（不过，早在元首制时期[见第97节]，市议会议员已经逐渐地从荣誉性职位转变为义务性职务，要为公共收入的征缴承担责任）。这很容易让人直观感觉到，从公元二三世纪开始，这种库里亚会议成员身份完全不是一个令人向往的职位，因为它会给担任该职务的人带来极为严重的风险，使其必须用自己的财产来填满碰巧少于事先规定金额的征税额度；而且，国家的干预手段是把这些市议员束缚在这一职位上，强行将他们置于一个封闭的行会当中，让他们的一生以及后代都与它捆绑。

戴克里先的这种政策还把其他一些类型的市民也拴在各自相应的职业上。比如说，军人就被禁止放下武器，而退伍兵的子孙也必须从事父亲的职业（用加强军队兵员的急迫需要来解释这一现象）。同样，佃农及其子孙也被束缚在土地上，这应该归结于对逃离农村现象加以阻止的需要（关于这种现象的原因，也参见第110节），这种逃荒导致土地产出的减少，结果就是财政收入的减少。在其他行业里，也发生了同样的事情：船夫行会、面包师行会，一般而言，他们所从事的工作都跟城市的给养和军队的补给有关，这些行会就成为封闭型团体，行会成员不得从里面脱离出来，而且，子孙后代也必须参加这些行会。因此，对一个行会的归属不再是一种自由选择的结果，而是继承而来的事实。

戴克里先政策最明显的失败出现在宗教领域。当时，他事先设定了打败基督教的目标（在过去，基督教就已经是各种迫害行动的对象了，其根据是基督徒拒绝并反对把皇帝当作神灵来崇拜：见第

90节)。

这一决定根据的理由可能是多种多样的:副帝迦勒里的敌意,导致他对皇帝进行煽动;对罗马精神的传统价值加以保留的意愿;保卫非基督教信仰的意愿。不过据认为,赞同这次迫害行动并产生影响的主要是一种恐惧:基督教可能威胁国家的权力基础。如果考虑到在公元4世纪初,这种新兴宗教已经在民众的最高阶层里面传播开来,并且在官僚系统和军队里有众多信徒的话,那么,这种恐惧可能就显得具有合理性了。关于这一点,要指出的是,在这次镇压活动开始前发生过一些状况,尽管是孤立的,即一些被宣布为基督徒的士兵拒绝遵守罗马宗教,作为基督徒,他们只属于唯一的神圣权威的对象。公元298年,在真正的迫害开始之前,皇帝对军队进行了一次清理,这些士兵被替换为信奉非基督教的人,或者被安排退伍。

经过最初一段时间的容忍过后,戴克里先于公元303年在尼科米底(Nicomedia)公布了一份敕告,下令关闭教堂并摧毁所有圣像;紧随其后的是另外三份敕告,据此迫害行动加剧,仅仅公开基督教信仰也被看作是最严重的犯罪,被判处死刑。但是,常常给被指控者提供避免处罚的可能性,即通过向众神献祭而背弃基督信仰。①

这是基督教在这个非基督教帝国治下必然遭遇到的最严重、持续时间最长而且最系统的一次迫害。但是,殉教者的总数似乎并不是特别巨大,在帝国东部和非洲数量当然要更多一些,在那里这种新兴宗教有更加深入的传播,甚至渗透到农村人口中。但无论如何,戴克里先的这些敕告都没有以完全同样的严重程度在整个帝国得以适用。在西部,迫害行动是以较为温和的方式进行的,尤其是在高卢和不列颠地区,这里是由副帝君士坦佐·克洛罗统治的,他同情基督徒,并没有对他们处以死刑。至于这次迫害的持续时间,要注意到对帝国两个部分(*partes imperii*)是有区别的:在西部,每一项反基督教的规定都在公元305年随着马克西米安的退位而减退;而在东部,新任奥古斯都迦勒里和他的副帝马克西米诺·达亚

---

① 罗马的原始宗教是多神教、众神教,而基督教是只信奉上帝的独神教,因此向众神献祭就意味着放弃基督教信仰。

（Massimino Daia）继续着戴克里先的镇压政策，直到迦勒里本人去世才发布了第一份宽容告示（311年），但也不能确信有了根本性的改观。

戴克里先反基督教政策失败的原因不止一个。首先，在公元4世纪初，相对于仅用一道刑罚就有可能将其取缔的程序而言，基督教的传播已经非常广泛了；就像一切年轻的信仰一样，基督教本身就满载一种精神力量，而旧有的非基督宗教不可能再以此为标榜。此外，这种惩治尽管非常严厉，也可以随着受指控者公开背教而中止；这些背教行动很多肯定都是伴随着内心的保留而做出的，制裁不可能有助于夺走信仰，而当以勇敢的辞职行为为支撑的殉道事例出现的时候（尽管并不多，但总是非常显著的），必然就会从有利的方面影响很多尚无立场的人，有助于支持而不是阻碍基督教信仰的传播。

传统文献把戴克里先标示为一个保守者的形象，而且是古典世界和罗马精神最后的捍卫者（而他的继任者君士坦丁则被标示为革新者的形象，同时他还为东方的影响力开启了大门）。不过，如果考虑到在罗马国家中戴克里先改革的重要性，那么恰恰相反，他对于我们而言，就显得是一位大胆的革新者。他在行政、军事和税收领域的改革都给罗马帝国带来了新的面貌，这种面貌实际上会不加改动地保留好几个世纪。正如首先会看到的，君士坦丁保留甚至完善了他前任的创新。但尽管有这些重大的改革行动，戴克里先的政策还是完全从一种保守的理想当中启发出来，是对他想要的一种罗马式并且非基督教国家的重建。实际上，他只从东方的君主制当中接受了外在化的排场和仪式，而没有接受王朝制原则（奥古斯都收养自己的凯撒副帝的实践在公元2世纪的皇帝所实行的继承制度里面就有记录）。另外，尤其具有重要意义的是，他未能理解基督教所提出来的问题。

戴克里先统治中的大体平衡表现为，在很长一段时间内政治稳定，良好的行政管理和边境安全的有效存在。不过，这是通过一些改革才实现的结果，改革主要包括四帝共治制度和行政管理区域的划分，而一旦在帝国顶端没有了像戴克里先这样的角色，这些就会表现为政治动荡的根源，甚至是分裂瓦解的根源，因为戴克里先懂得如何把国家的统治牢牢地抓在手上。标志着戴克里先君主专制的消极方面还表现在，长期持续的经济危机、罗马社会转变为封闭性等级体制的趋势、军队蛮族化的开始，这些都是帝国不可遏制的衰败的前兆。

102. 君士坦丁革新

公元305年，戴克里先决定退位，实际上，他还迫使其同僚马克西米安也做出同样选择。迦勒里在东部、君士坦佐·克罗洛在西部成为奥古斯都，并各自任命马克西米诺·达亚和瓦勒里·塞维鲁（Valerio Severo）为凯撒副帝。但是，宪制平衡仅在一年之后就被打破了。

公元306年，君士坦佐·克罗洛逝世，他的部队推举其子君士坦丁为奥古斯都。同时在罗马，马克西米安之子马克森提（Massenzio）也被推选为帝国西部的奥古斯都，他还打倒并杀掉了塞维鲁，而马克西米安本人与其子达成协议，也再次获得奥古斯都头衔。随着迦勒里和戴克里先亲自干预，达成了一个短暂的妥协，这对于他们的继任者之间实现和解具有决定意义：迦勒里为西部任命了一位新人——李锡尼（Licinio）为奥古斯都，并承认君士坦丁在西部，以及马克西米诺·达亚在东部的凯撒副帝资格。但是，这种政治状况仍然不稳定。随着马克西米安再次试图重获权力，他被打败并处死。公元311年，迦勒里病逝，他的势力范围被李锡尼和马克西米诺瓜分，而他们之间也爆发了冲突；在西部，则是君士坦丁和马克森提之间的对立。公元312年，在穆尔维桥（Ponte Milvo）附近，君士坦丁打败了马克森提（据传统文献记载，在战斗开始之前，这位将获胜的未来皇帝命令他的士兵在盾牌和军旗上画上基督十字），接下来一年，马克西米诺被李锡尼打败并除掉。

君士坦丁和李锡尼开创了一段共治时代，前者被安排进行西部的管理，而后者管理东部。这两位皇帝联合完成的最重要的行动就是公元313年的《米兰敕告》，据此，基督教被承认为合法宗教，与这个国家合法授权的其他宗教享有同等地位。正如前面所提到的，早在公元311年，由于迦勒里会同君士坦丁和李锡尼发布第一项宽容敕告，迫害行动已经停止了。不过，《米兰敕告》除了再次强调对基督教的宽容以外，还批准了把已经没收的财产归还给基督徒。

但是，李锡尼很快改变了态度，恢复迫害行动，而与此相反君士坦丁继续着更加公开的支持基督教的政策。两位皇帝之间在这方面及其他方面的一些分歧导致他们在很短时间内公开决裂，并于公元324年李锡尼被打败和处死时达到顶峰，君士坦丁成为唯一的皇帝。

君士坦丁的君主专制跟戴克里先君主专制在皇权的绝对观念上有共同之处。所不同的是，君士坦丁废除了四帝共治制度，成为帝国顶点的唯一一人，而且，他还建立了一种王朝型的君主制，任命自己的儿子为继任者，即凯撒副帝。

至于国家的行政管理体制，君士坦丁并没有推翻他前任的基本改革，而是常常对它们加以完善。民事权力和军事权力的区分变得更为纯粹而明确，尤其是，大区长官丧失了仅存的军权以及对军队的影响力，这些官吏也不再主持皇帝枢密院，而且，至少通常情况下不再是皇帝随从人员，而是被安排到了帝国确定区域的行政管理体制里，这些区域随之成为真正的行政管理区（意大利大区长官、高卢大区长官、伊利里亚大区长官和东部大区长官），并包含多个专区和行省。随着这场改革，大区长官逐渐转变成封疆大吏，另外，在其权限范围所包含的行省里，他被给予了极为广泛的权力，既有行政的，又有司法的（关于大区长官一职的演进，也参见第112节）。

君士坦丁在中央行政管理体制里面实施的一些改革也很重要。他设置的职位有圣殿执法官（*quaestor sacri palatii*）（这类似于司法部长，主持枢密院并有责任起草皇帝谕令）、宫廷办公室主任（*magister officiorum*，此人处于各个办公室［或者宫廷办公室（*scrinia*）］，即皇帝秘书处之首的位置）；而财物管账吏（*rationalis rei summae*）拥有帝国财政官（*comes sacrarum largitionum*）的头衔（或许就是在君士坦丁时代），私人事务官（*magister rei privatae*）则拥有私人管家（*comes rerum privatarum*）的头衔（见第107节）

君士坦丁加强了机动部队（亲随部队），使这里汇聚了最优秀的分子，其中一部分是从驻扎在边境用作防卫的部队里选拔出来的，这个特殊部队的成员（亲兵［*comitatenses*］）很多都是从蛮族人里面招募来的，获得了最高的军饷和相对于其他士兵更大的特权。他们听命于两个新设立的军官：步兵长官（*magister peditum*），统率步兵；骑兵长官（*magister equitum*），统率骑兵。边境军团仍然受各自将领的指挥。

公共开支的持续增长恶化了经济形势，迫使这位皇帝——从另一方面讲，也使得戴克里先的田税征收制度保持不变——引入两种新税：元老院议员年金（*follis senatorius*）（或者采邑金 [*collatio glebalis*]），这完全只跟元老院议员有关；五年金（*collatio lustralis*），这是课加在所有商业和手工业活动上面的每五年一次的税种。

> 君士坦丁创立新的金币（*solidus*），其币值在整个帝国晚期都保持稳定。跟戴克里先币制不同的是，他舍弃了对铜币赋予信用价值，而是赋予其本身与黄金相关联的真实价值。其后果就是，铜币进一步贬值和一场新的物价飞涨。这促成社会秩序失衡的加剧，特权阶层愈富，其他阶级愈穷，这一点早在此前的戴克里先货币改革当中，就已经明确表现出来了。

君士坦丁完成的最重要的政治行动之一就是建立了拜占庭这个新首都，后来命名为君士坦丁堡。这位皇帝把这里确定为常驻地，进行了扩建，并鼓励移民涌入（另外，还给那些在这里建立家庭的人分发粮食并分配皇帝的土地）。他还为这座城市配备了一个元老院，类似于罗马的元老院（尽管它的成员享有的称号是"杰出者"[*clari*]，这跟被界定为"最杰出者"[*clarissimi*] 的罗马元老院议员不一样）。君士坦丁的儿子，君士坦佐（Costanzo）把这座城市置于一位城市行政长官的治下，赋予他类似于罗马城市长官（*praefectus urbi Romae*）的权力（关于这一点，参见第 108 节）。君士坦丁的这个决定，可能汇集了具有战略性质的考虑（帝都向帝国东部转移，使得对多瑙河畔那些不平静的边境地区进行更严密的控制成为可能；另外，新首都相对于罗马位于一个更加容易防守的位置，正如将要展示出来的那样，在接下来的年代里，会有蛮族人的入侵）。总之，其政治后果也是极为显著的，因此，罗马和意大利最终失去了重获政治首要地位的可能性，这种地位随着戴克里先对帝国组织进行的改革就已经失去了。

君士坦丁在政策上最显著地区别于前任的地方就是宗教领域，他的政策不仅限于特许基督徒的信仰自由，而且还走得更远，因为他看中的是建立一种对基督教的国家控制，这种控制还要保留在他继任者的手上，尤其是到了狄奥多西一世（Teodosio I）的时候，罗马帝国成为一个宗教国家。

君士坦丁似乎在晚年接受了基督教信仰（传统文献常说，他在死前才接受洗礼），不过，在《米兰敕告》之后他的态度就是公开支持基督教。他给予各种基督教团体慷慨的馈赠，支持教堂的建设，免除教士的自治市捐税（oneri curiali），承认大主教的司法管辖权。另外，与这些利益的特许相并列的是，君士坦丁对教会实施了更为明确的干涉政策，使他的权威在信仰和教义方面也发生效力。

公元 314 年，仅仅是《米兰敕告》后的一年，他就在阿尔勒（Arles）① 召集了一次帝国西部大主教会议，为的是平息多纳图教派（Donatista）的分裂。这是一个强硬的基督教派别，因大主教迦太基·多纳图（Cartagine Donato）的名字而得名，在他们看来，那些为了逃避历次迫害而向当局交出圣经（Sacre Scritture）并背叛信仰的人确定无疑地应该被视为脱离了教会。皇帝最初尝试寻找一种妥协方案，不过，当会议决定判罚多纳图教派的时候，他毫不犹豫地站到了反对他们的立场上来。

阿里乌（Ario）所导致的教会分裂则表现得更为严重。阿里乌是亚历山大城的一位长老派大主教，他出于天主的神性不可分割的考虑而不承认耶稣基督的神性。跟仅限于非洲范围内的多纳图教派的分裂不同，阿里乌异端派很早就在整个帝国东部传播开来，严重地威胁并损害了教会的统一。因此，君士坦丁于公元 325 年在小亚细亚地区的尼西亚（Nicea）召开了一次全基督教大公会议②，即世界范围的，既包括帝国东部，也包括帝国西部的大主教。他本人参加并宣读了开幕词，还参与了讨论，最终通过了对阿里乌及其追随者的判罚。会议闭幕以后，这位皇帝从中得出一些结论，并颁布了反对异端教派的措施，禁止公开表达异端学说并没收相应教堂的财产。

---

① 在今天法国南部。
② 即西方宗教史上著名的第一次尼西亚公会。

如果从整体上来考虑君士坦丁的立法，应当会注意到，尼西亚公会的召开在法律领域也构成一次不乏重要后果的大事。实际上，尤其是公元325年之后的谕令里面，基督教的影响似乎格外明显了。在此次会议之前发布的一份谕令里（C. Th. 9. 16. 3），君士坦丁尚且判定巫术仪式是合法的，只要对健康和贞操没有损害，但到这次大会之后（331年）则有了没收非基督教神庙财富（其中有一些被拆毁）的规定。还有各种针对通奸的惩治性谕令和针对离婚的限制性谕令，也同样要追溯到尼西亚会议之后，其规定似乎受到婚姻不可解除这一教义原则的影响（见公元326年的 C. Th. 9. 7. 2 和公元331年的 C. Th. 3. 26. 1）。

在君士坦丁统治时期，基督教并没有成为国家的官方宗教，不过，却更加倾向于成为这样一种宗教，因为皇帝政策和立法对其公开的支持。与此相反，非基督宗教，尤其是异端教派则遭遇首次迫害。不过，必须要看到的是，在宗教面前，皇帝并没有放弃专制主义的观念，而皇权就建立在这种观念的基础上。他反而被授予对这个宗教的控制权，并获得自行召集宗教会议以商讨信仰问题的权力。对基督教加以支持这种公开的立场并没有阻碍把皇帝的人身视为神圣。此外，无论是君士坦丁，还是直到格拉提安（Graziano）皇帝前的继任者，都没有免去最高大祭司的头衔。这种跟教会有关的帝国观念被称为"政教合一"（cesaropapismo），它承认皇帝，也承认只有他才有神灵和臣民之间传导者的资格，因此，赋予他宗教方面的权力，实际上就是使教会处于依附国家的地位，而不是等同的地位。

至于君士坦丁作为立法者的形象，传统学说认为，相对于前任戴克里先而言，他有着明显的不同，他开启了一条对法律进行根本性革新的道路。从君士坦丁开始，恰恰是由于这位皇帝亲基督教和亲东方的政策，罗马法开始充满了基督教的影响，而且经受了来自行省法律的深重影响，多数时候是希腊法律，它们在很深刻的程度上改变了罗马法的规范和制度（关于后面这一点，参见第116节）。因此，君士坦丁以后，一种新的法律形成，在一些学者看来，基督教和帝国东部及希腊的法律对此的贡献是决定性的。在学理上，这被相应地定义为"基督教罗马法"和"希腊化罗马法"（关于行省法律对罗马法的影响，参见第 116 节）。

关于罗马法在后古典时代所经历演变的各种不同观点，都包含着一定程度的真实性，但也存在误判。毫无疑问，君士坦丁及其继任者的立法受到了基督教和东部及希腊法的影响，但无论是"基督教罗马法"还是"希腊化罗马法"，这种表述方式都存在着风险，因为它忽视了在帝国晚期古典法的更新进程中做出贡献的多重因素，而对这种复杂多样的背景仅仅采取一种单向度的视角。关于这一点，还要提醒的是，有一种观点认为，罗马法——特别是罗马私法——不仅有外来因素的影响（比如希腊化的习俗），而且在后古典时期还由于内部的发展而独立地实现了一些深刻的变革，多数时候是自发的，也就是说是通过实践活动实现的（关于这种实践和所谓的"通俗化"法的问题，参见第 116 节）。

> 特别是在涉及私法的时候，不能忽视的一点是，君士坦丁常常超越戴克里先旨在对古典法加以尊重和保留的政策，而实施实质性的改革（但是，一部分现代学说试图消弭戴克里先和君士坦丁在私法方面的差别，坚持认为在各种不同情况下，君士坦丁的立法无非就是继续着戴克里先时代已经留下足迹的那条道路）。
>
> 君士坦丁的一项重要改革涉及了由皇帝权力进行立法的形式本身。直到戴克里先本人之前，皇帝们绝大多数情况下使用敕答，而君士坦丁（他的继任者们也照此行事）更青睐通过敕告或者一般性法律（*leges generales*）（这正好包含着具有一般性和抽象性特点的规范）来做出规定；立法技术的这种变化可以用君主专制下君主谕令被赋予全新的效力来加以解释，即它已经从形式上完全等同于法律了（见第 115 节）。

无论如何，正如多次揭示的，涉及国家体制，即行政、军事和财政领域的时候，君士坦丁都可以被看作戴克里先改革的继续执行者，这是一个事实。另外，他还用一种新的精神给这些改革带来推进，他对古典传统和非基督教传统的长盛不衰并无好感，反倒是向新时代的需求敞开怀抱。

君士坦丁对基督教的态度尤其证明了他的现实主义态度和大政治观。跟戴克里先一样，他也是旨在对国家权威加以维护，对于这个国家而言，基督教能够表现为是一种分裂势力；他排除了戴克里先的那种实际上徒劳无功的迫害，更青睐于联合政策，引导基督徒与国家和解共存，但同时又把他们置于控制之下。他在宗教领域的大量干预手段全部都正好表现出把基督教吸引到国家轨道上来的意图，并且使之受制于皇帝的权威。

103. 随后直到公元 476 年的帝国事件

从李锡尼被打败（324 年）到 337 年君士坦丁去世，帝国赶上了一段稳定时期，无论是在军事领域还是政治领域。君士坦丁的逝世激起了他的继承人之间的争斗，包括他的儿子君士坦丁二世（Costantino II）、君士坦佐（Costanzo）和君士坦兹（Costante），以及他的侄子达马提（Dalmazio）和汉尼拔良（Annibaliano），后两者很早就被除掉了，他们是被起义士兵所杀。君士坦佐被授予东部行省的统治权，而君士坦丁二世和君士坦兹在西方进行争夺。君士坦丁二世最终被打败并杀害，帝国西部落入君士坦兹一人之手。

从这个时候开始，帝国的统一就开始处于危险之中了。正如曾经说过的，在四帝共治时期，戴克里先面对国家全部领土所享有的在政治上的最高统治地位是有保障的，既是因为他相对于其同僚马克西米安被授予的正式权威要更高一级，而且因后者忠诚于他并受其控制。君士坦佐和君士坦兹拥有平起平坐的权力，他们虽然是兄弟，但绝对不代表对方。恰恰相反，他们相互独立地做出决策。君士坦佐把君士坦丁堡及其领土置于一位城市行政长官的管理之下，同时设立了一套罗马共和国官职体系的翻版。很明显，这位皇帝的目的就是要搬出一个新的罗马，跟旧的罗马具有同样正式的主权尊严。

这两位皇帝都拥有自己的文书署，独立从事编写皇帝谕令的工作。不过，每一位奥古斯都都很注意在每一份自己发布的谕令的署名处指出其同僚的名字（正是从这一时期起，出现了一个问题：帝国两个部分中的其中一个所发布出来的某项谕令是否从法律上也当然地 [ipso iure] 对另一个部分生效）。

在宗教领域，君士坦佐和君士坦兹继续他们父亲有利于基督教的政策。已经特许给教士的那些特权得以保留（财政上的豁免、大主教的司法管辖权），而一些不利于异教徒的某些措施也得到确认（禁止庆祝牺牲祭礼、拆毁神庙）。但是，这两位皇帝所处的统治环境是相当不同的：在帝国西部，尼西亚主教会议的教义原则——宣布圣父和圣子的三位一体性——被毫无保留地批准了；而在帝国东部，则遭遇强烈的抵制，阿里乌教派还拥有众多的追随者。于是，两位奥古斯都充当了各自教义倾向的支持者。但是，公元350年，君士坦兹成为一场密谋叛变的牺牲者而死亡之后，君士坦佐重新获得了整个帝国的权力。

  结果，这在教会范围内就决定了东部路线占据绝对的主导地位：亚历山大城大主教阿塔纳西（Atanasio）是阿里乌最坚决的反对者之一，他被迫离开自己的驻地，而他的支持者罗马大主教里贝里（Liberio），甚至被这位皇帝罢免。皇帝还召集了两次主教会议，一次是西部的利米里（Rimini）会议，一次是东部的塞劳齐亚（Seleucia）会议①。在这两次会议上，他都强迫大家接受不加掩饰的阿里乌派观点。不过，实际上他试图在两个相互对立的倾向，正统教派和阿里乌教派之间达成某种妥协。因此，君士坦佐的做法跟他父亲在尼西亚会议上的并无二致，同样树立权威，为的是维持教会的统一。不过，跟君士坦丁不同的是，他不愿意判罚阿里乌教派，因此，他的主教大会并没有得到承认，而他本人也将会被评价为异端教徒。

  在其兄弟死后，君士坦佐任命他的堂弟加卢（Gallo）为凯撒副帝，但是，因为此人滥用权力而被罢免并交付审判。之后，他又任命自己的同父异母弟尤里安（Giuliano）替代加卢。尤里安是一名优秀的将领和杰出的行政管理者，他在所管理的行省赢得巨大民望，这导致君士坦佐的猜忌，皇帝害怕他成为新的阴谋叛变者。两者的冲突因为君士坦佐于公元361年在奇里齐亚（Cilicia）②的去世而得以避免。此前一年，尤里安已经被军队推举为奥古斯都，因而成为唯一的皇帝。

  尤里安被人们记住主要是因为他的宗教政策，跟君士坦丁和他

---

① 分别在今天的意大利和土耳其境内。
② 在今天土耳其境内。

的继承人所实施的政策完全相反。他沉浸于希腊文化，酷爱古典世界，毫不掩饰对非基督教的同情。因此在成为皇帝之后，他毫不犹豫地采取了有利于传统宗教而不利于基督教的措施：废除对牺牲祭礼的禁令，重建被摧毁的非基督教神庙（由那些曾经因利用其材料而从中获利的人承担费用），同时，由皇帝任命的非基督教传教士起草的谕令受到支持。另外，从君士坦丁时代就赋予基督教会的所有特权都被中断，自然而然也中止了继续扩大。因此，这不能说是一种对基督教真正的迫害行动，相反，这位皇帝展示出对所有信仰的普遍宽容。但很明显，他的政治规划是有利于普遍地回归到非基督宗教的，在他那个时代，非基督宗教在农村和有教养的阶级里面仍然有广泛的传播。

> 尤里安所采取的最严重的针对基督教徒的歧视性措施或许就是，禁止他们在学校讲授语法和修辞，这项禁令的目的在于，使所有志在通过文学教育而从事最高级职业的年轻人听到非基督教导师的言论并汲取他们的思想和教育。

仅仅经过一年半统治之后，这位皇帝于公元363年在与波斯人（Persiani）的战争中死去，从而不可能将这场非基督教重建规划推进下去。但无论如何，尤里安都配得上背教者（Apostata）的称号，而且，也是因他的杰出统治：他尝试着削减宫廷开支、宫廷吏员的数量和财政负担。正如所说的那样，他也是一位杰出的统帅，不过，征服波斯帝国的雄心壮志却导致他过早地死去。

尤里安这位君士坦丁家族的最后成员死后，他的部队选择约维安（Gioviano）为继承人，但是他匆匆地与波斯人缔结了和平，仅在统治数月之后即去世。军队推举潘诺尼亚行省的一位将领瓦伦丁尼安（Valentiniano）为皇帝，他在一个月后任命其弟瓦伦兹（Valente）与他共同称帝，并把帝国东部交给他。

瓦伦丁尼安和瓦伦兹都是军人，表现出对军队巨大的仁慈，更倾向于接受军官担任政府和宫廷的高级职务，并授予将领们"最杰出者"的称号，他们甚至是一些有底层血统乃至蛮族血统的人。他们都是出色的管理者，尤其是瓦伦兹，他们加强了对一种更加公正的财政政策的执行。瓦伦兹成功地减少了"十五年税政颁行的"频率，这由于他目睹了公共财政的负担。从整体上来说，这两位皇帝对最卑微的阶层都相当支持；另外，有证据表明瓦伦丁尼安创设了平民（或市民）保护人（*defensor plebes/civitatis*）一职，这是一个由皇帝任命并安排到每一个城市的官吏，其特殊使命就是保护最底层的社会成员不受权贵的欺压，以及在不那么重要的民事和财政案件中临时担任审判员（见第 109 节）。

在宗教领域，这两兄弟都是虔诚的基督徒，但是对教会却采取了不同的态度，在他们统治初期，两人都宣布对非基督教和异教派的宽容（就像约维安所做的一样）。但是，瓦伦丁尼安在这种态度上一直坚持最大限度的严格认真和客观性（受到他迫害的只有摩尼教徒①，这是非基督徒也不喜欢的），而在信仰事务上避免对教会的任何干涉，因此尽管受到过请求，也拒绝召集并主持主教会议。与此相反，虽然瓦伦兹也对非基督教徒保持宽容，但他试图保卫教会的统一，并遵循着君士坦佐所支持的那套东部的教义路线，甚至如同君士坦佐曾经做过的那样，对尼西亚会议信条的支持者进行公开的迫害，因此他跟君士坦佐一样在后代那里获得了背教者的名声。

瓦伦丁尼安和瓦伦兹的统治受到蛮族人不断入侵的干扰。公元 367 年，瓦伦丁尼安已经让自己的儿子格拉提安穿上了帝袍，而他自己则在公元 376 年指挥的一场对付奎阿狄人（Quadi）和萨马提亚人（Sarmati）的战斗中暴亡。格拉提安继位后，任命他极为年轻的弟弟瓦伦丁尼安二世（Valentiano II）为奥古斯都。至于瓦伦兹，他同意受到匈奴人（Unni）威胁的哥特人（Goti）越过多瑙河并定居在帝国境内（作为把那些被废弃的土地授予他们的交换，这些人必须为罗马军队提供新兵），后来却不得不应对这些移民的暴动引发的动荡，因为这些移民成为地方当局欺负压榨的对象。他在没有等到格拉提安增援的情况下，仅用自己的部队草率地去迎战哥特人，但在公元 378 年被打败和杀害于哈德良堡（Adrianopoli）。格拉提安因此任命一位年轻的将军——狄奥多西（Teodosio）为奥古斯都，并把帝国东部交给他（再加上达契亚 [Dacia] 和马其顿的一些专区）（379 年）。

---

① 一种主张善恶二元论的宗教，在汉语里也称为"明教""波斯拜火教"。

狄奥多西不得不首先来解决军事上的困难局面，他对军队实施了重组，经过持续多年的一场战争后，他成功地与西哥特人（Visigoti）达成一项协议，特许他们定居在帝国边境以内，作为结成军事联盟的交换。但是这些蛮族人并不像以前的模式那样被吸收进罗马军团里来，也不受罗马军官的指挥；而是继续听命于自己的首领，保留他们的社会结构不受触动，因此具有罗马盟友（foederati）的身份而不是臣民的身份。

公元383年，在帝国西部爆发了内战。马尼奥·马西莫（Magno Massimo）被驻扎在不列颠的部队推举为奥古斯都，并入侵高卢地区，造成格拉提安的倒台和被害；这位篡位者后来被狄奥多西打败并交付审判，他的干预是为了保卫年轻的瓦伦丁尼安二世的皇权。后者成为西部唯一的奥古斯都，在公元392年被自己的军团长官法兰克人（franco）阿尔博迦斯特（Arbogaste）杀害，此人还把另一个篡位者欧杰尼奥（Eugenio）推上皇位。这两人都于公元394年在伏里吉多河（Frigido）①附近的大战中被狄奥多西打败并处死。狄奥多西于数月之后去世，不过，他已经安排好了自己的继承事宜：登上皇位的是他年轻的儿子，阿卡丢（Arcadio）（他在公元383年的时候已经被宣布为奥古斯都）统治东部，奥诺里（Onorio）称帝西部。

狄奥多西在军事上的才能是毋庸置疑的，后世称他为大帝（Grande），但是他接纳了哥特人作为盟友，这到后来证明是一个对于帝国安全极为有害的决定。另外，在这个时候，罗马军队已经逐渐地蛮族化，这也是事实。在上面提到的两场内战当中，各种民族的蛮族人都跟罗马人并肩作战。此外，当民政职位一般还保留在罗马人手中时，蛮族人已经在军队里取得高级军衔了。正如已提到的，瓦伦丁尼安二世的谋害者阿尔博迦斯特就是法兰克人。狄奥多西在去世的时候把极年轻的奥诺里，实际上也就是帝国的领导权托付给一个汪达尔人（Vandalo）——军团长官（magister militum）斯蒂里科内（Stilicone）。

至于作为行政管理者，狄奥多西的形象则有很大的争议。毫

---

① 意大利中部的一条小河。

无疑问，他在多次谋权篡位的企图当中成功地保住了帝国西部的皇位，起初是以武力支持年轻的瓦伦丁尼安二世，后来当后者被杀以后，则重新建立起他本人统治下的帝国统一。他受到指责的是，让宫廷职位成倍增加以及课加新税。至于这一点，他也是被迫来满足庞大的军事花销（在这方面，他的一部法律削去了欠税人进入教会寻求庇护的权利）。关于他，还要记住的是几部法规，它们旨在通过当局实施的以财产调查结果为基础的登记制度来增加自治市议会的成员数量，以及强化把佃农束缚在土地及土地所有人身上的那种纽带，并且将其普遍化。

在宗教领域，狄奥多西的措施也具有特别的历史重要性。由于这些措施，基督教成为国教，因此，从那时开始，罗马帝国可以用基督教名号自我粉饰。公元380年，他宣布了一项敕告，强制他的臣民按照正统形式皈依基督教，并在随后其他几部谕令中对异端教派和摩尼教规定了制裁手段。对非基督宗教，一开始还相当宽容，但从公元391年开始则禁止了非基督教崇拜。这种针对非基督教的宗教讨伐，除了皇帝本人的宗教倾向以外，可能还要从米兰大主教安布罗乔（Ambrogio）在他身上产生的影响去找寻答案（要指出，公元388年马西莫战败之后，狄奥多西曾经在意大利停留了三年，尤其是上面提到过的公元391年的那部谕令就是在米兰颁布的）。

> 安布罗乔这位前帝国官吏在瓦伦丁尼安一世的时候成为大主教，哪怕不限于教会历史，他也是个一流的人物。一开始，他似乎影响了格拉提安皇帝，也恰恰是在米兰，格拉提安在立法上宣布了对所有异教派的普遍禁令，废除此前的宽容政策。安布罗乔坚决地同阿里乌教这种异端教派进行斗争，并毫不犹豫地反对瓦伦丁尼安二世的母亲尤士丁娜（Giustina），她作为阿里乌教徒保护着这种信仰，同样也反对皇帝本人。在狄奥多西身上，他当然也有着重大的影响，著名的一个历史片段是，在色萨利（Tessalonica）① 大屠杀之后——皇帝想让这作为对民众起义的回应——他敢于迫使这位皇帝做出忏悔，而且皇帝也服从了。因此，那些影响狄奥多西制定反非基督教政策的前提假设也就是可信的。无论如何可以认定，安布

---

① 在今天希腊境内。

罗乔及其政策显著地强化了教会对于国家的权威。

在狄奥多西死后（395 年），帝国的分裂——实际上有几年曾经重新统一于他的统治之下——成为终局。他的两个儿子，阿卡丢和奥诺里都是在很小的时候分别在西部和东部登上了皇位（特别是奥诺里），为了能够实施他们个人的某项政策，帝国的两个部分之间需要某种合作。但实际权力却掌握在将军和高级官吏手上（在西部是军团长官斯蒂里科内，在东部最初是大区长官鲁菲诺 [Rufino]，后来则是宦官埃特罗皮奥 [Eutropio]），而他们之间却相互敌视。

这种不和被一场以伊利里亚（达契亚和马其顿的一些专区）为对象的领土争端所深化，这个地区最初是西罗马帝国的一部分，不过，在狄奥多西被任命为东部皇帝的时候分给了他。西哥特盟邦的国王亚拉里克（Alarico）利用这种不合，为的是进犯并洗劫达契亚和希腊，然后是意大利。他虽然被斯蒂里科内多次打败，但从未被决定性地战胜过，或许这是因为阿卡丢及其政府奉行的毫无章法的政策。公元 408 年，阿卡丢去世，斯蒂里克内由于被怀疑渴望把自己的儿子推上东罗马帝国皇位而遭遇不测，他被逮捕并交付审判。意大利因此就缺少了最能干的保卫者，而亚拉里克很快就展开对它的侵犯。公元 410 年，在筑垒起来的拉文纳城（Ravenna）——它被设立为新都，因为更加容易防守——里，经过同奥诺里徒劳无功的谈判之后，罗马被攻陷并遭到洗劫。

罗马的陷落在整个帝国引发了巨大的反响，尽管随着亚拉里克在科森察（Cosenza）去世，西哥特人很快被迫放弃意大利。随后一段时间，不列颠、高卢和西班牙都因为篡位者的叛乱或者蛮族人新的入侵浪潮（汪达尔人、施瓦本人 [Svevi]、阿兰人 [Alani]、勃艮第人 [Burgundi]）的到来而陷入混乱。尽管如此，西罗马帝国还没有寿终正寝。奥诺里的一位将领君士坦佐（Costanzo）（奥诺里把自己的同父异母妹妹加拉·普拉奇蒂娅 [Galla Placidia] 嫁给了他）成功地赢得了多次胜利，并重建了这些地区的秩序，还在同西哥特人达成的新联盟中获利，西哥特人如今是在亚里克拉的弟弟及其继任者阿道尔弗（Ataulfo）的统治下。在帮助平息西班牙地区之后，西哥特人最终以同盟者的身份（公元 418 年）定居在高卢和阿基坦

（Aquitania）地区①。

随后不久，在阿卡丢去世时（408 年）登上东罗马帝国皇位的是他年仅六岁的儿子狄奥多西二世。公元 423 年，奥诺里也去世了，被推举为奥古斯都的是皇帝文书署首领（首席秉笔大臣 [primicerius notariorum]，参见第 107 节）乔瓦尼（Giovanni）。但是狄奥多西二世拒绝接受这位同僚，而是捍卫贵族君士坦佐和加拉·普拉奇蒂娅联姻所生的小瓦伦丁尼安的权利，由于跟异母兄长奥诺里不合，普拉奇蒂娅在丈夫死后同儿子一起藏身于君士坦丁堡宫廷。一次军事远征解决了这个争议，瓦伦丁尼安三世于公元 425 年被宣布为西罗马帝国的奥古斯都。

于是，罗马帝国两部分进入一段关系更加紧密和友好的时期，这种关系得到了瓦伦丁尼安三世同狄奥多西二世之女的婚姻的确认。西罗马帝国放弃了任何索要伊利里亚地区的要求（达契亚和马其顿这些前西部的专区被并入东罗马帝国，而且构成了一个大区）。通过在西罗马帝国颁布并生效的《狄奥多西法典》（Codice Teodosiano），同样得以重建的还有——尽管是很短暂地——帝国立法的统一，这是根据狄奥多西二世的命令在东罗马帝国编纂的一部官方的皇帝谕令集（见第 115 节）。

另外，在瓦伦丁尼安三世脆弱的统治之下，西罗马帝国经历着不可遏制的瓦解过程。已经定居在西班牙的汪达尔人在他们的国王盖萨里克（Genserico）的率领下，跨越海峡进入非洲，并于公元 439 年征服了迦太基；付出高昂代价后，和平得以达成，因为盖萨里克最终留住了富庶的非洲行省和特立波利塔尼亚（Tripolitania）行省②。数年之后，东罗马帝国也不得不面对蛮族的入侵，这里包括匈奴人，他们在阿提拉（Attila）的带领下试图以（并且也获得了）支付丰厚的黄金岁币作为和平的交换条件。最初，匈奴人对于西罗马帝国并不构成威胁。相反，成为这个帝国主宰者的贵族埃提奥（Ezio）多次利用他们的帮助来消灭其他野蛮民族。但是，公元 451 年，阿提拉转向西罗马帝国并入侵高卢，被埃提奥于加塔劳尼

550

---

① 在今天法国南部。
② 在今天利比亚境内。

原野（Campi Catalaunici）①打败之后，他于翌年南下意大利，不过，未经战斗便被说服撤离（罗马主教列奥[Leone]带领使团面见了这位匈奴国王）。随后一年，阿提拉去世，而他的民族也分裂并丧失了政治统一性。对于帝国而言，这再也不构成威胁。埃提奥在掌权达二十年之后遭遇不测，被瓦伦丁尼安三世杀害，而后者本人也在一年后（455 年）被埃提奥的追随者谋杀。在此之前五年，狄奥多西二世已经去世。

公元 5 世纪上半叶，两个帝国的状况正在逐渐地以明显的方式区分开来。从军事角度来看，西罗马不得不在更大程度上承受蛮族人入侵的重压。正如上面看到的，整个日耳曼民族最终以盟邦，即意大利盟友的身份定居在各个行省（就像西哥特在阿基塔地区那样），不过，他们的出现却是政治动荡和危险的原因；另外一些地区，比如非洲，甚至被蛮族人从帝国当中抽离出去。东罗马所遭受的是要轻得多的入侵压力。尽管达契亚和伊利里亚地区也成了被反复蹂躏的对象（起初是西哥特人，后来则是匈奴人），但帝国最富庶的地方，比如小亚细亚、叙利亚和埃及则仍然得以幸免。这在财政领域也有所反映：在那些遭受蛮族人洗劫蹂躏的地方，税收必然显著减少，而这个事实显然会导致国库总收入变少。对于西罗马帝国来说，这些后果更加严重。

财税豁免带来的灾难也导致了形势的恶化，根据这种豁免，一类又一类的市民，多数情况下是那些富人（比如宫廷官吏）被免于缴纳税赋。两个帝国的政府都被迫来面对这样一个局面，并减少这种豁免权。不过，东罗马政府是在更加严格和有效的意义上进行操作。

在西罗马，还因为皇帝及其官吏的无能，财政危机要严重得多。瓦伦丁尼安三世多次特许免除欠缴的税款，因此，对公共财政造成伤害，而且多数时候完全只对最富有的纳税人有利，因为也只有他们才能够被许可缓交或拖延。同时，为了填满国库，他又被迫引入一种针对所有销售行为的新税种：交易税（*siliquaticum*）。

---

① 即历史上著名的西罗马与匈奴的沙隆大战，西罗马在埃提奥率领下付出巨大代价后战胜了阿提拉。

还有一个事实也增加了行政管理的无效率：在西罗马，主要的公共职位都完全被一个阶级所垄断，即大地产所有者，他们一旦被召入公职，就试图维护自己所属阶层成员的利益而不维护国家的利益。多数时候，这种任命并不太取决于能力和个人训练的程度，主要取决于属于某个社会阶层的身份，结果导致在这个国家最高级的职位上，比如说大区长官，常常召入一些十分年轻而缺乏行政管理能力的人员。

在东罗马，情况则大不相同。在那里获得高级职位的官吏并不必须是高等阶层的人，但必须曾经担任过较低的职务而有相关经验。

结论就是，公元5世纪，西罗马帝国已经处于一种几乎是绝境的财政状况当中，这促使它瓦解——还不仅仅是由于蛮族的入侵，也因为糟糕透顶的行政管理。与此相反，东罗马帝国在这一时期仍然保持着一种强大得多的地位，因此它成功地存活下来，既是因为较少的外来进攻的折磨，也因为它可以依靠一个更加有效率的行政管理体制。

在宗教领域，狄奥多西大帝的继任者们确认了对牺牲祭礼的禁令，并关闭非基督教神庙，而且继续执行对异端教派的镇压政策，这些教派本身仍在扩散。安布罗乔的去世以及西罗马帝国首都搬到拉文纳之后，米兰大主教教区失去了最初的重要地位，而这加强了罗马大主教的权威，他试图在整个西罗马地区和毗邻的伊利里亚地区施加自己的影响力。与此同时，在东罗马，君士坦丁堡大主教获得更大的权威，但是他的首要地位受到亚历山大城教区和其他东方教区实权人士的阻碍，在这种争夺中，罗马大主教渔利甚多。两次重要的东部主教会议都是在罗马大主教的同意下才召开的，一次是以弗所（Efoso）公会议（431年），会上判罚了聂斯托里（Nestorio）的教义①，他是君士坦丁堡大主教（否认玛丽亚可以被称之为圣母）；另一次是迦克敦（Calcedonia）公会议（451年），会上判罚了亚历山大大主教迪奥斯库洛（Dioscuro）（他是耶稣单性说的支持者，即耶稣基督只有神性）。尤其是在第二次主教会议上，教皇列奥让自己的权威具有了明显的分量。

---

① 在中国古代典籍中的记载为"景教"，大约在唐朝年间传入中国，宋以后湮灭。

西罗马帝国最后的事件不忍留史：瓦伦丁尼安三世于公元455年去世，马西莫（Massimo）被推为皇帝，在他的统治时期，汪达尔人的国王盖萨里克占领了撒丁，并对罗马实施了入侵和劫掠。马西莫在一次暴动中被杀，继任的是阿维托（Avito），他很快就被一名斯维汇人的军官李其梅洛（Ricimero）废黜，后者取得了军队的指挥权，并在事实上对帝国统治达十五年，同时还僭取了根据自己喜好废立皇帝的权力。伴随着这种体制，一个又一个人走上帝位：马尤良（Maioriano）、利比奥·塞维鲁（Libio Severo）、安特米（Antemio）（立此人是因为东罗马皇帝列奥的压力）、奥利布留（Olibrio）。奥里布留和权势遮天的李其梅洛于同一年去世（472年），利切里奥（Glicerio）被任命为皇帝，但是东罗马皇帝列奥反对这项指定，而支持尤利乌·尼波斯（Giulio Nepote）登上帝位。后者任命自己的贵族奥内斯特（Oreste），他却反过来于公元474年废黜了尼波斯，立自己的儿子罗慕洛（Romolo）为帝，后者被人冠以"奥古斯都洛"（Augustolo）之名以示讥讽。接下来的一年（476年），已经构成罗马军队主干的蛮族人盟友们（赫流人 [Eruli]、希利人 [Sciri]、土齐里基人 [Turcilingi]）提出了跟高卢人盟邦一样的特许获得意大利土地的要求，在遭到奥内斯特拒绝后，他们发动叛乱并废黜了罗慕洛·奥古斯都，选择他们自己的军官奥多亚克（Odoacre）为国王。

在东罗马，狄奥多西二世去世后（450年），一位默默无闻的将领马尔其亚诺（Marciano）被任命为皇帝，他很快迎娶了已故皇帝的妹妹普尔凯里娅（Pulcheria），这是为了表现出作为狄奥多西大帝王朝的继承人的形象，尽管只是形式上的。对他的任命似乎不仅要归结于普尔凯里娅本人的意愿，而且还有当时已经很有影响力的殿前军团长官（*magister militum praesentalis*）阿兰诺·阿斯帕（Alano Aspar）的意愿。这位新的奥古斯都跟他的前任们都不一样，马上就对匈奴人采取了一种独立的政策，停止向他们供给岁币。另外，阿提拉也无法对此做出反应，当时他正在西罗马境内，分身乏术，并且即将在那里去世。去除岁币负担以后，东罗马帝国的财政受益极大，以至于马尔其亚诺不仅可以许可免除欠缴的税收，而且要废除元老院议员年金（*follis*），这使他赢得元老院议员阶层的支持。在宗教领域，他支持教皇列奥反对耶稣单性说的观点，召集并控制了迦克敦公会议，并对这种教义加以判罚。为了执行这次主教会议的决定，在需要的时候，他还诉诸武力。

马尔其亚诺去世的时候（457 年），权势巨大的阿斯帕强迫元老院选出了另一位默默无闻的将领列奥。此人只是在很多年以后才成功地摆脱了他的这位军团长官的庇护（后者还使得自己的儿子被任命为凯撒副帝），并以叛国罪处死了他。两个帝国之间的合作事件之一体现在列奥的政策中：实际上，是他强制要求李其梅诺任命安特米（马尔其亚诺的女婿）为西罗马的最高统治者，作为交换，他接受了准备一场军事远征来对付已经占领非洲的汪达尔人。但是，这次远征以惨败告终，并因为极高的花费给东罗马带来了严重的财政损失。另外，列奥的统治还受到定居在达契亚和马其顿的哥特人盟友们不断起义的侵扰。继任他的是伊索利亚人（isaurico）①芝诺（Zenone），而他是列奥麾下的东罗马军团长官（*magister militum per Orientem*），在列奥死时（474 年），他作为已故皇帝的女婿登上皇位。

104. 西部的蛮族人王国、公元 476 年到优士丁尼时代的东罗马帝国

从形式上看，西罗马帝国在公元 476 年随着罗慕洛·奥古斯都被废黜就消失了（或者可能更准确地说，公元 480 年，东罗马帝国的同僚承认为合法的最后一任西罗马皇帝尤利乌·尼波斯去世的那一年）。新选出来的国王奥多亚克实际上不仅拒绝本人配上皇帝标识，也拒绝像李其梅洛所做的那样任命一个傀儡皇帝。他希望以东罗马的名义进行统治，急忙向当时君士坦丁堡的统治者芝诺送去皇帝标识，并向他请求贵族头衔和对意大利的管理权。芝诺对于是否解放意大利犹豫不决，但在数年之后却说服了东哥特（Ostrogoti）国王狄奥多里克（Teoderico）来做这件事。经过一场短暂的战斗，奥多亚克于公元 493 年在拉文纳投降并遭到杀害。狄奥多里克也没有称帝，而是保留了国王（*rex*）称号，并获得了贵族的全权军团长

---

① 在今天土耳其境内。

官（*magister utriusque militae et patricius*）的头衔。

在罗慕洛·奥古斯都被废黜的年代里，西罗马帝国的统治范围实际上就已经仅限于意大利了（位于卢瓦尔河 [Loira] 地区以北的高卢的一部分也仍然在罗马的治下，但十年后就被法兰克人克洛多维 [Clodoveo] 所征服）；公元5世纪，其他地区慢慢地建立起不同的蛮族人国家，而且已经完全独立于罗马。非洲和撒丁及科西嘉岛已经被汪达尔人盖萨里克征服。西哥特人在欧里克（Eurico）国王的带领下建立了一个广大的王国，包括西班牙（但施瓦本人控制的北部行省是例外）和高卢西南部。勃艮第人则在高卢东南部定居，而这一地区的东北部被法兰克人占领。在这些王国里，行政管理结构各不相同，对罗马民众给予的待遇也不一样。但是，最初的行政管理机构还是部分留存下来了，而蛮族人一般也允许罗马人继续占据民事职位，而他们自己保留军权。罗马法本身继续适用于这些被征服的民众；另外，他们被迫承受大部分土地被抽走并用来分配给蛮族人的后果。

特别是在意大利，随着东哥特王国的诞生，旧的西罗马帝国的结构，无论是中央的还是边疆的都保持不变。中央的部委带着它们最初的职能留存下来，即圣殿执法官、宫廷办公室主任和两个财政方面的官吏（帝国财政官和私人管家）。罗马继续由城市行政长官、意大利继续由大区长官统治。狄奥多里克把随后征服的高卢地区的领土重新统一到一个独立的大区长官名下。在这些区划中（正如各种专员区和行省），为首的仍然是罗马官吏，元老院也继续是罗马人的，狄奥多里克以最大的尊重对待它，其热情赢得了元老院贵族的好感（但在他统治的最后几年，因为怀疑一些元老院议员跟东罗马皇帝有密谋而将他们处死）。征税体制实际上也仍然保持完整，还设置了一个新的财政职位，即财产侍从官（*comes patrimonii*），这通常是交给哥特人，其任务是对最高统治者的财产进行管理，以及征收后来并入东哥特王国的领土上的税收（比如西西里和达尔马提亚）。罗马臣民被允许自由地按照自己的法律进行生活（这种长官和总督也保留了他们在司法领域的权限）；不过，至少根据一种传统观点，狄奥多里克是一部含有一定数量罗马法规范的告示的作者，这部告示对王国的全体臣民生效，无论是罗马人还是蛮族人

（见第 122 节）。

不过，罗马人被排除在任何军事领域的权力之外。军队完全由蛮族人组成，由哥特人的官吏或者将领来指挥。行省侍从官（*comites privinciarum*）和位阶较低的城市侍从官（*comites civitatum*）（统领地方的警备部队）也被授予行政和司法职权。尤其是单个城市的哥特人侍从官（*comites Gothorum per singulas civitates*）不仅审理哥特人之间的纠纷，还审理哥特人和罗马人的纠纷。

罗马的土地所有者必须承受其土地的三分之一被剥夺，这些土地被分配给蛮族人。奥多亚克采取的这种支持自己盟邦的措施后来被狄奥多里克确认下来，用来为东哥特人谋利。那些没有遭到剥夺的土地的所有人则有义务支付跟他们拥有的土地的三分之一份额相对应的租金。

至于西哥特王国，则只保留了一部分罗马行政管理结构。最初对行省进行的细分留存下来，而大区长官则消失了。城市里有保护人（*defensor*）作为初审法官，后来则被属地审判员（*iudex territorii*）所取代。他在城市军官身边工作，可能跟狄奥多里克的王国一样，有权审理一方为哥特人的案件。

在西哥特王国，正如其他那些不同于东哥特王国的蛮族人王国一样，生效的是法律的属人原则，因此罗马人和蛮族人继续根据各自的法律和民族习惯进行生活。在学者当中争论的是，所谓的《欧里克法典》（*Codex Euricianus*）的内容和范围，这是由欧里克国王在西罗马帝国垮台前夕于公元 475 年颁布的法典。根据一种最新的学说，它不像过去认为的那样，绝大部分包含的是日耳曼法规范，而是包含晚期罗马法的原则，它们应该既适用于罗马人，也适用于王国属下的蛮族人（另一些学者尽管承认这部作品的罗马法特点占主导，但还是认为它完全只用于西哥特人）。根据传统的观点，后来的一部由亚拉里克于公元 506 年颁布的更为重要的《西哥特罗马法》（*lex Romana Visigothorum*）才涉及罗马人之间的关系（见第 126 节）。

在其他一些蛮族人王国里面，也是以一种非常简单的行政管理结构为特点，为首的就是最高统治者。勃艮第王国的幅员较小，似乎并没有保留原始的行省结构，单个城市直接受制于国王和王室，由两大侍从官（*comites*）来治理，分别为罗马人与勃艮第人，均有行政和司法权限。罗马臣民之间的关系受到《勃艮第罗马法》(lex Romana Burgundo)的调整(见第126节),这是昆多巴多(Gundobado)国王在公元6世纪初颁布的。法兰克王国,在克洛多维国王的带领下,于公元5世纪扩展到高卢地区,而且吞并了罗马仅存的领土,后来还有勃艮第王国属于西哥特的高卢的一部分,罗马的行省结构在这一地区也没有坚持多长时间。法兰克王国的城市也由官员来治理,他们具有民事和军事权力,并直接听命于国王。但在汪达尔王国,罗马行省总督继续履行他们的职责,而罗马官吏——可能已经是非洲专员办公室(officium del vicarius Africae)的成员了——是在宫廷里办公。

至于蛮族人的土地分配问题,在其他一些日耳曼民族的王国里面,罗马土地所有者遭受了一般来说比东哥特王国更糟糕的待遇。实际上,在西哥特和勃艮第王国,蛮族人分得的土地和罗马主人(hospites)保留的土地之间的最初关系(分别是三分之一和三分之二)被颠覆了,前者分得属于罗马人的整整三分之二的土地。但在法兰克人征服的领土上没有发生过没收行动,与此同时,汪达尔王国的情况却显得更加糟糕,因为盖萨里克对大量土地所有者规定了没收其全部土地的处罚。汪达尔在非洲的统治对于意大利人来说特别艰难,这也是因为宗教对立。盖萨里克及其继任者是阿里乌教的信徒,实际上,他们展示出对正统的基督教徒极度的不宽容。据记载,在他们采取的迫害性手段里面,有对主教和教徒加以流放,或者免去那些不改信阿里乌教的民事官员的职务。另外一些信仰阿里乌教的日耳曼民族,比如东哥特、西哥特、勃艮第(法兰克人在克洛多维统治下改宗信仰天主教)则表现出更多的宽容(无论是奥多亚克,还是狄奥多里克,都保持了跟罗马大主教的良好关系,除了后者统治的最后几年),以至于罗马人和蛮族人在信仰上的差别并不是宗教迫害的理由,这都跟汪达尔王国里面发生的不一样。公元6世纪,勃艮第人和西哥特人都皈依了天主教信仰。

公元476年,东罗马帝国仍然独立存在。

正如我们已经看到的,公元474年,芝诺登上王位后,他的王国是很不平静的。引起混乱的篡权阴谋层出不穷,还有哥特人的起义。后者的平息是以支付岁币为代价的,这让帝国的财政经受了严峻的考验，因为那场对付汪达尔人的不幸远征早已耗尽了帝国财富。芝诺成功地避免提高赋税，但是他的大区长官诉诸的救济之道却是——以系统而官方的方式——采用高价出卖公共职位的手段。

芝诺的继任者阿纳斯塔修（Anastasio，491—518年在位）自己也处于必须应对内部起义和敌人入侵（保加利亚人[Pulgari]和波斯人[Persiani]）的境地。他接受了耶稣单性说，并废黜并判罚了君士坦丁堡正统教派的主教，这引发了新的骚乱，甚至是军队内部的起义。尽管爆发了大量的战争和起义，阿纳斯塔修还是成功地整顿了帝国的财政，这多亏他富有远见的经济头脑。他规定：田税通常要以黄金缴纳，只有在例外情况下才以实物缴纳；另外，在每一个城市都安排一个特殊官吏（监税官[vindices]），有责任监督由行省总督或者市议会执行的税收征缴工作。各种旨在避免挥霍公共资金的措施成功地让国库充实起来，使得这位皇帝可以特许减少那些受到饥荒和入侵打击的行省的税赋，减少以人头，即以所使用的劳动单位的数量为基础的田税（见第101节），甚至废除了所有加诸手工业者和商人身上的五年金（collatio lustralis）。

在阿纳斯塔修去世的时候，元老院选拔农民出身的伊利里亚人优士丁（Giustino）为他的继任者。优士丁当时是近卫军（excubitores）侍从官（comes）（这是芝诺引进的皇帝的贴身护卫）。他有着正统的天主教信仰，迅速废除了阿纳斯塔修中意的信奉耶稣单性说的大主教，并重新建立了和罗马大主教的联系。在他短暂的统治期间，其侄子中的一人的才华显露出来，他给这个收养的侄儿起名为优士丁尼，并任命他为殿前军团长官。公元527年，优士丁重病后，优士丁尼也一同披上了帝袍；叔叔在数月后的去世使他成为唯一的皇帝继承人（参见第124节）。

556

105. 经济和社会环境

罗马帝国晚期的经济社会面貌强烈地表现为受到奴隶制危机的影响，这种危机的前兆早在元首制时期就已经出现。在这个时期，奴隶的数量已经显著减少了（与此相反，无论是他们的法律待遇，还是生活条件都有所改善，见第110节）。关于引发奴隶制垮台的原因，一些学者认为，这一时期基督教施加的影响最为突出，这种宗教在很大程度上支持解放奴隶行为。另一些作者则倾向于强调，其他一些相当不同的政治、社会和经济秩序上的因素的影响。特别是，奴隶制危机的决定性因素应该是军事征服的减少，军事征服是奴隶募集的最主要来源，以及现存奴隶繁殖率低下（也可以说是高死亡率，尤其是那些被派往从事最繁重劳动的奴隶，比如农业和矿山劳动），而并不怎么有基督教的影响——它更多的是在支持改善奴隶的法律地位的意义上起作用，实际上，这导致奴隶制得以保留。奴隶制度倒台的另外一种因素在于，奴役劳动生产力的低下。因此，至少在某些领域，自由劳动力更受青睐，因为这有更大的产出（随着奴隶数量的逐渐减少，对自由劳动力的青睐又更加突出，因为这种减少必然对应着奴隶价格的上涨）。

因此，奴隶制的衰落导致对自由劳动力需求的加强。但是，不必认为，由于来自奴役劳动力的竞争减少，自由劳动力在帝国晚期就获得了相应的适当利用。恰恰相反，不同类型的自由劳动力相对于过去都处于一种糟糕得多的法律和社会境地，甚至接近于奴隶的处境。国家实际上是以压迫性手段来对很多类型的市民横加干预，把他们强行束缚在自己职业上，并且规定他们的子孙后代也必须从事他们父辈的职业。这是对佃农、军人、市议员和从事某种公共服务的公会成员的强制规定（参见第 110 节）。

要明确的是，这种标志着罗马帝国晚期特点的严格的监管制度并不是因为某位独裁者的一时兴起而产生的，而是因为政治、经济和社会状况的需要所要求的。这个时期的经济主要是建立在土地之上（由于公元 3 世纪的危机，商业处于停滞状态）。结果，在土地上施加了更加沉重的财政负担。另外，公元 3 世纪末，农业也经历了一场极为严重的危机。其原因除了已经提到的奴隶数量的减少外，还包括人口出生率低下、蛮族入侵和过重的税负，因此一种自然而然的趋势就是，农民放弃土地逃向城市。出于避免抛弃土地所产生的消极后果——这种现象不仅导致消费品生产减少，而且从根据土地上所使用的劳动单位（人头 [capita]）来计算税收时起，也导致财政收入更加减少——的考虑，国家需要把佃农们拴在最初的土地上。

这种监管制度的传播依然存在，在农村还有一些不具有佃农身份的自由劳动力幸存下来，即并不束缚在土地上。不过，如果从法律角度来说，这些劳动者并不承受强加在佃农身上的那些限制和束缚的话，那么他们的经济条件必然会更糟糕。正如文献所证实的，很多这样的人更喜欢置身于某个大土地所有者保护之下，在很大程度上接受通过合约或者取得时效而成为他的佃农（关于佃农地位的取得方式，以及一般意义上对佃农制度的法律规制，参见第110节）。

与此相似，由于害怕某些基本需求方面的服务（比如，城市的给养、贵金属的采掘提取）可能因为私人积极性的缺乏而减少，国家因此把那些从事某种公共服务的人（面包师、船夫、矿工等等）也束缚在各自的行业协会里面。至于对军人强加的束缚，用一个原因就可以很容易地解释：在军队里维持足够数量的士兵，以保卫这个由于蛮族人的压力而处于严重危机的帝国。最后，把市议员束缚在市议会的那种关系纽带，则可以从他们基本职能的微妙性当中得到正当化解释，即他们要为国家保证维持军队和公共行政所不可或缺的税收的提取。

> 监管制度对于阻止西罗马帝国经济危机和军事颓势的恶化而言，表现得完全无能为力。反而，在涉及经济方面的时候，它还表现出恰恰相反的消极方面，共同作用于加深这场危机。由于阶级和职业世袭性原则的普遍化，帝国晚期的社会环境实际上表现为一种封闭的阶层制度，相互之间不可融通。这种制度注定不仅会导致个人自由被消灭，而且在劳动和生产领域压抑个人的首创性。

总之，经济衰落的基本原因是总体上的生产力的不足，这本身是因为极为严重的社会失衡所引发的。在佃农和实业者身上强加了更大的劳动负担，正如已经看到的，这些阶层还要受到与个人自由有关的严重限制。结果，尽管立法者采取了惩罚性措施，却在同等程度上促进了佃农逃往城市，与此相反，那些最受压迫的实业者则逃往农村。

那些曾经由奴隶从事的劳动负担被试图转嫁给半自由的阶级，与此形成对立的是，在帝国晚期的社会背景下，那些上等阶级——元老院议员阶层（*ordo senatorius*）和官僚（在较小程度上还有教士）

除了不对产品生产事务共同出力以外,还变本加厉地对国家预算施加影响,由于他们大量的特权,成功地逃避了缴纳跟他们的贡献能力相适应程度的赋税。

与此相反,市议员们则被要求用自己的财产来对未能成功征收的税款负责(见第101节)。国家保留给他们这样一种待遇——这是一种真正的迫害——的后果就是,这个阶层(多数情况下是由中等所有者,后来则是由小所有者组成)的普遍贫困。这导致了特权阶层和贫民阶层之间更加深刻的分化。

大量市议员在经济上的破产和普遍的农业危机导致中小土地所有者的消失,这有利于土地都集中到少数大地产者手上,多数情况下,他们都是元老院阶层的成员,以这样的方式,这一阶层进一步聚敛了自己的财富。

在西罗马帝国,土地集中到少数大地产者的现象更加明显,从而政治和社会的分裂愈发严重。实际上,这些所有主当中的很多人都属于最上等阶级(元老院阶层),但是他们却远离政治生活,跟帝国的利益很疏远,长期不积极参加元老院会议,而是固定地居住在远离罗马的地方,在自己的领地上以一种封闭的、自给自足的经济而身处一个小小世界的顶端,这从历史上把封建领主庄园制提前了。

另一个决定性地促使西罗马帝国军事倒台的原因是,军队的逐渐蛮族化。监管权延伸至军人,并向他们授予大量特权,都未能阻止实际兵员在面对蛮族人日益增长的威胁时变得捉襟见肘;而且,很荒谬的是,帝国被迫求助于蛮族人来进行防卫,在罗马的军事单位当中配备的蛮族军官的数量往往更多。

> 需要指出,由于民政权力和军事权力的分割——这始于戴克里先,并由君士坦丁完成(见第101—102节)——一种军官职业的等级制度也建立起来了(位于其顶点的是军事长官[*magister*]和将领[*duces*]),并与民政官吏的等级制度平行。另外,对这些军官来说,并不像民政官吏那样要求有行政和司法领域的文化和能力,而仅仅需要军事才能。这就可以解释,在军队当中,即使那些高级职位也可能征召蛮族人来担任。

尽管在蛮族人当中,有一些人成功地融入了罗马社会,而且,有时候通过其军事生涯还获得了非常显赫的政治权利(实际上,李其梅洛就成了西罗马帝国的主宰者)，但是，其主体部分仍然置身于帝国之外，这对于那些盟邦而言，尤其如此，这些民族被接纳到了罗马帝国的边境之内，但是没有获得市民身份，也没有被合并到真正的罗马军队里来，而是保留了他们的独立自主性，并且继续听命于自己的首领。在公元 5 世纪的西罗马帝国，向这些盟邦军队进行求助的规模变得更大了。罗马军队的兵员也慢慢地减少了，这是因为内战和蛮族人的践踏给帝国带来了特别的磨难。正如已经看到的那样（见第 103—104 节），正是这些盟邦把西罗马帝国一步步地肢解掉，并发起建立完全独立于中央政府的蛮族人王国。随着末代皇帝被废黜，这甚至导致了帝国的最终瓦解。

从这样一种简短的考察可以得出罗马帝国晚期的经济环境的结论：罗马古典时期典型的奴隶制经济逐渐让位于另一种经济（这可以界定为是朝着中世纪的封建经济的过渡），它建立在某些半自由的阶层，尤其是佃农和实业者的强制劳动的基础上。另外，在这一时期，那些在经济上并不从事生产却享有特权的阶层（元老院议员、官吏和教士）人数庞大。相对于此前的历史时期，他们当中的某些人在数量上有了显著的增长（可以想到的是，官僚体系的巨大发展），因此，更大的财富和劳务的生产压力就落到了低等阶层的头上，尤其是那些行会的成员和土地上的劳动者，他们完全成了被压榨的对象。这个后果就是，主要以土地为基础的经济受到了普遍的不可避免的破坏。这种现象在西罗马更加突出，这一地区相对于东罗马而言不那么富庶，而且更多地暴露在蛮族入侵的威胁之下。

而且，在罗马，由于农村劳动力的持续稀缺导致大地产（大庄园）更加广泛，农业危机更加严重。因为混乱不堪的财政政策——这直接指向对低等阶层的压榨来保全最富有者——导致税收减少，以及由于西罗马帝国普遍地贫困化而使得出生率降低，这都在决定性意义上对军队的效率产生影响。在这里面，能力出众的蛮族人常常压倒罗马人占据主导，尤其是在盟邦形式下，更是如此。这可以解释，公元 5 世纪，为什么军队既无法抑制日耳曼的入侵者，也无法阻挡西罗马帝国内一个又一个盟邦民族建立起独立的王国，并斩断跟中央政府的任何联系。

这里并不适合深入研究这个问题：封闭的阶层和世袭制度以及

各个社会阶级之间存在的失衡是否推动,以及在什么样的程度上推动了蛮族人施压下的西罗马帝国的解体。在此问题上,(琼斯)观察到的是,东罗马也表现为一种类似的社会制度,尽管它能够继续存活好几个世纪。此外,无论是这一个还是另一个帝国,为首的常常不是孱弱之君就是无能之主,帝国实际上是被一个贪婪而腐败的官僚系统所统治。在西罗马,政治分裂和衰落的一个重要因素是元老院贵族的封建化。正如已经提到的,在这个阶层最富有的人当中,有很多人更喜欢定居在自己的庄园里面,远离公共生活。他们对国家免于承担任何负担——作为元老院议员,他们并不参加元老院,也不在军队服役——而只向佃农和流民提供保护,这些流民来自城市或者农村,要么是因为遭遇不幸,要么是为了逃避极为沉重的义务(*munera*),而定居在庄园主的土地上。大所有主们攫取了针对他们征税的权力,因此僭取了帝国征税官的职能;此外,他们对佃农的使用是为了不向国家上交兵源,而这对于加强军队而言却是极为不利的。实际上,他们是按照封建领主身份来行动的,对帝国的利益毫不关心,这也证实了,在这个时候,中央权力走向衰败的趋势。

但是,导致西罗马垮台的决定性因素是这样一个事实:帝国的这个部分在经济上更加脆弱,而且在军事上更加暴露于蛮族人的入侵之下。与此相反,东罗马则更加富庶而且有更大的物质和人员储备,这些都是西罗马缺乏的;而且从战略角度来看,它也更加容易防守。

因此,如果说把帝国统一的终结以及两个帝国的分裂并在事实上相互独立认定为是西罗马帝国倒台最次要的原因,那么,与此相反,这个在经济和军事上都更加虚弱的部分的分离,恰恰有利于更加富庶和有防备的东罗马存活更久的时间。

106. 皇帝

在四帝共治时代,皇帝的权力实际上已经不受限制了。他掌握了立法权:其谕令(关于这一点也参见第115节)是官方法律的唯一来源,而国家的其他机构(民众大会、裁判官和元老院)的规范性活动早就式微了。皇帝谕令不再像元首制时期那样仅仅是"拥有法律效力"(*legis vicem obtinent*)(Gai 1.5),跟晚期法学一样,在后古典时期皇帝文书署本身的用语里面,它们被直接定义为"法律":"法律"(*lex*)这个术语,在古典时期仅仅指代民众大会的决议,如今已变成君主谕令的同义词(而"法"[*iura*]这个术语到了这个时代则被用来指代古典时期法学家的作品,见第 117 节)。

谕令对帝国的全体臣民都是强制生效的,不过,皇帝本人除外,因为他可以根据自己喜好来更改或者废除之。保留在《学说汇纂》(D. 1. 3. 31)里的乌尔比安的一个选断所包含的"君主不受法律约束"的原则(*princeps legibus solutus est*),最初是从君主免于遵守某些法律的意义上来理解的,但是如今却需要从一种更加宽泛的意义上加以理解,即皇帝高于所有法律(作为皇帝,他是唯一的缔造者)。他有完全的权力在任何时候改动现行的立法制度,废除正在生效的法律或者引入新的法律,这样一个事实实际上在很大程度上削减了"君主必须自行宣示其受制于法律"这种认定的有效性,这种认定是由瓦伦丁尼安三世在他的一份谕令中宣布的(公元 429 年:C. 1. 14. 3)。

皇帝同样也是行政权力的首脑:国家的所有官吏都是以科层制的方式听命于他,而且,政府最重要的职位的任命都来源于他本人。在司法领域,他既是民事争议也是刑事纠纷的终审法官。在财政领域,他可以课征或者废除税金。他还拥有军队的指挥权,有权宣战和缔结和平,以及对宗教事务享有最高领导权。

所有这些广泛的权利被集中于一人身上,却并没有任何人民意愿作为基础,尽管在优士丁尼的《学说汇纂》里面还保留了乌尔比安的一段著名文字(D. 1. 4. 1pr.),其中宣称在乌尔比安时代就已经存在的一项法律拟制(也参见第 82 节):人民本身通过"君王约法"(*lex regia*)的途径向皇帝授予他们自己的治权和权力(*omnem suum imperium ac potestatem*)。在帝国晚期,元老院在皇帝权力的授予当中也没有什么实际的分量,在绝大部分情况下,仅限于简单地对新皇帝加以欢呼确认。通常,登基由于明确的指定而发生,这是前任奥古斯都尚在任上时就完成的。

另外,授予皇帝的权力具有广泛性,这不必让人认为他可以完全依靠自己的专制独断来统治。且不说在任的奥古斯都通常都不仅限于一位，这一事实在很早的时候就成为罗马帝国晚期历史的一种常态（不过，因为帝国统一性的削弱，这些奥古斯都之间的相互实际制约关系也受到严重损害），而且，对皇帝行使绝对权力构成主要限制的是官僚集团的势力，他们才是国家结构的支撑，尽管他们也是听命于皇帝的。正如可以直观感受到的，皇帝是无法实际仅靠一人之力进行所有统治活动的，除此以外，帝国的官吏们对国家的生活和皇帝政策的形成发挥着一种极为重要的影响，特别是那些安排在中央行政管理体系内的官吏，因为他们是最接近皇帝的。军队、教会以及土地所有主阶级的政治分量也很重。

正如已经提到过的，君士坦丁想要在皇位继承当中引入王朝制原则。但是，在罗马帝国，这种原则从来没有在形式上被正式地宣布过。尽管大部分皇帝实际上都希望自己的子嗣成为继任者，这是事实；不过，儿子自动继承父亲皇位的这种做法从来都没有被认可过，这也是事实。现任的奥古斯都在去世前做出一项指命常常都是必需的。在这种情况下，皇帝可以立刻让被指命者黄袍加身，并授予他奥古斯都的称号，这就意味着给予他同等的尊荣，尽管有时候在政治领域的权威要低一级，或者也可以赐予他凯撒副帝的称号，也就是较低的尊荣和权力，不过，他却有权在前任奥古斯都去世的时候自动成为奥古斯都。

自然而然，对皇位的取得并不总是忠实地遵守这种体制。在有些情况下，奥古斯都去世，却没有做出继任者的任命，通常就由军队（而不是元老院）来选出新皇帝（比如约维安和瓦伦丁尼安一世）。在继承事件当中，军队拥有显著的政治分量。军队为了推出某个篡权者而横加干涉并推翻宪制秩序，这样的例子并不鲜见。最著名的篡权例证就是，君士坦丁被那些怀念其父君士坦佐·克洛罗的士兵推举为帝（在这个情况里面，军队就违反了四帝共治制度，而表现出他们支持王朝制原则）。

需要注意的是，在皇位继承当中，统治帝国另一部分的奥古斯都的态度和意见也是决定性的。有时候甚至是由他来任命同僚（比如，格拉齐亚诺在瓦伦兹去世的时候征召狄奥多西统治东罗马帝国王庭），另外几次，则是其中一位奥古斯都用武力保卫另一位奥古斯都的宪制权利以反对篡权者（狄奥多西一世最初就打败并处死了杀害格拉齐亚诺的马西莫，以及后来篡夺瓦伦丁尼安二世皇位的欧杰尼奥）。

在形式上被授予不受限制的权力，以及缺少人民对任命的任何参与——哪怕是以掩人耳目的形式——这都有助于把皇帝的人身加以神圣化。为了让他的绝对权力具有正当性，戴克里先给这种权力提供了一种神权基础，宣称自己是主宰者和神（dominus et deus），而这种权力的神权基础本身又巩固和加强了君主专制。

君士坦丁支持基督教，这样一种政治选择阻碍了他把自己等同于神灵，但是君士坦丁把自己表现为具有神性来源的人类，是上帝意志的解释者，以至于他的权力常常保留了某种神圣基础。根据这种基础，他的权力还得到了强化。另外一些基督徒皇帝继续把自己的权威加以正当化（同时也是巩固），自认为是神意的解读者。因此，所有跟皇帝个人有关的东西都被认定是神圣的（因而，他的谕令也都是神圣的）。任何一种对他的冒犯都构成亵渎神灵（sacrilegium）。这就解释了，在帝国晚期，除了极少的例外，皇帝们都成功地对教会，甚至包括信仰问题，行使着巨大的权威。

尽管公元5世纪，罗马大主教作为整个基督教会的首要地位的权威逐渐兴起，但皇帝还是没有放弃自己在信仰问题上的主宰地位。公元494年，在教皇杰拉修（Gelasio）发给东罗马皇帝阿纳斯塔修的一封著名信函里，教皇为教会要求一种有别于帝国的尊荣（dignitas）。不过，在这个时候，所谓"相区别的尊荣"（dignitates distinctae），就是教会独立于国家，仅仅存在于杰拉修教皇的心愿中，这要到中世纪时才会转变为现实。

107. 中央行政管理机构

重要的咨询机构君主枢密院（consistorium principis）来源于旧的君主顾问委员会。其组成成员首先是所谓的枢密院官，即中央政府里那些最重要的大臣：宫廷办公室主任（magister officiorum）、圣殿执法官（*quaestor sacri palatii*）、帝国财政官（*comes sacrarum largitionum*）和私人管家（*comes rerum privatarum*）。从法律上讲，参与其中的还有随从（*in comitatu*）、大区长官和殿前步兵及骑兵长官（*magistri peditum et equitum praesentales*）（他们是部署在王庭周围的军队指挥官），以及其他一些较低级别的官吏，比如内务官（*comes domesticorum*）（皇帝护卫队的首领）和主要办公室的首脑（长官 [*magistri*]）、首席秉笔大臣（*primicerius notariorum*）。最后，这个会议还由皇帝明确指定的成员补充，他们通常也是官吏或者前任官吏，不过，这不是必需的。

皇帝主持枢密院，枢密院对皇帝进行协助和参谋，针对的是皇帝提出的政治性（接待外交使团或者商讨请愿意见）或者立法性（阅读法律草案）问题。它还有司法权限，充当高级法院，审阅皇帝的判决。除了最后这种职能以外，其他职能都逐渐失去了实际内容，以至于公元五六世纪，枢密院实际上已经变成了一个显贵的大会，只在很少的情况下，才能够对皇帝及其大臣的政策和决定产生影响。

元老院相对于枢密院拥有更小的重要性（或者更准确地说，在君士坦佐于君士坦丁堡设置了元老院以后，就有了两个元老院）。元老院大会虽然保留了极高的尊贵地位，但在政治领域权力极为有限（特别是在西罗马，从皇帝开始长期定居在罗马以外之后，它就很少有什么权威了）。在立法领域，它的影响力几乎不存在。元老院在多数时候仅限于对被指定给它的那些皇帝谕令加以审读和在欢呼通过之后发布公告。有时候，也有皇帝委托它会同枢密院一起处理某些审判程序。

皇帝——或者说在任的两位奥古斯都中的任何一位——位于官僚体系之整体的最高顶点，无论是中央的还是边疆的（关于帝国两大部分的官僚系统，公元 5 世纪的一份官方文件《全体民政及军事管理权和尊荣之实录》[*Notitia omnium dignitatum et administrationum tam civilium quam miliatium*] 为我们提供了其详细背景）。中央行政管理体系的那些职位构成了所谓的随从官（*comitatus*），这样称呼是因为其成员要随皇帝的转移而转移，不过，通常情况下，这些随从官常驻在两个帝国的皇帝住所附近。

随从官的构成首先是四个主要的民政大臣。在这里面特别突出的是宫廷办公室主任（*magister officiorum*），这是君士坦丁设置的，他拥有一套随时间推移而扩展的各不相同的整体权力，因此这显著地增加了他的重要地位。他被要求主持最重要的皇帝办事处（或者办公室，具有秘书处的意思），各办事处均由一位主管官员（*magister*）——档案馆主任（*officium memoriae*）——来管理，他被委任起草敕批（*adnotationes*）（敕答的一种：第 115 节）；书函吏（*officium epistolarum*），他被委托负责皇帝的通信往来以及与外国使团和请求指示的官吏进行接触；诉状受理官（*magister libellorum*），他的使命是对提交到皇帝法庭的案件进行听讯；接待官（*officium admissionum*），他的职责是对皇帝特许的接见活动进行管理。另外，宫廷办公室主任还须承担对御林军（*scholae palatinae*）的领导职责，这是安排用来保卫皇室的特别部队，以及对情报局（*agentes in rebus*）部队（*schola*）的领导，这是一种治安侦察员，被特别委托对公共驿站（*cursus publicus*）（帝国的邮政服务）进行监管，还有对整个中央和边疆的行政管理体制进行普遍的掌控。

宫廷办公室主任不仅在外交领域展现他的影响力，建立与外国使团的联系，而且在行政事务即内政领域也通过情报部门施加影响。他还被授予军事领域的控制权：对武器制造的监管和对帝国边境地区的防卫进行检查。这个最初属于权贵（*spectabile*）阶层的高级官吏，到公元 4 世纪末，已经被吸收到显贵（*illustres*）阶层，处于元老院议员阶层中最高贵的地位。

圣殿执法官也拥有很重大的权力，这同样是由君士坦丁设立的。他是皇帝在法律方面主要的参谋：拟定皇帝谕令以及对写给最高统治者的辩护词（*preces*）进行回复，因此，可被视为司法部长，而且，他对法律发展的影响显而易见是很大的。在一些情况下，他们可以根据皇帝的授权而获得某些诉讼程序的司法权。这位执法官并没有自己的官署（*officium*），因此他使用的是听命于宫廷办公室主任的档案馆主任、书函吏和诉状受理人的职员。圣殿执法官最初也位列权贵阶层，在公元 4 世纪后半叶被吸收入显贵阶层。

是圣殿执法官还是宫廷办公室主任拥有更大的权威地位，文献上的记载是摇摆不定的。但无论如何，毫无疑问，这是中央行政管理体制中两个最重要的大臣。

两位财政部长——帝国财政官和私人管家在职权和地位方面则具有较小的权威。前者大约在公元 4 世纪中叶取代了财物管账吏

(*rationalis summae rei*)(见第 101 节),他实际上是财政和国库部长:通过听命于他的在各个专区工作的财政官员(财政吏 [*comites largitionum*] 和现金吏 [*rationales summarum*])的工作来掌握现金税的征收(实物税的征收则属于大区长官的权限),他也有财税方面的司法权:在公元 4 世纪末,他有权在这一领域代表皇帝(*vice sacra*)进行审判,而且没有向皇帝进行上诉的可能性。另外,帝国财政官还有国库(*fiscus*)的管理权,国库这时候已经是国家的资金库存(而金库 [*aerarium*] 这一术语到了晚期指代的仅仅是罗马市的资金库存)并执行公共开支,即向军人和民政职员支付工资,这种工资被假想成最高统治者无偿的馈赠。同样,他还利用大量吏员的协作来掌控国家的铸币所、矿山和工厂并在商务官(*comites commerciorum*)的协助下主管对外贸易。公元 4 世纪末,他也被吸收进显贵阶层。

私人(或者私物)管家同样也属于显贵阶层,他在公元 4 世纪时取代了私人事务官(*magister rei privatae*)(参见第 101 节)。他的任务是在各个专区或者行省的合作者的协助下管理构成皇帝私产(*rei private principis*)的大片地产(块地 [*saltus*])。在某个时期,在他主管之下的还有构成皇帝财产(*patrimonium*)的财物(关于古典时代引入的财产和皇帝私产的区别,参见第 96 节),后来,由于阿纳斯塔修皇帝的决定,后者被委托给圣产侍从官(*comes sacri patrimonii*)来管理。

除了主管收取跟构成皇帝私产的土地相关的地租以外,私人管家同样也把那些被判罚者的财产、盗赃物(*caduca*)、因缺少继承人而闲置的财物,以及因不配受领而从继承人那里扣除的财产都充公到皇帝私产里来。最初,私人管家并没有司法权力,但是到公元 4 世纪也被授予这种权力,自然是在财税领域。

属于这种随从官的还有大区长官,他驻守在王庭附近(关于大区长官的发展演进,参见第 108 节);军事指挥官(步兵长官和骑兵长官),他们长期驻守在皇帝驻地附近(因此称为殿前官 [*praesnetales*])。军事指挥官是一些高级军官,他们拥有各自军队最高首领的职能,其地位非常高。他们如同大区长官,属于显贵阶层,并在王庭的优先序列当中仅次于大区长官。在公元 5 世纪,军队的最高指挥权被统一交付给全权军团长官(*magister utriusque militiae*)。

在全权军团长官身上，常常集中了政治权和统治权（尤其是西罗马）——从理论上讲，这是属于皇帝的权力——这是由于他手上掌握了全部的军队力量。在狄奥多西去世后，斯蒂里科内在奥诺里尚年幼时实际统治着西罗马帝国，此人遭遇不测之后，君士坦佐在奥诺里身边获得了很大的权力，迎娶他的同父异母妹妹加拉·普拉奇蒂娅并被宣布为奥古斯都；不久之后，实际权力转到埃提奥手上，他以瓦伦丁尼安三世的名义实际统治帝国达二十年之久，后者也跟奥诺里一样，在非常年轻的时候登上帝位；后来则轮到李其梅洛，他甚至根据自己的喜好多次废立皇帝。公元5世纪，为了确认全权军团长官无限的权力，皇帝更授予他"贵族"（*patricius*）的荣誉称号。

在这些随从官成员里面，需要提到的王室里最高级的官吏：大内总管（*praepositus sacri cubiculi*）①，他是一种宫廷内侍官，是被指派给最高统治者本人或者其住所工作人员——即侍者（*cubicularii*）、内务人员以及肃静回避官（*silentiarii*）——的团队头领，交办给他的是保证皇帝的清静和隔绝于人群。大内总管最初是低等级的角色，因为其权力的相关限制范围是在形式领域，但随着时间的推移他注定会在事实上获得更大的重要性和政治权利，因为他直接而频繁地同皇帝本人接触（在这方面，据记载，大内总管埃特洛皮奥 [Eutropio] 在阿卡丢统治的最初几年里，成了东罗马帝国的实际保护者），在狄奥多西时代，他甚至在位阶上与大区长官、城市行政长官和军团长官等同。

还需要提出的是，作为随从官组成成员的还有军士长官和文员（*tribuni et notarii*），为首的是首席秉笔大臣（*primicerius notariorum*）。这是一个秘书团队，应当对枢密院的行动进行笔录，并且拟定大官名单（*laterculum maius*），这是国家最高级的职位以及听命于他们的相应官署的清单（较低级别官员的名单 [*lateculum minus*] 则由档案馆主任 [*officium memoriae*] 在圣殿执法官的监督下制定）。

---

① 也译为"圣室长官"。

108. 两京行政管理与边疆行政管理机构

　　城市行政长官构成了元首制时代有效的行政管理制度所留下的一道痕迹。在戴克里先改革之后，罗马及其领土——包括十万步长的范围之内——还保留了自己的一套独立自主的行政管理体制，为首的是一位直接听命于皇帝的官吏（城市行政长官），因此，他既不是意大利大区长官，也不是统治意大利北部行省的意大利专员（*vicarius Italiae*），更不是治理意大利中南部一组行省即所谓的意大利边区（*Italia suburbicaria*）的罗马城市专员（*vicarius urbis Romae*）的权力对象。城市行政长官（处于显贵阶层）具有比专员（*vicarii*）更高的地位，被认为仅次于大区长官。他是高级贵族的领军人物，主持元老院并且对元老院议员有司法权，对他们税赋的履行进行掌控。他对公共秩序的监管和罗马城市的行政管理拥有普遍的权力，他能够通过较低等级的官吏来行使权力，比如粮食供应长官和城市治安长官（他们也要追溯到元首制时代），以及负责城市给养、主管水务和港口等项目的保佐官（*curatores*）。无论在民事领域还是刑事领域，他的司法权力都是巨大的。除了在第一审拥有普遍的司法管辖权以外，城市行政长官还有权对上诉案件进行审判，不仅限于那些其辖区内比他低的法官（比如粮食供应长官）判决的案件，而且还有那些意大利边区的个别行省的总督判决的第一审案件：在这种情况下，他的司法权就延伸到十万步长的地域范围以外，于是，其权力行使也就跟罗马城市专员的司法权发生竞合（该专员属下的总督发布的判决可能被提交到这两个官吏中的任何一个面前加以复审）。君士坦佐在君士坦丁堡也设立了城市行政长官，无论是在行政领域还是私法领域，其权力都类似于罗马的城市行政长官（另外，其权限范围仅限于城市，而不包括周围的地域）。

　　在帝国晚期的行政管理制度里面，所包含的共和制官职的残留痕迹已经很少或说没有了，它们很久以来就被剥夺了一切政治权力。正如已经提到过的，罗马或者君士坦丁堡元老院选举出来的裁判官的首要任务就是组织公共竞技（他们仅保留了在司法领域的一点残余的原始职能：在监护、自由权案件、奴隶解放、恢复原状 [*restitutio in integrum*] 请求权特许方面：公元 459 年君士坦丁的 C.

Th. 6. 4. 16）。至于执政官，则是由皇帝任命的，帝国两部分各有一个，他们得以留存仅仅是为了用他们的名字来命名执政官任职的那一年。执政官职位一直保留到公元 6 世纪，东罗马皇帝本人取得"常任执政官"的称号为止（consul perpetuus）。

关于帝国边疆的行政管理体制，表现为被划分成四个大的领土区划，称之为大区，每个大区各由一位属于显贵阶层的大区长官统治，其中两个构成西罗马部分（意大利和高卢），另外两个则是东罗马帝国的部分（伊利里亚和东方）。每个大区再分成更多的专区，各专区有一位专员统治，专区本身再细分为更多的行省，由行省总督、执政官、督察官（correctores）或者总督（praesides）来治理。新的领土区划的确定可能只是从公元 395 年才开始最终确立起来，并根据上面所说的那套制度划分到帝国两个部分中去，这经历了近一个世纪的发展演进，并经历了对大区长官权力和职能做出深刻变动的各个步骤。

> 正如前面已经展示出来的那样（第 101—102 节），大区长官在戴克里先治下的时候仍然还是一种中央大员，被安排追随皇帝并被赋予极为广泛的民政和军事权力。君士坦丁把一切军事权力都从大区长官那里抽走（这些权力赋予军团长官），并指派他们中的一些人去统治一组专区和行省，这些组别随着时间推移注定会转变为真正的行政区划。这些区域最初的数量和幅员都不定，在狄奥多西一世去世而且伊利里亚被转让给东罗马并设置为独立大区后，最终变成四个（帝国两个部分各有两个）。

由于这样一种发展演进，大区长官成为边疆行政管理体制里面最高级的官吏（不过，要加以精确的一点是，四个大区长官中的两个，即意大利长官和东方长官仍然常驻在各自皇室附近，并成为君主枢密院的成员，保持着崇高的地位：这就解释了为什么有些大区长官，特别是在东罗马，能够对皇帝及其政策施加巨大的影响）。

大区长官首先拥有对他的大区内所包含的专区和行省的监管权和控制权；他的任务往往还有向总督们通知皇帝为此目的发给他的谕令（并使之遵守）。同样，他还有权发布法令（一般性规则 [formae generales]），这些法令实际上有立法效力，只要它们跟谕令不冲突。他还代表皇帝，即以皇帝的身份行使司法权（而不承认可以进一步向皇帝求助），进行上诉审以反对行省的总督发布的判决（但是，不能够反对专员们发布的判决，这些判决直接提交皇帝复审）。在一些特殊情况下，大区长官也有初审司法权。

他在财政领域的权力属性是根本性的。实际上，属于他的权力有：决定田税的总额，以及主管田税的征收，并为此目的来利用中央政府里两位财政大臣的职员进行协助。通常，该长官直接管理他常驻的专区。

更加直接的对行省的控制并不来自大区长官，而是由专员来实施的，他们是各个专区的首脑。这些人是显贵阶层的成员，在司法领域，相对大区长官享有一定程度的独立自主性。正如已经提到的，专员颁布的判决不是交到大区长官面前复审，而是送到皇帝面前。此外，专员们如同大区长官一样，有权对行省总督在第一审当中做出的无论是民事还是刑事判决进行上诉审审判，以至于上诉人有权选择是把该判决交由哪一个官吏进行复审（区别在于，大区长官的判决是终局性的，而专员的判决可以因进一步求助于皇帝权力而被改动）。专员在行省行使的监管职能也扩展到财政领域，因此，专员跟大区长官一样有权监督赋税的征收（听命于帝国财政官和私人管家的那些吏员在各个专区也是为此目的而工作）。

最后，行省的总督们根据等级而拥有不同的称号。统治亚洲和非洲的行省总督（*proconsules*）属于权贵（*spectabiles*）阶层，按照传统，他们拥有一定的独立自主性（直接听命于皇帝，而不是专员或者大区长官）。其他一些统治者——称之为执政官（*consules*）或者督察官（*correctores*）、总督（*praesides*）——则拥有"最杰出者"（*clarissimi*）品级，也就是说，是元老院阶层成员里的最低一级（但是在公元 4 世纪，督察官和总督尚拥有"最完善者"[*perfectissimi*]的品级，因为他们来自骑士阶层 [*ordo equester*]）。总督在行政、司法和财税领域也有权限。他们要监督公共秩序的维护，而且是民事和刑事纠纷的初审法官；此外，决定行省的各个城市应缴赋税的金额也由他来主管（相应的征收工作则是由市议员来执行，见第 109 节）。

这里提及的每一个高级官吏——从中央的大臣（圣殿执法官除外）到行省官员——都处于某个官署之首的地位，即有一组在等级制中地位较低的吏员听命于他。

至于在大区长官、专员和总督之间存在的等级关系,不能从一种非常僵硬的意义上去理解。比如说,并没有什么可以阻止某个行省总督能够在不预先请示比他更高的专员或者大区长官的情况下,就直接向皇帝求助以解决与其任职相关的任何问题。另外,据了解,有很多情况下,皇帝直接向行省总督发出谕令。还需要强调的是,在司法领域,各个官吏的职权并不总是排他性的,而是常常表现为跟其他官吏的职权相竞合。实际上,正如上面已经看到的,为了反对行省总督的判决,既可以向专员,也可直接向大区长官进行上诉(在意大利边区,还可以向城市行政长官上诉)。

正如已经提到的,与缺乏军事权力的民政官吏的等级制度相伴,在帝国晚期,还出现了一种与之平行的独立的军官等级制度,这也是以皇帝为首。中央部队是由亲兵(*comitatenses*)组成的,他们由君士坦丁予以特别加强,划为各个军团,由军团长领导(最初是骑兵长官和步兵长官,后来则称之为全权军团长官),他们常驻在王庭附近;驻扎在边境的部队,由所谓的边防军(*limitanei*)或者巡边军(*ripenses*)组成,他们由级别较低的军官,即将领(附属于军团长官)来指挥。在西罗马,最高军事指挥权集中在唯一的全权军团长官手上(正如已经说过的,公元5世纪,在他身上集中了最高统治权力,因此全权军团长官事实上成了国家的实际主宰者)。最后,并不听命于军团长官而听命于宫廷办公室主任的是皇帝保卫部队成员(宫廷卫队[*scholae palatinae*])。

要强调的是,在罗马军队的范围内,帝国晚期的骑兵的重要性日益增长。另外,为更好地对付蛮族人的入侵而迫使军事战术发生改变,因为在这个时候,蛮族人通常用骑兵进行战斗。

盟友(*foederati*)被认为是区别于真正的罗马军队的组织成员。正如已经提到,这里涉及的蛮族人是没有获得市民权的,并且保留在自己首领的指挥之下,随着某项条约(*foedus*)的缔结,他们被安排在特定地区进行防御。公元5世纪,一个个完整的盟邦民族定居在西罗马帝国广泛的领域内,导致帝国被瓜分以及王国的诞生,它们宣布从帝国中独立出去。

109. 地方城市管理机构

卡拉卡拉所希望的向帝国所有臣民授予罗马市民权，以及戴克里先对罗马国家官僚行政管理结构的改革，都试图在那些最初始的地方机构、自治市、殖民地和行省城市之间进行一次普遍的整顿。但是，最初的那些城市体制，即自治市官职和自治市议会（库里亚）还是幸存下来，同时，所有的民众大会，以及与之相伴的一切形式的民众对城市统治的参与都湮灭了。西罗马的自治市官员是两人官（被赋予行政权，以及某些狭小范围里的司法权）、市政官和财政官，而东罗马则继续存在着各民族的官员，他们权限的实际范围随着时间的推移都趋于减少，特别是因为新的执法官职的兴起，即保佐官和平民（或市民）保护人。

城市保佐官（*curator civitatis*）实际上早在元首制时代就存在了。在那个时代，他们是一种皇帝的特派员，被派往某些城市，为的是重组那里的财政（第94节）。到戴克里先时代，他们的权力显著增长：皇帝为每个城市配备了常设的保佐官，而且，他实际上是地方行政管理的首脑。保佐官们可能根据自治市委员会的指定由皇帝任命，对公共秩序负责——因此是城市治安的首脑——还对纳税人名单的编制和城市的给养负责。保佐官还拥有司法权力，但仅限于行省总督权限下的那些诉讼程序的预审阶段。

瓦伦丁尼安一世于公元368年设置了平民（或者市民）保护人，由大区长官从曾经担任过行政职务的人员当中任命，至少，在最初的时候，具有保护平民免受有权势者不公正待遇的功能。但是，保护人却并没有表现出以能够令人满意的方式完成这一任务，这是因为，从狄奥多西一世开始，对其任命都是根据库里亚的提议做出的，这就可以诱发保护人更像是市议员利益的代言人。这些保护人常常表现为有权势者的驯服工具，而他们本应该是保卫平民免受其荼毒的人。

无论如何，保护人都被授予广泛而复杂的权力，它实际上成了城市里最重要的官员，其权威甚至高过保佐官。事实上，保护人有治安权和较小的实体案件的司法管辖权，主管税收清单的编制，监督赋税的征收，以官方形式收集并查明那些反对征税的市民抗议。

正如可以观察到的，无论是城市保佐官还是保护人，都是国家的吏员，而不是自治市的机构人员，因为，对他们的任命是分别由皇帝和大区长官做出的。但是，事实上，自治市议会的明确指定对于二者来说似乎才是决定性的，而自治市议会还直接进行其他执法官员的任命。

在帝国晚期，自治市议会（库里亚）是由拥有一定财产的市民组成的，最初完全是不动产，君士坦丁颁布的一项谕令（公元342年，C. Th. 1. 12. 33）规定吸收进库里亚的人应该是至少拥有二十五尤杰罗土地的所有主。但是，到了公元4世纪末，动产所有人也被征召进库里亚成为其成员。在这个问题上，瓦伦丁尼安三世（公元439年，Nov. Val. 3. 4）规定，财产超过三百索里迪金币（*solidi*）的所有人都能够登记。

参加库里亚是建立在义务性和继承性原则的基础之上的。作为所有主，是不能够拒绝成为城市委员会的成员的，而且，到其子嗣年满十八周岁时，这个资格也会被附加到他们身上。

除了任命（或者指定）城市官员的任务以外，库里亚最重要的功能首先是为每一个纳税人编制税负清单，据此，通过库里亚自己任命的适当的征税者（*susceptores*）来执行征收工作。这些征税者是从最有清偿能力的市议员当中选出的，在征收尚有欠额的情况下，由个人对此负责，而在他们中某人无力清偿的前提下，则由库里亚集体承担未能征收上来的这笔税赋（关于旨在把市议员及其财产束缚在库里亚中的立法措施，参见第110节）。对此，还必须补充的是，市议员们还被绑为在城市落实沉重赋役的任务上，比如，公共工程的兴建、特别沉重的关键性公共服务的运作（比如浴场）、公共竞技活动的管理。

但是，对于库里亚的所有成员来说，情况并不都是同样沉重的。除了富有城市和贫穷城市之间显而易见的区别以外，在库里亚成员自身范围内，也形成了一种有权势的贵族（望族 [*principales*]），他们除了垄断政治权力以外，还试图往其他库里亚成员身上推卸大部分的赋役。总之，事实就是人们都千方百计地试图避免被登记为市议会成员。据证实，有制度上承认的大量豁免或者免除（元老院议员、公共官吏、教士、军人是不被登记到库里亚里的），连国家当局自己在很早的时候都发现，有必要至少在部分程度上撤销这种豁免（关于皇帝针对这些试图摆脱其身份的市议员所采取的措施，参见第 110 节）。

最后，值得提及的还有自治市民众大会（*concilia*），它是由同一行省的各个城市的代表构成的，早在古典时代就存在，到帝国晚期，则由元老院、随行官和市议员组成，并正式地保留着选举行省神职人员（*sacerdos provinciae*）的功能，这些人员有责任管理公共竞技和表演。另外，在这个大会里面，跟元首制时期一样，要对公共利益的问题进行辩论，并对代表团做出任命，委托它向帝国当局提交请愿（比如，为了抗议某项被认为是不公正的赋税）。公元 6 世纪，大主教也被要求成为其一分子。

实际上，对于那些想让其呼声绕过地方官而被皇帝听到的城市而言，由行省委员会向王室派出代表团这样一种可能性是唯一的方式。而且，派出各个代表团的目的恰恰就在于揭露这些欺上瞒下的官吏的行径。另外，皇帝通过接见这些代表团，也就有办法对地方官吏和行省总督自身的行为实施间接控制。

110. 社会阶级的组织

如同元首制时期一样，帝国晚期的人口也是由自由人和奴隶组成的。不过，正如已经提到过的（见第 105 节），立法对某些自由阶层的人施加了极为严重的限制，因此，关于他们的法律地位，那些属于这种阶层的成员——特别是佃农以及某些行业协会的成员——都可以被认定为处于一种半奴役的状态。

与此相反，相对于古典时期，奴隶的法律地位有了很大改善，在帝国晚期的罗马经济的普遍背景下，这主要归结于奴隶制度本身所起的更加微不足道的作用（第 105 节）。在一些情况下，这种改善也要归因于基督教的影响，比如，有禁止把因某种联系纽带而团聚在一起的一对奴隶拆散的规定（只有教会承认这是一种婚姻关系，但国家不承认）。与此不同的是，公元 5 世纪，皇帝宣布废除处死家奴的权利，而且毫无例外可言，这似乎来源于国家的专制主义观念，他要垄断决定臣民生死的权力，而不考虑自由身份还是奴役身份。在这方面，具有重大意义的是一项新的原则（在 Gai Ep. 1. 3.1 里面宣布过）：如果奴隶犯下死罪，主人不仅不可以把他处死，而且还有义务把他交给公权力，以使他受到判罚。

尽管由于公元 212 年的卡拉卡拉告示的功劳，帝国几乎所有臣民都被授予罗马市民权，但是，罗马市民和非市民之间的区别还是明显保留下来。公元 4—5 世纪，大量蛮族部落定居在罗马帝国境内，正如已经多次提到过的，罗马国家为了加强自己的防卫，不仅允许而且有时候还鼓励这种定居。这些蛮族并没有被授予罗马市民权，而是以盟友身份（*foederati*）（通过盟约，即国际条约，跟帝国联系起来，盟约使之承担起在自己首领带领下用武力保卫帝国的义务），或者外族身份（*laeti*）被接纳的（他们是获得土地分配的部落群体，作为交换，则有向军队提供新兵的义务）。

在罗马市民当中，上等人（*honestiores*）和下等人（*humiliores*）之间的区别还在维持，这从元首制时就兴起了。另外，在上等人的范围内，法律和社会视角上的区别也是极为明显的。

元老院议员阶层（*ordo senatorius*）是最具有特权的阶层。进入并成为其一分子是通过皇帝的任命、担任过特定公共官职，以及像元首制时代就已经进行的，通过出生，即以继承方式转移这个资格（只有在父亲被任命为元老院议员之后出生的儿子才能够通过继承方式获得元老院议员的尊荣）。根据级别的不同，属于该阶层的成员被区分成"显贵"（*illustres*）、"权贵"（*spectabiles*）和"尊贵者"（*clarissimi*），这种区分来源于其担任职务的重要性的不同；与此不同的是，因继承权而进入该阶层的成员则可以完全无差别地获得"尊贵者"这个最低的级别。

从君士坦丁开始，元老院议员阶层在数量上扩张开来，这是因为，根据皇帝的各种规定，把很多低级别的官吏都登记到这个阶层里来，而他们最初都不属于这个阶层。特别是君士坦丁，他从"尊贵者"当中选拔了大部分行省总督，当时他们的资格还只是"至善者"（*perfectissimi*）（这是骑士阶层成员享有的最高级别）。元老院议员阶层泛滥的趋势在君士坦丁的继任者那里也有所反映。君士坦佐二世从头（*ex novo*）创立了君士坦丁堡的元老院，通过新的任命征召了大部分元老院议员。瓦伦丁尼安和瓦伦兹还在"尊贵者"当中提拔将领。

因此，归属到这个阶层里来并不仅仅依赖于贵族的出身。在西罗马，在元老院里占据席位的尚有很多显贵家族的后代，有些甚至要追溯到共和国时代（但也有一些出身卑微的元老院议员，有时候甚至是源于军旅的蛮族人）；但在东罗马，元老院贵族的形成是更晚近的，他们实际上是一种宫廷贵族。

正如已经说过的，元老院议员阶层享有重大的特权，比如免除正常的赋税、人身劳役（*munera personalia*）、自治市捐税，以及有权只受城市行政长官特别法庭的审判（见第 108 节）。但是，也存在一些保留给元老院议员的特别负担：元老院议员年金（*follis senatorius*，采邑金 [*glebalis*]），这是无差别地强加给元老院议员的税种，即使他们不是土地所有者。还有，一旦某位元老院议员被选为裁判官，则有义务组织管理公共竞技（见第 108 节）。

从阶层的意义上讲，显贵们即那些最高级别的人，实际上构成了一种贵族。公元 5 世纪，只有他们才被认可拥有财税上的特权。而且，进入元老院大会也成为只有显贵们才有的特权，至少从理论上讲，元老院不再基于继承而存在了（正如已经说过的，实际上通过继承方式认可给元老院议员的，只是最低级别的"尊贵者"身份）。

骑士阶层在戴克里先时代的政治领域尚享有重大权力（因为这位皇帝倾向于控制元老院议员阶层的权力），从君士坦丁开始则变得不再重要，这既是因为公元 4 世纪期间，该阶层显著地扩张开来，征召了很多低级别官员，也是因为——正如已经揭示出的——很多拥有"至善者"级别的官吏（即骑士阶层序列里的最高级别）已经被擢升为元老院议员。

构成上等人并且实际上构成中等阶层的人有：军人、中央和边疆行政管理体系里的官吏、自由职业的业主（律师、医疗、教育）、教士和市议员（自治市议会成员）。

在这些阶层里（教士显然是一种例外），流行职务或者职业的世袭原则；但是，他们当中很多都是由法律强制的。比如，退伍兵的子嗣有义务从事军事职业，市议员的子嗣在年满十八周岁时必须在库里亚职位上进行登记。

军队兵员和官僚系统的巨大增长要归因于戴克里先的改革，正如已经指出的，这不仅恶化了帝国的经济（见第105节），而且，同样是法律和社会领域严重失衡的渊源，因为军人、老兵和官僚也享有名目繁多的特权。

比如说，老兵就被豁免了人头税（*capitatio*），如果是土地所有者，还免除自治市捐税。至于公共行政体系中的职员们，其待遇和特权则根据级别和其开展工作的职务而有很大的变化。一般说来，皇宫里官吏（内臣 [*palatini*]）的处境要比行省行政管理体系中官吏（外臣 [*cohortale*]）的处境优越得多。关于后者，从君士坦丁时代开始，也确认了世袭原则。正如上面所强调的，无论是民政还是军事领域的高级职务的授予，都可能导致元老院议员地位以及相应特权的取得。

慷慨赐予基督教士们的恩惠也非常多，特别是在君士坦丁和他的继任者同意对教会加以认可和保护之后增长甚多。神职人员享有广泛的财税豁免权；此外，大主教——各个专区的财产归他们管理（常常是实实在在的财产，来自信徒的遗赠，也就像是国家的特许一样）——如果被传唤应诉，还拥有避免被国家的普通法官审判的权力，而只受到由其他大主教组成的特别团体的审判（无论是民事诉讼程序，还是刑事诉讼程序）。不仅如此，甚至还承认了大主教们在诉讼当事人有要求时可以代替国家的法官（所谓的大主教推事 [*episcopalism audientia*]）行使民事司法权，即使他们是世俗之人。

市议员的负担则特别沉重（关于这点也参见第105、109节）：除了一些有限的特权以外（作为上等人，他们可不受鞭刑），早在元首制时期，他们就受制于沉重的负担，要用自己的财产来满足课加在所在城市的那些日常赋税。

正是由于这些有时候甚至是不可承受的负担，市议员阶层成员在不断地自愿出走过程中人数日渐减少。这些库里亚的成员为了摆脱他们的身份，试图进入军队或者公共行政管理体系，或者走入神职阶层，或者想方设法成为元老院议员阶层的一分子。

立法上也强化了对这种出走现象的限制，或者至少是缓和其消极后果，比如，强制规定前市议员的子嗣在委员会里占据席位，即使其父亲已经成为元老院议员；禁止那些没有子嗣能够代替他承担自治市捐税的市议员进入元老院，或者强制已经走进元老院议员阶层的市议员向库里亚转让其大部分财产。甚至，库里亚成员的自由迁徙权也成了限制的对象，在他们放弃其出身城市的情况下，该市议员要么承担该城市的相应义务，要么承担将要迁往的城市的相应义务。

最初把市议员同库里亚联系起来的这种纽带是人身性质的，后来趋向于转变为实物性的，并转移到财产身上，即在他们的财产处置行为上建立起严格的限制，无论是在生者之前的财产处分行为还是基于死因行为（moris causa）产生的财产处置都是如此，这对市议员们造成了损害。他们的土地被宣布是不可让渡的，而且，如果某位市议员的财产进行遗嘱继承，其中四分之一的遗产要保留给库里亚（在缺少遗嘱或者法定继承人的情况下，库里亚则继承全部）。

商人、手工业者、城市工人和农村劳动者则是低等人。对于这些低等阶层，职业上的强制性和世袭性也得到了确认。

特别是在公元 3 世纪（可以认为，该演进过程大约是在接下来一个世纪中叶左右的时候完成的），在有责任进行某项公共服务的职业行会（比如面包师行会、船夫行会、矿工行会）当中形成了一种严格的监管体制。

最初，强加的这种束缚仅仅是财产性质的：从业者的全部财产都被束缚在这项服务上，因此确认了一项原则，即从业者本人必须用自己的财产来支付与这项服务本身相关的花销。产生的结果就是，不再允许没有一定财产的人进入到某个行会里来；与此相反，如果该合伙人破产而失去了财产，就会被从行会中逐出去。在与这项服务（受役使职能 [obnoxia functioni]）相联系的财产被转让的情况下，相应的负担则必须由受让人来承受。

但是从公元 4 世纪初开始，在立法上明确表达出一种趋势，即除了财产以外，还把这些登记成员的人身也束缚在各自的行业协会当中。实物上的束缚在很早的时候就表现为不足以遏制从业者的逃亡了，他们采取一切可以利用的手段，目的就在于摆脱这种强加的负担并从行会中逃离出去。一般而言，这种负担实际上是过于沉重了，另外，也要归因于从业者要自己想办法来承担这些服务的花销，也就是说，国家是以犒赏名义对他们付款，而不是他们所从事劳动的报酬，这对于支付那笔花销来说几乎是没有用的（正如曾经广受支持的观点一样，或许连这点钱也不曾有过）。

公元4世纪的帝国立法多次批准这些从业者的人身（还有财产）要永久地束缚在他归属的行会当中，这种约束还延伸到他的子嗣身上，他们从出生的时候就被登记在行会里。合伙人破产这一前提条件也不被认可是从行会中离开，而只有在这些人能够提供跟该服务相适应的替代物或者被擢升为神职人员的情况下才可以离开。

此外，所有这一切对于制止逃离都不起效，因此，国家用各种手段进行干涉，既有预防性的，也有惩治性的，为的是避免遭遇从事公共服务的行业协会的人员剧烈减少的风险，甚至仅残留下空壳。为了这个目的，诉诸各种措施，比如强制征募，强制从一个行会转移到另一个行会，采用外国人或者被判罚人员。甚至禁止从业者远离他们出生的住所；直到在他们脸上烙上印记这种程度，为的是方便在逃跑的情况下辨认出他们。

> 无论如何，需要考虑的是，正如已经说到的，这种监管体制并没有无差别地适用于所有行业协会的登记者，而只适用于那些受命从事某种公共服务的行会成员，因此在帝国晚期，还留存下来一些自由职业的行会，其成员并没有被强加为国家利益从事某种服务的负担。此外，在东罗马，行会成员受制于这种监管体制的程度似乎没有西罗马那么严重，这是因为帝国的两个部分存在不同的经济状况（关于这一点，见第105节）。最近，还有人（德·罗伯茨）主张，这种监管体制在公元5世纪有了不少松动缓和，以至于一些行会又重新获得部分自主性。

对应着奴隶整体数量减少的——这也是奴隶减少的直接后果——是一个新的社会阶级的诞生，即被束缚在土地上的佃农阶级。随着在极其严重的危机中对农业造成破坏这一状态的出现（见第105节），为了避免土地被遗弃或者闲置的风险，国家以最极端的方式做出了反应。戴克里先禁止佃农抛弃他们的土地，而且，这项禁令得到后来皇帝们的确认。佃农们不再像最初的时候那样只是简单的佃户，而是被永久地束缚在他们所处的土地上，这种联系还被强加在他们的子孙后代身上。

佃农被束缚在土地上，实际上，其所处的境遇显得跟奴隶非常相似。从形式上看，佃农的确是自由人，但是如果他们抛弃土地，就可能被所有主通过一种具有实物特点的诉讼追回（这就如同奴隶一样）；如果土地被出卖，定居在上面的佃农也要被出卖给土地本身的购买者——他们几乎就是土地的附庸。

佃农和所有主之间的人身关系让人想起奴隶和主人（domini）的关系。如果不是佃农交纳高于应缴份额的租金的话，他就不能对主人起诉；与奴隶相同的是，他可以受制于主人的肉体惩罚并被监禁起来。但是，跟奴隶不一样的是，他们不能被解放（在这方面，他们的处境似乎甚至比奴隶的处境更遭），连主人也无权让他们远离土地。

> 佃农的半奴役身份被后古典时代的立法者所特意强调，甚至通过这些人所使用的术语：在一些谕令中，佃农和奴隶一起提到，而在另一些谕令里面，则是跟自由人相对立。主人既用来指代奴隶的主人，也指那些对佃农行使权力的人。佃农的身份，是土地上的奴隶（*servi terra*）（狄奥多西一世，C. 11. 52. 1）或者一定程度的受役使人（*quadam servitute dediti*）（阿卡丢，C. 11. 50. 2）。

关于他们对所有主的义务，佃农不仅应该支付地租（以实物或者现金），而且要提供人身劳役。因为，从形式上讲，他们是自由人，所以可以结婚，对自己的家子行使家父权，并拥有自己的财产，但是，没有所有主的同意不能转让其财产；如果佃农属于额外人员（*adscripticii*）阶层，在他死的时候，财产要返还所有主，这跟奴隶的特有产一样。

> 佃农身份的取得是通过出生（即使双亲中仅有一方是佃农）、与土地所有主达成协议，以及时效取得，即自由劳动者在他人土地上居住了一定时间这样一个事实（男人是三十年，女人是二十年）。成为佃农还可以通过乞讨（乞丐会被作为佃农授予告发他的人）或者皇帝的分配（蛮族人成为俘虏的情况下）。

> 文献上使用各种不同的表述来指代佃农（原住人 [*originales*]、额外人员 [*adscripticii*] 等），展示出佃农存在于各种不同的类型当中，根据佃农身份获得方式的不同而相区别。不同的类型可能导致不同的待遇，既有社会层面上的，也有法律层面上的（比如，在 C.

11.46.19里面，阿纳斯塔修皇帝强调，通过时效取得而成为佃农的人相对于额外人员享有更大的自由）。另外，还有人主张，从总体上看，东罗马佃农的处境相对优于西罗马佃农。

但是，尽管可以证实，在社会和法律层面上，佃农的地位因所属类型的不同或者根据他们居住的帝国部分不同而有差别，但事实却是，后古典时代的立法趋势是把佃农束缚在土地上，并使之成为实际上的奴隶，这在整个帝国晚期似乎是一种常态，而且，无论东罗马还是西罗马，都是共同的。

111. 刑事领域帝国立法的趋势

在刑事领域，后古典时代的立法是由一种纯粹的惩罚性需求所激发出来的。被认为是公共犯罪（crimina publica）的类型相对于古典时代增加了，而且，还内含着刑罚的普遍加重。审判机构的裁量权力减少了，这种权力曾是元首制时代主持非常审判的官吏们活动的典型特点。在帝国晚期，各种犯罪的刑罚通常都是由立法者通过皇帝谕令来确定的；因此，在一定程度上产生了一种趋势：落实法律的确定性。但是先前明文规定的刑罚常常要由后来的立法不断予以确认，这使人觉得在很多情况下，这些刑罚很可能是不适用的（比如，在很多针对非基督教和非正统教派信仰的谕令身上所发生的）。

专制国家把惩罚权完全收归自己，因此就限制了私人的反制行为和自我救济。同样，家父的惩罚权也显著减少了，君士坦丁已经废除了生死权（ius vitae ac necis），判定处死自己家子的人是弑亲罪罪犯，而公元5世纪，主人对自己奴隶的处决权（ius occidendi）也从根本上得到废除，即使该奴隶是有严重过错的罪犯。

犯罪类型的多样化也是另一个事实所决定的：后古典时代的立法把那些在此前的年代里仅在私法范围产生后果——既有刑事的也有非刑事的——或者只是导致判处简单罚款的事件看作公共罪行，也应该受到严重的刑罚处分。比如，在未经法律许可的前提下遗弃配偶、监护人或者保佐人恶意串通损害受照顾人的利益、母亲不为子女做出申请监护人的请求等等。另外，还有大量的新的罪行涉及执法官和官吏们的行为（这跟官僚体系的巨大发展有关系），他们常常受到刑罚处治,即使他们的归罪事由既不能归咎于故意也不能归咎于过失。因此,这就涉及客观责任的问题,当法律规定——这是经常有的——除了执法官以外,相应的署吏,即听命于他的全体吏员也要受到惩罚的时候,客观责任就更加明显了。

还需要考虑的是,帝国晚期的时候,有一种在古典时期就已经扩散开来的趋势得以普遍化:私法上的刑事罪行(私犯 [*delicta*])被吸收到(公法上的)犯罪范围里来,换言之,旧的私犯(比如盗窃、抢劫、不法侵害),最初完全只受私法性质的金钱刑的处罚,如今则被认为是对集体犯下的罪行,因此要用公共刑罚来惩治。

112. 刑罚的各种类型

正如已经说过的,在这一时代,刑罚被普遍地加重(但优士丁尼允许不同程度的减轻)。死刑得到极大规模的适用。极刑(*poena capitis*)和酷刑(*summa supplicia*)之间的区别削弱了,后者被简单地看成执行死刑的方式(特别是钉十字架刑被君士坦丁废除了,为的是对基督教表示尊重,用绞刑 [*furca*] 予以替代,委弃于野兽的刑罚不久之后也消失了,而火刑则保存了下来)。

随着古典时代末期发生的常设刑事法庭被废弃不用而消亡之后,"流放令"(*aqua et igni interdictio*),即被判死刑的人通过自愿流放来避免判决执行的可能性也减少了。结果,在刑事法庭那套体制里面,"生命刑"这一表述指涉的只是被判罚者因不受制于流放令而要实际执行的死刑判罚。如今,在文献里面,则跟非常审判中所谓的"极刑"具有相同的含义了,即在各种情况下都能够执行的死刑判罚。

> 公元 5 世纪,角斗士竞技(*ludi gladiatorii*)被废除,而君士丁尼重新确认了古老的沉入水底刑(*culleus*),即把犯罪人关到一个袋子里面沉到海里,针对的是谋害近亲的人。另外,在过去是把犯罪人跟各种各样的动物关在一起(狗、公鸡、蝮蛇和猴子),君士坦丁唯一提到的就只有蛇了(公元 318 年,C. Th. 9. 15. 1)。

在死刑之后,最严重的判罚是判处去矿山劳动(*damnatio ad*

metalla)（通常是对低等人和奴隶做的判罚），这是永久性的，并且会导致被判罚者承受奴役刑（*servitus poenae*），这就正如死刑判决一样（另外，这作为奴隶制衰落的原因，在公元 4 世纪也已经日渐式微，君士坦丁将其正式废除）。不过，判罚进行公共劳动（*opus publicum*）似乎并不导致跟法律资格有关的严重后果，而且，在较晚时代的文献里对其也很少提及。

流放刑施行很广。"流放令"消失后，流放刑就只包括流放（*deportatio*）和驱逐（*relegatio*）两种。流放（通常是在荒岛 [*in insulam*]）是最严重的形式，常常是永久的并且会导致判罚者丧失市民身份，没收（*proscriptio*）即查抄全部财产（为了子女和家人的利益，后者会有一种宽宥，即发放给他们一定份额的被判罚者财产，这种宽宥对于死刑判罚或者进矿山判罚也是有效的）。

对奴隶和低等人还特别规定了肉刑，比如鞭刑，这种刑罚有时候被理解为一种强制措施，有时候又被理解为一种真正的刑罚。罚款是非常频繁的，旨在惩罚简单的违法行为而不是真正的犯罪（大量后古典时期的立法都是对审判员、官吏和他们官署职员判处罚款的例子）。牢狱仍然跟古典时代一样是一种监管手段，而不是刑罚方式。

没收财产（正如已经说过的，这是死刑、进入矿山或者流放刑的一种后果）在某些情况下被规定为单独的刑罚。除了具有人身性和财产性特点的刑罚以外，还存在着第三种类型的惩罚措施，即所谓的荣誉刑（*poenae existimationis*），比如丧廉耻，这会导致尊荣（*dignitas*）和可能担任的职位的丧失。有些被定义为犯罪的行为可能最终会引发私法范围内的各种后果，比如没有资格作证、赠予、缔结契约。

113. 各种犯罪类型

现在转到对单个犯罪类型的考察上来。要强调的是，基督教在这方面对后古典时期的立法施加了特别影响。基督教道德的确立所实际引起的后果既有对性行为犯罪和有违婚姻关系的犯罪规定了更为严重的刑罚，也有在制度上引入了新的犯罪类型。

A）针对宗教的犯罪。所谓的信仰犯罪（或者宗教犯罪）表现出与上面所述的后一种情况有着特别的利害关系。多数情况下，这涉及的都是新的犯罪，有一些是在特许基督徒信仰自由的《米兰告示》颁布的第二天就获得认定的，另外一些则是在后来的年代里才加以制裁的。从君士坦丁开始——也就是在基督教成为罗马国家的官方宗教之前很久——在几乎所有皇帝那里都兴起一种倾向：惩罚所有跟正统教义相分歧的观点以及所有不同于基督教的宗教。于是，异端教派、摩尼教、叛教者、非基督教徒和犹太教徒都受到不同程度的打击（不过，针对摩尼教徒和犹太教徒的制裁在非基督教时代已有先例：尤其是摩尼教徒，甚至被戴克里先处以死刑）。

在后古典时代反对非天主教的立法史上，可以区分为两个时期：第一个时期从《米兰告示》到公元379—380年，在这一时期，尽管惩罚性措施有时候非常严厉（特别是君士坦丁和君士坦兹的措施），但还是有零碎化的特点（见第102—103节）；第二个时期在西罗马是从公元379年开始，这一年，格拉齐亚诺撤回了他本人在西米乌（Sirmium）① 颁布的宽容告示，并禁止所有的异教（C. Th. 16. 5. 5）；在东罗马是从公元380年开始，这一年颁布了《色萨利告示》（editto di Tessalonica），狄奥多西在这里宣布基督教是帝国的官方宗教（C. Th. 16. 1. 2 和 16. 2. 25）；这段时间的迫害加重了，并且变得系统化（见第103—104节）。

584   向非天主教徒施加的制裁根据具体情况而有不同的性质特点。从真正的刑事惩罚——甚至是最严厉的（直到判处死刑）——到一系列非刑事的制裁手段，即对私法上的资格进行限制（比如，丧失作证的资格）。尽管从严格意义上来说，这跟刑事法律领域无关，但是对后一种情况还是会给出一些简要的信息，这是为了提供一种更加完整的关于这一历史时期宗教迫害现象的背景状况。

基督教立法者针对异端教派的措施是特别众多且严厉的。在《狄奥多西法典》当中，于"关于异教派"（de haereticis）的标题之下，(C. Th. 16. 5) 包含了整整六十六道谕令。对此的解释不单单是，在公元四五世纪，在整个帝国传播着大量的异端教派，而且，天主教会有一种不惜一切代价来捍卫其统一性的需求，而罗马帝国试图通过立

---

① 在今天塞尔维亚境内。

法来满足这种需求。

最早针对非正统基督徒的措施是君士坦丁做出的，而格拉齐亚诺和狄奥多西的态度则更为坚决，在公元379—380年的时候，他们大规模地禁止了所有的异端教派。各种各样旨在阻止进行任何非正统信仰的法规都起源于这些禁令。异端教徒受到打击，对其法律资格加以严格限制：他们既不能作证也不能接受遗嘱，某些教派（特别是多纳图教派和普里西里安教派 [priscillianisti][1]）的成员还被奥诺里皇帝剥夺了缔约资格（公元407年，C. Th. 16. 5. 40）。这些异教派信徒被排除在公职和军队之外，而且，也会受到被从城市里驱逐出去的惩罚。在某些情况下，还有一些刑事处罚，比如放逐刑。如果做出了有利于异端教派的改宗行为的话，则会受到更加严厉的刑罚。根据从马尔奇亚诺的一项谕令（公元455年，C. 1. 5. 8. 11）当中所能读到的内容来看，如有讲授其教义的情况，还可能对其处以死刑。但是，按照奥诺里的规定，从异端教派回归到正统教派，可以使他们获得宽恕（获宽宥之罪 [venia delicti]）。

摩尼教（Mani）这种东方教义的追随者被看作跟异端教派信徒是一样的。针对他们的罗马基督教立法特别严厉。正如已经说到过的，对摩尼教的镇压要上溯到非基督教时期：戴克里先（Coll. 15. 3）对他们规定了死刑（摩尼教被看作一种波斯教派，而在这个时期，罗马帝国正感受到波斯的严重威胁，这个事实就可以解释该规定的极端严厉性）。到了基督教时代，从瓦伦丁尼安一世开始又恢复了对这种教派的迫害，但只在特定情况下才判处死刑。不过，摩尼教徒遭受比异端教派信徒所承受的更为严厉的制裁：除了完全失去处分和缔约资格以外，还要被流放，并被没收财产。仅仅是简单地归属于这个教派，就被认定是一种公共犯罪。

针对叛教者的罗马基督教立法也显得相当严厉。君士坦佐对改信犹太教的基督徒处以没收财产的惩罚（公元357年，C. 1. 7. 1）。狄奥多西一世也做出了相同的处治，而且使那些变成异教徒的基督

---

[1] 普里西里安教派，是公元4世纪左右在西班牙传播的基督教派，其创始人普里西里安是天主教正统的大公教会体系中第一个因异端而被杀的基督徒（381年）。该教派反对基督教的组织化和体系化，以及因此带来的教会的腐化堕落。

585 徒丧失作证资格（公元 381 年，C. Th. 16. 70. 1）。狄奥多西的另外一些谕令还通过"丧廉耻"来打击任何一种叛教类型，即丧失一切尊荣，以及作证资格和接受遗嘱的资格，后来的皇帝们还在这些制裁上面加上了对在无遗嘱继承情况下拥有继承人的可能性施加一些限制，以及丧失赠予资格。叛教者的行为被认为是一种亵渎神灵（sacrilegium）的行为，因为这导致了对洗礼仪式的亵渎。施加这些制裁都是有明确规定的，尽管叛教者没有受到像异教派信徒那样严重的迫害，但是跟后者不同的是，他们不可以通过忏悔而得到宽宥。

公元 4 世纪和 5 世纪，针对非基督教徒的立法则不那么严厉。

> 君士坦丁并不惩罚非基督教，而只处治巫术（如果直接有违生命和善良风俗的话）和肠卜术（aruspicina）①。但是，由于祭礼的残忍，这位皇帝似乎已经禁止了非基督教的牺牲祭礼；另外，君士坦佐则禁止了所有的牺牲祭礼，并对违反者规定了严厉的刑罚（公元 341 年，C. Th. 16. 10. 2）。这项禁令被尤里安所废除，这跟他支持非基督宗教重建的政策是相一致的，但又被狄奥多西一世恢复，他下令关闭神庙，实际上剥夺非基督徒的信仰（公元 391 年，C. Th. 16. 10. 10）；而且，他还规定残忍的牺牲祭礼的实施者要被当作叛逆罪罪犯来加以处治。公元 5 世纪，公然标榜非基督教信仰被反复禁止，尽管有上面提到的这些惩罚性措施，非基督教信仰却从未灭绝。马尔奇亚诺对胆敢在神庙里进行牺牲祭祀的人处以死刑和没收财产（公元 451 年 C. 1. 11. 7），而列奥则对私人家中进行的牺牲祭礼加以打击，规定了没收房子的处罚（公元 472 年？C. 1. 11. 8）。

目前为止提到的这些制裁手段，都是指向非基督教信仰的外部表现形式而进行的惩罚手段，从公元 5 世纪开始，在此基础上，还加入在非基督教徒身上施加法律资格的削减：无论是东罗马还是西罗马，他们实际上都被排除在公职和军队之外。

基督教立法者用非常严厉的字眼来界定犹太教（比如说，君士坦丁称之为"野蛮人""可耻派别"[nefaria secta]），但是，对该教的归属本身并不构成罪行。跟这种宗教实践相联系的仪式也不在禁止

---

① 这是一种通过对当作祭品的动物内脏进行占卜而获得神灵指示的原始宗教活动。

之列（只要它们不表现为对基督教有所冒犯），犹太教堂和犹太教节日庆典还得到保护和尊重。皇帝们操心的是采用非常极端的手段来制止改宗犹太教。

> 君士坦丁授予那些曾接受过犹太教神父割礼的奴隶不信仰犹太教的自由（公元 335 年，C. Th. 16. 9. 1），另外，君士坦佐还禁止犹太人获得其他宗教或者其他种族（*sectae alterius vel nationis*）的奴隶，并且规定了最高至死刑的刑罚，如果这些人被实施了割礼的话（公元 339 年，C. Th. 16. 9. 2）。狄奥多西二世（公元 423 年，C. Th. 16. 8. 26）对让基督徒——无论是自由人还是奴隶——改信犹太教的人处以流放刑并没收财产。根据狄奥多西一世的规定（公元 338 年，C. Th. 9. 7. 5），基督教徒和犹太人之间缔结的婚姻被视作通奸，而狄奥多西二世（公元 438 年，Nov. Theod. 3）则禁止新的犹太教堂的建设。

基督教成为国教这一事实的发生，导致了对犹太人限制性措施的加强，从公元 5 世纪初开始，他们也被排除在军队和公职之外。

> 有违该宗教的罪行同样也是亵渎神灵的行为，这一概念扩大到不仅包括了对基督教的冒犯行为，比如对礼拜地点和信仰实践的亵渎，也包括了对格拉齐亚诺界定为"神诫"（*divina praecepta*）的皇帝谕令的违反（公元 384 年，C. Th. 6. 5. 2）。巫术和占卜也受到严厉的镇压（君士坦佐规定，此类实践的犯罪者可以接受刑讯，而不考虑任何减免，通常情况下，这些减免是会特许给高级别的人）。与此不同的是，在古典时代，巫术是在《关于杀人和投毒罪的科尔内利法》层面上加以惩治的，而到了帝国晚期则被独立地看作一种犯罪，即针对宗教所犯而不是针对人所犯（可以看到，在《狄奥多西法典》和《优士丁尼法典》以及后古典时期的汇编作品里面有专门的标题，诸如《保罗判决》[*Pauli Sententiae*]、《汇集》[*Collatio*]）。

B）针对婚姻和道德的犯罪。正如已经说过的，基督教道德对后古典时代的立法的影响表现得很明显，对那些早在非基督教时期就已经受到惩罚的婚姻犯罪和性行为罪行规定了更重的刑罚。在前面的类型中，最严重的显然是通奸罪。从君士坦丁开始，对通奸者似乎已经引入了死刑，而在一份归到他继任者名下的谕令里面，甚至确立了沉入水底刑和火刑的交替使用（在共和国晚期，如果是以暴力强奸属天生自由人的妇女，也要被处以死刑）。

罗马基督教立法者试图打击通奸罪所采取手段的严厉性也被一个事实所证实，即反对这类判决的上诉是不被允许的。此外，跟古典时代不同的是，未婚妻的不忠也被视为通奸，因此，婚约（*sponsus*）就可以被合法地用来提起针对后者的关于夫权的通奸控告（*accusatio adulterii iure mariti*）。最后，要指出的是，正如从君士坦丁的一项谕令（公元326年，C. Th. 9. 7. 2）当中可以推论出，丈夫提起这种特许的控告，而无须以离婚为前提，正如从戴克里先时代已经开始实行的。先前已经强调过，这似乎构成对婚姻关系不可解除的基督教原则的反映。

后古典时代的立法还针对单方面离婚——如果不以严重的动机作为正当化理由的话——规定了制裁措施。

特别是君士坦丁（公元331年，C. Th. 3. 16. 1），只允许妻子在丈夫成为杀人犯、毒药制造者或者破坏坟墓者的情况下离他而去，除此之外，遗弃行为要受到流放荒岛刑的刑事处罚，并且丧失嫁妆（与此不同，丈夫遗弃妻子——并非通奸者、毒药制造者或者老鸨——也并不成为刑事处罚的对象，而只是负有归还所有嫁妆的义务，并且禁止缔约新的婚姻）。后来的皇帝们针对这些不正当遗弃行为也规定了具有刑事和财产特点的制裁措施（奥诺里确认了对妇女的流放刑[公元421年，C. Th. 3. 16. 2]），他们还增加了使遗弃行为得以正当化并使之合法的理由。

不确定的是，违反君士坦丁规定给丈夫的不得在姘居处包养情妇的禁令是否会受到刑事惩罚（公元326年，C. 5. 26. 1）。但无论如何，这份禁令在所谓的《保罗判决》（2. 20. 1）的西罗马文本上（可以更晚些）是以更加严厉的形式表现出来的，绝对禁止丈夫在婚姻期间拥有情妇。

在性行为犯罪里，古典时代就已经加以惩治的乱伦行为到了帝国晚期受到更加严厉的打击。君士坦佐甚至对叔舅和侄女外甥女姘合的情况规定了死刑（公元 342 年，C. Th. 3. 12. 1）；火刑甚至延伸到在表亲之间进行结合的类型，但被阿卡丢废除，取而代之的是具有财产特点的惩罚（表亲之间的婚姻在阿卡丢之后数年被转变为合法的）。

强奸罪是被特别严厉地加以惩罚的。君士坦丁不仅对强奸者处以死刑——可能是加重了的——如果被强奸者曲意顺从的话，她本人以及同谋的双亲或者抚养人都将处以死刑（公元 320 年，C. Th. 9. 24. 1）；君士坦佐似乎减轻了这种制裁，他宣布只有（*tantummodo*）在强奸这种情况下才被处以死刑（公元 349 年，C. Th. 9. 24. 2）。对并没有实施强奸，而仅仅为结婚的目的试图去勾引已献身于上帝的贞女或者修女者，约维安也规定处以死刑（公元 364 年，C. Th. 9. 25. 2）（奥诺里规定为流放刑）。

对拉皮条行为的惩治——《关于通奸罪的尤利法》只是在某些前提下才将其规定为犯罪——在公元 5 世纪被加重并普遍化了。狄奥多西二世分别剥夺了让女儿或者女奴去卖淫的父亲或者主人的家父权和所有权，并且判处他们进入矿山（*ad metalla*）（公元 428 年，C. Th. 15. 8. 2）；同样是这位皇帝，在稍晚的几年，还无差别地判处皮条客笞杖刑（*verberatio*）并被赶出城市（公元 439 年，Nov. Theod. 18）。列奥在东罗马还实施了更加严厉的刑罚（进矿山并没收财产）。

罗马基督教立法者把那些有违天性的交媾行为也同样判定为极其严重的罪行。君士坦佐用相当夸张的修辞手法来对其进行判罚，而狄奥多西一世甚至对其施加火刑这样的酷刑（公元 390 年，C. Th. 9. 7. 6）。

除了这里罗列的类型以外，在其他一些不同情况下，后古典时代的立法者们还把性关系当作犯罪来加以惩罚。在幼女贞操受到监护人侵犯的前提下，君士坦丁对后者实施流放刑；自由人妇女和自己的奴隶交合也会导致该妇女被判处死刑，奴隶判处火刑（更准确地说，如果自由妇女同他人的奴隶交合，《克劳迪元老院决议》的规定在优士丁尼时代以前仍然有效——而他本人将要废除之——判处该妇女失去自由权）。

正如已经看到的，帝国晚期的立法是以最严格的道德主义为激励的,尽管它并没有实现完全无差别地来惩治所有婚姻关系以外的性关系。在这种道德主义最热心的支持者里面,特别突出的是君士坦丁及其儿子君士坦佐(这两人对前面提到的罪行科以最严厉的刑罚,其中一些被后来的皇帝所减轻)。狄奥多西一世的立法也指向对这类犯罪进一步地加重惩罚,这正是该皇帝所全力追求的宗教政策的必然后果。

C)针对国家和公共秩序的犯罪。除了具有道德与宗教性质的需求以外,帝国晚期的立法似乎还受到一种忧虑的影响,即捍卫国家的安全和权力以及维持公共秩序,专制体制对此常常十分敏感。

反对国家(这已经被人格化为皇帝了)的最严重的犯罪还是叛逆罪,显然是要用最严厉刑罚加以惩治的。另外,叛逆罪的概念还有所扩展,具有从未有过的不确定而模糊的外延,即被认为是此类罪行的犯罪者不仅有谋害皇帝性命的人,以及普遍意义上的叛国罪罪犯,也包括很多其他各种类型的行为人。比如,对非基督宗教进行牺牲祭礼的人(公元 392 年,狄奥多西、阿卡丢和奥诺里,C. Th. 16. 10. 12),或者强迫某人从其获得庇护的教堂离开的人(公元 409 年,奥诺里,C. Th. 16. 8. 19)。正如已经看到的,有时候某种宗教犯罪也被表现为叛逆罪(相对地,正如上面所揭示的,格拉齐亚诺把违反皇帝谕令界定为亵渎神灵的行为,他把这些谕令称为"神诫")。

> 有些情况下,皇帝们还规定把那些不听命令或者具有严重过失的有罪官吏当作叛逆罪罪犯来加以惩治,比如芝诺皇帝(公元 486 年,C. 9. 5. 1)对总督所采取的措施,如果他们对那些胆敢在私人监狱里关押他人的人不提起刑事审判的话(这些总督就与之同罪,见第 114 节)。仅仅是缺少对皇帝最高权威的尊重,也可以被归入欺君的范畴:狄奥多西一世(公元 394 年,C. Th. 15. 1. 31)把那些将自己的名字镌刻在公共纪念碑上面取代皇帝名字的官吏或者执法官也判定为叛逆罪罪犯。

对上面所说的这种罪行的镇压都是以特别严厉的方式进行的。在后面将看到(第 114 节),在后古典时代的叛逆罪审判里,没有任何一种尊荣地位可以被援引用来避免被刑讯,而奴隶和解放自由人也被授权对各自主人或者恩主进行控告。在此基础上,还必须加上：根据阿卡丢的一项法令（公元397年，C. Th. 9. 14. 3），叛国罪或者密谋罪的判罚也会给被判罚者的子女带来刑罚性质的后果，即使他们是无辜的；如果是男性，他们就不能够从任何人那里继承任何东西，无论是亲戚还是外人，而且要被科处终身丧廉耻。

暴力罪被判定为对公共秩序特别有害的一种罪行，因此会受到严厉的惩处。君士坦丁加重了对任何一种类型的暴力行为的镇压（公元317年，C. Th. 9.10.1）。他不考虑古典时代在公共暴力和私人暴力之间的区别，而是宣布废除此前的驱逐和流放的刑罚，并对这些暴力的行为人规定了死刑（由于罪行的特别严重性，此类判罚是不接受上诉的）。

君士坦丁还在另一项谕令（公元319年，C. Th. 9. 10. 3）当中规定了，在以暴力占据他人占有的物品的情况下，即使他确信此物属于自己，也必须首先归还此物，随后再来确认所有权，直到该暴力行为人被科处的刑罚决定下来之前，这个确认程序都保持悬置不决。如果暴力行为人在所有权审判中被认为有过错，就要承受流放荒岛刑并没收财产；如果承认了他的权利，则要为其所犯暴力行为承受没收一半财产的处分。

君士坦丁针对暴力犯罪（*crimen violentiae*）规定的刑罚在后来被减轻了。比如说，狄奥多西有一项谕令（公元390年，C. Th. 9. 10. 4）区分了行为是由自由人还是奴隶所为，在后面这种情况下，区分是否有各自主人的强迫。只有在奴隶因自己起意的情况下才处以极刑，而在其他情况下，则被判进入矿山，而怂恿他们的主人则要承受丧廉耻和失去一切尊荣。

同谋行为（*crimen receptatorum*）也被当作犯罪来加以惩治。特别是那些大庄园所有者（*possessores*）和他们的管家（*procuratores*），如果在他们的土地上为逃兵或者土匪提供藏身地，就要分别受到丧失庄园和流放刑的制裁。不仅如此，那些知道有行为不轨下属的存在，却疏漏了把他们交给当局的庄园主和管家，也要被科处刑罚。因此，仅仅是缺少与保卫公共秩序的机构进行合作，也被当作同谋罪来加以惩处。

在造假行为的惩治措施范围内，制造假币的罪行具有独立的表现。对这一罪行，君士坦丁根据犯罪人的社会地位规定了（公元319年，C. Th. 9. 21. 1）从永久流放到死刑的各种各样的刑罚。在一项可能要归到君士坦佐名下的谕令里（公元343年，C. Th. 9. 22. 1），对以不同于官价的价格贩卖索里迪金币、伪造其成分，或者将假币投入流通的人，常常处以死刑，甚至是火刑。同样，把真币熔化用以提取其中金属内在价值的人，也要被处以死刑（君士坦丁把这种混同行为认定为亵渎神灵）。

狄奥多西一世宣布伪造货币的犯人是叛逆罪罪犯（公元389年，C. Th. 9. 21. 9）。因此不会令人感到意外的是，根据这种关于伪造货币的新的概念，瓦伦丁尼安三世在西罗马实现了对一些人处以死刑，而他们仅仅是拒绝接收（或者以更低的价格接受）那些合法流通，但部分是由不甚值钱的金属铸成因此实际价值表现为低于铸造时规定价值的货币。

> 在帝国晚期，被判定为对国家利益和公共秩序构成损害而受到惩治的行为的清单是相当长的并且远未穷尽。这里，可以再补充一点，即在这个年代，各种财税舞弊行为（狄奥多西一世对那些为了逃避本应缴纳的税款而毁坏自己土地的人处以死刑），以及给公共工程带来损坏的行为（狄奥多西二世用火刑来惩罚为个人利益非法盗用尼罗河水并为此目的毁坏河堤的人）都被认定为犯罪，而受到严厉的惩处。

D）针对公共行政管理的犯罪。在帝国晚期，针对公共行政管理所犯罪行的刑罚更重。显而易见，这是为了控制日益泛滥的官吏腐败和不当治理。被当作舞弊罪罪犯（刑罚是流放）加以处治的，不仅有通过腐败行为采取不正当手段谋求某项尊荣的人（在这种情况下，仅仅是有此意图也被明确地等同于既遂的罪行），还有那些违反明确的禁令多次担任同一职务的人。与舞弊罪相类似的是买卖圣职，即把宗教职务商品化，在东罗马，这受到芝诺皇帝的禁止和制裁（公元469年，C. 1. 3. 30）。

在官吏贪污的情况下（搜刮钱财罪），除了受到丧失一切职务和地位的处罚以外，还有一种对应于他榨取钱财四倍数额的金钱刑罚。格拉齐亚诺规定，出卖案件结果的审判员要遭受跟侵占公款罪

(*peculatus*)同样的刑罚（公元 383 年，C. Th. 9. 27）。为了反对后面这种犯罪人员，狄奥多西一世做出了最严厉的立法。他宣布：仅有金钱刑罚是不够的，而是要对他们处以死刑（公元 392 年，C. Th. 9. 28）。

E）针对人身的犯罪。关于针对人身的罪行，杀人罪的惩罚手段扩大并加重了。杀害新生儿的行为也被认为属于这种罪行。瓦伦丁尼安一世的一项谕令——归在《狄奥多西法典》的"关于杀人罪的科尔内利法"（*ad legem Corneliam de sicariis*）这一标题之下（公元 374 年，C. Th. 9. 14. 1）——对这种情况规定了死刑（同一年还有另一项谕令，对遗弃子女的行为也规定了刑事惩罚 [C. 8. 51. 2]）。在君士坦丁时期，针对弑长亲罪的刑罚（沉入水底刑 [*culleus*]：第 112 节）被扩展到所有杀害近亲属的类型上，也包括家父杀害自己权力之下的家子的行为（公元 318 年，C. Th. 9. 15. 1）。

> 这位皇帝还把杀害自己奴隶的行为当作杀人罪来加以惩治，除非这起因于被认为是正常的强制手段的使用（鞭笞和击打）。到了公元 5 世纪，主人对奴隶的处决权被完全废除了，因此，如果是故意杀害自己的奴隶，在所有情况下都会被视为杀人罪。

君士坦丁也同样加重了对诱使他人为奴行为的惩罚力度，规定（公元 315 年，C. Th. 9. 18. 1）那些对他人子女不当行使权力而使父母承受丧子之痛的人要被判处委弃于野兽的刑罚（如果是奴隶或者解放自由人），或者进行角斗士竞技（如果是天生自由人）。追溯到同一位皇帝身上的还有，对阉割行为加重处罚，即使是对某一奴隶所为，也要被处以死刑。需要指出的还有，在后古典时代，任何一种不法侵害的类型，都被吸收进刑事制裁的领域里，并受到公共刑罚的处治。

受到帝国晚期大量谕令严厉处罚的还有对坟墓的侵害。瓦伦丁尼安三世的一项新律（公元 447 年，Nov. Val. 23）对这些侵犯者——如果不是最高等级的人——规定了死刑。

114. 刑事诉讼程序

随着非常审判的最终确定——由于常设刑事法庭的消失，它在古典时代末期已经成为审判程序的日常模式——后古典时代的刑事诉讼程序表现出的突出特点是，纠问制相对于控告制取得了绝对的优势地位。常设刑事法庭式微之后，控告者的存在不再是发起一场刑事审判程序不可或缺的前提条件了，各种罪行可以由国家机构的职员来进行追诉。另外，共和国时代的原则，即以某项犯罪（即对公共利益构成损害的不法行为）为对象进行控告，对每一位市民（*quivis de populo*）而言都是开放的，在古典时代就已经受到了严格的限制；在帝国晚期，这已经变成极为例外的适用了，是因为非常审判的产生和逐渐扩展。此时，在审判程序的基础上，存在的是个人的提议，个人通常是因不法行为的实施而直接受到损害的主体（这一时期的文献在这类案件中提到了与公共 [*publica*] 控告相对的私人指控 [*accusatio privata*]）。

592 公共控告，也就是向任何一位市民开放的指控模式，到了公元四五世纪的谕令里只是被很偶尔地提到了，而且仅仅针对那些最严重的犯罪，叛逆、杀人、抢劫、暴力等。在通奸的情况下，君士坦丁在立法上对公共控告的行为进行镇压：只承认那些必须是最亲近的人（*proximae necessariaeque personae*），即通奸妇女的丈夫、父亲和近亲属才能够提起跟这个犯罪人有关的控告（公元326年，C. Th. 9. 7. 2）。同样是君士坦丁，在他关于控告权（*de accusationbus*）的谕令中（FIRA I, nr. 94），对控告的权利加以调整，使其受到某些限制，并在某些情况下针对控告者规定了制裁手段。比如说，一个奴隶或者解放自由人对各自的主人或者恩主提起控告，将导致被直接处死，而审判员无须考虑这项控告是否有根据。

但需要指出的是，这些制裁手段随后就会倒台。格拉齐亚诺虽然禁止奴隶对他们的主人提起控告，但例外的是跟谋逆罪有关的控告（公元376年，C. Th. 9. 6. 2），而控告的合理性往往不仅限于叛逆罪的情况，而且，由于《狄奥多西法典》（见 C. Th. 9. 6）编纂者的工作，这种合理性被延伸到解放自由人对恩主的控告上来。禁止奴隶和解放自由人对各自的主人和恩主提起刑事指控的普遍性规则存在例外情况,这可以用一个事实来加以解释:在绝对君主制时期,对叛逆罪加以镇压获得了特别的重要性(见第113节)。

另外,即使是私人控告,即由不法行为的受害者提起的,也变得更具有风险了,因为从后古典时代之初开始,诬告(calumnia)的概念被扩大化了,而且对这种罪行规定的刑罚也加重了。

实际上,在古典时代的非常审判程序里,就反对诬告行为而言,故意是必需的,即控告者明知被控告者是无辜的。到了帝国晚期,则把任何提起无根据之指控或者最终未被证实之指控的人都归入这种犯罪,即使该指控是以善意做出的。甚至,君士坦丁还让控告者承受在假设指控获得证实的情况下被控告者会遭到的那种刑罚,因此,就规定了一种"诬告反坐"的法则。这一切都促使控告者不敢作声。于是,为了有利于对某些犯罪加以惩治,立法者在某些情况下又认为控告是合适的,并对提起公告的人许以奖赏(但匿名告发还是要受到严厉的制裁)。

诬告概念的变化导致"通谋"(praevaricatio)犯罪(罪犯和控告者之间的恶意串通)和"敷衍推诿"(tergiversatio)犯罪(因不正当理由而中断控告)的转变;通谋罪不再是一种独立的犯罪,而是被诬告罪所吸收,因此,根据这个新的概念,为罪犯进行开脱的客观事实就会导致控告者受到判罚,而这与双方之间是否存在恶意串通的状况无关。至于敷衍推诿,只有在控告人任凭一年期限经过的情况下——这是所有刑事诉讼必须结案的期限——才受到制裁,而不论动机,但这相对于古典时代要更加温和。

犯罪人供述也构成证据。而且,君士坦丁的一项谕令(公元314年? C. Th. 9. 40. 1)确定,如果没有以犯罪人供述或者与之相一致的证人证言为依据,审判员不能够宣布死刑判决。在这个法令里面流露出来的保护被控告人的意图却受到了一个事实的严重损害:在对被控告人(以及证人)的审问当中,可以使用刑讯的做法,除非所涉及的主体可以主张其拥有特别的尊荣,比如元老院议员、教会成员、市议员(不过,对于叛逆罪、伪造罪和巫蛊罪,任何豁免都不起效)。

关于证据的判断标准这一主题，需要引用所谓的《保罗判决》(4.12.5)里的一份文本，有人认为，这份文本是更晚时代重新编排的。这里面宣布了一项原则：其罪过未以绝对方式加以确认的人，必须得到开释。另外，该原则（普遍用"疑罪从无／疑罪从轻"[in dubiis pro reo]的表述来界定）拥有古典时代的前身（这方面可以提到哈德良皇帝的一份著名敕答，乌尔比安在 D. 48.19.5 pr. 中引用过），因此，像曾经主张的那样，认为该原则可以归结到基督教的某种影响的名下，这就不无疑问了。

具有更大可能性的是，可以认为基督教的影响激发出一些谕令，旨在改善身陷囹圄之人的待遇：禁止使用过紧的锁链、禁止对囚犯进行虐待、禁止对他们的羁押超过必要期限，允许教会人士进入监牢，为的是可以向这些囚犯提供精神和物质帮助。私人监狱被废除，违反此项禁令的人受到的惩罚跟叛逆罪犯人（reus maiestatis）相同（公元388年，瓦伦丁尼安、狄奥多西和阿卡丢，C. Th. 9.11.1）。

为反对某项判罚而提起上诉的权利普遍地为所有人享有。但是，那些被宣布为罪行严重的罪犯以及供认不讳的罪犯被排除在此项权能之外（杀人、通奸、抢劫、伪造、巫蛊、暴力）。此外，跟古典时代一样，上诉很显然只是为了纯粹拖延时间，即为了推迟判决的执行，不会导致上诉审，因此，该一审判决可立即执行。

115. 皇帝的法律

正如前面已经提到过的（第106节），帝国晚期的皇帝谕令可以被认定为这一时期法律唯一的权威性渊源（除了大区长官的指令）。至少在实质上，早在元首制末期，它们就已经成为这种渊源了，当时，规范性产品的其他渊源已经式微：从帝国的第一个世纪开始，民众大会的立法活动就消失了；接下来的一个世纪，裁判官告示也经过了法典化；而在公元3世纪，元老院和法学自身的法律创制活动也都枯竭了。

另外，在帝国晚期，因上面说到的这些渊源的工作成果而颁布的大部分法令（即法律、裁判官告示、元老院决议和法学家解答）仍然保留了效力，不过，从官方角度来讲，创造新法的权力已经仅属于皇帝了。君主谕令与法律的等同在形式层面上也实现了。正如已经看到的，在这一时期，谕令实际上已经不再像在元首制中实际所做的那样被定义为"取得法律效力"，而是纯粹而简单地定义为"法律"。

在帝国晚期，各种皇帝谕令的类型还是有区分的，不过，这种类型划分相对于古典时代还是有所不同。从君士坦丁开始（第101节），皇帝们更喜欢通过所谓的敕告或者普遍性法律 [leges generales] 来立法，这些法令所包含的规范跟他们采用的术语本身所展现出来的一样，恰恰都具有普遍和抽象的特点，也就是说，它们是针对各种阶层或者群体的人（某个特定地区或者城市的居民），甚至是针对该皇帝的所有臣民这个整体做出的规定。普遍性法律的草案是由圣殿执法官来起草的，并要在枢密院里进行讨论（根据狄奥多西二世的一项法令 [公元446年，C. 1. 14. 8]，也要在元老院进行讨论）。

然而，具有特殊性质的法令却失去了重要地位（特别性法律 [leges speciales]），这是古典时期占主导地位的个案决疑法思维方式的残留。特别是敕答（以及敕函），即皇帝针对私人或者官吏发出的诉状或请求函当中具体的法律性问题所做的答复，从君士坦丁开始，在很大程度上失去了最初的效力，他（公元315年，C. Th. 1. 2. 2）禁止这些敕答在违背法律（contra ius）（要理解为现行的立法性法律）原则时还能够拥有普遍的有效性，该禁令在后来的时代还被皇帝们反复确认。另外，还有一项原则被多次强调，即为了使敕答生效，必需的一点是请求人的确认性陈述要表现为与事实相符合。在这方面，芝诺皇帝规定（公元477年，C. 1. 23. 7），对诉状真实性的确认是必须做出的，不仅要由接受敕答的审判员做出，还要由皇帝文书署在发出该规定之前做出。另外，在公元4世纪末和5世纪最初的几十年里，各种皇帝谕令都规定，敕答应当具有的效力并非普遍性的，而是常常仅限于具体案件的解决。

所有这些限制，特别是否认违反法律的敕答具有普遍性效力，削减了这样一种皇帝谕令最初的重要地位中的很大一部分，因为它们阻碍了通过敕答可以在制度内引入新的法律原则的可能性，换言之，也就是阻碍了这些敕答可以像戴克里先时代之前所进行的那样，发挥一种法律创制的功能。

同样失去了重要地位的是其他一些君主谕令的类型，比如敕裁和敕训。前者即皇帝的裁定，变得更加少见，因为皇帝们更倾向于把纠纷的解决交给他委托的官吏去完成；至于敕训，在公元5世纪已经快消失，因为对官吏们的训示已被分配给普遍性法律。

另外，在帝国晚期得到运用的是两种新的谕令种类，其特点在学说上显得并不完全清晰明确，它们是敕批（adnotationes）和实用规定（pragmaticae sanctiones）。前者可能接近于敕答，但是，由于文献上的不确定性，它相对于后者的区别并不是完全明确的。实际上，根据君士坦丁的一项谕令的文本内容（公元314年，C. Th. 1. 2. 1），敕批似乎要早于敕答的做出，它存在于皇帝本人或者视作本人审理的具体案件的解决方案里，也就是说，是在该解决方案被赋予敕答的形式之前做出的（可能是在诉状的页边由皇帝做的批示）；在其他文献里，敕批和敕答则显得是两种不同的规定，尽管这两种谕令种类之间的区别似乎纯粹是形式上的。

实用规定是一种介于敕答和普遍性法律之间的形式，经常用来解决单个案件，不过，有时候也具有超越具体案件的价值与效力。另外，从芝诺开始（公元477年，C. 1. 23. 7），它们也受制于跟敕答相同的规则的调整，对于它的发出和生效，要求诉状作者的确认陈述与实情相符合。此外，阿纳斯塔修皇帝规定，与普遍性法律相左的实用规定不具有效力。该实用规定可以具有不同的内容，不过多数时候涉及的是行政管理题材，它的做出既可以根据皇帝的提议也可以是私人或者官吏的请求。通过实用规定这一工具，皇帝还可以把他们的谕令发给另一个罗马帝国的同僚统治者。特别要指出的是《关于支持维吉吕的实用规定》（pragmatica sanctio pro Vigilii），借助该规定，优士丁尼在教皇维吉吕的请求下，将他汇编的法典也扩展到当时已经挣脱哥特人统治的意大利。

总之，在帝国晚期的国家所有的机构里面，只有皇帝才有权力颁布新的法律形式（大区长官是例外，但是在某些限制范围内）；为了这个目的，他主要利用敕告（也称为普遍性法律），这种法律形式占据了皇帝谕令等级体系里面的首要位置。

现在需要解决的一个问题是，在帝国分裂为两个部分以后，帝国境内立法统一性是否留存下来。

> 正如已经看到的（第103节），罗马帝国在君士坦丁于公元337年去世时就失去了政治和行政上的统一，而由他的儿子们君士坦丁

二世（很快就被除掉了）、君士坦佐和君士坦兹所瓜分。从君士坦丁二世死亡（340年）到西罗马帝国垮台（476年），罗马国家一直都分裂为两个很不相同的行政管理区域，除了短暂的重回统一。东罗马帝国和西罗马帝国分别处在各自奥古斯都的统治之下（有时候不止一个），统治帝国一部分的这个人是一套行政体制的首脑，实行与帝国另一部分的同僚不同的行政体制，他率领自己的军队，掌握自己的文书署，通过它以自己的名义发布谕令，而没有必要与另一位奥古斯都达成事先协议。

因此，这就提出一个问题：由一个帝国发布出来的谕令是否在法律上当然地在另一个帝国也具有效力，换言之，随着帝国两个部分在行政管理上的分裂，罗马帝国是否还保留着立法上的统一。

要提前声明的一点是，这个疑问完全仅涉及敕告和其他的普遍性法律，而不是诸如敕答这样的皇帝法规，出于其自身的性质它们仅有有限的效力。另外，排除在考察范围之外的还有，在罗马帝国经过君士坦丁的几个儿子最初瓜分之后，在很短暂的时期里重新由一个皇帝统治时发布出来的那些谕令，因为这些谕令无疑对整个帝国都具有效力，也就是说君士坦兹死后由君士坦佐统治的时期（350—361年）及继任者尤里安（361—363年）、约维安（363—364年）统治的时期。

那些由两位在任皇帝共同发布的谕令所具有的普遍效力（即对整个帝国）当然是毫无疑问的。比如，在瓦伦丁尼安和瓦伦兹统治的最初几个月里发布的法律，当时，瓦伦丁尼安坐镇东部，其弟在西部。当谕令仅是由在任皇帝中的一位发布的时候（而且这是绝大部分的情况），法律普遍效力的问题就出现了。

一种假说是，尽管罗马帝国在行政管理领域已经实现了分离，但还保留了自己在立法上的统一性，有一个毋庸置疑的事实似乎为这个假说提供了佐证：每一位皇帝即使是各种谕令的唯一作者，常常也遵守一个习惯，在同一份谕令的签名处除了写上自己的名字外还写上另一位或者其他几位在任奥古斯都的名字（签名 [inscriptio]是置于每一项谕令文本之前的，除了指出在任皇帝的名字以外，还有谕令的接收者，如果他是一位官吏，常常还要明确他担任的职位），这样的结果就是，初看起来，并不容易区分该谕令是由在签名处被提到的多位奥古斯都联合制定的，还是应该把该谕令归到仅仅其中一位的名下（正如经常所发生的）。总之，无论是否有皇帝们联合立法，签名处出现所有在任的奥古斯都的名字，这一事实就可能引导人们认为，这些谕令在任何情况下都对它们被颁布的帝国部分以外的另个一部分具有效力。

也是出于这个理由，在学理上并没有给这个问题提供一种明确的解答，有一些持不同意见的学者主张立法二重结构的论点；而另一些则表现出倾向于相信，虽然在两个帝国之间实现了行政管理上的划分，但立法统一性却并没有消退。

但是，近来得到的一些学说的意见却否认了后面这种假说。一项针对从瓦伦丁尼安和瓦伦兹取得皇位到狄奥多西一世去世（364—395年）期间发布的谕令所做的细致研究（这是由高德梅特[Gaudemet]做出的）确认，东罗马与西罗马在与某些制度有关的立法领域当中存在分立，但无论是东部还是西部，都有很多谕令仅具有"区域性"效力而并不扩展到整个帝国；而且，有些情况下，统治罗马帝国一半的皇帝表现出明知帝国另一半发布了一项法律，也不承认其效力，而是确认由同一个帝国的皇帝颁布的先前法律的效力。这似乎证明了，有两个相互区别的立法传统的存在。

因此，上面揭示出来的主题引导人们得出如下结论，公元4世纪中叶左右，在帝国的两个部分并不存在立法的统一性，而是立法的二重结构。这种二重性在狄奥多西战胜马西莫（388年），恢复帝国的政治统一，即把西罗马置于他的保护之下（因为瓦伦丁尼安二世年幼）并在意大利常驻多年之后也没有减退。在意大利，他实际上发布了各种各样的谕令，其中一些是指向西部的，一些是指向东部的，其中很多如同已经揭示出来的，都表现出了明显的地方性特点（即用来仅在它所指向的帝国的一部分生效）。

与此相反，还查明了曾有两份谕令包含了相同的禁令（关闭非基督教的神庙和禁止宰杀祭礼），这是狄奥多西在相隔不久的时间颁布的，一份发给罗马城市行政长官，也就是发给西部（公元391年2月24日，C. Th. 16. 10. 10. 24），一份发给奥古斯都特使（*praefectus Augustalis*）和埃及侍从官（*comes Aegypti*），即发给东部的（公元391年6月16日，C. Th. 16. 10. 11. 16）。皇帝想要为这份禁令树立起普遍性效力的意图似乎是很明显的，但同时他采用的是发往帝国两个部分的两道不同的谕令，这让人联想到：仅向帝国的一个部分发出一份谕令并不能达到把该禁令的效力扩展到整个帝国的目的。

德·多米尼西斯（M. A. De Dominicis）完成了另一项以帝国晚期的立法二重结构问题为对象的研究，他考察了君士坦丁去世之后到公元468年之间的皇帝谕令的署名（*inscriptiones*）和落款（*subscriptiones*）（落款紧随在谕令正文后面，包括谕令颁布的时间和地点 [*data*]，接受人接受 [*accepta*] 或公布 [*proposita*] 的时间和地点）。从这项考察当中，有证据表明，在绝大部分情况下，帝国特定部分颁布的谕令一般都发给了同一个部分的官吏（针对该规律，可能指出来的例外情况是在公元395年之前的立法，这是狄奥多西一世的儿子们最终将帝国分裂开的时间）。

在这个问题上很有意思的一点是，根据署名和落款之间的对比可以查到，在某些情况下，接受或者公布谕令的官吏有别于署名当中指向的官吏，这是因为，最初接收到谕令的官吏时常把这些谕令转发给另外的官吏来接收。那么，在整体考察显示有这种对皇帝谕令进行转发现象的文献之后，会发现一种跟上面提到的现象相类似的查证结果：通常，转发也是发到跟最初接收官吏属于帝国同一个部分的另一位履职官吏手上（多数情况下是前一位官吏的下级官吏）。

根据上面所揭示出来的内容，可以总结为：从君士坦丁的儿子们登上帝位那个时代开始，在帝国两个部分之间建立起来的官僚体系的分立结构造成了东罗马和西罗马之间立法二重性，而这也是必然后果。一个帝国的文书署向常驻在另一个帝国的官吏发出谕令，这样一种少数而零星的例子似乎并不足以否认这样一个论断，而且，这种发送在公元395年之后也不见了踪迹，这一年正是罗马帝国两部分之间的鸿沟加深的年份。任何一项谕令在署名处都备有所有在任奥古斯都的名字的事实可以解释为，公元5世纪，帝国在形式上还被认定是统一的。狄奥多西二世把西罗马称为"紧密联系的帝国的另一部分"（*alia pars coniunctissimi imperii*）（C. Th. 1. 1. 5），然而，这里所谓统一性绝大部分只是形式上的（不过，正如已经提到的 [第 106 节]，至少通常情况下，对帝国一半的皇位继承的确要以统治帝国另一半的皇帝的同意为前提，即使不是由他来选任），这一点跟两个部分之间存在着行政管理和立法领域的独立自主性——就像曾经提到和正在提到的那样——并不矛盾。

到了狄奥多西二世时期，上述这种立法的独立自主性以正式的方式得到承认。在那份谈到"紧密联系的帝国"的谕令里（公元 429 年，C. Th. 1. 1. 5），这位皇帝规定，由多位奥古斯都其中之一颁布的法律并不对帝国另一半产生效力，前提是该法律并没有以一份"实用规定"的形式发送给另外的奥古斯都，或者另外的奥古斯都并不愿意通过自己最高主权者的行动来接受它。根据上面所观察到的内容，狄奥多西二世的这项法规被判定为对一种长期存在的事实进行的官方承认。

另外，很早以来，就有一种回归到实质统一性的企图，跟这里宣布的立法上的独立自治性形成对立。当狄奥多西二世公布了一份帝国法律的总集用来作为东罗马的官方法典——《狄奥多西法典》（第 118 节）——的时候，瓦伦丁尼安三世也请求将该法典发送到西罗马，并且也实现了。于是公元 439 年 1 月 1 日，这部法典在整个帝国生效。《狄奥多西法典》在西罗马被接受实际上就实现了帝国两半立法的统一，因为法典中所包含的所有谕令，即使最初的时候只是在其中一个帝国生效的谕令，如今也都适用于两个部分了（据理解，并不包括那些被废除的谕令）。但是，这一局面仅是昙花一现，因为在狄奥多西作品公布之后，后来的皇帝继续以自己的名义进行立法，而且，仅在某些情况下才将他们的谕令发往帝国另一半以使其效力也影响到那个部分。特别是公元 447 年，狄奥多西二世向西罗马发送了一组新律，后来马尔奇亚诺和列奥也有相同的作为（后者是在安特米的明确要求后，向其发出了唯一一项新律）。但是，并没有任何谕令从西罗马发往东罗马的记载。

出现的结果是，从公元 438 年开始——这正是狄奥多西作品公布的时间（我们能获知的最后一项谕令可以上溯到公元 468 年）——东西罗马之间的两大立法体系又再一次渐行渐远了。

116. 习惯和实践

帝国时代晚期的皇帝谕令尽管在实际上是官方法律唯一的渊源，但却绝对不是在罗马法律制度当中适于进行创新的唯一渊源。为了全面衡量这一时期法律的发展演进，也需要考虑到习惯（特别是东罗马的具有希腊起源的习惯）以及实践（法律行为和审判行为）实施的影响。

公元 212 年的卡拉卡拉告示赋予帝国几乎所有的臣民以罗马市民权，却并没有取消适用地方性法律的效力（见第 100 节）。这些法律继续在行省得以使用，而且顽强地抵制罗马法的适用，在帝国的东部行省，尤其是那些受到希腊文化和语言影响的地区。而西部行省的法律和文化传统不那么丰富，则容易臣服于罗马化进程，因为它们已经或多或少地罗马化了。从官方法律（通过谕令表现出来）的角度来看，这些地方性法律被视作习惯，在后古典时代尚且非常活跃，因此，首先要考虑的问题是它们与帝国立法的关系。

针对东部习惯的态度，学说上喜欢以非常明确的方式来强调戴克里先为一方，而君士坦丁及其继承人为另一方。戴克里先公开表现出对这些习惯的敌视，并坚决地要在行省居民身上强制规定罗马法的主导性（可以相信，戴克里先在发往东部行省的大量敕答都强调对罗马法律原则的正确适用，但都遭到请求敕答之人的质疑，有时候甚至是忽略）。与此相反，君士坦丁及其继任者面对地方习惯的时候则做出让步，因此，从君士坦丁开始，罗马法经受了行省法律，尤其是希腊行省法律的深刻影响。后古典时代恰恰就被一部分学说界定为"希腊化的罗马时代"。

正如已经观察到的（第 102 节），把后古典时代界定为"希腊化的罗马时代"似乎有点过头了，因为除了希腊化习惯施加的影响以外，还有其他因素也推动公元 4 世纪和 5 世纪的罗马法的更新。

在这些最基本的因素里，有政治的和经济社会的因素，它们是以戴克里先—君士坦丁的改革、帝国专制主义的最终确定（这是个人自由受到严重限制的原因），以及在阶级和行业协会当中严格的社会划分为基础。

这种新的政治和经济社会安排在公法范围内有着特别的影响，

但在私法上也表现出影响力。只要想到意大利土地所有权和行省土地所有权之间的区别消失（后果是前者也成为田税的征收对象）、永佃权所具有的新面貌，以及法律资格欠缺的新原因并因此促使新的半自由阶级、佃农和事实上的隶农的诞生就足够了。

显著地推动后古典时代罗马法形成的另一个因素则是基督教（尽管正如已经指出的是，把后古典时代的法律界定为一种"基督教罗马法"显得有点过头）。从君士坦丁开始，在这种新兴宗教里表达出来的道德要求就已经对一些法律部门产生了深刻的影响，既有私法的、也有公法的（在刑法［第 113 节］和刑事诉讼法［第 114 节］方面有重大的创新），比如，结婚和离婚制度就因此承受了剧烈的变革。

回到帝国法律和习惯的关系的问题，尤其是关于君士坦丁所具有的对东部习惯的支持态度时，必须要注意的是，这位皇帝（及其继任者）的想法其实完全没有脱离戴克里先的想法，因此，对于君士坦丁来说，以皇帝谕令的形式表达出来的最高统治者意志必须凌驾于其他所有法律渊源之上。习惯的权威的确很重要，但也不能同法律相违背，这里的法律是从君主谕令的意义上来理解的，宣布这样一个原则恰恰就要追溯到这位皇帝身上（公元 319 年，C. 8. 52. 2）；另一个原则却出自一份同样著名的论述里的反对意见，这要归到萨尔维·尤里安（Salvio Giuliano）名下（D. 1. 3. 32，尽管该文本被怀疑是添加内容，但也反映出了古典时代的实际观念），据此，一项共和制意义上的法律可以因为与此相反的一个习惯的兴起而被废除。

无论如何，有一个不能否认的事实是，除了公认的君主谕令凌驾于其他所有法律渊源之上以外，在帝国晚期的君主谕令这种"官方"法律之外，在行省尤其是东方行省，还共同存在着一套地方性习惯，它们不仅在官方立法之外存活了下来，而且，有时候还能够对其产生影响，激发它们产生明显的变化。比如说，婚约定金（*arrhae sponsaliciae*）或者婚姻赠予（*donatio propter nuptias*）制度就这样渗透进帝国晚期的法律制度里来，并被帝国立法本身所接纳。

关于习惯作为后古典时代罗马法发展进化因素的重要性，另外一部分学者（里科波诺［Riccobono］、奇亚泽塞［Chiazzese］）常常认为，帝国晚期引入到法律制度里来的那些深刻的变化并不能过多地归结到行省法律（特别是希腊化习惯）的贡献的名下——它们对罗马法产生了相对轻缓的影响——而是要归结到罗马法本身内部的发展，这种发展是以自生自发（准确地说，是实践的成果）和自给自足的方式（也就是说，从较大范围看，没有受到非罗马法的影响）发生的。根据这种观念，后古典时代罗马法的基本因素恰恰就是实践。

实践可以被界定为在实际生活中对法律的日常适用活动，毫无疑问，在帝国晚期的罗马法律演进过程中，这发挥着一种重要的作用。这种创新是通过实践而引入的，既有法律行为领域的（作为例证，可以想到的是，在晚期，文书作为行为的形式具有重要地位），也有诉讼程序领域的。特别是一种审判实践（审判惯例 [mos iudiciorum]）的存在及其创制新的法律规范的资格得到了皇帝谕令本身内容的认定，在这些谕令里，恰恰明确地表达了对某项审判惯例的参考，为的是对其加以确认或者进行修正。

比如，公元 478 年芝诺皇帝的一封敕令就批准了对一项禁令的废除，即在侵辱之诉当中，控告人和被控告人不得通过代理人的参与来提起和相应地接受指控，这一废除是有利于拥有显贵阶层地位的人员及其妻子儿女的；而上述范围之外的人员仍然还要坚守这项禁令，而且该皇帝在对其加以强调的时候，明确地把它同一项审判惯例联系在一起（"另外，审判习惯……保持不变"[sed in ceteris mos iudiciorum... servetur intactus]）。同样的原则，即侵辱之控告（accusatio iniuriarum）不能由代理人来提起——该原则的出现是因为侵辱（最初是私犯）被吸收到了刑事法律（或者公共刑法）范围之内——在西罗马的法律实践当中也被确认下来，正如《保罗判决》里面的一个选断所显示的那样（5.4.12，评论者将其判定为是晚些时代所完成的一部重新编写的成果），这还被《西哥特的罗马法》，即一部具有西罗马起源的文献所传播。

这个例子特别有意义的一点在于，它不仅证明了一个归功于帝国晚期的（而不是皇帝的意志，他只是对这种创新本身的有效性进行确认）进行法律创新实践的例证，而且也是因为，至少在这个例子当中，它证明了在后古典时代的西罗马和前优士丁尼时代的东罗马之间，于司法实践领域存在着个别的统一性，而与此相反，在涉及立法活动时，已经查明（第 115 节）帝国两个部分之间存在着立法的二重结构,这要归结于东西罗马皇帝文书署之间官僚体系的分立,这种分立从君士坦丁的儿子们瓜分帝国的时代就已经实现了。

无论是法律行为实践,还是审判实践中诞生的法律,在学理上都被定义为"通俗法"(对此,也说成是"法的通俗化"或者"法律通俗性")。这种法律对应着生活实践的需要和要求,而且与古典法分道扬镳,后者至少在部分程度上与已经变化了的时代需求不相适应。法的通俗化意味着,法对新需求的适应是直接由实践来落实的,无须由法学进行重新阐述的工作,而通过对古典法的简化这样一个过程,由于公元四五世纪的法律文化的衰落,古典法里的原则常常不再能够被理解。因此,就诞生了一种更加"民众化"的法律(即更加接近于实际和世俗的需求),不过,相对于古典法,它远远没有那么"技术性";那些精细且复杂的法律区分是元首制时代法学重新进行科学阐述的工作成果,因为无法被理解而遭到了遗弃,并被更加简单的概念所取代(比如,在买卖行为之间做出债权契约和所有权转让行为的古典化区分也消失了,即在此同一时刻,买卖行为变成了转让行为)。

反映了所谓的通俗法的——这是近来众多考察的对象,其中很出众的有列维、维阿克尔(Wieacker)和卡瑟尔(Kaser)的考查——不仅有那些用于审判实践的作品(比如公元四五世纪从较晚时代的重新著述工作中完成的《保罗判决》),而且,还有溯及公元5世纪的学术类型的讨论(比如《盖尤斯摘要》[*Epitome Gai*]和《亚拉里克简编解释》[*Interpretatio* al Breviario Alariciano])。通俗法学观念对东罗马和西罗马后古典时期的帝国立法都有影响。而且,据查证,早在后古典时代早期的帝国立法就已经受到通俗性的影响(君士坦丁的文书署放弃了古典的文风,这种文风在戴克里先的敕答里尚且存在着),但在法学作品里,这类新的观念的渗透还要更晚一些。这里涉及的法相对于古典法而言,可以被认定为是初级的,不仅因为这些在帝国晚期引入到罗马法律制度里来的创新之处的特点使然(从实质角度来看,由于它们"通俗"而不"古典"的特点,实际上是没有什么规范可言的),而且,更是因为这些创新所身处的晚期文献并没有经过对法律事实的科学化重述过程,而这种过程正是元首制时期法学活动的突出特点。事实上，后古典时代通俗运动的兴起，是以那种伟大的法学的消失为前提的，而且，法学研究也普遍衰落了，这在公元5世纪的西罗马特别突出。从此，对晚期的法学家而言，就产生了在实践中对以前的法学家作品加以理解和运用的困难。在这方面，后古典时期也有一种相反的倾向：偏向古典主义而反对通俗运动，这种倾向跟公元5世纪起东罗马的一个学派相吻合（见第121节），它表现出全新的以古典法学家作品为研究对象的热情。

关于通俗性对罗马法产生的影响，据（瓜里诺 [Guarino]）观察认为，把罗马法在后古典时代经历的演进归结到这种通俗性现象上是不合理的。且不说任何一个历史时代都存在对法律的通俗化态度（具体表现为，用实践或者世俗性事务来把法律加以简化的倾向，在技术角度上对其加以削弱），真正对这种发展状况负责的应该是这个时代法律技术人员（立法者、执法官和法学家）没有能力用严格的法律术语来对法律加以更新，以便表达那些诉求。因此，要强调的是，"通俗法"对"官方法"的渗透要归结于帝国晚期法律文化的衰落，即法学的危机（对于瓜里诺而言，这种衰落本身是因对自由的压制而引起的，这是帝国专制主义不可克服的后果）。

总之，即使想要忽略一个问题——罗马法在帝国晚期所经受的深刻转变，究竟应该更大程度地归结于地方性习惯的影响还是时间的影响——但无论如何也要强调的一个事实是，帝国的立法常常混乱无序且琐碎不全，没有能力支撑其作为帝国唯一的法律渊源的作用（与此联系在一起的是，帝国晚期创造性法学的式微，而元首制时期的法学恰恰却是创造性的，见第117节），这都有助于习惯和实践对这一历史时期的法学的进化发展产生影响。对此，需要指出，在晚期引入的某些最重要的创新之处都不能归结为是立法者的工作成果，比如，诉讼程序的统一化，因此，非常审判变成了常设性审判（*cognitio ordinaria*）；市民法上古老的庄重严格的行为消失了；在古典时代尚有正式区分的各种法律制度——市民法、荣誉法、新法或者非常法——也融合了。

117. 法学活动

在罗马帝国晚期，法学已经不能像古典时代的法学那样被看作一种法律创制的渊源。它涉及的是一种平庸且无特色的法学，而不是具有原创性作品的创作者。可以提到的在戴克里先-君士坦丁时代仅有的两位富有经验的法学家的名字，为人所知的是他们一些作品的题目，以及从优士丁尼《学说汇纂》里面我们可以获得的关于他们的一些选断：赫尔莫杰尼安（Ermogeniano）（或许跟《赫尔莫杰尼安法典》[Codex Hermogenianus] 的汇编者是同一人，关于该法典参见第 118 节)，是《概要六卷本》(Libri sex epitomarum) 的作者；奥勒留·阿卡丢·卡里修（Aurelio Arcadio Carisio），是《论大区长官职务》《论民事职位》《论证人》单编本的作者（Libro singulars de officio praefecti praetorio, de muneribus civilibus e de testibus）。另外，据我们对他们的了解，这两位法学家表现为缺乏个性。

但是，如果说后古典时代的法学并不能够界定为具有创造性的话，也并不意味着它在这个时期的法律史上的地位是毫不重要的。帝国晚期的法学家要么是官吏或者皇帝文书署的成员，要么是律师或者法律教员，只是不能够创作原创性的作品，他们研究并汇编的对象既有过去那些伟大的法学作品（在这一时代这些作品被称为法学 [iura]：参见第 106 节），其中，尤其是古典时代末期塞维鲁王朝治下那些出色的法学家的作品，也包括皇帝谕令，这个时候它们也被称作法律（参见第 106 节：对君主谕令加以特别的关注，其正当理由在于，这些谕令到了君主专制时期，在规范渊源的范围内具有统治性地位）。

关于对古典时期法学家的作品所做的工作，需要考虑到，根据最新的学说，公元三四世纪，后古典时代的法学家已经在主编这些作品的新版本了，而且，这些版本并不忠实于最初版本，因为编者会窜改文本，删减期限或者年代，或者添加新的期限，有时候甚至整个年代都跟最初的版本完全不相干。另外一些窜改则是后来的年代里因注释学者们的工作而带到文本里来的（关于优士丁尼的委员会成员给古典文本带来的添加的问题，参见第 128 节）。

关于这方面的问题，说成注释（或者注解）更合适一些，因为那些匿名的注释学者的本意是为了解释某个法律制度或者原则的含义。这些注释常常用"即"（id est）或者"换言之"（hoc est）这种表述引入，多数情况下是学派的工作，由老师或者学生在作为研究对象的作品的页边或者行间写下，随后才被后来版本的誊抄人员多少有些不经意地吸收入文本。

不过，后古典时代这些不知名的法学家常常受到对其手上的文本进行更新的意图的驱使，而对其实质内容进行修改。这种修改是用"添加"这一术语来指代，既补充一些跟原文本不相关的字句，用来反映在制度当中引入的新原则或者新制度；也对原文本字句进行简单的删减，这样做的目的在于减少对那些已经被超越的原则或制度的援用。

要强调的是，这种对古典文本进行更新的活动恰恰就是帝国晚期法学最具原创性的贡献。这种法学没有能力创作出能够反映公元四五世纪所形成的新法律的作品，而是提出一个极其广泛的目录索引来对从元首制时期的法学继承下来的作品进行修订（据显示，其中对古典时代后期的作品有特别的偏好）；大量由立法或者实践引入的创新都被这些匿名的后古典时代法学家们通过对诸如帕比尼安、保罗这些法学家的作品进行适当的修改而记载下来，其意图在于，使这些作品无论是在实践中还是学校里都能跟上时代并得以适用。

> 正如可以很容易地直观感受到的那样，从古典文本中将这些添加部分辨识出来，对于重构罗马法历史发展各个阶段的理论体系而言，是特别重要的。比如，经确认，借保罗或者帕比尼安之口说出来的某项特定原则实际上是在一到两个世纪之后才确定下来，这对于该原则本身所涉及的那种制度进行的历史重构显然是非常根本的。另外，对后古典时代法学的贡献进行整体评价，即查明在什么程度上激励着这种法学尽全力更新古典法学，这是一个充满前所未有的争论并且很难解答的问题。同样很困难的还有，在《学说汇纂》和《优士丁尼法典》里区分前优士丁尼时代的添加——在一些作品被用来进行那场宏大的编纂工作之前，就已经被添加进去的内容——和优士丁尼委员会成员本身所做的添加。

作为古典世界遗产而保留下来的法学素材，不仅复杂，而且在数量上也是惊人的。为了极大地削减能够被用作法庭审判的作品文本的数量，瓦伦丁尼安三世于公元 426 年在西罗马颁布了一项谕令（并被收入狄奥多西二世的法典：C. Th. 1. 4. 3），当代学说把它认定为"援引法"(legge delle citazioni)，里面规定了只有五位法学家的作品，准确地说是：帕比尼安、保罗、乌尔比安、盖尤斯和莫德斯汀的作品可以被用于审判实践。如果他们的意见在同一个法律问题上相互冲突，这位立法者规定，必须遵循多数派的意见；如果是平局，那就以帕比尼安的意见为主，只有在该法学家对此问题未发表意见的情况下，审判员才可以根据自己的裁量自由地判决。至于其他法学家，只有在他们的意见成为这五位被评价为最重要的法学家的引用对象，而且这些引用可以通过与其原本加以对照而得到确认的情况下，才可以被援引。

607　　关于这个问题，有人坚持认为，后面的规定实际上是狄奥多西二世在他的法典收录各种法律文本时所做补充的结果。因此，根据这种观点，瓦伦丁尼安三世把使用古典法学文本的可能性限制在了上面提到的这五位法学家的作品里，而实际上，他在东罗马的同僚则极大地扩大了法学的范围，把它扩展到过去所有的法学作品（尽管还有上面所说的那种限制条件）。这种观点如果说是有根据的话，那么可以确认，公元 5 世纪——正如马上会提到的，说成是后来的年代则更为恰当——法律文化的衰落在西罗马更加严重，而在东罗马则恰恰相反，对古典法学文本的研究活动却是以更加深入得多的方式在进行。

总之，很有意义的是，证实了选择这五位法学家的作品能够在审判中加以自由地援引，并不能归结于立法者的恣意武断，而是对应了长久以来在实践中已经采用的一种具有偏好的标准。诸如《梵蒂冈选段》(*Vaticana Fragmenta*) 和《汇集》(*Collatio*) 这样的选集所包含的法学选断，实际上都完全出自上述这五位法学家的作品。因此，在这种情况下，皇帝的权力所做的无非就是从官方层面对长期以来存在的一种实践予以批准。

所谓的"援引法"并不是皇帝文书署对古典法学作品的利用状况进行调整并做出干预的唯一例子。早在君士坦丁时期，公元 321 年的一部谕令（C. Th. 1. 4. 1）就禁止使用保罗和乌尔比安对帕比尼安的文本所做的某些评注（*notae*），而在随后的一部谕令里（公元

327 年，C. Th. 1. 4. 2）则确认了保罗的《判决》被用于审判时的有效性（见第 119 节），这种有效性在"援引法"里又再次得以重申。

尽管在立法和实践上都把古典时代法学作品的使用限定在一个有限的数量上，但是如果从完整的文本角度考虑这些作品的话，在这里所考察的这个（法律文化严重衰落的）年代里必然显得还是过于复杂，有时还很难理解。常常强烈地感受到的是，这个年代的解释者要求对法律进行简化，从古典法学当中选出一些选断凑成短小的选集，就是这种要求的表现形式，这些选集多数时候来自西罗马，有时候归在某一个法学家名下，比如《保罗判决》和《乌尔比安论著要目》(*Tituli ex corpore Ulpiani*)（第 119 节），但其中的一些选断其实是从多位作者的作品里抽选出来的；有时候则通过对包含各个选断文献的名称指示就公开地表明其选集的性质，比如《梵蒂冈选段》《汇集》《见解集》(*Consultatio*)（第 121 节）；在这些编纂作品里面，这些从古典法学家作品当中挑选出来的选断还掺杂了一些皇帝谕令（对这种作品所下的定义就是"法律 [*leges*] 和法学 [*iura*] 的合集"）。

《格雷哥里安法典》(Codice Gregoriano) 和《赫尔莫杰尼安法典》都只是皇帝谕令的汇编，两部法典都只是私人性质的，而非官方性质；与此不同，同为皇帝谕令汇编的《狄奥多西法典》则是一部真正的官方法典编纂作品（关于这三部法典，参见第 118 节）。

对古典文本加以解释的必要性以及对法律进行简化的需要，从未像在帝国晚期这样真切，这促使这个时代的法学家们对古典时期的作品进行编译转述，即用那些匿名的编撰者自己的话来对同一文本做出重述（比如《奥顿片段》[*Fragmenta Augustodunensia*]，这是对《盖尤斯法学阶梯》的解述，见第 120 节），以及概括，即对古典作品的概要（一个典型例子就是《盖尤斯摘要》[*Epitomie Gai*]，这是对《盖尤斯法学阶梯》的摘录，见第 120 节）。

但是，要确定帝国晚期的法学家们对古典文本进行概括摘录活动的广度和范围并不是一件容易的事情。就《盖尤斯摘要》而言，无论从这部作品的标题，还是从它同《盖尤斯法学阶梯》内容的对比当中，其概要性特点都能非常明显地表现出来，但是，如果就其他某一部古典法学作品而言，却常常并不可能搞清楚我们所获知的是它的原始版本，还是晚些时候被编撰过的摘要，这是因为缺少将其与原始文本进行对照的可能性，这一点跟《盖尤斯摘要》不同。

上面提到的这些前优士丁尼时代的汇编是否具有纯正性的问题，跟对帝国晚期法学所完成的对古典文本进行的添加活动的思考紧密联系在一起。

直到上个世纪末，学说上都毫不怀疑地判定这些作品完全不受那种改动的影响，但学说上认为这类篡改在优士丁尼对这些文本进行的法典编纂，尤其是在《学说汇纂》当中是存在的（关于这一点，参见128节）。但最近几十年，关于后古典时代编纂作品的文本纯正性，却提出了一系列的疑问，因为已经承认，这些文本中有很多都受到那些不知名的评注者进行的各种各样的改动，这样做的目的既是为了减少文本的篇幅，也是为了让它们更容易理解，以及对文本本身进行更新使之符合法律的发展，尤其是当法律史学家对这种类型的改动感兴趣时。这种改动的存在不仅可以从法学文本上观察到，而且还可以从各种汇编，包括皇帝谕令中发现。实际上，正如之后所看到的，众所周知的是狄奥多西二世授权他的委员会成员对《狄奥多西法典》里所包括的谕令进行整理修改；最近还有人主张（沃尔泰拉 [Volterra]），所有的法律汇编发现的谕令的文本都是其原始文本的选断摘录和概括。

要注意到，这些改动和添加可能是由前优士丁尼时代的汇编作品的作者做出的，就像其他一些不知名的法学家所做的，这些修改既可能是该文本被从原始文本当中选取出来用以完成汇编作品之前就做出了，也可能是在编纂工作本身完成之后的时代才做出的。很容易理解的是，这一切都导致更加难以确定这里所说的汇编作品的编撰时间了，即使是以很接近的程度。

这里，还要简单地提一下所谓的文本对比原则（关于这一点，也参见第128节），很多学者都评价这种原则是最保险的，用来认定《民法大全》的文本中编纂者进行的添加部分。他们一致认为，如果两个不同编撰版本流传下来同一个选断，其中一个包含在前优士丁尼时代的文献里（比如《汇集》[collatio]），另一个包含在《学说汇纂》里，而且两个版本并不完全重合，而是表现出某些不一致，那么这些变动常常应该是优士丁尼委员会成员们的工作成果。

但实际上，如果说这种假设有时候可能表现为是正确的话（但是必须逐个进行验证），却完全不是唯一一种理论上的可能。其实，一旦承认不光是《民法大全》，而且后古典时代里那些前优士丁尼时期的文献也可能存在着改动，在两种文本之间的那些分歧完全就可以以截然相反的方式来加以解释。也就是说，很有可能前优士丁尼时代文献所引用的文字是经过改动的，而《学说汇纂》里面的文本却是纯正的。从理论上讲，也不能排除的是，同一片段在西罗马和东罗马的两种版本，都经过不同人的手而有所改动。

与此相对，两个版本完全一致的事实也并不绝对地构成明确的证据以支持文本具有纯正性（在这种情况下，只能排除有来自优士丁尼时代的可能改动）。实际上，可能提出的事实是，东西罗马的两个版本都来自同一文献，而且此前也已经过了改动。

但是，从目前所观察到的内容并不能够得出结论认为，前优士丁尼时代的编撰作品完全充斥着添加内容。相反，当代的理论倾向于相当谨慎地去判断后古典时代对这些文本所做改动的实际价值。事实是，在这个时代的汇编作品里有很多都是纯正的文本，也就是说它们仅仅从形式上有所改动（比如说，缩写方式），而在内容上则保留了最初古典时代的实质。要确定这些前优士丁尼时代的汇编作品中所包含的文本哪些还反映着它所产生的那个时代的法律，哪些则由于晚些时代新的法律原则的引入而经受了实质改动，就不得不逐个地根据解释者谨慎而客观的鉴别来加以解决。

在对后古典时代所编撰的各个作品进行考察之前，必须强调在帝国东部和西部的法学之间存在区别。

在西罗马，法学在著作创作领域（选集、重述、摘要）更加活跃。实际上，我们所知晓的前优士丁尼时代的汇编作品中，更大一部分都具有西罗马起源。这里所提到的汇编作品，尽管大部分都是以属于元首制时代的法律案件素材（法学文本和皇帝谕令）为基础，但在很多地方都反映出更晚一些时代里通过皇帝立法的参与所引入的一些创新，就像实践所产生的成果一样。西罗马的法学家要么从古典法学当中挑选出选断收集在一起，要么对古典法学家的作品进行重新解释，或者对皇帝谕令进行评注或概括，致力于对成为汇编对象的这些法学素材或者立法材料进行更新，同时对其加以简化，目的在于使它们适应于法学家所处时代的现实（关于法律的通俗化，参见第120节）。有些作品，比如《保罗判决》的创作目的就是为了获得这样一种最新版本。

> 关于西罗马的法律学派，在公元4世纪时仍然非常知名（尤其是罗马学派），他们在接下来的一个世纪则衰落了，但是，正如在后面将要看到的（参见第119—120节），不管是那些从实践中撰写的并用于审判实践的作品（比如《保罗判决》），还是那些具有学院派特点的作品（比如《盖尤斯摘要》、西哥特人的《解释》[Interpretationes]）——他们是那些不起眼的晚期西罗马各学派的作品——都对应着法律的通俗化现象，而且，都在很大程度上反映了在帝国晚期的法律领域所发生的深刻变革。

最终，尽管后古典时代的西罗马法学在文化上较为贫瘠，而且也没有能力在哪怕很小的程度上去实现对法律进行科学阐述的工作——这是元首制时代法学的伟大功绩——但是，因为它的实际性和实践意义，仍然可以被看作罗马法律传统的传承者。

东罗马后古典时代的法学则表现出很不一样的特点。相对于西罗马，其汇编作品的创作显得既缺少实用方针，也没有学院派指向。因此，在东罗马，根据法学进行的实践活动并不像西罗马那样重要，因为东罗马并没有给我们流传下来反映这种实践活动的作品（实践对法律发展的贡献却是通过对审判惯例 [mos iudiciorum] 进行参考加以实现的，这类惯例可以在皇帝的立法里面有所发现）。

在东罗马，实践活动也趋向于法律的通俗化，而各学派的方针却是坚决地引经仿古，这些学派在公元5世纪获得了巨大的声誉（贝里托 [Berito] 学派具有特别的重要性，而君士坦丁堡 [Costantinopoli] 学派、亚历山大 [Alessandria] 学派、安提奥克 [Antiochia] 学派和凯撒 [Cesarea] 学派也很知名）。在这个圈子内，针对古典文本进行着某种丰富而高产的活动，这些文本不仅被加以研读，而且还通过添加大量的注释而得以修改。另外，东罗马的这些操希腊语和受希腊文化影响的大师们相对于他们在西部的同僚们而言，表现出更重的抽象化倾向，这种倾向表现为对理论进行定义、分类和模式化阐述的明显偏好。因此，这些修改给古典作家们的作品带来了一种新的精神面貌：抽象化，并与罗马法学家典型的实际性和实践意义相脱离。

根据旧的学说，东罗马学派为帝国晚期的罗马法发展提供了特别重大的贡献，特别是那些法学教师们的活动，不仅指向研究，而且还通过在古典文本上添加多重具有实质特点的部分而对文本本身进行了更新。但如今，学者们则不承认这些法律学派的革新者角色了：东部法学教师的活动实际上只是对古典作家的作品加以解释，他们做出标注的目的在于训练其学生进行法律推理，而不必然是用新的法律对其文本进行更新（正如已经看到的，在古典文本当中存在着的具有实质性特点的添加则应该归结到实践性法学作品上，特别是西罗马的作品）。

但是，东罗马的教师们毋庸置疑的功劳在于，他们懂得恢复对古典作家的作品进行研习的传统。而在西罗马，无论是实践中还是学院里，由于法律文化的欠缺，这些作品都被汇编或者简短的摘要所取代。正是这种重新唤起的对古典文本进行研究的传统，使得优士丁尼的委员会成员进行《学说汇纂》的编纂工作成为可能（关于所谓优士丁尼的古典主义情结的问题，参见第 129 节）。

118. 皇帝谕令的汇编、法典

两部完全只包括皇帝谕令的私人汇编作品的编纂要上溯到公元 3 世纪末，它们是在东罗马编纂的，但在很早的时候就广泛地传播到整个帝国。

这两部作品是《格雷哥里安法典》和《赫尔莫杰尼安法典》。前者是一位名叫格雷哥里（或者格雷哥里安）但无法进一步查明的人的作品，诞生于戴克里先统治时期，大约是公元 292—293 年左右。我们并没有看到过这部作品，但是，这部作品所包含的一定数量的谕令通过蛮族化的罗马法（《西哥特的罗马法》和《勃艮第的罗马法》）以及混有法律和法学的汇编作品（《梵蒂冈选断》《汇集》《见解集》）流传了下来。此外，我们知道，优士丁尼的编纂者为了其法典的编纂也大量地利用过该法典。它至少包括十四卷，按照标题进行区分，其中一些题目还为人所知：谕令（尤其是敕答）按照体系化顺序被安排到了各个题目之下，根据题材内容，遵循古典法学《学说汇纂各编》（*Libri digestorum*）的模式结构；在每个标题之内，涉及某个特定主题时，谕令则是按时间顺序加以引述。

正如前面所提到过的（见第 115 节），每一项谕令的文本都是以签名（*inscriptio*）为开端，带有发布谕令的皇帝的名字和接受者的名字，并以落款（*subscriptio*）收尾，带有该谕令发布时间的指示（有时候，这种发布时间是用接收者收到或者公布该谕令的时间来指代，当然这类接收者通常是某位官吏或者执法官）。同样的制度在后来的法律汇编以及一些法律和法学的混合汇编作品里面也得以运用。

《格雷哥里法典》里所明确包含的最古老的一道谕令是塞第米·塞维鲁皇帝于公元 196 年发布的（Cons. 1. 6）。然而，因为我们知道《优士丁尼法典》的编纂者们在很大程度上取材于《格雷哥里法典》，而且《优士丁尼法典》里所包含的谕令是从哈德良皇帝开始的，因此，间接地显示出《格雷哥里法典》所包含的谕令要追溯到哈德良时代。

公元 293 年之后数年，在东罗马发表了《赫尔莫杰尼安法典》，这可能是《法学概要》（*Epitome iuris*）一书——其中一些选断通过《学说汇纂》得以保留——的作者，即同一位赫尔莫杰尼安的作品。我们也没有看到过这部法典，但上面引述过跟《格雷哥里安法典》相关的那些蛮族化罗马法和法律及法学混合汇编作品恢复了其中不同的选断。而《赫尔莫杰尼安法典》也被当作《优士丁尼法典》编纂的基础。

《赫尔莫杰尼安法典》并没有划分为编，而仅划分为章。在各章当中，各项谕令按照时间顺序加以引述。这部汇编所包括的很大一部分是戴克里先皇帝于公元 293—294 年颁布的敕答，以至于它很可能是为了补充《格雷哥里安法典》而加以编纂的。无论是《格雷哥里安法典》还是《赫尔莫杰尼安法典》，都显示出受到过匿名评注者的添加，这是因为，比该汇编作品本身的出版年代还要晚的某些谕令被插入进来，很显然，这是通过后来的编辑。《赫尔莫杰尼安法典》里所包括这种后添加的谕令中最晚的一项属于瓦伦丁尼安一世（公元 365 年的 Cons. 9.7）。

两部法典都获得广泛的传播并保留适用了很长时间（在东罗马，只是到了《优士丁尼法典》的引入，它们才被正式地加以废除）。

它们不仅在实践上被大量地运用（这可以在《见解集》的引证里加以证实），而且，在学院里也被大量使用（在《西奈学说》[*Scholia Sinaitica*] 一书的注释里面提到了这些法典）。

这种成功的理由是显而易见的：通过利用这些法典，读者可以掌握一些最重要的谕令的内容，否则就必须到皇帝藏书馆咨询参阅（这几乎是不可能进入的）；更多的情况下，这些谕令根据所讨论的主题而被安排在各个标题之下，使得对这些谕令进行参考变得容易且便捷了许多。总之，这两部汇编作品满足了一种需要，考虑到在它们被创作的那个时代——戴克里先时代——君主谕令已经成为唯一活跃的官方法律渊源，那么就可以想见这种需求是特别真切的。

还需要提到的一部皇帝谕令的私人汇编作品——其重要性要远逊于前面两部——该作品以《西尔蒙蒂安谕令集》(*Constitutiones Sirmondianae*)（或者西尔蒙蒂 [*Sirmondi*]）为名而为人所知，该名字来源于法国教士西尔蒙德（Sirmond），他于公元 1631 年发表了该作品。这里涉及的十六项谕令都跟国家和教会之间关系的主题相关，介于公元 333—425 年之间。因此，该汇编作品比已经提到的前两部晚了许多，而且像《狄奥多西法典》——其内容要晚于这部汇编作品的内容——一样，是在完全的基督教罗马背景下完成的。《西尔蒙蒂安谕令集》里面的某些谕令也包括在《狄奥多西法典》里；在这个问题上，要注意的是，在后面这个法典编纂当中，这里所说的谕令都是以简化文本加以引述的，而在西尔蒙德的汇编里它们则表现为一种更加完整而全面的版本，而且据估计也更加接近于其原始版本。

公元 439 年，根据狄奥多西二世的倡议，在东罗马颁布了《狄奥多西法典》(*Codex Theodosianus*)，这是皇帝谕令的第一部官方汇编作品。

狄奥多西二世最初的计划更加具有雄心壮志。根据公元 429 年的一项谕令（在 C. Th. 1. 1. 4 里面引述过），他实际上任命了一个九名成员的委员会，授权他们编辑两部不同的汇编作品：第一部的对象是君士坦丁之后所颁布的所有具有普遍性特点的谕令，按照前面那两部法典的体例进行编排；这部作品主要被用作科学研究，必然就要包含那些不再生效的谕令。第二部编纂作品则具有实用性特点，必须从前两部法典以及这部刚刚完成的法典中收集那些尚有效的谕令，这些谕令还必须通过从古典法学作品选取的选断来加以补充。

然而，一些未曾预料到的困难却使这个委员会落实皇帝指示的行动受到了阻碍（在这个法律文化衰落的年代里，对古典法学家的论著进行分拣和利用必然会出现特殊困难），因此，迫使这位皇帝重新审视最初的计划，并且仅满足于一种相对来说更加轻松的结果。公元435年，在他放弃了把法学也加以法典化的想法之后，根据其第二道谕令（C. Th. 1. 1. 6），任命了一个新的十六名成员的委员会，并交给他们一项职责：编纂一部君士坦丁以来的皇帝谕令的汇编。这部汇编被认为是对前两部法典的补充，这就必然既要用于实践，也要用于科学研究（而出于这样的双重目的，它肯定既要包括现实有效的谕令，也要包括那些已经被废止的谕令）。公元429年，这位皇帝曾明确规定，谕令誊写必须忠实于原始文本，而公元435年的新规划则赋予委员会广泛的修改权，对文本进行修正和添加，而当时这种权力显得也是必要的，为的是消除相互矛盾或者含混不清的地方。

这项工作在短短数年之内完成，公元438年作品发表，公元439年1月1日在东罗马生效。与此同时，在西罗马皇帝瓦伦丁尼安三世的请求下，它也被寄送到帝国西部，瓦伦丁尼安三世把它提交给罗马的元老院，以获得正式的批准。

该法典划分为十六卷，每编分为各个题目。就像此前的两部私人汇编作品——《格雷哥里安法典》和《赫尔莫杰尼安法典》，谕令根据其探讨的内容被安排在不同的题目下，而在每个标题之下它们被按照时间顺序加以引述。

第一卷是关于法律的渊源和帝国官吏的各种官署（*officia*）（从职权的意义上来讲），第二卷至第五卷以及第八卷里的一组章节是跟私法有关，第六卷讨论的是官吏的等级制和各种"尊荣"（*dignitates*）的特权，第七卷是军事法，第九卷致力于刑法，第十卷和第十一卷是财税法，第十二卷到第十五卷是行会法，第十六卷是宗教法。

《狄奥多西法典》的生效并没有削减此前两部法典的有效性，它们反而受到狄奥多西立法的正式认可。另外，狄奥多西皇帝还表明该法典相对于《格雷哥里安法典》和《赫尔莫杰尼安法典》的补充性（而非替代性）特点，不仅因为收录于其中的谕令所属的年代（君士坦丁时代以后），而且也因为这些谕令的内容：前两部法典所包含的谕令几乎只涉及私法；而《狄奥多西法典》则在很大程度上以较大的数量涉及公法题材（但无论如何，要考虑到的是，我们并没有看到《狄奥多西法典》跟私法相关部分的全貌）。《格雷哥里安法典》及《赫尔莫杰尼安法典》与《狄奥多西法典》的另一个显著区别在于，前者收录的是敕答和敕函，而后者则几乎仅包含普遍性法律。

据显示，编纂者大量利用皇帝赋予他们的权利，对谕令文本进行修改。很多涉及不同主题的法律都被拆分为多个部分，并被安排到不同的标题之下，还有大量的添加内容被制作出来，目的在于对文本进行更新以适应法律的发展。不过，正如有人进行的详尽展示那样（沃尔泰拉），被添加进该法典的那些谕令已经不是它的原始文本了，而是原始文本的概括和缩减形式（另外，关于前面两部法典，即《格雷哥里安法典》和《赫尔莫杰尼安法典》，以及那些法律和法学混合汇编作品也是在同样程度上操作的）。

在对该作品进行整体的评价时，学说上并不吝于强调，狄奥多西二世的委员们曾多次犯下错误或者有不精准之处。

但是，正如最近有人（阿尔奇 [Archi]）强调，要考虑到这些委员在对这一时期所颁布的大量谕令进行适当的收集和体系化整理时，必然身处于面临巨大困难的境地，更进一步讲，他们背负的职责不仅是对跟私法相关的立法材料——前面两部法典已经进行了部分的收录和编排——进行有机的体系化整理，而且还有主要是对有关公法的材料进行整理。从这个角度来讲，狄奥多西的法典编纂在法律史上前所未有。

狄奥多西的这项立法在法律史背景下所发挥的功能非常显著。在东罗马，这部法典一直有效，直到第一部《优士丁尼法典》公布（529年），后者也在很大程度上取材于这部《狄奥多西法典》以及前面两部法典。在西罗马，《狄奥多西法典》存在的时间更久，它成功地在西罗马帝国垮台之后还被保留下来，这是因为，它所包含的相当一部分谕令都渗透传播到蛮族化的罗马法里（见第122节）。

尤其是在涉及意大利的时候，需要提醒的是，优士丁尼编纂作品的扩展——这是在公元554年拜占庭帝国战胜哥特人，重新征服半岛之后所发生的——也并没有导致狄奥多西这项立法的最终废止。实际上，仅仅十四年之后（568年），当拜占庭人被迫把意大利大部分地方割让给入侵者伦巴第人（Longobardi）时，包含在《西哥特的罗马法》里面狄奥多西立法的那一部分得以恢复，在这个时期，《西哥特的罗马法》在意大利得到广泛传播；而在一些要点上，狄奥多西法律中的那些规范还对公元8世纪的伦巴第人立法产生了影响。

我们并没有看到过完整的《狄奥多西法典》，而只是通过不同的手稿来获知，但这些都是不全面的。因此，对它进行的复原重建就一定会有疏漏。正如上面已经提到的，它很大的一个部分已经渗透到《西哥特的罗马法》里（关于这里面所接纳的对狄奥多西谕令添加的解释，参见第122节）。

在《狄奥多西法典》公布之后，无论是狄奥多西二世和瓦伦丁尼安三世本人，还是他们的继任者，都颁布了新的谕令。这些新法（*novellae leges*）（也称后狄奥多西新律 [*Novellae posttheodosianae*]）就不是法典编纂的对象，而被收录到非官方的汇编作品里。这些作品其中之一来自西罗马，包括狄奥多西二世、瓦伦丁尼安三世和马尤良（Maioriano）皇帝的谕令；而其他新律则被收进《西哥特的罗马法》里。但无论在哪种情况下，所涉及的谕令都是颁布于西罗马的，或者是颁布于东罗马并被西罗马所接受的谕令（关于这一点，见第115节）。

119. 被归到某个古典法学家名下的作品

有两部作品被错误地归到了古典时代的两位法学家的名下，最近的评论者们判断它们是对古典法学进行的重新阐述，是由帝国晚期的法学所完成的，这两部作品是《乌尔比安论著要目》和《保罗判决》。

流传到我们手上的以"乌尔比安论著要目"为名的作品只有一部保留在梵蒂冈博物馆的手稿。它具有初步探讨的特点，而我们看到的是不完整的文本。各选断被分在29个标题之下，其中一些选断被复述在《汇集》和《学说汇纂》里，也能够读到。不过，在这两个文献里，这些选断被与一部题为《论规则单编本》（Liber singularis regularum）的乌尔比安作品联系在一起。这使得出现了关于该作品的真实性的各种假设。

最初有人认为，《要目》无非就是《论规则单编本》的一份概括提要。但最近的学说则提出了其他一些假说：有人说这是从乌尔比安各个作品里面选出来的选断的一份文集（阿尔贝塔利奥 [Albertario]），有人说这部作品是按乌尔比安的一些定义或者分类所完成《盖尤斯法学阶梯》的概要（阿兰乔·鲁伊兹 [Arangio-Ruiz]），或者说这部作品的文献依据是《盖尤斯法学阶梯》和乌尔比安的《论规则单编本》（舒尔茨 [Schulz]）。对此，可以观察到的是，这部作品被认定为是从乌尔比安论著（corpus Ulpiani）里面选出的篇名的总和，这个事实实际上使人想到，至少该作品的原始核心部分是由乌尔比安片段的选集构成的。"Corpus"（论著）这个术语是在选取的该法学家的选断（或者作品）选集的意义上使用的，该术语还可以在其他后古典时代的文献里找到：所谓的"援引法"谈到过"帕比尼安论著"（corpus Papiniani），以及《见解集》谈到过"保罗论著"（corpus Pauli）。

对后古典时代法律研究而言，更加有意义的是那部以"保罗判决"为名的作品。其文本被划分为五卷，再以各标题做区分，其中有很大一部分是由《西哥特的罗马法》流传给我们的。不过，其他一些晚期文献（比如《梵蒂冈选断》《汇集》《见解集》《优士丁尼学说汇纂》）也包含了该作品的大量选断，以至于对其进行几乎完整的恢复重建也是可能的。它并不像第一眼看上去那样，也不像直到20世纪初所认为的那样，是法学家保罗的一部原创作品（尽管也不能先验地 [a priori] 排除保罗曾经以这个题目写过这样一部作品，只是我们未能获得其文本而已）；从贝斯勒（Beseler）的研究开始，学说上就已经能够确认（拉奥利亚 [Lauria]、列维、斯格利洛 [Scherillo] 和沃尔泰拉），所谓的《保罗判决》是一些选段的汇集，多数情况下是从保罗的各个作品中抽出来的，不过，也有其他一些古典法学家的论述（毫无疑问，在文本上并没有显示出对作者的指代以及对作为这些个别选断出处的作品的指代）。所有这些选断都不是完全忠实转述的，相反，其中很多都表现出实质的改动，这要归因于随着公元3世纪到5世纪罗马法所经历的变化，有对原始文本进行更新的需要。

在这个问题上，已经揭示出的是，这部作品的最初版本要追溯到公元3世纪末或者4世纪初，在公元五六世纪则成为重新整理和进一步编写的对象。特别证实的一点是（德·多米尼西斯），这部托保罗之名的《判决》并不只是一个法学意见的文集，因为它也包括了大量属于公元2世纪到5世纪期间的皇帝谕令的概要。这些概要，特别是公元四五世纪晚期谕令的概要，具有特别的价值，因为它们表明后古典时代这些不知名的法学对以皇帝谕令为对象进行解释的热衷。很有可能，《判决》就经历过这种更新的进程，这倒不一定出于文化或者教学方面的理由（实际上，这种对谕令的概括不含对各自立法者身份的指代），而是出于现实秩序的需要。在这方面，值得一提的是德·多米尼西斯的假说，根据该假说，这部完成于帝国晚期的作品具有律师所使用的简明手册的功能。

另外，还要注意到，《保罗判决》的这种更新活动所指向的是，在文本中加入一些对法律创新之处的注释，这些创新不仅仅由皇帝立法所引入，而且也是由后古典时代的实践所引入（在 Paul. Sent. 5.4.12 里，可以见到归结于这种实践并在《判决》中得到反映的一处创新的例证，关于这一点，参见第116节）。

> 关于《保罗判决》在文本上的背离问题，已经有人指出（德·多米尼西斯），这部反映公元四五世纪皇帝谕令的重要作品的选断在多数情况下都被包含在具有西罗马起源的文献里（《西哥特的罗马法》《汇集》等）而不是《学说汇纂》里。这让人联想到，在帝国晚期（公元5世纪前后），从一个共同的原本，已经分化出两个不同版本，各自在帝国的两个部分通行；而且，特别是西罗马的版本被用作法庭审判实践的操作手册，因此，相对于东罗马的版本，它根据帝国晚期的皇帝立法经历了更加突出的更新过程（但是，也要注意到，在沃尔泰拉看来，《保罗判决》在东罗马经受了更加广泛的修改整理）。

无论如何，《保罗判决》提供了关于后古典时代的法学实践活动最具重大意义的书证之一，这种法学并不经常超越到对皇帝命令进行纯粹的确定性解释的范畴之外，而是当然的具有综合概括及清晰明确的优点。后古典时代的立法都以一种啰唆冗长的风格进行表述，有时候还不清晰；而包含有这些谕令梗概的《判决》文本却显得前所未有的简明扼要。所以，这位无名的概括者的目的似乎在于把这些谕令简写至实质部分，并从中抽取出纯粹的规范，为的是以尽可能简明的方式来引述之。因此，作品的这种风格完全回应了对法律素材进行简化的需求，这种需求在那个年代是非常典型的。另外，该作品在帝国晚期所享有的崇高声望的证据不仅仅由上面这一事实所提供，即这个时代的各种汇编作品都引证过其中大量的章节，而且，还由另外一项指向晚期皇帝文书署的证据所证明：实际上，君士坦丁皇帝的一项谕令（公元327年，C. Th. 1. 4. 2）运用前所未有的赞美之词来评价《保罗判决》，并且再次确认它在法庭审判实践中的有效性，这种有效性还得到"援引法"（见第117节）的确认。最后，蛮族化罗马法的编纂者也从《保罗判决》里大量取材。

120. 重述或者评注古典文本的作品

《盖尤斯摘要》（*Epitome Gai*）是对《盖尤斯法学阶梯》的一次较晚的简写和重述。实际上它写成了两编，对应《法学阶梯》的前三卷（显然，这位不知名的概括者对盖尤斯的第四卷已经不感兴趣，这一卷跟已经被超越了的程式诉讼有关）。《摘要》一书是由《西哥特的罗马法》传承下来的，曾被认为与该汇编作品具有相同的编纂者。如今，学界则倾向于认为它起源于前西哥特时代。特别是有人（阿尔奇）判定它是对《盖尤斯法学阶梯》的解释意见，该解释意见是在重述此前的一部为了教学目的而做的《法学阶梯》的基础上而来的。

因此，在西罗马法律学派的背景下，《盖尤斯摘要》可能具有高卢起源，在那里，其文本的最初一卷应该还是适用的（或许取代了古典的《法学阶梯》）。该书的版本可以上溯到公元5世纪后半叶。观察其内容，经常可以注意到，相对于盖尤斯的原始文本有了实质区别，这就很好地证明了，介于安东尼王朝时代（撰写《法学阶梯》的年代）和公元5世纪后半叶之间罗马法所经历的深刻演变。

归在《奥顿选断》(Fragmenta Augustodunensia)名下的，是一部对《盖尤斯法学阶梯》的解述，只是在奥顿（Autun）藏书馆的一份难以辨认的羊皮纸手稿中才发现了它的一部分。跟《盖尤斯摘要》完全是对盖尤斯的临摹不同，这部作品是对《盖尤斯法学阶梯》的简单评注。该作品不仅啰唆而且冗长，是由一位不知名的西罗马法学教师所写，其意图应该是向他的学生们解释《法学阶梯》的含义，显然，在他那个时候，学校还使用着《法学阶梯》。特别是《法学阶梯》的第四卷（涉及诉讼）也成为《奥顿选断》里面解释的对象——正如上面所说的，《盖尤斯摘要》则完全忽略了盖尤斯原文中的这个部分——这个事实使人倾向于一个观点：《选断》是在《盖尤斯摘要》之前写就的，或者至少在《选断》写成的年代里，《盖尤斯摘要》还没有取代古典时期的《法学阶梯》成为教学文本。

所谓的《西奈学说》(Scholia Sinaitica)，之所以这么称呼是因为它是在位于西奈山上的一所修道院内发现的，是对乌尔比安的《论萨宾》的第三十五卷至第三十八卷的专门旁注的总和。这里涉及的是一些希腊语写成的简短评注，并且可能来自贝里托学派。这位旁注者对乌尔比安的文本进行了解释，并常常参考乌尔比安或者其他古典法学家的其他作品，以及从《格雷哥里安法典》《赫尔莫杰尼安法典》《狄奥多西法典》中选取的皇帝谕令；对《狄奥多西法典》的援引证明这部汇编作品的出现应该晚于公元438年。

关于这些旁注的内容——对此要强调的是，它们纯粹只有对古典文本进行解释的特点——似乎有三个被评注的乌尔比安的选断，在优士丁尼的《学说汇纂》里面也有，而且，评论家判定它们是经过添加的。从这一点上，有人（里科波诺[Riccobono]）推论认为，《西奈学说》相对于《学说汇纂》编纂的年代要更晚；但是，通说理论更倾向于认定，《学派》的时间早于优士丁尼的法典编纂，这是因为优士丁尼在公布他的首部法典以后，就禁止使用此前的三部法典了（而这三部法典在《学派》一书里则多次被援引）。因此，评论家所查明的那些改动应该具有前优士丁尼时代的起源。另外，这样少量的例证当然并不足以带给我们一个关于东罗马学派对后古典时代罗马法发展演进所做贡献的想法。

121. 立法题材和法学题材的混合汇编作品

《梵蒂冈选断》（这样称呼是因为它是由枢机大主教安杰罗·马伊 [Angelo Mai] 在梵蒂冈图书馆的一部法典里面发现的）是由 341 个选断组成的一部汇编作品，是一部可能在西罗马编纂的更大作品的一部分。古典法学家帕比尼安、保罗和乌尔比安的作品被其不知名的编纂者所使用。而这里面包含的谕令则是始于公元 205 年，终于公元 369—372 年。其中大部分是戴克里先的敕答，除了唯一一项瓦伦丁尼安、瓦伦兹和格拉提安在公元 369—372 年的谕令以外，那些最晚的谕令都属于君士坦丁。其编纂者还用了《格雷哥里安法典》和《赫尔莫杰尼安法典》，但是却表现出《狄奥多西法典》的阙如，因为据显示，《梵蒂冈选断》包含的从君士坦丁以来所颁布的谕令都没有在最后这本法典里提到过。这也是由于一个事实：在《选断》里面的这些谕令并不像《狄奥多西法典》所采用的那种简写版，而是用了一种扩充得多的版本，这种扩写版很可能对应着原始版本。如果再考虑到最晚的一道谕令——至少就我们所能看到的作品的部分而言——是公元 369—372 年间的（*Vat. Fragm.* 37），可以合理地认定，《梵蒂冈选断》的编纂略早于《狄奥多西法典》颁布的时代。有人（蒙森）还特别坚持认为，这部汇编作品要追溯到君士坦丁时代，而唯一一项瓦伦丁尼安、瓦伦兹和格拉提安的谕令则是后世添加的产物。

这些选断被组合在与各种主题相关的不同标题之下（比如论买卖 [*ex empto et vendito*]、论用益 [*de usufructu*]、论嫁妆妻物 [*de re uxorial ac dotibus*]），总之，所有的选断所涉及的都是私法。我们仅看到了这部作品的一部分，很难推断出其作者对各种题材进行展示所遵循的体例。

《摩西法和罗马法汇集》（*Collatio legume Mosaicarum et Romanarum*）（也称之为《上帝之法》[*Lex Dei*]）则是相当独特的，这可以被认定为一本真正的比较法手册。作品的目的在于，建立起罗马法和古代的摩西法之间的对比。这位不知名的作者究竟是基督徒还是犹太教徒尚有争论。但无论如何，他都提出并展示了，罗马法从摩西法当中分化出来，因此，摩西法对前者具有优先性。我们仅能获知这部作品的一部分（通过三份手抄本：维也纳手抄本、柏林手抄

本和韦尔切利 [Vercelli] 手抄本），实际上，我们知道的只有第一卷的前十六章，据此不可能推断出它最初的篇幅。

这里面所包含的法学选断则属于盖尤斯、帕比尼安、保罗、乌尔比安和德莫斯汀，而谕令则是从《格雷哥里安法典》和《赫尔莫杰尼安法典》抽取出来的。唯一一项更晚年代的谕令（公元 390 年由瓦伦丁尼安、狄奥多西和阿卡丢颁布的）是以"同狄奥多西"（*Item Theodosianus*）为指示方式写出来的，以至于引导人们把该《汇集》的编写归到最后这部法典颁布之后的年代里。但是，有人（沃尔泰拉）坚持认为，无论是对《狄奥多西法典》的引用，还是公元 390 年这项谕令本身，都是添加的产物，这些添加都要归结到后来对该作品的修订。今天的学说则倾向于把该《汇集》的编写归结到戴克里先或者君士坦丁时代。特别是认为把它归到戴克里先时代是更可能的，因为，在这部作品里面——至少在我们所获知的这部分里面——绝对没有君士坦丁时代的谕令。

在这个问题上，还要考虑到，该《汇集》的某个选断（Coll. 14.3.6）包含了对某些新谕令（*novellae constitutiones*）的引用，这些谕令是对拐卖罪规定的加重刑罚，这种引用在学说上被解读为是这位不知名的注解者对君士坦丁某项谕令的参考（公元 315 年，C. Th. 9. 18. 1），而这份谕令恰恰就规定了对拐卖幼儿和少年者处以死刑。如果这是准确的，就像某些学者所假设的，这处添加是该《汇集》的编纂者本人的手笔的话，那么该作品的编写日期就应该在公元 315 年之后。但是，通常更能够假定的是（而且我认为这是最可能的一种假说），这个 *Coll.* 14.3 的第六节出自与《汇集》的作者所不同的另一人的手笔，而且是在该作品写成之后的时代里添加进来的（正如上面所看到的，Coll. 5. 3 也被判定为是后世的增补），在这种情况下，把该作品的编写归入戴克里先时代的可能性仍然是存在的（关于这部后古典时代的法律作品的日期确定——即使是大致的——经常导致的难题，也参见第 117 节）。

在每一个标题下，都列出了摩西法的原则（"摩西说……"[*Moyses dicit...*]），紧随其后的是罗马法中相对应的规范。在我们所知道的这一部分，讨论的题材绝大部分都是刑法（这些标题的连接顺序从一开始就是遵照摩西十诫的模式：Coll. 1，论杀人 [*de sicariis*]；4，论通奸 [*de* adulteriis]；7，论盗窃及刑罚 [de furibus et de poena eorum]；8，论伪证 [de falso testimonio]），不过，也有一些章节跟私法相关（Coll. 10，论寄存 [de deposito]；16，论法定继承 [de legitima successione]）。

《某些早期法学家的见解》（Consultatio veteris cuiusdam iurisconsulti），这样命名是因为它是一部关于各种具有法律性质主题的意见的汇编作品，可能是在高卢地区编写的，由一名法学家寄给一位律师。库雅乔（Cuiacio）于公元1577年将其公布出来。它比《汇集》和《梵蒂冈选断》更具个性，然而，却是一部价值相对薄弱的作品，尽管其反映了帝国晚期的法律文化水平而具有重要意义。在每一个成为讨论对象的要点上，这位不知名的作者都首先宣布自己的观点，然后，再像是进行论证一样，引证从三部法典:《格雷格里安法典》《赫尔莫杰尼安法典》《狄奥多西法典》里面摘取出来的不同谕令，以及《保罗判决》里面大量的选断。有些学者相信，在这部作品里，可以辨认出两部分出自不同手笔的成果：最初的核心部分或许是在公元5世纪末左右写成的，而后来的扩展部分则可能到《西哥特的罗马法》（506年）颁布以后才完成的。但无论如何，在该《见解》里出现了对《狄奥多西法典》的引证，就可以明确地把它的编写日期归入公元438年之后的年代。

可以位列到法律和法学文集当中的还有一部独特的、具有东罗马起源的作品，它以《准则》（Dikaiómata）或者《世俗法》（Leges saeculares）为名，也被当代人称为《叙利亚－罗马法典籍》。它拥有不同的版本，古叙利亚语、阿拉伯语和亚美尼亚语，都出自一部我们未能获知的希腊语原版，该版本可能要上溯到公元5世纪。

尽管未能免受东方的影响，但据证实（纳里诺 [Nallino]），这部作品几乎只包含罗马法，尤其是私法，并且偏好继承法题材。它的独特性还在于，这位不知名作者讨论的既有市民法，也有新法（帝国时代从元老院决议或者截止到公元476—477年的谕令当中显示出来的法律），而没有提到任何荣誉法。

关于这部作品是否以实践为宗旨而创作，是为了司法生活的需要还是为了纯粹的教学用途，评论的意见不一。但无论如何都可以明确的一点是，在优士丁尼编撰作品之后的年代里，这部所谓的《叙利亚－罗马法典籍》在帝国东部有着广泛的传播；在这个问题上，有人主张，其古叙利亚语版本是在公元8世纪末写成的，目的在于为穆斯林统治下的美索不达米亚地区（Mesopotamia）的基督徒提供一部审判用途的手册。

122. 蛮族化的罗马法律

最后，在帝国晚期所编写的法律文本的汇编作品当中占有一席之地的，还有那些所谓的蛮族化的罗马法律，它们是公元 5 世纪到 6 世纪在西罗马由日耳曼统治者颁布出来的官方编撰作品。

它们的出现是以罗马帝国西部的解体和垮台，并且在其前行省地区建立起日耳曼民族的王国为前提，因此，在这里出现了进行法典编纂的必要性。准确地说，除了适用于西哥特王国全体臣民的《狄奥多里克告示》（Editto di Teoderico）以外——至少根据主流意见认为——其他蛮族化罗马法律（勃艮第的和西哥特的）都仅仅只对罗马人属民生效，根据的是日耳曼人当中的现行法律的属人原则。所以，即使在上述法律生效之后，这些日耳曼人法根据其民族习惯也还继续保留，而且，由于罗马文明的影响，它们本身也被收录进成文的编撰作品当中（蛮族法 [leges barbarorum]）。

《狄奥多里克告示》是由东哥特国王狄奥多里克于公元 500 年左右在意大利发布的。这位统治者在形式上被认为是以东罗马的芝诺皇帝的名义来对意大利进行管理的人，因此，这一编撰作品以"告示"为名，而不以"法律"为名（该名称只被保留给皇帝的立法）。出于同样的理由，这部告示里的规范尽管具有罗马起源，但常常不仅适用于罗马臣民，而且也适用于西哥特臣民。这样做要归结于狄奥多里克有意将哥特民族罗马化，或者说至少是推动两个民族之间的融合。

但是，要考虑到不同学者的观点，根据他们的意见，这部告示已经在很多年前的高卢地区颁布出来了（公元 5 世纪中叶左右）；其名称所提到的并不是东哥特国王大狄奥多里克，而是西哥特统治者狄奥多里克二世（当时他统治着高卢）。所以，这部告示的属地性特点可以用一个事实来解释：在那个年代，西罗马帝国尚存，而高卢大区也还属于帝国的这个部分（在这个问题上，就形成了一种假说：该告示的真正作者应该是当时在任的那位大区长官）。

总之，这部告示是一部非常朴素的法典编纂作品，仅仅包含154个条文，对于那些不由这部法典调整的内容就必须留给各自属人法的适用。在其文本里，缺乏对其所利用的文献的任何指示，但是却很清楚地显示出，它们就是《格雷哥立安法典》《赫尔莫杰尼安法典》和《狄奥多西法典》，以及后狄奥多西年代的"新律"，还有各种法学作品，其中提到的有《保罗判决》《盖尤斯法学阶梯》，乌尔比安的《论行省执政官职责》(*Libri de officio proconsulis*)。

《勃艮第的罗马法》(*Lex Romana Burgundionum*)是由勃艮第国王昆多巴多(Gundobado)于公元6世纪初颁布的，仅用于勃艮地王国(包括高卢地区东部)的罗马臣民。这部法律的名称要用一个事实来加以解释，即：即使在形式上，这位蛮族人国王也被认为是完全独立于东罗马帝国皇帝的(在《西哥特的罗马法》的问题上也同样可以这么说)。这部编撰作品包含了罗马法规范的整体，但常常不是以非常明确的方式写出的，仅仅在某些情况下才能获知对其使用的文献的指示(实际上跟《狄奥多里克告示》是相同的)。正如《告示》一样，在《勃艮第的罗马法》里，这些文献并没有被忠实地加以转述，而是被自由地加以概括。

在蛮族化的罗马法律里，最重要的就是《西哥特的罗马法》。它是由西哥特国王阿拉里克二世(Alarico II)于公元506年颁布的(因此也称为《阿拉里克简编》[*Breviarium Alaricianum*])，它被西哥特王国的罗马属民当作法典，该王国当时包括西班牙和高卢的一部分(但是，根据最近的一种观点，《西哥特的罗马法》也具有属地效力，可以被适用于罗马人以及蛮族人)。这部作品形成于从不同的法律文献中提取出来的选段。要注意到的是，跟《狄奥多里克告示》和《勃艮第的罗马法》不同，《阿拉里克简编》忠实地转述了这些选段，没有在正文中将其加以重新混合，而是根据文献来源(常常明确地指出)的顺序对其进行体系化。

该《简编》包含《狄奥多西法典》和后狄奥多西时代的"新律"中的很大一部分；它还仿效《盖尤斯摘要》，对其进行完整地引述；因此，它转述了那部托保罗之名的《判决》的绝大部分，该《判决》后面还保留有从《格雷哥里安法典》抽选出来的少量谕令，以及帕比尼安的《解答》(*Responsa*)里的一个章节。

在《西哥特的罗马法》里，无论是来自《狄奥多西法典》的谕令，还是托保罗之名的《判决》里的谕令，都附随着一段解释。这里涉及的是评注，这种评注就是以另外的话语来对被评注的文本进行转述（通常是以最简明扼要的方式），其显而易见的目的就在于使之更加能够被理解。曾经认为，这些解释的作者就是《西哥特的罗马法》的那些编纂者。但现有学说的观点则是，它们由西哥特的编委会成员所作，无非就是把业已存在的一些材料收录并编排在各自正文部分的页脚，这些材料就是由要上溯到5世纪的一系列注释和评论组成，这些评注要归结于西罗马法律学派的活动。

这些不知名的解释者在对文本进行解释的尝试中，多次对其含义进行曲解，搞清楚这一点是很重要的。但这通常不能归咎于错误或者疏忽，而是要归因于在这些评注文本里面所包含的法律原则到了这些解释者写作的年代里，已经受到破坏，甚至由于历史的演进而被超越了。正如可以很容易直观感受到的那样，如果说相对于《狄奥多西法典》所包含的谕令，这里被评注的最古老的谕令，比如君士坦丁的谕令，还如同其原样的话，这种在正文和解释之间的分歧常常就更加对比鲜明了。那些不知名作者们的解释性误读（我们不考虑那些无意识的误读点）似乎是有特别重要意义的，从这些作者那里可以得出一种证据，证明在后古典时代幸存下来的法律身上的某种变化。

另外还查明一点，引自《保罗判决》的各处文本都没有解释（在这些文本的页脚都可以读到"无须解释"[interpretatione non eget]），这些文本根据公元4世纪和5世纪颁布的皇帝谕令而经过修改和更新（见第119节）。对其的解释正好就是，因为这里所涉及的选断都是在相对晚近的年代里重新写就（因此也就更容易被理解）并用新的法律加以更新过。《盖尤斯摘要》——《西哥特的罗马法》里面所包含的同一部分——也没有解释，这并不令人感到惊讶，该《摘要》本身可以被认为是对《盖尤斯法学阶梯》的一种解释（也就是一种更新过后的重述作品）。

最后，《阿拉里克简编》的解释部分——对《盖尤斯摘要》也可以说同样的话——是比法律、立法或者法学文本进行的一系列简单评注重要得多的内容。尽管就技艺的严格性而言，其使用的语言当然不会比古典法学家的用语更高深（在这个问题上，要说到"通俗化"法，参见第116节），但毫无疑问，这些不知名的评注者常常在做出一种尝试，去理解他们那个时代的法律现实，这种现实通常跟那些被评注的文本相脱节，这就使得公元 5 世纪在西罗马现行有效的法律的新原则要与现实相适应。

《西哥特的罗马法》在西罗马得到显著的传播，在西哥特统治下的西班牙，它到公元 7 世纪中叶左右才失去了官方法典的性质，因为雷切斯温多（Recesvindo）国王颁布了《西哥特法》（lex Visigothorum），后者被用于对该王国的全体臣民，无差别地生效；而在法兰西南部，它是到了公元 12 世纪之后随着优士丁尼编纂作品的传播才不被适用的。

从这些简短的介绍里可以获知，蛮族的罗马法律在整体上并没有创新的特点，因为汇编者在多数情况下都仅限于传播或者接纳，至多是带来一些无关紧要的修饰，为那些早在西罗马帝国倒台之前就已经传播开来的立法或者法学作品带来一些零星或者个别的选断。不过，这并没有削减它们作为审判的渊源文献的极为重要的价值，特别是在提到《西哥特的罗马法》的时候：没有这部法典编纂作品，我们就不能获得《狄奥多西法典》和《保罗判决》的绝大部分内容，以及《盖尤斯摘要》的全部内容，否则，我们关于后古典时代的立法和法学的知识就会非常有限。

在规范性内容的层面上，学界在总体上一直强调所有的蛮族化罗马立法都很贫乏而粗糙。

特别是《西哥特的罗马法》，尽管从结构角度来看，它可以同优士丁尼的《民法大全》进行比较（如同后者一样，该法被划定为三个部分：一个是法律的汇编，一个是用作教学的初步探讨，还有一个是法学的总和，这是笼统对应着《法典》[Codex]、《法学阶梯》《学说汇纂》的方式）；不过，这样一种近似性也导致更加凸显出该法相对于东部那种伟大的编纂工作具有不可忽视的局限性。但是，《阿拉里克简编》却具有明显的优点，它接纳的那种法律题材完美地回应了当时的需求（其所利用的文本要么是较晚期的，比如狄奥多西的谕令；要么是晚期的重述作品，比如《保罗判决》和《盖尤斯摘要》）；正是这样一种相对的"现代性"解释了这部作品的伟大并使其幸运地存续多年。

第五章

优士丁尼和拜占庭时代

123. 优士丁尼时代的序言以及方法论的提出

接下来的篇幅将要提出一种关于优士丁尼时代的非传统图景，更特别地说，是指在这个时代成熟起来的那些法律事件的图景。关于这个时代的重要性，尤其对于我们这个领域来说，显然没有任何人能够质疑，但或许正是因为这个原因，随着时间的推移，围绕着这种原因渐渐形成了一种已经令人满意或者是正在令人满意的定式观点，而这种观点为新的历史解读留下的空间似乎是相当有限的。而我们的企图就是打破这种业已"被接受"了的观点以及得到了巩固的这种理论体系的密网，这常常几乎是一种理想化的（为了不说成是皆大欢喜的）形象刻画。但这种尝试并不建立在对那些更加学究式的技艺的适用上，而是首先并且仅仅在于把法律的历史同政治和社会的历史更加精当而准确地联系起来（政治和社会史也记载了一些残酷而悲剧性的事件，并且一定程度上解释了这位皇帝本身形象的另一面）。关于优士丁尼的这部"法律作品"（常常被学者们给予特殊评价待遇），需要指出的是，它只有一种单一的归宿（从某种意义上来讲，该归宿也是经过"矫正"了的）：不在于它特定的历史性，而在于它首要的目的和直接的价值（另外，这些目的和价值也是到了优士丁尼时代后，相对于后古典时代而言很快就自生自发地具有了的），在这部作品上面，实际上常常会看到其反映出来的"效用性"（而在某种方式上讲，这种效用又是偶然的），这就是说，像是古典时代的题材，尤其是法学题材的"保存品"，如果没有这一作品的话，这些题材就会流失；而且，从博洛尼亚学派（即从公元 11 世纪）开始，它又（在很早的时候在欧洲范围以共同法的身份）成为私法关系的法律大纲。

确切地说，我们的目的不是写下优士丁尼法律编纂的历史，而是优士丁尼时代的历史，哪怕说是法律方面的历史，为了实现这个目的，至少在这个阶段的研究当中就有必要明确在两种不同的方向上着力。第一个方向是扩展时间视野，即所做的观察除了那些伟大编纂工作的年代以外（实际上，这些观察都耗在了一个接近七年的时间跨度里：公元 528—534 年），还应该投向整个优士丁尼时代，以及优士丁尼本人在登上帝位之前的生活本身（公元482—527年）。实际上，的确是只有这些编纂作品才能被当然合理地认定为是具有"普适的"和"长久的"特点；不过，同样真实的是，这些编纂作品要同优士丁尼剩下的法律历史，尤其是公元534年之后的历史区分开来，那些没什么用的规范方面的作为都被浪费了（这些汇编作品以不同的方式给这些活动留下了印记）。第二个遵循的方向是扩大所利用的文献，以此借助那些具有政治历史特点的材料来补充这些仅具有法律性质的证据材料。实际上，就后面这些证据材料而言，可以求助于开启一系列非官方的史实章节，同时，求助于对这些事件及其成因的其他一些不同的评价说明，通常它们更接近共通的感受。另外，这会给法律文献本身带来一种新的解读，迄今利用的只有它们技艺性的方面，而其实有时候，它们能够被视作皇帝舆论宣传的公开表达，甚至就是政治意识形态的文件。还可以补充的一点是，在各种类型的文献之间进行精致的串联（和相互补充），也会使得优士丁尼时代的舞台显得更加有生气，尤其是有助于更加忠实地理论重建当时的宫廷环境。在这里，表面团结一致的背后，浮现着各人之间相当不同的个性特点，甚至表现出很深刻的对立和分歧（并且，这注定要反映到编纂作品和立法本身当中去）。

124. 登上帝位之前的优士丁尼的生活和职业生涯（482—527年）

正如我们已经提前说过的，预先提供一些关于登上帝位之前的优士丁尼的生活和职业生涯的信息是合适的；显然，对于初步了解这位未来的拜占庭帝国皇帝的特点和个性（或许还有他的政策，但不仅仅是立法政策），这些信息是有用的。

优士丁尼，或者说弗拉维·伯多禄·萨巴提乌斯·优士丁尼（*Flavius Petrus Sabbatius Justinianus*）更恰当（在更晚些时候，这些提及其卑微出身的名字已予以抛弃），他于公元482年生于托勒西乌（*Tauresium*），这是达达尼亚（Dardania）附近的一个小山村（接近今天南斯拉夫的斯科普里[Skoglje]，与阿尔巴尼亚毗邻）。因此，从地理上来讲，这里最初是东罗马的边疆地区，但是操拉丁语（优士丁尼常说拉丁语是"国语"[*pátrios phoné*]，尽管更多的是从"古人"

语言的含义来说的）。

优士丁尼的血统问题引发了一些争论。总之，我们的文献似乎同意他具有伊里利亚的色雷斯人血统，只有一个文本（狄奥菲留·阿巴斯 [Theophilus Abas] 的《优士丁尼生平》[*Vita Iustiniani*]）描写他具有斯拉夫人血统。这个传奇式的书证已经被所有人抛弃，这也是因为它被发现的时间太晚，最近又被一位持少数派观点的学者索提若夫（Sotiroff）提了出来，但并不成功。

优士丁尼的父亲萨巴提乌斯的地位相当卑微；但是，跟优士丁尼出生于同一地区的舅舅优士丁（Giustino）则最终会在晚些时候成为皇帝。优士丁在很早的时候就把他妹妹的这个儿子，也就是他的外甥召到君士坦丁堡来（在那里，优士丁尼开始了他的军事生涯）。关于优士丁尼的青年时代，我们并没有什么确切的信息。但是很有可能，由于舅舅的关心——这也是一个少有文字记载的人——他按照当时的教义理论受到了很好的学院教育。实际上，关于"公共人物"的优士丁尼的最初信息只能引述到公元 518 年：在这一年里，自公元 491 年开始统治的皇帝阿纳斯塔修一世去世，而优士丁尼成为继承大业当中具有一定重要性的人物，他也是宫廷（*Scholae platinae*）中一名简单的候选人（*candidatus*）（实际上，这次继承是近几十年里最公开，或者说没有任何提前准备的一次，因为阿纳斯塔修并没有指定一位凯撒副帝）。经过一系列冲突（优士丁尼本人似乎也在候选人之列）之后，公元 518 年 7 月，优士丁尼的舅舅被选为皇帝，成为优士丁一世。显然，优士丁尼的职业生涯得到了这一事件相当大的帮助（也要考虑到他舅舅的高龄——七十六甚至七十七岁——以及不太稳定的健康状况）。实际上，优士丁尼担任了内务显贵官（*illustris comes* [*domesticorum*]）的职务（和等级），并在公元 521 年成为执政官；另外，他还以官方地位和姿态积极参与同罗马教皇的修好（以及阿卡乔教会分裂 [*scisma acaciano*]① 以来基督教教会的和解工作）。实际上，优士丁迅速改变了阿纳斯塔修支持迦克敦教义派、偏向耶稣单性说的政策（因此，耶稣单性说教徒到处都受到迫害，

---

① 公元 484 年，东西方的基督教教会之间因为君士坦丁堡大牧首阿卡乔的一份告示声明而分裂，直到公元 519 年才达成和解。因此这段时间称为"阿卡乔教会分裂"。

但埃及除外，也参见第125节）；皇帝对教皇的新态度也决定了与狄奥多里克和意大利的哥特人王国关系的积极转变。

在这里，不可能用很大的篇幅来追述优士丁统治时期的事件；但是，对于我们想要重建优士丁尼性格特点的这一特定目的而言，提到（520年）对著名军事将领、执政官维大利亚诺（Vitaliano）的谋害，可能会有用；通过这次谋杀，优士丁尼（实际上，这应该出自他的旨意）扫除了他最危险的对手（另外，他还取代了前者的殿前军团长官之职）。

大约是在公元524—525年之间，优士丁尼迎娶了狄奥多拉（Teodora），她一直到去世都是他的伴侣（公元548年，在尚且年轻之时她就去世了）。这场婚礼在优士丁的妻子俄菲米娅（Eufemia）皇后于公元523年去世之后才操办，因为她坚决反对这门婚事；一种相当广泛的观点认为，大致在公元520—523年，优士丁尼制定了一部法律，事先安排废除掉一项古老的禁令——禁止元老院议员阶层的人士同剧场女演员结婚，即使她们已经离开舞台（几乎可以确定，狄奥多拉曾经从事过这项职业）——这场婚姻才成为可能。对于我们而言，只要说到同狄奥多拉结婚是优士丁尼生命中最重要的事件之一就够了，因为这触及"公共"领域，也就超越了"私人"领域。

关于狄奥多拉形象的讨论，通常是非常活跃的；这是因为，来自历史学家普罗科皮奥（Procopio）的关于她所有负面的道德评价（来自他的那本最受争议的作品，即《秘史》[Anékdota]；参见第138节）不仅表现为孤立无证（即没有其他文献的印证），而且也非常尖刻（或者迁就讨好），从而显得并不完全可信。与此相反，关于狄奥多拉"历史"的另外一个文本是按照规范文本从很多"有利于"她的文献里面选出来的，这是《祖国》（Pátria）一书（坦率地说，这部作品是非常晚的，大约是公元10世纪左右）所提供的版本，从第一眼看就显得有太多的人工捏造。狄奥多拉应该是一个卑微的羊毛纺织女工，从潘弗拉贡尼亚（Paflagonia）[①] 来到君士坦丁堡，在那

[①] 今黑海一带。

里，优士丁尼有机会见到她并迷恋上她。为了摆脱那些评价里面绝对冲突的地方（也是为了考虑到优士丁尼表现出来的对狄奥多拉的尊重，公元535年，Nov. 8. 1里面有"上帝赐予我们的最为虔诚的伴侣"一说，参见第132节），很多学者（这里面，有法国的拜占庭学家迪埃尔[Diehl]，他是对优士丁尼时代的主角的内心刻画最透彻的作者）都倾向于描绘出狄奥多拉在婚前婚后的举止行动当中有着天壤之别：至少在同优士丁尼结合之后，狄奥多拉应该就有了无可非议的道德操守（尽管普罗科皮奥继续做相反的认定）。

但是，最重要的问题还是另外一个，即狄奥多拉在政治决策上对优士丁尼的影响。通常，都要提到这位皇后在公元532年尼卡（*Nika*）暴动这个最危急的时刻所表现出来的坚忍顽强（也见第136节），以支持狄奥多拉这种影响力：面对优士丁尼本人及其大多数大臣放弃皇宫和君士坦丁堡的决定，狄奥多拉激昂地宣布要坚持到底，她认为对于一个皇帝来说，皇位才是最合适的坟茔。在相反的意义上，关于狄奥多拉过分强大的政治影响力，则通常会诉诸她对来自卡帕多西亚的乔瓦尼（Giovanni di Cappadocia）的抵制，因为他在东方大区长官的职位上（实际上这是帝国最重要的职务）不受皇后的欢迎；同样还要提到的是，优士丁尼对宗教正统教义的坚持，尽管这与狄奥多拉炽热的耶稣单性说信仰相悖（但在这一点上，不能忘记的是，优士丁尼在教义方面的摇摆不定，那么狄奥多拉几乎不大可能基于在任务上的某种划分，而可以自由地对基督单性说教徒给予支持，也参见第125节）。考虑到所有这些因素，或许可以想象到，狄奥多拉在最严重的危机时刻有坚决而超群的意志；相反，进入到宗教领域，或者进一步说，在最直接的辅佐者的选任领域，除了一定程度的影响力以外，她不可能对这位皇帝形成制约。

从法律历史的角度来看，狄奥多拉的角色尤其在两个方面有重要意义：她是一些规定的推动者，它们要么对妇女有利（比如关于婚姻、离婚和通奸的），要么对普遍的利益有利（有时候，相对于那些最接近他的辅佐大臣，优士丁尼会赋予这位皇后的进言和建议以非比寻常的重要地位）；而在公法层面上，她又是优士丁尼本人可能的纠正者（另外，这个问题是很有争议的。因为要确定这些可能的纠正所发生的时间不是容易的事情，因此，在多数情况下，对此问题都持否定意见）。

在这里，应该考察的是优士丁一世和优士丁尼之间的关系问题。一种传播很广、被普罗科皮奥认可的观点是，优士丁尼对他舅舅的影响力是非常强大的，这是因为后者无法逆转的体质衰退（甚至，已经有些当代文献倾向于认为优士丁尼的统治在某种程度上始于公元518年）。但是，也不乏一些因素被用来对这种观点提出质疑。实际上，并没有明确地指示出，优士丁尼应该如正常情况那样，曾经被任命为凯撒副帝，而权贵的地位本身只是到公元526年的时候才授予他。而在立法领域，也不一定能认定优士丁尼有明确的影响力，甚至是某种参与（如果不是在某些可能的孤立选断里面的话，比如上面所看到的 C. 5. 4. 23）；换言之，文书署实际上继续按照后古典时代的典型步调和模式在行事，他们那里没有什么更具雄心壮志的决心的痕迹（显然就是指汇编或者编纂计划）。考虑到目前所展示的内容，最近又出现了一种趋势，对优士丁一世政治和立法的"独立自主性"进行重新衡量。

不过，优士丁状态的进一步恶化迫使他于公元527年4月1日任命优士丁尼为奥古斯都（这可能就是在他被舅舅收养后不久），而同年8月1日，优士丁去世之后，优士丁尼成为唯一的皇帝。

125. 优士丁尼统治的各个时期（527—565年）

在优士丁尼一世的漫长统治期间，可以确认出不同的周期（或者更简单地说成是期间），其统治在经过三十八年之后随着他的逝世（565年）而告终：当然，这种周期划分（不出意料，这不但是为了指明 [per incicem]，还具有便于对某些最重要事件进行援引的优点）可以根据所采用的参照系——政治的、宗教的、法律的——而变化。

在狭义的政治层面上，无论是关于内政还是外交（也就是极其频繁的军事作为），优士丁尼的统治通常都可以划分为两个大的阶段，这不仅仅是为了叙述的目的。第一个阶段在某些方面更重要且更富有成果，被认为是包括了从统治之初（很快就以恢复对波斯人的敌对行动为标志，然后，则是突然地以公元532—533年的所谓"永久和约"而告终）到大约公元540—541年：在公元540年，随着贝利萨留取得拉文那（同样是这位将领，还在公元533—534年的时候从汪达尔人手上夺取了非洲），最漫长而意义非凡的针对意大利的哥特人发动的优士丁尼战争的第一阶段就告终了；而随后一年，即公元541年，优士丁尼最重要的一位大臣，来自卡帕多西亚的乔瓦尼（在授命东方大区长官一职近十年，并因此在内政管理上打下他的深刻烙印，也参见第132、136节）倒台。第二阶段从公元540—541年开始，一直到公元565年：从军事领域来看，这一阶段的特点是受到的扩张政策的激励更弱，而且，倾向于对已经获得的地位进行加强（尽管指挥的战斗数量毫无疑问仍然非常惊人，比如说可以想到的是，哥特人战争的终结，以及对西班牙一部分的重新征服，以及对波斯人战争的恢复）；至于内政层面，同样由于优士丁尼最优秀的一批"辅佐者"的离世（皇帝另外一位重要大臣——司法大臣特里波尼安[Triboniano]可能是在公元542年去世的，大多数法律成就都要归结到他头上，也参见第141节），在很多方面，局势开始变得更加不稳固。

如果观察宗教领域（尤其是神学教义和基督教义领域），这里面的阶段划分不可避免地必然会更加模糊，需要说到的就是，除了那些针对非基督教徒和非正统教派的最极端的坚决手段以外——这些手段被认为在优士丁尼的政策当中是一以贯之的——最重要的问题就是耶稣单性说的问题（这种学说被公元451年的迦克敦宗教会议否决，众所周知，它主张基督只有一种性质的存在，至少在一部分耶稣单性说信徒看来，这种神性吸收了人性）。在这个问题上，正如已经说过的，常常跟迦克敦宗教会议决定并不一致的皇帝态度到优士丁上台时有所改变，即坚决地回到了反对耶稣单性说的立场上（见第124节），但是，优士丁尼的立场尽管实际上延续了他舅舅的反对耶稣单性说的态度，但是却要灵活得多（正如拉梅洛蒂[l'Amelotti]特别强调的，这也是因为优士丁尼从来都没有脱离过一种更加普适的政治观点）：实际上，优士丁尼从未中断过寻求至少同一部分最温和的耶稣单性说信徒达成妥协的方案。特别是在他统治的最初几年，这位皇帝被迫不对耶稣单性说信徒进行刑事制裁（实际上，这一切在他的谕令里面都没有明确提到过），只是从公元536年开始，才有了针对耶稣单性说信徒的迫害，甚至还很残酷，最初是在叙利亚，然后是埃及（作为这种思想运动最牢固的堡垒）。公元542年左右，这些信徒被缩减成一个派别。不过，教士雅科莫·巴拉德奥（Giacomo Baradeo）在埃德萨（Edessa）①秘密就任大主教，在很短的时间里又重新组织起他们的队伍，之后为耶稣单性说教会带来巨大的势力。

优士丁尼同样也继续着他在迦克敦教义派和耶稣单性说信徒之间进行调和的努力，公元543—544年间他颁布了一份文件，基于它的诸多后果，这几乎可以被看作他统治期间在神学"事件"上的一道分水岭（在这里，不可能提到此前和此后的其他"事件"，尽管它们也有相当的重要性）。这里涉及的是一份由三章构成的告示，该告示对此前一个世纪的神学和神学作品进行了批判（"三章"[Tre Capitoli]后来就变为对这些受到批判的作品的指称）。因为这场判罚被指向用来对付那些特别不受耶稣单性说信徒欢迎的教义，所以该皇帝的目的，即至少在某些点上同耶稣单性说信徒达成共识就显得很明显，这种目的立刻被狄奥多拉感知并加以支持（她对耶稣单性说的炽热信仰已经被提到过，见第124节）。实际上，优士丁尼的这份告示完全没有实现他的目标，不仅得罪了迦克敦教旨主义者，也没有让耶稣单性说信徒满意。教皇维吉吕（Vigilio）在整个事件当中还遭受到这位皇帝令人痛苦的人身羞辱，而教皇的态度也摇摆不定、自相矛盾（他局促在迦克敦教旨主义者的压力——尤其是西部的教旨主义者跟他有更多的联系——和这位皇帝的恐吓之间）。只是在公元533年君士坦丁堡大公会议通过了对"三章"的判罚意见（因为东方的主教具有席位优势）之后，这位教皇才决定用自己的圣谕最终批准了这一敕告（后来，他在从君士坦丁堡返回罗马的途中去世，其在君士坦丁堡滞留七年，或多或少是被迫的）。但教皇的顺从也未能如同优士丁尼的坚定决心所希望的那样，使得教会的和平和统一得到恢复，因为在西方，很多教会都不接受对"三章"的判罚意见，并且激发了一场广泛而长久的教会分裂（新任教皇佩拉乔[Pelagio]在一段时间内曾经是毫不妥协的"三章"的捍卫者，但实际上很快就接受了君士坦丁堡大公会议的决定）。尽管如此，优士丁尼在他生命快要终结的时候，也就是公元564年，还是通过一道新的告示建立了进一步的联系。不仅要面对耶稣单性说信徒，甚至还要面对那些极端流派，他们要追溯到阿里卡纳

---

① 在今希腊境内。

索的尤里安（Giuliano di Alicarnasso），所以被称为"尤里安派"，该派坚持认为，耶稣基督的肉体是刀枪不入、水火不侵的，而且不受任何苦难（尽管后来他们也承认基督在受难的时候，由于奇迹发生而曾经遭受过切实的痛苦）。这份肉身不坏论告示（aftartodoceta 一词来自希腊词汇"*áphthartos*"[不受侵蚀的]和"*dokeîn*"[似乎]）自然很快就遭到东方大牧首们的断然反对（正如我们已经看到的，尽管他们接受对"三章"的判罚）；而优士丁尼的去世则深刻地打乱了整个教会世界，无论是东方还是西方，都反对这位皇帝的"神学"构想和希望。

636 最后，在法律活动方面——这显然才是主要的——把优士丁尼的统治划分为三个时期可能是合适的：第一个时期从公元528到534年，是以大型的编纂活动，即第一部《法典》（528—529年）、《学说汇纂》（530—533年）《法学阶梯》（533年），还有第二部《法典》（534年）的筹备与公布为标志，也是以在数量上和质量上都相当重要的一些立法为标志，但大多数都与这些编纂作品的价值相关；第二个时期从公元535年到大约541—542年，是以一系列紧凑的"现行"立法为特点（即以《优帝新律》[*novellae constitutiones*] 为载体）；第三个时期是从公元543—565年，这一时期也是由于辅佐者的素质降低或者说有变化，立法活动（仍然是以《新律》为载体）往往乏善可陈，而且在技术上也更加退步。

这些时期里面最重要因此也是研究最多的，毫无疑问就是第一个。不过，对另外两个不为学者所熟知的时期进行独立的探讨，似乎也是合适的。这显然有助于提供从法律视角看来更加完整的优士丁尼时代的背景（换言之，正如我们已经说过的，就是在历史理论重构层面上对这一时代"进行重新平衡"），而且，也有助于纠正一些如果仅仅阅读那些编纂作品（以及围绕着它们的立法）就会无可避免地出现的错误印象。举个例子，公元535—541年（或者542年）的"现行"立法，提供了与优士丁尼的法律世界里的问题不一样并且不寻常的画面，在后面还会进行深入探讨（第136节）。实际上，从这些编纂作品里面显示出来的似乎是，私法问题和视野的绝对主导地位，而在这一时段当中，则出现了优士丁尼时代真正的"症结"，即国家机构的衰落和在日常生活中的进一步退场（不断的立法干预也未能制止这一点）。至于后来的优士丁尼立法（543—565年）（第133节），尽管也有一些空档，但它们不仅涵盖了一个很广的时间跨度，而且还同优士丁尼统治最平静的一段时期重合，在这段时期，这位皇帝开始得过且过、孤老终身；众所周知，"晚年"的优士丁尼也是一个垂暮之人了，他已经年届七旬并马上就满八十，由于可以掌握的文献比较少，这也成为我们的研究中最开放，同时也是最吸引人的问题之一。

126. 第一部《优士丁尼法典》(《新编优士丁尼法典》)(528—529年)

在优士丁尼统治的最初几个月里，即从公元527年8月到公元528年2月，文书署似乎没有从事任何活动。不过，公元528年2月13日，根据一道"关于编写新法典"（de novo codice componendo）的谕令（它因其开头的词句而为人所知，"Haec quae necessario"["值此之际，有必要"]），优士丁尼向元老院（也参见第127、131节）宣布了第一份法律"计划"。更准确地说，这涉及的是法律，即皇帝谕令的汇编。在这个问题上，要指出的是，前任的皇帝们也曾做出过尝试，但未能成功；而且，他还宣布这份汇编的目的首先是实践性的，即减少冗长的诉讼（amputare la prolixitas litium）（往后在第三节里面，还谈到了诉讼的快速判决 [citiores litium decisiones]）；因此，这位皇帝提出借助神灵的帮助（aucilio dei omnipotentis），以满足众人集体的需要。根据这份《Haec quae necessario 谕令》首段的记载，该汇编作品的基础应该就是此前的三部法典（《格雷格里安法典》《赫尔莫杰尼安法典》《狄奥多西法典》），并以随后的皇帝立法为补充。

正如这份《Haec quae necessario 谕令》第1节所写，受命编写这部新法典的委员会是由前司法大臣乔瓦尼（是否是那位来自卡帕多西亚的？关于对这个人物的认定所产生的问题，也参见第136节）、另外六名显赫的官吏或者前任官吏（里面有特里波尼安，当时他只是"因为其法学家地位而在所有官吏里面脱颖而出"[vir magnificus magisterial dignitate inter agents decoratus]，也参见第137节）、狄奥菲尔（Teofilo）(此人除了是帝国枢密院的官吏以外，也是君士坦丁堡法学院的教授），最后还有两位辩护官（*togati*），即在大区长官治下的最高法庭里面的两位辩护律师。因此，在这个委员会里面，官场要人占据绝对多数，而具有高校背景的人则几乎缺席，而且，也没有太多法院背景的代表（至少在某些方面，这意味着职务重要性原则要超过实际或者特定能力原则）。

该谕令的第 2 节给该委员会做出了指示，确定这部新的法典编纂作品的"实用主义"目的：实际上，也就同意了对立法文本进行一系列的"调整选配"，特别是进行删减（*resecatio*），即删除序言（*praefationes*）（它们对于法律的完整内容 [*quantum ad legume soliditatem*]，即相对于真正的规范性命令而言，显得无用），以及那些相似的"内容"和矛盾的"内容"（除非后者对于某处法律的区分 [*iuris aliqua divisio*] 是起作用的，也可以说是有意为之的部分）；最后，还有那些长期废置不用的规范。这样获得的法律就会是"简单而明了的成文法律"（*certae et brevi sermone conscriptae*），而且，该委员会还获准在必要的情况下，对这些法律的用词进行增减、改动，以及把分属不同谕令的各种规范收录到同一个罚则（*sanctio*）之下，使其意义最终表达得更加明确。赋予这个委员会的其他权力跟把各种素材安排到适当的题目之下有关（另外，并不是先考虑这些法律原始的时间先后顺序 [*ordo temporum*]）。最后，在先前的法典或者汇编作品里面缺乏具体时间的谕令，其普遍性效力也得到了确认（这些谕令自然就必须保留此前对其加以安排的那种排列顺序）；被赋予同样效力的还有那些指向单一个体（回复给某个个人 [*ad certas personas rescriptae*]）的谕令以及那些以实用规定（*pragmatica sanctio*）（最初是出于特定的实用性 [*per pragmaticam ab initio datae*]）的形式颁布出来、后来被重新囊括到这部新法典里来的谕令（也参见第 134 节）。

《*Haec quae necessario* 谕令》以第 3 节为结束。在本节里，皇帝重申他为公众的福祉而夙夜操劳（*diurna cura*）。在这种情况下，这种操劳表现为，为法庭辩护（*recitatio*）之目的，安排一部汇编法典当中的明确且无可争议的法律（*leges certae et indubitatae et in unum codicem collatae*）。

根据上面的全部内容，优士丁尼的计划明确地显现出缺乏任何学术上的紧密关系（即对这些立法文本最初"涉及范围"的尊重）；

不过，与此同时，也就指明了一种新的话语方式（可以说更加"现代的"），即这样一种意图：在一些不易被"置换改变"的题材存在的情况下，对"纯粹规范"进行客观而一般性地阐述；与这种意图相伴的，还有对这些材料本身进行合理的体系化的尝试。毫无疑问，这样一些目标在此前的法典编纂工作中也曾经存在过；不过，如今它们显得丰满起来，至少在某种程度上，从过去的经验当中变得更加成熟了。

这部作品在一年多的时间里即告完成；因此根据公元529年4月7日颁布的（关于确认《优士丁尼法典》的）(de Iustiniano codice confirmando)《Summa rei pubicae谕令》，这部新法典得以公布（同年4月16日生效）。对这份《Summa rei pubicae谕令》的解读也会提供一些很有意思的启示（正如优士丁尼的此类谕令通常所具有的那样，除了与法律所涉范围的紧密联系之外，它们还突出地具有一种更加广泛的政治范围）。此谕令是传达给大区长官梅纳（Mena），开篇即确认 summa rei publicae tuitio（保卫国之公器），即对国家的保卫既要依托军队，也要委之于法律（也参见第134节）。这要通过罗马民族（genus Romanorum）已经掌握的这些工具以及将会永远统治所有其他民族的神灵庇佑（deo propitio）的联合努力。在其他几处提到军事领域所存在的天道命运之后，只是到了该谕令的第1节才回到法律汇编的话题上来。这里再次显现出在《Haec quae necessario谕令》里面就已经看到的一些理由和信息：特别涉及这部编纂作品的实用性目的，还谈到此前一些法律的晦涩难懂（caligo）以及已经对它们进行的删繁就简（reductio ad brevitatem）（因此，法学家们才能够回到那些简明正确的定义 [rectae definitiones] 上来）。里面还记载了作品的文献来源，以及一般意义上的委员会组成（正如在某个地方所确认的那样，该委员会跟事实的真实情况不可能完全相符，但无论在法律理论，还是实务经验上，都是最具声誉 [gloriosissimi tam doctrina legume quam experiential rerum] 的人）；最后，是对该委员会本身提供的指示。第2节重复了委员们的名字（相伴的是一些更新，这应该归结于他们中某些人担任的新职位），而第3节毫无疑问是最重要的，这里重申了《Haec quae necessario谕令》第2节里面已经包含的一些规定（比如，该《法典》所收录的敕答的普遍效力），而且，还特别解决了赋予这部新法典未能囊括的那些谕令具有什么效力的问题：通过按伪造罪加以惩罚，来禁止对它们进行司法审判上的使用，这就像是禁止使用法律的旧文本一样（正如我们所非常了解的那样，这些旧文本跟这部新的汇编作品里所表现出来的文本可能是不一样的）。

总结起来，这份《Summa rei pubicae 谕令》相对于《Haec quae necessario 谕令》的新特点在于，确认了这次新的法典编纂具有彻底穷尽性和自给自足性；而这种想法可能是在工作进行过程中成熟起来的，或者是在此过程中才更加有意识地实现的。

还值得一提的是，第一部《优士丁尼法典》的保存以及因此我们对其加以了解的问题。很快我们就会看到，一部新的《法典》如何以及为什么在公元534年末生效；这也导致禁止使用此前的这一部法典（也参见第131节）。如果奥希林科（Ossirinco）一份著名碑文的第一卷的某几章（这对应于第二部《法典》的第十一章和第十四至十八章）以及其中包含的谕令的一份索引没有保留的话（于公元1922年公布的 P. Oxy. 1814），我们就会对公元529年的这部法律汇编作品一无所知。这份索引（更加准确地说，它表现为一份签名信息 [*inscriptiones*] 的列表）对优士丁尼法典编纂历史而言是特别宝贵的（实际上，它很快就给这一问题的研究带来了新进展）；但现在我们只要观察到一点就够了：正如优士丁尼所表现出来的那样，这份索引显示出直到公元529年4月，"引证法"还长期有效，它考虑的是，按照狄奥多西的立场来对法学进行司法审判上的利用。这必然也进一步意味着，优士丁尼和他的辅佐者当时还没有成熟的汇编古典法学家作品的想法（更广泛的意义上，参见第127节）。

127. "法学"汇编作品（《学说汇纂》暨《潘德克顿》）计划及其实施（530—533年）

公元529年4月到530年8月，文书署以一种相当紧凑的步骤继续着它的立法计划。上面提到的那位特里波尼安现在已经成为圣殿执法官（*queaestor sacri palatii*），用现在的话说就是司法大臣（见

第 137 节）；毫无疑问，优士丁尼的这位辅佐者有着坚强的个性和法学造诣（甚至颇具"古风"），对法学加以汇编的想法就应该出自于他。不过，这项新计划得以成熟的时间还非常不确定，而且被学者们激烈地讨论（尽管我们在 130 节里提到过的 P. Oxy. 1814 似乎同意把这个起始 [a quo] 时间往前移）。

最主要的问题是由一组归在"五十项裁定"（quinquaginta decisiones）名下的谕令所引发的，它们是用来解决古典法学著作里所发现的某些争议和分歧的。实际上，我们掌握的文献状态不能令我们确切地说出，在这个时期优士丁尼的谕令里面，哪一些可以被认定为是这类裁定，也不能确认是否存在着这种立法材料的一部汇编作品；而且，尤其是未能让我们获知这些裁定本身的明确时间（尽管罗汤迪 [Rotondi] 敏锐的研究归纳出，大约落在公元 530 年 8 月 1 日到 11 月 27 日之间）。跟这个时间问题相联系的还有另外一个"症结"，即确定这些裁定的最终目的何在。实际上，某些学者就把它们看作《学说汇纂》纯粹的准备性工作；而另一些学者则假设这是存在许久的狄奥多西对法学意见使用的立场的证据（尽管从时间顺序上来看，必须把它们确定在公元 530 年下半年）。在此基础上还要补充，根据普林谢姆（Pringsheim）的一个著名观点，在实务者和理论家之间存在着某种冲突，前者支持让"援引法"保持稳固，尽管也有某些调整改动，而后者则或多或少地有意提出对法学进行法典编纂。在我看来，事实是"五十项裁定"至少证实在公元 530 年，或者更准确地说，在这一年的后半年，法学的现状相对于法律的状态而言，存在着某种程度的不便利（实际上，就我所认为的这种"不便性"，在"学者"当中要比实务者更加广泛，他们已经"按捺不住"要研究解决之道了）。从这一状况出发，并考虑到其他一些征兆，显得更为可能的是，"五十项裁定"在某种程度上是作用于跟法学有关的计划的。

总而言之，《学说汇纂》的工作是根据公元 530 年 12 月 15 日（关于汇编《学说汇纂》）（de conception digestorum）的《Deo auctore 谕令》（即 C. 1. 17. 1）而有了正式开端。这份发送给特里波尼安的重要谕令指出了这份汇编作品的目的，同样也为编纂者的活动确定了主要的方针（但很显然，在工作的过程当中还会涌现出其他问题以及其他的解决方案）。像通常一样，其引言部分提出了皇帝"宣传口号式的"

某些理由（这次比以往更加强调"至高的三位一体圣灵"[*providentia summae trinitatis*]，表现为这个世界的原动力，因此也是这部官方作品的动力来源，参见第134节）；因此，只是在第一节的时候，《*Deo auctore* 谕令》才开始进入特别的法律话题。这里的正文说到，权威立法(*legum auctoritas*)失去了价值，是弥漫在每一个法律部门(*omnis legume trames*)的"混乱无序"造成的，所以，因这部法律汇编作品的颁布，这种局面已经在部分程度上得以纠正；第2节补充道，如今则有必要求助于一项更加庞大也更加复杂的事业（不求助于神明相助的话，就几乎会陷于绝望），而这就是必不可少的"收录并颁布所有罗马法规范，并把分属于多位法学家的书卷囊括到唯一一部法典中来"(*omnem Romanam sanctionem et colligere et emendare et tot auctorum dispersa volumina uno codice indita ostendere*)的事业。正如第3节所确认的，这部作品的编纂依赖于特里波尼安在《法典》编写过程中业已久经考验的出色能力，甚至特许他去联合一些他所青睐的合作者，正如在更为宽泛意义上所说的，即不仅从最能服众的教授，而且也从帝国首都的市政广场上最雄辩的律师里面进行挑选(*tam ex facundissimis antecessoribus quam ex viris disertissimi togatis fori amplissimae sedis*)；不过，没有提到皇帝的官吏，这一点是非常重要的。另外，他同意教授们(*antecessores*)比律师们(*togati*)更占据主导地位。

第4节基本上是对该汇编作品的文献和保留用来对特定材料进行"讨论"部分的说明，实际包含了对那些古代法律意见(*antiqui iuris prudentes*)的书目进行解读，尽管就这里所确认的内容而言，仅限于那些根据君主准可而具有解答权(*ius respondendi ex auctoritate principum*)的作品（后来，这种限制性规定实际上并没有得到遵守：可以想到的是，另外暗中使用过一位共和制时期的法学家，即阿尔芬·瓦罗[Alfeno Varo]的作品）。从这里面必然可以得出一部非常充分的作品(*quod unum pro omnibus sufficiat*)，消除了一切相似重复或者不一致之处（这是一种以统一且完整的讨论为目标的选集）；与之相关的既有该作品被划分为编（五十卷）然后分章；也有其内部的编排（编纂者必须遵循《法典》和常设告示的顺序）。采用这些标准的同时，该作品正好（就在它逐渐完善起来的表现形式当中）以收录完所有的古代法(*totum ius antiquum*)而告终，而不再导致个别法学家享有的地位（*dignitas*）不同（这里毫不掩饰地是在暗指"引证法"）。在第 6 节里面，还可以发现另一处对其最高重要性的确认：为《学说汇纂》选取的那些法学选断实际上都被吸收进皇帝谕令里面，如同出自皇帝本人之口一样（就像他们的意见是来源于皇帝谕令，而且，是由我们的这张神灵之口宣布出来的 [*quasi et eorum studia ex principalibus constitutionibus profecta et a nostro fuerant ore profusa*]）。

在同一段话里，也可以发现另外一个具有重要意义的语句（这一次不是跟《学说汇纂》的"价值意义"有关，而是跟此项工作的"质量"有关）：既然有人对那些并非以完美方式写就的内容进行修改纠正，那么他们本身就更称得上是作者（*nam qui non suptiliter factum emendat, laudabilior est eo qui primus invenit*）。显然，这句话是这些编纂者的工作不具"语言学"特点的证据，不过，与此同时，也表达出一种法律资料上的完美主义及经久耐用的哲学偏好，赋予修改行动（*emendatio*）比创作行动本身（*inventio*）更为优越的地位（这或许跟法典编纂极为广泛的背景有关系）。

同法律（以及同《法典》）的关系问题占据接下来的章节。第 7 节，在赋予编纂者一般（且普遍）的权力来对古典材料进行修改之后，实际上，还认可了对古典法学家们所转述的或者援引的那些谕令（古代的法律以及载于这些书里的古代谕令 [*veteres leges vel constitutiones, quas antique in suis libris posuerunt*]）进行的修改（因此，这些谕令的"新"文本就废止掉或者优于其原始文本）：通过诉诸那项任命统治者的古老法律（*lex antique, quae regia nuncupabatur*），所有这一切都得以正当化（根据该法，"罗马人民的所有权利和权力都转交给皇权"[*omne ius omnisque potestas populi Romani in imperatoriam translate sunt potestatem*]，也参见第 138 节）。第 8 至 9 两节还对《法典》和《学说汇纂》的共存关系进一步细化，禁止它们之间出现任何自相矛盾或者重复之处（*similitudo*）；而第 10 节则命令这些编纂者忽略掉那些已经长期废置不用但还置于书中的古代法律（*leges in veteribus libris positae*）。最终，第 11 节还说到，整个法律制度都奠基于这两部法典（*codices*）（一部是谕令 [*constitutiones*] 法典，另一部是经阐明的法学 [*iuris enucleati*] 的法典）；可以对它们进行补充的只有一部《法学阶梯》式的作品，这一处预告是有重大意义的（见第 130 节）。

《Deo auctore 谕令》的最后几段尤其提到禁止对这部已经完成的作品进行任何评注（commentarii），以避免重新积累起相互不一致的解释意见（第十二节）；禁止在复制本中使用省略字符（sigla），即缩略语（第十三节）；最后，还鼓励了这项工作应快速完成（第十四节）。

实际上，这部作品是在相当短的时间内完成的，并于公元 533 年 12 月 16 日根据（关于确认《学说汇纂》的 [de confirmatione digetorum]）一份双语《Tanta 谕令》（或称《Dédoken 谕令》）公布出来（即 C. 1. 17. 2），可能是在同年 12 月 30 日生效。这份《Tanta 谕令》（这一次郑重其事地发给元老院和全体人民 [ad senatum et omnes populos]：也参见第 126、131 节）也需要仔细的解读。另外，这个文本的篇幅迫使我们只能对其中的基本要点加以详解，而把其他一些要点搁置起来，尽管它们也很重要。

在首段里面，首先提到了近几年来取得的外交（与波斯人达成了"永久和平" [pax aeterna]）和军事上（从汪达尔人手上重新夺取非洲）的胜利（也参见第 129 节）。在第一节里继续说到，那部法律的汇编作品已经完成一段时间了；如今已经穷尽了对古典作品的翻阅（涉及大概两千册书），而且对"最好"的选断进行挑选，对于《学说汇纂》也可以这么说（即"所有最有用的东西都被收录，所有的含混模糊都被解决，没有留下任何不协调之处" [omne quod utilissimum erat collectum est et omnes ambiguitates decisae nullo seditioso relicto]）。

这部作品除了被划分为五十卷以外，还被划分为七个部分（partes），关于它们的内容，在第 2 至 8 节里面进行了列举和详细地描述（关于法律研究方面的变革，也参见第 130 节）。

在第 9 节里面，列举了委员会的组成名单（正如我们所知道的，这是由特里波尼安本人挑选出来的）：涉及的人有财政大臣（comes sacrarum largitionum）及诉状受理圣裁官（magister scrinii libellorum sacrarumque cognitionum）康士坦丁（Costantino）（他是高官的唯一代表，显然因为他的职务性质而被挑选出来）、法学教授（*antecessores*）狄奥菲尔、多罗特（Doroteo）、阿纳多利（Anatolio）、格拉汀（Cratino）（第一个和第四个属于君士坦丁学派，另外两个属于贝利托学派），最后还有十一位诉讼律师（*patroni causarum*）。加上特里波尼安，总共十七个人。律师的数量优势并不能掩人耳目，因为《Tanta 谕令》的话语完全露出法学教授具有更大的声望（以及他们的贡献也更具有数量上的主导地位，参见第 128 节）。

在第 10 节，引入了另一个重要的原则：尊重古人（*reverentia antiquitatis*）。该原则的确认引导着这些编纂者在各个选断之前安排一个署名，即被引用过的那些法学家的姓名不能付之阙如（*taciturnitati traditus*）（即最终被遗忘）；这涉及第一个历史语言学类型的严格态度（最后至少还会出现另一个），不过，这种认真的态度却因为明确地同意对这些古典文本进行任何一种修改调整而被削弱了（以至于可以最终确认，很多以及很重要的内容……为了实用性而被改变了 [*multa et maxima... propter utilitatem rerum transformata sunt*]：关于这个句子，参见第 128 节）。

在接下来的段落里，又回到了从整体视角看待法律制度的话题上来（所安排的罗马法整体 [*omnis iuris Romani dispositio*]）。为了形成这个制度，有三部书籍（*tria volumina*）共同发挥了作用（正如第 11 节所交代的，《法学阶梯》在不久之后也告完成），即除了《法学阶梯》以外，还有《学说汇纂》和《谕令集》（*constitutiones*）（第 12 节）；因此，从混乱（*confusio*）和不明确（*infinitas*）走向了得体（*moderatio*）和法律真理（*legitima veritas*），因此就整理出了一个既前后一致又简明扼要且便于所有人查阅的法律（*leges tam directae quam compendiosae omnibusque in promptu positae*）的整体来（更进一步讲，并不会导致代价高昂）。另外，并没有对我们隐瞒的是，在这些编写出来的作品里面可能会发现重复之处，但是正如其所解释的，有一些重复之处是有意为之并且是希望其出现的（第 13 节）；在《法典》和《学说汇纂》的关系当中，还会发现其他一些（原本希望的）重复之处涉及那些谕令所提出的规范（尽管原则上禁止在《学说汇纂》里面重复基本谕令 [*principales constitutiones*] 所规定的内容：第 14 节）。不过，至少大体上可以排除相互冲突的规定（*contrarium aliquid*：第 15 节）的存在，而先验地（*a priori*）对可能存在的一些疏漏之处进行了正当化，另外，还鼓励了一种想法，即宁可把一些有用的东西遗漏掉，也不愿堆砌很多无用的东西给读者增加负担（*multo utilius est pauca idonea effugere, quam multis inutilibus hominess praegravari*）。第 17 节还列举了这部法学汇编作品里的一些长处（尤其是简明概要性：极其丰富的要点梗概 [*opulentissima brevitas*]），以及从这部作品身上体现出来的在对古典法学作品进行具体的司法审判适用过程中的优点。显然，这并没有排除那些新的"尚未在法律上加以调整"（*quae adhuc legume laqueis non sunt innodata*）的行为类型（*negotia*）的可能性，因此，也没有排除新的立法干预手段的必要性，这些干预自然都保留在皇帝的权力里面（第 18 节）（也参见第 134 节）。然后，还再一次地申明了这三部作品具有实质意义上的穷尽一切的性质（这里所包括的所有内容都是单独且独一无二的 [*omne quod hic positum est hoc unicum et solum observari censemus*]），而与之相应的禁令就是，那些在审判或者其他情况下（*in iudicio nec in alio*）根据其他典籍（*ex aliis libris*）来援引或者宣布任何内容的行为，都会受到造假罪的刑罚（第 19 节）。

在第 20 节里，还加入了另一个具有历史语言学萌芽性质的补救措施，尽管这稍微有些晚了，即命令在《学说汇纂》的开头（*in primordiis digestorum*）署上（*inscribere*）作品得到了使用的那些法学家的名单（这份名单实际上是在《潘德克顿》的佛罗伦萨手稿本里面重新发现的，因此被称为《佛罗伦萨索引》[*Index Florentinus*]；并强调被选入的法学家之间具有"平等性"，这份名单对他们是一视同仁的 [第 20 节 a 段]）。

> 在接下来的两段话里，又重申了一些为人所知的规定，即禁止进行评注（第 21 节）和使用缩略语（第 22 节），但也有一些有限的例外。

第 23 节也有一定的价值，这是关于《学说汇纂》和《法学阶梯》在当时的效力：根据优士丁尼立法里面一种极其频繁的提法，这两部新作品必须在未来所有的诉讼案件，以及尚在审判未结案即未以（终局性）判决或者和解结案的案件里面得到使用（正如我们所知道的，这从公元 530 年 12 月 30 日起算：就《法学阶梯》而言，也参见第 130 节）。第 24 节涉及的是这些作品的空间效力（也就是对其进行的公示）：在这个问题上要提到的是，除了首都以外，还有东方大区、伊利里亚大区和新的非洲大区（关于向意大利的进一步扩张，参见第 133 节）。

到这个点上，如果要对《Deo auctore 谕令》和《Tanta 谕令》加以对比的话，可以发现后者在法律制度的统一性和完整性上具有更显著的意义（应该说更令人满意的意义）（另外，关于这种更加深刻的意识，不乏一些更为零散简单的证据，比如，可以从公元 534 年的 C. 6. 23. 31. 1 里面获知，这里面用了下面的语句来指涉有关遗嘱的整体规范，"通过皇帝谕令和我们的规定，所有这一切都安排在《学说汇纂》和《法学阶梯》各编跟遗嘱有关的篇目当中"[...*omnia quae etiam libris nostrorum digestorum seu institutionum et imperialibus sanctionibus nostrisque dispositionibus in condendis testamentis cauta sunt...*]）。换言之，这些用语不再像公元 530 年的谕令那样，仅限于法律和法学之间的关系这样一个基本的但或许只是提纲挈领地提到的问题；这些用语已经指向一种想法：国家不仅应该承担起创制法律规则的任务，而且还有在一个业已安排出来（以及正在安排）的制度内进行协调的任务（也参见第 139 节）。

  在上面考察的这两份谕令——从某种程度上，它们来自于优士丁尼或者他的文书署活跃的发言——所提供的信息的基础上，还可以再补充其他一些信息，这来自对这部业已完成的作品进行的整体考察。据显示，那些被引用过的法学家有三十九位（如果认为维努勒·萨图尔尼诺[Venuleio Saturnino]和克劳迪·萨图尔尼诺[Claudio Saturnino]是两个不同的人的话，在我看来，这件事是很有可能的）：在他们当中，塞维鲁王朝时期的杰出法学家乌尔比安的作品《论告示》被编纂者们极为广泛地加以利用（总的说来，考虑到他的其他作品，乌尔比安大概提供了《学说汇纂》大约三分之一的内容，而另一位塞维鲁时期的法学家保罗则提供了大约六分之一）。另外，从这里面可以推断出，由于广受欢迎，个别法学家不可避免地就取得了不一样的重要性，这种重要性并不是（或者并不仅仅是）其作品的"质量"所决定的，而是由他们其他一些特点决定的，尤其是它们具有更大的"现代性"，如果愿意的话，或者也可以说是更小的"陈旧性"（而塞维鲁时代的法学占主导正是在这个意义上具有指示性，它们是真正的"库存"，从某种意义上讲，是对此前经验的重述或者至少是体系化整理）。

还必须提到的一点的是《学说汇纂》文本的传统。它最著名的手抄本保留在佛罗伦萨的劳伦佐（Laurenziana）图书馆（如今，经过最近一次修复之后，该稿本正在临摹复制印刷过程当中，由于日渐磨损，使得这成为必要），起名为"佛罗伦萨手稿"（*littera Florentina*）（也叫"比萨手稿"[*littera Pisana*]，因为在公元1406年之前，也就是在它被转运到佛罗伦萨之前，该手稿正是在比萨被发现的）：这份手稿的重要地位来自它正是优士丁尼时代的，或者优士丁尼时代之后不久的。另外一连串手抄本都归在一个总的名字下面："通俗手稿"（*littera vulgata*）或者"博洛尼亚手稿"（*littera Bononiensis*）。这里涉及的手抄本要比佛罗伦萨手稿的年代晚很多，是从公元11世纪开始由博洛尼亚的法律学校使用的。

使用最普遍的《学说汇纂》的版本——即使是学者们也如此——是由蒙森和克吕格（Krüger）主编的，并作为第一卷放在《民法大全》全集里面（由蒙森、克吕格、舒奥尔[Schöll]、贝洛里尼[Berolini]与魏德曼[Weidmann]主编，并有大量的定稿重印版）。为了教学目的，有时也是科研目的，还使用了一部由意大利学者主编的版本，以彭梵得为首发起的（*in primis*）（即所谓的米兰版，公元1908—1931年）。

对《学说汇纂》进行引用的最先进的方法是以下一种：在首字母缩写词D（即Digesto）后面跟着编号、章号（所有各编，除了第30至32编讨论遗赠和信托遗嘱[*de legatis er fideicommissis*]，都划分为章，每一章都有自己的标题）、片段号，最后，在很多情况下还有段落号（首段不计数，用"pr"指代）：比如，D. 1. 1. 1. 3。

128. 《学说汇纂》的编纂方法和添加的问题

在《学说汇纂》上面，尽管由文书署提供出来的信息非常丰富，但是无助于对委员会在审读古典时期作品（以及后来选择各个选断并将其植入不同章节）的过程中所遵循的方法进行理论重构。但很显然，这些工作是得到了某种程度的组织的，这跟该作品在相当短的时间里宣告完成有关（而且，这段时间还受到外来事件的进一步限制，即尼卡暴动，也参见第 136 节）。因此，这个问题把很多学者都牵扯进来，而且继续进行着广泛的争论，这种争论是由布鲁梅（Bluhme）于公元 1820 年发表的一项基础性研究而发端的。布鲁梅在选取一系列选断样品之后指出：在每一章内部，各个选断不是随意相互连接起来的，而是按照一定的顺序（比如 D. 50. 16，以一大组从对告示进行评注的作品里抽取出来的选断为开端，以一系列从市民法评注作品里选出来的选断为接续，再以一组从个案纠纷解决的作品里抽取出来的选断为结束；而在 D. 50. 17 里面则遵循一种几乎相反的顺序：最开始是市民法评注选断，然后是个案纠纷解决作品选断；最后是论告示的评注选断）。从这种"客观的"查证——可以扩展到其他所有章节中去，尽管会有不同的方法和不同的"模式"——可以推断出，这里所分析的作品应该划分为三大组别，各组别被分别委托给一个小组：萨宾组别，包括跟市民法相联系的作品（其中，最重要的是那些名为《论萨宾》的作品，因为它们是对这位古典时代法学作家那部著名的《市民法三卷》[Tres libri iuris civilis] 的评注）；告示组别，包括关注荣誉法的作品；帕比尼安组别，包括个案解决的作品，尤其是跟这位塞维鲁时代法学家特别相关的《问题》（Quaesiones）和《解答》（Responsa）两部。后来还有一个作品组别或许是在工作已经开始的时候才做出的，这构成了第四个组别，称之为后帕比尼安组别（因为通常在各个章节内部，来自该组的选断一般都是伴随在那些从帕比尼安组别里面摘取出来的选断之后）或者也叫附录组别（Appendix）。在第一阶段的工作结束之后，三个小组（因为第四个组别的作品应该是托付给第三个小组）会举行一系列的联席会议，并把这些选取出来的材料体系化地整理到各个标题之下，并注意删除重复之处。一般说来，在这些章节里面，三大基本组别都有其代表。

更晚些时候，即 19 世纪末 20 世纪初，布鲁梅这种曾经撼动过最广泛的共识的观点也遭到来自其他德语学者的一系列的批判（霍夫曼、厄内茨威格 [Ehrenzweig] 和皮特斯 [Peters]）。几乎所有这些批判者都具有一个共同的依据，虽然他们在细节上并不重合，即都假设在公元 5 世纪存在着私人汇编作品（至少根据皮特斯的观点，这些作品是以组别为序的），《学说汇纂》的编纂者应该利用过它们（这样才把他们的努力减少到最低程度)。这些作者的观点很快受到其他学者的否决,但是从20年代开始,这在意大利学术界的一个具有权威的圈子里却得到了一定程度的回应(特别是德·弗朗奇西、阿兰乔-鲁伊兹和阿尔贝塔里奥 [Albertario])。这些作者们认为,东罗马的那些后古典时代晚期的作品(其具有的形式是为了教学目的而摘选出来的选断链条)实际上只是对法典编纂者的工作提供了方便。因此他们基本上保留了布鲁梅的观点,并限于假定基于古典时代作品中的一部分(五分之一或者更多),法典编纂者们就不必求助于直接的细致整理工作了。

所有这些笼统地被命名为"学说汇纂前的作品"(*Predigesto*)的观点在最近几十年里明显衰落了,因为一位匈牙利学者狄奥斯蒂(*Diòsdi*)最近已指出"先存的汇纂"的"虚幻不实",并把对这些法典编纂者付出努力的重要性所做的通行评价也"拉下了神坛"(在仅存的那种观点的少数支持者里面,还可以列举出瓜里诺 [Guarino],他甚至认为存在着三部不同的"先存的汇纂")。另外,这并不意味着放弃对这些编纂方式问题的深入研究,但只是又一次毫无批判精神地去强调布鲁梅的成果。

在这个问题上,需要特别指出的是英国学者奥诺勒(Honoré)最近几年里做出的一种尝试(与罗杰 [Roger] 有部分合作)。这种尝试是从以布鲁梅的成果为出发点(尤其是跟"组别"有关的)的一系列丰富的学术贡献当中发展起来的,实际上,它瞄准的是对单个委员的个人贡献进行重新衡量,尤其是那些法学教授(其前提是团队的工作进展得更为缓慢和举步维艰,特别是这个团队相当庞大的时候)。根据奥诺勒的观点,三个小组实际上每个小组只有两名固定委员(也就是那四位法学教授再加上特里波尼安和官廷办公室主任康士坦丁):在他们的基础上再逐次地根据特定任务吸收进十一位律师。在每个小组的内部,那些用于摘选的作品被分为数量篇幅大致相等的两组,并委托给两位固定委员(无论是在这些古典材料的选择还是修改方面,他们都拥有完全的自治权和广泛的决定权)。奥诺勒这种巧妙的观点(用字母A、B、C、D、E和G来指代这几位固定委员,并认为这些编纂委员掌握了这部作品的一份或者多份复制本)当然解释了一些迄今为止的模糊点,虽然为了被普遍地接受，这一观点似乎还需要更深入的考察和更长时间的检验（比如奥斯勒 [Osler] 和曼托瓦尼 [Mantovani] 如今所做的那些考察和验证）。但无论如何，因奥诺勒的工作而认定了委员们更具灵活性因此更加迅速的工作。还需要补充的是，这位英国学者所走过的这条道路应该还能够实现对优士丁尼个别学说意见所具有的"始祖性"的确认，尽管这种确认要到很遥远的将来去了，另外，还使得为大多数委员的个性勾勒出更加清晰准确的轮廓成为可能。

在更晚些时候，维雷（Verrey）重新考察了跟《学说汇纂》编纂相关的问题。这位年轻的瑞士学者，专门深入研究了偶合法律（leges geminatae）的论题（即那些相同或者相似的选断），它们分属两位不同的作者，但在这种成对出现的现象里面可以看出一种有意为之的事实（且并不缺少联系），他实际上接受了布鲁梅和奥诺勒的研究成果，而只给"前优士丁尼时代存在着一连串文本"这种观点留下了较少余地。他同样也接受该工作分为两个阶段的观点，第一个阶段用来从古典时代作品当中"抽取"选断；第二阶段用来把这些材料系统整理到特别标题之下。他的不同在于，特别是相对于布鲁梅而言，否认第一个阶段仅仅具有"机械性"特点，并试图让对第二阶段进行的理论重构变得更加有层次而精致细腻，同时，他还考虑了或者说讨论了其他一些人（比如梅耶－梅利 [Mayer-Maly]）最新的贡献。

同这些法典编纂者的方法论具有明显关联的是另一个问题，在某些方面甚至还更重要一些，即编纂者本身给这些法学文本带来的修改（添加）。这种用语尤其是以《Tanta 谕令》第 10 节里的一种确认为基础，这在前面也提到过（第 127 节）：因为有很多以及很重要的内容为了实用理由而被改变 [... quia multa et maxima sunt, quae propter utilitatem rerum transformata sunt]。在这种认定的基础上，公元 16 世纪法国的考据学派（scuola culta）① 开始谈到"特里波尼安的印记"（emblemata Triboniani）（也正如大约在三十年前的时候，

---

① 中世纪末，在罗马法研究领域兴起的一个学派，他们认为当时使用的《学说汇纂》版本错误太多，而主张诉诸经典的"佛罗伦萨手稿"对其进行修改，从而建立起跟罗马法真正的根源相符合的法学，他们对罗马法推崇备至并进行考据，因此得名。

帕拉兹尼·费内提 [Palazzini Finetti] 孜孜不倦地进行的收集汇编工作显示出，该学派指出了一定数量的这种印记），这个学派本身可能利用了此前一个世纪由人文主义学者建立起来的理论前提；不过，只有罗马法研究取得了一种完全的历史维度的时候，也就是上个世纪末开始，对添加问题的研究才具有一种新的并且更高的水平。另外，以往选取的视野就是在优士丁尼加入的内容里面对古典时期材料进行一种"萃取"（因此，就是仅对古典法进行重建）；换言之，是在对优士丁尼法进行某种实际重建的过程中，很少去关心对法典编纂者的那些假定存在的修改干预进行确认（也在实际层面上给这种文本的修改赋予一种逻辑性和合理性）。于是，出现了一系列的过犹不及，在 20 世纪 20 年代至 40 年代特别明显，这导致添加问题的研究走进了死胡同（在有限的一些情况下，失去了任何的可信性面貌）。这一时期阐明出来的很多调查标准（还有一些相当著名的学者，比如阿尔贝塔利奥，提出来的整体方案，几乎就是一种教义而被法则化了）注定是不会被保留下来的：特别是那些完全建立在形式文风的理由上的标准，因为很难相信古典法学家的语言里面有一种绝对意义上的"纯洁性"，进一步而言，即绝对意义上的统一性（可以想到的这种类型的添加问题分析的代表人物是德国的贝瑟勒 [Beseler] 和意大利的索拉兹 [Solazzi]）。有些标准则至少在一定程度上考虑制度的实际演进，但正如我们实际上已经提出的，它们只是昙花一现的制度；不过，不能不提到，这样一些标准有时候也退化成一种历史心理学，即通过对"罗马人"或者"拉丁人"的思维方式和"拜占庭人"的思维方式（后者一般被认为较为低劣）进行机械的对比——有时候也会考虑到那个时代的一些政治状况——而表现出来。因此，唯一可以明确信赖的标准就是同我们直接获知的古典时期的文献进行对比（也就是不通过优士丁尼时代的媒介）；不过，这种对比只是在数量有限的情况下才是可能的（正如奇亚泽塞 [Chiazzese] 一项极为著名的研究——从其重大意义上讲，要上溯到 30 年代初——显示出来的，这种对比常常表现出优士丁尼时代的改动具有非实质性特点，他们的意图仅在于简化）。为了避免因仅利用文本对照可能导致的僵局，学界尝试提出或者只是采纳其他一些对文本的完整性进行研究的技巧。在这当中，尤其有一种显得较为可靠：在被置于《学说汇纂》（法律冲突选择 [ius controversum]）里面的两个法学选断的对立当中，尝试对这种分歧进行解释，但不是把这些文本之一归结到优士丁尼时代的编纂者名下（而把另外一个文本表现为因为编纂者本身的疏漏或者大意而留存下来的），而是努力将其确认为两个古典时代法学家之间的实际对立。另外，照这样一种方式，就在更加活跃而完整的意义上，重构那些法学争论本身，并在某种程度上发展并升华了里科波诺的一些直觉，此人曾经尝试对古典法的内部发展进行发掘（尽管这位巴勒莫的学者着眼的是市民法—荣誉法的二元结构以及它们同后来的新法 [ius novum] 制度的关系）。甚至在相互对立的选断属于同一位法学家的情况下，也倾向于尝试认定或者重建该法学家本人思想的某种内部演变。

毫无疑问，可以总结并确认：如今，在添加问题上所进行的批判（说成是它们中仅存的硕果更好）都更加审慎而自觉了（正如维阿克尔 [Wieacker] 和卡瑟尔 [Kaser] 最近的报告所显示出来的）；《Tanta 谕令》第 10 节所宣称的内容本身或许也值得从一个新的视角去进行新的"解读"，要考虑到优士丁尼的一种典型需要，即从最大程度上去发掘他自己的这部作品，并把它表现为新时代全体事物的和谐之音。

> 为了更好地阐明这些关键的认定并且更为深入地进入细节，至少摸清楚一种可能的对《Tanta 谕令》第 10 节进行解读的关键，最好的方式还是举例。在 D. 30.1 里面阐明了遗赠和遗产信托之间的等同（完全被等同于遗产信托 [per omnia exaequata sunt legata fideicommissis]），这是一个著名的添加选断，而且是以优士丁尼的两项谕令提出的内容为基础，即公元 529 年的 C. 6. 43. 1 以及更为特定的公元 531 年的 C. 6. 43. 2；可以讨论的只是这里所说的是否仅限于"完全地"（per omnia）一词（因为早在古典时代，遗赠和遗产信托之间接近靠拢的进程就已得到明确证实，并在盖尤斯的《法学阶梯》里有全面的阐述）。总之，很显然的是，D. 30.1 想要引进最高的调整原则，并同时阐明一种立法政策的准确线索，并且必须根据这种立法政策，在它们所具有的特殊性当中来解读关于遗赠和遗产信托的三本著作。在这一点上，可以追问的是，法典编纂者们是否不愿修改大量的有特定对象的文本（用以推翻个别的规范或者是内涵有限的解决方案），而是倾向于在每一章节（或者至少

是部分章节）里都把添加部分集中为关键性要点。如果这种假设具有一定的真实性基础的话，那么对《Tanta谕令》第10节的重新解读就应该着力于添加部分的质量而不是数量（即优士丁尼用语里的"重要的"[maxima]而不是"大量的"[multa]）。

129. 优士丁尼所谓的古典主义情结和《学说汇纂》的实际效力

因这部法学汇编作品引发的问题当然不会仅被前面这一节所面对的问题所穷尽。仍然呈开放性且争论不休的（在最近几年里，尤其要拜维阿克尔和阿尔奇所赐），还有诸如优士丁尼所谓的古典主义情结的问题（该问题的提出恰恰特别涉及《学说汇纂》）。说实话，古典主义的概念本身是有争论的（在任何情况下，它都必须限制在法律领域里；正如勒梅尔勒[Lemerle]的研究里所显示的，如果的确如此的话，那么从整体上讲，这一时代的文化方向[ductus]完全不利于"古风"）；正如已经正确指出的，其实有一部分学说试图采用这个术语，将把古典法当作规范体系恢复其效力的想法归结到优士丁尼身上，至少据一部分作者看来，他是想用古典法取代通俗法，即在此前一个世纪里从实践当中形成的法（这位皇帝的"规范性"意图要胜过其"浪漫主义"甚至"拟古主义"方面的意图）；另一些学者在这种古典主义情节里面则只看到某种文风上的属性，这种范畴可以适用于任何一种内容，并对其加以塑造（有时候甚至是从后古典时代涌现出来的）。这两种观点的共同之处在于，从古典主义情结当中来认定优士丁尼针对过去的态度（我们再次重申，除了随后在目的上的分化以外，一个是做规范重建，另一个则是风格上的保留）。

照此描述了学说上的（基本）倾向以后，马上就可以说，第一种观点，即恢复法学的规范性体系，如今似乎更陷入危机当中；而另一种观点则获得更多的可信度，尽管它也有不可否认的实际操作性的匮乏，而且，这种法律风格的重生（作为一种风格而对通俗化的超越）是优士丁尼以前的时代就存在的现象（正如厄内斯特·列维[Ernst Levy]所澄清的，这独立于后古典时代晚期学派的影响和贡献的问题——如今，对此要毫无疑问加以重新看待）。不过，或许得到（或者说还要到）其他地方去寻找所谓的优士丁尼的古典主义情结的实质（或者说目的性需要）。

在这个问题上，必须要提到法学在后古典时代的历史。在这几个世纪里面，尽管它们从历史角度看并不是同质性的，法律"危机"（在东罗马和西罗马有不同的方面）最终成型了，并且几乎是反证式地强化了一种信念：帝国的法律在没有法学的情况下要冒着缺乏一切相互联络结构的风险（也因此，如今最明智的学说倾向于法学和法律之间的"两分"，而不再说它们之间的"对立"，另外，后面这个术语所暗示的是，法律——逐渐获得的——纯粹的主导地位）。因此，后古典时代的法制史，至少在某些方面，是随着对法学的"不可消除性"的默认——但有时候则是明确承认——而终结的（尽管正如实际所发生的，对古典时代作品的利用要受到皇帝意志的调整）：出于一系列甚至很实际的理由，"不可消除性"指的是不可能把罗马法同它的历史分割开（这种历史在很大程度上恰恰就是法学的历史）。至少在我看来，优士丁尼的这种信念和这些想法表现得更像是继承者而不是开创者。当然，在优士丁尼那里，除了有不同且更加鲜明的法律历史性意识以外，更加强烈的还有他对这类问题的政治敏感性：因此，在帝国的重建和法学的体系化之间进行着一种融合和相互作用（在这里面，跟后古典时代的皇帝的想法，尤其是狄奥多西二世那种原始意愿[见第 118 节]相比，还有一种最为深刻的区别，参见第 134 节）。然而，优士丁尼对"古法"（*antiquitas*）的态度模棱两可，导致了复杂情况的出现：正如多纳图蒂（Donatuti）详尽展示的那样，如果说占据主导的态度是"尊重古人"（*reverentia antiquitatis*），那么在其他一些情况下也不乏对过去的批判，有时候"过去"被认定为更加陈旧而仪式化的形式主义（比如说，公元 531 年的 C. 8. 48. 6 说到的，难以预料的欺诈 [*circumductiones inextricabiles*] 和冒犯性的伤害 [*iniuriosa rhapismata*]，会产生不合理的后果 [*quorum nullus rationabilis inventitur exitus*]，故废除了解放家子的古代程序）。

在探讨了这一问题之后，最好也对另一个问题进行思考，该问题在某些方面跟前一个问题也是有联系的，不过，在我看来却被学界低估，或者说没有充分地阐述。我们已经知道（见第 127 节），《学说汇纂》选用的法学家的选断都被皇帝谕令授予同样的规范性效力（比如说，可以提到的是《Tanta谕令》第23节里确立的内容）。不过，在优士丁尼的这类确认之外，还可以追问的是，在具体的法律生活当中，法学实际上是否能够拥有一种等同于法律的效力；或许，也同样合理的是，进一步追问皇帝本人是否自始至终都相信他的认定（或者说，这些认定是否至少是在一定程度上要归结于"政治"需要）。这些问题都是从学界已经揭示出的某些资料中获得启示的，但迄今为止还没有或者几乎没有被串联起来并得到合乎逻辑的结论。与此同时，要提到的是，根据那些从关于实践的证据材料，即纸莎草文献里面能够获得的内容来看，《学说汇纂》跟《法典》《新律》和《法学阶梯》不同，好像从来没有在司法场合被使用过（也没有被作为法律行为的"发源地"）。唯一被确认的利用形式就是"Schulbuch"，即教学工作（在这方面可以提到的是斯泰因温特尔 [Steinwenter] 的研究），另外，这些工作还要特别涉及一些专门的章节，比如，关于古代法学的不同规则（de diversis regulis iuris antiqui）的 D. 50.17（《学说汇纂》以这样一个章节结束并非偶然，它不同于其他章节，而是表现出了"模糊性"的特征，这种特征正是这部法学汇编作品的典型特点：如斯泰因所正确地指出的，正是因为《学说汇纂》不可能只具有装饰性功能，因此，甚至可以想到的是，这位皇帝曾经试图将这一章当作范例，"使其承载"对整部作品所"设想"的能力目标，无论其是否能够实现）。在我看来，我们现在已经说过的内容仍然是有意义的，尽管必须在一定程度上承认斯奇勒（Schiller）最近的一种观点，即恰恰是在我们感兴趣的这个年代里，在埃及出现了市民法审判的一场深刻危机，这对仲裁式审判完全是有利的（斯奇勒的观点受到西蒙的严厉反驳）。

根据本书编者的意见，另外一个重要的事实是，在优士丁尼随后的立法当中，尤其是在《新律》当中，极少"回溯"《学说汇纂》里那些被认为是现行有效法律的选断（据说有大量的改革体现在《法典》收录的谕令上）；与此相反，《新律》中对《学说汇纂》的援引似乎只是一种"文化"标记（比如，就如同是对历史上很重要但已经被超越了的规范的援引一样）。

所有这一切都使得人们可以提出——尽管要极为谨慎——一种新的关于《学说汇纂》在实践中所具有的效力的观点（这种效力可

能随着与这位皇帝的实际想法极度不一致而告终结）：根据这种观点（尤其是从 60 年代开始，在一些德国和法国学者那里得到着重强调），《学说汇纂》与其说是一种真正的规范性文本，倒不如应该说是一种"权威性"材料的汇编作品，特别适合给审判员的信念"提供养分"。显然，一种类似的观点会导致对迄今为止给《学说汇纂》各种问题提出的很多解决方案进行重新审视（作为一种例证，只要想想添加问题的观点，见第 128 节）；但是需要承认的是，在我们指出的这种视野内，这些研究才刚刚开了个头。

130. 优士丁尼的《法学阶梯》或《入门》（即法律研究改革）(533 年）

《学说汇纂》的编纂应该是完成了（这个时间点尚在争议中，因为不能完全排除的是，还有一些适当的修改或者串联：实际上，只是到了更晚些时候《学说汇纂》才公布），或许还准备了该作品一定数量的复制本；同时，优士丁尼念念不忘的是《Deo auctore 谕令》第 11 节里面（见第 127 节）保留的内容，决定委任一个有限的委员会来编写一部法学阶梯式的教科书。这肯定涉及这位皇帝的一项非正式命令（但是，这项命令却被从公元 530 年的谕令得出的预告信息给"涵盖"了），因为与通常不同的是，我们获知的只有据以公布该作品的谕令（也参见第 131 节）。这里说到的是公元 533 年 11 月 21 日的《Imperatoriam 谕令》（致"希望精通法学的青年们"[cupida legume iuventus]），总之，从这份谕令里面，我们了解到了一定数量的关于这部作品准备工作的细节（该作品应该是在相当短的时间里完成的，尽管当然要比某些学者假设的十五天要多）；从这份《Imperatoriam 谕令》里面，我们还得到了明确的认定：不存在一部引入性的法律。

初始段落被用来指出"武力和法律"（arma er leges）这个二项式惯例是帝国权威（imperatoria maiestas）的基础（也参见第 134 节），在此之后，还证实有两个段落用来记载最近的战争和法律"事业"（第 1—2 节）。《学说汇纂》显然属于后者，在第 3 节里面表明它实际上已经完成了（已完成作品 [opus peractum]）；同样按照第 3 节的记载，这里召集了特里波尼安、狄奥菲尔和多罗特，他们在法学活动当中已经多次扬名于世了，皇帝托付给他们的是"特殊的委任"：编写《法学阶梯》（componere institutiones）。意图在于为年轻人提供一个学习基本法律原则（prima legum cunabula）的工具；不过，这些基本成分不应该从古代的话语（ab antiquis fabulis），而是从皇帝洗练娴熟（ab imperiali splendore）的技艺里提取出来，避免无用和错误的东西（而且是在实践中得不到验证的东西），尤其是从学习的第一年而不再只是四年以后（post quadriennium）就开始阅读皇帝谕令（这里理解的是《法学阶梯》教科书里面提到的那些谕令），于是，对皇帝的规范的研习就成了法律学习的起点和重点（et initium... et finis legum eruditionis）。

第 4 节包含的一处预先提示说明这本教科书划分为四卷，之后到第 5 节澄清，这部作品既简短地（breviter）展示了那些不再生效的法（quod antea optinebat），也展示了那些表现为模糊的废弃状态（desuetudine inumbratum），但由于皇帝的补救措施（ab imperiali remedio）（即皇帝谕令）而重新焕发光彩的法律（在《Tanta 谕令》的第 11 节里面所说的有些许不同：……明确表达出来的既有此前并不稳定的内容，也有后来以固定方式规定的内容 [...ut sit manifestum et quid antea vaillabat et quid postea in stablitatem redactum est]）。第 6 节指出了这部作品的文献，即古代全部的"法学阶梯"式的作品（尤其涉及盖尤斯的《法学阶梯》和《日常事务》）以及其他很多评注（multi alii commentarii）；在第 6 节，这位皇帝还赋予《法学阶梯》（正如所强调的，是在他对其加以"审阅"并"了解"之后）"我们最完整的谕令效力"（plenissimum nostrarum constitutionum robur），即法律效力（正如后来从《Tanta 谕令》第 23 节里面可以获知的，是从公元 533 年 12 月 23 日开始）。

针对优士丁尼《法学阶梯》，也提出了一系列的问题，包括它的编纂方法、作品特性以及它的立法价值。

  关于（从广义上理解的）编纂方法，第一个问题就是由所利用的材料构成的，尽管《Imperatoriam 谕令》第 6 节提供给我们一些信息，但说实话，这相当笼统（先不说一位权威学者费里尼 [Ferrini] 所领导的逐段的细致研究）。实际上，只要可能的话，优士丁尼《法学阶梯》的各个片段的来源——准确地说，所有这些材料融入统一用语当中，由皇帝直接宣告出来——似乎都可以通过文本对照而肯定地确认出来，即与盖尤斯的《法学阶梯》（毫无疑问，该作品为编撰者提供了大部分材料）或者其他也被《学说汇纂》所利用的古典作品进行对照；在其他一些情况下，也通过与《日常事务》的对比（费里尼或许高估了对其的利用），但这尚停留在或多或少可能的猜测假设阶段（尤其是当用语或者文风上的明显特点在实际法律材料中得不到某种印证的时候）。在其他一些更为特殊的要点上，或者可能有一些争论或者疑虑，首先就是关于"其他很多评注"（multi alii commentarii）的认定，尽管《Omnem 谕令》第 2 节和《Tanta 谕令》第 11 节（见第 131 节）对此都不再提及，但《Imperatoriam 谕令》第 6 节仍然常常对其加以列举（比如说，考察第一卷第 26 节的时候，可能就会注意到，并不必然会涉及容易理解的作品或者教学作品，因为这一节也包括一些从乌尔比安的《论告示》或者《论全体保民官》，还有卡利斯特拉托[Callistrato]的《论审判》里选取的东西）；然后是关于对《学说汇纂》所规定材料可能的利用（在这个问题上，可以再次引用第一卷第 26 节，这个段落具有相当重要的意义，包括很多在 D. 26. 10. 1. 2-7、D. 26. 10. 2、D. 26. 10. 8 里面也可以发现的材料）；最后则是能否获得古典时代个别作品的不同范本，用以分别托付给《学说汇纂》和《法学阶梯》的委员会成员（在这种可以获得两种范本的情况下，比如，很可能就是盖尤斯的《法学阶梯》或者其他《法学阶梯》式的作品，根据维阿克尔开创的一种视角，这也使得很有必要确认在它们之间可能存在的差别）。

关于委员之间的工作分配问题，常常也是有争论的。从胡谢克（Huschke）到菲里尼，一般都认为，特里波尼安并没有亲自参加这项工作，因此，在这种观点里面，根本性的疑问在于对前两编以及后两编各自的"渊源出处"所做的确认（假设认为，在狄奥菲尔和多特罗之间进行任务的平等分配，同时这两位法学家是以不同的方式推进的。比如，只有在前两编里面，才会发现对优士丁尼时代法律及其立法动机的援引）。在最近的一段时间里，尽管有人还继续否认这项编纂工作是集体完成的，但已经开始推测特里波尼安也实际承担了部分工作，因此，根据波纳米奇（Buonamici）的一些旧有观察，任务的划分是根据内容，而不再是各编之间的文风音律进行的（也多亏了安布罗西诺 [Ambrosino] 这位学者的一种根本性的帮助，即《法学阶梯》的词汇汇编，在这位作者看来，这些用语都过早地消失了，但必然代表一种工具基础，用以认定至少某一些优士丁尼的编纂者的个人风格）。桑焦尔吉（Sangiorgi）试图以某种方式在以胡谢克和费里尼为一边和安布罗西诺为另一边的人们之间达成妥协，他也设想是以内容而不是以编目进行划分，但是却排除了特里波尼安对工作的具体参与。根据奥诺勒新近的观点，特立波尼安应该是这本教科书历史部分的作者（见第 141 节）；另外，在我看来，这种假说需要假设认为，特里波尼安大量地进行细微之处的参与，从而导致编纂工作不断地被打断，那么这种假说就会遇到一些障碍。

接下来，就优士丁尼《法学阶梯》的性质而言，据说这是一本"具有多种性能"的教科书，也就是说不仅限于私法和民事诉讼程序（不像盖尤斯的《法学阶梯》那样），而是也扩展到了刑法和刑事诉讼程序（I. 4. 18, 论公共审判 [de publicis iudiciis]），尽管只是从总体上讲。这样一种内容范围的扩大显然是没有古典时代的先例的；但是，无论如何必须要指出的是，优士丁尼在《法学阶梯》第四卷里，试图建立起一个独立的公法区域（即通过把犯罪 [delicta] 从盖尤斯体例下的第三卷移至第四卷中，也通过对民事诉讼程序的某些新特点加以着重强调）。在这上面还添加了明显表现为完全只跟过去相关的部分，也就是说，这部作品的很大一部分都变成了（古典时代）法律史的教科书。

在这一点上，有必要对《法学阶梯》编纂者认定的法律史含义加以简短的反思。如果说一方面必须考虑到对于优士丁尼的其他编纂成员来说也存在着相似问题的话，那么从另一方面就不能忽略《法学阶梯》本身的特殊性。至少就目前的研究状态而言（要指出的是，这里涉及的研究只是在很短的几年里才提出来的，尤其是因为马斯基 [Maschi] 的工作），似乎可能获得的结论是，这种历史只是被理解为与现行体制相对立的——也是必然的——辩证一极（而不是具有独立价值的媒介）而被加以利用。出于同样的理由，后古典时代很少获得相应的重要地位（因此，即使在评注讲解的情节里，也不具备在古典时代和优士丁尼时代之间的沟通桥梁作用）。

最后，关于扩展到《法学阶梯》上的规范效力（这种效力在当代人的眼里好像有些出人意料），可以观察到的是，正是由于它的教学目的，这部作品不仅仅代表更大的综合概括的时刻，也代表对优士丁尼整个编纂工作周期进行更加从容的反思的时刻（毫无疑问，这种反思也得到了其采用的有效的解析式体例的支持；另外，对这部作品常常保留积极的赞赏态度，甚至在那些最公开的"反优士丁尼时代"也是如此，比如，公元18世纪的法律启蒙主义时期）。因此，这涉及的是这样一部作品，它通过历史部分和规则部分清晰可辨的用语习惯使得皇帝的规范性目的被特别明确地显示出来，也以某种方式使得他能表达出即使《学说汇纂》（有时候甚至是《法典》）收录的材料也"无法表达出来"的新颖之处。可以引证第三卷的第21节（论文字契约 [de litterarum obligatione]）作为一个标准范例性的题目，这个题目通过一种不太重要且证据甚少的类型，至少表达出这位皇帝的意愿，即在对未来的法学家做出的阐述展示当中，不愿意完全忽略这样一种已经在实践中占据主导的文字契约的类型。为了对目前所说的内容做进一步的确认，可以提到的不仅是，在很多情况下，这部《法学阶梯》对优士丁尼本人的立法创新都执行着一种更为严格的教义上的定位；而且，在一些情况下——毫无疑问，这种情况要少得多——甚至一些很重要的革新也被直接引入《法学阶梯》里来（而没有一项先前的谕令做出正式的宣布：显然，在这种情况下，《法学阶梯》里的选断前所未有地代行了一部皇帝法律的作用）。从这个视角看，常常作为范例选断提到的是 I. 1. 6. 7，在这个段落里面，把做出遗嘱解放行为的最小年龄降低为十七周岁：这就是一种中间路线（media via）的选择（electio）（选取中间值作为解决之道是优士丁尼编纂者的典型特点，尤其是《法学阶梯》里面的解决方案），即在《艾里亚和森迪亚法》为奴隶解放行为规定的二十岁和订立遗嘱需年满十四岁之间取中间值。I. 4. 11. 7（也见 I. 4. 11. 2-6）也很有意思，在这里面显然是出于法律统一化的理由，尝试着向整个帝国扩展一种在君士坦丁堡的法庭里形成的司法实践习惯（iudiciorum usus）（如今在某种程度上，已经合理化，也参见第134节）。

在最广泛的范围内，优士丁尼《法学阶梯》具有一种手抄本文献传统，尽管没有哪一部完整的手抄本是早于公元9世纪的。使用最广的当代版本是克吕格尔的，这发表在第131节提到过的那个《国法大全》的版本第一卷的开头。引用方式（Modus citandi）：I. 1. 26. 3（这是指用 I 为缩写词，所指代的是这部作品的第一卷第26节第三段）。

公元533年12月15日，即在《法学阶梯》公布后不到一个月且几乎与《学说汇纂》的公布同时，根据致君士坦丁堡学派和贝里托学派八位教授的《Omnem 谕令》，决定开展法学研究中的一次深刻改革。这场改革看重的实际上是对截止到当时所做的所有编纂作品（而不仅限于《法学阶梯》）加以教学利用。

《Omnem 谕令》首先提到了在最近几年的法律"事件"之后，有必要也在大学范围内提供一些明确的指示（首段）。在第一节里，它记载了以前的研究体制，并强调这种体制的巨大漏洞和缺乏连贯性（另外，由于不可能合适地开展教学大纲，而常常停留在纸面上）。从第二节开始到第五节，以丰富的细节确定了新的教学大纲。一年级的学生（从他们头上摘去了那种带有贬低色彩的称呼"小钱儿"[dupondii]，取而代之的是"优士丁尼新生"[Iustiniani novi]）必须首先学习《法学阶梯》，然后转到法学的第一部分（prima pars legum）（正如从《Tanta 谕令》里面的课程组合当中可以获知的 [见第131节]，就是《学说汇纂》的前四卷）；二年级的学生（确认给他们的名称是"二年级生"[edictales]）在接下来几年里则必须完整地阅读"论审判"（de iudiciis）的七卷（即第二部分 [secunda pars]，《学说汇纂》第五至十一卷，也参见《Tanta 谕令》第3节）或者是"论物"（de robus）的八卷（即第三部分 [tertia pars]，《学说汇纂》第十二至十九卷，也参见《Tanta 谕令》第4节），在这个任务上面还要补充四个单编（libri gingulares），这都是从《学说汇纂》接下来的编目（第二十至三十六卷）中选取出来的（第四部分 [pars quarta] 或者叫"精章"[umbilicus] 以及第五部分 [pars quinta]），分别涉及嫁妆、监护、保佐、遗嘱，最后是遗赠和遗产信托（更确切地说，这涉及的是第二十三、二十六、二十八和三十卷，从此开始对这里提到的那些题材进行展示阐述）。在学习的第三年里，学生们（像过去一样，还是称作"帕比尼安学习者"[*Papinianistae*]）继续积累前一年尚未阅读的"审判部分"（*pars de iudiciis*）和"物的部分"（*pars de rebus*），这是"三个单独的法律规定"（*tripertita legume singularium dispositio*），即对应于《学说汇纂》第二十到二十二卷的三个单编（其中，第一个正好就是以一个帕比尼安的选断为开始）。进入到学习的第四年里，学生们（确认给他们的名称是"四年级生"[*lytai*]，这个名称——这在词源学上还很有争议——或许来源于上课义务的中断。需要指出，据说，在此前几年里通常只有唯一一位教授针对所学内容对这些学生进行指导）必须研读，也就是反复阅读剩下的十个单编（即在第二年的时候已经接触过的通常属于《学说汇纂》第四部分和第五部分的几编，更确切地说，涉及的是第二十四、二十五、二十七、二十九、三十一至三十六卷，也参见《*Tanta* 谕令》第 5 节和第 6 节 a 段）。这里实际阅读的这部法学汇编作品的编目总计达到三十六卷（正如《*Omnem* 谕令》首段所预告的），剩下的十四卷（构成了《学说汇纂》的第六和第七部分 [*sexta et septima pars Digestorum*]，参见《*Tanta* 谕令》第七卷至第八卷 c 段）只是交给学生以后进行阅读和司法实践上的应用（*ut possint postea eos et legere er iudiciis ostendere*）。最后，在第五年里（关于这一年，是否还有上课的义务尚在争论中：皮特斯和克林内特 [Collinet] 的解答是否定的，而且，从抽象意义上讲也更符合逻辑；而斯切尔特马 [Scheltema] 的解答则是肯定的），研究集中在皇帝谕令上，这些谕令不仅必须加以阅读，而且还要精确地加以理解（*suptiliter intellectae*）（这些学生的名称是"毕业生"[*prolytae*]，当然，这一名称可能根据它是否对此前所标志的"*lytai*"这一词源加以确认而具有不同的含义）。因此，最终就完成了几乎整个优士丁尼汇编作品的阅读（关于这一点，在接下来的第 7 节还会强调）。

《*Omnem* 谕令》是以一系列或多或少跟研究制度相关的规定结尾的：特别是第七节规定了法律学校只在君士坦丁堡和贝里托设址（因此关闭了亚历山大、切萨雷 [Cesarea] 及其他非特别指定城市的法律学校；罗马显然尚不在牵涉范围，参见第 137 节）；第 8 节重新强调了在法律书籍当中不得使用缩写形式（参见第 127 节）；第 9 节提出了不准"举办聚会"（*ludos exercere*）的禁令，因为学生们的庆祝常常引发真正的犯罪活动，这特别针对一年级的新生，也就是"那些来学习法律但尚不精通的人"（*in eos qui rudes ad recitationem* legum pervenium）（而第 10 节则指出有职责的权威人士要让这项谕令得到尊重，这里面除了迦太基海岸总管 [praeses Poenicae maritimae] 和教授以外，还出现了大主教，尽管这仅仅是针对贝里托城而言）。最后，这份谕令还在对教授和学生进行规劝（这些学生应该成为最高公正和公共事务的执行人 [optimi iustitiae et rei publicae ministri]，正如在《Omnem 谕令》的其他选断里面一样，从这里或许也能够看出一个痕迹，即这些未来的法学家的两条出路：法庭职业或者仕途生涯）。

从总体上讲，《Omnem 谕令》似乎让法律研究变得更加合理化与现代化，同时很可能，也强调了研究的严格性（课程为期五年是否在以前就已经规定过，或者说这里是否仅限于四年，尚存在争议；更晚些时候，也就是大约在公元 551 年左右，根据斯切尔特马的推测，这些课程甚至要六年，用来对公元 534 年以后的立法进行研习，即《新律》）。但是，在《Omnem 谕令》里，并没有对研究中的一个最大的困难予以强调，即语言特点上的难题：实际上，绝大部分学生只精通希腊语（而只有更为有限的来自东部的拉丁语区或者西部队伍，他们自身却只精通拉丁语，因此，面对希腊语的谕令，尤其是《新律》会遇到困难，也参见第 133 节）。在这里，就不仅仅是因为实践环境下的激励，还有为基本的法律文本配备希腊文版本（或者评注），或者反之亦然，配备拉丁文本的必要（这就正如斯切尔特马最近所主张的，尽管这位荷兰学者或许过分强调了语言的难题；关于语言问题，以及据此而来的特里波尼安和来自卡帕多西亚的乔瓦尼之间的分歧，也参见第 137 节）。

131. 第二部《优士丁尼法典》（《重述法典》）（534 年）

《法学阶梯》和《学说汇纂》的公布及生效并没有让编纂活动走向终结。实际上，《法典》的第一版常常愈发显现出它的漏洞来。只要提到一点就够了：这部《法典》没有包括随后为了解决法学提出的问题而颁布的诸多法律。因此，显而易见，对这部《法典》进行修正（emendatio）并发布它的第二版（secunda editio）的决定得以做出。在这个情况里面,我们也只有该作品得以公布所根据的那道谕令:这就是公元 534 年 11 月 16 日致君士坦丁堡元老院(senatus urbis Constantinopolitanae)的《Cordi 谕令》。

《Cordi 谕令》在首段提到了前一版的《法典》,之后在第一节也明确地指出仍然被第一部《法典》排除在外的法律或者说一组法律:这里涉及的一方面是"五十项裁定"(参见第 131 节),另一方面是一系列为了编纂法典而颁布(ad commodum propositi operas pertinentes)的谕令(即用来"安排"那些古代法 [lex antiquum] 并以此编纂《学说汇纂》的谕令:实际上,这些法律在时间顺序上极其紧密的联系——因此,它们也具有与"五十项裁定"同样的目的性,区别主要在于它们是在《学说汇纂》编纂工作进行过程中颁布的,而不是在它开始之前颁布的——已经随着两位意大利学者隆戈 [C. Longo] 和德·弗朗奇西对古典法学作品的仔细分析而得到证明)。正如第二节强调的,在所有这些立法内容所具有的零散不定的特点之外,有必要加以补充的是,对包含在这些组别里的某些法律做一点改动和修正(aliqua permutation vel emendatio)(所根据的是后来出现的事实和对问题更加深入的判断 [ex emersis postea factis e meliore consilio])。就像第二节所指出的,授命进行此次修订的委员会是很有限的,只包括特里波尼安,贝里托学派教授多特罗(据认为,特里波尼安在不久之后就去世了,或者可能是在编辑《法学阶梯》的一个希腊文选断时由于违反了优士丁尼不得撰写评注的禁令而失宠),最后还有君士坦丁堡最高法院的三位辩护律师——梅纳、康士坦丁和乔瓦尼,这个委员会的任务就是获取(decerpere),实际上就是收录(新的)谕令,并把它们划分到不同的章节(capitula)(这样,它们实际上就成了自成一体的法律)并安排在最适当的标题之下(当然是接续在其他谕令之后)。确切地说,在第三段里面,这些编纂者还得到授权引进一些必要的修正(emendationes);并从前一部《法典》里面删除(ex prioris codicis congregatione separare)多余的或者已经被后来的皇帝干预手段所超越的谕令,另外,还有那些相互之间表现出相似或者自相矛盾的谕令。所有这些操作的目的都不仅仅在于为《学说汇纂》和《法学阶梯》"梳理"并"开辟"出道路(即确定地协调好各种编纂作品),而且也在于阐明这部《法典》所包括的那些法律本身(不在它们的效力上留下任何疑问):这正是由于对这些法律的汇编不是为了第一版（法典），而是为了第二版（"重解／重述"[repetita praelectio] 这个用语就明确地证实这是根据乌尔比安的《论萨宾》进行了改动，而该作品恰恰就用在第二版里）。第四节表达了所有这些行动都是根据指示做出的，并且赋予这部作品以立法效力，因此从公元 534 年 12 月 29 日开始生效，并要在所有审判中（in omnibus iudiciis）得到适用，与此同时，其他未被该《法典》收入的所有谕令则失去效力，当然，作为例外的是，那些因为突然出现的需要而颁布的谕令（这些谕令后来被收入另一个汇编集 [alia congregatio] 里，为此而留下的题目是"新律"[Novellae constitutiones]：也参见第 132—133 节）。在第 5 节里，强调了禁止使用"（五十项）裁定"和其他的优士丁尼谕令——显然是指作为"正式收录之外的"（extravagantes）——亦如禁止再使用第一部《法典》一样；同样，也强调了往常的命令（见第 127、130 节），即不得在复制版本里使用缩写词。最后的第七节明确了一点，《Cordi 谕令》是发给（君士坦丁堡）元老院的，正是为了向那些最显赫而高贵的贵族们（sanctissimi atque florentissimi paters）彰显这位皇帝奉献出了其在法律领域投入的一如既往的操劳关注（nostri labores）（这几乎就是为了确认一个周期的完成，也正如公元 528 年致元老院的《Haec quae 谕令》命令编纂第一部法典一样）。

目前，由《Cordi 谕令》所提供的信息并不能打消我们所有的疑虑，也不能完全满足我们进行历史重建的需要。比如说，《Cordi 谕令》对这次《法典》修订工作持续的时间就闭口不谈（从理论上讲，应该是在《学说汇纂》和《法学阶梯》生效之后就立即开始了，即公元 534 年年初）：由于时序上的理由，在对首部《法典》所欠缺的各组法律加以指明的过程中，这次修订并不能被认为穷尽了一切。实际上，在第二部《法典》里面添加的谕令并不仅仅限于"五十项裁定"和"一系列为了编纂法典而颁布的谕令"，也包括为了帝国生活中的各种需要而颁布的那些谕令。在这相当众多的法律里，其中一些具有公法内容，更确切地说是行政管理内容（比如，可以想到的是公元 534 年两份范围广泛的谕令，C. 1. 27. 1 和 C. 1. 27. 2，据此对非洲进行了法律上的重新安排），另一些则具有私法内容，被用来以各种方式满足实践上的需要（其中具有重大意义的，一方面，是公元531—532年之间发给律师[*advocationes*]的，即诉讼审判阶层；另一方面，则是一些干预意见，致力于以可靠的方式对优士丁尼本人的谕令进行解释。比如，可以看到的是公元530年C. 5. 27. 11与公元529年的C. 5. 27. 10有关系）；还有一些谕令通常也是私法内容，则用来对特定题材进行统一的调整（比如，可以看到公元534年的C. 6. 51. 1），其篇幅较长且在某些方面具有叙事风格。在所有这些法律之外，还必须列举出为数众多的法律，它们是用来调整国家和教会，甚至宗教生活及宗教教义之间关系的（也参见第125、132节）。我们认为，据此也表明了优士丁尼的文书署在这些年里并没有被法学引发的问题所占据，他们还完成了其他任务（不过，必须要承认的是，这一时期的法律事件中的绝大部分都属于优士丁尼"重建"精神的范畴，这种精神把各种首创倡议放大扩展出来，并且为所有的公共部门都提供了不同寻常的激情）。

不过，最重大且最主要的问题是第一部《法典》（可惜实际上已经佚失了）和第二部《法典》之间的关系，特别是两部《法典》之间的区别。毫无疑问，《Cordi谕令》（比如，可以看第4节）倾向于着重强调这种区别，但是并没提出什么特别而具体的资料。但不论如何，我们通过P. Oxy. 1814（见第126节）知道，第一部《法典》包含了"引证法"，但后来被《学说汇纂》的编纂内容所超越（因此也就取消了）；另外一些区别则不那么重要，似乎也可以从同样的纸莎草文献所包含的书面证据里获知：这主要涉及的是与宗教庇护有关的一些章节所经历的变动，在第一部《法典》里面，如同《狄奥多西法典》一样，应该是置于专注于刑法的第九卷结尾处，而在第二部《法典》里面则已经显示为放进了第一卷，准确地说，就是专注于宗教法的那一卷（C. 1. 12 "关于宗教庇护和呼吁" [*de his qui ad ecclesias confugiunt vel ibi exclamant*]）。与在皇帝的塑像神堂内获得庇护相关的章节（C. 1. 25 "关于塑像神堂庇护" [*de his qui ad statuas confugiunt*]）可能也经历了类似的变动（从第九卷移至第一卷）。不能排除的是，一旦被安置在这个路径上之后，就要对其标题进行改动，甚至对个别文本从头（*ex novo*）进行修改。

从整体上看，就各种研究和可以获得的材料而言，可以想见，两部《法典》之间存在非常细微敏感的差别；通过对优士丁尼《法学阶梯》进行细致的考察，还能够获得进一步的信息。跟《学说汇纂》不同的是（见《Deo auctore 谕令》第九节和《Tanta 谕令》第 14 节，参见第 127 节），《法学阶梯》还考虑到公元 529 年的那部《法典》收录的谕令（显然，还有后来直至公元 533 年的法律）。从这个视角来看，诸如 I. 2. 10. 11 可能就是一个很有意义的文本，这里提到了"我们的一些谕令"（quaedam nostra constitutio），而这些谕令在第二部《法典》里面却踪迹全无（一些学者还在 I. 3. 19. 14 里面辨别出来一个进一步的例证，在这里面提到了列奥皇帝的一份谕令，后来在第二部《法典》里面却不见了；另外一个重要的文本是 I. 2. 10. 10，而这一次则是某项谕令被第一部《法典》排除在外的证据）。要补充的一个事实是，对第一部《法典》进行的重生式的复原，尽管只是选断式的，也会给我们的研究带来显著的进展。

另外一个实际上不同的问题是，所谓的优士丁尼的自行添加，即文书署在第二部《法典》进行添补的行动中给优士丁尼本人所颁布的某些法律带来的修改（要理解为这是在第一部《法典》公布之后）。对自行添加问题（在上面提到的《Cordi 谕令》的第 2 节可以发现其根据）的研究主要是由格拉登维茨（Gradenwitz）领导的调查而发展起来的（从 19 世纪末开始）；这种研究有时提供了一些结果，要比从"通常的"对添加问题的调查获得的结果更为可靠（但正如德·马里尼·阿文佐 [De Marini Avonzo] 最近所证实的，也并不总是这样，他特别提到了公元 530 年的 C. 1. 2. 23，该片段的纯正性已经得到确认）。

这部《法典》划分为十二卷，各编再划分为段，每一段有专门的标题（而在各段之内又有单独的法律，前置一个"署名"，指出颁布谕令的皇帝或诸位皇帝的姓名以及该谕令接受人的姓名，后接一个"落款"，包含该法律颁布的地点和日期）。第一卷（第一至十三段）首先涉及的是宗教教义、教会组织、异端教派运动和国家与教会之间的关系（在《狄奥多西法典》中，这些题材还是在第十六卷和最后一卷里面加以讨论的）；然后是法的渊源（第十四至二十三段，也参见第 134 节）以及一些公职（publica officia）（第二十六至五十七段）。第二卷到第八卷包含了私法内容（以及相应的民事诉讼）；第九卷关于刑法（和刑事诉讼）；第十卷到十二卷则是财政法和广义的行政法的内容。

关于所使用的材料（单个法律层面上），据说，最古老的谕令要上溯到哈德良时代（C. 6. 23. 1），而优士丁尼的谕令则收录了直到《法典》公布几天之前这一时段的所有素材。权威观点（罗汤迪[Rotondi]）是，从哈德良开始到公元438年的谕令，编纂者们所利用的材料只有此前的三部法典，而没有对档案藏书进行过研究（另外，这些研究或许也是没有成果的）。来自《格雷哥里安法典》和《赫尔莫杰尼安法典》的那些素材的贡献占据了主导，因此，决定了在《优士丁尼法典》里私法相对公法的优势地位（尽管并不是完全纯粹的，而在《狄奥多西法典》里面，私法和公法之间的关系则失调，众所周知，它是倾向于后者的）。

该《法典》的手抄本文献传统并不如《学说汇纂》以及《法学阶梯》那样丰富，也是因为紧接着优士丁尼之后的年代里，减少了对该《法典》的完整使用（特别是最后三卷被从其他编里拿掉了，而且，有大量的法律被忽略，因为这些法律在《法学阶梯》里面已经提到过——这个事实非常重要——或者被后来的《新律》所废止）。该《法典》最古老的一份手抄本（6—7世纪）是维罗纳的牧师会图书馆里的一个去旧誊新的羊皮纸手稿，不过，这个手稿非常零散。对于原始文本的重建目的而言，常常有帮助的是"佩鲁贾总稿本"（*Summa Perusina*）：这涉及的是公元10世纪的一份手抄本，其中包含公元8世纪完成的对该《法典》的摘录节选本。最后，就这部《法典》而言，也存在一长串以通俗本（*Volgata*）或者博罗尼亚手稿（*littera Bononiensis*）为名的手抄本（关于《学说汇纂》的这种版本，也参见第127节）。

如今广泛使用的这部《法典》的版本是克吕格主编的版本，并且作为第二卷放在已经提到过的那部《民法大全》全集版本里面（见第127节）。引用方式：C. 6. 43. 1. 3（涉及的是以C为缩写词的这部作品第六卷第四十三章第一项谕令的第3节）。

132.《优帝新律》（特别涉及535—542年）

随着公元534年"法典编纂时代"的终结，漫长的优士丁尼"现行"

立法时期（535—565年）开启。这种立法表现出众多的利益动机（但通常并没有在罗马法学说上面得到适当的强调）。实际上，这种立法工作不仅涵盖优士丁尼统治时期的绝大部分，而且由于其形式上的特点，尤其是它的内容，也随着一个相当不同于法典编纂的世界的出现而告终结。

在形式层面，《新律》常常表现为是一种比《法典》中所汇编的那些法律更加广泛的文本（从风格上来看，也要冗长得多）；这一点可以用一个事实来解释：《新律》从来都没有进行过官方汇编，因而被排除在那种"规范准则化"（即对纯法律原则的精炼提取）的进程之外，尽管在《Cordi谕令》第4节里面曾预先宣告过有此过程（见第131节），而且在各种私人法典或者官方法典里面所收录的那些法律则在不同程度上表现为经历了这种"规范准则化"的过程（沃尔泰拉也大致得出了同样的结论，而这类结论并不新鲜）。在大部分情况下，除了规范和法律原则以外，还通过决定（iter）的形式给我们流传下来一些《新律》的文本，通过这种形式，文书署实现了争议问题的解决：用当代的术语来讲——显然只是在一定的接近程度上而言——可以说，尤其是通过序言部分，《新律》为我们还原了规范产生的那些预备性工作。

然后，在内容层面，《新律》也隐约显现出国家及其行政与官僚结构的核心地位（尽管其中当然不乏私法性质的新律）。因此，它与完全充斥着私法主题的那些编纂作品之间的差别是很清晰的（也参见第125节）。这一点取决于这样一个事实：文书署不再像以前那样，借助各种题材的"资料"进行创作（因此，相对而言，就只有那种较为细致入微的"现实化"作品才是可能的），而是直接地对当时的各种问题产生影响。到目前为止，还可以补充的一点是，致力于对国家和公共行政管理问题投入全新且更加广泛的关注度，似乎并不是关于宪制和行政的"工程学"思考贯穿始终的主题——除了在某些时候——而是跟公共机构在日常生活当中的不争气有关联，这使得支撑性的干预措施愈发必要，需要连续不断，而且颇为劳心费事（尤其是具有惩治性特点的干预，即对最严重偏离行政管理的公平正确方向的行为进行打击）。

如果从那些公法性的新律转向私法性的新律（需要重申，尽管这些新律不是最"核心的"，但仍然是相当众多的），那么最有意义的话题则转变成另外一个,即呈现出来的一系列新律当中,法律部分都被重新排序了(尤其是在家庭法领域和继承法领域)。这当然是因为那些法典编纂作品的安排较为零散,有时候甚至还有些混乱,因此很有必要进行某些有组织的改组(而这不可能通过题材"资料"一次性实现):出于纯粹举例的目的,我要提到的一些改革跟以特定身份做出的遗嘱规定(公元535年1月1日的Nov. 1)、债务的人身性保证(公元535年的Nov. 4)和无遗嘱继承的继承人等级身份相关(公元543年的Nov.118和公元548年的Nov. 127)。出于类似的理由,那种把指向某个特定制度的所有规范材料汇编起来的作品变得非常有用,这种汇编作品在某些方面具有当代那种单行文本的风格和表现。还是出于举例的目的,我要提到的是公元536年那道著名且篇幅极长的Nov. 22,该谕令被普遍地定义为"基督教婚姻法典"。

最后,关于宗教和教义的那些新律至少也值得一提(关于刑事方面的新律,将会在第135节里面加以提及):从这些新律里面浮现出来一位立法者的形象,他不仅特别关心国家和教会之间的关系,而且有时候(甚至可以说是经常)想要干预教会的内部生活,以这种技术工具去调整某些宪制题材,包括主教们的封圣、每个教堂的神职人员(clerici)的数量、僧侣的身份地位(尽管对教会本身的财产权利不做干预)。也是在这种情况下,其他一些新律遵循在《法典》中的优士丁尼谕令里已经得到广泛验证的一种模式(也参见第135节),确定了保留给非基督教徒、犹太人、撒马利亚人(samaritani)、异教派信徒的待遇,即常常诉诸私法性的制裁手段,如无证据能力和无缔约能力(相对于《法典》而言,那些用于对教义信仰进行界定的谕令的影响力或许要轻微一些,尽管只是在数量层面上而言。关于这方面的法律,参见第125、131节)。在所有这一切当中,专制主义统治的标志似乎很明显,即国家相对于教会具有几乎绝对的主导地位(对教会本身或者教职人员特许的某些特权并不足以制衡这种主导性);尽管在拜占庭世界里面,更特别地说是在优士丁尼时代,这种专制主义统治实际上非常明显(对此而言,公元545年的Nov. 131是一个具有特别重大意义的文件,在这里面实现了对罗马教皇首脑地位的"安排"),但这仍然是一个为学者们所争论的问题(如今,他们甚至想要质疑专制主义统治这个概念的历史"作用",这个概念被认为过于简单,甚至并不符合优士丁尼的世界,因为这个世界并不承认教会是一种与国家并列的正式的主权实体)。

在这些初步考察之后——实际上,这涉及的是整个新律立法——则有必要进行更加特别且严格的历史性考量。环顾这些新律清单,实际上马上就可以注意到,这三十年的立法创作大部分都集中在公元535—541年(或者542年)之间,这种现象必须得到适当的认定和解释。

关于公法性质的立法,毫无疑问是跟国家的改革尝试相联系的,更特别地讲是跟它的边疆区域划分有关,这种改革是由东方大区长官卡帕多西亚的乔瓦尼倡议发起的(关于这个重要的人物,也参见第136节);实际上,在公元535—536年之间,就这个主题还颁布了一长串谕令。

有两项非常广泛的新律(被认定为一般性法律)属于公元535年的最初几个月:第八项新律和第十七项新律,很显然,它们被用来从事这次改革的法律背景的工作。特别是前一项谕令,想要对所谓的卖官鬻爵进行打击,即在支付一定抵偿款之后被授予公共职务(据承认,被"贩卖"的职务不外乎是大区长官,甚至还有皇帝本身,有时候也牵涉宗教职务,比如参见公元535年的 Nov. 6、1、9)。通过一种化简为一(*reductio ad unum*)的做法,这个帝国所经历的所有职务犯罪(即不公正行为和违法行为)都被拔高为贩卖公共职位(以及因这种行为而导致的恶例);此外,在赋税收缴当中广泛存在的各种困境也被归因于与那些"总督们(捞取回报)的卖官索贿行为"有关系(而在这里就显现出卡帕多西亚的乔瓦尼的政策当中占据主导的一种担忧,即为帝国的中央国库确保相适当的且持续的现金流)。另外,在同一项新律里还规定撤销剩余的专员职位,以及取消专区(专员恰恰就是这些专区的首脑),即介于行省和大区之间的中级区划,而在新的戴克里先—君士坦丁式格局中,这一最独特的特点就减弱了(这也意味着,在大区长官的层面上,卡帕多西亚的乔瓦尼的那种典型的中央集权观点占据了上风)。能够归在 Nov. 8 名下的是,介于君主专制伊始到埃拉克里皇帝的特有体制(公元7世纪上半叶)之间数个世纪的漫长跨度中,那些关于边疆行政管理的最广泛的改革措施。从总体上对这一时期的这些改革的效果进行评判显然是另外一个问题（且不论 Nov. 8 本身的很多部分有宣示性的示范效力），学者们并没有找到一致的评判，而有时候甚至还强调否定性评价（奥斯特洛戈尔斯基 [Ostrogorsky]）；关于这场改革本身效果的持续时间的议论也是如此，尤其是在（但不仅限于）涉及卖官禁令的时候，历史学家普罗科皮奥（Procopio）（关于此人，参见第 138 节）向我们证实了——而且他的证据也大体上得到了紧随其后的皇帝们的一些新律的支持（公元 569 年的 Nov. 149 和公元 574 年的 Nov. 161）——优士丁尼皇帝本人仅仅在一年之后就恢复了甚至在公共广场上贩卖职位。

至于 Nov. 17，则被冠以重新恢复的古代"君主敕训"（mandata principum）之名（参见第 82 节），该谕令想要说明并从积极方向上确定行省总督的使命（而第八谕令则更倾向于从总督不得做什么的角度加以安排）。

属于公元 535 年年中和年末数月到公元 536 年的是众多的新律，它们沿着上面两项一般性法律开启的路径，指向对单个的行省加以重新安排：在当时根据形势，这些新律的指示原则就是创设新的行省和合并现存的行省；另外，还有在单个行省内部，把民事权力和军事权力重新统一到唯一一位官吏手中。自然，并不是所有的行省——更一般而言，不是所有的领土——都提出了同样的问题：以举例为名，我们可以提到的，一方面是亚美尼亚行省（Armenia）的特殊状况（该行省涉及的是拓展罗马式的继承权，并为此目的来压服那种本地化权利的抵制，这些权利类型为了有利于大户而排除了妇女的继承权）；另一方面是（多瑙河下游流域的）防御性需要，这导致把五个甚至并不毗邻的行省统一到优士丁尼军团长官（quaestor Iustinianus exercitus）的指挥之下（公元 536 年的 Nov. 41，也参见公元 537 年的 Nov. 50）。

在这一系列的法律之上，还要补充的是另一项广泛的新律，它指向以极大的努力来恢复那种以世俗世界为基础的自治市制度，即市民保护人制度（defensores civitatum）（公元 535 年的 Nov. 15）。数年之后，在埃及这个极为特殊的地区发生了剧烈的改革，而且，在这一时期，或许也表现出比往常更大的困境（只要想想耶稣单性说的问题，参见第 125 节）（公元 539 年的 Ed. Iust. 13）。此外，也不乏那些涉及中央行政管理体制的新律（尽管一般都涉及那些较小的职位和职能），或者更频繁的是涉及首都的那些新律（这个事实是具有重要意义的）：为后者还设置了平民裁判官（*praetura plebis*），取代治安长官（*praefectura vigilum*），在这个名字里面，也是想对那些古代的体制加以缅怀，这种缅怀情绪在这些年里的公共立法里面并不是孤立的（公元 535 年的 Nov. 13 和同样的 Nov. 14；更晚些时候，还设置了另一个裁判官，常常也是为了首都和治安任务：公元 539 年的 Nov. 80）。

我们已经说到过一些私法性质的有组织的间接改革措施（此外，还有一些"单行本"）的必要性（而超出"常规"的是，一些涉及民事审判程序的创新常常表现出与这种边疆地区体制改革相关联，比如公元 535 年的 Nov. 23 引入的与上诉制度相关的创新）；现在我们还可以补充的是，优士丁尼主要辅佐者的人员更替，这是这些年立法创作井喷以及公元 542 年之后骤然减少的进一步原因。实际上，可以认为（关于这一点，第 136—137 节更为广泛），公元 541 年，这位皇帝不得不出于不同的原因，在短短数月之内相继抛弃他的两位主要大臣，即卡帕多西亚的乔瓦尼和特里波尼安。因此，一系列进一步的行政管理和法律计划可能就取消了；而不再能够发现具有同样重要性的人物，或许也是因为这位皇帝逐渐身心疲惫了（在此前十年里那种非常有效用的职务上的延续性之后，出现了一个新的时期，主要的公共职位都并不稳定）。

133. 优士丁尼最后的立法（543—565 年）和《新律》的私人汇编作品

从立法创作的丰富程度方面来讲，公元 542 年可以被看作是一个过渡期；实际上，需要考虑到的，不仅是此前的段落已经揭示出来的事实，还有文书署可能的自主姿态，尤其是在这一年的最初几个月里（而且，特里波尼安只是在公元 541 年结束的时候才离开了长期执掌的司法大臣一职，参见第 137 节）。总之，虽然常常有一些不同的迹象，但在公元 542 年之后，正如我们已经说过的，立法创作显著地变少了；而这还不仅涉及数量上的现象，立法的"质量"本身也立刻表现得不一样了。

这显然不意味着在公元542年之后就没有一些具有广泛内容及重大价值的法律规定了（可以想到的是，已经提到的分别是公元543年和548年的Nov. 118和Nov. 127，其主题为无遗嘱继承；还有公元543年的Nov. 128，该新律重新整理了税务领域的大部分内容，至少从表面上来看，这些新律是从纳税人[collatores]身上开始的。关于这一项新律，也参见第135节）；而只是现在这种类型的规定更加罕见了（此外，可以明显地看到，从立法技术上讲，也不那么有价值了；不过，也需要承认的是，那些致力于民事诉讼程序的新律也具有一定的优点，而这无非是说它们内部的关联性，见于公元543年关于审判的[de iudicibus]Nov. 125，公元544年关于诉讼[de litigantibus]的Nov. 124和公元546年关于向大区长官和司法大臣上诉的Nov. 126）。还有一些法律具有一定的重要意义，通过它们，在卡帕多西亚的乔瓦尼从政治舞台上消失之后紧接着的几年里（参见第136节），推翻了他在边疆行政管理体制上所施行的改革措施，又再次恢复了一些专区（比如，公元548年的Ed. Iust. 8就重建了本都专区[diocesi pontica]）。

在公元548年之后，立法创造进一步下降使优士丁尼统治更加确定无疑地滑向了抛物线的下行线。从一开始我们就提到（参见第127、129节）一些很少被研究但具有很强吸引力的关于晚年优士丁尼的问题（之后不久就会出现其他一些具有重要意义的因素）：这一时期所带来的印象是（实际上，这段时间并不短，因为它涵盖了十五年以上）这是一个几乎完整的脱离帝国正常行政管理体制的过程（这种脱离与他统治第一阶段的能动性形成了独特的对立），当然也曾有过一些短暂的间隙出现相反的迹象。这似乎主要是因为皇帝本人缺乏动力（无论健康与否）：在这一点上共同起决定性作用的还有优士丁尼年事已高（公元6世纪中叶之后，他已年逾古稀）；而我们也知道，在某些方面比过去更甚的是，这位皇帝仅存的一部分精力还被他在宗教纠纷里面所担任的调解人的功能角色所耗费（也参见第125节）。当然，不能排除的是，我们所掌握的这一时期的书面证据材料较少（比如，普罗科皮奥的证据如今已经被用尽了），影响了我们的判断，而这些材料在一定程度上是失实的；但无论如何，年龄这个因素的影响不可能只是片面的（对此，我们对这个时代的普遍判断在实质上必然应该是有效的）。

但在这样一个荒废的氛围里，也不乏一些具有重要意义的规定。比如，我们可以提到的是，公元554年的 Appendix Nov. 7（所谓的"支持维吉吕请求的实用规定"[*pragmatica sanctio pro petitione Vigilii*]），也就是一项根据教皇维吉吕的催促而颁布的谕令，为的是让那些法典编纂作品的效力扩展到意大利（它们曾经以敕告的形式组成 [*sub edictali programmate*] 并被发送到那里），以及在更加一般意义上对已经从哥特人手上完全夺下来的意大利进行重新整合（该新律是以拉丁文写就的，在它短短的二十七章里面——跟最早的一批新律冗长的风格相去甚远——想要为意大利规定一种相对于其他的重新征服的西部领地更加有利的地位，虽然过去取得的一些合法有效的规定改头换面转换成为针对未来 [*de futuro*] 的规范，这种轮替被卡拉索 [Calasso] 非常透彻地认定是"公务方面的一种不纯粹的循环往复"）；公元556年的 Nov. 134 "重新审视"了——说实话是更加有组织地——在 Nov. 8 和 Nov. 17 里面所应对的某些问题，同时也使得一种更大的行政方面的腐化衰败的情况显露出来，后面这项新律在另外一个方面也很有意义：实际上，它非常明确地证明了一种实践（虽然这种现象已经存在多年），即颁布处理多个主题的新律，即使它们彼此差异很大（实际上，从第十章就开始讨论通奸罪以及加重了合意离婚行为的刑罚 [第十一章]，这种行为在罗马漫长的法律传统中，第一次被优士丁尼本人根据公元542年的 Nov. 117.10 宣布为犯罪）。这显然有助于强调很多立法干预手段的"偶然性"，并证实了更加明显地放弃至少是形式上的严格性原则，而这种严格性曾经是首批新律立法的显著特点。

我们获知的最后一批优士丁尼新律是公元563年的第143项（等同于第150项）和公元565年的第137项。前者是刑法题材的（也参见第135节），尽管在这一点上此前就存在着很多其他的书面材料（参见第134节），但注意到一点可能仍然是很有意义的：该项新律慷慨地使得皇帝获得了法律解释权（*legis interpretatio*），即在面对实践当中歪曲法律规范的含义和内容的企图时——这常常是非常频繁且充满陷阱的——对法律规范进行可靠的解释；这对于那位在法律领域有颇多作为的皇帝来说，具有特别的重要意义。后面一道新律则是一份法律，指的是经过此前的一些干预措施之后，重新安排了大主教和宗教职务的创设。该新律也具有重要意义，确认了优士丁尼对宗教领域的兴趣几乎一直持续到了他去世前夕（正如他对教义问题的热情一样，参见第125节）。

随后，优士丁尼于公元565年11月14—15日交替之夜辞世（同年春，他伟大的将领贝里萨留[Belisario]去世；因此，在他最重要的辅佐者当中，尚在世的就只剩纳尔塞特[Narsete]了，他是重新征服意大利全境的完成者）。对优士丁尼的统治和皇帝本人的形象很快就形成了两种"解读"：一种是歌功颂德的，克里波（Corippo）提供了这方面的证据（在他看来，优士丁尼的头脑很久以来就已经升入天国），而另外一种是极尽诋毁或者全盘否定的，宗教历史学家埃瓦格里欧（Evagrio）提供了这方面的证据（他强调优士丁尼在人世间有短暂的"轰动"，但注定会在"地狱的审判"面前被全部抹去）。一个如此煊赫的人去世了，虽然他还会在公共舞台上停留很长一段时间，但至少在部分程度上使得因帝国的宣传机构创造出来的那种伪饰的人文主义氛围也垮台了（而这种宣传几乎完全被隐秘的叛乱行动所破坏，比如普罗科皮奥的反动宣传）：不过，只是到了更晚些时候，对他的评价才可能从一些偶然的激励因素当中摆脱出来，从而遵循历史学的方法（尽管传统文献的分量还是会继续对任何一种评价产生影响）。

总之，在法律文献里面也存在着对优士丁尼（他不仅是一位皇帝，也是一个人）的诸多"争议"，观察到这一点也是合适的，因为这样一个事实被几乎所有的学者忽视，虽然这些争议也被编列出来过（但无论如何要注意到，这种类型的批评与那种针对应归咎于优士丁尼的[或者说是受其"操控"且提早运作起来的]文书署过多的立法创作而做出的[极为温和的]"批判"——这是马尔蒂尼所使用的一个术语——是大为不同的）：对他的继任者优士丁二世的立法进行简单的综合考察以后——他是优士丁尼本人的侄儿，从形式上讲，他于公元565—578年统治国家（从公元574年之后，由于优士丁本人的健康状况，实际的政治和立法权力转移至提比留）——很快就显示出一种意图，即"拆掉"优士丁尼最具重要意义的（可以说是"具有示范性的"）一些改革措施：从这个意义上讲，

670 具有相当标志意义的就是 Nov. 140（据我们所知，这是公元 566 年颁布的第一项新律）。在 Nov. 117. 10 打开了一道逾二十年的开口并根据 Nov. 134. 11 被加以延续之后，这道新律再一次认定合意离婚行为是合法的。这种对旧的和传统的体制的回归——这种体制最初是被优士丁尼本人所接受的——得以在根本上被正当化，考虑到的是那位少有失败的伟大皇帝要以自己的方式，即以非凡人物的方式而不是按照人类共同的分寸引入一种规范。在同样的批判线索之上，虽然不那么明确而且在次要问题上还有些不同，还可以确定的是已经提到过的 Nov. 149 和 Nov. 161，尤其是在其中一些部分表现出在公元 535 年之后不久就恢复了 Nov. 8 所禁止的对公共职务的"贩卖行为"（这又一次地牵涉到这个国家的最高层）。

正如已经说到过的，并没有一部官方的新律的汇编作品；总之，我们是通过某些私人的汇编作品而获知新律，或者说至少是其中一部分的：《168 项新律合集》（也称为希腊本或者马尔奇亚诺本），《真本》（*Authenticum*）和《尤里安摘要》（*Epitome Iuliani*）。

《168 项新律合集》（其中有两项新律是重复的）在优士丁尼的文本之外，还收录了优士丁二世和提比留二世的法律：这里推论出来该作品最早是在提比留二世统治期间（应该截止到公元 582 年）完成的。这部合集最重要的特点是：各项新律不仅保留了其完整的条文，而且是以其最初的语言保留下来的（这就是该汇编作品的第二个名称）。两份最重要的手抄本是在威尼斯（马尔奇亚诺图书馆，这就是该汇编作品后来名字的来源）和佛罗伦萨（劳伦佐图书馆）所发现的。马尔奇亚诺手稿要更好一些，在结尾处还包括了十三项优士丁尼的敕告。不过，其实很难找出新律和敕告之间的区分标准来。能够加以确认的只是，同一个文本有时候会在不同的汇编作品里面并无区别地被指代为敕告或者新律（尤其可以看到，*Ed. Iust.* 5 和 *Ed. Iust.* 6 分别对应着公元 541 年的 Nov. 111 和公元 544 年的 Nov. 122），还要补充的是，这些敕告的绝大部分涉及的都是边疆地区的行政管理体制，一般是关于特定的行省或者领土（比如，公元 539 年的 *Ed. Iust.* 13 这一广泛的规定就是用来对埃及的行政管理加以重新安排，见第 132 节）。

《真本》是一部 134 项新律的汇编作品（截止到公元 556 年）：

那些拉丁文（或者也具有拉丁文的）的新律都是原始文本，那些希腊文的新律则是从拉丁文翻译而来的书面译本，但并非总是可信的。这部汇编作品的名称来自于法学家伊尔内留（Irnerio）对它的一些疑问（这位法学家是公元11世纪博罗尼亚法律学派的创始人），这些疑问后来得到解答，而且恰恰支持了这部汇编作品本身的真实可靠性。另外，还有一种如今重新流传的假说仍然还没有得到证实，即这部汇编作品具有一种官方效力，因为它涉及一部连同《支持维吉吕请求的实用规定》一起由优士丁尼寄往意大利的汇编作品（最近，斯切尔特马坚持认为，《真本》应该是诞生在学校里的"katà póda"，即逐字逐句的一个书面译本，供拉丁语学生所用；同样也可以获得这部手稿的"rhetón"，即最初的希腊文版本）。

《尤里安摘要》是一部124项新律的汇编作品（有两个重复的新律），但并不是原始版本，而是拉丁文的概要作品。里面最晚的新律是公元555年的，这使得一些学者认为，这部汇编作品应该与公元554年的那份《实用规定》有联系。这部合集的私人化特点（其作者应该是君士坦丁堡法律学校里面的一位叫尤里安的教授）似乎是很显而易见的（而且，斯切尔特马甚至可以在这部《摘要》里面确认出公元556—557年间所进行的一种大学课程，他还猜测在《摘要》和《真本》之间有着某种直接而确切的关联）。

最后，关于"新律"的当代版本，普遍使用的是由舒奥尔（R. Schöll）和克罗尔（G. Kroll）主编的版本（该版本构成了本书第131节引述过的那部《民法大全》柏林版的第三卷）。除了那部《168项新律合集》的希腊文本之外，舒奥尔－克罗尔版本还提供了《真本》的拉丁文本（还要补充的是，在页脚部分还有主编本人列出的上述希腊文本的一份拉丁译文）。不过，稍早一些的扎卡列·冯·林肯道尔（C. E. Zachariae Lingenthal）的版本也很有用（"优士丁尼皇帝给大区长官的谕令被称为新律，它们是在已经按照编年顺序排列好的那些法典之外的范围出现的"[*Imp. Iustintiani Pp. A. Novellae quae vocantur sive constitutions quae extra condicem supersunt ordine chronologico digestae,* I, II, e *Appendix*, Lipsiae, Teubner, 1881-1884]），主要是因为它是以时间先后顺序来展示各项新律的（而古代的三部汇编作品仅仅是部分地遵循这种顺序）。至于《尤里安摘要》，我们拥有的是哈内尔（Haenel）的版本（*Iuliani*

Epitome Latina Novellarum Iustiniani, Lipsiae, Hinrichs, 1873）。引用方式：Nov. 1, *praef.* 1（指的是第一项新律首章第一节）；或者 Nov. 1. 1. 4（指的是第一项新律第一章第一节）。

134. 皇帝权力：法律基础和政治意识形态

在前面一些段落探寻和描述了优士丁尼统治的发展状况之后（他表现为这些法律事件的路线指引人），仍然还有一些问题需要继续深入研究，而其中最重要的问题毫无疑问就是皇帝的权力，以及据以支撑它并使之得以正当化的法律基础和政治上的意识形态。

出发点就是这种权力的神圣起源，或者至少说是神对权力的赋予并同意行使：比如，参见 C. 1. 29. 5, s. a.：根据神意眷顾，罗马人民把治权委托给我（*cum propitia divinitate Romanum nobis sit delatum imperium...*）；公元 530 年的 Const. Deo auctore. pr.（即 C. 1. 17. 1pr.）：主宰我们的上帝控制着治权，这就是赋予我的那种煊赫而至高无上的地位（*deo auctore nostrum gubernantes imperium, quod nobis a caelesti maiestate traditum est...*）；公元 538 年的 Nov. 73, *praef.*, 1：因此上帝把治权授予我（*quoniam igitur imperium ideo deus de coelo misit...*[拉丁译文]）；公元 539 年的 Nov. 86, *praef.*：根据神意，罗马人民把治权交予我（*ex quo deus nos Romanorum imperio praeposuit...*[拉丁译文]）。显然，这里涉及的是一种并不新鲜的理论（因为它来自希腊哲学，而在这里也被罗马的作者们所接受），但是，如今在基督教教义的照耀下，它具有了一些全新的色彩（另外，在优士丁尼统治进程中，它逐渐地传播开来，并变成主导性的理论）。皇帝作为上帝在人世间的代表，本身就成了被顶礼膜拜的对象，也成为在上帝和人类之间表达对神的谢意的途径（公元 539 年的 Nov. 85, *praef.*：我们祈求上帝主父和我们的拯救者耶稣基督以及他们的帮助，上帝将我们所有臣民的治理权力都托付给了我们，我们操心的是让他们免受损失和不公正待遇 [*magnum deum et servatorem nostrum Iesum Christum eiusque auxilium simper invocantes operam damus, ut omnes subiectos nostros, quorum nobis gubernationem deus credidit, a damno atque iniuria immunes servemus...*][拉丁译文]）；

总之，其基本的责任和使命实际体现为不仅是个人的幸福（这也是努力追求的目标，正如帝国的舆论宣传里面所试图加以确保的那样。比如，参见公元 535 年的 Nov. 8, praef.；公元 539 年的 Nov. 133, praef.），还有普世的君主制的实现。为了实现它，在各种工具里面（它们之间尽管有不同，但都是为了这个目的而共同发挥作用），可以列举出来的主要是，对领土的重新整合（通过武力重新征服了西部，还有对其将来的防御能力进行的任何务实的判断）、法律或者说是整体上的法律制度（前面这两种工具常常被皇帝谕令概括为一个两项式短语：武力和法律 [arma et leges]），最后，还有通过教会重归统一而达成的宗教和解，而其所处的背景是形式上承认了——在很大程度上也是出于工具目的——罗马教皇相对君士坦丁堡大主教所具有的更高地位（但是该大主教常常受命对皇帝进行加冕）。参见公元 535 年的 Nov. 9, praef.：没有人怀疑法律的起源出现在最初的那座罗马城，也没有人怀疑教皇的圣座就位于这座城市……（et legum originem anterior Roma sortita est, et summi pontificatus apicem apud eam esse nemo est qui dubitet...）；公元 545 年的 Nov. 131. 2：所以我们确定，根据宗教教规，教皇是罗马的最高主人，他是所有教职人员的首脑，而君士坦丁堡这座新罗马城的最高牧首，则位列罗马教皇的圣座之后，而在其他所有教会之前，居于次席（ac propterea sancimus ut secundum eorum regulas[scil. Dei canoni conciliari] sanctissimus veteris Romae papa primus sacerdotium sit, beatissimus autem archiepiscopus Constantinopolis Novae Romae secundum locum obtineat post sanctissimam apostolicam sedem veteris Romae, ceteris vero omnibus anteponatur...[拉丁译文]）。所以，普世的君主制意味着在很多方面对远古的回归；并接受优士丁尼对过去进行的具有某种倾向性的政治解读和确认。从这个意义上讲，很有意义的一点是，他在为帝国居民保留"罗马公民"（Rhomaîoi）这一称号的时候非常吝惜，而只为君士坦丁堡的居民们保留"拜占庭人"的称呼（根据旧有的"拜占庭"这一古老名称，而如今它常常被称作"新罗马"）。

当然，皇帝权力并不仅仅是致力于处理同过去年代的全新而复杂的关系，以及同其他主权"实体"（或者说表现为这种实体的类型）的往来联系：它还会当着臣民的面，围绕着对权力加以强化或者说有助于对其加以强化的意识形态进行运转。按照阿尔维勒（Ahweiler）最近的概括总结，可以说指导思想就是"*táxis*"和"*oikonomia*"：前者意味着"秩序"，后者主要是指"更好地指导事务的方式"（因为人性导致不可能有完美的行动及结果）。在这两种想法当中，毫无疑问"*táxis*"是最根本的，这个术语表述的是一个强烈的等级制社会和世界（要理解的是，在民事和军事的等级制度当中，都同样是以皇帝为首），与此同时也指行为规范。从另一方面来讲，这种秩序所要求的就是，一个无须太多变化、基本上处于静止而平和状态的社会结构（也就是说，没有对既定格局的反对意见）。在这种最终的安排当中，能够被认可的对秩序（以及对这种秩序进行的最严格维护）的改变——这种改变也可以是有重新指向的——就是任人唯贤的制度安排（这使得个人的未来不会成为生来就命中注定的：优士丁尼的个人仕途本身就是从一无所有走到了皇帝宝座，这再次证明了这一点）。在类似的背景下，很显然，作为人民的无差别的权力（在这里面，对权威的服从无关紧要），"民主制"本身则受到极端的质疑（对皇帝的冒犯也同样如此）。很难说有多少这样的观念在精神层面上是根深蒂固的（并且传播到某个特定圈子之外），又有多少只是权力的工具（或者说被其利用）而已。

还有其他很多类似或者有关联的主题需要继续深化，不过，我们倾向于最近引起诸多学者兴趣的一个问题（特别是在法律角度上，引起了皮埃勒[Pieler]的兴趣）：国家和公民之间的关系问题（这种关系或许不像国家同其他社会共同成员之间的关系那样具有日常性，但毫无疑问是更重要的，有时候还是决定性的）。在这个问题上，必须事先声明，根据罗马传统，拜占庭世界是一个从法律上加以命令安排的世界（因此，皇帝的官吏们也掌握了某种法律技能储备和经验，也参见第130节）；另外，市民们似乎并不拥有任何明确的保障手段，即受到当局的尊重或者为迫使当局加以尊重而可能对其施加各种限制。我们的结论同一种被证实的确认并不矛盾——这种认定在《法典》里面也能找到（C. 1. 14. 4；另外参见公元537年的Nov. 59. 7），即皇帝受到其本人所颁布的法律的约束；一种与此相对立的确认可能应该是在公元537年的Nov. 105. 2. 4里面所发现的。但还要承认的是，我们对拜占庭的社会史知之甚少，而不能可靠地判断出其法律的"实效性"程度。

为了继续停留或者说重新进入纯粹的法律领域，现在适当的做法是把目前我们谈论过的这种未加区分的皇帝权力拆分为单个的权力类型，它们分别对应着各种不同的以皇帝为首的职能。除了司法权力（上诉审）——在优士丁尼时代，这种权力正逐渐地愈发衰落（高级官吏的司法任务在加重，尤其是大区长官，而赋予他们的判决以终决性特点，也参见第 133 节）——还有（行政）治理权力，对此我们已经有所提及，是从一般意义上讨论皇帝的权力；在这个地方，很有用处的一点是把立法权置于我们的考察之下：这就等于重新建构优士丁尼时代的法律渊源和法律创制方面的理论。说实话，这种理论表现出了不同的表达方式：在《学说汇纂》和《法学阶梯》里面，实际上很容易发现古典时代的各种问题和评注模式的影响，而在《法典》和后来的《新律》里，则更能发现君主专制时代的典型模式和先例。不过从总体上讲，优士丁尼时代的观念表现得非常明显：法律渊源的等级体系的重要性被降到了极低，在这个事实本身当中，很明显的一种意图就是把皇帝表现为法律创制的源头，即便不是排他性的渊源，至少在很大程度上也是主导性的（尤其是在《新律》里面，皇帝被认定为 "*nómos émpsychos*"，即个人化的法律：公元 537 年的 Nov. 105. 2. 4 以及公元 538 年的 Nov. 74. 2. 1；公元 539 年的 Nov. 89. 10）。或许，更加充满争论的——至少是公开的——问题是立法权力的基础：这种权力的神圣起源的观点——（按照这里坚持认为的，比如，公元 541 年的 Nov. 113. 1pr.；另外，还有公元 537 年的 Nov. 105. 2. 4）这是作为最为宽泛的皇帝权力的特定化——之外，实际上还存在的一个论点是在"君王的权力约法"（*lex regia de imperio*）背景之下的人民授权（D. 1. 4. 1 pr.；I. 1. 2. 6；Const. *Deo auctore*, 第 7 段 [即 C. 1. 17. 1. 7]：关于这个文本，参见第 127 节）。另外，在这种情况下，至少在《法学阶梯》里面，后面这个观念在某种程度上得以"落实"：把乌尔比安最初口述出来的动词 "*concedere*"（授予）修改为过去时，于是就使得人民的授权显得好像是一次启动即始终有效（优士丁尼的立法 [公元 537 年的 Nov. 62, *praef.*] 本身提到了——尽管是暗示性的——"关于库里亚的权力约法" [*lex curiata de imperio*] 这个事实本身可能也是很有意义的）。

另外，即使在这种情况下，除了古典时代的思想遗产以外，尽管对人民的意愿存在着某种短暂且表面化的尊重，但更加贴近优士丁尼想法的还是以上帝和皇帝之间的关系问题为基础的主题。

根据优士丁尼时代的大量文献所确认的内容（比如，参见公元529年的 C. 1. 14. 12. 2-5；公元533年《Tanta 谕令》第21段[即 C. 1. 17. 2. 21]；公元563年的 Nov. 143. praef.；还有阿尔奇最近"审阅"出来的 C. 1. 14. 1），与皇帝的立法权相关而提出的还有解释权，其性质特点似乎是排他性的（即最终会挤垮其他任何形式的解释，也包括学理上的）和权威性的（这种解释也是通过一道新的皇帝立法而提出的）。这种解释权上的垄断导致了一些问题，这也是因为它可能表现出至少在部分程度上与立法的另一个方面，即对判决前咨询制度（consultatio ante sententiam）的废止（公元543年的 Nov. 125）（当审判员感觉到对提交给他的争议无法决定的时候，则求助于皇帝）是相对立的，或者说不能很好地相容。

最后，还有一些特定的问题值得一提（这些问题常常是在后古典时代才"收到"的），首先是那些不具有普遍性法律形式的皇帝规定的效力问题。众所周知，在整个后古典时代，随着它们成为君士坦丁、瓦伦丁尼安三世和狄奥多西二世时期的焦点，文书署就着重强调了普遍性法律和敕答之间的区别，并声称：按照长期以来的导向，后者仅仅针对个别案件才具有效力。这种区别（从某种程度上讲，因为《quae necessario 谕令》第二节和《rei publicae 谕令》第三节而处于危机当中，后者甚至赋予《法典》中收录的所有敕答以普遍性法律的效力，参见第130节）在很早的时候就已经被优士丁尼的文书署超越了（公元529年的 C. 1. 14. 12：该谕令稍晚于第一部《法典》，而且因为被添加到第二部法典里来的行为，有一些形式上的改动），这有利于承认所有得到表达的皇帝意志都具有 erga omnes，即立法效力（他们都是裁断意见[sententiae]，即敕裁；或者在辩护或审判过程中或者根据事实所做的法律解释[legume interpretations sive in precibus sive in iudiciis sive alio quocumque modo factae]，即敕答或敕批）。其实，皇帝尊严（imperialis maiestas）的神圣性（sanctitas）禁止通过无用的赘语（vanae scrupolositates）和无关紧要的混淆不清之处（ridiculosae ambiguitates）而对皇帝的认识（imperialis sensus）中的实际统一性加以反对，尽管优士丁尼时代的谕令可能也会根据一些保留意见来加以补充，这些保留意见是 D. 1. 4. 1. 2 和 I. 1. 3. 2. 6 提出来的：(某些谕令)是个体化的，并不会(为了进一步的适用)而被当作先例来使用，因为君主并不希望这样做：实际上，这或者是因为某人的缘故而赐予他的，或者是对某人施加一种刑罚，或者在没有先例的情况下对某人的帮助，而这都不会超出个人以外的范围(*plane ex his* [scil. *constitutionibus*] *quaedam sunt personales quae nec ad exemplum trahuntur, quoniam non hoc princes vult: nam quod alicui ob merita indulsit, vel si cui poenam irrogavit, vel si cui sine exemplo subvenit, personam non egreditur*)(关于这一点，参见第 83 节)，而且是不可消除的，虽然在最初的时候它具有不同的意义(这种保留意见排除了一些规定的立法效力，比如那些授予"特权"的规定，这些规定具有强烈而明显的个人化基础)。

如果说这个最主要的问题是以相当清晰且几乎确定的方式解决了的话，那么另外一个问题则仍然完全悬而未决，而这也是一个具有重大意义的问题，虽然其明显只有形式上的意义。实际上，法律规范这一公共"产品"集中在皇帝的——具有强大吸附力的——人身之上，而优士丁尼的文本也从来没有提到过其他颁布法律规范的合法机构(哪怕是具有从属于法律的效力，或者说可能具有更加有限的地域效力)。因此，一些在实践上可能具有不可忽略的重要性的规定仍然被排除在法律渊源的等级体系之外，比如大区长官的告示(其性质值得学者们深入研究，而且一定数量的这类告示已经被扎卡列·林肯道尔 [Zachariae Lingenthal] 发表)。在法律渊源的等级序列里，习惯保留了一席之地，但常常只是一种次要的地位。实际上，可以断言的是，在优士丁尼时代，习惯所强调的是相对于法律具有辅助性特点。所以，得到承认的只有所谓的法外习惯(*consuedudo praeter legem*)(但必须要提到，目前所提及的观点虽然毫无疑问是传播最广的一种，在最近却受到了斯格米尔德 [Schmiedel] 和加卢 [Gallo] 的反对：前者是从广义上反对，因为在优士丁尼的编纂作品里面也出现了一种趋势，即赋予习惯废除法律的力量；而后者则是从狭义上反对，因为至少在优士丁尼的官方法律当中，唯一得到承认的应该是仅次于法的习惯 [*consuetude secundum legem*]，而不是那些法律之外 [*praeter legem*] 的习惯，以

及使法律失效 [desuedudo legis] 的习惯）。汇编作品，即《法典》里那种更加"现实的"体系安排（虽然受到了《狄奥多西法典》的改动）也是习惯缺乏重要性的证据，在《法典》里，把习惯打发到了第八卷的第五十二章，距离对法律渊源进行统一探讨的一章（第一卷第十四章到二十三章）非常远。毫无疑问，在《学说汇纂》（第一卷第三章：元老院咨询立法和长期习惯 [de legibus senatusque consultis et longa consuetudine]）以及《法学阶梯》（第一卷第二章，在这里，习惯代表着来自于不成文的法 [ius ex non scripto]，即把我们的法 [ius nostrum] 划分成的两大领域的其中之一）里，习惯的位置是更加适当的；不过，优士丁尼的所有编纂活动都把非成文法打发到了一种边缘化的位置（这种边缘化在《新律》里面得到强化，如果没有将它们"合法化"，那些习惯几乎不值一提：参见被补充进 Nov. 8 的"神智灵知" [gnôsis]① 或者"审理" [notitia]；而另一个习惯被"合法化"的例子则在公元 534 年的 C. 6. 23. 3 里，是关于所谓的乡野遗嘱 [另参见第 130 节]）。进一步谨慎细致仍然是必要的，在从优士丁尼编纂作品里面可以发现的名单上，也提到了一些在历史上已经枯竭的法律渊源（对此，不能忽视的是，这些渊源所创造出来的法在不同程度上仍然保留了效力）；可以想到的是，公决法律（leges publicae）（包括平民会决议）、元老院决议、执法官告示等等（另外，还要想到的是法学家解释）。在这里，我们不愿意特别提及，我们的阐述仅指向优士丁尼的创新之处。

135. 优士丁尼时代的刑法和刑事程序

在这里所讨论的主题当中，并没有提供优士丁尼时代有效存续的刑事法律和刑事程序的一个整体背景（这是因为，尽管这样一种

---

① "gnôsis"是"诺斯替主义"或"诺斯替教"（gnosticismo）的核心要素，来源于希腊哲学晚期的一种思想，是指一种隐秘的、关乎拯救的智慧，这种知识不是普通的知识，而是一种"精神直观"的灵知，其核心理念是"神性"。这种知识具有一种独特的色彩：隐秘、启示，是拯救所必需的知识。诺斯替教的另一大特点是强调精神与物质、灵魂与肉体相对立的二元论，具有强烈的反道德、反法律主义的色彩。在早期时，诺斯替教只在尼西亚一带流行，在公元 4 世纪后，迅速扩展到欧洲，至公元 7 世纪以后逐渐消亡。

背景并不简单，但是至少在部分程度上，通过按照后古典时代所说的相关内容依葫芦画瓢也就完成了）；我们想要查证的只是某些趋势倾向的进展状况，然后标示出由优士丁尼的立法引入的一些最为重要的创新点。

正如往常一样，我们必须在优士丁尼将近四十年的统治时间里区分出各个历史阶段。第一个要深入研究的阶段就是法典编纂和与之同时的立法阶段（这些立法的部分内容最终都汇聚到了第一部《法典》以及第二部《法典》里）。

《学说汇纂》里对此的探讨很快就表现得是跟一些过于陈旧的模式联系在一起，这些探讨只存在于两个单卷里（第四十七卷和第四十八卷，即所谓的"恐怖的两卷"[*libri terribiles*]:《*Tanta* 谕令》第八节 a 段："……处在这里的是令人恐惧的两卷……每一卷都包含着对暴行的严刑峻法" [...*duo terribiles libri positi sunt... qui omnem continent severitatem poenarumque atrocitatem*]）。首先考虑的是私犯行为，尤其涉及那些按照传统应该归类于民法的内容，即盗窃（以及大量与之相联系的类型）、抢劫和侵辱（而不法损害 [*damnum iniuria datum*] 在第九卷里面是按照告示的顺序进行阐述的）；然后，从第四十七卷第十一章开始，则转到了非常犯罪（*crimina extraordinaria*）上来。在第四十七卷里，首先谈论的是公共审判（*publica iudicia*）（实际上就是曾经的刑事法庭 [*quaestio*] 有权处置的某些犯罪），然后是一些主要以刑事性内容为主导的章节作为结束（第 17—24 节）。在这一点上，很容易查明的是，这些可以获知的材料里隐藏了一些新的法律现实（据认为，编纂作者在这些材料上所动的手脚要比通常轻微得多：实际上，一些学者猜想，在《学说汇纂》的最后几卷，优士丁尼时代的干预程度在减少）。很多时候，在那些"有策略地"排列的文本里面，才能看到长期以来都在运作着的一些不断发展（或者是最终形成）的诉讼程序。在"论盗窃"（*de furtis*）一章的最后一个选断 D. 47. 2. 93 里就有这样一个例证，这里记载了，就盗窃行为而言，通常是以犯罪的方式做出的；并且还补充到，与之相应的诉讼程序并不是公共审判，而是具有某种非常刑罚（*extraordinaria animadversio*）的效果。

《法学阶梯》所提供的全景也有些令人失望。回顾我们在前面已经提到的内容（第 130 节），既有关于优士丁尼这本教科书的体系，也有关于法律研究的（新）动向（这类研究动向实际上并没有给刑法留下太多空间，这个领域也缺少令人信服的专家：我们知道的是仅有一位刑法作品的作者，即法学教授科比达斯 [Kobidas]），目前，对于我们而言，只要指出一点就足够了，即该书第四卷前四章对私犯进行讨论后，只在该编的另外一章（第十八章）对刑法内容进行了探讨，而且仅限于公共审判（多数情况下，只是对《学说汇纂》针对该类型审判所做的更加广泛的探讨进行了最后参考引证：I. 4. 18. 12）。

更加有意义的是《法典》所提供的一幅全景。在这种情况下，对优士丁尼编纂者所采用的体例进行初步考察也是很有用的（这里所引导的考察以狄奥多西体系为范例）。《优士丁尼法典》第九卷前六章着力的主题在某种程度上可以与刑事程序联系起来（相对于《狄奥多西法典》仅有三章篇幅而言，这让人预感到优士丁尼的编纂者对程序问题具有某种兴趣）。接下来的是对公犯以及可以按一定方式与之联系在一起的一类犯罪的讨论（第七至三十章），然后，在一个关于民事之诉和刑事之诉（*actio civilis e criminalis*）之间关系的过渡章节之后（第三十一章），则是对非常犯罪（*crimina extraordinaria*）的讨论，在这类犯罪里面，基于相似性标准，也规定了抢劫罪和侵辱罪（第三十二至三十九章），这是很有意义的。该编以第二组关于程序问题的章节（第四十至五十一章）作为结束（另外两种私犯，即不法损害和盗窃，则分别在第四卷和第六卷里面已经找到了位置）。

因此，整体而言，《优士丁尼法典》的体例也并没有成功摆脱传统的影响，这种传统主要表现为坚持一种不再合理的公犯和非常犯罪之间的二元结构；这种二元结构本身的迟滞性似乎比在私法领域里面可以查到的那种二元结构更甚——显然，这涉及的是市民法和荣誉法的二元结构（刑法不像私法那样，具有一目了然且标准化的干预手段）。但是，这并不意味着在《优士丁尼法典》第九卷的整体文本里面没有显现出创新点来。即使不坚持认为它相对于《狄奥多西法典》在法典化技术方面有显著的完善，但诸如完全抛弃私犯这一范畴（并且不仅仅作为一种单一的体系化的节点）也显得意义重大；因此，当仍然回到与《狄奥多西法典》进行的对比上来时，有一种趋势出现，即刑罚有一定的减轻，尽管并不是非常明显，但在第一眼看来也显得很重要（这个趋势已经由奇亚泽塞 [Chiazzese] 指出——还要提到的是比昂迪 [Biondi] 的研究——而且一般说来要归因于基督教不断增长的影响）。但最新颖且重要的一方面似乎是另外一个，即编写并更好地组织起刑事诉讼程序方面的核心内容的意图，而这种意图也通过其他一些迹象显露出来（尽管在这个领域，所掌握的材料常常无法顺应一种全新的话语，比如，可以看到在《优士丁尼法典》的最初两章里，表现的还主要是控告制的刑事程序，而众所周知的是，纠问制程序已经逐渐兴起；但是 C. 9. 1 以"不得提起控告"[qui accusare non possunt] 为题，对初审规定了提起控告的限制，这一点不是没有意义的）。

此外，还可以从另一个视角来对有关刑事程序的讨论加以再次说明和强调，即以那些来自优士丁尼本人并且后来被收录到《法典》里（尤其是第九卷）的立法内容进行考察为出发点。实际上，这些法律的绝大部分所涉及的完全就是刑事诉讼程序（而不是实体上的刑法）；可以确认的是，在优士丁尼统治的最初几年里（更特定地说是在公元 529 年），很明确地出现了一种观点，即对（主要是）刑事诉讼程序的最初阶段加以调整（或者说加以"法定化"更好）。

> 按照这个视角来看，必须要特别指出：C. 9. 4. 6 调整的是预审程序，并根据诉讼的类型规定了最长期限；C. 9. 5. 2 则强调了禁止私设监狱（这两条法律与其他一些法律构成了一套单一且极为广泛的规范性规定，后来则被拆分到了《法典》的各个标题之下）；C. 9. 44. 3 则确定了从争讼程序（litis contestatio）开始算起，（以控告制形式进行的）刑事诉讼案件（criminales causae）有两年的诉讼时效期，这专门针对审判员面对当事人的敦促仍然不作为的情形。相对地，在实体刑法方面的立法创造则显得较少：实际上，我们通常是在第九卷里面拥有唯一的一项谕令，即公元 533 年的 C. 9. 13. 1（也参见 C. 1. 3. 53），关于一种有些特殊的犯罪——强奸既非孀妇也非修女的处女（raptus virginum seu viduarum nec non sanctimonialium）（不过，不能掩盖这项法律对优士丁尼的刑法理论进行重构所具有的价值，比如说行为人的竞合方面）。除第九章以外，从 C. 1. 5 "关于异教徒、摩尼教徒与萨玛利亚人"（de haereticis et Manichaeis et Samaritis）的讨论，可以发现优士丁尼刑

679 法谕令最丰富的集中点；为这些宗教犯罪规定的制裁手段常常使得后古典时代立法所规定的丧失继承能力这类刑罚不再适用。

如果从最初始的历史层面（说实话，这一层面并不是完全同质的）转到《新律》的立法上来，状况就会有很大的变化。从某年开始，在诉讼程序方面的"热情"就已经熄灭了，而主要的兴趣又回到了实体的刑事法律上来，只不过从某种程度上讲，其立法内容好像并不成形，因此，在对其的考察当中就不容易找到真正具有持续性和延续性的指导方针。

遵照万·德尔·瓦尔（Van der Wal）先提出的那些模式（以及这位学者的某些零散的观察结果），我们可以说，在《新律》里面，只是以一种完全偶然的方式来谈及很多犯罪类型（比如说，叛逆罪和与之相联系的犯罪类型都几乎仅仅作为离婚的合法理由而被提及）。这并不排除某些新律特别且专门地谈论个别犯罪类型。很有意思的一点是，据证实，这类新律当中的大部分所涉及的都是性方面（lato sensu）的犯罪，比如拉皮条（lenocinium）（公元535年的 Nov. 14 和公元536或者537年的 Nov. 51）、乱伦（公元535年的 Nov. 12，也参见同年的 Nov. 139 和 Nov. 141）、阉割（公元558年的 Nov. 142）、同性恋（公元559年的 Nov. 77 和同一年的 Nov. 141），还有强奸（公元563年的 Nov. 143[= 150]）。宗教犯罪也有一席之地，常常被作为《新律》里面专门谈论的对象，比如，亵渎神灵以及对神起誓 [per deum]（同年的 Nov. 77），在私人住宅里庆祝弥撒或者其他活动（公元537年的 Nov. 58），以及像前面已经说到过的，皈依异教派（在与最后这种类型相关的法律里，我仅限于提到公元551年的 Nov. 129 "论萨玛利亚人"作为例证；一般说来，异教徒无民事能力这一点也被扩大了，或更加精确地得到确定。比如，可参见公元537年的 Nov. 45）；另外，更多本身属于私法领域的情形也日渐按照刑法视角来加以看待，这与社会状况的逐渐恶化也是相适应的（在这方面，除了无原因的 [sine causa] 单方面离婚这个著名的例子以及合意离婚外，还可以提到在债务关系的各个阶段——从缔结阶段到履行阶段——存在的债权人所做的各种不法行为。比如，参见公元537年的 Nov. 52, praef.-1 和公元537年的 Nov. praef.-1）。最后，关于与行政管理立法有关的罪行，我们可以回溯第132节当中所谈到的内容（特别是有关 Nov. 8 的内容）。

在我看来，另一种认识则回避了上述理论，即在很多新律里面会发现一个包括杀人、强奸和通奸在内的犯罪类型目录（要指出的是，只有在某些情况下，这些犯罪才被置于一种明晰的等级序列当中；而在其他很少一些情况下，这份目录则被稍微地扩展了）。仍然不甚明确的是，这是不是一份犯罪频率的目录，或者立法者是否也是想要强调这些犯罪具有特别的严重性。

在《新律》里面，对诉讼程序问题的提及显得非常少见（但学说上认为，可以确定的是，在《新律》的法律里，控告式程序已经消失了）；而刑罚体系和个别刑罚则带来了某些很有意义的观察结果（这也是因为，有时候后面这些刑罚跟后古典时代的刑罚相比不那么明确）。总之，死刑好像有些频繁；人身自由的限制刑也显得更广为适用（其中，还首次出现了监禁，一般说来就是关在某个修道院里面）。而身体刑则提出了一个特殊的问题，因为这种宽泛的表述被很多新律所使用，却并不有助于明确地认定施加的刑罚究竟是毁坏肢体还是抽打杖击（但还存在着一种尝试，即从某种程度上，减轻毁坏肢体刑为仅限于一肢：公元556年的 Nov. 134. 13 pr.）。至于财产刑尤其是没收财产，要指出的是在公元535年的 Nov. 17. 12 里所包括的一条原则的确立，根据该原则，"罪过"及其后果都应该加诸财产的所有人身上，而不应该在财产本身上面；其明确的目的在于，对犯罪者的继承人不加歧视（公元556年的 Nov. 134. 13. 2-3 也规定了对他们的保护手段）。在这个领域，需要指出的还有，明显的罚款上的区间划分，从三磅到一百磅黄金（而且，这些罚款时常由存有过失的行政管理部门或者他们的领导人来承担）。这种刑罚体系（正如立法者多次强调的，应该不被滥用，即具有人道性的适用）还以某种方式得到了补充，有一些特别的理论假说认为，这主要是通过宗教刑罚甚至一些神事制裁（"神罚"）。至于赋予这些刑罚的功能，需要指出，由于基督教可能存在的影响，其矫正功能相对于预防功能更占主导，但这种主导性跟很多学说中所认为的程度相比，显得并不那么明显和确定。

这里只能提到一些从《新律》的刑事立法里浮现出来的其他背

景导向（或者在某些情况下，也是指"规劝"）。首先，要指出，对"犯罪"或者"罪过"的不可避免性的承认（这两个词组词序的交换常常是很有意义的），只有上帝才能免除罪孽（公元 539 年的 Nov. 133. 5. 1），此外，还会不时地出现一种看法，即人间的审判并不具备专属独占性，人类裁判之外实际上还有神灵裁判的存在（在某些情况下，这会导致令人恐怖的刑罚：公元 558 年的 Nov. 77. 1 pr. 以及 Nov. 8），它们提供的不仅有法律，而且还有上帝本身（公元 558 年的 Nov. 142. praef.）。这里还有忏悔的功能，而且忏悔在拯救的意义上具有重要性（公元 559 年的 Nov. 77 和 Nov. 141，不过，这两者涉及的都是同一种犯罪，即因违背本性的奢侈行为 [*luxuriantes contra naturam*] 而犯下的罪行，也参见公元 546 年的 Nov. 123. 10 和 Nov. 133. 5. 1）。如果说，在所有这一切当中都可以看见基督教的影响（或者说是基督教思想对法律世界的渗透），那么，在其他方面，《新律》的立法倾向于不重复这种煽情和刺激情感的氛围，这种氛围与后古典时代立法中的某一部分是相抵触的。比如说，在精神层面上，对宽恕的需求似乎并没有转化成极为广泛的特赦和免罪，尤其是在诸如复活节一类的宗教节日的场合下，这类特别授予赦免的做法在此前的一个世纪里是可以得到印证的。另外一种典型的制度——宗教避难制度，虽然还明确地保存着（在某些学者看来，在基督教时代，并不存在与旧有的神庙避难 [*ad fana deorum*] 并列的避难制度），但已经受到了精确的限定。恰恰就是公元 535 年的 Nov. 17. 7 pr 坚决地认定，这种制度只用于那些做出了行为但无罪 [*non nocentibus, sed laesis*] 的情况（而公元 535 年的 Nov. 37. 10 则解释了教会不能够同时既"向邪恶提供府邸"又"给受到侵犯的人提供帮助" [*et homines iniquos adiuvare et hominibus laesis suum adiutorium praestare*]）。而对宗教机构的利用（在某种程度上讲，我们是在某种"理性"的层面上）也很频繁，为的是控制功能（比如说，预防性监禁的持续时间），有时候甚至是"执行"功能（比如说，已经提到过的囚禁于修道院，这主要是用来惩罚妇女）。

正如我们已经澄清的，这些都仅仅是一些从优士丁尼的《新律》里面启示出来的观察结果；因此，在研究层面上，还需要更为广泛的背景，直到实现一种体系化的阐述方式，即使可能会遭遇材料上的一些困难。显然，这并不意味着，人们没有感觉到同样有必要对这三十年期间的各种问题进行历史编纂：实际上，只有通过使用历史化和体系化的双重工具，才可能对万·德尔·瓦尔最近的一种观点适当地加以评判，按照其观点，从公元 533 年开始，在总体上就已经发生了刑事法律系的衰败（无论是在实体法方面，还是主要的诉讼法方面）。

136. 优士丁尼的"辅佐者"：东方大区长官

一般来说，学说上并没有单独地明确指出过优士丁尼的"辅佐者"或者"大臣"的形象；但是，讨论却是照着这种方式通过着眼于皇帝本人的形象而完成的（皇帝因此自动成为被指控的中心，或者说至少跟所有提议和事件有关），而对动荡不安且错综复杂的君士坦丁堡宫廷背景进行的任何一种具有历史特点的分析则被忽略了。

一个事实似乎是确定的：在优士丁尼时代，几乎同时涌现出了大量具有突出个性特点的人物。比如大臣中的卡帕多西亚的乔瓦尼和特里波尼安（还有将军中的贝里萨留和纳尔塞特）。而这显然会产生一个问题：这些人物形象的同时涌现是偶然的，还是优士丁尼的发掘或是个人喜好的选择（甚至更简单地说，是他本人所创造出来的政治气候）？对这个问题做出回答并不容易，尽管也不能忽视这位皇帝有一部分的功劳，他策划了一系列事业，激励并鼓舞所有与他共事的人（另外，还奖励其中最优秀的人相当长期地任职，或者是在同一职位或者其他岗位上对其反复任用）。另外不能忘记，这些"辅佐者"们的个性特点本身也对皇帝有所反馈。比如说，可以想到的是特里波尼安倡导的与《学说汇纂》有关的编纂工作，正如我们将要看到的（第 137 节），这甚至还是在"法制"之外。最后要指出，仅仅通过对优士丁尼那些最优秀的"辅佐者"加以研究，就可以发现，从优士丁尼统治的某个时期开始，几乎在所有领域都发生了紧张局面的减轻，而这也都有了解释理由（也参见第 125 节）：从这方面来看，对一些并不出众的人物投入一些笔墨也就不会是无用的了（几乎都能感觉到，在这些人身上，技术能力和深刻性的消退）。

优士丁尼的首任大区长官（我们所说的当然是东方大区长官，尽管他并不是侍从官——一种"大臣委员会"——中的正式一员，但在实际上常常参与高层决策，或者说得到他们的知会）可能是阿塔尔比奥（Atarbio），不过，他只是通过公元 528 年 3 月 1 日的一份皇帝谕令（C. 1. 3. 41）的落款信息才为我们所知。继任他的是梅纳（Mena），据显示，此人也是对第一部《法典》加以公布的《Summa rei publicae 谕令》的接收人（见第 126 节）。在其他两位不甚出众的人物之后，即德莫斯特内（Demostene）——此人后来又回到了他在优士丁统治初年所担任过的那些职务上面——和尤里安，我们最后发现，从公元 531 年春开始，在这个职位上的就是在优士丁尼整个统治期间最重要的人物，即卡帕多西亚的乔瓦尼，他注定会在这个位置上停留到公元 541 年 5 月（只是在公元 532 年的十个月里面有过短暂的中断，当时在尼卡暴动之后——这要归结于竞技场里的"蓝党人"和"绿党人"之争——他被已担任军团长官和第一部《法典》委员会成员的弗卡 [Foca] 所代替）。卡帕多西亚的乔瓦尼，我们已经多次提到过，他还是狄奥多拉的"敌对方"（见第 122 节），也可能是第一部《法典》委员会的成员，更有可能是主席（见第 126 节），同时他还是自公元 535 年之后的那些最重要的行政管理改革措施的"发起人"（见第 132 节）。现在，我们还可以补充一些其他细节，事关其生涯和他在行政管理和财税方面的行动（就后面这个领域而言，还要提到的是，大区就是最重要的财税区划）。

  书面文献（特别是乔瓦尼·利多和普罗克皮奥）为我们展示的对卡帕多西亚的描绘明确地集中体现或者显示了他的积极方面和消极方面（尽管，消极方面要更加明显）。从公元 520 年开始，他就被优士丁尼所认识（当时，这位后来的皇帝刚刚成为殿前军团长官 [见第 124 节]，而乔瓦尼则仅仅是某位军团长官的书吏 [scriniarius]），可能恰恰因此，也因为他本人坚强的个性——是少数敢于提出反对的人之一（正如，在非洲对付汪达尔人的事业就受到了他坚决的反对）——乔瓦尼逐渐地经历了官僚生涯的各个阶段。据公元 528 年的《Haec quae necessario 谕令》第一段以及公元 529 年的《Summa 谕令》第二段所显示的，他除了是执政官和贵族（consularis atque patricius）以外，还是前任司法大臣。但还需要补充的是，近来恰恰就是对后面这个官衔提出了某些质疑：把这两份谕令所提到的那位乔瓦尼认定为数年之后成为东方大区长官的乔瓦尼，是否是可能的？

总之，主要让我们感兴趣的是卡帕多西亚的乔瓦尼在行政管理和财税政策上的基本路线，我们可以这样来综合概括这个路线：向官僚机构的蜕化和腐败开战，尤其是边疆地区的机构；削减公共开支，主要是通过在可能的情况下裁撤和优化岗位、办事机构甚至是服务类型，比如邮政（随之而来的结果就是削减战争行动，或者在其他战场上打算维持和平局面，借助的是外交手段或是更简单地通过向蛮族入侵者进行馈赠）；最后，还有严格的财政紧缩及提高收入（这些也主要是用于刚刚提到的那些目的）。乔瓦尼计划中最主要的部分得以实现，既是通过设定新税种，比如著名的"空间税"，这种税跟违反了建筑之间的间距规范的市民承担的罚款相关联的；也是通过向既有的税种引入追加额。另一种手段则是实际收取那些已经过期了的财政债权及相应的利息（公元 529 年的 C. 10. 8. 3 这一法律规定为百分之六）：这导致几乎完全抛弃了定期免税的做法。

事实上，正如我们已经提前说过的，这种政策似乎并不是由道德动机授意而起，而仅仅是在各种策略之间进行的并不广泛的协作当中，旨在恢复国家机构的运作能力（这也是因为时值一个特殊的扩张时期）；而其实际结果究竟怎样却很难说，不过，很可能的是，乔瓦尼至少恢复了国家机器中一些部门的秩序，尽管只是短暂的（尤其涉及财税领域，而它较好的运转也保证了有足够的资源可支配——早在阿纳斯塔修统治期间，经证实存在的有公共财富积累的年代就已经逝去多年）。因此，不能不承认，乔瓦尼对帝国的现状有清醒的认识，同时他也有极为出众的组织能力。另外，与这一切形成对立而成为负面因素的是，他对金钱的极度贪婪和千方百计地驱使并满足这种欲望，即使是非法的（乔瓦尼在很短的时间里变得极度富有，或许未曾有什么民事官吏能像他那样）；文献还告诉了我们，他的性格野蛮而粗鄙且缺乏教养，或许这也要归结于他极为低下的出身（另外，他并不会正确地用希腊文书写，拉丁文甚至更差），最后，还有他的基督徒外表（而实际上，他却倾向于异教）。关于他与优士丁尼的关系，实际上，我们已经表述过了（但并无不当的是，有时候连皇帝对他的这位大区长官也采取完全的批评态度，参见公元 537 年的 Nov. 45），而关于他与特里波尼安的关系，或者说敌对关系更恰当,我们稍候会详细叙述(第 137 节)。这里只需要补充一点,公元 541 年,狄奥多拉在贝里萨留之妻安东尼娜(Antonina)的帮助下,最终成功地撼动了乔瓦尼,他因此受到有谋权篡位之心的指控,从而被罢免;乔瓦尼最初被流放到小亚细亚一带的奇兹克(Cizico),后来,随着一项新的指控(被认为对谋杀奇兹克大主教的人加以教唆而获罪),他被发配埃及。他活得很长,但是,也是由于对狄奥多拉长期怀有敌意,而再也未能翻身(尽管在这位皇后死后,他回到了君士坦丁堡)。

乔瓦尼的首位继任者(也是他的行政"建树"的第一位破坏者,参见第 132 节)是狄奥多托(Teodoto),不过,他在这个职位上只待了不到一年半:据普罗科皮奥所说——尽管他并不完全客观公道和正确——这是因为他不能满足优士丁尼和狄奥多拉的期待(根据普罗科皮奥的意见,他们想要在这个职位上找到一位乔瓦尼类型的,即毫无顾忌的人物,这也是为了他们个人的利益)。最后,他们在叙利亚出人意料地发现了彼得·巴尔希梅(Pietro Barsime),此人放弃了他最初的职业——兑换商(该职业已经因为贪得无厌而众所周知,甚至会对铸币加以砍削搜刮),并进入到大区长官名单中来(当时是在卡帕多西亚的乔瓦尼的指导下),后来他也懂得了要博取狄奥多拉的好感。公元 540 年他被任命为帝国财政官(*comes sacrarum largitionum*)之后,又在公元 543 年年初被征召去取代狄奥多托:他很快就证明自己(在公共财政极为严重的危急时刻)不仅具有技术能力,而且,也证明自己毫不收敛的贪欲(普罗科皮奥称之为"合法的土匪强盗")。在他治下,行政管理体系走到道德水准的最低点,同时也是非法而专横的重税政策的最高点。尽管如此,他还颁布了一道著名的新律,即公元 545 年的 Nov. 128(关于该法律,也参见第 133 节),根据斯特恩(Stein)的表述,该法律表现为纯粹的"满纸的捐税"(而这实际上很快就被强烈地否定)。不过,这位大区长官本人攫取的非法而惊人的利益(他早就开始自肥了,当他还是帝国财政官的时候,就设定由国家垄断丝绸的生产)招致了不满意见的狂潮(与之相联系的还有,首都的市民因粮食稀缺以及军人因欠饷而发动的抗议)。因此,大约在公元 546 年年中,尽管受到了狄奥多拉的抵制,皇帝还是被迫把他从该职位上撤换下来。

在狄奥多托短暂地回归之后——但他在公元548年年初的几个月内就去世了——担任该职务的都不是特别重要的人物，而这导致了该职位的不稳定性，很快继任的是"老实人巴索"（他跟弗卡一起担任大区长官，根据普罗科皮奥的观点，他们没有以损害国家和公民而自肥）、欧杰尼奥、叙利亚人阿德奥（Addeo）（他对优士丁尼很有影响力，稍晚些时候会成为城市行政长官）、埃费斯托（Efesto）（就对他的任命而言，应该归因于他在一个特别棘手的冲突期间，对因埃及的耶稣单性说教派引发的行政管理问题了如指掌），最后是阿雷奥宾多（Areobindo）（他出身军旅，而且已经是军团长官，后来成为城市行政长官；在他当大区长官期间，还特许了一次极少出现的税收免除，这起因于很多纳税人破产而陷于贫困）。在阿雷奥宾多（更晚些时候，他可能又重新担任了另外三个大区之一的大区长官）之后，由彼得·巴尔希梅再次担任东方大区长官（后来他又再次成为帝国财政官）；这涉及的就是我们所知道的优士丁尼统治时期的最后一位大区长官（持续了至少八年，从公元554—562年）。

137. "圣殿执法官"

正如我们所知道的，圣殿执法官具有司法部长的职能（具有起草法律的使命）。考虑到在优士丁尼统治时期法律问题的重要性，我们对这个职位及其掌握者充满兴趣也就变得很容易理解了。

关于优士丁尼时代这一执法官的先后继任情况，并不像东方大区长官的继任状况那样信息详尽丰富。在优士丁和优士丁尼统治相接期间，也就是公元527年春夏之交，由C. 12. 19. 15. 2认定的这个统治年代里该职位上最具声望的任职者之一（在公元535年的Nov. 35. 1、3、5里也可以发现这种表达），即普罗库勒（Proculo）（或者称普罗科洛 [Proclo]），他作为一名出色而伟大的书吏（*excelae e magnificae memoriae*）刚刚去世（在我看来，不能完全排除普罗库勒是在优士丁尼统治期间才去世的，而斯特恩似乎更倾向于公元526年）。在普罗库勒之后（此人甚至在外政上也拥有极为重要的影响力——这也是由于优士丁的准备不足和健康状况不佳——他建议皇帝不收养贾巴德波斯 [Persia Cabada] 国王之子克斯瑞 [Cosroe]），我们明确了解到的第一位执法官就是前执政官托马（Toma）（所以，乔瓦尼——是卡帕多西亚的那一位？[参见第 136 节]——的执法官职位问题仍然悬而未决，但是正如 Nov. 35, *praef*. 所明确显示的，他不可能是普罗库洛的继任者）。公元 528 年，托马已经任职并颁布了《*Haec quae necessario* 谕令》（第一段），到公元 529 年 4 月颁布《*Summa rei publicae* 谕令》（第二段）的时候，他仍然是执法官；不过，大约在公元 529 年年末，他在弗卡受到信奉异教的指控（参见第 136 节），后来又毫发无损地摆脱，但被迫离开这一职务。

在托马之后继任的最重要且著名的优士丁尼的圣殿执法官就是特里波尼安，他是法典编纂工程的核心人物，而且在很长一段时间也是立法工作的核心人物（因此，一位英国学者奥诺勒最近提出的一个提议就显得非常合适，即要对这位人物投入一种专门的专题研究，甚至要承认他具有跟最优秀的古典时代法学家相媲美的地位和科研才能）。特里波尼安生于潘菲利亚，在东方大区长官的最高法院担任律师，而正如我们所知，在第一部《法典》工作开始之际（《*Haec quae necessario* 谕令》，参见第 126 节）他因其法学家地位而在所有官吏里面脱颖而出（*vir magnificus magisteria dignitate inter agents decoratus*）（也就是说他拥有宫廷办公室主任的头衔和尊荣——该职位由君士坦丁所创，众所周知，它处于很多宫廷职位和公务部门之首——但都不是实职：德·弗朗奇西）。关于特里波尼安在这个时候实际担任的职务，学说上相当不统一，而斯特恩的观点似乎是最佳解释：特立波里安应该担任过档案吏（*magister memoriae*）或者书函吏（*epistularum*）（尽管并不再如曾经那样重要，但正是这一职务使得他在圣殿执法官的指导下，以及与之联络过程中，获取了很大的法律和行政管理经验）。不过，有一个事实是确定的：在第一部《法典》工作期间，他有机会让自己大放异彩（正如公元 530 年 12 月《*Deo autore* 谕令》第二段可以获知的：……因为你崇高的尝试已经被收录进我们的法典规定……[*... ingenii tui documentis ex nostri codicis ordinatione acceptis...*]）；于是，他理应是在公元 529 年的最后几个月被任命为圣殿执法官。特里波尼安任执法官最早的明确证据是在公元529年11月17日（C. 7. 63. 5）；而且，很可能从他得到任命那时起（如果说不早于那时的话），特里波尼安就开始酝酿把法学意见加以汇编的计划了（对此，他投入了所有的动力），他的"怀古"情怀也推动他致力于该计划。这一次根据《Tanta谕令》第17节（《Dédoken谕令》第17节则更加清晰），我们实际上了解到，他的个人藏书非常丰富，甚至有非常难寻的古典时代的法学作品（因此，这也显示出他对那些编纂者助益颇多）。

特里波尼安职业生涯的突飞猛进毫无疑问要归功于他的能力（以及他的专业特长）；不过，或许这其中的一小部分也可能是他对优士丁尼的态度（法律"规划"中他对皇帝产生的影响，更大程度上是由这种态度决定的），普罗科皮奥向我们描述为是毫不掩饰的谄媚（普罗科皮奥本人还对这位执法官的公德给予完全否定的评价）。如卡帕多西亚的乔瓦尼一样，公元532年的尼卡暴动也冲击到特里波尼安，不过，前者在很短的时间里就官复原职（见第136节），而特里波尼安只是到公元535年或者公元534年年底才重新担任圣殿执法官（公元535年4月16日的Nov. 17提供了最早的明确证据；而根据公元534年11月16日的《Cordi谕令》第二段显示，他仍然是前执法官；不过也要考虑，Nov. 13证实了特里波尼安至少在公元535年1月3日就已经恢复了执法官一职，要强调的是，斯特恩提出要从中进行时间回溯）。对于这种时间上的差别，最可能的一种解释也显得难以理解，因为乔瓦尼的职位具有更大的政治微妙性，而特里波尼安本人更喜欢对正在进行中的编纂工作投入更多精力（他继续让巴斯里德 [Basilide] 代替自己，而这位官吏曾经多次担任要职，而且也是第一部《法典》编纂委员会的成员，见《Haec quae necessario谕令》第一段和《Summa rei publicae谕令》第二段）。但从多种迹象可以得知，特里波尼安的"倒霉期"已经结束多时，公元533年《Tanta谕令》的首段、第九段、第十七段里有献给他的赞美词（第九段显示，他是宫廷办公室主任的拥有者，该职位刚刚赋予他不久，而且在稍晚些时候他很快又兼任了执法官）以及已经提到过的公元534年的《Cordi谕令》第二段（这里面则认定他为 *legitimi operis nostri minister*，即第二部《法典》编委会主席）。

从公元535年开始，特里波尼安和卡帕多西亚的乔瓦尼之间的对立似乎就显得更加公开了。正如我们已经多次说过的，前者在法律事务上对皇帝有巨大的影响力，规划并且强力推动各项编纂工作的迅速完成（从这个意义上讲，公元535年的Nov. 35讲述的一个事件则具有示范性，即特里波尼安把一定数量的执法官助手[*adiutores quaestoris*] 提拔到机关里并不存在相应岗位的职务上来，并将他们的位置常规化）；一般说来，后者则在更加重要的决策上面，即那些更具政治性的决定上占据主导。语言问题代表了这种对立的一个方面：特里波尼安实际上支持把拉丁文作为帝国的官方语言，尤其是法律语言，而乔瓦尼则站在支持使用希腊语的一方。《新律》绝大部分都是以希腊文起草编写的，这一事实可以归结于那位大区长官逐渐占据了主导。不过，需要补充的是，尽管在这两位人物之间存在可能的对立，但是特里波尼安和乔瓦尼在历史学家眼里，在某种程度上就是两个互补的形象：要是没有前者所开创的"环境"和技术才干，后者的某些政治指令或许就不可能找到适当的法律表达方式。由于一场严重的疾病，特里波尼安可能在公元541年年末离任，并在此后不久即公元542年逝世（但是有一些学者认为，他是公元546年才离职的，并且推定从那时起立法作品进一步减少，而这种现象在公元542年前后或者之后不久就已经发生了）。

特里波尼安之后，我们只知道两位执法官（还有一部分人物不太明确）。第一位是尤尼洛·阿弗里加诺（Giunillo Africano）（或称尤尼罗[Giunilo]或尤尼略[Giunilio]），他担任该职位直至公元548—549年之间。普罗科皮奥对他也进行了无情的刻画，无论是在能力层面（毫无法律常识，因为他并不是法律阶层成员，而且更有甚者，他虽然懂拉丁文，但实际上对希腊文一无所知），还是道德层面（他非常贪婪，甚至公开"贩卖"皇帝的规定）。但是，普罗科皮奥忽略了对尤尼洛的性格和文化方面的提及，即他在神学领域的尝试。他实际上是一部小型歌剧《圣法常规》[*Instituta regularia divinae legis*]的作者，在这部作品里，能够听到尼斯彼①的保罗（Paolo di Nisibe）教诲声的回响，而且该作品几乎就是莫普苏埃斯提亚②的狄奥多罗（Teodoro di Mopsuestia）希腊文作品的拉丁文译本，此人

---

① 在今土耳其境内。
② 在今土耳其境内。

是聂斯托里教之父（可以把它认为是一种耶稣单性说教义的极端派，见第125节）。在这个情况下，普罗科皮奥似乎显得不仅不完全合适，而且也不准确，因为很显然不能质疑尤尼洛拥有一定的希腊文知识。尤尼洛的继任者是君士坦丁，可以确定的是他在这个职位上待到了公元562年，或许甚至直到优士丁尼去世之后（直到公元566年）。对于他，普罗科皮奥强调他过分年轻（并把对他的任命归因于跟优士丁尼的交情），但不能否认的是他的法律才干。至于对他的道德评价，也不比尤尼洛（还有特里波尼安）好多少，唯一的区别在于，君士坦丁更倾向于不直接搞腐败，而是借助自己的心腹。

这样就结束了对单个的执法官形象的考察，或许有可能提出一些最具普遍性的意见。很有可能的是，假如不考虑那些昙花一现的人物，任何一位圣殿执法官都尝试给文书署打上自己的印记（至少在一定程度上压倒这一机构的独立自主性，而这种自主性必然是不可避免的，尤其是在交接过渡的时候，参见第133节）；因此，把该职位每一位任职者的个人"名号"重新加以确认相当有用，尽管就我们的研究现状而言，这件事好像不那么容易实现。另外，这也使得可以把我们通过对优士丁尼时代文献的考察而掌握的那些词汇用法确认到个人身上（因此就是将其历史加以具体化）（即使不是对每一位执法官的用语加以重新确认，也是对每个执法官任期上的用语加以重新确认）；而这种研究可能还会因为一个事实而更加有意义，即最近（奥诺勒）在尝试着根据内容和风格来辨认出皇帝本人直接撰写的那些谕令。

138. 文学文献中的优士丁尼时代

从一开始我们就已经强调过，文学文献对于更加完整地还原优士丁尼时代所具有的重要性，尤其是那些历史文献（参见第123节）；另外，在一些场合我们已经利用过这类文献（而且，它们毫无疑问是有用的）。不过，现在对优士丁尼时代的历史学家加以更为广泛的讨论也是合适的，特别要提到切萨雷（Cesarea）的普罗科皮奥，他被一致地认为是拜占庭宫廷历史传记作者中最重要的代表人物。

普罗科皮奥生于公元5世纪末至6世纪初的巴勒斯坦，他最初

689 从事的是文学研究，后来则转移到法律研究上来，正如我们所知道的，对于任何一个追求官场生涯的人来说，这种研习都是不可或缺的。可能是在一段律师生涯之后，他成为大将军贝里萨留的参谋和助手，并追随他参与了几乎所有征战，从第一次波斯战争（527—531年）到针对汪达尔人的非洲远征（533—534年），然后是针对哥特人的远征，直到抵达拉文纳（540年）。他随后的生命历程并不能明确地被还原出来（他的去世似乎是在公元560年之后不久突然发生的），而且，他是否继续在公共行政管理体制中服务，以及服务多长时间都特别不明确。但是，他的所有历史著作都属于这个时期，其中最出类拔萃的就是《战争记》（Libri sulle guerre）或称《历史》（Storia），该书实际上讲述了优士丁尼时代的所有事件，而且常常还延伸到个别战争在优士丁尼时代之前的先例，这部八卷本的作品几乎整体都是在公元551年发表的，并且，随着关注最后进展状况的第八卷的发表而于公元553年完成。普罗科皮奥对众多事件，特别是那些军事事件的直接参与，自然而然使得他的证据无可替代，尽管他的政治分析貌似很受官方思想的束缚，不过，倒也没有表现得过分的谄媚，但也不是说没有任何批评。此外，普罗科皮奥还有另一部发表于公元554年左右的六卷本作品《论建树》（Sulle costruzioni），此书显得更加受到帝国舆论宣传的束缚，通过对优士丁尼所中意的很多公共工程进行事无巨细的表述以达到颂扬这位皇帝的目的。

同这些作品尤其是第二部作品形成对立的是一部篇幅较小的作品，该作品到了公元18世纪才被阿勒曼尼（Alemanni）发现并发表出来（此前，对此作品只是有所提及）。该作品题为"*Anékdota*"或者"Gli Inediti"（秘密），不过，更为普遍地被称为《秘史》（Storia segreta）或者《暗史》（Storia arcana），它从被公开之日起就引发了重大的质疑，这些质疑甚至表现为对普罗科皮奥的作者身份的否认。只是到了19世纪后半叶，才开始显示出这部作品的真实性得到了证实和具有说服力的维护。那些质疑的理由在很早的时候便指出：在《秘史》一书当中，相对于他的其他作品所描绘的画面而言，这位拜占庭的作者提供了一幅完全不同的优士丁尼统治的画面，或者说完全对立的画面。优士丁尼、狄奥多拉和几乎所有主要的"大臣"及帝国官吏的形象都被描述为私底下卑鄙无耻和公开的腐败无能。所有这些提法常常表现出一种几乎完全个人化的敌意，甚至是憎恨（而且，还落入到宫廷中的流言蜚语和毫无根据且尖酸刻薄的信息的窠臼里来）。抛开这些"恶语中伤的文字"所做的认定——曾经有极为广泛的传播而且仍然得到某些人的支持——《秘史》一书如今也被从心理学层面解读为一种"酝酿已久的报复"（这种报复针对的是权力，此外，还有那些掌握权力并且把权力个人化的人）。换言之，普罗科皮奥在发表他的其他作品之前（如果确定《秘史》的日期是公元550年的话），就已经创作了关于"优士丁尼统治的反面历史"（按照他的话来说，他在尝试不仅仅以战争史学家身份自处，而是作为"帝国在任何时间所发生的所有事件的描述者"：Anekd. 1.1），而正是这部"反面历史"（对最近的亲人也保密，为的是避免"最悲惨的死亡"，仍然参见 Anekd. 1.1）才使得现代学者们，尤其是法律历史学家们（说实话，他们通常受到各种法律渊源当中官方的和类型化的描述的蒙蔽）以更加审慎的意识去接近优士丁尼时代，并更加关注反对派和异议（尽管不是反对意见）。为了停留在严格的法律领域，只需要考虑到相当众多的一类情况就够了：《秘史》以丰富的细节向我们揭示出了个别法律的玄机：优士丁尼热情地关注其臣民的幸福这个固定形象，还有他潜藏着的腐败、滥权、暴戾和不公，这其中的不一致在历史学上具有很大的重要性。根据其他的文献可能找到某种对照和查验，但几乎在所有情况下都显现出普罗科皮奥描述的实质"真实性"，不过，这显然并不能意味着要毫无批判地接受《秘史》当中所说的所有内容。更特别而言，不应该忘记普罗科比奥有一种"极端主义"倾向，即对历史事实进行明显的夸张，尤其是对那些细微的事实（比如说，在 Cap. 18.1 里面，他就用一种毫无掩饰的夸张口吻说道，优士丁尼及其战争造成的牺牲者多达成百上千亿）；对此，必须要补充的是，他还对个别人物的个性进行了频繁的"渲染"。不过，尽管有这些局限性，但还是要强调：普罗科皮奥的证据对于复原"优士丁尼时代充满矛盾的真实状况"（因贝里泽利 [Impellizeri] 语），仍然无可取代。

在这个被界定为"拜占庭文学的黄金时代"（斯特恩语）中，普罗科皮奥的讲述还得到另外一位资源更少的历史学家阿加提亚·斯科拉斯提克（Agatia Scolastico）的延续。阿加提亚生于亚洲欧利德（Eolide）地区的米里纳（Mirina），学习过法律，而且后来从事律师职业（在文献里，这被称之为"*scholastikós*"，即诉讼代理人）。他的作品《论优士丁尼统治》（Sul regno di Giustiniano）在五卷篇幅里面以更具修辞化的文笔而非历史的文笔讲述了从公元533年，也就是普罗科皮奥中断的那一年到公元559年的事件；阿加提亚大约是在公元580年去世的，这必然就中断了他的写作，这些写作注定会集中在关注优士丁尼的继任者优士丁二世的统治（正如我们知道的，他公元565—578年在位）。

优士丁尼统治的最后几年是由另一位有一定水平的历史学家梅纳德罗·普罗特托勒（Menandro Protettore）讲述的。在这部于毛里提（Maurizio）统治时期（582—602年）写成的《历史》（Storia）一书中，梅纳德罗从公元559年开始一直写到公元582年；但该作品不幸佚失了，幸亏通过后世的编纂作品我们获得了其一定数量的选断。

还要提到的是，后优士丁尼时代的一位宗教历史学家埃瓦格里奥·斯科拉斯提克（Evagrio Scolastico）。他的六卷本《宗教史》（Storia ecclesiastica）所围绕的是从公元431—593年的整个时期，他事先确定了延续了此前一个世纪并已取得巨大成就的一种文学类型。不过，其中对世俗历史的关注也使得该作品对于我们来说很有用（比如说，第133节所涉及的对优士丁尼逝世的评价就要归结到他名下）。

优士丁尼时代的另外两位作者也值得特别提及（这是对这一历史时期的文学繁荣的进一步证明）：色萨利人彼得·帕特里提（Pietro Patrizio）和生于（位于里底亚 [Lidia] 的）费拉德菲亚（Filadelfia）的乔瓦尼·里多（Giovanni Lido）。前者是一位外交家（最初也是律师），后来做了很多年的（539—565年）宫廷办公室主任，在公共事务之外，他同时进行着紧张的文学创作活动（正如我们所见到的，在这一时期是很常见的）。在他的作品当中——很遗憾我们只能以相当零碎的方式获知——尤其要标示出来的是对宫廷办公厅（*Magisterium officiorum*）的历史和制度的讨论（在这里可以发现对宫廷仪式的广泛展示，而主管这些仪式恰恰就属于宫廷办公室主任的任务）；必须要提到彼得的另外一部作品，这部作品描写了他的外交使命，尤其是在波斯宫廷的时候。要指出的是，彼得习惯于在对事件进行叙述的过程当中插入大量的官方文件（而这也使得对其大部分作品佚失所生的惋惜之情进一步增加）。乔瓦尼·里多则补充了一些较小的公共观察结果，而他最初是大区长官的官吏，后来直到公元551年或552年则因为他对拉丁文的了解（掌握这项能力之人已经变得非常稀有了）而成为君士坦丁堡大学的教授。乔瓦尼最著名且重要的作品是《论罗马国家的民选执法官制》（Sulle magistrature dello stato romano），他在前两卷阐述了王政、共和制和帝制时期的民选执法官制历史，然后在第三卷和最后一卷里面则阐释了大区长官一职的历史和运作（最近，卡伊米 [Calmi] 很难得地对这部作品进行了详细描述）。这部关于民选执法官制的作品尽管很宽泛博大而不深入详尽，但对于还原拜占庭的官僚体制背景及其政权的腐化堕落，还是相当有帮助的；另外，乔瓦尼·里多还完全确认了普罗科皮奥对卡帕多西亚的乔瓦尼的否定性评价。可以明确的是，就是要在这样一类拥有这种文化和经验的学者当中来寻找已经提到过的一系列新律的历史部分的编写者，借助这些新律，优士丁尼在公元535—536年之间修改了众多行省的制度（参见第132节）。

139. 优士丁尼时代的法学学派

人们习惯使用跟"拜占庭"相关的形容词。这个形容词包含了跟拜占庭相关的准确的地域性指代，即君士坦丁堡这座君士坦丁所青睐的新首都以及在它治下的帝国，但是并没有表达出同样准确的时间顺序上的指代。纸莎草文献学者利用的极为丰富的文献几乎完全都来自尼罗河河谷地带，他们习惯性地把已经是君士坦丁时代的埃及说成是拜占庭埃及，因为这一时代的埃及和其他东方行省都已经不再以罗马为首了，而是直接附属于拜占庭。通史学者们则倾向于把拜占庭时代的起始时间推迟到芝诺皇帝的统治时代（474—491年），这也正是公元476年来临的时期：照惯例而言，从那时起，西罗马帝国终止了，而只有东罗马保留下来，整个帝国已经全部是也仅仅只是拜占庭的了。罗马法学者面临着新的问题，因为优士丁尼的作品只能被看作罗马法长达千年的发展的一个总结和汇总，所以我们并不隐藏的是，优士丁尼本身构建了在他之后的那些法律的基础，仅仅因此我们就认为应该冠以拜占庭的称号。

但是，在罗马法学家的术语习惯中，可以查明有两种独特之处。优士丁尼时代最晚的一批新律，以及那些更多地展现出了专制和神权统治观念的法律——它们今后将会是拜占庭帝国的典型法律——也都被归入罗马法。不过，在法典编纂尤其是《学说汇纂》成为可能之后，学派围绕着这部作品进行着紧张的学术工作，所涉及的都是拜占庭法。与添加问题研究相联系的一种激进思想就是在这种意义上发挥作用的，与优士丁尼同时代的学派虽然在方法上已经经过提炼，但却愿意对拜占庭的称号表达出实质上否定性的评价。但是，主要发挥作用的是文献的客观状态。通过各种收集整理，优士丁尼甚至优士丁二世和提比留二世的新律都构成了《民法大全》的一部分。与之相对的是，我们所获知的绝大部分优士丁尼时代法学家的选断都是借助相当晚期、在拜占庭时代行将结束时的一些作品：首先就是《巴西利亚法典》（Basilici）及其旁注。

做出这些澄清和保留之后，对此前的章节所展示出来的内容加以补充的动机，迫使我们在对拜占庭法进行探讨的过程当中要保持传统线索。这种讨论恰恰就要从优士丁尼时代的学派开始，但必须限定在对于罗马法学生而言已经足够的范围里。

我们要提到的是，受命编写这部"新编优士丁尼法典"（*Novus Codex Iustinianus*）的委员会实际上是由官吏们组成的（第 126 节）；而就《学说汇纂》而言，特里波尼安已经是编纂活动的首脑了，他有权亲自选择合作者，合作者首先来自法律教授，其次才是帝国法院的律师（第 127 节）。因此，参与到《学说汇纂》编写的就有君士坦丁堡学派的狄奥菲尔和格拉汀，以及贝里托学派的多罗特和阿纳多利。狄奥菲尔和多罗特同特里波尼安一起受命筹备《法学阶梯》（第 130 节），多罗特加入到致力于"重述法典"（*Codex repetitae praelectionis*）（第 131 节）的委员会。这些教授们忙碌的表现以及他们有效地完成了任务，一方面证实了这些学派达到了很高的水平，另一方面也进一步提升了他们的口碑。优士丁尼按照《*Omnem* 谕令》提出来的法学研究方面的改革也是在同样的方向上运作着，因为它指向的是消除此前教学活动中的漏洞和偏差，引入一种毫无疑问的理性化和现代化研究，同时也强调其严格性。

受到这样的激励之后，这些学派成功地克服了一些重大难题，而这些难题是由那些建立在新的法律工程基础上的计划所创造出来的：这类难题首先是跟语言问题相联系。大部分的学生已经只懂希腊文了，因此在接触这些编纂作品的时候遇到了一个棘手的难题，因为这里面拉丁文占主导。而另一方面，希腊文本的出现——尽管较少——也给那些从东罗马的拉丁语区，后来还有从非洲和重新征服的意大利地区汇聚到拜占庭来的学生设置了不便。这就很容易解释，为了提供译本以及对平行文本进行旁批和注释，优士丁尼对禁止评注这一禁令开了特例，该禁令是在《Deo auctore 谕令》第12段宣布的，随后在《Tanta 谕令》第21段得到重申。不过，这种禁止评注的禁令妨碍学派的运作，甚至阻碍他们的科学研究了吗？这种消极后果并没有发生，而且，这些评注实际上也写出来了，这一事实给学者们带来了很多可讨论的内容。据说，这一禁令只涉及《学说汇纂》，而且就算如此该禁令也没有完全运用于这部作品，并在后来被废除。不过，优士丁尼在《法典》这一帝国法律得以汇总的地方似乎不可能看不到他非常厌恶的《学说汇纂》存在的一些细小的混乱和不确切之处，这位皇帝也不太可能是一个倾向于不遵守自己意愿的人。只要想到一点就很简单了：优士丁尼意在禁止另外一件事情，即根据他汇编的文本发展出一套新的法学家解释意见而成为法律渊源，还要考虑到，他反复以排他性和权威的方式为自身保留解释权。所以，他不是真的想要去阻碍对文本的解释，没有这种解释，一个学派就不可能发展。

  关于在优士丁尼编纂工作之前学派达到的水平，上面已经揭示出来的内容被一些学者大加推崇。在过去，贝里托学派有一种庆典仪式。由于当代人对优士丁尼的法律作品兴趣不大，所以最近才由斯切尔特马写道，这种仪式实际上就是一种技术手段，但并没有引起大的变革。对帝国法律以及过去所使用的古代法学的汇编被新的选集所取代，但内容几乎还是一样的；旧版的《法学阶梯》教科书也被另一个版本所代替，但很大一部分都是对前一个版本的复制；法律的教学工作仍然几乎没有改动，无论是教学计划还是各个年级的划分。那些对优士丁尼时代作品存在的难以置信的误读并不值得批评，我们宁愿承认，由于当时东罗马教学活动信息的匮乏，使得很可能对此前的年代有很多富于幻想的夸张渲染。关于这一时期的书面作品，我们掌握的是，已经提到过（见第120节）的《西奈学说》

(*Scholia Sinaitica*)和其他少量的一些价值不大的东西,而所谓的"学说汇纂前的作品"(*Predigesti*)则仍然还是一种不太可信的猜测作品。优士丁尼时代的教授们提到了一些法学家的名字及其学说,而我们是通过《巴西利亚法典》上的旁注断断续续地获知他们的:奇里洛(Cirillo)、多尼诺(Domnino)、德莫斯特内(Demostene)、欧多西(Eudossio)、帕特里奇(Patricio)以及安布里克(Amblico),他是一部关于"双务契约的性质"(*phýsis tôn synallagmáton*)的口述作品的作者。不过,虽然优士丁尼时代的法学教授给他们的前辈加封"英雄"(*héroes*)的称号,即过去的伟大人物,但却并没有基于他们的理论进行建构。这些法学教授所从事的辛苦的教学和学术工作的依据已经是优士丁尼的编纂作品了。但一些外行却并没有觉察到这一点,而这个情况可以得到另外的解释且也不令人惊讶,需想到的是,必须考虑到时代的需要,因为这个时候史籍已经关注经济和社会事件,很少关注反映这些事实的法律。

《*Omnem* 谕令》提到了八位优士丁尼时代的教授的名字:狄奥菲尔、多罗特、阿纳多利、格拉汀是已经提过的,还有狄奥多罗(Teodoro)、伊斯多罗(Isidoro)、塔勒列奥(Taleleo)、萨拉米尼(Salaminio)。我们还掌握了他们以及别人的一些作品的选断。他们写过或多或少有些宽泛的摘要文字,从简短的概要(*indikes*),到一些自由的译文或者解说,里面多次插入一些解释性的旁白(*protheoríai*);他们还撰写了一些书面说明(*kàta póda*)、对平行的文本段落(*paràtitla*)的引用、问答(*erotapokeríseis*)、评注指示(*paragraphaí*)。这些作品常常直接来源于教学活动,正如他们会根据《学说汇纂》的各部分章节——《*Tanta-Dédoken* 谕令》对此已经有过描述并且由《*Omnem* 谕令》的指示予以通过——而不是各编的顺序来展开作品的结构和进程。

公元6世纪,对《学说汇纂》的评注正是由狄奥菲尔、伊斯多罗、奇里罗、斯德法诺(Stefano)撰写的。最流畅的是狄奥菲尔所做的不间断的索引:他对"诉讼请求"(*prôta*)和"诉讼审判部分"(*pars de iudiciis*)进行讨论后,似乎只停留在第十九卷,即"物的部分"(*pars de rebus*)的末尾了。这种未完成状态似乎应该归结于这位作者于公元534年去世,并要考虑到他并非受命编纂《重述法典》

委员会的组成成员。最宽泛的评注是斯德法诺的，正是由于其篇幅，它被简单地称作"大全"(*tò plátos*)。在之后的一个世纪里，还有其他一些作者在工作，但是他们的名字很快就佚失了，因此都被标为"无名氏"(Anonimi)。因此，一份广泛地对《学说汇纂》的解释作品应该归结到一位被认定为是"无名氏"的法学家名下。这位法学家也是一部致力于消解《学说汇纂》当中矛盾之处的作品的作者，为了引用的便利，就将这部作品的题目《论埃纳提奥法内》(*Perì enantiophanôn*)当中的埃纳提奥法内(Enantiofane)作为作者之名。

受命编写《法学阶梯》的委员之一，即君士坦丁堡的教授狄奥菲尔很快就写了一篇很广泛的希腊文解释。狄奥菲尔是这部作品的主编和渊博的学者，他的职权似乎是毫无争议的——但费里尼否认——并且明确地确认了，由于优士丁尼禁止解释编纂作品的禁令，这种职权被赋予新的意义。这部解释作品用大量的解释意见和一些早已废弃的例子把原著扩充了三倍，如果说该作品遵照了原著的阐释顺序和分成的若干部分的话，就其内容而言则表现出对原著的不忠实。该作者似乎直接持有现成的盖尤斯的《法学阶梯》或者说《日常事务》：显然，他早于《法学阶梯》之前的教学活动都是依托于盖尤斯，而且，相关的材料在很大程度上也被重新利用起来。这使得我们这些现代人可以观察到这份解释作品有助于还原古典时代的罗马法，不过，它更大的重要性还在于教学和科研价值，一方面，它突出了优士丁尼时代的学派所达到的高水平，另一方面也解释了它在拜占庭人里面取得的成功，这部《法学阶梯》式的教科书获得了拜占庭人的认可。它作为一部独立的作品被保留了数世纪，到我们手上时几乎还是完整的：在优士丁尼时代，同时还有我们马上要说到的尤里安时代大师们的作品中，只有它做到了。

《优士丁尼法典》的评注是由塔勒列奥、伊斯多罗、阿纳托里、斯德法诺和狄奥多罗撰写的。塔勒列奥的作品则特别广泛，因为这个原因后来它也被称作"大全"。关于这部作品，尚有争论的是，至少其中一部分是否还是针对第一部《法典》展开的。阿纳托里的索引被压缩了，而其他法学家则以插入的方式来给出他们的概括，不过，也不乏一些对平行文本段落的评论和注释。

就多数是以希腊文写就的《新律》而言，对教师们提出了一种相对立的要求，即让那些作品由操拉丁文的学生们可读。另一部我们几乎能完整获得的这些教授们的作品正好就回应了这种要求，即《尤里安摘要》(*Epitome Iuliani*)（也参见第133节）。这是由君士坦丁堡的法律学校里的一名叫尤里安的教授撰写的，大约是在优士丁尼时代末期，其中包含了124条以拉丁文写成的新律（不过，有两条重复）的摘要。不过，这部作品在意大利更受欢迎，在那里还用了其他一些谕令为附录对其加以丰富，其中就有《关于支持维吉吕的实用规定》(*pragmatica sanctio pro Vigilii*)。关于《真本》一书，正如已经说过的（第133节），则提出了一种假说，它具有君士坦丁堡学派的血统，并在与此相同的时间跨度内用于教学目的。《新律》的希腊文摘要则是由阿塔纳西和狄奥多罗撰写的。因为《Omnem谕令》显然不可能预先看到《新律》的教学活动，所以，斯切尔特马提示说，在最初的教学计划上又加上了为期一年的主攻《新律》的课程，或许就是在公元551年做出的，与此同时，贝里托学派遭到了查禁。

除了狄奥菲尔的那份解释作品以外，这些教授们的其他选断也揭示出优士丁尼之前的法律知识。关于拜占庭法律文集里面的古典法的痕迹，有些学者（特别是里科波内）已经引领了一些研究，尽管成果有限但肯定是具有重大意义的。更为重要的是，这些教授对于他们同时代的学说的了解，而这些学说通常都是跟法典编纂内容相符合的。在这些编纂作品里面，即使通过添加或者立法改革这类工具，这些学说往往仍然找不到合适的方法被表达出来。如今，这些优士丁尼时代的教师们已经引起了学界的广泛兴趣，不仅是对他们本身，也有他们的方法论，尤其是斯切尔特马和西蒙对这些教师们就投入了研究。

斯切尔特马考虑的是他们的教学方法，他将其区分为两个阶段。第一个阶段是把这些文本翻译出来让对拉丁文一知半解的学生们能够阅读，这主要是通过"索引"，而中间插入的"注解"则做出一些必要的澄清。在第二个阶段里面，教学活动已经是直接在拉丁原文（诵读 [*tò rhetón*]）上面进行了，这些原文通过批语、注释、问答来加以解释，这是一个"评注"的时间阶段。

西蒙则把他的关注点指向了科研活动的方法，他观察到这些方法是如何远离古典时代的研究方法的，因为这些法学家已经不再有权提出新的争议解决办法了,而是对已经采纳的那些解决办法加以解释。这些教授被强制束缚在文本上,遵循的是片段文本分析方法(esigesi),这种方法不可能是批判性的,只会指向一片和谐之音。

这些工具有一部分是古典学者们自身就有的,有一些则不同,不过,在每种情况下的目标是不同的,如今主要在于对文本的理解,从表面上减少任何自相矛盾的地方。在优士丁尼时代的教授们那里,也没有任何一种意图是旨在做出法律规定,他们的教义只是在教学层面上发挥作用,而在这个层面上,法律科学也力图实现其无可置疑的实践性特点。

140. 伊苏里亚王朝和马其顿王朝时代的法律经验

如果说在优士丁尼之后的一段时间还可以看到学派的存在,但是,随着实践培训取得了对于科研教育的优势地位,这个时代立法的贬值更加迅速。优士丁二世、提比留二世、毛里提的少数新律都没有展示出创造力,却多次显露出对优士丁尼的一些重大的改革措施持放弃的态度:公元566年的Nov. 140就是在这个意义上重新认可了协议离婚,判定优士丁尼的离婚禁令更适合于他这种异于常人的人,而不适合普通人的悲惨遭遇。这一年更加重要的是出现了最早的一批宗教法选集,它们触及的都只是宗教方面的材料——教皇谕令、主教会议的教义或者类似的东西——以及涉及教会的民事法律。我们可以提到的是《二十五款选集》(Collectio XXV capitulotutionum)、《八十七款选集》(Collectio LXXXVII capitulorum)、《三项宗教谕令选集》(Collectio tripartite constitutionum),特别是最早编写的一批《宗教律令》(Nomocanone),这是一种把宗教的和民事的法律渊源结合在一起的作品,而且,它们经过后来的重新制作,在多个世纪里都享有最高权威。这些汇编作品引起了东方教会学者的兴趣,但是对罗马法学者也有帮助,因为它们同《巴西利亚法典》一道,构成了对《优士丁尼法典》里面的希腊文谕令的恢复,而这些谕令在同一部法典的西部手抄本里是被删除了的。

从公元7世纪到9世纪中叶是拜占庭的黑暗年代,这一时期充满着衰败,首先是法律、政治和文化上的衰败。这个帝国刚刚被对付波斯人的埃拉克里(Eraclio)拯救,但在阿拉伯人和斯拉夫人的层层进攻下衰落并羸弱了,而在它的内部则受到猛烈的圣像破坏运动[①]的战争折磨。艺术和文学几乎都消失了。新律变得很罕见和偶尔为之,多数是政治性和宗教方面的内容,而很少具有法律意义。在这一时期,优士丁尼的编纂作品以及教授们丰富的解释作品已经不合时宜了,只需少量能回应审判员实践需要的汇编式教科书。而《律令选编》(Ecolga, *Eklogè tôn nómon*)就是这种作品,它由列奥三世(Leone III)于公元726年(或者是746年)以他的儿子,同样登上皇位的君士坦丁的名义公布。它是从优士丁尼的法律中提取出来的主要的私法和刑法规范的一部选集,但是在被分置到十八个编目的过程中,其内容并非没有显著的变动。如果说对家庭法和婚姻法投入了特别的关注,并且受到了更加人性化和更接近基督教伦理的调整的话,那么,伴随着恐怖的肉刑的引入,刑罚却更为野蛮了:刺瞎双目、劓刑、割舌等等,最高统治者们施行了一种又一种。不过,与这个时代相适应的是,《律令选编》甚至对斯拉夫人的国家法律的发展也有显著影响。还有一些特别的选集也是同样的这种实践性的类型。最久远——可能要回溯到优士丁尼二世,他是公元7世纪末8世纪初的统治者——并且在法律上最有效力的是那部题为《土地法》(*Nómos gheorhikós*)的选集,它将私法和刑法中保护不动产所有权的规范都汇集在一起。在这部著名的农业法律中,奥斯特洛戈尔斯基(Ostrogorsky)观察到,它忠实地反映出中世纪早期拜占庭帝国农业阶层的日常生活。紧接着的还有《罗得海商法》(*Nómos Rhodíon nautikós*),这一独一无二的名称所引证的就是古老的《罗得法》(*Lex Rhodia*),其提供的是海事方面的规定;以及《军事法》(*Nómos stratiotikós*),这是一部介绍军事规制手段的法典。

随着马其顿王朝的到来,复兴出现了,并且不仅给这个国家也给其文化和法律带来了新的活力和声望。王朝的首位最高领袖巴西尔一世(Basilio I,867—886年),废止了《律令选编》,并发起编撰了

---

① 从公元726年由东罗马皇帝列奥三世发起的反对圣像崇拜、打击教会势力的运动,在君士坦丁五世统治时期(741—775年)达到高峰,持续到公元843年,随着狄奥多拉最终恢复圣像崇拜而结束。这次运动大大地促进了拜占庭的封建化进程。

两部新的小册子:《手册》(Prochiron/ *prócheiros nómos*)和《入门》(Epanagoge/*Epanagogè tôn nómon*),每部作品都分为四十卷,不过,他主要设想的还是一项更加雄心勃勃的计划。实际上,其早期的这两部作品,尽管消除了《律令汇编》里面的一些失误错讹,但仍然停留在一种微不足道的实用型用途层面,内容上虽然有不同的规定,但仍然是相似的,而更为重要的是在其前言中宣称的内容,即对古代法律的全面修订(*anakáthasis tôn palaiôn nômon*),实际上就是对优士丁尼汇编作品的复制。这一计划由他的儿子"智者"列奥六世(Leone VI il Sapiente)实现,并转化为《巴西利亚法典》:称为"*Tà Basilikà*",即皇帝的法律,或者也称为"《六册本》"(*Hexábiblos*)或"《六十卷本》"(*Hexecontábiblos*),这是为了分门别类地将其材料编入六册书中,或者说其内部划分为六十卷。《巴西利亚法典》所包含的是优士丁尼汇编作品的希腊文摘选,这是从《学说汇纂》《法典》《新律》,还有一小部分是从《法学阶梯》当中一个文本接一个文本地提取出来的——但经受了《手册》中属于后优士丁尼时代的更新——然后按照《优士丁尼法典》的体例统一组织。其采用的语言这一事实,以及可以在任何一章、任何一卷下寻找到全部材料这样一种便利性,确保了《巴西利亚法典》的幸运,实际上在东罗马,它消解了《国法大全》的用武之地。不过,在禁军统领(protospatario)① 辛巴提(Simbazio)领导下,受命编撰这一作品的委员们并没有进行原创性的劳动,而只是一种转述,原创性劳动并不符合这个尽管博大宽宏但并不具有真正创造力的时代。他们从公元6至7世纪的大师们的索引中誊写出摘要,并带有特别的偏好。比如,对《学说汇纂》而言是那些无名作者,对《法典》而言是塔勒列奥(Taleleo),而就《新律》而言则利用了狄奥多罗的要目。《巴西利亚法典》是在列奥六世统治的早年公布的。

应该归在这位统治者名下的还有一部重要的关于新律的选集,涉及多种多样的问题。他还是一部被称为《长官手册》(*Eparchikòn biblíon*)的宽泛的律令集的作者,因为该书指向的是君士坦丁大区,所规范的是首都手工业组织。他的继任者们也公布了一些重要的新

---

① Protospatario,原为东罗马负责皇帝人身安全的禁军部队的最高统帅,也是公元6世纪至7世纪东罗马军事官制体系中的最高职位之一,后来成为一种纯粹荣誉性的官职称谓。

律，尤其是针对大贵族统治的，以保护小土地所有权。我们还可以记下的是，因不满教学活动又一次陷入衰落，"独斗士"君士坦丁九世（Costantino IX Monomaco）以一道新律，于公元 11 世纪中叶在君士坦丁堡建立了一个新的法律学院。

无须继续追踪更晚些时候的法律，它们伴随着这个帝国缓慢地解体，我们还是回到《巴西利亚法典》。到公元 10 世纪，可能是在"生于紫室者"君士坦丁七世（Costantino VII Porfirogenito）治下，法典的文本被配以大量广泛的评注，这被称为"古注"（Palaiá 或者 paragraphaí tôn palaiôn）：这些评注也并不是原创的作品，而是对我们已经知道的公元 6 世纪至 7 世纪的大师们的评注的摘录。还有另外一个系列的评注：这是后加进来的，包括了从公元 11 到 13 世纪的最晚近的旁批（neai paragraphaí）。这些评注并没有在所有的手稿中都被收录进来，因此，与《巴西利亚法典》的文本有很大一部分都被保留下来不同，它们中有超过一半都佚失了。

《巴西利亚法典》的形成过程及其评注使得这部作品对我们而言，因其复杂性而弥足珍贵：当某些情况下，我们没有复原《国法大全》的文本本身时，通过它（尤其是在那些古注中常常具有久远的素材）我们才能在最大程度上了解优士丁尼和后优士丁尼时代学派的知识。另外，其广博宽泛的体量与这个时代普遍的文化并不相称，这部作品已经决定着拜占庭帝国的法律生产：这种生产在很大程度上指向了《巴西利亚法典》，其目的是让这部作品更具可读性，但并非在严格意义上的实践的土壤上操作，去复制那些先前已经存在的手册。

这种生产中的第一种类型以《巴西利亚法典》的索引和目录为代表。《全编概要》（Synopsis maior）是一部丰富的按字母顺序排列的索引，成书时间是在 10 世纪中叶以后。这样称呼它是为了和《简编概要》（Synopsis minor）一书相区分，后者是公元 13 世纪的一部类似但简短得多的作品。《索引》（Tipucito/Tipoúkeitos）一书要归在审判员帕特兹（Patzes）名下，大约完成于公元 11 世纪，这一独特的名称当然是跟"在哪里找？"（tí poû keîtai）这一表述相联系的。该书在章节上忠实于《巴西利亚法典》，它通过对相联系的平行文本段落的大量注释，提供了针对各种问题的目录。在当时，这是非常有用的，至今也同样如此，这首先是因为它让我们了解到《巴西利亚法典》中一些已佚失编目的内容。

这样一类教科书式的产品恢复并丰富了，但在不同程度上也搞乱了《手册》《入门》和《律令选编》。因此，往往会颇为耐人寻味地谈到有《律令选编私人增订本》（*Ecloga private aucta*）、《律令选编及法律手册修订本》（*Ecloga ad Prochirum mutata*）、《法律入门增订本》（*Epanagoge aucta*）、《法律手册增订本》（*Prochirum auctum*）。最后一部幸运的教科书式作品是由色萨利①（Tessalonica）的审判员君士坦丁·阿尔梅诺普洛（Costantino Armenopulo）于公元1345年左右创作的，共分六册（*Hexábiblos*）。作为拜占庭法律的极端简明的概括，这部作品甚至构成了在土耳其人治下的希腊，以及此后的现代希腊通行的法律简明手册，直至最近的一次法典编撰活动。在同一时期，在马太·布拉斯特拉斯（Matteo Blastares）的那部按字母顺序编写的《文案》（*Syntagma*）里，对于拜占庭教会而言，宗教法律得到了最新一次的系统表述。而随后会看到，根据一份错误的文献记载，甚至大主教弗乔（Fozio），还有狄奥多罗·贝斯特兹（Teodoro Bestes）、狄奥多罗·巴尔萨蒙（Teodoro Balsamon）和其他一些人，还是在围绕着《宗教律令》工作。

从公元14世纪中叶到下一个世纪的中叶，在这段法律文献学研究非常繁荣的年代里，拜占庭的这些法律作品获得其最早的一批有价值的版本。狄奥菲尔的《译述》（*Parafasi*）一书在间隔很短的时间内，被维略（Viglius）（1534年）、戈特弗雷多（Gothofredus）（1587年、1608年、1620年）和法布罗特（Fabrot）（1637年、1656年）多次出版，归在法布罗特名下的还有《巴西利亚法典》的第一个全面的版本（1647年）。另一些较小的作品则放在了勒安克莱夫（Leunclavius）的《希腊-罗马法》（*Jus Graec-Romanum*，1596年）中，而宗教教义作品则放在魏略（Voellius）和尤斯特鲁（Justellus）的《古代教会法书库》（*Bibliotheca iuris canonici veteris*，1661年）。阿尔梅诺普洛的那部作品也收获了不同的版本。而在接下来的一个停滞不前的时代里，我们仍然可以记录下雷特兹（Reitz）版本的狄奥菲尔的《译述》。

---

① 今希腊北部城市。

公元 19 世纪又有大量的版本出现。应该归在海姆巴赫兄弟（Heimbach）名下的新版六册本《巴西利亚法典》（1833—1870 年，最后一册还带有序言 [*Prolegomena*] 和《巴西利亚法典简明手册》[*Manuale Basilicorum*]），在此基础上，还进一步增加了两册增补本，前一册由扎卡列（Zachariae）撰写（1846 年），后一册的作者是费里尼（Ferrini）和梅尔卡蒂（Mercati）（1897 年）。这个版本显然是仓促而作的，因此充满错讹，但是其结构和相伴随的拉丁译文却非常便利，对于我们的研究而言，该版本是基础性的。目前通用的阿尔梅诺普洛那部作品的版本也应该归在古斯塔夫·海姆巴赫（Gustavo Heimbach）名下（1851 年）。这个世纪后半叶，版本的考评工作得到了扎卡列·冯·林跟道尔（C. E. Zachariae Lingenthal）这位伟大的拜占庭学家更严格的把关。在应当归于他名下的众多出版文稿中，只要提到那些与后优士丁尼时代的新律，以及众多法律文献的书稿有关的出版物就够了：包括他的七册本《希腊-罗马法》（1856—1884 年），通过增加其他一些版本，泽普斯（Zepos）的八册本忠实地再现了这部作品（1931 年）。狄奥菲尔《译述》（Parafrasi）一书的一个上乘版本出自费里尼的主编（1897 年），而皮特拉（Pitra）枢机大主教则致力于宗教方面的作品。

而在 20 世纪，各位学者的工作促成了《索引》（*Tipucito*）一书的版本（1914—1957 年）。不过，尤其是斯切尔特马又推出了《巴西利亚法典》的一个新版本，这适应了当前的科学研究需要：这一工作开始于 1953 年，已经接近尾声，并且表现为将被组织为两个序列的册本，分别着力于文本和旁注。而一套《次要渊源》（*Fontes minores*）的文集，由西蒙（Simon）担任主编，并已经完成了七册（1976—1986 年）。还要记下的是，有一些拜占庭时代的作品，曾经对东欧的法律发展具有特别的意义，在这些地方，它们也找到了丰富的研究土壤和版本。关于《律令选编》，可以引证的版本有斯布尔贝（Spulber）的罗马尼亚语版本（1929 年），布拉戈夫（Blagoev）的保加利亚语版本（1932 年）和最近的李普斯克（Lipsic）俄语译本（1965 年）。不过，就《律令选编》而言，如今必须参照的是伯格曼（Burgmann）的德语版本（1983 年）。在希腊，阿尔梅诺普洛那部作品的最新版本应当归在皮特萨科斯（Pitsakis）名下（1971 年）。最后，要强调的是，在今天，随着新的理念和解释方法的提出，拜占庭法律的研究进入到一个广泛深化和革新的阶段里来，如果适当地对这些理念和方法进行反思，它们当然会引起对传统学术的更多要点加以修订，而这些修订会慎重地与当下的理论展示模式相吻合。

141. 意大利的拜占庭法

基于实用规定而在意大利得以渗透的优士丁尼法律、其在中世纪早期的或多或少有些晦暗的命运以及因为博洛尼亚学派的工作其得以复兴，这些都是重大的课题，并且必然都与意大利法律的历史相关联。但是，在这里却要跳到另外一个同样值得一提的次要方面：狭义的拜占庭法律在意大利的适用情况。不过，对于我们而言，一种全局性的关于拜占庭的话语体系，可能才更合适用来谈论这一话题。

这里的考察与拉文那（Ravenna）不甚相关，这一带最终在很早的时候就落入伦巴第人之手，而更多涉及意大利南部和西西里一带，在这里，拜占庭的统治延续了更长时间，并给这里带来了典型的新的组织方式，直到公元1071年因巴里（Bari）投降才正式结束。不过，对于这同一块领土上拜占庭人的正式权力而言，更具有决定意义的是希腊人的存在。因为破坏圣像战争而被从东罗马和阿拉伯人和斯拉夫人占据的巴尔干地区驱逐出境的人群，在他们的宗教领袖的带领下，定居在萨兰托（Salento）、巴斯利卡塔（Basilicata）、卡拉布里亚、西西里等地，并创建了希腊语和希腊人生活的中心。在西西里，他们成功地自我保存下来，并且自我封闭，最初是在阿拉伯人的统治下，后来则是在诺曼人、施瓦本人（svevi）、安吉昂人（angioini），还有阿拉贡人的统治下，至今，这里仍然还在提供并展示着他们的文化根基。

在这样一种问题背景下，有两个要点需要加以特别深化。首先是在意大利关于拜占庭法律作品的知识。已经有的一种趋势是，将此类作品的很多手稿都归在意大利南部地区。且不论有一个事实是，必须对在文化背景下进行的誊写活动和在实践层面上的具体知识加以区分，根据更加严格谨慎的文本学理论，这种归类常常需要重新审视。不过,《法律手册》(*Prochiron legum*)一书却提供了这类具体知识的一个明确例证,这一简明手册是公元10世纪末于意大利南部某个地区编著的,可能就在卡拉布里亚,其利用了《律令选编》《手册》《入门》和其他一些拜占庭文献,然后在公元12世纪后半叶又进行了重新整理修订(布兰迪雷昂[Brandileone]和彭托尼[Puntoni]的版本,1895年)。

第二是法律文献方面的实践。这以数千份希腊文的文书为代表,但这在拜占庭统治时期恰恰很稀缺,而在公元1071年后的两个世纪内却源源不断涌现,然后又迅速地减少,直到公元15世纪初彻底消失。这些文献在内容和形式上都见证了一种拜占庭法律,这种法律生来就与帝国的其他领土是共通的,但却渗透到当地的各个方面,并且附加到其周围的根本不同的各种制度上。这种现象已经吸引了很多杰出学者的注意,从布兰迪雷昂到塔玛西亚(Tamassia),从西西里亚诺·维拉努埃瓦(Siciliano Villanueva)到费拉里(Ferrari),还有斯帕德(Spade),但值得继续进行的是对这些文献更为明确的解读,因为这些文献多数都未经编辑出版,或者出版质量不高。

正是这些基础文本的不确定性,阻碍了对意大利拜占庭的法律成果做出概括,而这就要求更具开放性并令人振奋的理论推进。

索 引①

（索引页码为原书页码，即本书边码）

A

A cognitionibus 调查吏，第 480 页

A libellis 诉状吏、诉文吏，第 419、565、566 页

A memoria 档案吏，第 480 页及下页、第 450 页及下页、第 450 页及下页、565、566、568 页

*A rationibu*s 管账吏，第 480、481、499 页

A studiis 研习吏，第 480 页

Ab epistulis 书信吏，第 418、480、481、565、566 页

Abigeato 盗窃牲畜，第 469 页

Aborto 流产、堕胎，第 468 页

Abrogazione implicita 默示废除，第 101 页、第 228 页及下页

Aburnio Valente 阿布尔尼·瓦伦斯（萨宾学派），第 442 页

Acaia (provincia) 亚加亚（行省），第 390、487 页

Accusatio 指控、控告

- età giustinaenea 优士丁尼时代的指控，第 678 页

- *iure mariti vel patris* 丈夫或家父的控告，第 454 页及下页、第 586 页

- *privata* 私人控告，第 591 页及下页

- *publica* 公共控告，第 591 页及下页

- nella *cognitio* 审判中的控告，第 463 页及下页、第 588 页

- *quarta* 第四次会审指控发言，第 277 页

Acilio Glabrione 阿其里·格拉布里奥（保民官），第 280、312 页

Acta 法令

- *Caesaris* 恺撒法令，第 364 页

- *Senatus* 元老院法令，第 391 页

Actio 诉；诉讼；诉权

- *aquae pluviae arcendae* 排放雨水之诉，第 106 页

- *civilis* 民事诉讼，第 677 页

- - ed *exceptio* 民事诉讼与抗辩；第 149 页及下页

- *criminalis* 刑事诉讼，第 677 页

- *de arboribus succisis* 追究撕毁布告行为之诉，第 114、294 页

- *de dolo* 欺诈之诉，第 339 页

- *depositi* 寄存之诉，第 148、150、158、159 页

- e diritto soggettivo 诉与主观权利，第 135、147 页，第 151 页及下页

- e *modus agendi* 诉与诉讼模式，第 135 页

- *fiduciae* 信托之诉，第 159 页

- *prima et secunda* 首诉和次诉，第 286 页

- *repetundarum* 搜刮钱财罪之诉，第 281 页

- *tutelae* 监护之诉，第 159 页

---

① 本书索引只为总结和指引与有关术语相对应的正文部分，不完全与正文相对应。

Actiones 诉讼
- *civiles* 民事诉讼，第 149 页及下页
- - e *iudicia imperio continentia* 民事诉讼与依权审判（程序），第 143、144 页
- *decretales* 裁定诉讼，第 145、425 页
- *edictales* 告示诉讼，第 145 页
- *honorariae* 荣誉法诉讼、执法官法诉讼，第 150 页
- *in rem* ed *in personam* 对物诉讼和对人诉讼，第 448 页
- e *Manilio* 诉讼与马尼留，第 301 页
- *nella sistematica dell'editto* 告示分类体系中的诉讼，第 152 页
- *Sesto Elio* 塞斯特·埃里诉讼，第 300 页

Addeo 阿德奥，第 685 页
Addicti 判付给，第 86 页
Addictio 债务奴隶，第 136 页
Ademptio bonorum 没收财产，参见 *Confisca*
Aderbale 阿德赫巴，第 317 页
Adfectatio regni 觊觎王位，第 277、306 页
Adgnatio （父系）宗亲关系、宗亲家族，第 7、104 页
Adiutores 助手、助理，第 499 页
Adiuvare ius civile 辅助市民法，第 162 页及下页
Adnotationes 敕批、谕批，第 565、595 页
Adoptio 收养，第 296 页
- *nella successione nel principato* 元首制时代在继承时的收养，第 401 页及下页

Adriano 哈德良，第 236、392、397 页，第 431 页及下页，第 400 页，第 405 页及下页，第 412 页及下页，第 428 页，第 439 页及下页，第 444、445、468、476、477、480、481、486、497、500、501、514、516、612、663 页
Adrianopoli (battaglia) 哈德良堡（战役），第 547 页
Adriatico 亚德里亚海，第 257 页

Adrogatio 自权人收养，第 45、47、450 页
- di *Tiberio* 提比留的自权人收养，第 401 页
Adscripticii 额外人员，第 580 页
Adsessores 参谋、幕僚，第 476 页
Adsidui 有产居民，第 245 页及下页、318 页
- *nei singoli censimenti* 在单次财产调查中的有产居民，第 120、307、308 页
Adtributio 治区制，第 506 页
Adulterio 通奸，第 37、542、587 页
- *sponsa* 有婚通奸，第 586 页
- 也参见 *Crimen adulterii*
Advocationes 律师，第 661 页
Advocatus fisci 国库事务员，第 450、500 页
Aedes Saturni 萨图尔农神神庙，第 390 页
Aediles 市政官，第 172 页以下、第 471 页
- *ceriales* 粮食市政官，第 174、357 页
- *cursus honorum* 官职序列中的市政官，第 127 页
- *curules* 贵族市政官，参见 *Aediles curules*
- e *praefectus vigilum* 市政官与城市治安长官，第 485 页
- *multae dictio* 市政官罚金，第 174、226、276 页
- *municipali* 自治市市政官，第 249、362、502、572 页
- *plebeii* 平民市政官，第 172、218、224 页
- *vigiles* 治安市政官，第 484 页
Aediles curules 贵族市政官，第 172 页以下
- e *nobilitas* 贵族市政官与新贵族，第 199 页
- *iurisdictio* 贵族市政官司法权，第 174、471、474 页
- *multae dictio* 贵族市政官罚金，第 226 页

索 引

Aedilicii 市政官的，第 197、394、283、330 页

Aerarii 金库，第 170、248 页

Aerarium militare 军事金库，第 390、493 页，第 494 页及下页

Aerarium populi Romani 罗马人民金库，第 198、355、463、494 页
- e fiscus 金库与国库，第 494、496 页
- nel dominato 君主专制时期的金库，第 566 页
- praefecti 金库长官，第 390、494 页
- praetores 金库裁判官，第 474、494 页
- province senatorie 元老院行省金库，第 390 页
- quaestores 金库财政官，第 173 页及下页、第 494 页

Aerarium Saturni 农神金库、农神神庙，也参见 Aerarium Populi Romani

Aes rude 铜块，第 295 页

Aesculeium 埃斯库勒，第 220 页

Africa 非洲，第 354、537 页
- prefettura 非洲大区，第 645 页
- provincia 非洲行省，第 265、363、365、390、443、445、487、489、532 页
- romanizzazione 罗马化的非洲，第 527 页
- riconquista giustinianea 优士丁尼收复非洲，第 634、643、661、682、689 页
- vandali 汪达尔人的非洲，第 550、553、530 页

Afrodisia 阿弗罗迪西亚（地名），第 522 页

Afrodite 阿弗洛迪忒，第 328 页

Aftartodoceti 肉身不坏论的，第 635 页

Agentes in rebus 情报局，第 565 页

Ager 土地、田地、牧地
- Campanus 坎帕尼亚田，第 245、309、331、345、347 页
- censorius 监察官田，第 245、345 页
- colonicus 殖民地田，第 242、247 页
- compascuus 公共牧地，第 244、247 页
- concessus 特许地，第 247 页
- ex hostibus captus 夺自敌人的土地，第 242 页
- in trientabulis fruendis datus 三一债抵账用益地，第 245 页
- occupatorius 占领土地，第 242、244、247、256 页
- Picenus et Gallicus 皮切诺人与高卢人土地，第 221 页及下页、第 256 页
- privatus 私田，第 242 页
- - vectigalis 私人赋税田，第 245、308 页
- publicus 公田，参见 Ager publicus
- quaestorius 财政官田、永租地，第 245 页
- Romanus 罗马人田地，第 69 页及下页、第 242、253 页
- scripturarius 记名田，第 244 页
- Teuranus 特拉诺城领土，第 261 页
- vectigalis 赋税田，第 245 页
- viasiis vicanis datus 配给乡村房屋用地，第 245 页
- viritanus 分配田，第 242 页

Ager publicus 公田，第 242 页以下、第 256、331、367 页
- alta repubblica 共和制早期的公田，第 87 页
- amministrazione censoria 公田的监察官管理，第 171 页
- assegnazioni 公田的分配，第 303 页
- monarchia 君主制下的公田，第 60 页及下页
- nelle province 在行省的公田，第 263 页及下页
- possessiones 公田的占有，参见 Possessiones

Agere 行动、行事，第 293 页及下页、第 298 页

- *per sponsionem* 以誓约方式的行为，第 148 页

Agricoltura 农业

- e pastorizia 农业和畜牧业，第 272、303 页
- nel II-I sec. a. C. 公元前 2 世纪到前 1 世纪的农业，第 271 页及下页、第 303、357 页
- nel III sec .d. C. 公元 3 世纪的农业，第 557 页
- nelle XII Tavole《十二表法》中的农业，第 106 页
- piccola proprietà 小型所有权农业，第 332 页
- produzione per lo scambio 为了交换的农业生产，第 303 页

Agrimensores 土地测量师，第 247 页

"Aktionenrechtliches Denken" 关于诉权的思路，第 151 页及下页

Alani 阿兰人，第 549 页

Alarico I 阿拉里克一世，第 549 页

Alarico II 阿拉里克二世，第 524、555 页；也参见 *Lex Romana Visigothorum*

Alba Longa 阿尔巴·隆伽，第 16、62、358 页

Alberi (taglio di)（砍）树木，第 114 页

Albino 阿尔庇诺，第 498 页

Album iudicum 审判员名册，第 453、456 页

Alessandria 亚历山大，第 371、552 页

- scuola di diritto 亚历山大法律学派，第 611、658 页

Alessandro Severo 亚历山大·塞维鲁，第 451、452、462、477、480、484 页

Alfeno Varo 阿尔芬·瓦罗，第 338 页及下页、第 641 页

Algeria 阿尔及利亚，第 254 页

Alimenta (fondazioni) 维护制度（建立），第 486 页

Alimenti (diritto agli)（被）抚养（的权利），第 435、472 页

Ambitus 舞弊罪，参见 *Crimen ambitus*

Amblico 安布里克，第 694 页

Ambrogio 安布罗乔，第 545 页及下页、第 552 页

Amilcare Barca 哈米尔卡·巴卡，第 255、257 页

Amministrazione pubblica 公共行政管理，第 396 页

- Augusto 奥古斯都的公共行政管理，第 470 页及下页
- centrale 中央的公共行政管理，第 477 页以下
- *constitutiones principum* 君主谕令中的公共行政管理，第 414、416 页
- *equites* 骑士阶层的公共行政管理，第 330、392、470 页，第 475 页及下页，第 478、481 页
- finanze 财政上的公共行政管理，第 493 页以下，第 499 页及下页
- gerarchia 公共行政管理中的科层制，第 478 页
- Italia 意大利的公共行政管理，第 485 页以下；也参见 Italia, nel principato
- liberti 公共行政管理中解放自由人的角色，第 392 页
- province 行省的公共行政管理，也参见 Diocesi; Province; *Praefecturae*
- nella repubblica 共和制时代的公共行政管理，第 470 页、第 477 页及下页
- 也参见 Burocrazia imperiale, Funzionari imperiali

Amnistia 大赦，第 363、365、681 页

Ampliatio 重新辩论，第 286 页

Anarchia militare 军事无政府主义，第 531 页

Anastasio I 阿纳斯塔修一世，第 556、564、567、580、631 页

Anatolio 阿纳多利，第 642、693、694、

696 页

Anni dittatoriali 独裁官年份，第 81 页

Annibale 汉尼拔，第 257 页以下，第 262、271 页

Annibaliano 汉尼拔良，第 544 页

Anno mobile 灵活的年份、不固定的年份，第 46 页

Annona 粮食供应

- *militaris* 军粮，第 479 页

- nel dominato 君主专制时期的粮食供应，第 570 页

- reati 粮食供应罪行，第 459 页

Annona (imposta) 年赋（税收），第 535 页

Annullamento e nullità 废止与无效，第 203 页

Anonimo (*antecessor*) 无名氏（教授、教师）第 695、699 页

Anquisitio 调查程序，第 276 页

Antemio 安特米，第 553、599 页

Antiochia 安提奥克（学派），第 611 页

Antioco III 安条克三世，第 270、271 页

Antioco XIII 安条克十三世，第 345 页

Antiquitatis reverentia 尊重古人，第 643、652 页

Antistio Labeone (Marco) 安提斯蒂·拉贝奥（马可），第 393 页，第 435 页以下，第 439、441、442、444 页

Antologie giuridiche 法学选集，第 607 页及下页、第 610 页

Antonina (moglie di Belisario) 安东尼娜（贝里萨留之妻），第 684 页

Antonino Caracalla 安东尼·卡拉卡拉，第 450 页，第 450 页及下页、第 452、468、496、520、521、600 页；也参见 *Constitutio Antoniniana*

Antonino Pio 安东尼·皮奥，第 377、392、400、416、449、486、497 页

Antonio (Lucio) 安东尼（卢齐奥），第 367 页

Antonio (Marco) 安东尼（马可），参见 Marco Antonio

Anzio 安齐奥，第 119、246 页

"*Apólides*" 无国籍人，第 519、521 页

Apollonia 阿波罗尼亚（地名），第 257、262 页

Apostati 背教者，第 583 页、第 584 页及下页

Appalti pubblici 公共包税制，第 171 页

Apparitores 吏役，第 197、269 页

Appellatio ad Caesarem 向凯撒上诉，第 438 页

Appello 上诉

- dai *vicarii* 来自专员的上诉，第 570 页

- dal *praefectus urbi* 来自城市行政长官的上诉，第 483、568 页

- dalla giurisdizione municipale 来自自治市管辖区的上诉，第 508 页

- età giustinianea 优士丁尼时代的上诉，第 666、668、673 页

- nel dominato 君主专制时期的上诉，第 570 页

- Ottaviano 屋大维的上诉审理权，第 380 页及下页

- *praefectus praetorio* 大区长官的上诉审理权，第 570 页

- in materia criminale 关于刑事的上诉，见 Appello criminale

- *vicarius urbis Romae* 罗马城市专员的上诉审理权，第 568 页

- *vicarii* 专员的上诉审理权，第 570 页

Apello criminale 刑事上诉，第 460、586、589、593 页

- dalle *quaestiones perpetuae* 来自刑事常设法庭的上诉，第 454 页

- dalle sentenze senatorie 对元老院判决的上诉，第 463 页

Appendix 附录，第 647 页

Appio Claudio Caudex 阿庇·克劳迪·

卡德克斯，第 254 页

Appio Claudio Cieco 阿庇·克劳迪·切科，第 225、253、297 页

Appio Claudio (decemviro) 阿庇·克劳迪（十人委员会成员），第 96、99 页

Appuleio Saturnino 阿布勒伊·萨图尔尼诺，第 282、313、319 页

Aqua et igni interdictio 放逐令、流放令，第 277、287、454、465、466、582 页

*Aquae Sextia*e (battaglia) 阿奎赛斯迪（战役），第 318 页

Aquileia 阿奎拉（地名），第 241、272 页

Aquilio Gallo 阿奎里·加卢，第 338、339、437、438 页

Aquitania 阿基坦（地名），第 549、550 页

Arabi 阿拉伯人，第 697、701 页

Arbitrato 仲裁，第 133 页及下页

Arbogaste 阿尔博迦斯特，第 547 页

Arboricultura 植物栽培，第 58 页

Arcadio 阿卡丢，第 548、550、568、587、588、593、621 页

Arcadio Carisio 阿卡丢·卡利西，第 605 页

"*Archai*" 执法官，第 505 页

"*Archidikastés*" 主审官，第 493 页

Arcieri a cavallo 箭骑兵、马上弓弩手，第 351 页

Ardea 阿尔德阿（地名），第 119 页

Areobindo 阿雷奥宾多，第 685 页

Argei 阿杰（圣庙），第 16 页

Argentarii 钱庄主、银行家，第 483 页

Ario ed Ariani 阿里乌与阿里乌教众，第 542、545、549、555 页

Aricia 阿里齐亚（地名），第 249 页

Aricia (battaglia) 阿里齐亚（战役），第 76 页

Arietem subigere 献上公羊，第 39、112 页

Aristotele 亚里士多德，第 335 页

Arles (concilio) 阿尔勒（宗教会议），第 542 页

Arma et leges 武力与法律，第 638、672 页

Armenia 亚美尼亚，第 369、666 页

Armenopulo (Costantino) 阿尔梅诺普洛（君士坦丁），第 700 页

Arpino 阿尔皮诺（地名），第 250 页

Arrhae sponsaliciae 婚约定金，第 601 页

Artigianato 手工业、手工业者，第 58 页及下页

Aruspicina 肠卜术，第 585 页

Asdrubale 阿斯德鲁巴，第 257、258 页

Asia (provincia) 亚细亚（行省），第 305、337、363、390、382、443、487、489、532 页

- organizzazione 亚细亚行省的组织，第 306 页及下页、第 309 页

Asia Minore 小亚细亚，第 551 页

- massacro degli Italici 小亚细亚对意大利人的大屠杀，第 323 页

- Rutilio Rufo 小亚细亚的鲁第里·鲁弗，第 319 页及下页

Asilo (diritto di) 庇护（权），第 548、第 661 页及下页

- ecclesiastico 教会的庇护（权），第 588 页、第 681 页及下页

Aspar 阿斯帕，第 552 页

Assemblee popolari 民众大会，第 206 页以下

- 参见 Comizi curiati, Comizi centuriati, Comizi tributi, *concilia plebis*

Assemblee provinciali 行省的民众大会，第 493 页

Associazioni 协会、行会，第 283 页及下页；也参见 *Collegia*

Astrazione giuridica 法律抽象性，第 102、611 页

Astrologi 占星家，第 458 页

Atanasio d'Alessandria 亚历山大城的阿塔纳西，第 545 页

Atanasio (giurista) 阿塔纳西（法学家），第 696 页

Atarbio 阿塔尔比奥，第 682 页及下页
Ataulfo 阿道尔弗，第 549 页
Ateio Capitone 阿特尤·卡比多，第 436 页及下页，第 438 页及下页，第 441、442 页
Atene 雅典，第 257 页
- "dikai emporikai" 雅典的商业诉讼，第 155 页
- e Mitridate 雅典和米特拉达梯，第 323 页
- meteci 雅典与应税人，第 154 页
- "nomothesia" di Adriano 雅典与哈德良的立法，第 516 页
- territorialità del diritto 雅典与法律的属地性，第 154 页
Attalo III 阿塔罗斯三世，第 263、305、309 页
Attila 阿提拉，第 550、552 页
Attilio Regolo 阿提留·雷古洛，第 255、259 页
Atto Navio 阿托·纳维奥，第 61 页及下页
Attrici 女演员、女戏子，第 632 页
Auctoritas patrum 元老院准可，第 188 页以下，第 202、205 页
- *monarchia* 帝制下的元老院准可，第 48 页及下页
- *persistenza* 元老院准可的持久性，第 193 页及下页
- *plebiscita* 平民决议的元老院准可，第 194、221、222、256 页
- *preventiva* 事先的元老院准可，第 194、212 页
- *successiva* 嗣后的元老院准可，第 188 页及下页
Auctoritas principis 君主准可，第 399、435 页
- Augusto 奥古斯都的君主准可，第 383 页及下页、第 386 页
- e appello 君主准可与上诉，第 417 页

- e *iudicatio* 君主准可与审判，第 457 页
- e *rescripta* 君主准可与敕答，第 420 页以下
Auctoritas tutoris 监护人准可，第 188 页
Auditores 听众，第 334 页
- *Servii* 第 338 页
Auguri 占卜、预言，第 27 页及下页、第 34 页及下页、第 186 页及下页、第 292、331、316 页、第 356 页及下页
Augurium 占卜、预言，第 27 页及下页
- *augustum* 奥古斯都的预言，第 383 页
- ed *auspicium* 占卜与鸟卜，第 21、27 页及下页
Augusti (tetrarchia) 奥古斯都/皇帝（四帝共治），第 531 页及下页
Augusto 奥古斯都，第 174、177、195、269、360、333 页、第 375 页以下、第 382 页以下、第 368 页以下、第 387 页以下、第 392 页以下、第 396 页、第 399 页以下、第 401、402、第 403 页以下、第 414、424、430 页、第 435 页及下页、第 437、438、439 页、第 453 页以下、第 456 页、第 457 页及下页、第 464、470、471、472、473、474、475、476、477、478、480、481、484、487、490、494、495、496 页；也参见 Ottaviano
Aulo Cascellio 奥罗·卡谢里，第 340、437、439 页
Aulo Gabinio 奥罗·加比尼奥，第 353 页
Aulo Ofilio 奥罗·欧菲利，第 339、437 页
"Aurélioi" 奥勒留，第 521 页
Aureio Cotta 奥勒留·科塔，第 343 页
Aureus 金币，第 534 页
Auspicia 鸟卜、鸟卜官，第 27 页及下页、第 33 页
- *ad patres redeunt* 鸟卜权回转至元老院，第 187 页
- *comizi* 民众会议的鸟卜，第 203、

349 页
- *concilia plebis* 平民会议的鸟卜，第 218 页
- decisioni giudizarie 司法决定的鸟卜，第 33 页及下页
- ed *augurium* 鸟卜与占卜，第 21 页、第 27 页及下页
- edili plebei 鸟卜与平民市政官，第 218 页
- *lex Canuleia* 卡努勒亚法中的鸟卜，第 115 页及下页
- magistrati 执法官的鸟卜，第 328 页
- *maiora* 高级鸟卜官，第 126 页
- *minora* 初级鸟卜官，第 127 页
- plebei 平民鸟卜官，第 98 页
- *rex* 王的鸟卜，第 23、29 页

Authenticum《真本》，第 670、696 页

Autun 奥顿（地名），第 619 页

Autodifesa 自我防卫，第 107、469、581 页

Avellino 阿文利诺（地名），第 312 页及下页、第 321 页

Avito 阿维托（地名），第 552 页

Azio (battagila) 亚克兴（战役），第 372、375、378 页

Azione 诉讼、行动
- dichiarativa 宣告性诉讼，第 133 页
- e diritto sostanziale 诉讼与主观权利，参见 *Actio* 及 diritto soggettivo
- esecutiva 执行之诉，第 133 页
- penale 罚金之诉，第 449 页
- reipersecutoria 损害赔偿之诉，第 448 页

B

Bacchanalia 酒神、酒神崇拜，第 260 页及下页、第 278 页；也参见 *Senatus-consultum de Bacchanalibus*

Banditi 土匪、强盗、歹徒，第 589 页

Barbari 蛮族人，
- assegnazioni di terre 蛮族人的土地分配，第 534 页
- coloni 蛮族人殖民地，第 580 页
- *foederati* 蛮族同盟者，第 547、548 页，第 550 页及下页、第 552、560、560 页、第 571 页及下页、第 575 页
- invasioni 蛮族人入侵，第 541、547 页，第 549 页以下、第 560 页及下页
- nell'esercito 军队中的蛮族人，第 534、540、548 页、第 559 页及下页
- sussidi 蛮族臣属、蛮族辅军，第 683 页

Bari 巴里（地名），第 701 页

"*Basileiai*" 王国，第 263 页；也参见 Monarchie orientali ed ellenistiche

"*Basileús*" 国王
- nelle monarchie orientali 东方式君主制中的国王，第 154 页
- nelle città-stato greche 希腊城市国家中的国王，第 78 页

Basilicata 巴斯利卡塔（地名），第 701 页

Basilici 巴西利亚法典，第 692、697 页，第 698 页及下页
- edizioni 巴西利亚法典中的版本，第 700 页及下页

Basilide 巴斯里德，第 687 页

Basilio I 巴西尔一世，第 698 页

Basso (*praefectus praetorio*) 巴索（大区长官），第 684 页

Battellieri 船夫，第 536、557、578 页

Belisario 贝里萨留，第 634、669、641、681、689 页

Bellona (tempio di) 贝罗纳（神庙），第 326、372 页

Bellum Aristonicum 阿里斯托尼克战争，第 307 页

Bellum Mutinense 摩德纳之战，第 364 页

Bellum Perusinum 佩鲁贾之战，第 367 页

Bellum sociale 同盟者战争，第 322 页及下页、第 323 页及下页、第 515 页

Benevento 贝内维多（地名），第 241 页
- battaglia 贝内维多战役，第 252 页
Bertio (scuola di diritto) 贝里托（法律学派），第 611、619、658、665、693、694、696 页
Bestemmia 渎神、辱骂、谬论，第 680 页
Betica (provincia) 贝提加（行省），第 390、487 页
Biblioteca d'Alessandria 亚历山大城图书馆，第 353 页
"Bibliothéke tôn egktéseon" 所购不动产权利档案馆，第 514 页
Bina iugera 两尤杰罗土地制，第 44 页
Bisanzio 拜占庭，第 541 页
Bitinia 比提尼亚，第 342 页
Bitinia-Ponto (provincia) 比提尼亚-本都（行省），第 345、347、331、487 页
Bologna 博洛尼亚，第 272 页
    - accordo 博洛尼亚协议，第 365 页
Bona 财产
    - damnatorum 被判罚的财产，第 496、567 页；也参见 Confisca
    - vacantia 无主财产，第 496、567 页
Bonorum possessio 财产占有，第 161 页
Bonorum venditio 财产拍卖，第 140 页
Bordj Mediana 波德杰-梅迪亚纳（地名），第 497 页
Bottino di guerra 战利品，第 129 页
"Boulé" 元老院，第 505 页
Breviarium Alaricianum《阿拉里克简编》，第 624 页；也参见 Interpretationes, Lex Romana Visigothorum
Britannia 不列颠，第 443、537、549、547 页
Bruzio 布鲁兹（地名），第 252 页
Burgundi 勃艮第人，第 549、555 页
Burocrazia imperiale 帝国官僚系统，第 475 页以下
    - Adriano 哈德良治下的帝国官僚系统，第 481 页
    - Diocleziano 戴克里先治下的帝国官僚系统，第 533 页
    - donazioni ai funzionari 帝国官僚系统中对吏员的赠予，第 416 页
    - e giuristi 帝国官僚系统和法学家，第 440 页
    - Egitto 帝国官僚系统中的埃及，第 492 页及下页
    - epistulae principis 帝国官僚系统中的君主敕函，第 418 页
    - e ordo equester 帝国官僚系统与骑士阶层，第 475、481 页
    - età giustinianea 优士丁尼时代的帝国官僚系统，第 658 页
    - formazione e sviluppo 帝国官僚系统的形成与发展，第 480、485、533、560、576 页
    - gerarchia 帝国官僚系统的科层制，第 416 页
    - matrimonio dei funzionari 帝国官僚系统中的吏员的婚姻，第 416 页
    - nel dominato 君主专制时期的帝国官僚系统，第 558、565 页
    - - cohortales 君主专制时期帝国官僚系统中的外臣，第 577 页
    - - e gerarchia militare 君主专制时期帝国官僚系统与军事科层制，第 559 页
    - - e partes imperii 君主专制时期帝国官僚系统和帝国的两个部分，第 533、551、565、596 页
    - - e potere imperial 君主专制时期帝国官僚系统和皇帝权力，第 562 页
    - - ed honestiores 君主专制时期帝国官僚系统和上等人阶层，第 576 页
    - - esclusioni 君主专制时期帝国官僚系统的排外性，第 585、586 页
    - - esenzione dalle curie 君主专制时期帝国官僚系统与豁免加入库里亚（市议

会），第 574 页

- - gerarchia 君主专制时期帝国官僚系统的科层制，第 562、571 页

- - palatini 君主专制时期帝国官僚系统中的内臣，第 577 页

- - privilegi 君主专制时期帝国官僚系统中的特权，第 560 页及下页、第 577 页及下页

- - Teodosio I 狄奥多西一世的君主专制时期帝国官僚系统，第 548 页

- nel I sec. d.C. 公元 1 世纪的君主专制时期帝国官僚系统，第 475 页及下页

- periferica 君主专制时期外围的帝国官僚系统，第 533 页

- 也参见 Fonzionari imperiali, *Legati Augusti pro praetor, Praefecti, Procuratores*

C

Cabade 贾巴德，第 685 页

Cadice 加迪斯（地名），第 269 页

Caduca 物品、赃物，第 435、496、567 页

Caesar (titolo) 凯撒（头衔），第 402 页及下页、第 531 页及下页、第 563、633 页

- nella tetrarchia 四帝共治制度中的凯撒，第 531 页及下页、第 533 页

Caio Gracco 盖尤·格拉古，第 266、278、280 页及下页、第 308 页以下、第 319、319 页

Carabria 卡拉布里亚，第 701、702 页

Calator 传令官，第 45、94 页

Calcedonia (concilio) 迦克敦（公会议、宗教会议），第 552、634 页

Calcedoniani 迦克敦教义派、迦克敦教旨主义者，第 635 页

Calculus Minervae 密涅瓦之票、最终决定权，第 380、453 页

Calendario 日历，第 27、46、355 页

Caligola 卡里古拉，第 392、400、402、406、453 页

Callistrato 卡利斯特拉托，第 655 页

Calmiere 官定价格、政府指导价，第 331 页；也参见 *Edictum de pretiis*

Calpurnio Bibulo 坎布尔尼·彼布洛，第 347 页

Calpurnio Pisone 坎布尔尼·比索，第 482 页

Calpurnio Pisone Frugi 坎布尔尼·比索·弗鲁吉，第 280 页

Calumnia 诬告、诬陷，第 286、464、469、592 页

Calvisio Sabino 卡尔维西·萨宾，第 462 页

Camerino 卡梅里诺，第 260 页

Campania 坎帕尼亚（地名），第 321、331 页

Campi Catalaunici (battaglia) 加塔劳尼原野（战役），第 550 页

Campo Marzio 马尔斯广场，第 169、190、213、220 页

Canabae 边镇，第 501 页

Cancelleria imperial, 皇帝文书署

- dai Severi a Diocleziano 从塞维鲁到戴克里先时代的皇帝文书署，第 431 页

- e costituzioni particolari 皇帝文书署与特别谕令，第 418 页及下页

- e diritto locali 皇帝文书署与地方法律，第 525 页及下页

- e giurisprudenza 皇帝文书署与法学，第 432 页

- *ius controversum* 皇帝文书署与法律的冲突选择，第 430 页

- nel dominato 君主专制时期的皇帝文书署

- - bipartizione 君主专制时期皇帝文书署的一分为二，第 545、596 页

- - volgarismo 君主专制时期皇帝文书署的通俗倾向，第 603 页

Candidature 候选人资格，第 212 页

Canne (battaglia) 坎尼（战役），第195、258、497 页

Canuleio (Lucio) 卡努勒亚（卢齐奥），第279 页

Capena 卡佩纳（地名），第249 页

Capita (imposta fondiaria) 人头（土地税），第535、556、557 页

Capitatio plebeia 平民人头税，第535、577 页

Capite censi 贫穷者，第65、318 页

Capitis amputatio 斩首，第465、467 页

Capo delle Colonne 灯塔角（地名），第252 页

Capo Lacinio 拉奇尼奥角（地名），第252 页

Cappadocia (provincia) 卡帕多奇亚（行省），第490、506 页

Capua 卡布亚（地名），第240、248、249 页，第250 页及下页、第258、309 页

Caput tralaticium de impunitate 法定免责专章，第229 页及下页

Carcer (nel Foro) （罗马市政广场上的）监牢，第176 页

Carceri privati 私人监狱，第588、593、678 页

Cardines 经线、纵线，第247 页

Cardo maximus 南北主经线干道、纵轴，第247 页

Carmen praecationis 祈祷诗，第213 页

Carnifex 刽子手，第277 页

Carre (battaglia) 卡莱（战役），第351、368 页

Carro da combattimento 战车，第63 页

Cartagine 迦太基，第139、252、254、550 页

- colonia graccana 迦太基的格拉古派殖民地，第309、313 页
- trattati 谈判中的迦太基，第139、251、252 页

Cascellio (*praediator*) 卡谢里（竞买人/投机商），第340 页

Cassiani 卡西学派，参见 Sabiniani

Cassio (Quinto) 卡西（库伊特），第353 页

Cassio Longino (Caio) 卡西·隆琴（盖尤），第351、354、362、366 页

Cassio Longino (Quinto) 卡西·隆琴（库伊特），第441、443、444 页

Cassio Longino Ravilla 卡西·隆琴（拉维拉），第282 页

Caste 社会阶层、阶级，第51 页

Castellum 城堡，第250 页

Castrazione 删改、篡改，第591、680 页

Catafratti 铁甲骑兵、重装骑兵，第351 页

Catania 卡塔尼亚（地名），第287 页及下页

Catilina 卡提里纳，第344 页、第345 页及下页

Catone il censore 监察官加图，第270 页及下页、第274 页及下页

Catone Uticense 乌提卡城的加图，第343、348、351、354 页

Caudio 考迪奥（地名），第251 页

Causa Curiana 库里乌斯案，第291 页

Cautio damni infecti 潜在损害保证，第161、163 页

Cave pubbliche 公共矿场，第263 页

Cecili Metelli 切其里·梅特罗家族，第333 页

Cecilio Africano (Sesto) 切其利·阿富里坎（塞斯特），第446 页

Cecilio Metello (Quinto) 切其利·梅特罗（库伊特），第317、326、327 页

Cecilio Metello Pio (Quinto) 切其利·梅特罗·皮奥（库伊特）第326、342 页

Cecilio Metello Pio Scipione Nasica 切其利·梅特罗·皮奥·西庇阿·纳西卡，第351 页

Celeres 骑兵，第17 页、第61 页及下页、第63 页

Celibi 独身者、未婚者，第 408 页
Celio (colle) 西利欧（山丘），第 16、19 页
Celio Rufo 杰里欧·鲁弗，第 357 页
Celio Sabino 杰里欧·萨宾，第 442 页
Celso (figlio) 杰尔苏（儿子），参见 Giubenzio Celso (Publio)
Censimento 财产调查
- beni soggetti 对所属财产的清查，第 169、209 页
- città alleate 联盟城市的财产调查，第 260 页
- civitates Romanae 罗马城邦的财产调查，第 249、502 页
- Diocleziano 戴克里先的财产调查，第 536 页
- equites 骑士的财产调查，第 200 页
- operazioni 财产调查的操作、运作，第 169 页及下页
- praetores-consules 裁判官/执政官的财产调查，第 170、255 页
- ripartizione in classi e centurie 财产调查中对阶级和百人团的划分，第 211 页
- senatori 元老院议员的财产调查，第 394 页
- tribuni militum censorial potestate 具有监察官权力的军团长官的财产调查，第 168 页
Censo equestre 骑士的财产（调查），第 200 页
Censores 监察官，第 167 页以下、第 473 页
- auspicia 监察官鸟卜，第 126、167 页
- censor perpetuus 永久监察官，第 473 页
- collegialità 监察官同僚制，第 171 页
- convocazione delle centurie 监察官召集百人团，第 211 页
- e tribuni militum censoria potestate 监察官与具有监察官权力的军团长官，第 118 页、第 168 页及下页
- imperium 监察官治权，第 167 页及下页、第 169 页
- intercessio tribunicia 保民官否决权下的监察官，第 180 页
- iudicium de moribus 监察官进行的道德审判，第 170、198 页
- lectio senatus 监察官进行的元老院议员选拔，第 170 页及下页、第 186、195、330 页
-- 也参见 Lectio senatus
- nel 22 a.C. 公元前 22 年的监察官，第 393 页
- nel cursus honorum 官职体系中的监察官，第 126 页
- nelle civitates Romanae 罗马城邦中的监察官，第 502 页
- plebei 平民监察官，第 185、194 页
- supplenza 对监察官职位的代理，第 129、130、172 页
- 也参见 Censimento
Censorii 监察官元老，第 197 页
Centesima rerum venalium 公共销售百一税，第 495 页
Centumviri 百人审判团，第 176、448、473、475 页
Centuriae 百人团
- classi 百人团中的等级，第 65 页
-- prima 百人团等级的第一级，第 255 页及下页
-- quinta 百人团等级的第二级，第 308、317 页
- da esercito ad assemblea 从军队到大会的百人团制，第 210 页
- destinatrici 执行推选功能的百人团，第 404 页以下
- distribuzione dei cives 百人团制对民众的划分，第 170、255 页
- e strutture sociali 百人团制与社会结

构，第 67 页

- e tattica oplitica 百人团制与重装步兵战术，第 64 页

- equites 百人团制中的骑士，第 65 页、第 207 页及下页

- inermi 无武装的百人团，第 65 页、第 207 页及下页、第 216 页

- iuniores 百人团中的青年人团，第 65、68、170、208、215、255 页

- numero 百人团数量，第 207 页及下页

- ordinamento timocratico 百人团与财产等级制度，第 65 页、第 67 页及下页

- praerogativa 有特权的百人团，第 208、227、405 页

- seniores 百人团中的老年人团，第 65、68、170、208、255 页

- unità di voto 百人团投票单位，第 66 页

- unità militare 百人团军事单位，第 65 页、第 208 页及下页

- rapporto con le tribù 百人团与部落的关系，第 69 页、第 255 页及下页

Centuriatio 百分地，第 247 页

Cere 切雷（地名），第 100、248、249 页

Cerealicoltura 谷物种植、粮食种植，第 3、58 页

Certezza del diritto 法律的确定性，第 102、152 页

Certus ordo magistratuum 官职等级序列，第 177、330 页

Cervidio Scevola 杰尔维迪·谢沃拉，第 445、449、450 页

Cesare 恺撒，第 167、174、195、344 页，第 345 页及下页、第 346 页以下、第 355 页以下、第 362 页及下页、第 368、375、453、475 页

Cesarea (scuola di diritto) 凯撒（法律学派），第 611、658 页

Cesaricidi 谋杀恺撒的人，第 363 页、第 364 页及下页

Cesarione 小恺撒，第 354、369、371 页

Cesaropapismo 政教合一，第 547、562 页，第 563 页及下页、第 665、668、669、672 页

Cessio bonorum 财产转移，第 357 页及下页

Ceto equestre 骑士阶层，参见 Equites

"*Chárisma*" 最高尊严、九五之尊，第 384 页

Chierici 神职人员、神职身份，第 669 页

Chiesa 教会

- donazioni 教会捐赠，第 541 页及下页

- e politica criminale 教会与刑事政策，第 680 页及下页

- e Stato 教会与国家，第 564 页

- patrimonio 教会财产，第 665 页

- privilegi 教会特权，第 546 页

"*Chóra*" 农村，第 506、508、521 页

Cibaria 粮草，第 268 页

Cicerone 西塞罗，第 289、298、300、338 页，第 343 页及下页、第 345 页及下页、第 347 页及下页、第 353、354 页，第 362 页及下页、第 364 页及下页、第 436、475 页

Cimbri 辛布里人，第 318、320 页

Cimiez 西米耶兹（地名），第 497 页

Cinoscefale 西诺塞法拉（地名），第 270 页

Cipro 塞浦路斯，第 348、400、487 页

Circei 奇尔切（地名），第 120 页

Circoncisione 犹太教割礼，第 585 页

Cirenaica 西兰尼（地名），第 487 页

- processo criminale 西兰尼刑事程序，第 288 页

Cirillo (antecessor Berytensis) 奇里洛（贝里托学派教授），第 694 页

Cirillo (antecessor Constantinopolitanus) 奇里洛（君士坦丁堡学派教授），第 695 页

Cirta 齐尔塔（地名），第 317 页及下页

Cistae 票箱，第 214 页

Citazione 引证、引述，第 434 页

Città autonome di fatto 事实上的自治城市，第 262、504 页
- attività legislative 事实上的自治城市的立法活动，第 516 页
- giurisdizione 事实上的自治城市的司法管辖权，第 509 页
- poteri del governatore 事实上的自治城市总督的权力，第 507、509、516 页

Città italiote 南意大利城市，第 252 页及下页、第 259 页

Città-stato 城市国家，第 4 页
- *pax deorum* 城市国家与神的安宁和平，第 32 页
- organi 城市国家机构，第 126 页
- territorialità del diritto 城市国家的法律的属地性，第 154 页及下页

Cittadinanza 市民籍、市民身份；参见 *Civitas Romana*, Doppia cittadinanza

Cives Romani 罗马市民、罗马公民
- assenza dall'Italia 意大利的罗马公民的缺乏，第 357 页
- nei singoli censimenti 在单次财产调查中的罗马市民，第 325 页及下页、第 343 页
- sine suffragio 无投票权的罗马市民，第 170 页、第 248 页及下页、第 251 页及下页、第 361 页

Civiliter agere 民事行为，第 511 页

Civitas 市民；城邦
- e gentes 城邦与氏族，第 14 页及下页
- e strutture preciviche 城邦与前文明时代结构，第 20 页
- formazione 城邦的形成，第 19、45、47 页
- *Romana* 罗马城邦；罗马市民籍，参见 *Civitas Romana*

Civitas Romana 罗马城邦；罗马市民籍
- acquisto 罗马市民籍的取得，第 281、504 页
- concessione 罗马市民籍的授予
- - alle città ex-latine 向前拉丁人城市授予罗马市民籍，第 240 页
- - dopo la Guerra cimbrica 辛布里人战争后的罗马市民籍的授予，第 320 页
- - *edicta principis* 君主敕告下的罗马市民籍授予，第 413 页
- - Italici 古意大利人的罗马市民籍授予，第 322 页、第 323 页及下页、第 515 页
- - 也参见 Constitutio Antoniniana
- *iure honorario* 罗马市民籍与荣誉权，第 412 页
- perdita 罗马市民籍的丧失
- - condanna penale 刑事判决中罗马市民籍的丧失，第 287、466、519、582 页
- - *deductio* in *colonia Latina* 拉丁人殖民地开辟中的罗马市民籍丧失，第 241 页
- plebei 平民的罗马市民籍，第 52 页及下页

Civitates 城邦、城市
- ed agglomerati urbani 城邦与城市居民区，第 501 页
- *foederatae* 盟约城邦、盟邦，参见 Civitates foederatae
- *Latinae* 拉丁人城邦，参见 Civitates Latinae, Coloniae Latinae
- nei regni barbarici 蛮族人王国中的城邦，第 554 页及下页
- nel dominato 君主专制时期的城邦，第 572 页以下
- nel principato 元首制时期的城邦，第 500 页以下、第 506 页以下
- *origo* 城邦籍贯、市民籍，参见 *Origo*

- *peregrinae* 异邦人城市，参见 *Civitates peregrinae*

- *Romanae* 罗马人城市，参见 *Civitates Romanae*

- *stipendiariae* 贡赋城市，第 262 页

Civitates foederatae 盟约城邦、盟邦，第 261 页及下页、第 504、505 页

- *e diritto internazionale* 盟邦与国际法，第 507、516 页

- *e lex provinciae* 盟邦与行省法律，第 268 页

Civitates Latinae (principato) 拉丁人城市（元首制），第 501 页、第 503 页及下页

- *constitutio Antoniniana* 安东尼谕令下的拉丁人城邦，第 522 页

- *giurisdizione* 拉丁人城邦的司法管辖权，第 508 页及下页

- *privilegi* 拉丁人城邦的特权，第 504、515 页

Civitates liberae 自由城邦

- *amministrazione* 自由城邦的行政管理，第 507 页

- *appello ai giudici romani* 自由城邦向罗马司法权的上诉，第 510 页

- *giurisdizione* 自由城邦的司法管辖权，第 509 页

- *legislazione* 自由城邦的立法，第 516 页

- *poteri del governatore* 自由城邦统治者权力，第 507、516 页

- *sine foedere* 无盟约的自由城邦，第 261 页及下页、第 268、504、505 页

Civitates peregrinae 异邦人城市，第 261 页以下、第 501 页、第 504 页以下、第 522 页

- *autonome di fatto* 事实上自治的异邦人城市，参见 *Città autonome di fatto*

- *constitutio Antoniniana* 安东尼谕令下的异邦人城市，第 522、525 页

- *foederatae* 有盟约的异邦人城市，参见 *Civitates foederatae*

- *fontate da Roma* 罗马建立的异邦人城市，第 516 页

- *giurisdizione criminale* 异邦人城市的刑事司法管辖权，第 459 页

- *immunes* 免除义务的异邦人城市，第 262 页

- *liberae* 自由的异邦人城市，参见 *Civitates liberae*

- *nostro iure obstrictae* 受制于我们权力的异邦人城市，第 507、516 页；也参见 *Città autonome di fatto*

- *romanizzazione* 罗马化的异邦人城市，第 522 页

- *strutture* 异邦人城市的结构，第 505 页

Civitates Romanae 罗马人城市，第 361 页及下页、第 501 页以下

- *comizi* 罗马人城市的民众大会，第 249、503 页

- *giurisdizione* 罗马人城市的司法管辖权，第 249 页、第 522 页及下页

- *in provincia* 在行省的罗马人城市，第 500 页

- *magistrature* 罗马人城市的民选官员，第 249 页、第 361 页及下页、第 502 页及下页

- - *collegialità* 罗马人城市的民选官员同僚制，第 362、502 页

- - *sistema duovirale e quottuorvirale* 罗马人城市的民选官员的双人官制度与四人官制度，第 361 页及下页

- *ordo decurionum* 罗马人城市中的市议员团体，参见 *Ordo decurionum*

- *poteri del governatore* 罗马人城市的总督权力，第 507 页

- *potestà regolamentare* 罗马人城市的规

制权力，第 514 页
- statuti 罗马人城市的章程，第 227 页
- 也参见 Coloniae Romanae, Municipia

Clari
Clari 杰出者，第 541 页
Clarissimi 最杰出者、最杰出阶层，第 541、547、571、575 页
Classi centitarie 百人团阶层，第 208 页及下页
Classicismo 古典主义、古典风格、古典崇拜，第 604 页
- delle scuole orientali 东方学派的古典主义，第 611 页
- di Giustiniano 优士丁尼的古典主义/古典崇拜，第 651 页以下、第 673 页及下页
Classis 上等人、上等市民，第 55、67 页
Claudia (gens) 克劳迪（氏族），第 8、62、96、199 页
Claudio 克劳迪，第 392、400、402、408、455、458、473、477、480、494、497 页
Claudio Marcello (Marco: cos. 222 a.C.) 克劳迪·马尔切罗（马可，公元前 222 年执政官），第 257、258 页
Claudio Marcello (Marco: cos. 51 a.C.) 克劳迪·马尔切罗（马可，公元前 51 年执政官），第 352 页
Claudio Marcello (Marco: genero di Augusto) 克劳迪·马尔切罗（马可，奥古斯都女婿），第 394 页
Claudio Pulcro (Caio) 克劳迪·普鲁克（盖尤），第 282 页
Claudio Pulcro (Publio) 克劳迪·普鲁克（布布里），参见 Clodi
Claudio Saturnino 克劳迪·萨图尔尼诺，第 645 页
Clausola stipulatoria 条约条款，第 526 页
Clausole edittali 告示条款，第 150、151 页

Clavum figere 钉钉仪式，第 164 页
Clelio (Sesto) 克雷利（塞斯特），第 349 页
Clementia Caesaris 宽厚博爱之恺撒，第 358 页
Cleopatra 克利奥帕特拉，第 353 页、第 369 页以下
Clero 教士、神职者
- *honestiores* 上等人阶层中的教士，第 576 页
- ingresso nelle carceri 教士进入监狱，第 593 页
- pagano 异教神职者，第 546 页
- peso politico 教士的政治负担，第 562 页
- privilegi 教士的特权，第 545、574、577 页
- tortura 对教士的迫害，第 593 页
Clientes 门客
- e plebe 门客与平民，第 52 页以下
- frode del patrono 门客欺诈恩主，第 37、112 页
- nel V secolo a.C. 公元前 5 世纪的门客，第 60 页
- in età repubblicana 共和国时代的门客，第 200 页及下页
Cloaca Massima 大型引水渠，第 58 页
Clodio 克罗迪，第 343、344 页、第 348 页以下、第 351 页
Clodoveo 克洛多维，第 533、555 页
Cocceio Nerva 科切伊·涅尔瓦，第 441、443 页
Codex 法典
- *Euricianus*《欧里克法典》，第 554 页
- *Gregorianus*《格雷哥里安法典》，参见 Codice Gregoriano
- *Hermogenianus*《赫尔莫杰尼安法典》，参见 Codice Ermogeniano
- *iustinianus*《优士丁尼法典》，参见 Codice Giustinianeo (primo)

- *repetitae praelectionis*《重述新法典》，参见 Codice Giustinianeo
- *Theodosianus*《狄奥多西法典》，参见 Codice Teodosiano

Codice di Hammurapi《汉谟拉比法典》，第 33 页

Codice Ermogeniano《赫尔莫杰尼安法典》，第 605、608、611 页，第 612 及下页，第 614、615 页
- nelle raccolte successive 在后世汇编作品中的《赫尔莫杰尼安法典》，第 612、613、620、621、622、624、637、663 页

Codice Giustinianeo (primo)《优士丁尼法典》（第一部），第 636 页、第 636 页以下
- adattamento dei testi《优士丁尼法典》（第一部）文本的修订，第 637 页及下页
- commissione《优士丁尼法典》（第一部）委员会，第 637、639 页，第 682 页及下页，第 693 页
- - Triboniano《优士丁尼法典》（第一部）委员会中的特里波尼安，第 685 页及下页
- esaustività《优士丁尼法典》（第一部）的穷尽性，第 639 页
- indice di P. Oxy. 1814《优士丁尼法典》（第一部）的 P. Oxy. 1814 索引，第 639、640、661 页
- istruzione《优士丁尼法典》（第一部）的指令，第 637、639 页
- legge delle citazioni《优士丁尼法典》（第一部）的援引法，第 661 页
- materiale utilizzato《优士丁尼法典》（第一部）使用的素材，第 612、615、637 页
- palingenesi《优士丁尼法典》（第一部）的变革，第 662 页
- pubblicazione《优士丁尼法典》（第一部）的公布，第 638 页

Codice Giustinianeo《优士丁尼法典》，第 636 页、第 659 页以下
- abbreviazioni《优士丁尼法典》的缩略语，第 660 页
- commissione《优士丁尼法典》委员会，第 660、693 页
- *constitutiones ad commodum operis pertinents*《优士丁尼法典》与为了编纂法典而颁布的谕令，第 659、661 页
- commentari bizantini《优士丁尼法典》与拜占庭时代的评注，第 693 页及下页、第 699 页
- e Novelle《优士丁尼法典》与新律，第 653 页
- edizione《优士丁尼法典》的编辑，第 663 页
- nella pratica 实践中的《优士丁尼法典》，第 652 页
- materiale utilizzato《优士丁尼法典》使用的素材，第 661、663 页
- *modus citandi*《优士丁尼法典》的引用方式，第 663 页
- nell'insegnamento 教学活动中的《优士丁尼法典》，第 658 页
- *quinquaginta decisiones*《优士丁尼法典》与"五十项裁定"，第 659、661 页
- struttura《优士丁尼法典》的结构，第 662 页及下页
- tradizione manoscritta《优士丁尼法典》的手抄本传统文献，第 663 页

Codice Gregoriano《格雷哥里安法典》，第 608 页，第 611 页及下页，第 613、614、615 页
- e Codice Giustinianeo《格雷哥里安法典》与《优士丁尼法典》，第 637、663 页
- nelle raccolte postclassiche 后古典时代汇编作品中的《格雷哥里安法典》，第

620、621、622、624、624 页

Codice Teodosiano《狄奥多西法典》，第 550 页、第 663 页以下

— diritto privato e pubblico《狄奥多西法典》的公法与私法，第 663 页

— dopo il 476 d.C. 公元 476 年以后的《狄奥多西法典》，第 615 页及下页

— e Codice Giustinianeo《狄奥多西法典》与《优士丁尼法典》，第 637 页

— e unità legislative《狄奥多西法典》与立法统一性，第 574、599 页

— invio in Occidente《狄奥多西法典》被发往帝国西部，第 599、614 页

— legislazione antieretica《狄奥多西法典》的反异教立法，第 584 页

— nelle raccolte postclassiche 后古典时代汇编作品中的《狄奥多西法典》，第 619、620、621、622、624、626 页

— progetti successivi《狄奥多西法典》的后续工程，第 613 页及下页、第 652 页

— tradizione manoscritta《狄奥多西法典》的手抄本文献，第 616 页

Coemptio 买卖婚，第 295 页及下页

Coercitio 强制权，第 89 页及下页

— e *iudicatio* 强制权与审判权，第 41 页

— e *provocatio ad populum* 前职权与向人民申诉，第 91 页

— edili 市政官强制权，第 174 页

— tribuni della plebe 平民保民官强制权，参见 Tribuni della plebe, *coercitio*

Cognitio extra ordinem 非常审判，第 397 页，第 432 页以下，第 458 页及下页，第 471、472、473、483、484、485 页

— costituzioni particolari 非常审判下的特殊谕令，第 417、418、419、431 页

— e diritto volgare 非常审判与通俗法，第 604 页

— *edicta e mandata principis* 非常审判下的敕告与敕训，第 412 页及下页、第 416 页

— fedecommessi 非常审判的遗产信托，第 397、436 页

— motivazione della sentenza 非常审判中的判决理由，第 427 页

— norme applicate 非常审判的适用规范，第 432 页、第 434 页及下页

Cognitio extra ordinem (criminale) 非常审判（刑事），第 390、397、432 页，第 456 页以下，第 591 页

— *accusatio* 非常审判（刑事）指控，第 463 页及下页

— *edicta e mandata principis* 非常审判（刑事）下的敕告与敕训，第 413、465 页

— pena variabile 非常审判（刑事）中可变的刑罚，第 464 页及下页

— processi senatori 非常审判（刑事）中的元老院审判程序，第 462 页及下页

— processo inquisitorio 非常审判（刑事）中的纠问制程序，第 463 页及下页

Cognomen 姓氏，第 521 页

Cohors amicorum 亲随、亲信，第 269 页

Cohortales 外臣，第 577 页

Cohortes 卫队

— *praetoriae* 长官卫队，第 478 页

— — *governatore provinciale* 行省总督的长官卫队，第 269 页

— *urbanae* 城市长官卫队，第 479、482 页

— *vigilum* 治安长官卫队，第 484 页

Collatio glebalis 采邑金，参见 Follis senatorius

— *lustralis* 五年制采邑金，第 541、556 页

Collatio legume Mosaicarum et Romanarum《摩西法和罗马法汇集》，第 607 页、第 621 页及下页

— materiale utilizzato《摩西法和罗马

法汇集》使用的素材，第 612、616、618 页

Collatores 纳税人，第 667 页

Collectio 选集

- *LXXXVII capitulorum* 《八十七款选集》，第 697 页
- *tripartita constitutionum ecclesiasticarum* 《三项宗教谕令选集》，第 697 页
- *XXV capitulorum* 《二十五款选集》，第 697 页

Collegi sacerdotali 祭司团体，第 26 页以下

- *e costituzione repubblicana* 祭司团体与共和国宪制，第 125 页
- *ingresso dei plebei* 平民进入祭司团体，第 186 页及下页

Collegia 社团、协会，第 349、493 页

Collusione 合谋、共谋、串通，第 464 页

Colonato 佃农制，第 557 页、第 578 页及下页

- *coloni imperiali* 佃农制下的帝国殖民地，第 500 页
- *semi-servitù* 佃农制下的半奴役状态，第 574 页、第 579 页及下页
- *vincolo alla terra* 佃农制下束缚于土地，第 536、548、557、579 页

Colonia civium Romanorum 罗马市民殖民地，第 241 页、第 246 页以下、第 259 页、第 312 页及下页、第 361、501 页

- *autonomia normativa* 罗马市民殖民地在规范上的自治，第 514 页
- C. Gracco 罗马市民殖民地与盖尤·格拉古，第 308 页及下页
- *e municipia* 罗马市民殖民地与自治市，参见 *Municipia e coloniae*
- *extraitaliche* 意大利之外的罗马市民殖民地，第 309、316、319 页
- *fondazione* 罗马市民殖民地的建立，第 198 页、第 246 页及下页
- M. Livio Druso 罗马市民殖民地与马可·李维·德鲁索，第 312 页及下页
- *Maritimae* 罗马市民殖民地与海岸殖民地，第 246 页
- *nella province* 在行省的罗马市民殖民地，第 361 页
- *onorarie* 荣誉官的罗马市民殖民地，第 501 页
- *rogatio Livia* 罗马市民殖民地与李维提案，第 321 页
- Silla 罗马市民殖民地与苏拉，第 331、332 页

Coloniae Latinae 拉丁人殖民地，第 241、257、259、272 页

- *deduzione* 拉丁人殖民地的削减，第 247 页
- *e lega latina* 拉丁人殖民地与拉丁人联盟，第 120、241 页

Comes Aegypti 埃及侍从官，第 598 页

Comes excubitorum 近卫军侍从官，第 554 页

Comes domesticorum 内务官，第 564、631 页

Comes patrimonii 财产侍从官，第 554 页

Comes rerum privatarum 私人管家，第 540 页、第 566 页以下、第 570 页

- *giurisdizione* 私人管家的司法管辖权，第 567 页
- *in consistorio* 在枢密院的私人管家，第 564 页
- *regno ostrogoto* 东哥特王国的私人管家，第 554 页

Comes sacrarum largitionum 帝国财政官，第 540、566、570、684 页

- *giurisdizione* 帝国财政官的司法管辖权，第 566 页
- *in consistorio* 在枢密院的帝国财政官，第 564 页
- *regno ostrogoto* 东哥特王国的帝国财政官，第 554 页

Comes sacri patrimonii 圣产侍从官，第 567 页

- *comitatus e comitatenses* 圣产侍从官与亲随部队及亲兵，第 534、540、571 页

Comitatus 亲随部队，第 565 页以下、第 682 页

Comites 侍从官

- burgundi 勃艮第人侍从官，第 555 页
- commerciorum 商务官，第 566 页
- franchi 法兰克人侍从官，第 555 页
- *Gothorum per singulas civitates* 单个城市的哥特人侍从官，第 554 页
- governatore provinciale 行省总督的侍从官，第 269 页
- *in consistorio* 在枢密院的侍从官，第 564 页
- largitionum 财政侍从官，第 566 页

Comitia 民众会议

- avocare 民众大会阻却事由，第 211 页
- calata 民众会议的召集，第 45 页
- iusta 法定的民众会议，第 209 页
- leviora 较低的民众会议，第 209 页
- religiosa 宗教性的民众会议，第 226、331 页
- *tributa sacerdotum* 宗教部落民众会议，参见 religiosa

Comitiatus maximus 最高民众大会、最大民众大会，第 93、108、207 页

Comizi 民众大会

- ad castra 在军营的民众大会，第 190 页以下、第 213 页
- centuriati 百人团民众大会，参见 Comizi centuriati
- curiati 库里亚民众大会，参见 Comizi curiati
- in sede elettorale 选举性的民众大会
- - *auctoritas patrum* 元老院准可的选举性民众大会，第 188 页及下页、第 194 页
- - *intercessio tribunicia* 选举性民众大会的保民官否决权，第 180 页
- in sede legislative 立法性民众大会
- - *auctoritas patrum* 元老院准可的立法性民众大会，第 188 页及下页、第 194 页
- - deroga alle leggi 立法性民众大会上对法律的废止，第 202 页及下页
- - nel principato 元首制时期的立法性民众大会，第 308 页及下页、第 407 页以下、第 593 页及下页
- - *intercessio tribunicia* 立法性民众大会的保民官否决权，第 180 页
- - vizi procedurali 立法性民众大会的程序瑕疵，第 203 页
- nel principato 元首制时期的民众大会，第 403 页以下
- nella città latine 拉丁人城市的民众大会，第 504 页
- nella città romane 罗马人城市的民众大会，第 249、503 页
- tributi 部落民众大会，参见 Comizi tributi
- voto degli *Italici* 民众大会上意大利人的投票，第 344 页

Comizi centuriati 百人团民众大会，第 207 页以下

- auspicia 百人团民众大会的鸟卜活动，第 213、349 页
- competenza riservata 百人团民众大会保留的权限，第 226 页
- *dictio dictatoris* 百人团民众大会指定独裁官，第 354 页
- dittatore 百人团民众大会上的独裁官，第 164 页
- e ordinamento militare 百人团民众大会与军事体制，第 64 页及下页、第 207、210 页

- funzionamento 百人团民众大会的功能运作，第 201 页以下

- in sede elettorale 立法性百人团民众大会，第 211 页及下页、第 385 页、第 403 页以下

- in sede processuale 审判性百人团民众大会，参见 Processo comiziale

- luogo di riunione 百人团民众大会的集会地点，第 65 页、第 190 页及下页、第 213 页

- maggioranza 百人团民众大会中的多数派，第 67 页及下页、第 215 页及下页

- nel principato 元首制时期的百人团民众大会，第 403 页以下

- nelle XII Tavole 《十二表法》中的百人团民众大会，第 105 页

- rappresentatività 百人团民众大会的代表性，第 69 页

- *renuntiatio* 百人团民众大会上的宣告，第 129 页、第 212 页及下页

- riforma del III secolo 百人团民众大会在 3 世纪的改革，第 208 页、第 255 页及下页

- struttura 百人团民众大会的结构，第 65 页以下

- timocrazia 百人团民众大会的财产等级制度，第 209 页

- unità votante 百人团民众大会的投票单位，第 214 页

- votazione 百人团民众大会上的投票活动，第 213 页以下

Comizi curiati 库里亚民众大会，第 45 页以下、第 207 页

- atti di diritto familiare 库里亚民众大会的家庭法行为，第 45、47、206、207、293、296 页

- *auctoritas patrum* 元老院准可的库里亚民众大会，第 49、189 页

- e *comitia calata* 库里亚民众大会与卡拉提民众大会，第 45 页

- elezione del *rex* 库里亚民众大会上对王的选举，第 21 页及下页

- in sede legislativa 立法性库里亚民众大会，第 35 页

- *inauguratio* 库里亚民众大会的占卜活动，第 207 页

- nella repubblica 共和国时代的库里亚民众大会，第 206 页及下页

- *pontifex maximus* 库里亚民众大会上的最高大祭司，第 293 页

- repressione criminale 库里亚民众大会的刑事镇压，第 41 页以下、第 92 页

- votazione 库里亚民众大会的投票活动，第 207 页

- 也参见 *Curiae*、*Lex de imperio*

Comizi tributi 部落民众大会，第 215 页、223 页以下、第 324 页

- *auspicia* 部落民众大会的鸟卜活动，213 页及下页、第 225 页

- e *concilia plebis* 部落民众大会与平民会议，第 223 页及下页

- funzionamento 部落民众大会的功能，第 225 页及下页

- in sede elettorale 选举性的部落民众大会，第 175、225、226 页

- in sede legislativa 立法性的部落民众大会，第 225 页

- in sede processuale 审判性的部落民众大会，第 183、226、276 页

- *lex Manlia de vicesima manumissionum* 部落民众大会上的《关于解放奴隶税的曼利法》，第 191、192、225 页

- luogo di riunione 部落民众大会的集会地点，第 225 页

- nel principato 元首制时期的部落民众大会，第 403 页

- votazione 部落民众大会的投票，第 224 页及下页、第 226 页

- struttura 部落民众大会的结构，第 223 页、第 224 页及下页

Commendatio 推荐、举荐，第 385 页、第 405 页以下、第 471 页

Commentari 评论、评注
- ad Q. Mucium 《论库伊特·穆齐》，第 336 页、第 446 页及下页
- ad Sabinum 《论萨宾》，第 446 页及下页、第 452 页
- all'editto 《论告示》，第 143、338、339、437 页，第 446 页及下页，第 451、452 页
- - e ius civile 《论告示与市民法》，第 149 页
- bizantini 拜占庭时期的评注
- - al Digesto 拜占庭时期对学说汇纂的评注，第 695 页
- - al Codice 拜占庭时期对优帝法典的评注，第 696 页
- - alle Institutiones 拜占庭时期对法学阶梯的评注，第 695 页及下页
- lemmatici 按条评注，第 149 页

Commentarium anquistitionis 《古代审讯评注》，第 110 页

Commericio 商业、贸易，
- Catone il censore 监察官加图的贸易，第 272 页
- nel VI secolo a. C. 公元前 6 世纪的贸易，第 58 页及下页
- martittimo 海上贸易，第 256 页及下页、第 303 页

Commercium 商业、贸易，第 240、515 页

Commodo 康茂德，第 400、462、476、477、497 页

"Common law" "普通法"，第 429 页

Comodato 借贷，第 159 页

Comperendinatio 间隔期制度，第 286 页

Compilazione giustinianea 优士丁尼时代的汇编作品，第 637 页
- abbreviazioni 优士丁尼汇编作品中的缩略语，第 642、644、658、660 页
- antinomie 优士丁尼汇编作品中的自相矛盾，第 644 页
- commentari greci 优士丁尼汇编作品的希腊文评注，第 659 页、第 695 页及下页
- divieto di commentari 对优士丁尼汇编作品的评注禁令，第 642、644 页，第 693 页及下页
- esaustività 优士丁尼汇编作品的穷尽性，第 644 页
- in età medio-bizantina 拜占庭时代中期的优士丁尼汇编作品，第 698 页
- interpolazioni 优士丁尼汇编作品中的添加，参见 Interpolazioni
- nella const. Tanta Tanta 谕令中的优士丁尼汇编作品，第 643 页
- uso nelle scuole 优士丁尼汇编作品在学校中的使用，第 657、694 页
- 也参见 Codice Giustinianea (primo), Codice Giustinianeo, Digesto, Novelle

Compilazioni postclassiche 后古典时代的汇编作品，第 609 页以下

Composizione 组成、构成、成分，第 39 页、第 113 页及下页

Compravendita 买卖，第 159 页

Comunità preciviche 前城邦时代的共同体，第 5 页以下
- dissoluzione 前城邦时代共同体的解体，第 11 页以下
- e curie 前城邦时代共同体与库里亚，第 44 页
- e guerra 前城邦时代共同体与战争，第 14 页
- e pagi 前城邦时代共同体与村落，第 10 页以下
- 也参见 Pagi

Concili 会议、宗教会议，第 529、542、545、552、634 页

Concilia plebis 平民会议，第 84 页、第 184 页及下页、第 216 页以下
- *auspicia* 平民会议的鸟卜活动，第 218 页
- *curiatim* 平民会议与库里亚大会，第 216 页
- e *comitia tributa* 平民会议与部落民众大会，第 223 页及下页
- e *nobilitas* 平民会议与新贵族，第 217 页、第 219 页及下页
- e *populus* 平民会议与人民，第 220 页
- in sede elettorale 选举性的平民会议，第 96 页及下页、第 184 页及下页、第 223 页
- in sede legislativa 立法性的平民会议，第 222 页及下页
- in sede processuale 审判性的平民会议，第 109、223、183、276 页
- - e *coercitio* tribunizia 审判性的平民会议与保民官的强制权，第 92 页及下页
- *plebiscita* 平民会议决议，参见 *Plebiscita*
- protezione sacrale 平民会议的神圣保护，第 183 页
- *tributim* 部落（平民）会议，第 216 页及下页、第 256 页

Conciliabula 定居点，第 250、361 页

Concilium provinciae 行省会议，第 493、574 页

Concordia 和谐，第 358 页
- *ordinum* 阶级和谐，第 346、350、475 页

Concubina 情妇、姘妇，第 37、587 页

Concussio 贪污（罪），参见 *Crimen concussionis*

Concorso di persone (nel reato) （犯罪中）主体的竞和，第 456 页

Condictio 请求给付之诉，第 150 页

Condominio 共有权、共同所有权，第 136 页

Condoni 免除、赦免，第 683 页

Conductores 包租人，第 500 页

Confessione penale 刑事认罪，第 593 页

Confisca dei beni 罚没财产，第 454、467、469、542、582、583、584、585、587、589 页

Congiarium 粮食配给，第 268 页

Coniuriatio Italiae et provinciarum 意大利和行省之间的共谋，第 371 页及下页

Conscripti 征召元老，第 55、62 页

Consecratio capitis et bonorum 人格与财产献祭，第 38、93 页

Consensus omnium bonorum 全体良善人民之间的协作，第 350 页

Consensus universorum 普遍的同意，第 379 页

Consiliarius 参事，第 477 页

Consilium 委员会、顾问委员会；陪审团、评议会
- censori 监察官顾问委员会，第 170 页
- consoli 执政官顾问委员会，第 129、201 页
- governatore provinciale 行省总督顾问委员会，第 269、287 页

*Consilium principi*s 君主顾问委员会，第 385 页、第 476 页及下页、第 479 页
- e senato 君主顾问委员会与元老院，第 388 页、第 533 页及下页
- giuristi 君主顾问委员会与法学家，第 432、440、442、444、445、426、449、450 页
- repressione criminale 君主顾问委员会与犯罪惩治，第 457 页

Consistorium 枢密院，第 532、534、564、568 页，第 569 页及下页

- e *consilium pricipis* 枢密院与君主顾问委员会，第 477 页
- *leges generales* 枢密院与普遍性法律，第 594 页
- *presidenza* 枢密院首长，第 540 页

Consolato 执政官职位
- ammissione dei plebei 执政官职位对平民的接受，第 123、185 页
- - prima della XII Tavole《十二表法》前执政官职位对平民的接受，第 55 页、第 82 页及下页
- Augusto 奥古斯都的执政官职位，第 379、382 页
- Cesare 恺撒的执政官职位，第 355 页
- *consul perpetuus* 执政官职位与常任执政官，第 569 页
- del 70 a.C. 公元前 70 年的执政官职位，第 343 页
- e *nobilitas* 执政官职位与新贵族，第 199 页
- Giustiniano 优士丁尼时代的执政官职位，第 631 页
- *intervallo decennale* 执政官职位的十年任职间隔期，第 330 页
- nel *cursus honorum* 官职序列中的执政官职位，第 126 页
- *iterazione* 执政官职位的反复任职，第 274、318、325、330 页
- *petitio absentis* 候选人缺席的执政官职位，第 352 页
- 也参见 *Consules*

Const. *Cordi*《Cordi 谕令》，第 659 页以下
Const. "*Dédeken*"《Dédeken 谕令》，第 643 页以下
Const. *Deo auctore*《Deo auctore 谕令》，第 640 页以下
- raffronto con la const. *Tanta*《Deo auctore 谕令》与《Tanta 谕令》的对照，第 645 页

Const. *Haec quae necessario*《Haec quae necessario 谕令》，第 637 页及下页、第 639 页
Const. *Imperatoriam*《Imperatoriam 谕令》，第 654 页及下页
Const. *Omnem*《Omnem 谕令》，第 657 页以下、第 693 页
Const. *Summa rei publicae*《Summa rei publicae 谕令》，第 638 页及下页、第 682 页
Const. *Tanta*《Tanta 谕令》，第 642 页以下

Constitutio Antoniniana《安东尼谕令》，第 520 页以下、第 572、600 页
- diritto applicato ai *novi cives*《安东尼谕令》与适用于新市民的法律，第 522 页、第 523 页以下，也参见 Diritto locali, dopo il 212 d. C.
- e P. Giss. 40 I《安东尼谕令》与《吉森纸莎草文献集》第一卷第四十段，第 520 页及下页
- e pregressa romanizzazione《安东尼谕令》与先前的罗马化进程，第 524 页
- estensione soggettiva《安东尼谕令》与主体性扩展，第 520 页以下

Constitutiones ad commodum operis pertinents 为了编纂法典而颁布的谕令，第 659、661 页

Constitutiones generales 一般性君主谕令，第 561 页、第 593 页以下
- Costantino 君士坦丁的一般性谕令，第 543 页及下页
- e *consistorium* 一般性谕令与枢密院，第 564、594 页
- e *partes inperii* 一般性谕令与帝国的东西两部，第 545 页、第 596 页以下
- - 也参见 Unità legislativa
- e prassi 一般性谕令与实践活动，第 602 页

索　引　835

- e *rescripta* 一般性谕令与敕答，第 674 页及下页

- e *sanctiones pragmaticae* 一般性谕令与实用规定，第 596 页

- *leges* 一般性谕令与法律，第 532 页，第 543 页及下页，第 561、594 页

- *lettura in senato* 一般性谕令在元老院传阅，第 564 页及下页

- *quaestor sacri palatii* 一般性谕令与圣殿执法官，第 566、594 页

- *raccolte postclassiche* 一般性谕令与后古典时代的选集，第 613 页以下

- *sacrae* 宗教性一般性谕令，第 564 页

- - *sacrilegium* 宗教性一般性谕令中的亵渎圣灵行为，第 586、588 页

- *testo* 一般性谕令的文本，第 613、615 页

- 也参见 *Iura et leges*

Constitutiones principis 君主谕令，第 409 页以下、第 417 页以下、第 446 页、第 594 页以下

- *consilium pricipis* 君主谕令与君主顾问委员会，第 440 页

- *generali* 一般性君主谕令，第 395、409 页；也参见 *Edicta principis*、*Mandata principis*、*Constitutiones generales*

- *inscriptio* 君主谕令的署名，第 545、597、599、612 页

- *nella giurisprudenza postclassica* 后古典时代法学中的君主谕令，第 605 页

- *nella Pauli Sententiae*《保罗判决》中的君主谕令，第 617 页及下页

- *particolari* 特别性君主谕令，第 409 页、第 417 页以下

- - e *ius civile* 特别性君主谕令与市民法，第 422 页

- - e *ius controversum* 特别性君主谕令与法的冲突选择，第 421 页及下页

- - e *ius extraordinarium* 特别性君主谕令与非常法，第 422 页

- - e *ius honorarium* 特别性君主谕令与荣誉法，第 422 页

- - nel *dominato* 君主专制时期的特别性君主谕令，也参见 Leges speciales

- - 也参见 *Decreta principis*, *Epistulae principis*, *Rescripta*

- *personales* 私人的君主谕令，第 421 页

- *sacrae* 宗教的君主谕令，第 532 页

- *testo* 君主谕令的文本，第 609、615 页

- *tipologia* 君主谕令的类型化，第 409 页

- *vicem legis optinere* 君主谕令取得法律效力，第 230、395、407 页，第 410 页及下页，第 421、561 页

Constitutiones Sirmondianae《西尔蒙蒂安谕令集》，第 613 页

Consuetudine 习惯、惯例，第 30 页，第 236 页以下，第 429 页及下页，第 446、528 页，第 600 页以下，第 675 页及下页

- e *interpretatio* 习惯与解释，第 236 页及下页

- e *leges* 习惯与法律，第 601 页

- e *voluntas populi* 习惯与人民意志，第 429 页及下页、第 601 页

- *mos regionis* 习惯与地方习惯，第 429 页及下页

Consulares 执政官、长官

- *governo delle province* 执政官在行省的统治，第 471、472、490 页

- *lex Genucia* 执政官与《格努奇法》，第 222 页

- *nel senato* 执政官在元老院，第 197 页

- - *adlectio* 执政官在元老院的选拔（提拔），第 394 页

- *per Italiam* 意大利的执政官，第 486 页

- *praefectura urbi* 城市长官，第 471、462 页

- *ruolo politico* 执政官的政治角色，第

201 页

Consulares (governatori provincliali) 长官（行省总督），第 532、569 页，第 570 页及下页

Consules 执政官，第 82 页，第 116 页及下页，第 127 页以下，第 462、471 页，第 471 页及下页，第 533、569 页

- censimento 执政官的财产调查活动，第 168 页
- coercitio 执政官的强制权，第 129 页
- collegialità 执政官同僚制，第 127 页及下页
- creatio 执政官的创设，第 128 页及下页、第 188 页
- dictio dictatoris 执政官指定独裁官，第 129、164 页
- e coercitio tribuizia 执政官与保民官强制权，第 184 页
- e partes imperii 执政官与帝国的两部分，第 569 页
- e praefectus urbi 执政官与城市长官，第 472 页
- elezione 执政官选举，第 128 页及下页、第 330 页
- - per l'87 a.C. 公元前 87 年的执政官选举，第 325 页
- - per il 78 a.C. 公元前 78 年的执政官选举，第 333 页
- eponimia 名年执政官，第 127、472、533、569 页
- età minima 执政官的最低年龄，第 330 页
- imperium 执政官治权，第 128 页
- - domi 执政官城内治权，第 128 页、第 471 页及下页
- - militiae 执政官军事治权，第 128、129 页
- intercessio 执政官否决权，第 127 页
- - contro i pretori 针对裁判官的执政官否决权，第 130 页
- - tribunicia 保民官对执政官的否决权，第 180 页
- iurisdictio 执政官审判权，第 129、471、472 页
- ordinarius 常任执政官，第 472 页
- sine conlega 独任执政官，第 188、351 页
- sub auspiciis dictatoris 在鸟卜仪式下指定独裁官，第 165 页
- suffectus 补选执政官，第 472 页
- supplenza ai censori 执政官对监察官职位的代理，第 129、172 页
- 也参见 Consolato

Consulatio veteris cuiusdam iurisconsulti《某些早期法学家的见解》，第 607、612、613、617、622 页

Consulatatio ante sententiam 判决前咨询制度，第 674 页

Consustanzialità 三位一体，第 545 页

Contiones（非正式）会议，第 213、276 页

Contratti consensuali 合意契约，第 158 页及下页、第 426 页

Contumacia 缺席、不出庭，第 433 页

Conubium 通婚，第 88 页及下页，第 240、504、513、515 页
- fra patrizi e plebei 贵族与平民间的通婚，参见 Patrizi e plebei, conubium

Conventio 协议、合约，第 443 页

Conventus iuridicus 集会审判，第 268 页

Cooptatio 增补、增选，第 331 页

Cora 科拉，第 241 页

Corcira 科尔奇拉，第 257、270、273 页

Corinto 科林斯，第 669 页

Corippo 克利波，第 669 页

Cornelio Cinna (Lucio) 科尔内利·秦纳（卢齐奥），第 325 页及下页

Cornelio Gallo 科尔内利·高卢，第 380 页

Cornelio Lentulo Sura (Publio) 科尔内利·雷

图洛·苏腊（布布里），第 344 页、第 345 页及下页

Cornelio Scipione (Lucio) 科尔内利·西庇阿（卢齐奥），第 270 页及下页

Cornelio Scipione (Publio) 科尔内利·西庇阿（布布里），第 258 页及下页，第 266、299 页

Cornelio Scipione Emiliano 科尔内利·西庇阿·艾米利亚诺，第 273、274 页，第 299 页及下页，第 301、303、306 页，第 307 页及下页

Cornelio Scipione Nascica 科尔内利·西庇阿·纳西卡，第 306 页及下页、第 314 页

Cornelio Silla (Lucio) 科尔内利·苏拉（卢齐奥），参见 Silla

Cornicines 喇叭手、司号，第 216 页

Corona d'alloro 桂冠，第 383 页

Corpora 论著、大全，第 617 页

Corporati 行会业者、从业者，第 578 页及下页

Corporazioni di mestiere 手工业行会，第 484 页、第 536 页及下页、第 557 页及下页、第 578 页及下页

- iscrizioni coatte 手工业行会的强制登记，第 578 页

- libere 自由的手工业行会，第 579 页

- oneri 手工业行会中的义务，第 560 页

- ripartizione del lavoro 手工业行会与劳动分工，第 558 页

- sui iudices 手工业行会的自权审判，第 484 页

- vincolo 手工业行会的约束，第 536 页及下页、第 557 页及下页、第 574 页

Corpus mandatorum 敕训大全，第 414 页及下页

Correctores 督察官，第 532、569 页，第 570 页及下页

Corrigere ius civile 市民法改革，第 143、146 页，第 162 页及下页

Corruzione dei giudici 承审员腐败，第 321、590 页

Corsica 科西嘉，第 255、262、264、368、553 页

Corso forzoso 强制流通，第 590 页

Cosroe 克斯瑞，第 685 页

Costante 君士坦兹，第 544、596 页

Costantino (avvocato costantino politano) 君士坦丁（君士坦丁堡律师），第 660 页

Costantino (comes sacrarum largitionum) 君士坦丁（帝国财政官），第 643 页

Costantino (quaestor sacri palatii) 君士坦丁（圣殿执法官），第 688 页

Costantino il Grande 君士坦丁大帝，第 513、538 页，第 539 页以下，第 562、563、565、566、569、571、575、577、581、582、583、585、586、587、588、589、591、592、594、598、600、604、607、618、620、621、670、674、692 页

Costantino II 君士坦丁二世，第 544、596 页

Costantino VII Porfirogenito "生于紫室者"君士坦丁七世，第 699 页

Costantino IX Monomaco "独斗士"君士坦丁九世，第 699 页

Costantinopoli 君士坦丁堡

- e Roma 君士坦丁堡与罗马，第 544 页

- fondazione 君士坦丁堡的建立，第 541 页

- nuova Roma 君士坦丁堡与新罗马，第 672 页

- patriarca 君士坦丁堡大主教，第 672 页

- praefectus urbi 君士坦丁堡城市长官，第 541、544 页，第 568 页及下页

- scuola di diritto 君士坦丁堡法律学派，第 611、658、693、699 页
- senato 君士坦丁堡元老院，第 575 页
- vescovo 君士坦丁堡牧首，第 552 页

Costanzo I (Cloro) 君士坦佐一世（克洛罗），第 531、537、539、563 页

Costanzo II 君士坦佐二世，第 541、544、547、568、569、573、575、583、584、585、586、587、588、596 页

Costanzo III 君士坦佐三世，第 549、550、567 页

Costanzo Gallo 君士坦佐·加卢，第 545 页

Costituzione repubblicana 共和国宪制
- assetto definitivo 共和国宪制的明确安排，第 124 页及下页、第 126 页及下页
- dinamica 充满动力的共和国宪制，第 190、239 页
- funzionalità 共和国宪制的功能，第 314 页及下页
- in Catone e Polibio 加图与波利比奥时代的共和国宪制，第 302 页

Costituzione romulea 罗慕洛时代的政制，第 17 页以下

Crasso 克拉苏，第 326、343 页、第 344 页及下页、第 345 页及下页、第 347 页、第 350 页及下页、第 367 页

Cratino 格拉汀，第 642、693、694 页

Credo di Nicea 尼西亚会议信条，第 547 页

Cremona 克雷莫纳，第 257、338 页

Creta 克里特，第 487 页

Crimen adulterii 通奸罪，第 408、454、586 页
- accusatio 指控通奸罪，第 455、592 页
- inappellabilità della condanna 通奸罪罪行的不可上诉性，第 593 页
- nelle Novelle 在新律中的通奸罪，第 669 页

Crimen ambitus 舞弊罪，第 213、274 页、第 282 页及下页，第 283、284、285、468、590 页
- magistrature municipali 舞弊罪与自治市执法官职位，第 468 页
- pena 舞弊罪的刑罚，第 454、468 页

Crimen concussionis 索贿罪，第 467 页及下页

Crimen de residuis 截留罪，第 454 页

Crimen expilatae hereditatis 掠取遗产罪，第 470 页

Crimen falsi 作假罪，第 284、285 页，第 468 页及下页，第 589 页及下页
- cognitiones di Augusto 奥古斯都对作假罪的审判，第 457 页及下页
- inappellabilità della condanna 作假罪罪行的不可上诉性，第 593 页
- e tortura 作假罪与刑讯，第 593 页

Crimen iniuriae 侵辱罪，第 284、285、591、602 页

Crimen lenocinii 拉皮条罪，第 455、587、680 页

Crimen maiestatis 叛逆罪，第 282、283、285、289、319、384、467、585 页，第 588 页及下页，第 590、593、680 页
- accusa 叛逆罪的控告，第 592 页
- cognitio principis 君主审判的叛逆罪，第 458 页
- cognitio senatus 元老院审判的叛逆罪，第 389、462 页
- figli del condannato 叛逆罪罪犯的子嗣，第 588 页及下页
- tortura 叛逆罪的刑讯，第 593 页
- provocatio ad populum 叛逆罪与向人民申诉，第 287、355 页
- pena 叛逆罪的刑罚，第 454 页

Crimen parricidii 杀人罪，第 285、468 页

Crimen peculatus 贪污罪，第 282、284、285、469、590 页
- e corruzione dei giudici 贪污罪与承审员

腐败，第 590 页
Crimen receptatorum 包庇罪，第 589 页
Crimen repetundarum 搜刮钱财罪，第 280 页以下、第 467 页及下页、第 590 页
- *cognitio senatus* 元老院审判的搜刮钱财罪，第 389、462、463 页
- *mogli dei governatori* 总督妻妾的搜刮钱财罪，第 456 页
- *risarcimento del danno* 搜刮钱财罪与损害的补偿，第 468 页
- *estensione con senatoconsulti* 通过元老院决议扩展的搜刮钱财罪，第 456 页
- *sanzioni* 搜刮钱财罪与制裁，第 280、281 页，第 283 页及下页，第 285、468 页

Crimen sepulchri violati 侵犯陵墓罪，第 470、591 页
Crimen sodaliciorum 非法结社罪，第 285 页
Crimem stellionatus 交易欺诈（一物二卖）罪、质押欺诈罪，第 470 页
Crimen termini moti 移动界标罪，第 470 页
Crimen violentiae 暴力犯罪，第 589 页
Crimen vis 暴力罪，第 285、287、454、469、589 页
- *accusatio publica* 对暴力罪的公诉，第 592 页
- *inappellabilità della condanna* 暴力罪罪行的不可上诉性，第 589、593 页
- *interpolazioni giustinianee* 暴力罪与优士丁尼时代的添加，第 469 页
- *pena* 暴力罪的刑罚，第 454、589 页
- *provocatio ad populum* 暴力罪与向人民申诉，第 287、355 页
- *vis privata* e *publica* 公共暴力与私人暴力的暴力罪，第 454、469、589 页

Crimina extraordinaria 非常犯罪，第 469 页及下页
- *cognitio principis* 君主审判的非常犯罪，第 457 页及下页

- *nella sistematica compilatoria* 在汇编活动分类体系中的非常犯罪，第 676、677 页

Crimina ordinaria (nella *cognitio*) （审判中）的常规罪行，第 457 页及下页、第 464 页及下页、第 467 页

Crimina publica 公共犯罪
- *nel dominato* 君主专制时期的公共犯罪，第 580 页及下页
- *nella sistematica compilatoria* 在汇编活动分类体系中的公共犯罪，第 656 页、第 676 页及下页、第 677 页及下页

Criminaliter agere 刑事性行为，第 511 页
Cristinanesimo 基督教、基督教义
- *Costante e Costanzo* 基督教与君士坦兹及君士坦佐，第 545 页
- *Costantino* 基督教与君士坦丁，第 541 页以下
- *e repressione criminale* 基督教与犯罪惩治，第 593、678 页
- *e schiavitù* 基督教与奴隶制，第 556 页、第 574 页及下页
- *influsso sul diritto romano* 基督教对罗马法的影响，第 601 页
- *religione di stato* 基督教与国教，第 541 页、第 548 页及下页；也参见 Cesaropapismo
- *Valentiniano I e Valente* 基督教与瓦伦丁尼安一世及瓦伦兹，第 546 页及下页

Cristiani 基督教徒、基督徒
- *abiura* 基督教徒叛教，第 537 页
- *persecuzioni* 对基督教徒的迫害，第 537 页以下
- - *e crimen maiestatis* 对基督教徒的迫害与叛逆罪，第 467 页
- - *Traiano* 对基督教徒的迫害与图拉真，第 416、461 页
- - *vandali* 对基督教徒的迫害与汪达尔人，第 555 页

- scuole di retorica 基督教与修辞学派，第 546 页
- 也参见 Editto di Milano

Cronologia 纪年表、大事记
- alto-repubblicana 共和国早期纪年表，第 80 页及下页
- dell'età arcaica 远古时代的纪年表，第 67 页

Cubicularii 侍者，第 567 页

Culto 崇拜、祭礼
- gentilizio 氏族崇拜，第 7 页及下页
- imperiale 皇帝崇拜，第 537 页
- straniero 异邦崇拜，第 382 页

Cultura giuridica 法律文化
- bizantina 拜占庭的法律文化，第 649 页
- nel dominato 君主专制时期的法律文化，第 606 页及下页、第 610 页及下页、第 651 页
- 也参见 Giurisprudenza, Scuole di diritto

Cultura greca 希腊文化
- e giurisprudenza 希腊文化与法学，第 299 页及下页、第 338 页、第 438 页
- e riforma graccane 希腊文化与格拉古改革，第 304 页及下页
- influenza nel II sec. a. C. 希腊文化在公元前 2 世纪的影响，第 271 页

Cuma 库玛，第 76、259 页

Cura annonae 粮食供给维护
- edili 粮食供给市政官，第 173 页
- nelle città 城市的粮食供给维护，第 502 页

Cura civitatis 城市维护，第 502 页

Cura furiosi 精神病人保佐，第 105 页

Cura ludorum 公共庆典维护，第 174 页
- nelle città 城市的公共庆典维护，第 502 页

Cura prodigi 浪费人保佐，第 107 页

Cura Urbis 罗马城市维护，第 173 页

Curator annonae 粮食保佐官，第 349 页

Curator civitatis 城市保佐官，第 486、572 页

Curatores 保佐人、保佐官
- aquarum publicarum 公共渠道保佐官，第 485 页
- operum pubulicarum 公共工程保佐官，第 485 页
- imperiali 帝国的保佐官，第 485 页
- in Roma 在罗马的保佐官，第 568 页
- riparum et alvei Tiberis et cloacarum Urbis 台伯河沿岸及河床和罗马城市下水道的保佐官，第 485 页
- tribuum 部落监护人，第 170 页
- viarum 道路保佐官，第 485 页

Curia Foriensis Foriensis 库里亚，第 44 页

Curia Hostilia Hostilia 库里亚，第 197 页

Curia Veliensis Veliensis 库里亚，第 44 页

Curiae 库里亚、市议会，第 17 页及下页、第 43 页及下页
- civitates 城邦市议会，参见 Ordo decurionum
- clientes 库里亚中的门客，第 53 页及下页
- e concilia plebis 库里亚与平民会议，第 216 页
- e ordinamento centuriato 库里亚与百人团体制，第 62 页及下页、第 63 页以下
- littori 代表库里亚的侍从官，第 207 页
- novae 新库里亚，第 43 页
- plebei 平民库里亚，第 52 页以下
- veteres 老库里亚，第 43 页
- 也参见 Comizi curiati

Curiales 库里亚成员，参见 Decuriones

Curio Dentato (Manio) 库利奥·邓塔多（马尼），第 253、254 页

Curio 库里亚官，第 17、207 页
- Maximus 库里亚长，第 207 页

Cursus honorum 荣誉之路、晋升之路、官职序列，第 175、330 页

- nelle *civitates* 城邦中的官职序列，第 502 页
- nel principato 元首制时期的官职序列，第 471 页

Cursus publicus 公共驿站，第 565 页

D

Dacia (diocesi) 达契亚（专区），第 547、549、550 页

Dalmazia 达尔马提亚，第 443、554 页

Dalmazio 达马提，第 544 页

Damnatio 量刑、判罚

- *ad bestias* 委弃于野兽的刑罚，第 466、467、468、582、591 页
- *in crucem* 钉上十字架的刑罚，第 466、468、469、582 页
- *in ludum gladiatorium vel venatorium* 交于竞技场做角斗士和与猛兽搏斗的刑罚，第 466、591 页
- *in metallum* 判处去矿山的刑罚，第 466、469、483、582、587、589 页
- *in ministerium metallicorum* 判处危险性较小的辅助性劳动的刑罚，第 466 页
- *in opus metallic* 判处去矿山服役的刑罚，第 466 页
- *in opus publicum* 判处进行公共劳动的刑罚，第 466、582 页

Damnum iniuria datum 不法损害，第 676、677 页

Danubio 多瑙河，第 666 页

Darwin 达尔文，第 78 页

Datio iudicii 指定承审员，第 145 页

Dazi（关）税，第 264 页；也参见 *Portoria*

Dea Roma 罗马女神，第 400 页

Decemvirato legislativo 十人立法委员会，第 94 页以下

- autenticità storica 十人立法委员会的历史真实性，第 94 页及下页、第 99 页
- *eguaglianza giuridica* 十人立法委员会与法律平等，第 95、102 页
- *secondo* 第二任十人立法委员会，第 96 页
- 也参见 *decemvi ri legibus scribundis*、XII Tavole

Decemviri legibus scribundis 十人立法委员，第 82 页及以下

- *ius agendi cum populo* 十人立法委员会代表人民行使权，第 201 页
- *plebei* 平民的十人立法委员会，第 98 页
- *provocatio* 十人立法委员会与申诉权，第 94 页及下页、第 110 页

Decemviri litibus iudicandis 争议裁判十人委员会，第 176、475 页

Decemviri sacris faciundis 神事十人委员会，第 292、331 页

Decio Mure (Publio) 德齐奥·穆勒（布布里），第 253 页

Decreta 法令、命令；裁定

- *gentilicia* 氏族法令，第 8 页
- *magistraruum* 执法官裁定，第 145、417 页
- *ordinis* 命令式裁定，第 503 页
- *populi* 人民裁定，第 503 页
- *praefecti Aepypti* 埃及长官裁定，第 492 页
- *principis* 君主裁定、敕裁，参见 *Decreta principis*

Decreta principis 君主裁定、敕裁，第 409、431、595、675 页

- *natura* 敕裁性质，第 417 页
- *ed interpretatio prudentium* 敕裁与法学家解释，第 432 页
- *vicem legis optinere* 敕裁取得法律效力，第 420、675 页

Decuma 什一税，第 264 页

Decumani 东西走向的纬线、横线，第 247 页

　　- *maximus* 东西主纬线干道，第 247 页

Decurie 宗联；市议会，第 17 页

Decuriones 市议会成员、市议员，第 503、536 页，第 573 页及下页

　　- ed *honestiores* 市议会成员与上等人，第 577 页

　　- partecipazione ai comizi in Roma 市议会成员在罗马对民众会议的参与，第 403 页

　　- privilegi 市议会成员的特权，第 577 页

　　- responsabilità per le entrate fiscali 市议会成员对财政收入的责任，第 536 页、558 页及下页、第 573 页、第 577 页

　　- tortura 市议会成员与酷刑，第 593 页

　　- vincolo 市议会成员的约束，第 536 页、第 558 页及下页、第 573、577 页

　　- 也参见 Ordo decurionum

"*dedeitikioi*" 归降者；臣民，第 520 页

Dediticii 归降者；臣民，第 520 页

　　- *Aeliani* 艾里亚臣民，第 519、521 页

Deductio ad absurdum 归谬法，第 445 页

Defensor civitatis 城市保护人；市民保护人，第 546 页及下页、第 572 页及下页、第 666 页

　　- regno visigoto 城市保护人与西哥特王国，第 554 页

Defensor plebis 平民保护人，参见 *defensor civitatis*

Definitio 定义，第 438、444 页

Delatio 指出，第 463、469 页

　　- *nominis* 指出姓名、举报，参见 Nominis delatio

Delatores 举报人，第 365、463 页

Delicta privata 私犯

　　- e *crimina* 私犯与犯罪，第 113、115、581 页

　　- in età giustinianea 优士丁尼时代的私犯，第 676 页及下页、第 677 页及下页

　　- *pubblicizzazione* 私犯的公共化，第 581 页

Delimitatio 划定地界，第 247 页

　　- e *populares* 划定地界与民众派，第 344 页

　　- *primitiva* 原始的划定地界，第 12 页及下页

Demostene (*praefectus praetorio*) 德莫斯特内（大区长官），第 682 页

Demostene (*antecessor*) 德莫斯特内（教授），第 694 页

Denegatio actionis 否定诉权，第 145、146 页，第 149 页及下页、第 163 页及下页，第 425 页

　　- ed *exceptio* 否定诉权与抗辩，第 163 页及下页

　　- nelle *legis actiones* 法律诉讼中的否定诉权，第 137 页

Denuntiatio 举报，第 463 页

Deportatio in insulam 流放荒岛，第 466、468、469、483、582、586、587、589 页

　　- perdita della cittadinanza 流放荒岛与丧失市民身份，第 519、582 页

Deposito 寄存、存放，第 158、159 页

　　- di documenti 文件寄存，第 468 页

　　- *miserabile* 紧急寄存、必要寄存，第 150 页

　　- 也参见 Actio, depositi

Derectarii 盗贼，第 469 页

Destinatio 指定，第 404 页以下、第 471 页

Desuetudine 废弃状态、湮灭状态，第 675 页

Detestatio sacrorum 退教制度，第 47 页

Dextratio 从左到右地（拉犁），第 247 页

Dictator 独裁官，第 164 页以下

- anni dittatoriali 独裁官与独裁官年，第 81 页
- *clavi figendi causa* 独裁官与钉钉仪式，第 164 页
- *coercitio tribunicia* 独裁官与保民官强制权，第 184 页
- *comitiorum habendorum causa* 独裁官召集民众会议，第 164 页
- *dictio* 独裁官指令，第 129、164、327、354 页
- *imminuto iure* 限权独裁官，第 164 页
- *intercessio tribunicia* 独裁官与保民官否决权，第 127、166、180、183 页
- *ius agendi cum populo* 独裁官代表人民行事权，第 201 页
- *Latinus* 拉丁人独裁官，第 119 页
- *legibus scribundis et rei publicae constituendae* 制定法律和处理公共事务的独裁官，第 327 页
- nei *municipia* 自治市里的独裁官，第 249 页
- nel *cursus honorum* 官职序列中的独裁官，第 126 页
- *optima lege creatus* 创设有全权的独裁官，第 164 页
- *provocatio ad populum* 独裁官与向人民申诉权，第 110、166、167 页
- *senatus legendi causa* 独裁官与为了收拢元老的原因，第 195 页
- 也参见 Dittatura

Diem dicere 宣告日，第 276 页

Dies 日子、日期
- *comitialis* 民众会议日，第 212、349 页
- *fastus* 吉日，第 212、349 页
- *imperii* 获得治权日，第 388 页
- *nefastus* 凶日，第 212 页

Digesta 学说汇纂
- genere letterario 学说汇纂的书面类型，第 445 页
- di Giustiniano 优士丁尼学说汇纂，参见 Digesto
- sistema 学说汇纂体系，第 450、612 页

Digesto《学说汇纂》第 636 页、第 639 页以下
- ambiguità ed antinomie《学说汇纂》的模糊不清与自相矛盾之处，第 642、644 页
- classicismo《学说汇纂》的古典倾向，第 673 页及下页
- commentari bizantini《学说汇纂》的拜占庭时代的评论，第 695、699 页
- commissione《学说汇纂》委员会，第 637、643、693 页
- compilazione《学说汇纂》的汇编活动，第 639 页以下、第 646 页以下
- e Novelle《学说汇纂》与新律，第 653 页
- e predigesti《学说汇纂》与"学说汇纂前的作品"，第 647 页及下页
- e scuole orientali《学说汇纂》与东方学派，第 611 页
- giuristi utilizzabili e utilizzati《学说汇纂》中可用的法学家及用到的法学家，第 604 页及下页
- indice《学说汇纂》索引，第 644 页
- inscriptiones《学说汇纂》的署名列表，第 642 页
- ipotesi del Bluhme《学说汇纂》与布鲁梅的假说，第 646 页及下页
- interpolazioni《学说汇纂》与添加，参见 Interpolazioni
- lex generalis《学说汇纂》与一般性法律，第 642、652 页
- libri singulares《学说汇纂》的单卷，第 658 页
- masse《学说汇纂》全集，第 646 页及下页

- modo di citazione《学说汇纂》的引用方式，第 646 页
- nella pratica 实践中的《学说汇纂》，第 652 页及下页
- ordine dei frammenti《学说汇纂》的片段顺序，第 646 页
- partes《学说汇纂》的各部，第 643 页
- - de iudiciis《学说汇纂》之论审判部分，第 658 页
- - de rebus《学说汇纂》之论物的部分，第 658 页
- - nell'ordinamento degli studi《学说汇纂》各部在研习中的顺序，第 658 页及以下
- pubblicazione《学说汇纂》的公布，第 642 页及以下
- retroattività《学说汇纂》的溯及力，第 645 页
- ripetizioni《学说汇纂》的重复之处，第 642 页
- titolo conclusivo《学说汇纂》的总结性标题，第 653 页
- tradizione testuale《学说汇纂》的文本传统文献，第 645 页及下页
- Triboniano《学说汇纂》与特里波尼安，第 681、686、693 页
- umbilicus《学说汇纂》之"精章"第 658 页
- valore scolastico《学说汇纂》的教学价值，第 652 页及下页
- vigore nello spazio《学说汇纂》的地域效力，第 645 页

"*Díkai emporikai*" 商业性诉讼，第 154 页

"*dikaiodótes*" 司法官，第 492 页

"*dikaiomata*"《准则》，参见 Libro siro-romano

Dilectus 征兵，第 129 页
- *intercessio tribunicia* 征兵与保民官否决权，第 180 页

Diocesi 专区，第 532、569、570、666、668 页

Diocleziano 戴克里先，第 388、431、486、526 页，第 531 页以下，第 544、564、569、572、576、579、583、584、594、595、600、612、613 页

Dione Cassio 迪奥·卡西，第 476、487、520 页

Dioniso I (di Siracusa) 迪奥尼索一世（叙拉古），第 81 页

Dioscuro 迪奥斯库洛，第 552 页

Diribitio 查票，第 214 页

Diritti locali 本地法、地方法
- Costantino 君士坦丁时代的地方法，第 600、601 页
- Diocleziano 戴克里先时代的地方法，第 600 页
- dopo il 212 d.C. 公元 212 年以后的地方法，第 523 页以下、第 600 页
- - e come consuetudini locali 公元 212 年以后的地方法以及作为地方性习惯，第 524 页、第 525 页及下页、第 528 页
- - e doppia cittadinanza 公元 212 年以后的地方法与双重市民籍，第 524、525 页
- e consuetudine 公元 212 年以后的地方法与习惯，第 600 页
- e *leges* 公元 212 年以后的地方法与法律，第 601 页

Diritti reali 物权法、物法
- nelle XII Tavole《十二表法》中的物法，第 106 页
- nell'editto pretorio 裁判官告示中的物法，第 161 页

Diritto augurale 祭司法，第 29、292 页

Diritto classic 古典法
- critiche di Giustiniano 优士丁尼对古典法的批判，第 652 页
- e Diocleziano 古典法与戴克里先，第 526、544 页

Diritto delle persone e di famiglia 人法与家

庭法
- *ius honorarium* 人法、家庭法与荣誉法，第 161、397 页
- *legislazione augustea* 人法、家庭法与奥古斯都的立法，第 408 页
- nelle Novelle 新律中的人法和家庭法，第 664 页及下页
- nelle XII Tavole《十二表法》中的人法和家庭法，第 105 页

Diritto ereditario 继承法
- estensione all'Armenia 继承法向亚美尼亚的扩展，第 666 页
- in Q. Mucio 库伊特·穆齐的继承法，第 336 页及下页
- nelle Novelle 新律中的继承法，第 664 页及下页

Diritto internazionale 国际法
- e *ius fetiale* 国际法与战和事务祭司法，第 28、292 页
- e *ius gentium* 国际法与万民法，第 512 页

Diritto latino 拉丁人法，第 515 页

Diritto privato 私法
- Costantino 君士坦丁时代的私法，第 544 页
- Diocleziano 戴克里先时代的私法，第 544 页
- e processo formulare 私法与程式诉讼，第 334 页
- nel dominato 君主专制时代的私法，第 600 页及下页
- nelle Novelle 新律中的私法，第 664 页及下页

Diritto provinciale 行省法律，第 514 页

Diritto pubblico 公法
- nel dominato 君主专制时代的公法，第 600 页及下页
- nelle Novelle 新律中的公法，第 664 页

Diritto romano 罗马人的法律、罗马法
- dopo la *constitutio Antoniniana*《安东尼谕令》之后的罗马法，第 525 页及下页
- - e *novi cives*《安东尼谕令》之后的罗马法与新市民，第 523 页以下
- età giustinianea 优士丁尼时代的罗马法
- - fonti utilizzabili《安东尼谕令》之后的罗马法可利用的文献，第 630 页
- - metodologia《安东尼谕令》之后的罗马法方法论，第 629 页及下页
- nei regni barbarici《安东尼谕令》之后在蛮族人王国的罗马法，第 553 页以下
- nel dominato 君主专制时代的罗马法，第 528 页
- volgarismo 君主专制时代罗马法的通俗化，第 604 页
- - assolutismo imperiale 君主专制时代罗马法的帝国专制主义倾向，第 601 页
- - fattori di sviluppo 君主专制时代罗马法的发展因素，第 543 页，第 600 页及下页，第 604、650 页
- - - diritti locali 君主专制时代罗马法的发展因素之地方法，第 525、528 页
- - - cristianesimo 君主专制时代罗马法的发展因素之及基督教义，第 542、543、601 页
- - - influssi greci 君主专制时代罗马法发展因素之希腊影响，第 543 页
- - - prassi negoziale 君主专制时代罗马法发展因素之法律行为实践，第 602 页

Diritto romano-cristiano 基督教化罗马法，第 543、602 页

Diritto romano-ellenico 希腊化罗马法，第 543、600 页

Diritto soggettivo 主观权利，第 151 页及下页

Diritto ufficiale 官方正式法律，第 601 页及下页、第 604 页

Diritto volgare 通俗法，第 543 页、第 603 页及下页

- e classicism di Giustiniano 通俗法与优士丁尼的古典主义，第 651 页

- nelle compilazioni occidentali 西部汇编作品中的通俗法，第 610 页

- nelle *interpretationes* visigotiche 西哥特人法律解释中的通俗法，第 625 页

- nelle leggi romano- barbariche 蛮族化罗马法律中的通俗法，第 626 页

- 也参见 Volgarismo

Diritto 法律

- coercibilità 法律强制性，第 151 页

- e morale 法律与道德，第 30 页及下页

- e religione 法律与宗教，第 30 页以下

Discessio 分组投票、分别投票，第 197 页

Disertori 逃兵、背叛者，第 589 页

Distinctae dignitates 有区别的尊荣，第 564 页

Distinctiones 区别，第 338 页

Dittatura 独裁、专政；独裁官职位

- abdicazione 独裁官职位与退位，第 332 页

- ammissione dei plebei 独裁官职位对平民的接受，第 185 页

- Augusto 奥古斯都的独裁官职位，第 387 页

- Cesare 恺撒的独裁官职位，第 167 页、第 354 页及下页

- obsolescenza 独裁官职位逐渐湮灭，第 167 页

- Pompeo 庞培的独裁官职位，第 351 页

- Q. Fabio Massimo 库伊特·法比奥·马西莫的独裁官职位，第 354 页

- Silla 苏拉的独裁官职位，第 167 页、第 327 页以下

- 也参见 Dictator

Divalis constitutio 圣神谕令，第 532 页

Divieti di alienazione 转让禁令、禁止让与，第 577 页

Divinatio 预审程序；预测，第 286 页

Divinazione 神圣、神化，第 585、586 页

Divisio et adsignatio 区分与分配，第 383 页

Divisione giudiziale 诉讼审判（程序）的区分，第 136 页

Divorzio 离婚

- cause di giustificazione 离婚的正当化理由，第 542 页、第 586 页及下页、第 680 页

- consensuale 协议离婚，第 669、680、697 页

- ed *accusatio adulterii* 离婚与通奸控告，第 455 页

- influenze cristiane 离婚与基督教影响，第 601 页

Documento negoziale 交易文件、契据，第 602 页

Dolo 过错，第 339 页

Domiziano 图密善，第 392、400、473、478、532 页

Domizio Enobarbo (Gneo) 多米第·埃诺巴尔博（涅奥），第 369 页

Domizio Ulpiano 多米第·乌尔比安，第 107、410、421、431、449 页，第 451 页及下页、第 452、479、561 页，第 590 页及下页、第 606、607、619、620、621、624、645、665 页；也参见 *Tituli ex corpore Ulpiani*

Domnino 多尼诺，第 694 页

Domus imperiale 皇室、皇帝家族，第 400 页

Donato e donatisti 多纳图与多纳图教派，第 542、584 页

Donazione 捐赠、赠予

- a funzionari imperiali 对帝国吏员的赠予，第 416 页

索引 847

- *propter nuptias* 婚姻赠予，第 601 页
- *ultra modum* 超规格赠予，第 234 页

Donne 女性、妇女
- accusa nella cognitio 女性在审判中的控告权，第 464 页
- *intercessio* 女性与否决权，第 396、413 页
- nella legislazione giustinianea 在优士丁尼立法中的女性，第 633 页
- rapporti con schiavi 女性与奴隶的关系，第 587 页
- seppellimento in gravidanza 妊娠中的妇女的葬礼，第 38 页

Doppia cittadinanza 双重市民籍，第 517 页及下页
- *constitutio Antoniniana* 双重市民籍与《安东尼谕令》，第 524、525 页

Doroteo 多罗特，第 642、654、655、660、693、694、695 页

Dote 嫁妆、嫁妆，第 295、第 586 页及下页

Draconte 德拉科，第 38 页及下页

Druso (Giulio Cesare) 德鲁索（尤利乌·恺撒），第 394 页

Duces 将领，第 533、540、546、559、571、575 页
- goti (in Italia) （在意大利的）哥特人将领，第 554 页

Duoviri (nella città) （城市中的）两人官
- *aedilicia potestate* 有市政官权力的两人官，第 362、502 页
- *iure dicundo* 有司法权的两人官、两人执法委员会，第 362、502 页
- - *quinquennales* 五年任期的有司法权的两人官，第 503、520 页
- nel dominato 君主专制时期的两人官，第 572 页
- nelle *coloniae civium Romanorum* 在罗马市民殖民地的两人官，第 46 页

Duoviri perduellionis 敌对行为两人审判委员会，第 24、41、111、275 页
- e *tribune plebis* 两人官与平民保民官，第 183 页及下页

Duoviri viis extra urbem purgandis 市郊清洁事务两人官，第 177、475 页

Dupondii 小钱儿（新生），第 658 页

Durazzo (assedio di) 都拉斯城（之围），第 353 页

E

Ebrei 犹太人，第 583、585、665 页

Ebro 埃布罗河，第 258 页

Ecloga ad Prochirum mutate 《律令选编及法律手册修订本》，第 700 页

Ecloga privata aucta 《律令选编私人增订本》，第 700 页

Economia di scambio 交换经济、互易经济
- e *ius civile* 交换经济与市民法，第 142、161 页
- e *ius honorarium* 交换经济与荣誉法，第 161 页
- e XII Tavole 交换经济与《十二表法》，第 106 页

Edicta 告示
- *aedilium curulium* 贵族市政官告示，第 173、424 页
- convocazione del senato 告示与召集元老院，第 197 页
- *Iustiniani* 优士丁尼告示，第 670 页
- *praefectus praetorio* 大区长官告示，第 675 页
- *magistratuum* 执法官告示，第 395 页
- - autoregolamentazione 执法官告示的自我调整，第 151、411 页
- - nelle classificazione tardo-classiche 执法官告示在古典时代晚期的分类，第 423 页
- *praetoris* 裁判官告示，参见 *Edictum*

praetoris

- *principis* 君主告示、敕告，参见 *Edicta principis*

- *provinciale* 行省告示，第 153、268、424 页

- - *e mandata principis* 行省告示与君主训示，第 416 页

Edicta principis 君主告示、敕告，第 409 页、第 411 页以下

- *a natura interpretativa* 具有解释性质的敕告，第 414 页

- Costantino 君士坦丁敕训，第 544 页

- *e diritto privato* 敕训与私法，第 398、413、432 页

- - *status personarum* 敕训与私法及个人法律地位，第 412 页及下页

- *e ius extraordinarium* 敕训与非常法，第 412 页及下页

- in Ulpiano 乌尔比安笔下的敕训，第 421 页

- *leges* 敕训与法律，第 544 页

- nella repressione criminale 犯罪惩治活动中的敕训，第 413 页及下页

Edictales 二年级学生，第 658 页

Edictum de accusationibus 关于控告活动的告示，第 592 页

Edictum de pactis 关于简约的告示，第 413 页

Edictum de pretiis rerum venalium 关于被卖物价格的告示，第 534 页及下页

Edictum praetoris 裁判官告示

- *autoregolamentazione* 裁判官告示的自我调整，第 151、411 页

- *clausole edittali* 裁判官告示的条款，第 150 页

- *codificazione adrianea* 裁判官告示与哈德良皇帝的编纂活动，第 146、424、445、594 页

- *criteri interpretativi* 裁判官告示与解释标准/原则，第 426 页

- *discrezionalità* 裁判官告示与自由裁量权，第 141 页及下页、第 145、146 页

- *dopo la codificazione* 法典编纂活动后的裁判官告示，第 425 页

- *e ius honorarium* 裁判官告示与荣誉法，第 142 页

- *e nuove forme economiche* 裁判官告示与新的经济形式，第 138 页

- *fonte del diritto* 裁判官告示与法律渊源，第 152 页及下页

- *formulae* civili 裁判官告示与市民法程式，第 144 页及下页、第 149 页

- *nel dominato* 君主专制时代的裁判官告示，第 594 页

- *ordine delle materie* 裁判官告示与材料顺序，第 152 页及下页

- *origine* 裁判官告示的起源，第 141 页及下页

- *periodo postebuzio* 后艾布兹时代的裁判官告示，第 144 页及下页

- *perpetuum* 永久裁判官告示，第 145 页

- *repentinum* 临时裁判官告示，第 145 页

- *rubriche* 裁判官告示目录/标题，第 150 页及下页

- *struttura* 裁判官告示结构，第 147 页以下

- *tralaticium* 沿袭告示，第 142 页、第 144 页及下页、第 152 页

Edictum Theoderici 狄奥多里克告示，第 554 页、第 623 页及下页

Edili 市政官，参见 *Aediles*

Editio 预选，第 281 页

Editti di Cirene 西兰尼告示，第 389、458、462、488 页

Editti di tolleranza 宽容告示，第 538、539、583 页

Editto di Caracalla 卡拉卡拉敕告，参见

Constitutio Antoniniana

Editto di Milano 米兰告示，第 539、583 页

Editto di Nicomedia 尼科米底告示，第 537 页

Editto di Tessalonica 色萨利告示，第 583 页

Efeso (concilio) 艾菲索（宗教会议），第 529 页

Efesto 埃费斯托，第 685 页

Effractio carceris 撬门越狱，第 470 页

Effractores 撬门窃贼，第 469 页

Egitto 埃及，第 369、415、551 页

- Aureli 奥勒留时代的埃及，第 521 页
- bizantino 拜占庭时代的埃及，第 692 页
- casta sacerdotale 埃及的神职阶层，第 380 页
- conquista romana 罗马对埃及的征服，第 372 页
- cultura greco-egizia 埃及的埃及－希腊文化，第 379 页
- diritto applicato 埃及的适用法律，第 519 页
- divieti d'accesso 埃及与禁入令，第 380、492 页
- epistrategie 埃及主政官，第 493 页
- moneta divisionale 埃及的辅币，第 380 页
- monofisiti 埃及的基督单性说教派，第 631 页及下页，第 635、685 页
- "*nomoi*" 埃及的"大区"，第 506 页
- organizzazione 埃及的组织，第 491 页以下
- - età giustinianea 优士丁尼时代埃及的组织，第 666、670 页
- - Ottaviano 屋大维对埃及的组织，第 379 页及下页
- - *lex* 埃及的组织与法律，第 492 页
- - territoriale 埃及的领土组织，第 506 页

- processi nel VI sec. d.C. 公元 6 世纪埃及的诉讼程序，第 653 页

"*Ekklesia*" 民众大会，第 505 页

"*Ékkleton dikázein*" 根据请求审理案件，第 417、457 页

"*Eklogé tôn nómon*" 《律令选编》，第 697 页

Elche 厄尔克，第 404 页

Electio 挑选，第 281 页

Elio Peto (Publio) 埃里·贝杜（布布里），第 299 页

Elio Peto Cato (Sesto) 埃里·贝杜·卡多（塞斯特），第 99 页及下页、第 290 页、第 299 页及下页、第 334 页

Elio Tuberone (Quinto) 埃里·杜贝罗（库伊特），第 340、437 页

Eliogabalo 埃拉迦巴，第 451、452 页

"Elites" greche 希腊"精英"，第 517 页及下页、第 527 页及下页

Emancipatio 脱离父权，第 296 页

Emblemata Triboniani 特里波尼安的印记，第 649 页

Emilio Lepido (Marco) 艾米利·雷比达（马可），第 198、310、313、333 页，第 340 页以下

Emilio Lepido (Marco) (triumviro) 艾米利·雷比达（马可）（后三头之一），第 354、363、365、367、368、393 页

Emlio Lepido (Paolo) 艾米利·雷比达（保罗），第 473 页

Emilio Mamercino 艾米·马梅尔奇诺，第 123、168 页

Emilio Papiniano 艾米利·帕比尼安，第 423、450、451、452、479、606、607、617、620、621 页

Emilio Scauro (Marco) 艾米利·斯考洛（马可），第 321 页

Enantiofane 埃纳提奥法内，第 695 页

Endoploratio 求助诸邻；呼唤，第 114 页

Enea 阿伊涅斯，第 358 页

Ennio 恩纽，第 299 页

Epanagoge aucta《法律入门增订本》，第 700 页

"*Epanagogè tôn nómon*"《入门集》，第 698 页

Epidamno 埃皮达诺，第 257、262 页

Episcopalis audientia 大主教推事，第 545、557 页

Epistrategi 主政官，第 493 页

Epistulae principis 敕函，第 409 页

- accertamento del fatto 敕函对事实的确认，第 418 页、第 419 页及下页
- Adriano 哈德良敕函，第 425 页
- e *auctoritas* 敕函与准可，第 420 页
- forma 敕函的形式，第 418 页
- forza di legge 敕函与法律效力，参见 *Rescripta*, forza di legge
- nei *codices Gregorianus ed Hermogenianus*《格雷哥里安法典》与《赫尔莫杰尼安法典》中的敕函，第 615 页
- nel dominato 君主专制时期的敕函，第 594 页

Epitome Gai《盖尤斯摘要》，第 608、619 页

- carattere scolastico《盖尤斯摘要》的教学化特点，第 610 页
- *interpretatio*《盖尤斯摘要》与解释，第 625 页
- e diritto volgare《盖尤斯摘要》与通俗法，第 603 页
- nella *lex Romana Visigothorum* 西哥特化罗马法中的《盖尤斯摘要》，第 624、626 页

Epitome Iuliani《尤里安摘要》，第 670、第 670 页及下页、第 696 页

- edizioni《尤里安摘要》的版本，第 671 页

Epoca bizantina 拜占庭时代，第 692 页及下页

Equi 埃奎人，第 119、120、121 页

Equites 骑士，第 120、200 页

- *burocrazia imperiale* 骑士与帝国官僚体系，第 390、392、470 页，第 475 页及下页、第 478、481 页
- - *praefecti* 骑士与帝国官僚体系下的行政长官，第 478、483 页，第 491 页及下页
- Caio Gracco 骑士与盖尤·格拉古，第 309 页及下页
- censimento 骑士与财产调查，第 169、200 页
- censo 骑士与财产，第 200 页
- centurie 骑士与百人团，第 207 页及下页、第 215 页及下页
- commercio 骑士与商业，第 311 页
- Crasso e Pompeo 骑士与克拉苏和庞培，第 344 页
- Diocleziano e Costantino 骑士与戴克里先和君士坦丁，第 576 页
- dopo Azio 亚克兴战役后的骑士，第 378 页
- e guirisprudenza 骑士与法学，第 337 页及下页
- e guerre miridatiche 骑士与米特拉达梯战争，第 323 页
- e senatori 骑士与元老院议员，参见 Senatori, ed equites
- *equo privato e pubblico* 私人供马骑士和公共供马骑士，第 120、200、311、343 页
- Giugurta 骑士与朱古达，第 316 页以下
- governo dell'Egitto 骑士与对埃及的统治，第 380 页
- in epoca postgraccana 后格拉古时代的骑士，第 316 页及下页
- *inlustres* 骑士与显贵阶层，第 380、492 页

- M. Livio Druso 骑士与马可·李维·德鲁索，第 321 页
- *munus iudiciale* 骑士与司法审判义务，第 282 页及下页，第 285、312、319、329、343、355、453 页
- nel *consilium principis* 君主顾问委员会里的骑士，第 477 页
- *publicani* 骑士与包税人，第 311 页
- *singulares* 单人骑士，第 504 页

Eraclea 埃拉克雷，第 260、360 页

Eraclio 埃拉克里，第 666、697 页

"*Eratapokriseis*" 问答，第 694 页

Erennio Modestino 赫雷宁·德莫斯汀，第 452、484 页

Eretici 异教徒，第 542、547、548、581、583、584 页，第 634 页及下页，第 665、678、680 页

Ermodoro d'Efeso 厄莫多罗·德菲索，第 108 页

Ermogeniano 赫尔莫杰尼安，第 604 页及下页、第 612 页

Ernici 艾尔尼人，第 248 页

Eruli 赫流人，第 552 页

Esenzioni fiscali 免税
  - clero 教士免税，第 577 页
  - conseguenze 免税的后果，第 551 页
  - senatori 元老院议员免税，第 576 页

Esercito 军队
  - centuriato 百人团军队，第 66 页及下页
  - cristiani 基督教徒军队，第 537 页
  - curiato 库里亚军队，第 45 页
  - designazione dell'imperatore 皇帝对军队的指派，第 563 页
  - ed uffici civili 军队与民政职位，第 559 页
  - mercenario 雇佣军，第 334 页
  - nel dominato 君主专制时代的军队，第 571 页及下页
  - - commando 君主专制时代对军队的指挥，第 562 页
  - - *imbarbarimento* 君主专制时代军队的蛮族化，第 534、548 页，第 559 页及下页
  - - *laeti* 君主专制时代军队的外族身份，第 575 页
  - - *peso politico* 君主专制时代军队的政治分量，第 562 页
  - nella monarchia latina 拉丁人王政时期的军队，第 45、63 页
  - nelle province senatorie 元老院行省的军队，第 487 页及下页
  - *praefectus praetorio* 军队与大区长官，第 479 页
  - *princeps* 军队与君主，第 494 页及下页
  - *proletarizzazione* 军队的无产阶级化，第 341 页
  - riforma 军队改革
  - - Costantino 君士坦丁的军事改革，第 540 页
  - - Diocleziano 戴克里先的军事改革，第 533、534 页
  - - Mario 马略的军事改革，第 318 页

Esercizio arbitrario delle proprie ragioni 对各自理由的任意运用，第 589 页

Esposizione dei neonati 遗弃新生儿，第 468、590、680 页
  - deformi 遗弃畸形新生儿，第 37 页

Esquilino 埃斯奎利诺，第 16、19 页

Etoli 埃托利亚，参见 lega etolica

Etruria 埃托鲁斯，第 4、321、331、332、346 页

Etruschi 埃托鲁斯人，第 58、76、119、121 页，第 351 页及下页，第 259、324 页

Eudossio 欧多西，第 694 页

Eugenio (imperatore) 欧杰尼奥（皇帝），第 547、564 页

Eugenio (*praefectus praetorio*) 欧杰尼奥（大区长官），第 685 页

Eurico 欧里克，第 553 页
Eutropio 埃特罗皮奥，第 549、568 页
Evagrio Scolastico 埃瓦格里奥·斯科拉斯提克，第 669、691 页
Evasione 规避，第 470 页
Evocatio 征召，第 306 页
Evoluzionismo 进化论，第 78 页
Exauguratio 非占卜祭祀官职，第 78 页
Exceptio 抗辩，第 143、148、157、163 页，第 163 页及下页，第 448 页
 - *doli* 欺诈抗辩，第 339 页
 - *pacti* 简约抗辩，第 413 页
 - e *denegatio actionis* 抗辩与否定诉权，第 163 页及下页
 - *legis Cinciae* 琴其亚法抗辩，第 234 页
Exercitio publici iudicii 公共审判的实践，第 461 页
Exercitum imperare 号令部队，第 65 页
Exercitus centuriatus 百人团军队，第 211 页
Exercitus urbanus 第 211 页
Exheredatio 非指定继承，第 296 页
Exilium 离弃祖国、流放
 - *processo comiziale* 流放与民众大会审判程序，第 277 页
 - *quaestiones perpetuae* 流放与常设刑事法庭，第 287 页
Expensilatio 支出，第 426 页
Expolatores 抢夺者，第 470 页
Extra classem 非上等人，第 55 页
Ezio 埃提奥，第 550、567 页

F

Fabbriche d'armi 军工厂、武器工厂，第 565 页
Fabbriche di stato 国家工厂、国营工厂，第 566 页
Fabi 法比氏族，第 8、86 页
Fabio Ambusto (Marco) 法比奥·安布斯托（马可），第 122 页

Fabio Buteone (Marco) 法比奥·布特奥内（马可），第 186 页
Fabio Massimio (Quinto) 法比奥·马西莫（库伊特），第 255、258、259、354 页
Fabio Massimo Rulliano (Quinto) 法比奥·马西莫·卢利亚诺（库伊特），第 253、258 页
Fabri 匠人，第 208 页
 - *aerarii* e *tignarii* 木材和青铜器匠人，第 216 页
Fabrizio (Gaio) 法布利佐（盖尤），第 254 页
Falsa testimonianza 伪证、虚假证据，第 112 页
Falso monetario 制造假币，第 590 页
Famiglia e stato 家庭与国家，第 6 页
Familia 家庭、家族
 - *agnatizia* 父系宗亲家族，第 105 页
 - *communi iure* 共有法家庭，第 7 页及下页、第 15 页
 - e *sviluppo economico del VI secolo a.C.* 家庭与公元前 6 世纪的经济发展，第 58 页及下页
 - *funzione politica* 家庭的政治功能，第 8 页及下页
 - *ipotesi di P. Bonfante* 彭梵得关于家庭的假说，第 6 页以下
 - *proprio iure* 自有法家庭，第 7 页以下
 - - e *clientela* 自有法家庭与门客制度，第 60 页
Familiae emptor 家产买受人，第 296 页及下页
Fannio Cepione 法尼·切皮奥，第 385 页
Farsalo (battaglia) 法萨卢（战役），第 353 页
Fas e *ius* 神法与人法，第 30、78 页
Fasti consolari 《执政官年鉴》，第 80 页及下页、第 82 页
 - *capitolini* 卡皮托利的《执政官年鉴》，第 80 页

- prima repubblica 共和国早期的《执政官年鉴》，第 55 页

- versioni 《执政官年鉴》的不同版本，第 83 页

Fato 第 34 页

Favor rei 对有罪者有利的（疑罪从无 / 疑罪从轻），第 593 页

Fedecommessi 委托遗赠、遗产信托

- a titolo universale 概括移转的遗产信托，第 396 页

- cognitio 遗产信托审判，第 471、472、473 页

- e legati 遗产信托与遗赠，第 650 页

- ius extraordinarium 遗产信托与非常法，第 412、435、436 页

- peregrini 异邦人遗产信托，第 496 页

Felix 菲列克斯，第 328 页

Feriae 节日庆典

- dittatore 独裁官组织的节日庆典，第 164 页

- Latinae 拉丁人节日庆典，第 183 页

Feudalesimo (prodromi) 封建主义（先兆），第 551、559、561 页

Feziali 战和事务祭司，第 27 页及下页、第 292、372 页

Fico ruminale 努米纳尔的无花果树，第 16 页

Fidene 费德尼人，第 119、120 页

Fideprommisor peregrinus 异邦人承保人，第 156 页

Fides publica inter populous 民族间的公共信义，第 27 页

Fiesole 菲耶索莱，第 346 页

Filippi (fattaglia) 菲利普（战役），第 366 页

Filippo V di Macedonia 马其顿的腓力五世，第 258、262 页，第 269 页及下页、第 273 页

Filiusfamilias 家子

- operazioni di credito 家子与债权的交易，第 396 页

- violenza contro il pater 家子针对家父的暴力行为，第 37 页

Fines 界限，第 106 页

Fiorentino 佛罗伦汀，第 449 页

Fiscus 国库，第 493、496 页

- e aerarium 国库与金库，第 494、496 页

- e comes sacrarum largitionum 国库与帝国财政官，第 566 页

- e ratio (res) privata 国库与私产，第 498 页及下页

- e res publicae 国库与公产，第 498 页

- provincialis 行省国库，第 480、496 页

- giurisdizione 国库的司法管辖区，参见 Giurisdizione fiscal

- successione 国库的继承，第 498 页及下页

Fiume Allia (battaglia) 阿里亚河（战役），第 121 页

Flamen Dialis 迪阿里祭司，第 26、187 页

- ius sententiae dicendae 迪阿里祭司的发言权，第 196 页

Flamen Martialis 战神祭司，第 26、187 页

Flamen Quirinalis 罗马祭司，第 26、187 页

Flamines 祭司

- maiores 高级祭司，第 26、207 页

- minores 低级祭司，第 26 页

Flaminio (Gaio) 弗拉米尼（盖尤），第 255、256、258 页

Flavi 弗拉维王朝，第 430 页

Flotta 舰队，第 485 页

Foca 弗卡，第 682 页、第 684 页及下页

Foederati 盟友、盟邦，参见 Barbari, foederati

Foedus 盟约、约约

- aequissimum 最平等条约，第 260 页

- aequum 平等条约，第 241、260 页

- Cassianum 《卡西安条约》，第 119、

139 页

— comunità extraitaliche 与意大利以外的共同体的条约，第 261 页

— comunità italiche 与意大利共同体的条约，第 260 页

— iniquum 不平等条约，第 260 页

— municipia 自治市条约，第 249 页

Follis senatorius 元老院议员年金，第 540 页及下页，第 552、576 页

Fondazione di Roma 罗马的建立，第 16 页以下、第 52 页及下页

Fonte Ferentina 弗伦蒂纳泉，第 119 页

Fonti del diritto (classificazioni) 法律渊源（分类），第 230、424、676 页

Fordicidia 维纳斯节，第 43 页

Formae praefecti praetorio 大区长官的规范，第 480、570 页

Formalismo 形式主义

— negoziale 交易行为的形式主义，第 106 页

— nella tarda repubblica 共和国晚期的形式主义，第 334 页

— nelle XII Tavole 《十二表法》里的形式主义，第 106 页及下页

— processuale 法律程序上的形式主义，第 107 页

Formia 弗尔米，第 250 页

Formula census 监察官程式，第 169 页

Formulae 程式

— actiones civiles ed honorariae 市民法诉讼和荣誉法诉讼的程式，第 140 页以下

— adattamento al caso pratico 具体案件中程式的调整，第 147 页及下页

— con trasposizione di soggetti 伴随着主体调换的程式，第 157 页

— concepta verba 程式的固定套语，第 147 页

— concorso con le legis actiones 程式与法律诉讼的竞争，第 144 页

— ed azioni tipiche 程式与典型诉讼，第 147 页

— e interpretatio 程式与法律解释，第 289、289 页；也参见 Agere

— ficticiae 拟制程式，第 156、157、162、455 页

— in factum conceptae 事实概念的程式诉讼，第 150 页、第 156 页及下页、第 157 页

— in ius conceptae 法律概念上的程式诉讼，第 150 页、第 156 页及下页

— istruzioni al giudice privato 对私人承审员的程式指示，第 140 页及下页

— nella cognitio 审判活动中的程式，第 434 页

— tecnicismo 程式的技术性特点，第 334 页

— tipizzazione 程式的类型化／标准化，第 141、147 页

Fornacalia 和谐节，第 43 页及下页

Foro 集市、市政广场

— bonifica 土地市场，第 19 页

— censo degli equites 市政广场与对骑士的财产调查，第 169 页

— comzi tributi 市政广场上的部落民众大会，第 225 页

Fortuna 财富，第 358 页

Forum (circoscrizione territoriale) 街区（领土区划），第 250、261 页

Fozio 弗乔，第 700 页

Fragmenta Augustodunensia 《奥顿片段》，第 608、619 页

Fragmentum Atestinum 《亚特斯丁残片》，第 360 页

Franchi 法兰克人，第 553、555 页

Fratres Arvales 农神兄弟，第 26 页

Fregelle 弗雷戈勒，第 251 页

Frigido (battaglia) 伏里吉多河（战役），第 548 页

Frumentationes 粮食供给，第 309 页及下页，第 310、312、321、331 页，第 341 页及下页，第 349、357 页

Frumentum imperatum 粮食供给指令，第 262 页

Fuga 逃离、逃逸

- dalle campagne 从乡村逃离，第 557、558 页
- dalle città 从城市逃离，第 558 页、第 577 页及下页、第 578 页及下页

Fulvio Flacco (Marco) 富尔维·弗拉科（马可），第 308、31、316 页

Fundi 土地

- *excepti* 例外的土地，第 247 页
- *Italici* 意大利的土地，第 534、535、601 页
- *provinciales* 行省的土地，第 534 页

Fur 窃贼

- *atrocior* 凶贼、恶贼，第 470 页
- *balnearius* 浴室内的窃贼，第 469 页
- *nocturnus* 夜贼，第 114、470 页
- *qui se telo defendit* 携武器自卫的窃贼，第 114 页
- 也参见 *Furtum*

Furca 绞刑，第 582 页

Furio Camillo 弗利·卡米洛，第 121、123 页

Furtum 盗窃

- *crimen extraordinarium* 盗窃与非常犯罪，第 469 页及下页、第 484 页、第 581 页
- *conceptum* 查获盗窃，第 114 页
- di messi (notturno)（夜间）盗窃物，第 38、113 页
- *genera* 盗窃类型，第 449 页
- *manifestum* 现行盗窃，第 114、163 页
- *nec manifestum* 非现行盗窃，第 114 页
- nelle sistematiche compilatorie 汇编文献体系中的盗窃罪，第 676 页及下页
- nelle XII Tavole《十二表法》中的盗窃罪，第 114 页
- *oblatum* 转移的盗窃，第 114 页
- 也参见 *Fur*

G

Gabii 加比，第 241 页

Gaio 盖尤斯，第 336、410、423 页，第 447 页以下，第 606 页

- 也参见 *Institutiones*, di Gaio; *Res cottidianae*

Galba 伽尔巴，第 400、401 页

Galerio 迦勒里，第 531、537、538、539 页

Galla Placidia 加拉·普拉奇蒂娅，第 549、550、567 页

Galli 高卢人，第 81、239、257、259 页

- Boi 高卢人与波伊人，第 269 页
- ingresso in senato 高卢人进入元老院，第 356 页
- Senoni 山南高卢人，第 251 页及下页，第 253、256 页

Gallia (prefettura) 高卢（大区），第 540、569、623 页

- ostrogota 东哥特人的高卢，第 554 页

Gallia Cisalpina 山南高卢，第 333、347 页

- *civitas Romana* 山南高卢与罗马市民籍，第 356、360、364 页
- provincia 山南高卢与行省，第 331 页

Gallia Cispadana 波河南岸的高卢，第 322、307 页

Gallia Citeriore 近山高卢，第 316 页

Gallia Narbonense 远山高卢，第 347 页，第 350 页及下页、第 364、365、390、487 页

Gallia Transalpina 山北高卢，第 316、364、365、516、537、549、553、624 页

- *civitas viritana* 山北高卢与授予市民籍，第 356 页

- *foederati* 结盟的山北高卢，第 552 页

- Franchi 法兰克人的山北高卢，第 555 页

- *ius honorum* 山北高卢与荣誉法，第 392 页

- cultura giuridica nel tardo-antico 山北高卢与古代晚期的法律文化，第 619 页

- visigoti 西哥特人的山北高卢，第 623 页

Gallia Transpadana 波河北岸高卢，第 257 页

- *ius Latii* 波河北岸高卢与拉丁人权，第 322、356 页

Garenzie personali dell'obbligazione 债务的个人保证，第 664 页

Gauda 高达，第 317 页

Gelasio I 杰拉修一世，第 564 页

Genserico 盖萨里克，第 550、553、555 页

Gentes 氏族，

- consorterie aristocratiche 氏族与贵族统治集团，第 20 页

- *clientes* 氏族与门客，参见 Clientela, Clientes

- controllo del territorio 氏族对领土的控制，第 58 页

- e caduta dellla monarchia 氏族与王政的倒塌，第 79 页

- e città-stato 氏族与城市国家，第 8 页以下

- e *familia commnui iure* 氏族与共有法家庭，第 7 页及下页、第 15、44 页

- e fondazione della *civitas* 氏族与城邦的建立，第 14 页及下页、第 44 页及下页

- e *pagi* 氏族与村落，第 10、11、45 页

- e *patres* 氏族与家父/元老/贵族，第 15、20 页

- *minores* 小氏族，第 50、62 页

- nell'*interregnum* 摄政时期的氏族，第 47 页及下页

- nell'organizzazione curiata 库里亚组织中的氏族，第 44 页

- nella monarchia etrusca 埃托鲁斯王政时期的氏族，第 57 页、第 58 页以下、第 62 页及下页

- nella monarchia latina 拉丁人王政时期的氏族，第 56 页

- nelle XII Tavole《十二表法》中的氏族，第 105 页

- rami plebei delle *gentes* patrizie 氏族及贵族氏族的平民支系，第 88、199 页

- struttura 氏族结构，第 10 页及下页、第 15 页

- tattica militare 氏族与军事策略，第 63 页

- tribali 氏族部落，第 505 页

- 也参见 Gentiles, Proprietà, gentilizia

Gentiles 氏族高级成员、族人，第 56、105 页

- Definizione di Cicerone 族人与西塞罗的界定，第 88 页

Gentilicium 氏族名，第 521 页

Gentis enuptio 氏族范围外的婚姻，第 47 页

Genua 杰努阿，第 322 页

Genus e species 种和属，第 335 页、第 336 页及下页、第 438 页

Germani 日尔曼人

- personalità del diritto 日尔曼法律的属人性，第 154 页

- strutture sociali 日耳曼人社会结构，第 12 页及下页

Germanico 日尔曼尼斯，第 404 页

Gerone (di Siracusa) 希伦（叙拉古王国），第 254 页

"Gerousia" 元老院，第 505 页

Gesta per aes et libram 铜块和秤式，第 104、106 页

Geta 盖塔，第 450 页

Giacomo Baradeo 雅科莫·巴拉德奥，第 635 页

Gianicolo 基安尼科洛山丘，第 220 页

Giavoleno Prisco 雅沃伦·普里斯科，第 442 页、第 443 页及下页

Giochi istmici 科林斯地峡竞技会，第 257 页
- del 196 a.C. 公元前 196 年的科林斯地峡竞技会，第 270 页

Giovanni (avvocato costantinopolitano) 乔瓦尼（君士坦丁堡律师），第 660 页

Giovanni (imperatore) 乔瓦尼（皇帝），第 550 页

Giovanni di Cappadocia 来自卡帕多西亚的乔瓦尼，第 633、534、637、659 页、665 页以下、第 668、681 页、第 682 页以下、第 685、686、687、659、691 页

Giovanni Lido 乔瓦尼·里多，第 682、684、691 页

Giove Capitolino 卡皮托利山的朱庇特主神，第 127 页

Gioviano 约维安，第 546、563、587、596 页

Giugurta 朱古达，第 317 页

Giulia Domna 尤利娅·多姆娜，第 450 页

Giuliano 尤里安，参见 Salvio Giuliano

Giuliano (*antecessor Costantinopolitanus*) 尤里安（君士坦丁堡教授），第 670、696 页

Giuliano (*praefectus praetorio*) 尤里安（大区长官），第 682 页

Giuliano d'Alicarnasso 哈利卡纳苏城的尤里安，第 635 页

Giuliano l'Apostata 背教者尤里安，第 545 页及下页、第 585、596 页

Giulianova 朱里亚诺瓦，第 259 页

Giulio Cesare Ottaviano (Caio) 尤利乌·恺撒·屋大维（盖尤），参见 Augusto; Ottaviano

Giulio Cesare (Caio) 尤利乌·恺撒（盖尤），参见 Cesare

Giulio Cesare (Gaio: figlio adottivo di Augusto) 尤利乌·恺撒（盖尤：奥古斯都的养子），第 394、404 页

Giulio Cesare (Lucio: cos. 90 a.C.) 尤利乌·恺撒（卢齐奥：公元前 90 年执政官），第 322 页

Giulio Cesare (Lucio: figlio adottivo di Augusto) 尤利乌·恺撒（卢齐奥：奥古斯都的养子），第 394、404 页

Giulio Nepote 尤利乌·尼波斯，第 552、553 页

Giulio Paolo 尤里乌·保罗，第 338、431、445 页、第 450 页及下页、第 459、479、606、607、617、620、621、645 页

Giulio-Claudia (dinastia) 尤里安－克劳迪（王朝），第 475、480 页

Giunillo Africano 尤尼洛·阿弗里加诺，第 687 页及下页

Giunio Bruto (Marco), cesarida 尤尼·布鲁图（马可），刺杀恺撒者，第 354、363、366 页

Giunio Bruto (Marco), giurista 尤尼·布鲁图（马可），法学家，第 301、302 页

Giunio Bruto Albino (Decimo) 尤尼·布鲁图·阿尔比诺（德齐莫），第 363、364 页

Giunio Pera 尤尼·贝拉，第 167 页

Giunio Silano (Marco) 尤尼·希拉诺（马可），第 280 页

Giuramento 誓约、誓言
- al *princeps* 对君主的誓言，第 400 页
- *per Deum* 对神起誓，第 680 页
- di non presentare *rogationes* 不提交法律草案的誓言，第 229 页

Giurisdizione 司法管辖权、管辖权
- amministrativa 行政管理权，第 132 页
- *consistorium* 枢密院的司法管辖权，第 565 页
- *defensor civitatis* 市民保卫人的司法管

辖权，第 573 页
- fiscale 财税收入上的司法管辖权，参见 Giurisdizione fiscale
- governatore provinciale 行省总督的司法管辖权，第 368、489、491、513 页，第 518 页以下
- municipale 自治市的司法管辖权，第 249、485 页，第 502 页及下页，第 508 页及下页，第 547 页，第 572 页及下页，第 573 页
- - città latine 拉丁人自治市的司法管辖权，第 508 页
- penale 刑事司法管辖权，第 132 页
- pretore peregrino 外务裁判官的司法管辖权，参见 Iurisdictio peregrina
- pretore urbano 内务裁判官的司法管辖权，参见 Iurisdictio urbana
- ripartizione 司法管辖权的分配，第 571 页
- senato 元老院司法管辖权，第 565 页
- vescovile 大主教司法管辖权，第 577 页
- vice sacra 代表皇帝的司法管辖权，第 566、570 页
- volontaria 自愿接受的司法管辖，第 435 页
- 也参见 Iurisdictio

Giurisdizione fiscale 财税上的司法管辖权，第 500 页
- comes sacrarum largitionum 帝国财政官的财税上的司法管辖权，第 566 页
- comes rerum privatarum 私人管家的财税上的司法管辖权，第 567 页
- natura 财税上的司法管辖权的性质，第 498 页
- praetor fiscalis 国库裁判官的司法管辖权，第 473 页

Giurisprudenza 法学；判例，第 288 页以下
- augustea 奥古斯都时代的法学，第 435 页以下

- delle corti 法庭的判例，第 427 页及下页
- e cultura greca 法学与希腊文化，第 334 页、第 335 页及下页、第 438 页
- e nobilitas senatoria 法学与元老院的新贵族，第 237 页及下页、第 338 页、第 428 页、第 443 页
- e pretore 法学与裁判官，第 146 页、第 425 页及下页
- e rescripta 法学与敕答，第 432 页
- imperiale 帝国时代法学，第 435 页以下、第 440 页以下、第 44 页以下
- - centralità 帝国法学的集权性，第 430 页以下
- - ideologia 帝国法学的意识形态，第 425 页
- - ius respondendi 帝国法学的法律解答权，参见 Ius respondendi
- in Pomponio 彭波尼的法学，第 301 页
- laicizzazione 法学的世俗化，第 289 页及下页、第 292 页及下页、第 297 页以下
- - e ius controversum 法学的世俗化与法的冲突选择，第 428 页
- - Tiberio Coruncanio 法学的世俗化与提比留·科伦卡尼，第 298 页及下页
- metodo casistico 法学和个案决议方法，第 428 页以下、第 431 页及下页、第 444 页
- nel II sec. a.C. 公元前 2 世纪的法学，第 299 页及下页、第 300 页以下
- nel I sec. a.C. 公元前 1 世纪的法学，第 334 页以下
- nel I sec d.C. 公元 1 世纪的法学，第 440 页以下
- - 也参见 Proculiani e Sabiniani
- nel II-III sec. d.C. 公元 2 世纪到 3 世纪的法学，第 444 页以下
- nel sistema normativo del principato 元

首制的规范体系中的法学，第 430 页及下页

- nel tardo-antico 古代晚期的法学，第 604 页以下

- - generi letterari 古代晚期法学的文献类型，第 608 页

- - 也参见 Scuole di diritto, nel dominato

- opere pervenute direttamente 法学与可直接获得的作品，第 447 页以下、第 607 页及下页、第 609 页以下

- pontificale 祭司法学，第 292 页以下

- realtà provinciale 法学与行省的现实，第 517 页

- regolare 常规的法学，第 336 页

- repubblicana 共和国时代的法学，第 297 页以下、第 300 页以下、第 334 页以下

- - e fonti del diritto 共和国法学与法律渊源，第 230 页

- - e sviluppi socio-economici 共和国法学与社会经济发展，第 334 页

- - interessi 共和国法学的利益，第 237 页及下页

- - impegno politico 共和国法学与政治重任，第 337 页及下页、第 339 页

- sectae 法学流派，第 440 页以下

- senso della storia 法学的历史感，第 446、448、451 页

- stile letterario 法学的书面化风格，第 649 页

- storia (in Pomponio)（彭波尼的）法学历史，第 289、446 页

- tecniche classificatorie 法学中的分类技巧，第 335 页

- 也参见 Giuristi, Letteratura giuridica

Giurisiti

Giuristi 法学家

- agere 法学家的协助，第 291、292 页

- assistenza in giudizio 法学家在审判活动中的帮助，第 291 页

- cavere 法学家的提供，第 291 页

- consulenza 法学家的咨询意见

- - ai magistrati 法学对执法官的咨询意见，第 334 页

- - ed attività letteraria 法学家咨询意见与著述活动，第 290 页

- - luogo d'esercizio 法学家咨询意见和活动场所，第 291 页

- e burocrazia imperiale 法学家与帝国官僚系统，第 440、443 页

- estrazione sociale 法学家的社会出生，第 237 页及下页、第 338 页

- fungibilità 法学家的可替代性，第 649 页

- nel consilium principis 君主顾问委员会里的法学家，第 432、477 页

- respondere 法学家的解答，第 291 页

Giustina (imperatrice) 优士丁娜（皇后），第 549 页

Giustiniano 优士丁尼，第 556、629 页，第 630 页以下、第 650 页、第 651 页以下、第 665、666、673 页，第 681 页以下，第 685 页以下，第 689、690、691、692、697 页

Giustiniano II 优士丁尼二世，第 698 页

Giustino I 优士丁一世，第 555 页、第 631 页以下、第 669 页、第 685 页

Giustino II 优士丁二世，第 669、670、691、692、697 页

Giuvenzio Celso (padre) 尤文第·杰尔苏（父亲），第 442 页

Giuvenzio Celso (Publio) 尤文第·杰尔苏（布布里），第 426、442、445 页

Glicerio 利切里奥，第 552 页

Glossemi 注释、注解，第 605、611 页

Gneo Flavio 涅奥·弗拉维，第 297 页以下

Gnomon dell'Idioslogos 伊迪奥斯罗格长官日程表，第 415、492 页

Gordiano 高尔迪安，第 392 页

Goti 哥特人，第 553、547 页

Governatore provinciale 行省总督
- competenza d'appello 行政总督的上诉审判权限，第 508、510 页
- consilium 行省总督的委员会，第 287 页及下页
- Diocleziano 戴克里先时代的行省总督，第 533 页
- e ordo senatorius 行省总督与元老院议员阶层，第 472、488 页，第 570 页及以下
- exercitio publici iudicii 行省总督的公共审判实践，第 461 页
- e princeps 行省总督与君主，第 414 页及下页，第 488 页及下页、第 490 页
- iurisdictio 行省总督与审判权，第 269、489、491、512 页，第 518 页以下
- - peregrine alicuius civitatis 行省总督对有一定城邦的异邦人的审判权，第 509、510 页
- ius gladii 行省总督的剑罚权／生杀权，第 459 页以下
- - nella tarda repubblica 行省总督在共和国晚期的生杀大权，第 460 页及下页
- ius Romam revocandi 行省总督与要求被送回罗马的权利，第 459 页
- lex Iulia 行省总督与尤利法，第 356 页
- mogli 行省总督的妻子，第 456 页
- nel tardo-antico 古代晚期的行省总督，第 569 页、第 570 页及下页、第 666 页
- riforme sillane 行省总督与苏拉改革，第 330 页及下页
- seguito 行省总督的随从，第 269 页
- 也参见 Legati Augusti pro praetore, Praesides, Proconsules

Graccani 格拉古派，第 179、316、334、342、347 页

Grande Roma dei Tarquini 塔克文的伟大罗马，第 57 页及下页、第 139 页

Grazia 感激，第 465 页

Graziano 格拉提安，第 542、547、549、583、584、590、620 页

Grecia 希腊，第 549 页

Guerra 战争
- dichiarazione 宣战，第 27 页及下页、第 372 页、第 390 页及下页、第 562 页
- macedonica 马其顿战争，第 269、273 页
- piratica 对海盗的战争，第 344 页及下页
- senato 元老院战争，第 198 页
- servile 奴隶战争，第 342 页及下页
- sociale 同盟者战争，参见 Bellum sociale
- 也参见 Tattica militare

Guerre latine 拉丁人战争，第 122、240 页

Guerre puniche 布匿战争，第 254 页及下页、第 257 页以下、第 273 页及下页
- effetti 布匿战争的后果，第 245 页

Gruerre sannitiche 萨尼姆人战争，第 240 页、第 251 页及下页

Gundobado 昆多巴多国王，第 555、624 页

H

Heba 赫巴，第 404 页

Herculius 海格里斯神，第 531 页

Heredis institutio 指定继承人，第 296 页

"Héroes" 英雄，第 694 页

"Hexábiblos"《六册卷本》，第 698 页

"Hexecontábiblos"《六十卷本》，第 698 页

Homines novi 新人，第 199 页及下页、第 256 页及下页、第 344、366 页

Honestiores 上等人阶层，第 503 页、第 575 页以下
- graduazione della pena 上等人阶层的刑

罚级别，第 464 页及下页、第 466 页及下页、第 468、469 页

Honoraria 荣誉，第 435 页

Honores 官职、高位，第 435、467、502 页

Honos 荣耀，第 358 页

Horatia (gens) 奥拉兹（氏族），第 96 页

Horrea publica 公共粮仓，第 484 页

Hospites 主人，第 555 页

Hospitium 驿馆、驿站，第 56 页

    - *privatum et publicum* 公共驿馆和私人驿站制度，第 155 页

Hostis publicus 公敌，第 314 页以下、第 461 页

    - M. Emilio Lepido 公敌与艾米利·雷比达，第 342 页

Humiliores 下等人阶层，第 503 页、第 578 页以下

    - *graduazione della pena* 下等人阶层的刑罚级别，第 464 页及下页、第 466 页及下页、第 468、469 页，第 582 页及下页

I

Iapigi 爱庇基人，第 259 页

Icilio Ruga (Lucio) 伊其利·卢加（卢齐奥），第 219 页

Iconoclastia 圣像破坏运动，第 697 页

Ictus 刑罚

    - *flagellorum* 鞭刑，第 467、577 页

    - *fustium* 杖刑，第 467 页

Idi di marzo 三月十五日，第 363 页

"*Idia*" 户籍，第 508 页

Idioslogos 伊迪奥斯罗格长官，参见 *Gnomon dell'Idioslogos*

Iempsale 西耶普萨，第 317 页

Ignominia 污名，第 170 页

Ilerda (battaglia) 莱里达，第 353 页

Illiria 伊利里亚，第 273、552 页

Ilirico 伊利里亚的，第 487、551 页

    - *prefettura* 伊利里亚大区，第 540、549、550、569、645 页

Illuminismo 启蒙运动，第 656 页

Illustres 显贵阶层，第 565、566、567、568、569、570、575、577 页

    - *gerarchia* 显贵与等级制度，第 568 页

    - *rappresentanza nell'accusatio iniuriarum* 显贵阶层与在侵辱控告活动中代理，第 602 页

Imperare exercitum 号令军队，第 211 页

Imperator 皇帝、统帅

    - *praenomen* 皇帝尊号，第 359 页、381 页及下页、第 402 页

    - *come titolo* 作为头衔的皇帝称号，第 359 页

Imperatore 皇帝

    - *in età giustinianea* 皇帝在优士丁尼时代，第 671 页以下

    - - *appello* 优士丁尼皇帝的上诉审，第 673 页

    - - *ed interpretatione autentica* 优士丁尼时代皇帝与权威的法学解释，第 669、674 页

    - - *fonte del diritto* 优士丁尼时代皇帝与法律渊源，第 673 页及下页

    - - "*nómes émpsychos*" 优士丁尼时代皇帝和个人化的法律，第 674 页

    - *nel dominato* 君主专制时期的皇帝，第 561 页以下

    - - *abdicazione* 君主专制时期皇帝的退位，第 539 页

    - - *adoratio* 君主专制时期皇帝的收养制度，第 532 页

    - - *autocrazia* 君主专制时期皇帝的独裁，第 532 页

    - - *consul perpetuus* 君主专制时期皇帝与常任执政官，第 569 页

    - - *dominus et deus* 君主专制时期皇帝和主宰者与神，第 563 页及下页

- - offese 触犯君主专制时期皇帝,第588页
- - partes imperii 君主专制时期与帝国的两部分,第596页
- - legislazione 君主专制时期皇帝的立法,第561页及下页
- - legibus solutus 君主专制时期的皇帝和法律约束,第561页及下页
- nel principato 君主专制时期的皇帝,参见 Princeps

Imperium 治权
- abdicatio 治权与退位,第369页及下页
- abuso 治权滥用,第454页
- carattere originario 治权的原始特征,第410页
- dictator 治权与独裁官,第165页
- - rei publicae constituendae 治权与处理公共事务的独裁官,第327页及下页、第365页
- domi e militiae 城内治权和军事治权,第110页及下页、第127页、第128页以下、第211页、第266页及下页、第274页及下页、第330页及下页、第381页
- e ius honorarium 治权和荣誉法,第153页
- e potestas 治权和权力,第127、130页
- illimitatezza 治权无限制,第128页、第137页及下页、第502页
- legati Augusti pro praetor 奥古斯都代行裁判官特使的治权,第490页
- nell'Italia imperiale 在帝国时代意大利的治权,第485页
- nella monarchia 王政时代的治权,第23、61页
- nelle province 行省的治权,第264页
- origine 治权的起源,第23页及下页
- populous Romanus 治权和罗马人民,第410页
- praefectus Aegypti 埃及行政长官的治权,第492页
- praetor 裁判官的治权,第130页及下页
- princeps 君主的治权,第418页
- pro praetor 代行裁判官的治权,第266、353、491页
- proconsulare 代行执政官的治权,第265页及下页、第489页
- - a privati 代行执政官对私人的治权,第258、266、267页
- - cumulo col consolato 代行执政官对执政官职务的兼任,第351页
- - e pomerio 治权和城界,第327页
- - maius et infinitum 也参见 Imperium proconculare maius et infinitum
- prorogatio 治权延期,参见 Prorogatio imperii
- protezione degli stranieri 治权对外国人的保护,第155页
- tresviri coloniae deducendae 殖民地开辟三人委员会的治权,第246页
- triumviri reipublicae constituendae 为共和国设立的三头执政同盟的治权,第365页
- 也参见 Ius agendi cum patribus;Ius agendi cum populi;Ius edicendi

Imperium proconsulare maius et infinitum 更高且不受限制的行省总督治权,第388页、第411页及下页、第488页
- appello 更高且不受限制的行省总督治权与上诉审,第417页及下页
- Augusto 奥古斯都的更高且不受限制的行省总督治权,第383页及下页、第386页及下页
- interventi nelle province senatorie 更高且不受限制的行省总督治权和对元老院行省的干预,第390页

- repression criminale 更高且不受限制的行省总督治权对犯罪的镇压，第 413 页

Impero assoluto 专制帝国

- divisione *in partes* 专制帝国分裂为两半，第 562、596 页

- e economia schiavistica 专制帝国与奴隶制经济，第 560 页

- e riforme di Diocleziano 专制帝国和戴克里先改革，第 531 页以下

- età giustinianea 优士丁尼时代的专制帝国

- - burocratizzazione 优士丁尼时代专制帝国的官僚化，第 673 页

- - nelle fonti letterarie 书面文献中的优士丁尼时代专制帝国，第 688 页以下

- - monarchia universale 优士丁尼时代专制帝国的全面帝制，第 672 页

- - questione linguistica 优士丁尼时代专制帝国的语言问题，第 687 页

- - rapporti stato-cittadini 优士丁尼时代专制帝国的市民—国家关系，第 673 页

- principio dinastico 专制帝国的王朝制原则，第 538 页

- riforme di Costantino 专制帝国和君士坦丁改革，第 539 页以下

- situazione socio-economica 专制帝国的社会经济状况，第 557 页以下

- unità 专制帝国的统一，第 531 页及下页，第 533 页，第 544 页及下页，第 548、549 页

- usurpatori 专制帝国的篡位者，第 563 页

- 也参见 Imperatore, nel dominato; Occidente (impero); Oriente (impero); *Partes imperii*

Imposta fondiaria 土地税

- danneggiamento del fondo 土地税与土地的破坏，第 590 页

- determinazione 土地税的确定，第 535 页及下页

- presentazione di soldati 土地税与士兵的提供，第 535 页

- riforma di Diocleziano 土地税与戴克里先改革，第 535 页及下页

- sui fondi italici 课加在意大利人土地上的土地税，第 601 页

- 也参见 *Capita*, *Iuga*

Imposte 税赋、税收

- in età giustinianea 优士丁尼时代的税收，第 667、683、684 页

- imposizione illegittima 不合法课加的税赋，第 456 页

- potere impositivo 税收与征税权，第 562 页

- ripartizione 税收等额分配，第 557 页

- riscossione 税赋的征收，第 556、570、571 页

- - responsabilità dei decurioni 市议员的征税责任，第 536 页，第 558 页及下页，第 573、577 页

- Teodosio I 税收与狄奥多西一世，第 548 页

In aerarios referre 贬为庶民，第 170 页

In dubiis pro reo 疑罪从无／疑罪从轻，第 593 页

In ius vocatio 传唤受审，第 448 页

In suffragium revocare 第 212 页

Inauguratio 占卜，第 45、212 页

- *rex* 王与占卜活动，第 23 页

- - *sacrorum* 圣王与占卜活动，第 207 页

Incapacità giuridica 法律上无资格

- condanna per *maiestas* 法律上无资格与对谋逆罪的判罚，第 588 页及下页

- sanzione 法律上无资格与制裁，第 584、585、665 页，第 678 页及下页，第 680 页

Incendio doloso 故意纵火，第 113、484 页

Incendio gallico 高卢人纵火，第 100、121 页

Incensus 拒绝财产调查，第 37 页

Incesto 乱伦，第 454、587、608 页
Incolae 居民，第 508 页
Indefensio 不承认，第 433 页
Indemnatum hominem interfici 未经审判，不得处以死刑（无辜者不受死），第 93 页及下页、第 104、109 页
Index Florentinus《佛罗伦萨索引》，第 644 页
Indictiones 十五年税政，第 536 页
Indignitas 不配，第 567 页
"*Indikes*" 概要，第 694、696 页
Indoeuropei 印欧语系的，第 9 页
Infames 丧廉耻，第 468、585、589 页
- accusa nella *cognitio* 丧廉耻与在审判中的控告，第 464 页
Infra classem 次等人，第 67 页
Iniuria 不法行为
- nel Digesto《学说汇纂》中的不法行为，第 676 页
- pubblicizzazione 不法行为的公开化，第 470、581 页
Inscriptiones 署名
- nelle *constitutiones* 谕令中的署名，第 545 页
- - congiunta 谕令中的联合署名，第 597、599 页
- - raccolte di *leges* 谕令中的署名和法律选集，第 612 页
- nel Digesto《学说汇纂》中的署名信息，第 643 页
Institutiones《法学阶梯》
- di Gaio 盖尤斯《法学阶梯》，第 447 页以下
- di Paolo 保罗《法学阶梯》，第 451 页
- imperiali 帝国时代的《法学阶梯》，第 653 页以下
- - classicismo 帝国时代《法学阶梯》的古典主义，第 673 页及下页
- - commissione 帝国时代《法学阶梯》委员会，第 653 页及下页、第 693 页
- - compilazione 帝国时代《法学阶梯》的汇编活动，第 655 页及下页
- - e *Institutiones* di Gaio 帝国时代《法学阶梯》与盖尤斯《法学阶梯》，第 448 页及下页、第 655 页
- - e ordinamento giuridico 帝国时代《法学阶梯》与法律体系，第 644、657 页
- - e *Res cottidianae* 帝国时代《法学阶梯》与《日常事务》，第 449、655 页
- - equiparazione alle leges 帝国时代《法学阶梯》与法律的等同，第 654 页及下页、第 656 页及下页
- - innovazioni 帝国时代《法学阶梯》的创新，第 657 页
- - nella pratica 实践中的帝国时代《法学阶梯》，第 652 页及下页
- - nell'insegnamento 教学活动中的帝国时代《法学阶梯》，第 658 页
- - retroattività 帝国时代《法学阶梯》的溯及力，第 645 页
- - vigore nello spazio 帝国时代《法学阶梯》的空间效力，第 645 页
Instrumenta 劳动工具，第 468 页
Insubri 伦巴第人，第 257 页
Insulae 荒岛、岛，第 483 页及下页
Intercessio 否决权
- *collegarum* 同僚否决权，第 127 页
- console 执政官否决权，参见 *Consules, intercessio*
- fra pretori 裁判官之间的否决权，第 131 页及下页
- magistrati municipali 行省执法官的否决权，第 502 页
- *par maiorve potestas* 否决权与同等或更大权力，第 137 页及下页
- potere negativo 否决权与消极性权利，第 84 页
- tribuni della plebe 平民保民官的否决

权，参见 Tribuni della plebe，*intercessio*

Interdicta 令状，第 143、148、151、157、448 页

Interdictum de vi 制止暴力剥夺令状，第 483 页

Interdictum quod vi aut clam 制止暴力和欺瞒令状，第 483 页

Interdictum uti possidetis 现状占有令状，第 243、244 页

Interessi 利益；利息，参见 *Usurae*

Interlocutio de plano 简易即时判决，第 421 页

Interpolazioni 添加
- giustinianee 优士丁尼时代的添加，第 606 页、第 648 页以下
- - affermazioni di Giustiniano 优士丁尼时代的添加和优士丁尼的认可，第 642 页、第 648 页及下页、第 650 页
- - confronti testuali 优士丁尼时代的添加和文本上的对照，第 609 页、第 649 页及下页
- - *constitutiones* di Giustiniano 优士丁尼时代的添加和优士丁尼的谕令，第 662 页
- postclassiche 后古典时代的添加，第 605 页及下页、第 608 页及下页、第 614、615、620 页

Interpretatio pontificum 祭司的法律解释，第 35、290、298 页
- e *ius sine scripto* 祭司法律解释与不成文法，第 232 页
- formalismo 祭司法律解释与形式主义，第 236、294 页
- in materia negoziale 交易行为方面的祭司法律解释，第 236 页
- libertà 祭司法律解释的自由性，第 235 页及下页
- monopolio 祭司法律解释的垄断地位，第 131、290、293、298 页

- vincolatività 祭司法律解释的约束力，第 428 页
- XII Tavole 祭司法律解释与《十二表法》，第 103 页
- 也参见 Pontifices

Interpretatio prudentium 法学家法律解释，第 101、232、300、446 页
- e cancelleria imperiale 法学家法律解释与皇帝文书署，第 422 页及下页
- e formulari processuali 法学家法律解释与诉讼程序中的程式，第 289 页
- e *interpretio pontificium* 法学家法律解释和祭司法律解释，第 235 页及下页
- e *ius civile* 法学家法律解释和市民法，第 142 页，第 235 页及下页，第 238、426 页
- e *ius controversum* 法学家法律解释和法的冲突选择，第 337 页
- e *mores* 法学家法律解释和惯习，第 290、294 页
- e sistema aperto 法学家法律解释与开放性体系，第 236 页
- limiti intrinseci 法学家法律解释与固有限制，第 237 页
- nell'impero 帝国的法学家法律解释，第 235 页及下页、第 426 页以下
- testi normativi 法学家法律解释与规范文本，第 101 页及下页、第 426 页
- 也参见 Giurisprudenza

Interpretationes (visigotiche)（西哥特的）《解释》，第 616 页、第 624 页及下页
- carattere scolastico《解释》的教学特点，第 610 页
- e diritto volgare《解释》与通俗法，第 603、625 页
- *Epitome Gai*《解释》与《盖尤斯摘要》，第 619 页
- origine 《解释》的起源，第 624 页及下页

Interpretazione autentica 权威解释，第669、674页

Interpretes 翻译，第269页

Interregnum 摄政
- *dictio dictatoris* 摄政指定独裁官，第327页
- dell' 82 a.C. 公元前82年的摄政，第188、327页
- del 52 a.C. 公元前52年的摄政，第188、351页
- *ius agenda cum populo* 摄政与代表人民行事权，第211页
- nella monarchia 王政时期的摄政，第22页、第47页及下页、第48页及下页
- nella repubblica 共和国时期的摄政，第187页以下、第198页

Iovius 朱庇特主神之子，第531页

Isaurici 伊索利亚人，第697页及下页

Isidoro 伊斯多罗，第694、695、696页

Isola Tiberina 蒂贝里纳岛，第4页

Istria 伊斯特利亚，第307页

Italia 意大利
- bizantina 拜占庭时代的意大利，第701页及下页
- centrale (fra il VI e V sec a.C.) 意大利中部（公元前6世纪至前5世纪），第79页
- confine 意大利边境，第331页
- conquista longobarda 伦巴第人对意大利的征服，第616页
- dopo il *bellum sociale* 同盟者战争后的意大利，第359页以下
- dopo il guerre puniche 布匿战争后的意大利，第259页以下
- e fondazone di Consantinopoli 意大利和君士坦丁堡的建立，第541页
- integrazione con Roma 意大利与罗马的一体化，第356页
- nel principato 元首制时期的意大利，第485页及下页、第500页
- - diritto applicato 元首制时期的意大利的适用法律，第510页以下
- nel IV sec. a.C. 公元前4世纪的意大利，第242页
- prefettura 意大利大区，第540、569页
- provincializzazione 意大利的行省化，第532、534页
- regno ostrogoto 意大利与东哥特王国，第554页及下页
- riconquista giustinianea 优士丁尼收复意大利，第616、634页，第668页及下页、第689页
- romanizzazione 意大利的罗马化，第248页
- sotto Odoacre 奥多亚克治下的意大利，第553页
- *suburbicaria* 意大利边区，第568、571页
- urbanizzazione 意大利的城市化，第359页

Italici 古意大利人
- ammissione in colonie latine 拉丁人殖民地对意大利人的接受，第241页
- e Mario 意大利人与马略，第324页
- massacre in Asia Minore 意大利人与小亚细亚的大屠杀，第323页
- nei censimenti del I sec. a.C. 公元前1世纪财产调查中的意大利人，第324、325、343、341页

Iudex datus 交办承审员，第433、458页

Iudex pedaneus 授权承审员，第433页
- *rescripta* 授权承审员与敕答，第419页

Iudex privatus 私人承审员
- e *pontifices* 私人承审员与祭司，第294页
- e costituzioni particolari 私人承审员与特别谕令，第418、419页

- e *responsa prudentium* 私人承审员与法学家回答，第 427 页及下页
- *scomparsa* 私人承审员的消失，第 433 页
- *sententia* 私人承审员的判决，第 409 页

Iudex quaestionis 主审官员，第 282、283、330 页

Iudex territorii 属地审判员，第 554 页

Iudicatio 审判，第 41 页
- e *iurisdictio* 审判与司法权，第 132 页

Iudices 审判官员，第 128 页

Iudices decemviri 十人审判委员会，第 172、177 页

Iudicia bonae fidei 诚信审判，第 158 页及下页、第 336 页及下页、第 426、第 511 页及下页

Iudicia imperio continentia 依权审判（程序），第 140 页
- fra *cives* 市民之间的依权审判（程序），第 143、157 页

Iudicia populi 人民审判、民众审判，第 265 页及下页、第 276 页及下页、第 277 页及下页、第 285、330 页

Iudicia publica 公共审判，第 285 页及下页
- *cognitio per crimina ordinaria* 对常规犯罪的公共审判程序，第 463 页及下页
- nelle sistematiche compilatorie 汇编文献体系中的公共审判，第 676、677 页

Iudiciorum usus 司法实践习惯，第 657 页

Iudicium de moribus 道德审判，第 170、198 页

Iuga 税区，第 535 页

Iulia (gens) 尤利乌（氏族），第 358 页

Iulis (mese) 七月（月份），第 358 页

Iulo 尤洛，第 358 页

Iuniores 青年人团，参见 *Centurie*, *iuniores*

Iura 法学；法，第 651 页及下页
- alterazioni postclassiche 法学与后古典时代的退变，第 605 页及下页、第 611 页
- antologie 法学选集，参见 Antologie giuridiche
- *disciplina postclassica* 后古典时代的法学训练，第 607 页；也参见 Legge delle citazione
- e *leges* 法学与法律，第 561、652 页
- - nella const. *Deo auctore* 《Deo auctore 谕令》中的法学与法律，第 642、644 页
- - raccolte miste 混合型选集中的法学与法律，第 607 页及下页、第 620 页以下
- - Teodosio II 法学与狄奥多西二世，第 613 页及下页

Iura peregrinorum 异邦人的法
- e giurisprudenza 异邦人的法和法学，第 429 页及下页
- nei tribunali romani 罗马法庭中的异邦人法律，第 518 页及下页

Iura populi Romani 罗马人民的法，第 448 页

Iuratores censorii 监察官的承誓员，第 170 页

Iuridici 司法官，第 486、508 页

Iuridicus Alexandreae 亚历山大城的司法官，第 492 页

Iuridicus provinciae 行省司法官，第 491 页

Iurisdictio 司法权
- degli edili 市政官的司法权，第 173 页
- - nelle province 行省的市政官司法权，第 269 页
- discrezionalità del pretore 司法权和裁判官的自由裁量权，第 149 页及下页
- *intercessio tribunicia* 司法权和保民官否决权，第 181 页及下页
- *peregrina* 对异邦人的司法权，第 131 页及下页、第 155 页及下页
- - e processo formulare 对异邦人的司法权和程式诉讼，第 140 页及下页
- - governatore provinciale 行省总督对异邦人的司法权，第 512 页

- - prima del 242 a.C. 公元前 242 年以前对异邦人的司法权，第 139 页及下页
- significato del termine 司法权与期限的意义，第 132 页
- urbana 内务司法权，第 131 页及下页
- 也参见 Giurisdizione

Ius 法
- ars boni et aequi 法系公正和良善的艺术，第 445 页
- divinum 圣法，第 32 页
- e fas 法和神法，第 30、78 页
- e lex 法和法律，第 511 页
- ex non scripto 不成文法，第 101、675 页
- fetiale 战和事务祭司法，第 28 页
- honorum 荣誉法，第 504 页
- humanum 人法，第 32、229、292 页
- imaginum 塑像权，第 130、174 页
- migrandi 迁徙权，第 240、504 页
- naturale 自然法，第 512 页
- pontificium 祭司法，第 437 页
- publicum 公法，第 511 页
- quod ad actiones pertinet 关于诉讼的法，第 448、619 页
- quod ad personas pertinet 关于人的法，第 448 页
- sacrum 圣法，第 32、34、229、230、292、44 页
- suffragii 表决权、投票权，第 240 页及下页、第 504 页
- tribunale del magistrato 法与执法官的审判，第 134 页
- tribunicium (Augusto) 保民官权（奥古斯都），第 368、370、379、380 页

Ius Aelianum《埃里法》，第 300 页
Ius agendi cum patribus 代表元老院行事权，第 126、128、130、185 页
Ius agenda cum plebe 代表平民行事权，第 218、224 页
- Augusto 奥古斯都的代表人民行事权，第 387 页
Ius agenda cum populo 代表人民行事权，第 126、128、130、211 页
- comitia tributa 代表人民行事权和部落民众大会，第 224 页
Ius civile 市民法
- autosufficienza 市民法的自给自足性，第 161 页及下页
- codificazione di Cesare 市民法和恺撒的法典编纂，第 358 页
- diritto applicato ai soli cives 市民法和仅适用于市民的法律，第 511 页以下
- disapplicazione pretoria 市民法和裁判官的不予适用，第 164 页
- e constitutiones principum 市民法和君主谕令，第 230、422 页
- e economia dello scambio 市民法和交换经济，第 142、161 页
- e interpretatio prudentium 市民法和法学家解释，第 236 页以下、第 426 页以下
- e ius gentium 市民法和万民法，参见 Ius civile e ius gentium
- e ius honorarium 市民法和荣誉法，参见 Ius civile e ius honorarium
- e ius publicum 市民法和公法，第 511 页
- legis actiones 市民法和法律诉讼，第 435 页
- e Latini 市民法和拉丁人，第 515 页
- e lex 市民法和法律，第 511 页
- e proculiani 市民法和普罗库斯学派，第 441 页
- estensioni ai peregrini 市民法和向异邦人的扩展，第 160 页、第 511 页及下页
- fondato sui mores 建立在惯习基础上的市民法，第 232 页

- fonti 市民法渊源，第 153 页

- immodificabilità 市民法的不可更改性，第 232 页以下

- in Pomponio 彭波尼的市民法，第 301 页、第 425 页及下页

- *ius proprium civitatis* 市民法和特有城邦权，第 511 页

- Libro siro-romano 市民法和《叙利亚—罗马法典籍》，第 622 页

- nei commentari *ad edictum* 在《论告示》的评注中的市民法，第 149 页

- *quod sine scripto in sola interpretatione prudentium consistit* 市民法仅仅是以不成文的形式存在于法学家解释当中，第 101、232、289 页，第 425 页及下页

- *senatuconsulta* 市民法和元老院决议，第 230 页

- sistema espositivo 市民法和解释体系，第 442 页

- tutela nella *cognitio* 市民法和审判中的监护，第 434 页及下页

Ius civile e *ius gentium* 市民法和万民法，第 153 页

- e *ius naturale* 市民法和万民法和自然法，第 512 页

- significati della dicotomia 市民法与万民法两分法的意义，第 160 页、第 511 页以下

Ius civile e *ius honorarium* 市民法和万民法，第 133 页，第 153 页以下，第 163 页及下页，第 204、395、511 页

- fusione nel diritto volgare 市民法和万民法在通俗法中的融合，第 604 页

- come sistemi normativi 作为规范体系的市民法和万民法，第 160 页以下

- pluralità degli ordinamenti giuridici 市民法和万民及法律体系的多样性，第 162 页

- e sviluppo dell'ordinamenti romano 市民法和万民法以及罗马制度的发展，第 650 页

- in età giustinianea 优士丁尼时代的市民法和万民法，第 677 页

- in Marciano 马尔奇亚诺时代的市民法和万民法，第 452 页

- incomunicabilità 市民法和万民法的不可通约性，第 162 页

Ius controversum 法的论辩、法的冲突选择，第 426 页以下

- e certezza del diritto 法的冲突选择和法律的确定性，第 152 页

- e *interpretatio prudentium* 法的冲突选择和法学家解释，第 337 页

- e laicizzazione della giurisprudenza 法的冲突选择与法学的世俗化，第 428 页

- e problema delle interpolazioni 法的冲突选择和添加的问题，第 650 页

- e *rescripta* 法的冲突选择和敕答，第 421 页及下页、第 431 页及下页

- sistema aperto 法的冲突选择与开放式体系，第 152 页、第 428 页及下页、第 444 页

Ius edicendi 告示权，第 126、127、174、185 页

- e *ius civile* 告示权和市民法，第 412 页

- e *ius honorarium* 告示权和荣誉法，第 412 页

- in material amministrativa 在行政管理事务中的告示权，第 231 页

- *princeps* 君主告示权，第 411 页

Ius extraordinarium 非常法，第 153、160、395、413 页，第 432 页以下、第 436、650 页

- e *interpretatio prudentium* 非常法和法学家解释，第 426 页

- e *rescripta* 万民法和敕答，第 420、422 页

- e *senatusconsulta* 万民法和元老院决议，第 397 页
- Libro siro-romano 万民法和《叙利亚—罗马法典籍》，第 622 页

Ius gentium 万民法
- diritto applicato agli stranieri 万民法和适用于外国人的法律，第 153 页、第 511 页以下
- - *peregrini alicuius civitatis* 适用于外国人的万民法和有一定城邦的异邦人，第 518 页
- diritto di tutti i popoli 万民法和所有民族的法律，第 512 页
- diritto internazionale pubblico 万民法和国际公法，第 512 页
- e *sabiniani* 万民法和萨宾学派，第 441 页
- e *ius honorarium* 市民法和荣誉法，第 157 页及下页、第 160 页
- estensione agli stranieri del *ius civile* 万民法和市民法向外国人的延伸，第 160 页

Ius gladii 剑罚权，第 459 页以下，第 479、491 页

Ius honorarium 荣誉法
- applicato agli stranieri 适用于外国人的荣誉法，第 155 页以下、第 510 页及下页、第 511 页及下页
- autosufficienza 荣誉法的自足性，第 161 页及下页
- civilizzazione degli istituti 荣誉法与制度的开化，第 159 页及下页
- ed editto 荣誉法与告示，第 142、144 页
- - peregrino 荣誉法与对异邦人告示，第 153 页
- ed *imperium* 荣誉法与治权，第 153 页
- e *ius civile* 荣誉法与市民法，参见 Ius civile e ius honorarium
- e *ius edicendi* 荣誉法与告示权，第 412 页
- e *ius gentium* 荣誉法与万民法，第 157 页及下页、第 160 页
- e processo formulare 荣誉法与程式诉讼，第 435 页
- e *rescripta* 荣誉法与敕答，第 420、422 页
- e *senatusconsulta* 荣誉法与元老院决议，第 204、422 页
- e traffici commerciali 荣誉法与商业交往，第 161、237 页
- estensione ai *cives* 荣誉法与向市民的延伸，第 142 页及下页、第 157 页以下
- fonti 荣誉法渊源，第 153 页
- funzione 荣誉法的功能，第 162 页及下页
- *interpretatio prudentium* 荣誉法与法学家解释，第 160 页及下页、第 161 页、第 238 页
- Latini 拉丁人的荣誉法，第 515 页
- Libro siro-romano 荣誉法与《叙利亚—罗马法典籍》，第 622 页
- *peregrine alicuius civitatis* 荣誉法与有一定城邦的异邦人，第 518 页
- rapporti patrimoniali 荣誉法与婚姻关系，第 161 页
- rapporti personali e di famiglia 荣誉法与家庭及人身关系，第 161、238 页
- successioni 荣誉法与继承，第 161 页
- tutela nella *cognitio* 荣誉法与审判中的监护，第 434 页及下页

Ius Latii 荣誉法与拉丁人权，第 310、322 页

Ius lexque 法律之法，第 232 页

Ius novum 新法，参见 Ius extraor dinarium

Ius respondendi 解答权，第 384、428、432、436 页，第 439 页及下页，第 444 页
- e Digesto giustinianeo 解答权与优士丁

尼《学说汇纂》，第 641 页
Ius Romam revocandi 要求被送回罗马的权利，第 459 页及下页
Ius sententiae dicendae 发言权，第 185、196 页
Iusiurandum 约誓、宣誓
  - *de calumnia* 不做诬告的宣誓，第 286 页
  - *necessarium* 必要宣誓制度，第 150 页
Iustiniani novi 优士丁尼新生，第 658 页
Iustitium 停审终诉，第 166 页

K

"*Katà póda*" 真本，第 670、694 页
Kobidas 科比达斯，第 677 页

L

Laeti 外族人身份，第 575 页
Laghi pubblici 公共湖泊，第 263 页
Lago Regillo (battaglia) 雷吉洛湖（战役），第 119 页
Lamarck 拉马克，第 78 页
"*Laoi*" 人民，第 506 页
Lapsi 弃教者，第 542 页
Laterculum maius et minus 大小官名单，第 568 页
Latifondo 大庄园、大地产，第 245、322、332、357、559、560、562 页
Latini 拉丁人，第 240、259、260、310、312 页
  - *Aeliani* 艾里亚拉丁人，第 504 页
  - *commercium et conubium* 拉丁人的通商与通婚，第 155、240 页
  - *diritto applicato* 适用于拉丁人的法律，第 515 页
  - *dopo il 338 a.C.* 公元前 338 年以后的拉丁人，第 240 页
  - *e C. Gracco* 拉丁人与格拉古，第 310 页及下页
  - *Iuniani* 尤尼亚拉丁人，第 504、515、521 页
  - *legis actiones* 拉丁人与法律诉讼，第 139、155 页
  - *privilegi* 拉丁人特权，第 240、504 页
  - *rogatio Livia* 拉丁人与李维提案，第 312 页
  - *singulares* 单独的拉丁人，第 504 页
Latium 拉丁人身份
  - *maius e minus* 大拉丁人和小拉丁人身份，第 504 页
  - *vetus* 古拉丁人身份，第 3 页
Laudatio Turiae《图莉娅颂词》，第 366 页
Lavinio 拉维尼奥，第 119、241、249 页
Lavoro 工作、劳动
  - *divisione* 劳动分工，第 14 页
  - *libero* 自由劳动，第 557 页
  - *servile* 奴隶劳动，第 245、272 页
Lazio 拉齐奥，第 3 页以下
Lectio senatus 元老院选拔
  - *accordo dei censori* 元老院选拔与监察官协议，第 170 页
  - *Augusto* 奥古斯都的元老院选拔，第 381 页、第 392 页以下
  - *Cesare* 恺撒的元老院选拔，第 355、356 页
  - *criteri* 元老院选拔标准，第 195 页及下页、第 330 页
  - *dell'88 a.C.* 公元前 88 年的元老院选拔，第 325 页
  - *del 70 a.C.* 公元前 70 年的元老院选拔，第 344 页
  - *Fabio Buteone* 法比奥·布特奥内的元老院选拔，第 186 页
  - *ex-magistrati* 元老院选拔与前执法官，第 195 页及下页
  - *lex Clodia* 元老院选拔与《克罗迪法》，第 349 页
  - *nell'impero* 帝国内部的元老院选拔，第

391 页

Lega Achea 亚加亚同盟，第 257 页

Lega Etolica 埃托利亚同盟，第 257、270 页

Lega latina 拉丁人同盟，第 119、121 页，第 239 页及下页

Legata 委托遗赠
- conversione 委托遗赠的转换，第 396 页
- equiparazione ai fedecommessi 委托遗赠与遗产信托的等同，第 650 页
- nelle Novelle《新律》中的委托遗赠，第 664 页

Legati 特派员、特使
- Augusti pro praetor 皇帝的代行裁判官特使，第 490 页及下页
- - competenza criminale 奥古斯都的代行裁判官特使的刑事职权，第 458 页
- - ius gladii 奥古斯都的代行裁判官特使的剑罚权，第 460 页
- - mandata principis 奥古斯都的代行裁判官特使的君主训示，第 414 页
- legionibus 军团特使，第 490 页
- nelle province senatorie 元老院行省的特使，第 490 页
- senatorii 元老院议员特使，第 267、268 页

Legatus 特使、特派员
- consularis 执政官特使，第 490 页
- iuridicus 司法特使，第 491 页

Legazioni all'imperatore 皇帝特使，第 574 页

Leges 法律
- agrariae 农业法，参见 Leges agrariae
- barbarorum 蛮族法，第 623 页
- censoriae 监察官法令，第 171、231 页
- de modo agrorum 关于土地的各项法律，参见 Leges de modo agrorum
- de provocatione 关于向人民申诉制度的各项法律，第 91、204 页
- et iura 法律与法，参见 Iura et leges
- geminatae 偶合法律，第 648 页
- iudiciariae 关于审判员的法律，第 283 页
- iudiciorum publicorum 关于公共诉讼的法律，第 467 页
- Liciniae Sextiae《李奇尼·塞斯蒂法》，第 82、105 页，第 122 页以下，第 239 页，第 243 页及下页
- Porciae (de provocatione)《（关于申诉的）波尔其法》，第 110、268 页，第 274 页及下页，第 287、328 页
- regiae 君王法，参见 Leges rogatae
- saeculares 世俗法，参见 Libro siro-romano
- speciales 特别性法律，第 594 页及下页
- - in Giustiniano 优士丁尼时代的特别性法律，第 638、639 页，第 674 页及下页
- sulle usurae 关于税率的法律，第 234 页
- tabellariae 投票诸表法，第 214 页

Leges agrariae 农业法
- C. Gracco 盖尤·格拉古的农业法，第 308 页及下页、第 316 页
- legge epigrafica 农业法与铭文法律，第 308、316 页
- Mamilia 马米利的农业法，第 318 页
- Nerva 涅尔瓦的农业法，第 408 页及下页
- T. Gracco 提比留·格拉古的农业法，第 304 页以下

Leges de modo agrorum 关于土地的各项法律，第 304 页
- del 298 a.C. 公元前 298 年关于土地的各项法律，第 244 页
- della prima metà del II sec. a.C. 公元前 2 世纪上半叶关于土地的各项法律，第 244 页及下页
- Licinia Sextia 关于土地的李奇尼·塞

斯蒂法，第 124 页、第 243 页及下页

Leges regiae 君王法，第 24 页及下页、第 35 页

- comizi curiati 君王法与库里亚民众大会，第 46 页及下页
- repressione criminale 君王法与刑事惩治，第 36 页
- *Niger lapis* 君王法与黑色大理石碑文，第 94 页
- raccolta di S. Papirio 君王法与塞斯特·帕比略的选集，第 25 页

Leges rogatae 民决法律，第 226 页及下页

- analiticità 民决法律的解析性特点，第 102 页及下页
- *auctoritas patrum* 民决法律与元老院准可，参见 Auctoritas patrum
- Augusto 民决法律与奥古斯都，第 407 页以下、第 423 页及下页、第 430、436 页
- competenze specifiche 民决法律的特定权限，第 226 页
- criteri interpretativi 民决法律与解释标准，第 426 页
- decadenza nell'impero 民决法律在帝国时代的衰落，第 408 页、第 423 页及下页
- deroga 民决法律的违反，第 202 页
- divieto d'abrogazione 民决法律的废止禁令，第 228 页
- e ideologia aristocratica 民决法律与贵族政治意识形态，第 238 页
- e *interpretatio prudentium* 民决法律与法学家解释，第 233、426 页
- e *ius civile* 民决法律与市民法，第 153 页、第 232 页以下
- e *mores* 民决法律与惯习，第 231 页
- e *plebiscita* 民决法律与平民会决议，第 227 页
- e processo civile 民决法律与民事诉讼，第 231 页
- e *quaestiones perpetuae* 民决法律与常设刑事法庭，第 231 页
- giuramento d'applicazione 民决法律与适用宣誓，第 228 页
- in materia privatistica 私法事务的民决法律，第 142 页、第 232 页以下、第 238 页
- in materia costituzionale 政制事务的民决法律，第 231 页
- limiti sostanziali 民决法律的实质限制，第 232 页及下页
- multe per la disapplicazione 民决法律与对于拒不适用的处罚，第 228 页
- nel dominato 君主专制时代的民决法律，第 594 页
- nel sistema dei *Digesta* 《学说汇纂》体系中的民决法律，第 445 页
- nel sistema normative repubblicano 共和时代规范体系中的民决法律，第 230 页以下
- nella compilazione giustiniaenea 优士丁尼汇编作品中的民决法律，第 676 页
- nella classificazioni tardo-classiche 古典晚期分类体系中的民决法律，第 423 页
- nullità e cassazione 民决法律的无效与废止，第 202 页及下页
- *praescriptio* 民决法律的前书，第 227、228 页
- *promulgatio* 民决法律的公布，第 212 页
- *rogatio* 民决法律的提案，第 227、230 页
- *sanctio* 民决法律的罚则，参见 Sanctio legis
- struttura 民决法律的结构，第 226 页以下
- tripartizione ulpianea 民决法律与乌尔比安的三分法，第 223 页以下

- vizi di legittimità 民决法律的合法性瑕疵，第 190 页以下、第 202 页及下页

Legge 法律
- delle citazioni 援引法，第 606 页以下
- - e const. *Deo auctore* 援引法与《Deo auctore 谕令》，第 641 页
- - e *Quinquaginta decisiones* 援引法与《五十项裁定》，第 640 页
- - nel *Novus Codex Iustinianus*《新编优士丁尼法典》中的援引法，第 639、661 页
- formale e legge-provvedimento 形式上的法律与法律措施，第 415 页

Leggi romano-barbariche 罗马人—蛮族人法律，第 623 页以下
- e diritto volgare 法律与通俗法，第 626 页
- materiali utilizzati 被使用的实体法律，第 612、616 页、第 618 页及下页、第 626 页

Leghe 联盟、同盟
- di *pagi* 村落联盟，第 10 页及下页
- religiose 宗教联盟，第 15 页及下页

Legione 军团
- armamento 武装军团，第 208 页
- *Parthica II* 第二帕提亚军团，第 479 页
- raddoppiamento 军团的加倍，第 66 页及下页
- *stipendium* 军团饷酬，第 12 页
- tattica 军团战术，第 209 页

Legis actio 法律诉讼
- *consules* 法律诉讼与执政官，第 129 页
- *praefectus Aegypti* 法律诉讼与埃及大区长官，第 492 页
- per *condictionem* 请求给付法律诉讼、请求返还法律诉讼，第 133、136 页，第 142 页及下页、第 144 页
- per *iudicis arbitrive postulationem* 请求审判员或仲裁人之法律诉讼，第 107、135、136、148、294 页
- per *manus iniectionem* 拘禁之诉，参见 *Manus iniectio*
- per *pignoris capionem* 扣押之诉，第 133 页及下页、第 136 页及下页
- *sacramento* 誓金之诉，第 32、133、134、135 页
- - *generalis* 基本的誓金之诉，第 135 页
- - *in personam* 对人的誓金之诉，第 294 页
- - nel processo *de repetundis* 在搜刮钱财罪程序中的对人誓金之诉，第 280、281 页
- - nella repressione dei reati comuni 在普通犯罪的镇压中的对人誓金之诉，第 109 页及下页

Legis actiones 法律诉讼，第 135 页及下页、第 142 页及下页
- abolizione 法律诉讼的废除，第 139 页，第 143 页及下页、第 293、407 页
- bipartizione del processo 法律诉讼在程序上的两分法，第 134 页及下页
- *certa verba* 法律诉讼的固定套语，第 135 页
- concorso con le *foumulae* 法律诉讼与程式诉讼的竞争，第 144 页
- contumacia 法律诉讼与缺席审判，第 433 页
- denegatio 法律诉讼与否认（诉权），第 144 页
- *centumviri* 法律诉讼与百人审判团，第 448 页
- e *interdicta* 法律诉讼与令状，第 143 页
- e *interpretatio* 法律诉讼与解释，第 137、289、292、294 页
- e *ius civile* 法律诉讼与市民法，第 135、435 页
- e pretore 法律诉讼与裁判官，第 137 页
- e *stipulationes praetoriae* 法律诉讼与裁

判官要式口约，第 143 页

- esecutive 可执行的法律诉讼，第 136 页及下页

- giudizio della divinità 法律诉讼与神圣的审判，第 134 页

- in Gaio 盖尤斯的法律诉讼，第 446、448 页

- introduzione per legge 法律诉讼及通过法律的引入，第 293 页及下页

- Latini 拉丁人法律诉讼，第 139、155 页

- origine 法律诉讼的渊源，第 133 页及下页

- stranieri 外国人法律诉讼，第 137、139、140 页

Legis vicem optinere 取得法律效力，第 201、395 页，第 409 页及下页，第 420 页及下页，第 594 页

Lelio (Caio) 雷里欧（盖尤），第 303、306 页

Lenocinio 拉皮条，参见 Crimen leno-cinii

Leone (imperatore) 列奥（皇帝），第 552、553、559、585、587 页

Leone III (imperatore) 列奥三世（皇帝），第 697 页

Leone VI (imperatore) 列奥六世（皇帝），第 698 页及下页

Leone I (papa) 列奥一世（教皇），第 550、552 页

Letteratura giuridica 法律作品、法律文献

- bizantina 拜占庭的法律文献，第 695 页以下

- - edizioni 拜占庭法律文献的版本，第 700 页及下页

- - in italia 在意大利的拜占庭法律文献，第 701 页及下页

- - Isaurici 伊苏里亚王朝的拜占庭法律文献，第 697 页及下页

- - Macedoni 马其顿王朝的拜占庭法律文献，第 698 页及下页

- carattere pratico 法律作品的实践性特点，第 290 页

- pseudepigrafa 伪造铭文式的法律作品，第 616 页以下

- esaurimento 法律作品的衰竭，第 431、434 页

- forma dialogica 对话体形式的法律作品，第 301 页

- nelle scuole orientali 东方学派中的法律作品，第 611 页

- origini 法律文献的渊源，第 290、293 页

- riedizioni nel III sec. d.C. 公元 3 世纪中叶对法律文献的再版，第 605 页

- uso del greco 法律文献与希腊习惯，第 453 页

- 也参见 Iura

Leva 征兵，参见 Dilectus

Lex 法律、权利

- censui censendo 监察官发表意见的法律，第 169 页

- censoria 监察法，第 309 页

- centuriata 百人团法律

- - de bello indicendo 关于宣战的百人团法律，第 210 页及下页，第 226、229 页

- - de postestate censoria 关于监察官权力的百人团法律，第 169 页、第 210 页及下页、第 226 页

- - coloniae deducendae 关于殖民地开辟的百人团法律，第 246 页

- - contractus 关于契约的百人团法律，第 226 页

- curiata 库里亚约法

- - adozione di Ottaviano 屋大维对库里亚约法的废止，第 364 页

- - de imperio 库里亚权力约法，参见 Lex de imperio

- dicta 宣告型法律，第 226 页及下页，第 246、267 页

- *e ius* 法律与法，第 511 页
- *horrendi carminis* 严酷条款法，第 42 页
- *imperfecta* 不完善法律，第 234 页
- - lex *Cornelia de edictis* 不完善法律与《关于告示的科尔内利法》，第 146 页
- - *leges de provocatione* 不完善法律与关于申诉的诸项法律，第 91 页
- *iusque* 法之法律，第 232 页
- *minus quam perfecta* 不完全完善法律，第 234 页及下页
- *municipii* 自治市法律，第 227、507 页
- *perfecta* 完善法律，第 234 页
- *provinciae* 行省法律，第 267 页及下页
- *regia de imperio* 君王的权力约法，参见 Lex de imperio
- *sacrata* 神圣约法，第 92 页及下页、第 97 页及下页、第 109 页

Lex (singole *leges*) 法律（单行法律）
- *Acilia* (*repetundarum*) 《（关于搜刮钱财罪的）阿其里法》，第 213 页、第 280 页及下页、第 316 页
- *Aebutia* 《艾布兹法》，第 143 页及下页、第 149、157、231 页
- *Aelia Sentia* 《艾里亚和森迪亚法》，第 408、504、657 页
- *Aemilia* (*de minuenda censura*) 《（关于有限权力的监察官的）艾米利法》，第 168 页及下页、第 180 页
- *Antonia* 《安东尼法》
- - *de dictatore* 《关于独裁官的安东尼法》，第 167 页
- - *de provocatione* 《关于申诉的安东尼法》，第 287 页
- *Appuleia* (*de maiestate*) 《（关于叛逆罪的）阿布勒伊法》，第 282、319 页
- *Aquilia* 《阿奎利亚法》，第 103 页
- *Aternia Tarpeia* 《阿特尼·特尔佩法》，第 90、93、110、183 页

- *Atinia* (*de tribunis*) 《（关于保民官的）阿蒂尼亚法》，第 185、196 页
- *Aurelia* 《奥勒留法》
- - *de ambitu* 《关于舞弊罪的奥勒留法》，第 284 页
- - *de tribunicia potestate* 《关于保民官权力的奥勒留法》，第 343 页
- - *iudiciaria* 《关于审判员的奥勒留法》，第 285、343、355、453 页
- *Caecilia Didia* (*de modo legum promulgandarum*) 《（关于法律提案方式的）凯其利和蒂迪法》，第 212、229、321 页
- *Caelia* (*tabellaria*) 《科利（表）法》，第 214 页
- *Calpurnia* 《坎布尔尼法》
- - *de ambitu* 《关于舞弊罪的坎布尔尼法》，第 284 页
- - *repetundarum* 《关于搜刮钱财罪的坎布尔尼法》，第 205、280 页
- - *de condictione* 《关于请求返还的坎布尔尼法》，第 133、136 页
- *Cassia* (*tabellaria*) 《卡西（表）法》，第 214、277 页
- *Canuleia* 《卡努勒亚法》，第 88、107 页、第 115 页以下、第 123、117、124 页
- *Cincia* (*de donis*) 《（关于馈赠的）琴其亚法》，第 234 页及下页、第 445 页
- *Clodia* 《克罗迪法》
- - *de capite civis* 《关于罗马市民资格的克罗迪法》，第 349 页及下页
- - *de censoria notione* 《关于监察官调查活动的克罗迪法》，第 349 页
- - *de collegiis* 《关于结社的克罗迪法》，第 349 页
- - *de exilio Ciceronis* 《关于西塞罗流放的克罗迪法》，第 349 页及下页
- - *de legibus rogandis* 《关于法律提案的

克罗迪法》，第 349 页

- - de rege Ptolemaeo《关于托勒密王国的克罗迪法》，第 348 页

- - frumentaria《关于粮食供给的克罗迪法》，第 349 页

- coloniae Genetivae Iuliae《关于杰内蒂弗殖民地的尤利法》，参见 Ursonensis

- Cornelia《科尔内利法》

- - de adulteriis et pudicitia《关于通奸和贞操的科尔内利法》，第 284 页

- - de ambitu《关于舞弊的科尔内利法》，第 283 页

- - de edictis《关于告示的科尔内利法》，第 146 页

- - de falsis《关于作假的科尔内利法》，第 284、455 页，第 468 页及下页

- - de iniuriis《关于侵辱的科尔内利法》，第 284 页

- - de magistratibus《关于民选执法官职的科尔内利法》，第 330 页

- - de maiestate《关于叛逆罪的科尔内利法》，第 283 页

- - de peculatu《关于侵占公款的科尔内利法》，第 284 页

- - de praetoribus octo creandis《关于设立八名裁判官的科尔内利法》，第 330 页

- - de provinciis ordinandis《关于行省管理的科尔内利法》，第 267 页

- - de repetundis《关于搜刮钱财罪的科尔内利法》，第 283 页及下页

- - de sicariis et veneficiis《关于杀人和投毒罪的科尔内利法》，第 284、456、468、586 页

- - de tribunicia potestate《关于保民官权力的科尔内利法》，第 178 页

- - de vi《关于暴力罪的科尔内利法》，第 284 页

- - iudiciaria《关于审判员的科尔内利法》，第 283 页

- - sumptuaria《关于浪费花销的科尔内利法》，第 284 页

- - testamentaria nummaria《关于多重遗嘱的科尔内利法》，第 284 页

- Cornelia Baebia (de ambitu)《(关于舞弊的)科尔内利和贝比亚法》，第 274 页

- Cornelia Fulvia (de ambitu)《(关于舞弊的)科尔内利和富尔维法》，第 274 页

- de agro Coriolano《关于科里奥兰诺的土地法》，第 225 页

- de alea《关于赌博的法律》，第 274 页

- de bello cum Aristonico gerendo《关于与阿里斯托尼克开战的法律》，第 307 页

- de dictatore creando《关于创设独裁官的法律》，第 165 页

- de lege Sempronia agraria abroganda《关于废止〈森布罗尼土地法〉的法律》，第 307 页

- de permutatione provinciarum《关于变更任职行省的法律》，第 364 页

- de senatu habendo《关于元老院主管事务的法律》，第 394 页

- de senatusconsultorum custodia《有关元老院决议保管的法律》，第 97 页

- Dei《上帝之法》，参见 Collatio legum Mosaicarum et Romanarum

- Fabia (de plagiariis)《(关于拐骗人口罪的)法比法》，第 282 页

- Flavia municipalis《关于自治市的弗拉维法》，第 504、515 页

- Fufia Canina (de manumissionibus)《(关于奴隶解放的)富菲亚法》，第 408 页

- Gabinia (tabellaria)《加比尼(表)法》，第 214 页

- Genucia (342 a.C.)《格努奇法》(公元

前 342 年），第 222 页
- *Helvia* (*de magistratu revocando*) 《（关于撤销执法官职位的）赫勒维法》，第 355 页
- *Hieronica* 《希尔诺尼亚法》，第 263 页
- *Hirtia* (*de Pomperianis*) 《（关于庞培派分子的）伊尔蒂法》，第 355 页
- *Hadriana* 《哈德良法》，第 500 页
- *Hortensia* 《霍尔滕西亚法》，第 96 页及下页，第 185 页，第 220 页及下页，第 221、222 页，第 223 页及下页
- *Icilia* (*de Aventino publicando*) 《（关于把阿文丁山的土地收归国有的）伊其利法》，第 183、219 页
- *Irnitana* 《伊尔尼塔法》，第 504 页
- *Iulia* (*de civitate Latinis et sociis danda*) 《关于授予拉丁人和同盟者市民籍的尤利法》，第 250、322 页
- *Iulia* (di Augusto) 《（奥古斯都的）尤利法》
- - *de adulteriis coercendis* 《关于惩治通奸罪的尤利法》，第 408、414 页，第 454 页及下页，第 456 页
- - *de ambitu* 《关于舞弊罪的尤利法》，第 454、456、468 页
- - *de annona* 《关于粮食供应的尤利法》，第 454 页
- - *de maiestate* 《关于叛逆罪的尤利法》，第 384、454 页
- - *de maritandis ordinibus* 《关于嫁娶的尤利法》，第 408 页
- - *de peculatu* 《关于侵占公款的尤利法》，第 454 页
- - *de vi* 《关于暴力行为的尤利法》，第 454 页
- - - *privata* 《关于私人暴力行为的尤利法》，第 456 页
- - - *publica* 《关于公共暴力行为的尤利法》，第 459 页
- - *iudiciorum privatorum* 《关于私人审判的尤利法》，第 139、144、149、157、231、407、448、453 页
- - *iudiciorum publicorum* 《关于公共审判的尤利法》，第 407 页及下页，第 453 页以下
- *Iulia* (di Cesare) （恺撒的）《尤利法》
- - *agraria* 《关于土地的尤利法》，第 357、360 页
- - *de bonis cedendis* 《关于财产转让的尤利法》，第 357 页
- - *de maiestate* 《关于叛逆罪的尤利法》，第 355、454 页
- - *de mercedibus annuis* 《关于年租金的尤利法》第 357 页
- - *de pecuniis mutuis* 《关于可转让资产的尤利法》，第 357 页
- - *de provinciis* 《关于行省官职的尤利法》，第 356 页
- - *de re pecuaria* 《牧业法》，第 357 页
- - *de repetundis* 《关于搜刮钱财罪的尤利法》，第 285 页
- - *de sacerdotiis* 《关于神职的尤利法》，第 356 页及下页
- - *de vi* 《关于暴力行为的尤利法》，第 355 页
- - *iudiciaria* 《关于审判员的尤利法》，第 285、355 页
- - *municipalis* 《关于自治市的尤利法》，第 356、360 页
- - *sumptuaria* 《关于浪费花销的尤利法》，第 357 页
- *Iulia et Papia* 《尤利和巴比法》，第 408、445 页
- *Iunia* (*repetundarum*) 《（关于搜刮钱财罪的）尤尼亚法》，第 280 页
- *Iunia Norbana* 《诺尔巴·尤尼亚法》，第 397、408、504 页
- *Licina* (*de sodaliciis*) 《（关于非法结社

罪的)李其尼法》,第 284 页及下页

- Licinia Mucia (de civibus redigundis)《(关于收回市民籍的)李其尼和穆齐法》,第 320 页

- Licinnia《李其尼法》,第 136 页

- Livia (iudiciaria)《(关于审判员的)李维法》,第 283 页

- Maenia (de patrum auctoritate)《(关于元老院准可的)梅尼法》,第 194 页

- Malacitana《马拉奇塔法》,第 504 页

- Mamilia Roscia Peducaea Alliena Fabia《马米利·罗西·佩杜凯·阿里恩·法比法》,第 318、360 页

- Manciana《曼齐亚法》,第 500 页

- Manlia (de vicesima manummissionum)《(关于解放奴隶税的)曼利法》,第 190 页以下,第 213、225 页

- Menenia Sextia《梅内尼·塞斯蒂法》,第 90、93、220、183 页

- municipalis《行省法》,第 360 页

- municipii Tarentini《塔伦蒂自治市法》,第 361 页

- Ogulnia《奥古尔尼法》,第 186 页

- Osca tabula Bantinae《班蒂铜表上的奥斯克法》,第 360 页及下页

- Ovinia《奥维尼法》,参见 Plebiscitum Ovinium

- Papia Poppaea《巴比·波培法》,第 408 页

- Papiria《帕比利亚法》

- - de civitate sociis danda《关于授予同盟者市民籍的帕比利亚法》,第 250 页

- - sui tresviri capitales《关于三人行刑官的帕比利亚法》,第 175 页

- - tabellaria《帕比利亚投票诸表法》,第 214 页

- Pinaria《皮纳利亚法》,第 136 页

- Plautia《普劳迪法》

- - de vi《关于暴力行为的普劳迪法》,第 285 页

- - iudiciaria《关于审判员的普劳迪法》,第 283、322 页

- Poetelia (de ambitu)《(关于舞弊罪的)博埃德里亚法》,第 213 页

- Poetelia Papiria《博埃德里亚和帕比利亚法》,第 233、235 页

- Pompeia《庞培法》

- - de ambitu《关于舞弊罪的庞培法》,第 284 页

- - de iure magistratuum《关于民选执法官任职的庞培法》,第 352 页

- - de parricidiis《关于弑长亲罪的庞培法》,第 284、282 页

- - de provinciis《关于行省官职的庞培法》,第 266 页

- - de Transpadanis《关于波河北岸的庞培法》,第 322 页

- - iudiciaria《关于审判员的庞培法》,第 285 页

- Pompeia Licinia (de tribunicia potestate)《(关于保民官权力的)庞培法》,第 343 页

- Publilia Philonis《布布里利和费罗尼法》

- - de censore plebeio《关于设立平民监察官的布布里利和费罗尼法》,第 194 页

- - de patrum auctoritate《关于元老院准可的布布里利和费罗尼法》,第 194 页

- - de plebiscitis《关于平民会决议的布布里利和费罗尼法》,第 96 页及下页,第 194、221、222 页

- Publilia Voleronis (de plebeis magistratibus)《关于平民执法官的布布里利·沃勒罗尼法》,第 217 页

- repetundarum (tabulae Bembinae)《关于搜刮钱财罪的(本波表)法》,第 280、312 页

- *Rhemnia (de calumnia)*《（关于诬告罪的）雷米法》，第 286、469 页
- *Rhodia*《罗得法》，第 698 页
- *Rubria*《鲁布里法》
- - *de colonia Carthaginem deducenda*《关于开辟迦太基殖民地的鲁布里法》，第 309 页
- - *de Gallia Cisalpina*《关于山南高卢的鲁布里法》，第 360 页
- *Rupilia*《鲁庇利法》，第 268 页
- *Salpensana*《萨尔奔撒法》，第 504 页
- *Sempronia*《森布罗尼法》
- - *de abactis*《关于免职的森布罗尼法》，第 310 页
- - *de capite civis*《关于市民资格的森布罗尼法》，第 205、278、310、313、314、328 页
- - *de centuriis*《关于百人团的森布罗尼法》，第 311、324 页
- - *de coloniis deducendis*《关于开辟殖民地的森布罗尼法》，第 309 页
- - *de magistratu M. Octavio abrogando*《关于罢免执法官马可·屋大维的森布罗尼法》，第 305 页及下页
- - *de novis portoriis*《关于新关税的森布罗尼法》，第 309 页
- - *de pecunia credita*《关于特有产债权的森布罗尼法》，第 203 页
- - *de provincia Asia*《关于亚洲行省的森布罗尼法》，第 309 页
- - *de provinciis consularibus*《关于行省执政官的森布罗尼法》，第 266、309 页
- - *frumentaria*《关于粮食供给的森布罗尼法》，第 309 页及下页
- - *iudiciaria*《关于审判员的森布罗尼法》，第 281、312 页
- - *viaria*《关于道路的森布罗尼法》，第 309 页
- *Servilia Caepionis*《塞尔维利和加比奥法》，第 283、319 页
- *Servilia Glauciae*《塞尔维利和格劳恰法》，第 283、286、319、321 页
- *Silia*《西利法》，第 133、136 页
- *Sulpicia (de Italicis)*《（关于意大利人的）苏尔皮其法》，第 324、325 页
- *Thoria (agraria)*《托利（农业）法》，第 316 页
- *Titia (de triumviris rei publicae constituendae)*《（关于为共和国设立的三头执政同盟的）蒂齐法》，第 365、379 页
- *Trebonia*《特雷波尼亚法》，第 185 页
- *Tullia (de ambitu)*《（关于舞弊罪的）杜里法》，第 284、287 页
- *Ursonensis*《乌尔索内斯法》，第 360 页
- *Valeria (de Sulla dictatore)*《关于苏拉独裁官的瓦勒里法》，第 211、327、328 页
- *Valeria Cornelia (sulle onoranze a G. e L. Cesare)*《（关于盖尤和卢齐奥·恺撒的荣典）的瓦勒里·科尔内利法》，第 404、405 页
- *Valeria Horatia*《瓦勒里和奥拉兹法》
- - *de plebiscitis*《关于平民会决议的瓦勒里和奥拉兹法》，第 219、220、221 页
- - *de provocatione* (509 a.C.)《关于申诉的瓦勒里和奥拉兹法》（前 509 年），第 90 页及下页
- - *de provocatione* (449 a.C)《关于申诉的瓦勒里和奥拉兹法》（前 449 年），第 90 页及下页、第 102 页
- - *de provocatione*(300 a.C.)《关于申诉的瓦勒里和奥拉兹法》（前 300 年）第 90 页及下页
- - *de tribunicia potestate*《关于保民官权力的瓦勒里和奥拉兹法》，第 32 页，第 97 页及下页，第 172、176、182 页
- *Vallia*《瓦利亚法》，第 136 页

- *Varia* (*iudiciaria*)《（关于审判员的）瓦利法》，第 322 页及下页
- *Villia* (*annalis*)《关于年度任职的威利法》，第 330 页
- *Visigothorum* (Recesvindo)《（雷切斯温多）西哥特法》，第 625 页及下页
- *XII Tabularum*《十二表法》，参见 XII Tavole

Lex de imperio 权力约法
- e *constitutiones principis* 权力约法与君主谕令，第 410、411 页，第 417 页及下页
- e *iudicatio* 权力约法与司法裁判，第 457 页
- in Giustiniano 优士丁尼时代的权力约法，第 642、674 页
- nel dominato 君主专制时期的权力约法，第 532、562 页
- nella monarchia 王政时期的权力约法，第 21 页、第 45 页及下页
- nella repubblica 共和国时期的权力约法，第 21、169、207 页
- *Vespasiani* 维斯帕西安的权力约法，第 399、407 页

Lex Romana Burgundionum《勃艮第的罗马法》，第 555、612、617、623、624 页

Lex Romana Visigothorum《西哥特的罗马法》，第 555 页、第 624 页以下
- dopo l'invasione longobarda 伦巴第人入侵后的《西哥特的罗马法》，第 616 页
- fonti《西哥特的罗马法》的渊源，第 612、616、617、619、624 页
- *interpretationes*《西哥特的罗马法》的解释，参见 *interpretationes* (*visigotiche*)

Libelli 诉状，第 418 页及下页
Liberio (papa) 里贝里（教皇），第 545 页
Libertas 自由权、自由
- *fideicommissaria* 自由权与信托解放，第 397、435 页
- *senatus* 自由与元老院议员，第 392 页

Liberti 解放自由人
- *accusa contri i patroni* 解放自由人针对主人的控告，第 588、592 页
- *gentilicium* 解放自由人的氏族名，第 521 页
- *imperiali* 皇室宫廷的解放自由人，第 392 页、第 475 页及下页，第 478、480、485 页

Libio Severo 利比奥·塞维鲁，第 552 页
Libripens 执秤称铜式，第 295 页
Libro Siro-romano《叙利亚—罗马法典籍》，第 622 页及下页
Licia e Panfilia 利其亚与潘菲利亚，第 487 页
Licinio (imperatore) 李奇尼（皇帝），第 539 页
Licinio Crasso (Lucio) 李其尼·克拉苏（卢齐奥），第 316、320、321 页
Licinio Crasso (Marco) 李其尼·克拉苏（马可），参见 Crasso
Licinio Crasso Muciano 李其尼·克拉苏·穆齐亚诺，第 305、307 页
Licinio Lucullo (Lucio) 李其尼·卢库罗（卢齐奥），第 342 页、第 344 页及下页
Licinio Stolone 李其尼·斯托洛内，第 122 页及下页、第 244 页
Liguri 利古里亚，第 259、269 页
Limitanei 边防军，第 534、571 页
Literno 利特尔诺，第 271 页
Liticrescenza 诉讼程序的复杂化，第 136 页
Litis aestimatio (*quaestiones perpetuae*)（常设刑事法庭的）评估程序，第 286 页
Litis contestatio 争讼程序，第 141、433 页
- nel processo criminale giustinianeo 优士丁尼时代刑事诉讼中的争讼程序，第 678 页

Littera 手稿
- *Bononiensis* 博洛尼亚手稿，第 646、

663 页

- *Florentina* 佛罗伦萨手稿，第 646 页
- *Pisana* 比萨手稿，第 646 页
- *vulgata* 通俗手稿，第 646 页

Littori 侍从官，第 61、127、131、165、207、269、327 页

Livio Druso (figlio) 李维·德鲁索（儿子），第 319 页以下、第 324 页

Livio Druso (Marco) 李维·德鲁索（马可），第 313 页及下页

Locatio condutio 租赁

- *e iurisdictio censoriae* 租赁与监察官管辖权，第 159 页

Longobardi 伦巴第人，第 616、701 页

"Longue durée" 长期存续，第 376 页

Lucani 卢卡人，第 252、259、323、324、326 页

Lucca 卢卡，第 241、350 页

Lucera 卢切拉，第 241 页

Luceres 卢切雷，第 17 页及下页、第 62、65、208 页

Lucilio Balbo 卢奇里·巴尔博，第 338 页

Lucio Vero 卢齐奥·维罗，第 446、496 页

Lucrezia 卢克蕾希娅，第 76 页

Ludi 庆典、大型公共竞技

- *Apollinares* 阿波罗神庆典，第 174 页
- *gladiatorii* 角斗士竞技，第 582 页
- dittatore 独裁官组织的庆典，第 164 页
- nel principato 元首制时期的庆典，第 474 页
- *plebeii* 平民庆典，第 174 页
- pretore 裁判官组织的庆典，第 474 页
- *Romani* 罗马人民庆典，第 174 页
- studenteschi 学生的庆祝活动，第 658 页

Luperci Fabiani e *Quincitiani* 奎蒂安人和法比人牧神，第 26 页

Lustrum 财产调查五年期限，第 171 页

Lutazio Catulo (Quinto) 卢塔兹奥·卡图罗

（库伊特），第 333、340、342 页

"*Lýtai*" 四年级生，第 658 页

M

Macedoni (dinastia) 马其顿（王朝），第 698 页及下页

Macedonia 第 273、364、487 页

Macedonia (diocesi) 马其顿（专区），第 547、549、550 页

Macedonia (provincia) 马其顿（行省），第 265、273 页

Magia 巫术、幻术，第 542、586、593 页

Magister 长官、官吏

- *epistularum* 书函吏，第 686 页
- *equitum* (nel dominato)（君主专制时期的）骑兵长官，第 540、571 页
- - *praesentalis*（君主专制时期的）殿前骑兵长官，第 567 页
- - *in consistorio*（君主专制时期的）在枢密院的骑兵长官，第 564 页
- *equitum* (nella repubblica)（共和国时代的）骑兵长官，第 166 页及下页
- - *ausiliare del rex*（共和国时代的）骑兵长官对王的辅助，第 24 页
- - *dictio*（共和国时代的）骑兵长官的指定，第 165、167 页
- - dittatura del 49 a.C.（共和国时代的）骑兵长官于公元前 49 年的独裁，第 354 页
- *libellorum* 诉状受理官，第 451 页
- *memoriae* 档案吏，第 686 页
- *militum* 军团长官，第 553、559、568、569 页
- - *praesentalis* 殿前军团长官，第 552、556 页
- *officiorum* 宫廷办公室主任，第 540、565、571、686、691 页
- - *in consistorio* 在枢密院的宫廷办公室主任，第 564 页

- - regno ostrogoto 东哥特王国的宫廷办公室主任，第 554 页
- *peditum* 步兵长官，第 540、571 页
- - *praesentalis* 殿前步兵长官，第 567 页
- - *in consistorio* 在枢密院的殿前步兵长官，第 564 页
- *populi* 民团长官、独裁长官，第 24、164 页；也参见 Dittatore
- *rei privatae* 私人事务官，第 533、566 页
- *utriusque militiae* 全权军团长官，第 567、571 页

Magistrati 执法官、民选官员，第 126 页及下页
- Augusto 奥古斯都的执法官，第 399 页
- *auspicia* 执法官与鸟卜，第 28 页、第 126 页及下页
- Cesare 奥古斯都的执法官，第 355 页
- *coercitio* 执法官与强制权，第 126、204、458 页
- *elezioni* 执法官的选举，参见 Comizi, elettorali；Comizi centuriati, elettorali；Comizi tributi, elettorali；*Commendatio*；*Destinatio*；*Nomiatio*；*Suffragatio*
- *epistulae principis* 执法官与君主敕函，第 418 页
- *eponimi* 名年执法官，第 80、117 页
- *in auctoritate senatus* 受到元老院准可的执法官，第 125、198 页
- in Pomponio 彭波尼笔下的执法官，第 289 页
- *intervallo* 执法官的任职间隔期
- - *col proconsolato* 执法官与行省执政官职之间的任职间隔期，第 266 页及下页、第 488 页及下页
- - *decennale* 执法官的十年任职间隔期，第 330 页
- *maggiori* 较高级的执法官，第 126 页
- *minori* 较低级的执法官，第 127、225 页、第 172 页以下
- *municipali* 自治市的执法官，参见 Magistrati municipali
- nel dominato 君主专制时期的执法官，第 533、569 页
- nel principato 元首制时期的执法官，第 470 页以下
- - *elezioni* 元首制时期执法官的选举，第 405、406 页
- nella prima repubblica 共和国早期的执法官，第 82 页及下页
- *provinciae* 行省执法官，第 138 页
- Silla 苏拉的执法官，第 328 页
- *sine provocatione* 无申诉权的执法官，第 94 页及下页、第 90、97 页
- *straordinari* 非常设执法官，第 124 页

Magistrati municipali 行省执法官，第 249 页及下页、第 361 页及下页、第 502 页及下页、第 572 页及下页
- città orientali 东方城邦的行省执法官，第 572 页
- *crimen ambitus* 行省执法官与叛逆罪，第 468 页
- *e decreta ordinis* 行省执法官与命令式裁定，第 503 页
- *giurisdizione* 行省执法官的司法管辖权，第 249、502 页
- - *appello* 行省执法官对上诉的司法管辖权，第 485 页
- *tipologia* 行省执法官的类型，第 249 页
- *requisiti* 行省执法官的必要条件，第 502 页
- *unificazione del regime* 行省执法官与体制的统一化，第 250 页、第 361 页及下页

Magliano 马里阿诺，第 404 页

Magnesia (battaglia) 马格尼西亚（战役），第 270 页

Magno Massimo 马尼奥·马西莫，第 547 页

Mai, Angelo (card.) 安杰罗·马伊（枢机大主教），第 620 页

Maiestas populi Romani 罗马人民之尊严，第 260 页；也参见 *Crimen maiestatis*

Maioriano 马尤良，第 552、616 页

Malta 马耳他，第 350 页

Malum Carmen incantare 唱念污祸他人之歌谣，第 113 页

Mamertini 马麦丁人，第 254、261 页

Mamilio Limetano (Caio) 马米略·李梅塔诺（盖尤），第 317 页及下页

Mancipatio 要式买卖，第 295 页以下
- *familiae* 家产要式买卖，第 296 页及下页
- *fiduciae causa* 基于信托的要式买卖，第 296 页及下页

Mandata principis 君主训示、敕训，第 409 页、第 414 页以下
- e *cognitio criminale* 敕训与刑事审判，第 413 页及下页、第 465 页
- *fonte del diritto* 敕训和法律渊源，第 415 页
- *corpus mandatorum* 敕训和训示大全，第 414 页
- e *edictum provinciale* 敕训和行省告示，第 416、424 页
- *forza di legge* 敕训的法律效力，第 416 页
- *governatori provinciali* 敕训与行省总督，第 416、424 页
- *morte del princeps* 敕训与君主驾崩，第 416 页及下页
- *nel tardo-antico* 古代晚期的敕训，第 595、666 页
- *pubblicazione* 敕训的公布，第 416 页

Mandato (contratto) 委托（合同）
- e *iurisdictio peregrina* 委托（合同）与外务司法权，第 159 页
- *morte di una parte* 委托（合同）与一方当事人死亡，第 416 页及下页

Manichei 摩尼教徒，第 547、548、583、585 页、第 678 页及下页

Manilio (Manio) 马尼留（马尼），第 301、302、337 页

Manlio Capitolino (Gneo) 曼利·卡皮托利诺（涅奥），第 190 页以下

Manlio Capitolino (Marco) 曼利·卡皮托利诺（马可），第 111、121、122 页

Manomissioni 解放奴隶
- *clausola stipulatoria* 解放奴隶的要式口约条款，第 526 页
- *coloni* 奴隶解放与佃农，第 579 页及下页
- *età* 奴隶解放的时代，第 504、657 页
- *iurisdictio* 奴隶解放行为与司法管辖，第 471、472、473 页
- nel dominato 君主专制时代的奴隶解放，第 569 页
- non solenni 不严格正规的奴隶解放行为，第 504 页
- *praefectus Aegypti* 奴隶解放行为与埃及大区长官，第 492 页

Manus 夫权，第 295 页

Manus iniectio 拘禁之诉，第 133 页及下页、第 136 页
- ed autodifesa 拘禁之诉与自我防卫，第 107 页
- *iudicati* 判决拘禁，第 136 页
- *pura* 简易拘禁之诉，第 136 页
- senza previa condanna 无须预先判罚的拘禁之诉，第 135 页

Marcello (giurista) 马切罗（法学家），参见 Ulpio Marcello

Marciano (imperatore) 马尔奇亚诺（皇帝），第 552、553、584、585、599 页

Marciano (giurista) 马尔奇亚诺（法学家），第 452 页

Marcio Filippo (Lucio) 马尔乔·菲利浦（卢

齐奥），第 310、321 页

Marcio Filippo (Quinto) 马尔乔·菲利浦（库伊特），第 261 页

Marco Antonio 马可·安东尼，第 167、287、353、354、358、363、365 页，第 366 页及下页，第 368 页以下，第 375、510 页

Marco Aurelio 马可·奥勒留，第 391、392、400、403、445、446、449、473、477、486、496、510 页，第 519 页及下页，第 518 页

Marco (Caio) 马可（盖尤），第 281 页，第 317 页及下页，第 318 页以下，第 324、325 页

Mario (Caio) 马略（盖尤），第 281 页，第 317 页及下页，第 318 页以下，第 324、325 页

Mario (Caio, figlio) 小马略（盖尤，儿子），第 327 页

Marones 禁酒令官，第 249 页

Marsiglia 马赛，第 308、316 页

Massa edictalis 告示组别，第 647 页

Massa Papiniana 帕比尼安组别，第 647 页

Massa Sabiniana 萨宾组别，第 647 页

Massenzio 马克森提，第 539 页

Massimiano 马西米亚诺，第 531、553、534、538、539、544 页

Massimino Daia 马克西米诺·达亚，第 538 页

Massimino 马克西米诺，第 452 页

Massimo (imperatore) 马西莫（皇帝），第 552、564、597 页

Massinissa 马西尼撒国王，第 259、316 页

Massurio Sabino 马苏里·萨宾，第 442 页以下

Matrimonio 婚姻
- coloni 佃农的婚姻，第 580 页
- *conubium* 婚姻与通婚，第 88 页及下页

- *cum manu* 有夫权婚姻，第 7 页
- fra cristiani ed ebrei 基督徒与犹太人之间的婚姻，第 586 页
- funzionari imperiali 帝国时代官吏的婚姻，第 416 页
- influenze cristiane 婚姻与基督教影响，第 601 页
- legislazione augustea 婚姻与奥古斯都的立法，第 233、408 页
- nelle Novelle《新律》中的婚姻，第 664 页及下页
- schiavi 婚姻与奴隶，第 574 页

Matteo Blastares 马太·布拉斯特拉斯，第 700 页

Mauretania Sitifensis 毛里塔尼亚的斯蒂芬斯，第 497 页

Mauriziano 毛利西安，第 445 页

Maurizio 毛里提，第 697 页

Mecenate 梅塞纳特，第 376、381、385、478 页

Medici 医生，第 269 页

Meddices 上诉法官，第 249 页

Megalesia 圣贤庆典，第 174 页

Melpum 梅尔普，第 81 页

Membrum ruptum 对身体某个部分的伤害行为，第 39、113 页

Memmio (Caio) 梅米奥（盖尤），第 317 页及下页，第 319 页

Mena (avvocato costantinopolitano) 梅纳（君士坦丁堡律师），第 660 页

Mena (*praefectus praetorio*) 梅纳（大区长官），第 638、682 页

Menandro da Laodicea 来自劳迪迦城的梅纳德罗，第 525 页及下页

Menandro Protettore 梅纳德罗·普罗特托勒，第 691 页

Mendicanti 乞丐，第 558 页

Menfi 孟斐斯，第 506 页

Mens Bona 善良，第 358 页

Mesia 莫西亚，第 443 页

Messa privata 私人弥撒，第 680 页

Messalla Corvino 梅萨拉·科尔维诺，第 481 页及下页

Messina 墨西拿海峡，第 254 页及下页、第 261 页

Metauro (battaglia) 梅陶罗河（战役），第 258 页

Meteci 应税人，第 154 页

Metodo 方法、方式

- casistico 个案决疑法，参见 Giurisprudenza, metodo casistico

- classificatorio 分类方法，第 335、338 页

- evoluzionisitico 进化论方法，第 6 页

"*Metropóleis*" egiziane 埃及的城市，第 501 页

- municipalizzazione 埃及城市的自治市化，第 506 页及下页

- giuridizione 埃及城市的司法管辖权，第 522 页及下页

Milano 米兰，第 534、552 页

Militari 军人

- esenzione dalle curie 军人免于登记在库里亚，第 574 页

- *honestiores* 军人与上等人，第 576 页及下页

- vincolo ereditario 军人的世袭性约束，第 537、558、559 页，第 576 页及下页

- 也参见 Veterani

Millantato credito 受贿，第 468 页

Milone (Tito Annio) 米洛（提图斯·安尼），第 351 页

Minatori 矿工，第 578、558 页

Miniere 矿山，第 263、666 页

Miseno 米赛罗，第 485 页

Missio 占取、占有

- in bona 财产占取，第 140 页

- in possessionem 授权占有，第 151、157 页

Mitridate (re del Ponto) 米特拉达梯（本都王国国王），第 323、342 页

Mobilità sociale 社会流动性，第 577 页

Modena 摩德纳，第 364 页

Modestino 德莫斯汀，第 431、456、460、606、621 页

Modo di produzione schiavistico 奴隶制生产方式，第 124 页

Monaci 修道士、僧侣，第 665 页

Monarchia 君主制、王政；帝制，第 19 页以下

- caduta 王政的倒台，第 75 页以下、第 83 页

- - nella città greche 希腊城市里王政的倒台，第 78 页

- etrusca 埃托鲁斯人王政，第 57 页以下

- - carattere militare 埃托鲁斯人王政的军事化特点，第 65 页

- - consenso popolare 埃托鲁斯人王政的人民同意，第 61 页

- - posizione del rex 埃托鲁斯人王政与王的地位，第 60 页及下页

Monarchie orientali ed ellenistiche 东方与希腊世界的王政

- amministrazione del territorio 东方与希腊世界王政对领土的管理，第 506 页

- e Silla 东方和希腊世界王政与苏拉，第 328 页

- sistema normativo 东方与希腊世界王政的规范体系，第 154、523 页

Monetazione 铸币、造币

- argentea 银质铸币、银币，第 534 页及下页

- aurea 金币，参见 *Aureus*

- bronzea 铜币，第 398、475 页，第 534 页及下页，第 541 页

- *concilium provinciae* 铸币与行省会议，第 493 页

- di tipo greco (IV sec a.C.)（公元前 4 世纪的）希腊类型的铸币，第 250 页
- Diocleziano 戴克里先铸币，第 534 页及下页

Monete 硬币；货币
- falsificazione 货币造假，第 589 页及下页
- fusione 货币混同，第 589 页及下页
- rifiuto 拒收货币，第 468、590 页

Monofisimo e monofisti 基督单性说与基督单性说信徒，第 552、556、631、632 页，第 634 页及下页
- in Egitto 埃及的基督单性说与基督单性说信徒，第 666、685 页

Monte Algido (battaglia) 阿尔基多山（战役），第 120 页

Mores 惯习，第 29 页以下
- e interpretatio 惯习和解释，第 290、294 页
- e ius civile 惯习和市民法，第 153 页
- e lex rogata 惯习和民决法律，第 229、231 页
- e ordinamento naturale 惯习和自然秩序，第 31、34、235、236 页
- e volontà degli dei 惯习和上天意志，第 30 页、第 33 页及下页
- elasticità 惯习的灵活性，第 34、235 页
- gentilizi 氏族的惯习，第 36 页
- memorizzazione 惯习的存载，第 27、35、94、103、107 页
- postdecemvirali 后十人立法委员会时代的惯习，第 101 页及下页、第 103 页，第 236 页及下页
- prassi costituzionale 惯习与政制实践，第 231 页

Mos 惯例；习俗、习惯
- iudiciorum 审判惯例，第 602、610 页
- maiorum 重大习俗，第 439 页
- regionis 地方习俗，第 429 页及下页

Mosé 摩西，第 33 页

Mucio Scevola (Publio) 穆齐·谢沃拉（布布里），第 301 页及下页、第 305、306、314、334、337 页

Mucio Scevola (Quinto) 穆齐·谢沃拉（库伊特），第 237、291、319、320 页，第 335 页以下、第 321、438、444 页

Multa 罚金；惩罚
- suprema 最高罚金限额，第 183 页
- dictio 开出罚金，第 127、140、140、174、275 页
- in età giustinianea 优士丁尼时代的罚金，第 680 页
- nel dominato 君主专制时期的罚金，第 583 页
- nella cognitio 审判中的罚金，第 467 页
- provocatio ad populum 罚金与向人民申诉，第 90、93、110、275 页

Munazio Planco (Lucio) 穆纳齐奥·普朗克（卢齐奥），第 383、473 页

Munera 义务、负担、责任，第 502、503、573 页
- personalia 人身劳役，第 576 页

Municipes 自治市，参见 Municipia

Mucicipia 自治市，第 248 页以下、第 259 页、第 359 页以下、第 501 页以下
- autonomia 自治市的自治，第 249 页、第 514 页及下页
- e coloniae 自治市与殖民地，第 361 页、第 501 页及下页
- foederata 结盟的自治市，第 249 页
- giurisdizione criminale 自治市的刑事司法管辖权，第 249、287 页
- Latina 拉丁人自治市，第 502、504、508 页
- magistrature 自治市的执法官，参见 Magistrati municipali
- optimo iure 全权自治市，第 249 页
- senato 自治市元老院，参见 Ordo

decuriorum
- sine suffragio 无投票权的自治市，第 170 页，第 248 页及下页，第 250、361 页
- suis legisbus et suo iure uti 自有权利及自有法律的自治市，第 514 页及下页
Munus iudiciale 司法审判义务，第 279 页以下，第 285、311、319、321、343、355、453 页
- equites 有司法审判义务的骑士，参见 Equites, munus iudiciale
- senatores 有司法审判义务的元老院议员，参见 Senatores, munus iudiciale

N

Napoli 那不勒斯，第 250 页及下页，第 260、262、265 页
Narbona 那波纳，第 316 页
Narcisso 纳尔齐索，第 480 页
Narsete 纳尔塞特，第 669、681 页
Nauloco 劳洛克（海战），第 379 页
"Neai paragraphai" 旁批，第 699 页
Negotiorum gestio 无因管理，第 158、159 页
Negozianti 商人、买卖人，第 578 页
Neonati 新生儿，第 590 页
Nepi 内比，第 121 页
Nerazio Prisco 内拉蒂·普里斯科，第 442、444 页
Nerone 尼禄，第 392、400、443、479、487、494 页
Nerva 涅尔瓦，第 388、400、402 页，第 408 页及下页，第 444、473 页
Nestorio 聂斯托里，第 552 页
Nexum 债务奴隶，第 85、232、235、301 页
Nicea (concilio di) 尼西亚（宗教会议），第 542、545、547 页
Nicomede (re di Bitinia)（比提尼亚王国国王）尼科美德，第 323、342 页

Niger Lapis 黑色大理石（碑文），第 99 页及下页
"Nika" (rivolta) 尼卡（暴动），第 632、646、658、682 页
Nilo 尼罗河，第 565、590、692 页
Ninfa Egeria 埃杰莉仙女，第 33 页
Nobilitas 新贵族、新贵阶层，第 199 页以下，第 239、302 页，第 341 页以下，第 385 页及下页，第 436 页
- ager publicus 新贵与公田，第 243 页及下页
- centurie 新贵与百人团，第 224 页
- clientela 新贵与门客，第 224 页
- ed equites 新贵阶层与骑士阶层，第 333 页
- Giugurta 新贵与朱古达，第 317 页
- giurisprudenza 新贵与法学，第 292 页及下页、第 337 页
- Pompeo 新贵与庞培，第 346 页
- Ti. Gracco 新贵与提比留·格拉古，第 305 页
- 也参见 Ordo senatorius
Nomen 名，第 521 页
Nomen Latinum 拉丁人名，第 240 页
Nomenclatores censorii 监察官的术语厘定员，第 170 页
Nomina transcripticia 债权誊帐，第 511 页
Nominatio 指定、划定，第 385 页、405 页及下页
Nominis delatio 控告程序，第 281、286 页
Nominis receptio 受理案件，第 286 页
Nomocanoni《宗教律令》，第 697、700 页
"Nomoi" 大区，第 506 页
"Nómos émpsychos" 个人化的法律，第 674 页
"Nómos georgikós"《土地法》，第 698 页
"Nómos Rhodíon nautikós"《罗得海商法》，第 698 页
"Nómos stratiotikós"《军事法》，第 698 页

Norba 诺尔巴，第 120、241 页
Norma giuridica 法律规范，第 31、104 页
- e volgarismo 法律规范与通俗化倾向，第 603 页
Norma morale 道德规范，第 30 页及下页
Nota censoria 监察官记过，第 170、171 页
Notata Mucii《穆齐评注》，第 338 页
Notitia dignitatum 官方荣誉实录，第 565 页
Novellae constitutiones 新谕令
- di Giustiniano 优士丁尼的新谕令，参见 Novelle
- Postthopdosianae 后狄奥多西时代的新谕令，第 616、637 页
- - nell'*Edictum Theoderici* 在狄奥多里克告示里的后狄奥多西时代的新谕令，第 624 页
- - ed unità legislativa 后狄奥多西时代的新谕令与立法统一性，第 599 页
Novelle 新律，第 636 页
- collezioni 新律合集，第 670 页及下页
- dal 535 al 542 d.C. 从公元 535—542 年的新律，第 663 页以下
- dal 543 al 565 d.C. 从公元 543—565 年的新律，第 667 页以下
- diritto privato 新律与私法，第 664 页及下页
- diritto pubblico 新律与公法，第 664 页、第 665 页以下
- e *Corpus Iuris* 新律与《国法大全》，第 653、692 页
- edizioni 新律的版本，第 671 页
- epitomi 新律摘要，第 696、699 页
- impiego nella pratica 新律在实践中的运用，第 652 页及下页
- impostazione politico-giuridica 新律的法律—政治定位，第 691 页及下页
- in material religiosa 宗教方面的新律，第 665 页
- *modus citandi* 新律的引用方式，第 671 页
- nell'insegnamento 教学活动中的新律，第 696 页
- *praefationes* 新律序言，第 664 页
- stile e testo 新律的风格和文本，第 663 页及下页
Novus codex Iustinianus《新编优士丁尼法典》，参见 Codice Giustinianeo (primo)
Nullum crimen sine lege 法无规定不为罪，第 204 页、第 231 页及下页
Numa Pompilio 努玛·彭皮里，第 33、21 页
Numanzia 努曼西亚城，第 274、306 页
Numidia 努米底亚，第 317 页及下页
Numitore 努米托尔，第 15 页
Nummularii 兑换商，第 483 页

O

Obbligationes 债务、债；义务
- *ex delicto* 私犯之债，第 156 页
- *litteris contractae* 文字契约之债，第 237、426、657 页
- nel *ius honorarium* 荣誉法之债，第 161 页
- nelle XII Tavole《十二表法》中的债，第 106 页
- *verbis contractae* 口头契约之债，第 294 页
Obnuntiatio 鸟迹凶兆，第 349 页
Obvagulatio 登门唤证，第 112 页
Occentare 催眠术，第 113 页
Occidente 西部、西方
- impero 帝国西部，参见 *Pars Occidentis*
- sotto Diocleziano 戴克里先治下的西部，第 537 页及下页
- romanizzazione 西部的罗马化，第 527 页
- urbanizzazione 西部的城市化，第 505 页

Octoviri 宵禁官，第 249 页
Odoacre 奥多亚克，第 552、553、555 页
Officia 公职；官署、办事处，第 540、565 页
　- *admissionum* 接待官，第 565 页
　- *epistolarum* 书函吏，第 565、566 页
　- *libellorum* 诉状吏，第 565、566 页
　- *memoriae* 档案馆主任，第 565、566、568 页
Ogulni (Quinto e Gneo) 奥古尔尼兄弟（库伊特和涅奥），第 186 页及下页
Olibrio 奥利布留，第 552 页
Olivo 橄榄树，第 303 页
Omessa denuncia 疏于告发，第 589 页
Omicidio 凶杀、谋杀；杀人罪
　- *accusatio publica* 杀人罪与公诉，第 592 页
　- *causa di divorzio* 基于离婚的谋杀，第 586 页
　- *colposo* 故意杀人，第 39、112、468 页
　- *composizione* 杀人罪构成，第 39 页
　- *inappellabilità della condanna* 杀人罪与罪行的不可上诉性，第 593 页
　- *legge di Numa* 杀人罪与努玛王的法律，第 38 页及下页
　- *nel dominato* 君主专制时期的杀人罪，第 590 页及下页
　- *nel principato* 元首制时期的杀人罪，第 468 页
　- *pena* 杀人罪的刑罚，第 468 页
　- *preterintenzionale* 过失杀人，第 468 页
　- *quaestiones extraordinariae* 杀人罪与非常刑事法庭，第 278、282 页
　- 也参见 *Quaestio de sicariis*
Omosessualità 同性恋，第 680 页
Onorio 奥诺里，第 548、549、550、567、584、587 页
Opimio (Lucio) 奥皮米奥（卢齐奥），第 313、318 页

Oportere ex fide bona 来自于诚信的义务、诚信义务，第 158 页及下页
Oratio 演讲辞、辩护词；诏书
　- *de Italicensibus*《致意大利人的演说辞》，第 501 页
　- *Hadriani (hereditatis petitio)*《（关于遗产返还请求的）哈德良诏书》，第 398 页
　- *principis in senatu habita* 主持元老院的君主诏书，第 388、397 页，第 398 页及下页，第 423、432 页
Oratores 演说家、辩护人
　- *defesa processuale* 辩护人在诉讼程序中的辩护，第 291 页
　- *onorari* 辩护人酬金，第 456 页
Orazio Barbato 奥拉兹·巴尔巴多，第 96 页及下页、第 99 页
Orazi e Curiazi 奥拉兹与库里亚兹，第 42 页
　- *processo dell'Orazio superstite* 奥拉兹与库里亚兹及对幸存的奥拉兹的审判程序，第 42、92、111 页
Orbi 奥比，第 408 页
Ordalie 神明裁判，第 33 页及下页
Oridinamento centuriato 百人团体制，参见 Centurie, Comizio centuriato
Ordine sacro 神职阶层，第 669 页
Ordo decurionum 市议会团体、市议员阶层，第 249、503、573 页
　- *appartenza coatta* 强制划归市议员阶层，第 536、548 页
　- *designazione del defensor civitatis* 市议员阶层与市民保护者的指定，第 572 页
　- *e magistrate municipali* 市议员阶层与自治市执法官，第 503 页
　- *esenzioni* 市议员阶层的豁免，第 574 页
　- *fuga* 市议员阶层的逃离，第 577 页
　- *nelle città latine* 拉丁人城市的市议会团体，第 645 页

- successione *mortis* causa 市议员阶层的死因继承，第 578 页
- veterani 市议会团体中的老兵，第 576 页
- 也参见 *Decuriones*

Ordo iudiciorum privatorum 普通私人诉讼 / 普通私人审判制度
- decadenza 普通私人诉讼制度的衰落，第 434 页
- e costituzioni particolari 普通私人诉讼制度和特别谕令，第 417、418 页
- e giudizi senatori 普通私人诉讼制度和元老院议员审判，第 461 页及下页
- *edicta principis* 普通私人诉讼与君主告示，第 414 页
- estensione delle fattispecie 普通私人诉讼与类型的扩展，第 455 页及下页
- *senatusconsulta* 普通私人诉讼与元老院决议，第 397、第 455 页及下页
- 也参见 *Crimina ordinaria*；*Lex*，*Iulia*，*iudiciorum publicorum*；*Quaestiones perpetuae*

Ordo senatorius 元老院议员阶层、元老院议员团体
- atteggiamento verso il *princeps* 元老院议员阶层对待君主的态度，第 385 页及下页、第 392 页
- attività economica 元老院议员阶层的经济活动，第 238、251 页
- nel dominato 君主专制时代的元老院议员阶层，第 558、559、第 575 页及下页
- - prefeudalesimo 君主专制时代的元老院议员阶层的先行封建化，第 561 页
- foro speciale 元老院议员阶层与特殊法庭，第 576 页
- privilegi 元老院议员阶层的特权，第 574、576、560 页
- dopo Azio 亚克兴战役后的元老院议员阶层，第 378 页
- matrimonio con attrici 元老院议员阶层与女戏子的婚姻，第 632 页
- 也参见 *Nobilitas*

Oreste 奥内斯特，第 522 页

Oriente 东部、东边
- impero 帝国东部，也参见 *Pars Orientis*
- prefettura di 东部大区，第 540、569 页
- persecuzioni dioclezianee 戴克里先对东部的镇压行动，第 537 页及下页
- romanizzazione 东部的罗马化，第 527 页及下页

Originales 原住人，第 580 页

Origo 籍贯，第 507 页及下页

Os fractum 折断一骨，第 39 页、第 113 页及下页

Oschi 奥西人，第 239 页

Ostia 奥斯蒂亚，第 246 页

Ostilio Mancino (Caio) 奥斯蒂里·曼奇诺（盖尤），第 274 页

Ostilio Tubulo (Lucio) 奥斯蒂里·图布罗（卢齐奥），第 282 页

Ostrogoti 东哥特人，第 553 页及下页

Osuna 奥萨苏纳，第 361 页

Ottavia 屋大维娅，第 371 页

Ottaviano 屋大维，第 363 页以下、第 375 页及下页、第 378 页以下、第 365 页以下、第 382、457 页；也参见 Augusto

Ottavio (Caio) 屋大维（盖尤），参见 Augusto；Ottaviano

Ottavio (Gneo) 屋大维（涅奥），第 325 页

Ottavio (Marco: tr. pl. 133 a.C.) 屋大维（马可：公元前 133 年的执政三巨头），第 302 页、第 305 页及下页、第 312 页

Ottavio (Marco: tr. pl. post 123 a.C.) 屋大维（马可：公元前 123 年之后的执政三巨头），第 310 页

Ottone 奥托，第 400 页

Ovidio Nasone 奥维德·纳索内，第 457 页

及下页

P

Paestum 帕斯特，第 241、262 页

Paflagonia 潘弗拉贡尼亚，第 262 页

Pagani 异教徒，第 542、545、547、581、583、585、645、665 页

Pagi 村落，第 10 页以下、第 45 页
- e curie 村落与库里亚，第 18 页
- e *gens* 村落与氏族，第 10、11、45 页
- nell'urbanizzazione dell'Occidente 帝国东部城市化进程中的村落，第 504、505 页
- 也参见 Comunità preciviche

"*Palaiá*" 古代评注，第 699 页

Palatini 内臣，第 577 页

Palermo 巴勒莫，第 262 页

Palestrina 帕勒斯特利那，参见 *Praeneste*

Pallante 帕兰特，第 460 页

Paludamentum 披风，第 130 页

Panfilia 潘菲利亚，第 487 页

Panettieri 面包师，第 537、558、578 页

Pannonia 潘诺尼亚，第 444、490 页

Paolo (giurista) 保罗（法学家），参见 Giulio Paolo

Paolo di Nisibe 尼斯彼的保罗，第 687 页

Papato romano 罗马教皇；罗马教廷；教皇职位
- Giustino I 优士丁一世时的罗马教廷，第 632 页
- nelle Novelle《新律》中的罗马教廷，第 665 页

Papiniano 帕比尼安，参见 Emilio Papiniano

Papinianistae 帕比尼安学习者，第 658 页

Papirologia 纸莎草文献研究，第 692 页

Par maiorve potestas 更大的权力，第 130 页

"*Paragraphaí*" 评注指示，第 693 页及下页、第 696 页
- "*tón palaiôn*" 古代评注，第 699 页

"*Parátitla*" 平行的文本段落，第 694 页

Parentela patriarcale 父系宗亲关系，第 7 页

Paricidas esto 你受到报复，第 38 页以下

Parricidium 弑亲罪
- Augusto 弑亲罪与奥古斯都，第 457 页
- legge di Numa 弑亲罪与努玛王的法律，第 38 页以下
- nel dominato 君主专制时代的弑亲罪，第 591 页
- *poena cullei* 弑亲罪与沉入水底刑，第 582 页

Pars Occidentis 帝国西部、西罗马帝国，第 549 页及下页、第 550 页及下页、第 551 页、第 559 页及下页
- caduta dell'impero 帝国西部与帝国的垮台，第 552、553 页，第 560 页及下页，第 692 页
- cultura giuridica 帝国西部的法律文化，第 606 页及下页，第 610、611 页
- e crisi militare 帝国西部与军事危机，第 559 页及下页
- prefeudalesimo 帝国西部的先行封建化，第 559 页
- regime vincolistico 帝国西部的约束型体制，第 558 页
- 也参见 *Partes imperii*

Pars Orientis 帝国东部、东罗马帝国，第 551、555 页，第 560 页及下页
- cultura giuridica 帝国东部的法律文化，第 606 页及下页、第 610 页及下页
- situazione economica 帝国东部的经济形势，第 560 页及下页
- dopo il 476 d.C. 公元 476 年以后的东罗马帝国，第 555 页
- 也参见 *Partes imperii*

Partes imperii 帝国的两部分，第 550、551、596 页
- apparati burocratici 帝国两部分的官僚机构，第 565 页

- *coniunctissimum imperium* 帝国的两部分与帝国的紧密联系，第 599 页
- *contese territoriali* 帝国两部分领土的容量，第 549、550 页
- *corporazioni e colonato* 帝国两部分的行会和佃农制度，第 579 页及下页
- *differenze economiche* 帝国两部分的经济差别，第 579 页
- 也参见 *Unità legislativa*

Parti 帕提亚，第 350、354、367 页，第 368 页及下页

Partus ancillae 女奴所生儿子，第 302 页

Partus suppositus 伪装怀孕分娩，第 468 页

Pasqua 复活节，第 680 页

Passieno Rufo (Lucio) 帕西恩·鲁弗（卢齐奥），第 462 页

Pastorizia 畜牧业
- *e agricoltura* 畜牧业和农业，第 272、303 页
- *e proprietà individuale* 畜牧业和个人所有权，第 14 页
- *limiti nell'ager publicus* 畜牧业在公田中的限制，第 244 页及下页
- *nelle XII Tavole* 《十二表法》中的畜牧业，第 106 页

Pater gentis 氏族长，第 8 页及下页

Pater patratus 战和事务祭司长，第 27 页及下页

Paterfamilias 家父
- *accusatio adulterii* 家父与通奸控告，第 455 页
- 也参见 *Patria potestas*

Patres 老人、家父、元老、（氏族血统）贵族
- *e gentes* 元老与氏族，第 47 页及下页、第 50 页
- *e pagi* 元老与村落，第 47 页
- *minorum gentium* 低等士族贵族，第 50、62 页

Patria potestas 家长权
- *colono* 家长权与佃农，第 580 页
- *estinzione* 家长权的废除，第 296、587 页
- *ius vendendi* 家长的出卖权，第 104、105、296 页
- *ius vitae ac necis* 家长的生杀权，第 581 页
- *nelle XII Tavole* 《十二表法》中的家长权，第 104、105、296 页

"*Pátria*" 《祖国》，第 632 页

Patriarca di Costantinopoli 君士坦丁堡大主教，第 672 页

Patricius (titolo) 贵族（头衔），第 553、567 页

Patrimonium principis 君主财产，第 493 页、第 495 页及下页、第 496 页及下页

Patrizi e plebei 贵族与平民
- *ager publicus* 贵族、平民和公田，第 243 页
- *aspetti del conflitto* 贵族与平民的冲突的各个方面，第 86 页以下
- *conubium* 贵族和平民的通婚，第 87 页以下、第 98 页以下；也参见 *Lex Canuleia*
- *fra il 376 ed il 367 a.C.* 公元前 376—前 367 年之间的贵族和平民，第 123 页
- *matrimoni misti* 贵族和平民的混合婚姻，第 88 页及下页
- *nel V secolo a.C.* 公元前 5 世纪的贵族和平民，第 55 页
- *nella costituzione romulea* 罗慕洛时代政制中的贵族和平民，第 17 页
- *nella monarchia etrusca* 埃托鲁斯人王政时代的贵族和平民，第 51 页以下
- *nella prima repubblica* 共和国早期的贵族和平民，第 83 页以下
- *pareggiamento* 贵族和平民的平等，第 185 页以下、第 217 页

Patriziato 贵族阶级
- *adlectio* 贵族阶级的选拔活动，第 355 页
- e cittadinanza 贵族阶级和市民身份，第 52 页及下页
- nel III secolo a.C. 公元前 3 世纪的贵族阶级，第 187 页
- nella costituzione romulea 罗慕洛时代政制中的贵族阶级，第 17 页
- origini 贵族阶级的起源，第 51 页及下页
- serrata 贵族阶级的封闭结构，第 61、86 页
- 也参见 Patriz e plebei

Patrizio ("*héros*") 贵族（英雄），第 694 页

Patroni 庇主、恩主
- colonie 庇主与殖民地，第 246 页
- processi con i liberti 庇主与解放自由人的诉讼程序，第 483 页
- processi *de repetundis* 庇主与搜刮钱财罪的诉讼程序，第 279 页及下页、281 页

Patzes 帕特兹，第 700 页

Pauli Sententiae《保罗判决》，第 617 页以下
- carattere pratico《保罗判决》的实践性特点，第 610 页
- e diritto volgare《保罗判决》与通俗法，第 603 页
- *interpretatione non eget*《保罗判决》与无须解释，第 625 页
- natura antologica《保罗判决》的选集性质，第 607、617 页
- nelle raccolte postclassiche 后古典时代选集作品中的《保罗判决》，第 602、622、624、625、626 页
- pseudepigrafo 伪造铭文的《保罗判决》，第 616 页
- riconoscimenti legislativi《保罗判决》与立法上的承认，第 607、618 页
- stesure《保罗判决》的版本，第 610 页、第 617 页及下页

Pauperies 穷人、贫民，第 115 页

Pax deorum 与神之间的安宁和平，第 32 页、第 35 页及下页

Pedibus ire in sententiam 走向他人的意见，第 197 页

Pedio (Quinto) 佩蒂（库伊特），第 364 页

Pegaso 佩加索，第 442、443 页

Pegno (contratto di) 质押（合同），第 158、159 页

Pelagio (paga) 佩拉乔（教皇），第 635 页

Pena di morte 死刑
- in età giustinianea 优士丁尼时代的死刑，第 680 页
- nel dominato 君主专制时代的死刑，第 582 页
- nel processo comiziale 民众大会审判程序中的死刑，第 277 页
- nella *cognitio* 审判中的死刑，第 465 页及下页

Pene 刑罚
- canoniche 教会刑罚，第 680 页
- celesti 上天的惩罚、神罚，第 680 页
- *existimationis* 荣誉刑，第 583 页
- in età giustinianea 优士丁尼时代的刑罚，第 678、680 页
- mutilanti 肢体刑，第 680、698 页
- nel dominato 君主专制时代的刑罚，第 581 页以下
- nella *cognitio* 审判中的刑罚，第 465 页以下
- nelle *quaestiones* 刑事法庭的刑罚，第 287 页
- pecuniarie 金钱刑，第 496 页
- restrititve 限制刑，第 680 页
- variabili 可变的刑罚，第 463 页、第 464 页及下页、第 680 页

Perduellio 敌对行为，第 38、115 页
- e *crimen maiestatis* 敌对行为和叛逆罪，第 283 页
- e *provocatio* 敌对行为和申诉，第 111、310 页
- e *tribune della plebe* 敌对行为和平民保民官，第 275 页
- pena 敌对行为的刑罚，第 111 页
- 也参见 *Duoviri perduellionis*

Peregrini 异邦人
- *alicuius civitatis* 有一定城邦的异邦人，第 515 页以下
- *diritto applicato* 异邦人适用的法律，第 138 页以下、第 510 页以下、第 515、518 页，第 519 页及下页
- *giurisdizione* 对异邦人的司法管辖权，第 263 页、第 509 页及下页、第 515 页及下页
- *dediticii* 臣服异邦人，第 263、520 页
- *diritto nazionale* 异邦人的本国法，第 519 页
- *in dicione populi Romani* 罗马人民治下的异邦人，第 263 页
- *nel dominato* 君主专制时期的异邦人，第 575 页
- *nullius civitatis* 无城邦的异邦人，第 515 页及下页
- - e *constitutio Antoniniana* 无城邦的异邦人与安东尼谕令，第 520 页及下页

Perfectissimi 至善者、最完善的人，第 571、575 页

Pergamo (regno) 帕加马（王国），第 263、270、305 页

Perseo 帕尔修斯，第 273 页

Persia 波斯，第 584、635、643、689、691、697 页

Persona in causa mancipii 受役状态下的人，第 295 页及下页

Personalità del diritto 法律的属人性
- in epoca repubblicana 共和国时代的法律的属人性，第 155 页
- nei regni romano-barbarici 罗马—蛮族人王国中的法律的属人性，第 153 页及下页、第 554 页及下页、第 623、624 页
- nel medioevo 中世纪法律的属人性，第 153 页及下页、第 155 页
- norme di collisione 法律的属人性与规范的冲突，第 155 页

Pesaro 佩萨罗，第 259 页

Petitio hereditatis 遗产返还请求，第 398 页

"*Philoi*" 幕僚，第 476 页

"*Phýsis tôn synallagmáton*" 双务契约的性质，第 694 页

Piacenza 皮亚琴察，第 257 页

Piaculum 赎罪、抵偿，第 37、135 页

Piceno e Picenti 皮切诺和皮切诺人，第 248、250、331 页

Pietro Barsime 彼得·巴尔希梅，第 684、685 页

Pietro Patrizio 彼得·帕特里提，第 691 页

Pignoris capio 罚没财产，第 127、174 页
- nel processo formulare anteebuzio 针对艾布兹法的程式诉讼程序中的罚没财产，第 140 页
- *provocatio ad populum* 罚没财产和向人民申诉，第 110 页

Pignus conventum 协议质押，第 161 页

Pirateria 海盗行为，第 251 页

Pirro 皮洛士，第 252 页及下页、第 254 页

Pisone 比索，第 401 页

Plagium 拐卖人口罪，第 469、591、591、621 页

Platone 柏拉图，第 335 页

"*plátos (tò)*" 大全，第 695 页

Plauzio 普劳迪，第 444 页

Plauzio silvano (Marco) 普劳迪·席尔瓦诺（马可），第 322 页

Plebe 平民

- accesso al pontificato massimo 最高大祭司职务对平民的接受，第 298 页
- auspicia 平民鸟卜官，第 116 页
- carattere composito 平民的构成特点，第 85 页
- concilia 平民会议，参见 Concilia plebis
- e clientes 平民与门客，第 52 页以下
- consolato 平民与执政官职位，第 122 页以下
- nell'esercito 军队中的平民，第 115 页
- nella costituzione romulea 罗慕洛时代政制中的平民，第 17 页
- organizzazione autonoma 平民的自治组织，第 85 页
- origine 平民的起源，第 51 页以下
- rappresentanza del princeps 平民与元首的代表性，第 471 页
- rurale 乡村的平民，第 217 页
- secessioni 平民逃离运动，第 83、97、220 页
- tribuni 平民保民官，参见 Tribuni della plebe
- 也参见 Patrizi e plebei

Plebiscita 平民会决议，第 184 页及下页、第 219 页以下
- aequatio alle leges 平民会决议与法律的等同，第 185 页、第 220 页以下
- attribuzione di promagistrature 平民会决议对代行执法官职位的分配，第 266 页
- aucotrias patrum 平民会决议与元老院准可，第 221 页
- come rogationes 作为法律提案的平民会决议，第 222 页
- deduzione di colonie 平民会决议与殖民地开辟，第 241、246 页
- e leges rogatae 平民会决议和民决法律，第 227 页
- effecacia originaria 平民会决议的原始效力，第 219 页
- ex auctoritate patrum 根据元老院准可的平民会决议，第 222 页
- nella compilazione giustinianea 优士丁尼汇编作品中的平民会决议，第 676 页
- nelle classificazioni tardo-classiche 古典时代晚期的分类体系中的平民会决议，第 423 页
- recepiti in rogationes 在法律提案中被接受的平民会决议，第 218 页及下页
- senatoconsulto preventivo 平民会决议与预先元老院决议，第 324、329 页

Plebiscita (singoli)（单部）平民会决议
- Claudianum (de quaestu senatorum)《关于元老院议员营利行为的克劳迪平民会决议》，第 221 页及下页、第 238、256、272、311 页
- conferimento ad Ottaviano del ius tribunicium《授予屋大维保民官权力的平民会决议》，第 368 页
- de agro Piceno et Gallico《关于皮切诺人和高卢人土地的平民会决议》，第 221 页及下页、第 256 页
- de consulatu non iterando《关于不得重复担任执政官的平民会决议》，第 274、330 页
- de populo non sevocando《关于不得将人民分开的平民会决议》，第 192 页
- de tribunis plebis reficiendis《关于再次担任平民保民官的平民会决议》，第 307 页
- deroga alla lex Genucia《中止格努奇法的平民会决议》，第 222 页
- Ovinium《奥维尼平民会决议》，第 171、186、195 页
- reddendorum equorum《收回马匹的平民会决议》，第 311 页及下页
- sul Tesoro di Attalo《关于阿塔罗斯三世财富的平民会决议》，第 306 页

Plebs 平民，第 199 页

Plinio jr. 小普林尼，第 416、441、461、507 页

Pluralità degli ordinamento giuridico 法律制度的多样性，第 162 页

Poena capitalis 生命刑，第 287、466、582 页

Poena capitis 极刑，第 466、582、586、587、589、590、591、621 页

Poena cullei 沉入水底刑，第 40、284、468、582、587、591 页

Poena legis 法定量刑，第 286 页及下页

"*Póleis*" 城市
- doppia cittadinanza 城市与双重市民籍，第 517 页
- elogio 城市的赞歌，第 526 页
- spoliticizzazione 城市的非政治化，第 501 页
- territorialità del diritto 城市与法律的地域性，第 154、523 页
- 也参见 Città-stato

Polibio 波利比奥，第 302 页

"*Politeîai*" 政制、宪制，第 526 页

Politica demografica 民主政治，第 347 页

Pollicitatio 单方允诺，第 435、472 页

Pomerium 城市边界
- *antiquissimum* 最古老的城市边界，第 16 页
- e comizi centuriati 城界和百人团民众大会，第 213 页
- e *ius tribunicium* 城界与保民官权，第 308 页
- Silla 城界和苏拉，第 331 页

Pompeo Falcone 庞培·法尔科内，第 474 页

Pompeo Magno 伟大的庞培，第 188、282、326、33、340、342 页，第 342 页以下，第 346 页以下，第 350 页以下，第 337 页及下页，第 368 页

Pompeo Sesto 庞培·塞斯特，第 354、348、368 页

Pompeo Strabone 庞培·斯特拉博内，第 322 页

Pomponio 彭波尼，第 220 页，第 288 页及下页，第 299、300、336、339、423、438、441、445、446 页

Ponte Milvio (battaglia) 穆尔维桥（战役），第 539 页

Pontes 桥、通道，第 214 页

Pontifex maximus 最高大祭司，第 27、89 页
- accesso dei plebei 最高大祭司职位对平民的接受，第 298 页
- Cesare 最高大祭司与恺撒，第 355 页
- imperatori cristiani 最高大祭司与基督教皇帝，第 542 页
- M. Emilio Lepido 最高大祭司与马可·艾米利·雷比达，第 368 页
- *modica coercitio* 最高大祭司与有节制的强制权，第 110 页及下页
- *multae dictio* 最高大祭司做出罚金，第 226、275 页
- presidenza dei *concilia plebis* 最高大祭司对平民会议的主持，第 218 页
- *provocatio* 最高大祭司与申诉，第 110 页及下页，第 226、275 页

Pontifices 大祭司，第 26 页以下
- *agree cavere respondere* 大祭司与解答、提供、协助，第 293 页
- ammissione dei plebei 大祭司职务对平民的接受，第 186 页及下页
- apprendimento dei diritto 大祭司对法律的研习，第 297 页
- competenze 大祭司的职权，第 26 页及下页
- - *materia religiosa* 大祭司在宗教事务的职权，第 293 页
- composizione delle *actiones* 大祭司与诉讼的组成，第 289、294 页

- consulenza giuridica 大祭司与法律咨询, 第 294 页以下
- interpretatio 大祭司与解释, 参见 Interpretatio pontificum
- maiores 主要的大祭司, 第 27 页
- memorizzazione dei mores 大祭司对惯习的记载, 第 27、35、94、103、107 页
- minores 较低级的大祭司, 第 27 页
- numero 大祭司数量, 第 27、186、331 页
- 也参见 Giurisprudenza pontificale、Pontifex maximus

Ponto (diocese) 本都（专区）, 第 668 页

Popilio Lenate (Marco) 波比略·雷纳特（马可）, 第 244 页

Populares 民众派, 第 276 页、第 328 页及下页、第 340 页以下、第 344 页及下页、第 348 页

Populi Albenses 阿尔巴山三十部落, 第 5、11 页

Populi Romanus 罗马人民
- erede di stati stranieri 罗马人民与外国的遗产, 第 342 页
- *potestas* 罗马人民的权力, 第 410 页
- rappresentanza d'Augusto 罗马人民与奥古斯都的代表性, 第 387 页
- titolare d'*imperium* 罗马人民与治权头衔拥有者, 第 410 页

Porcio Catone (Marco) 波尔其·加图（马可）, 参见 Catone il censore

Porcio Catone Uticense (Marco) 乌提卡城的波尔其·加图（马可）, 参见 Catone Uticense

Porcio Leca (Publio) 波尔其·莱卡（布布里）, 第 275 页

Porsenna 博森纳, 第 76 页

Portoria 关税, 第 264、345 页

Possessio 占有
- *ad usucapionem* 占有时效取得, 第 297 页
- *genera* 占有的种类, 第 336 页
- *tutela pretoria* 占有的裁判官保护手段, 第 161 页

Possessiones 占有
- conversione in proprietà private 占有向私人所有权的转化, 第 316 页
- dell'*ager publicus* 对公田的占有, 第 242 页以下
- - limiti 对公田占有的限制, 第 304 页
- *vectigal* 贡赋占有, 第 316 页
- *tutela interdittale* 占有的令状保护, 第 148 页

Postulatio 提出诉求, 第 286、462 页

Postumio Albino (Spurio) 普斯图米奥·阿尔庇诺（斯普里奥）, 第 261 页

Potestas 权力
- del *populus Romanus* 罗马人民的权力, 第 410 页
- ed *imperium* 权力与治权, 第 127、130 页
- nella monarchia 王政时代的权力, 第 23 页
- *proconsules* 代行执政官的权力, 第 489 页

Praecipitatio e saxo 从悬崖上抛下去, 第 182 页、第 183 页及下页

Praecones 传令员
- *censori* 监察官的传令员, 第 170 页
- nei comizi centuriati 百人团民众会议上的传令员, 第 213 页

Praedes 保证人, 第 106 页

Praefecti 长官
- *aerarii* 金库长官, 第 390、473、494、495 页
- *alimentorum* 维护长官, 第 486 页
- *classis* 武装部队长官, 第 486 页
- *Capuam Cumas* 卡布亚和库玛城长官, 第 176、249、475 页

- *e ordo equester* 长官与骑士阶层，第491 页

- *frumenti dandi* 粮食配给长官，第486 页

- *iure dicundo* 司法长官，第176 页、第249 页及下页

- *provinciarum* 行省长官，第176 页、第249 页及下页

Praefectura (circoscrizione territoriale) 大区（领土区划），第249、361 页

Praefecturae (nel dominato) （君主专制时代的）大区，第540 页、第569 页及下页、第666 页

Praefectus Aegypti 埃及大区行政长官，第380 页、第491 页以下

- nella gerachia burocratica 官僚等级制度中的埃及大区行政长官，第478 页

Praefectus Alexandreae et Aegyti 亚历山大与埃及行政长官，参见 *Praefectus Aegypti*

Praefectus annonae 粮食供应长官，第451、474 页、第484 页及下页、第568 页

- competenza giudiziaria 粮食供应长官的司法权限，第458 页及下页、第485 页

- *subpraefecti* 粮食供应长官的副官，第485 页

Praefectus Augustalis 皇帝特派行政长官；皇帝特使，第491、598 页

Praefectus praetorio 大区长官，第478 页以下、第553、540、569 页、第682 页以下

- comando militare 大区长官的军事指挥权，第479、533、540 页

- competenza criminale 大区长官的刑事职权，第458 页及下页、第462、479 页

- competenza d'appello 大区长官的上诉审职权，第485、668、673 页

- *consilium principis* 大区长官与君主顾问委员会，第477、479 页

- *edicta* 大区长官的告示，第675 页

- *eques* 大区长官与骑士，第478、491 页

- *formae* 大区长官与规范，第675 页

- funzionario periferico 大区长官与外围的吏员，第540 页

- giurisdizione 大区长官的管辖权，第570 页

- giuristi 大区长官与法学家，第450、451 页，第479 页及下页

- *in comitatu* 大区长官的随从，第564、567、569、682 页

- *ius gladii* 大区长官的剑罚权，第479 页

- nomina del *defensor civitatis* 大区长官对城市保卫者的任命，第572 页

- *vice sacra respondere* 大区长官代表皇帝解答权，第458 页及下页、第479 页

Praefectus urbi 城市行政长官，第385 页、第481 页以下、第533 页、第568 页及下页、第598 页

- appello dalle sentenze 城市行政长官对判决的上诉审，第483 页

- Cesare 城市行政长官与恺撒，第355 页、第481 页及下页

- competenza civile 城市行政长官的民事权限，第483 页

- competenza criminale 城市行政长官的刑事权限，第458 页及下页，第462、483 页

- competenza d'appello 城市行政长官的上诉审权限，第485、568、570 页

- *consularis* 城市行政长官与执政官，第472、482、491 页

- di Constantinopoli 君士坦丁堡的城市行政长官，第541、544 页、第568 页及下页

- e consoli 城市行政长官与执政官，第471 页及下页

- e giuristi 城市行政长官与法学家，第 443 页
- e praefectus vigilum 城市行政长官与治安长官，第 484 页
- giurisdizione 城市行政长官的司法管辖权，第 569、576 页
- nel tribunato militare 军团长官制中的城市行政长官，第 118 页
- nella monarchia 王政时期的城市行政长官，第 481 页
- nella repubblica 共和国时代的城市行政长官，第 482 页
- regno ostrogoto 东哥特王国的城市行政长官，第 554 页
- triumviri 城市行政长官与执政三头同盟，第 481 页及下页

Praefectus vigilum 治安长官，第 474 页、第 483 页及下页、第 568 页、第 666 页及下页
- competenza giudiziaria 治安长官的司法权限，第 458 页及下页、第 484 页
- ed edili 治安长官与市政官，第 485 页
- giuristi 治安长官与法学家，第 449、452、484 页

Praeire verbis 诵词令，第 295 页

Praeneste 普勒内斯特，第 4、16、241、327 页

Praenomen 尊号，第 521 页

Praepositus sacri cubiculi 大内总管、圣室长官，第 567 页及下页

Praescriptio 诉求前书
- pro actore 有利于原告的诉求前书，第 148 页
- pro reo 有利于犯罪人的诉求前书，第 143、148 页、第 163 页及下页

Praesides 总督，第 491、533 页、第 569 页及下页、第 570 页及下页

Praetor 裁判官，第 130 页以下、第 472 页
- de repetundis 搜刮钱财罪裁判官，第 281 页
- e nobilitas 裁判官与新贵阶层，第 199 页
- fideicommissarius 裁判官与信托解放，第 472、473 页
- hastarius 主审裁判官，第 473 页
- Hispaniae Citerioris e Ulterioris 近西班牙和远西班牙裁判官，第 264 页
- liberalium causarum 自由权案件的裁判官，第 473、569 页
- maximus 最高裁判官，第 82 页
- nel cursus honorum 在官职序列中的裁判官，第 126 页及下页
- peregrinus 外务裁判官，第 131 页及下页、第 139 页以下、第 264、267、510 页
- plebei 平民裁判官，第 131、185 页
- provinciae 行省裁判官，第 132、264 页
- quaestio de repetundis 搜刮钱财罪刑事法庭裁判官，第 280 页
- qui inter cives et peregrinos ius dicit 在市民和异邦人之间进行审判的裁判官，第 139 页
- qui inter privatos et fiscum ius dicit 在国库与私人之间事务有决定权的裁判官，第 473 页
- tutelaris 监护事务裁判官，第 473、569 页
- Sardiniae 撒丁裁判官，第 264 页
- Siciliae 西西里裁判官，第 264 页
- urbanus 内务裁判官，参见 Praetor urbanus

Praetor urbanus 内务裁判官，第 130 页以下、第 264、267 页、第 424 页及下页、第 472 页及下页、第 533、569 页
- a Costantinopoli 君士坦丁堡的内务裁判官，第 569 页
- assistenza al censo 内务裁判官对财产调

查活动的协助，第 170 页
- *competenza* 内务裁判官的职权，第 510 页及下页
- *commendatio e nominatio* 内务裁判官的推荐和任命，第 405 页
- *conlega minor* 内务裁判官的较低级的同僚，第 130、131、138 页
- *creatio* 内务裁判官的创设，第 211 页
- e *giurisprudenza* 内务裁判官与法学，第 289、425 页
- *edictum* 内务裁判官告示，参见 *Edictum praetoris*
- *età minima* 内务裁判官的最低任职年龄，第 330 页
- *imperium* 内务裁判官的治权，第 130 页及下页
- *iurisdictio* 内务裁判官的司法权，第 131 页、第 132 页以下、第 330、425、472 页
- - *sui municipes* 内务裁判官在自治市的司法权，第 249 页
- *ius agenda cum patribus* 内务裁判官的代表元老院行事权，第 130 页
- *ius agenda cum populo* 内务裁判官的代表人民行事权，第 130、211 页
- *ludi publici* 内务裁判官与公共庆典，第 474、533、569、576 页
- nelle *legis actiones* 法律诉讼中的内务裁判官，第 134 页及下页
- nelle *quaestiones* 刑事法庭中的内务裁判官，第 132、283、472 页
- *supplenza ai censori* 内务裁判官对检察官职务的代理，第 130、172 页
- *tresviri capitales* 内务裁判官与三人刑官，第 175 页

Praetores 长官；裁判官
- *aerarium populi Romani* 罗马人民金库长官，第 473、494 页
- nei *municipia* 自治市的裁判官，第 249 页
- nelle *coloniae civium Romanorum* 罗马市民殖民地的裁判官，第 246 页
- *numero* 裁判官数量，第 132、267、330、357、471 页、第 472 页及下页
- *praetores-consules* 裁判官—执政官，第 75、128 页

Praetorii 裁判官职，第 394、471 页
Praetura plebis 平民裁判官，第 666 页及下页
Praevaricatio 通谋，第 469、592 页
Pragmatica sanctio 实用规定，第 595 页及下页、第 599、638 页
- *pro petitione Vigilii*《支持维吉吕请求的实用规定》，第 596、668、670、696 页

Prassi 实践；习惯、惯例
- *amministrativa* 行政管理实践，第 231 页
- *costituzionale* 政制实践、宪制惯例，第 205、231 页
- *giudiziaria* 司法实践、司法惯例；第 602 页及下页
- *negoziale* 行为惯例、交易惯例，第 292、600、602、603、701 页

Preces 请求函，第 418 页
Precetto e sanzione 规定与法则，第 227 页
Predigesti 学说汇纂前的作品，第 647 页及下页、第 694 页
Pretoriani 禁军，参见 *Cohortes praetoriae*
Primicerius notariorum 首席秉笔大臣，第 550、568 页
- *in consistorio* 驻枢密院的首席秉笔大臣，第 564 页

Primo (Marco) 普里莫（马可），第 385 页
Princeps 君主、元首
- *accentramento della normazione* 君主的规范活动的集中，第 423 页
- *aerarium militare* 君主的军事金库，第

493 页及下页
- appello 君主的上诉审，第 417 页及下页，第 457、483、510 页，第 516 页及下页，第 518 页
- - criminale 君主的刑事上诉审，第 454、458 页
- attribuzione dei poteri 君主对权力的分配，第 399 页
- centralità 君主的集权，第 435 页
- consilium 君主顾问委员会，参见 Consilium principis
- crimen maiestatis 君主与叛逆罪，第 467 页
- culto 君主崇拜，第 467、493 页
- dies imperii 君主获得治权日，第 387 页
- dualità di Augusti 君主与双奥古斯都二帝体制，第 403 页
- e editto pretorio 君主与裁判官告示，第 424 页及下页
- e giuristi 君主与法学家，第 430 页及下页；也参见 Ius respondendi
- e governo provinciale 君主与行省的统治，第 488 页及下页
- e processi senatori 君主与元老院审判程序，第 461 页及下页
- e senatusconsulta 君主与元老院决议，第 396、398、423 页
- "*ékkleton dikázein*" 根据请求审理案件，第 417 页
- giurisdizione 君主的司法管辖权，第 417 页及下页
- grazia 君主的恩泽，第 465 页
- imperium proconsulare 君主与代行执政官的治权，参见 Imperium proconsulare maius et infinitum
- investitura 君主的授职，第 388、400、532 页
- iudicatio criminale 君主的刑事审判，第 457 页以下
- iuventutis 待位元首，第 402 页
- legibus solutus 君主与法律约束，第 561 页及下页
- libertas alle città straniere 君主对外国人城市的自由权，第 505 页
- oratio 君主诏书，参见 Oratio principis in senatus
- rapporti patrimoniale 君主的财产关系，第 497 页及下页
- rappresentante del popolo e della plebe 君主与人民和平民的代表，第 387、471 页
- successione ai Tolemei 君主与对托勒密王朝的继承，第 491 页及下页
- titolo 君主的头衔，第 381 页
- tribunicia potestas 君主的保民官权力，第 387、388 页
- - e collegialità 君主的保民官权力和同僚制，第 474 页
- 也参见 Auctoritas principis; Imperium proconsulare maius et infinitum; Principato; Tribunicia potestas

Principales 名门望族，第 573 页及下页
Principato 元首制
- augusteo 奥古斯都元首制
- - costituzione del 27 a.C. 奥古斯都元首制与公元前 27 年的政制，第 383 页及下页
- - costituzione del 23 a.C. 奥古斯都元首制与公元前 23 年的政制，第 386 页及下页
- crisi del II sec. d.C. 公元 2 世纪元首制的危机，第 377 页
- diarchia 元首制与二元政治，第 388 页
- disintegrazione dell'ordine repubblicano 元首制与共和国秩序的解体，第 381 页
- monarchia 元首制的君主制，第 377、386、476 页

- e restaurazione 元首制与复辟，第 435 页及下页
- fondazione 元首制的建立，第 382 页、第 386 页及下页
- - e "rivoluzione" 元首制的建立与"革命"，第 376 页
- forme repubblicane 元首制与共和制的形式，第 378 页及下页
- integrazione delle province 元首制与行省的一体化，第 377 页
- nella storiografia senatoria 元老院倾向的历史文献中的元首制，第 392 页
- successione 元首制的继承，第 399 页以下、第 538 页

Principium 元首部落，第 226、227 页
Priscillianisti 普里西里安教派，第 584 页
Privilegia 特权，第 101、184、202、229 页
Processi 诉讼程序、审判程序
- *de repetundis* 关于搜刮钱财的诉讼程序
- - Rutilio Rufo 对鲁第里·鲁弗的关于搜刮钱财的诉讼程序，第 319 页及下页、第 321 页
- - Verre 对维雷的关于搜刮钱财的诉讼程序，第 343 页及下页
- - patrono 对恩主的关于搜刮钱财的诉讼程序，第 279 页及下页
- - *recuperatores* 指派裁审员的关于搜刮钱财的诉讼程序，第 279 页及下页
- *de vi* 关于暴力罪的诉讼程序，第 351 页
- di libertà 关于自由权的诉讼程序，第 176 页

Processo civile 民事诉讼程序
- bipartizione 民事诉讼程序的两分，第 132、433 页
- formulare 民事诉讼程序的程式，参见 Processo formulare
- *legis actiones* 民事诉讼程序与法律诉讼，参见 Legis actiones

- legislazione augustea 民事诉讼程序与奥古斯都的立法，第 407 页
- nelle Novelle 《新律》中的民事诉讼程序，第 667 页及下页

Processo comiziale 民众大会审判程序，第 90 页、第 92 页及下页、第 101、第 108 页以下、第 274 页以下
- accusa 民众大会审判与控告，第 109、174、275 页
- ambito 民众大会审判的范围，第 109 页及下页
- *auctoritas patrum* 民众大会审判与元老院准可，第 189 页
- comizi curiati 民众大会审判与库里亚民众大会，第 92 页
- comizi centuriati 民众大会审判与百人团民众大会，第 277 页及下页
- decadenza 民众大会审判程序的衰落，第 110 页及下页
- e *provocatio ad populum* 民众大会审判与向人民申诉，第 110 页及下页
- forme 民众大会审判程序的形式，第 276 页及下页
- in età monarchica 王政时期的民众大会审判程序，第 92 页
- per multe 做出罚款决议的民众大会审判，第 276 页
- questorio 民众大会上的财政官审判，第 275 页
- tribunizio 民众大会上的保民官审判，参见 Processo tribunizio
- 也参见 *Iudicia populi*

Processo criminale 刑事诉讼程序、刑事审判程序
- in età giustinianea 优士丁尼时代的刑事诉讼程序，第 656 页、第 678 页及下页
- legislazione augustea 刑事诉讼程序与奥古斯都立法，第 407 页及下页

- nel dominato 君主专制时期的刑事诉讼程序，第 591 页以下
- - accusatorio 控告制刑事诉讼程序，第 591 页及下页、第 678、679 页
- - discrezionalità del giudice 刑事诉讼程序与审判员的自由裁量权，第 580 页及下页
- - confessione 刑事诉讼程序与认罪，第 593 页
- - cristinanesimo 刑事诉讼程序与基督教义，第 601 页
- - favor rei 刑事诉讼程序与有利犯罪人原则，第 593 页
- - inquisitorio 纠问制刑事诉讼程序，第 591、678 页
- perenzione 刑事诉讼程序与诉讼时效经过，第 678 页
- praefectus praetorio 刑事诉讼程序与大区长官，第 479 页
- senatorio 元老院的刑事诉讼程序，第 388 页及下页、第 461 页以下
- - decadenza 元老院的刑事诉讼程序的衰落，第 390 页
- - in Plinio jr. 小普林尼笔下的刑事诉讼程序，第 389 页及下页

Processo formulare 程式诉讼，第 137 页及下页
- antebuzio 针对艾布兹的程式诉讼程序，第 140 页
- con effetti civili 具有市民法效力的程式诉讼，第 144 页
- contumacia 程式诉讼中的缺席判决，第 433 页
- e *Institutiones* di Gaio 程式诉讼与盖尤斯《法学阶梯》，第 447、448 页
- e *iurisdictio peregrina* 程式诉讼与对异邦人的司法管辖，第 139 页以下
- e *ius honorarium* 程式诉讼与荣誉法，第 435 页
- estensione ai *cives* 程式诉讼与向市民的扩展，第 142 页以下、第 237 页
- mezzi ausiliari 程式诉讼的辅助性工具，第 143 页

Processo tribunizio 保民官审判程序，第 109 页、第 183 页及下页、第 275 页及下页
- ambito 保民官审判程序的范围，第 183 页及下页
- e *quaestiones perpetuae* 保民官审判程序与常设刑事法庭，第 329 页
- perduellio 保民官审判程序与敌对行为，第 111 页

"*Prócheiros nómos*" 《入门》，第 698 页
Prochiron legum 《法律手册》，第 702 页
Prochirum auctum 《法律手册增订本》，第 700 页

Proconsules 代行执政官、行省执政官、行省总督
- e *mandata principis* 行省总督与君主训示，第 414 页
- *extra sortem* 行省总督与非常之签（特别授权），第 489 页
- *intervallo* 行省总督任职间隔期，第 262 页及下页、第 488 页及下页
- *ius gladii* 行省总督的剑罚权，第 460 页
- nel dominato 君主专制时期的行省总督，第 569 页、第 570 页及下页
- origine 代行执政官的起源，第 266 页及下页
- poteri 代行执政官的权利，第 268 页及下页
- nel principato 君主专制时代的行省总督，第 489 页
- Silla 代行执政官与苏拉，第 267 页
- stipendio 行省总督的薪酬，第 490 页
- 也参见 Promagistrature

Procopio 普罗科皮奥，第 632、666、668、682、684、685 页，第 688 页以下

Proculiani e Sabiniani 普罗库勒学派和萨宾学派，第 441 页及下页

Proculo (giurista) 普罗库勒（法学家），第 442 页

Proculo (*quaestor sacri palatii*) 普罗库勒（圣殿执法官），第 685 页及下页

Procurator 代理人、代理官员
- *a censibus* 财产调查代理执法官员，第 481 页
- *ad Caesaris praedia dividenda et comprobanda* 关于皇帝财产分配和批准的代理官，第 497 页
- *a rationibus* 管账代理官，第 499 页
- *bibliothecarum* 图书馆代理行政官，第 481 页
- *fisci* 国库代管人，第 415 页
- *idiologi* 伊迪奥斯罗代理长官，第 415 页、第 492 页及下页
- *ludi magni* 大型公共竞技代理行政官，第 481 页
- *patrimonii* 财产代理官，第 481、499 页
- *rationis privatae* 私产代理官，第 497、499 页
- *summae rationis* 财物管账代理官，第 481、499 页
- *viarum* 道路代理行政官，第 481 页
- *vicesimae hereditatum* 遗产税代理行政官，第 481、490 页

Procuratores 代理人、代理官
- *a patrimonio* 财产代理官，第 499 页
- *ad alimenta* 维护行为代理官，第 486 页
- *Augusti* 皇帝代理官，第 491 页
- *distretti minerari* 矿区代理行政官，第 506 页
- *governatori provinciali* 行政总督的代理人，第 414、491 页
- - *competenza criminale* 行省总督代理人的刑事职权，第 458、491 页
- *gerarchia* 代理官与等级制度，第 477、499 页
- *hereditatium patrimonii privati* 私人遗产代理官，第 497 页及下页
- *in Roma* 在罗马的代理官，第 481 页
- *nelle province* 在行省的代理官
- - *amministrazione finanziaria* 在行省的代理官的财政管理，第 499 页及下页
- - *imperiali* 在皇帝行省的代理官，第 490 页及下页
- - *senatorie* 在元老院行省的代理官，第 390、490 页
- *regiones* 代理官的大区，第 499 页
- *tractus* 代理官的管区，第 499 页
- *usiaci* 直隶区代理官，第 493 页

Proditio 背叛行为，第 40 页及下页，第 112、283、588 页

Professio nominis 候选资格，第 212 页

Professioni liberali 自由职业，第 576 页

Proletariato urbano 城市无产者，第 332、348、378 页

Prolytae 毕业生，第 658 页

Promagistrature 代行执法官、行省执法官，第 266 页及下页

Promulgatio 公布，第 212 页

Propositio 公示、公布，第 419 页

Propraetor 代行裁判官、行省裁判官，第 267 页

Proprietà 财产、财产权
- *fondiaria* 土地财产权，参见 *Proprietà fondiaria*
- *individuale* 个体财产、个人财产，第 14 页、第 58 页及下页
- *gentilizia* 氏族财产，第 58 页及下页
- *nelle XII Tavole* 《十二表法》中的财产权，第 106 页
- *provinciale* 行省财产，第 263 页及下页、第 514、601 页

- trasmissione 财产转让，第 603 页
Proprietà fondiaria 土地财产权
 - bizantina 拜占庭时代的土地财产权，第 698 页
 - confische nei regni barbarici 蛮族人王国对土地财产的没收，第 554、555 页
 - piccolo contadini 小农的土地产权，第 244 页及下页
 - e decurionato 土地财产权与市议员制度，第 573 页
 - feudalizzazione 土地财产权的封建化，第 551、561 页
Prorogatio imperii 治权延期，第 266 页及下页、第 489 页及下页
Proscritti sillani 苏拉流放者，第 342、356 页
Proscrizioni 放逐、流放，第 326、327 页，第 328 页及下页，第 366 页，第 366 页及下页
Prostituzione 卖淫，第 587 页
"*Protheoríai*" 旁白，第 694 页
Province 行省
 - diritto applicato 行省的适用法律，第 513 页
 - e diritto romano 行省与罗马法，第 600 页
 - in età giustinianea 优士丁尼时代的行省，第 666 页、第 691 页及下页
 - imperiale 皇帝行省，也参见 *Legati Augusti pro praetore*
 - nel dominato 君主专制时期的行省，第 532 页及下页、第 569 页
 - nella repubblica 共和国时期的行省，第 261 页以下
 - - circoscrizioni territoriali 共和国时期行省的领土区划，第 267 页及下页
 - - *lex Sempronia* 共和国时期行省与《森布罗尼法》，第 266 页
 - nell'ideologia repubblicana 共和国意识形态中的行省，第 470 页

 - nel principato 君主专制时代的行省，第 376、387、388 页，第 487 页以下
 - *mandata principis* 行省与君主训示，第 488 页
 - *non pacatae* 未实现和平的行省，第 383、487 页
 - *pacatae* 实现和平的行省，第 487 页
 - procuratorie 行省行政代理官，第 414、488、491 页
 - romanizzazione 行省的罗马化，第 524 页
 - senatorie 元老院行省，第 390 页、第 489 页及下页
 - - e fisco 元老院行省和国库，第 496 页
 - - interventi del *princeps* 元老院行省和君主的干预，第 390、488 页
Provincia 行省，第 132 页
Provocare sacramento 起誓，第 135 页
Provocatio ad populum 向人民申诉，第 41 页及下页、第 89 页以下、第 110 页以下，第 137 页及下页，第 183、226、275、310 页
 - Catilina 向人民申诉与卡提里纳，第 345 页及下页
 - *crimen maiestatis* e *vis* 向人民申诉与叛逆罪和暴力罪，第 355 页
 - decadenza 向人民申诉制度的衰落，第 458、460 页
 - deroga legislativa 向人民申诉制度在立法上的废止，第 231 页
 - dittatore 向人民申诉与独裁官，第 166、167 页
 - e *coercitio* 向人民申诉与强制权，第 91 页，第 110 页及下页，第 125、204 页
 - - *tribunicia* 向人民申诉与保民官强制权，第 93 页，第 183 页及下页，第 275、263 页
 - e *cognitio extra ordinem* 向人民申诉与非常审判，第 413 页

索 引

- e quaestiones 向人民申诉与刑事法庭，第 287 页
- estensione ai socii Italici 向人民申诉制度向意大利同盟者的扩展，第 308 页
- giudizi municipali 向人民申诉与行省的审判，第 249 页
- nelle province 在行省的向人民申诉，第 268 页、第 287 页及下页
- nelle XII Tavole《十二表法》中的向人民申诉，第 90 页、第 92 页及下页、第 105 页
- processo dell'Orazio superstite 向人民申诉与对幸存的奥拉兹的审判程序，第 42、92 页
- quaestiones extraordinariae 向人民申诉与非常刑事审判，第 205 页
- Silla 向人民申诉与苏拉，第 328 页

Proxeneticum 拉皮条，第 587 页
Proximi 随从，第 499 页
Publicani 包税人，第 244、256、270、311 页，第 319 页及下页、第 321 页、第 346 页及下页、第 470 页
Publice profiteri 公开宣讲，第 299 页
Publilio Filone (Qunito) 布布里利·费洛尼（库伊特），第 131、265 页
Pugna Alliensis 阿里亚大战，第 121 页
Pulcheria 普尔凯里娅，第 552 页
Pullarii 祭酒，第 269 页

Q

Quadi 奎阿狄人，第 547 页
Quaesitor 审判官、主审人
- a Costantinopoli 君士坦丁堡的审判官，第 667 页
- nei processi di omicidio 在杀人罪审判程序中的审判官，第 282 页

Quaestio lance licioque 秤盘与丝线式搜查/审查，第 114 页
Quaestio 审判；刑事法庭

- corruzione giudiziale 刑事法庭与司法腐败，第 321 页
- de adulteriis 关于通奸罪的刑事法庭，第 454 页
- de ambitu 关于舞弊罪的刑事法庭，第 281 页及下页、第 285 页
- - lex Cornelia《科尔内利法》关于舞弊罪的刑事法庭，第 283 页
- de annona 关于粮食供应的刑事法庭，第 455 页
- de falso 关于造假罪的刑事法庭，第 284、285 页
- de iniuris 关于不法行为的刑事法庭，第 284、285 页
- de maiestate 关于谋逆罪的刑事法庭，第 282、283、285、287、289、319 页
- de parricidiis 关于杀人罪的刑事法庭，第 285 页
- de peculato 关于侵占公款罪的刑事法庭，第 282、285 页
- de plagiariis 关于拐骗人口罪的刑事法庭，第 282 页
- de repetundis 关于搜刮钱财罪的刑事法庭，第 280、281、285、286 页
- de sicariis et veneficiis 关于谋杀罪和投毒罪的刑事法庭，第 282、284、330 页
- de vi 关于暴力罪的刑事法庭，第 285、287、454 页
- istigatori del bellum sociale 对同盟者战争挑唆者的刑事法庭，第 322 页及下页

Quaestiones (genere letterario) 刑事法庭（书面语类型），第 445、450 页
Quaestiones extraordinariae 非常刑事法庭，第 205、278、280 页，第 281 页及下页、第 396 页
- bellum Iugurthinum 非常刑事法庭与朱古达战争，第 317 页及下页
- cesaridi 对谋杀恺撒者的非常刑事法庭，第 365 页

- e processi senatori 非常刑事法庭和元老院审判程序，第 461 页
- inter sicarios (142 a.C.) 关于谋杀罪的非常刑事法庭（前 142 年），第 282 页
- lex Sempronia de capite civis 非常刑事法庭和《关于市民资格的森布罗尼法》，第 310 页

Quaestiones perpetuae 常设刑事法庭，第 278 页以下
- accusa privata 常设刑事法庭和私人控告，第 285 页及下页
- e processi senatori 常设刑事法庭和元老院审判程序，第 389 页及下页
- e lex rogata 常设刑事法庭和民决法律，第 231 页
- forme 常设刑事法庭的形式，第 286 页及下页
- lex Iulia iudiciorum publicorum 常设刑事法庭和《关于普通公共诉讼的尤利法》，第 407 页及下页
- litis aestimatio 常设刑事法庭和评估程序，第 286 页
- obsolescenza 常设刑事法庭的逐渐湮灭，第 582、591 页
- pluralità di 常设刑事法庭的多元性，第 283、285 页
- poena legis 常设刑事法庭和法律量刑，第 286 页及下页
- presidenza 常设刑事法庭的主持，第 132、278、283、330、472 页
- presillane 先苏拉时代的常设刑事法庭，第 281 页及下页
- principio di legalità 常设刑事法庭和合法性原则，第 204、231、414 页
- provocatio ad populum 常设刑事法庭和向人民申诉，第 287 页
- riforma sillana 第 283 页及下页、第 329 页及下页、第 314 页
- sortitio 常设刑事法庭和抽签制度，第 283、285、286 页

Quaestor 基层审判官；财政官；长官
- Iustinianus exercitus 优士丁尼军团长官，第 666 页
- Ostiensis 奥斯蒂亚财政官，第 174 页
- sacri palatii 圣殿执法官、司法大臣，参见 Quaestor sacri palatii

Quaestor sacri palatii 圣殿执法官、司法大臣，第 540、566、568、571 页，第 685 页以下
- appello 圣殿执法官和上诉审，第 668 页
- e leges generales 圣殿执法官和一般性法律，第 594 页
- in consistorio 驻枢密院的圣殿执法官，第 564 页
- regno ostrogoto 东哥特王国的圣殿执法官，第 554 页

Quaestores 基层审判官；财政官，第 173 页以下、第 471 页
- aerarii 金库财政官，第 109 页、第 173 页及下页、第 174、494 页
- anquisitio 基层审判官调查程序，第 276 页
- aquari 水务财政官，第 174 页
- Augusti 皇帝财政官，第 471、475 页
- classici 舰队财政官，第 174 页
- età minima 财政官的最低任职年龄，第 330 页
- giurisdizione provinciale 财政官在行省的司法管辖权，第 269 页
- Italici 意大利财政官，第 174 页
- nel cursus honorum 官职序列中的财政官，第 127、175 页
- militari 军事财政官，第 174 页
- nella città 城市中的财政官，第 503、572 页
- nelle province 在行省的财政官，第 174、269、471、474、489、490 页

- numero 财政官数量，第 174、330、357、474 页
- *parricidii* 杀人罪审判官，第 24、41 页，第 108 页及下页、第 111、279 页
- *pro consule* e *pro praetore* 代行执政官和代行裁判官的财政官，第 175 页
- *processo comiziale* 财政官与民众会议审判程序，第 275 页
- *urbani* 城市财政官，第 174 页

Quaestorii 基层审判官；财政官，第 175、394 页

Quando rex comitiavit fas 王召会吉日，第 20、43 页

Quattuorviri (nelle *civitates*)（城邦的）四人官
- *aedilicia potestate* 有市政官权力的四人官，第 362 页；也参见 *Aediles*
- *iure dicundo* 有司法权的四人官，第 361 页及下页
- - *quinquennales* 五年任职期的有司法权的四人官，第 502、503 页
- nella città latine 拉丁人城市中的四人官，第 504 页

Quattuorviri viis in urbe purgandis 城市清洁四人官，第 177、475 页

Querela inofficiosi testamenti 不合义务遗嘱之告诉，第 435 页

Qui fundaverunt ius civile 以此建立市民法，第 300 页以下

Quindecemviri sacris faciundis 神事十五人委员会，第 331、357 页

Quinquaginta decisiones 五十项裁定，第 640、659 页，第 661 页及下页

Quinqueviri legibus de impero consulari scribendis 有关执政官治权的法律起草五人委员会，第 94 页

Quintilis (mese) 七月（月份），第 358 页

Quinzio Flaminino (Tito) 昆佐·弗拉米尼诺（提图斯），第 270、271 页

Quirinale 奎利纳尔，第 15 页及下页，第 17、19 页

Quirinio (Publio Sulpicio) 奎利诺（布布里·苏尔皮其），第 487 页

Quod postremum populus iussisset 人民新发出的任何决定都被视为法律，第 228 页及下页、第 229 页及下页

R

Rabirio Postumio (Caio) 拉比里奥·普斯图米奥（盖尤），第 42、111 页

Ramnes 拉姆内，第 17 页及下页，第 62、65、208 页

Rapina 抢劫，第 581 页

Ratio privata 私产，第 493 页、第 498 页及下页；也参见 *Res privata principis*

Rationales 文员
- *summarum* 现金吏，第 566 页
- *rei private* 私产吏员，第 566 页

Rationalis 文员，第 499 页
- *rei summae* 财务管账吏，第 533、540、566 页

Rationarium imperii 皇帝财产清单，第 496 页

Ratto 强奸；劫持，第 469、587、679 页
- di vergini o vedove 强奸处女或修女，第 678 页
- *accusatio publica* 强奸与公诉，第 591 页
- *inappellabilità della condanna* 强奸与罪行的不可上诉性，第 593 页

Ratto delle Sabine 劫持萨宾人，第 19、533 页

Ravenna 拉文纳，第 322、485、549、552、549、634、701 页

Reati 犯罪、罪行
- agrari 农事罪行，第 113 页
- contro l'amministrazione pubblica 针对公共行政管理的罪行，第 581、590 页

- contro la morale 有违道德的罪行，第 586 页以下
- contro le persone 针对人身的犯罪，第 590 页及下页
- contro la religione 针对宗教的犯罪，第 583 页以下、第 588 页、第 678 页及下页、第 679 页
- contro lo stato 针对国家的犯罪，第 588 页以下
- sacrali 神事罪行，第 110 页及下页

Receptatores 窝赃者，第 470 页

Receptio 受理，第 462 页

Recesvindo 雷切斯温多，第 626 页

Reclusione 监禁，第 467 页
- in monastero 监禁于修道院，第 679、681 页
- preventiva 预防性监禁，第 583、593、678、681 页

Recuperatores 裁审员
- giudizi senatori 裁审员与元老院议员审判，第 463 页
- processi de repetundis 裁审员与有关搜刮钱财罪的审判程序，第 279 页

Reges 王国
- barbarorum 蛮族人的王国，第 553 页
- socii et amici populi Romani 罗马人民之友邦的王国，第 262 页

Regia 王；王宫，第 21 页

Regifugium 王逃遁，第 20、187 页

Regimen morum 风纪整饬权
- censori 风纪整饬权与监察官，参见 Censori，regimen morum
- Cesare 风纪整饬权和恺撒，第 355 页

Regiones 大区
- Italia 意大利大区，第 486 页
- patrimonio imperiale 大区与皇帝财产，第 499 页
- Roma 大区与罗马，第 69、484 页

Regni barbarici 蛮族人王国，第 533 页以下，第 559、560 页，第 571 页及下页，第 623 页
- personalità della legge 蛮族人王国的法律属人性，第 153 页及下页、第 155 页、第 554 页及下页、第 623 页及下页

Regno burgundo 勃艮第王国，第 553、555 页

Regno franco 法兰克王国，第 553、555 页

Regno ostrogoto 东哥特王国，第 553、554、616 页
- territorialità del diritto 东哥特王国的法律属地性，第 554 页、第 623 页及下页

Regno vandalo 汪达尔王国，第 553、555、682、689 页

Rengo visigoto 西哥特王国，第 553、554 页
- personalità del diritto 西哥特王国的法律属人性，第 554 页及下页

Regulae 规则，第 335 页及下页

Reiterazione delle cariche 职务的重复，第 590 页

Relegatio 驱逐刑，第 466 页及下页，第 469、483、582 页

Relationes 发言，第 481 页

Religione 宗教
- di stato 国教，第 31 页及下页、第 541 页、第 548 页及下页；也参见 Cesaropapismo
- e diritto 宗教和法律，第 30 页以下
- nella monarchia 王政时期的宗教，第 26 页

Remissio Romam 送回罗马，第 288、459 页

Remo 雷莫，第 15 页

Renuntiatio 宣示，第 212、226 页

Reprehensa capita Scaevolae 《对谢沃拉的批判》，第 338 页

Repressione criminale 刑事镇压、刑事惩治
- coercitio magistratuale 刑事镇压与执法官的强制权，第 110 页及下页
- cristianesimo 刑事镇压和基督教义，第

601、680 页
- e *pax deorum* 刑事镇压和与神的和平安宁，第 35 页及下页
- e *senatusconsulta* 刑事镇压与元老院决议，第 204 页及下页
- in età giustinianea 优士丁尼时代的刑事镇压，第 676 页以下、第 679 页以下
- nei *municipia* 自治市的刑事镇压，第 287 页
- nel dominato 君主专制时代的刑事镇压，第 580 页及下页
- nell'*Ecolga*《律令选编》中的刑事镇压，第 698 页
- nella monarchia 王政时期的刑事镇压，第 35 页及下页
- nelle Novelle《新律》中的刑事镇压，第 679 页以下
- origini 刑事镇压的起源，第 35 页以下

Repubblica (fondazione) 共和国（建立），第 75 页以下

Res private principis 君主私产，第 415、493 页，第 497 页及下页，第 498 页及下页，第 566 页及下页

Res corporales 有形物，第 448 页

Res gestae divi Augusti《奥古斯都神圣功业录》，第 382、388 页

Res incorporales 无形物，第 448 页

Res publicae 共和国；公物，第 498 页

Rescripta principis 君主答复；敕答，第 409 页、第 418 页以下、第 425 页、第 430 页及下页、第 431 页及下页、第 543 页及下页、第 6 页、第 594 页及下页、第 674 页及下页
- *contra ius* 有悖于法律的敕答，第 594 页及下页
- e *interpretatio* 敕答与解释，第 236 页
- e *ius controversum* 敕答与法律的冲突选择，第 421 页及下页、第 431 页及下页

- *forma* 敕答的行使，第 418 页及下页
- *forza di legge* 敕答的法律效力，第 420 页以下
- nei *Codices Gregorianus* ed *Hermogenianus*《格雷哥里安法典》和《赫尔莫杰尼安法典》中的敕答，第 611 页以下、第 615 页
- *propositio* 敕答的公示，第 419 页
- *si vera sunt exposita* 敕答与陈述是否为真，第 419 页以下
- *trahi ad exemplum* 敕答与得出先例，第 421 页、第 594 页及下页
- *valore nel caso concreto* 敕答与在具体案件中的效力，第 418、419 页

Respondere 解答，第 293 页

Response prudentium 法学家解答
- e *costituzioni imperiali* 法学家解答和帝国政制，第 451 页
- e *ius controversum* 法学家解答和法律的冲突选择，第 421 页及下页
- e *ius respondendi* 法学家解答和解答权，第 439 页及下页
- fonte del diritto 法学家解答和法律渊源，第 425 页以下
- *legis vicem optinere* 法学家解答和具有法律效力，第 395 页
- nel dominato 君主专制时期的法学家解答，第 594 页；也参见 Iura
- nella tarda repubblica 共和国晚期的法学家解答，第 334 页及下页
- nelle classificazioni tardo-classiche 古典时代晚期分类体系中的法学家解答，第 423 页

Restitutio damnatorum 重新确立判罚，第 355 页

Restitutio in integrum 恢复原状，第 143、151、157、569 页
- *magistrati municipali* 恢复原状与自治市执法官，第 503 页

Rex 王，第 19 页以下、第 23 页以下
- ausiliari 王的辅佐者，第 24、41 页
- auspicia 王与鸟卜，第 23、29 页
- calendario 王与历法，第 46 页
- Cesare 王和恺撒，第 358 页
- coercitio 王的强制权，第 91 页及下页
- creatio 王的创设，第 22 页
- e collegi sacerdotali 王和祭司团体，第 26 页
- inauguratio 王和占卜，第 21、23、29、77、78 页
- iurisdictio 王的司法管辖权，第 24 页
- monarchia etrusca 王和埃托鲁斯人王政，第 60、77 页
- nel Niger lapis 黑色大理石碑文中的王，第 94 页
- nomina 王的任命，第 21 页以下；也参见 Interregnum
- protezione degli stranieri 王与外国人的保护，第 139 页
- religione 王和宗教，第 21 页、第 25 页及下页
- repression criminale 王和刑事镇压，第 41 页
- sacrorum 圣王，参见 Rex sacrorum
- scelta dei senatori 王和元老院议员的选择，第 49 页
- unitarietà dei poteri 王的权力的统一性，第 24、32 页

Rex sacrorum 圣王，第 20、35、77、78、89、187、207 页

"Rhomaîoi" 罗马公民、罗马人，第 672 页

Ricimero 李其梅洛，第 552、553、559、567 页

Rimini (concilio) 利米里（宗教会议），第 545 页

Rimozione di termini 界限的移动，第 37 页

Ripenses 巡边军，第 571 页

Riunioni notturne 夜间集会，第 113 页

Rivoluzione 革命，第 376 页

Rodi 罗德岛，第 270、337 页

Rogatio 法律提案
- auctoritas patrum 法律提案和元老院准可，第 212 页
- della tabula Hebana 《赫巴铜表》的法律提案，第 404 页以下
- eius rei nihil rogatum 法律提案（遭到人民质询）被视为从未做出过，第 229 页及下页
- Fulvia (de provocatione) 《（关于申诉权的）富尔维提案》，第 308 页
- Livia 《李维提案》
- - agraria 《关于农业的李维提案》，第 321 页
- - de civitate 《关于城邦的李维提案》，第 321 页
- - frumentaria 《关于粮食供给的李维提案》，第 312 页
- - iudiciaria 《关于司法的李维提案》，第 321 页
- - nummaria 《关于伪造的李维提案》，第 321 页
- pars legis 作为法律一部分的提案，第 212、227 页
- per saturam 一揽子提案，第 212 页
- poteri del comizio 法律提案与民众大会的权利，第 212、227 页
- Sempronia (cittadinanza ai Latini) 《（关于拉丁人市民籍）的森布罗尼田》，第 311 页
- Servilia (agraria) 《（关于农业的）塞尔维利提案》，第 345 页
- sulle onoranze a Druso (23 d.C.) （公元 23 年的）《关于为德鲁索授予荣典的提案》，第 404 页

Rogatio sententiarum 判决提议，第 463 页

Rogatores 监票人；提案人，第 214 页

Roma 罗马

- affluenza di stranieri (IV sec. a.C.) 罗马和（公元前 4 世纪）外国人的涌入，第 139 页

- Alarico I 罗马和阿拉里克二世，第 549 页

- amministrazione imperiale 罗马和帝国时代的行政管理，第 481 页以下

- ed Italia 罗马与意大利，第 500 页

- e Costantinopoli 罗马与君士坦丁堡，参见 Costantinopoli e Roma

- e la Campania 罗马和坎帕尼亚，第 239 页

- e i Latini 罗马和拉丁人，第 76 页

- e provincializzazione dell'Italia 罗马和意大利的行省化，第 532 页及下页

- e i Sanniti 罗马和萨姆尼人，第 239 页及下页；也参见 Guerre, sannitiche

- espansione 罗马的扩张

- - alla metà del III secolo a.C. 公元前 3 世纪中叶罗马的扩张，第 255 页

- - continentale 罗马在陆上的扩张，第 253 页

- - dopo il 338 a.C. 公元前 338 年以后罗马的扩张，第 241 页

- - mediterranea 罗马在地中海地区的扩张，第 138 页及下页

- - nel II secolo a.C. 公元前 2 世纪罗马的扩张，第 269 页及下页

- - nel Miditerraneo 罗马在地中海域的扩张，第 273 页及下页

- fondazione 罗马的建立，参见 Fondazione della *civitas*

- Genserico 罗马与盖萨里克，第 552 页

- lavori pubblici di Agrippa 罗马和阿格里帕的公共劳动，第 368 页

- lotta politica 罗马的政治斗争

- - alla metà del III secolo a.C. 公元前 3 世纪中叶罗马的政治斗争，第 253 页及下页

- - fra gli Scipioni e Catone 罗马的西庇阿家族和加图之间的政治斗争，第 270 页及下页

- - patrizi e plebei 罗马的贵族和平民之间的政治斗争，参见 Patrizi e plebei

- nel dominato 君主专制时代罗马的政治斗争，第 534 页

- *quadrata* 罗马方城，第 18 页及下页

- *regiones* 罗马的大区，第 484 页

- suola di diritto 罗马的法律学派，第 610、658 页

- sede di Roma 罗马与罗马的驻地，第 552 页

- situazione econimica 罗马的经济形势

- - alla fine del II sec. a.C. 公元前 2 世纪末叶罗马的经济形式，第 303 页

- - nel VI sec a.C. 公元前 6 世纪罗马的经济形势，第 58 页及下页

- - nel V-IV sec. a.C. 公元前 5 世纪至前 4 世纪罗马的经济形势，第 138 页及下页、第 251 页

- - nel III secolo a.C. 公元前 3 世纪罗马的经济形势，第 253 页

- 也参见 Impero romano

Romolo 罗慕洛，第 15 页，第 17 页及下页，第 21 页、第 44、358、383、552 页

Romolo Augustolo 罗慕洛·奥古斯都洛，第 552、553 页

Rubicone 卢比科内

- confine dell'Italia 卢比科内与意大利的边界，第 331 页

- passaggio 卢比科内走廊，第 353 页

Rufino 鲁菲诺，第 549 页

Rutilio rufo (Publio) 鲁第里·鲁弗（布布里），第 319 页及下页、第 321 页

S

Sabbazio 萨巴提乌斯，第 631 页

Sabina 萨宾，第 259、252 页

Sabini 萨宾人，第 17 页及下页，第 248、250 页，第 215 页及下页，第 252、253 页

Sabiniani e Proculiani 萨宾学派和普罗库勒学派，第 441 页及下页

Sacculari 扒手，第 469 页

Sacerdos provinciae 行省神职人员，第 574 页

Sacerdozi municipali 自治市神职人员，第 478 页

Sacertas 献祭；宗教圣事制裁，第 32、38、178 页
- accertamento giudiziale 献祭刑的司法确认，第 93 页、第 93 页及下页
- nelle XII Tavole 《十二表法》中的献祭刑，第 93 页及下页、第 112 页
- turbativa dei concilia plebis 献祭刑与对平民会议的侵犯，第 183 页

Sacra 神圣、神灵
- gentilicia 氏族神灵，第 116 页
- publica pro curiis 保佑库里亚的公共神灵，第 43 页及下页

Sacrifice pagani 异教的牺牲祭礼，第 545、546、548、552、585、588、598 页

Sacrilegium 亵渎神灵，第 454、564、585、586、589、590 页

Sacrosanctitas 神圣不可侵犯性
- aediles 市政官的神圣不可侵犯性，第 172 页
- Augusto 奥古斯都的神圣不可侵犯性，第 368、379、387 页
- tribuni della plebe 保民官的神圣不可侵犯性，参见 Tribuni della plebe, sacrosanctitas

Saeculum Augustum 奥古斯都时代，第 376 页

Sagunto 萨贡多城，第 258 页

Salaminio 萨拉米尼，第 694 页

Salarium 薪酬，第 268 页

Salento 萨兰托，第 701 页

Sali 盐，第 187 页

Sallustio 萨卢斯蒂，第 344 页

Saltus 块地，第 566 页

Salus 健康，第 358 页

Salvio Giuliano 萨尔维·尤里安，第 424、429、442、444 页，第 445 页及下页

Samaritani 撒马利亚，第 665 页、第 678 页及下页、第 679 页

Sanctio legis 法定罚则，第 226 页、第 227 页以下
- immodificabilità dei mores 法定罚则和惯习的不可变更性，第 232 页及下页

Sanniti 萨尼姆人，第 239 页及下页，第 251、258、259、311、323、324、326 页；也参见 Guerre, sannitiche

Sanzione 罚则；制裁，第 227 页

Sardegna 撒丁岛，第 252、254、255、262、164、365、368、390、443、487、552、553 页

Sarmati 萨马提亚人，第 547 页

Satrico (epigrafe) 萨特里克地区（碑文），第 8 页

Scamnatio 东西边更长的矩形地块，第 247 页

Scelus 罪孽
- expiabile 可救赎之罪，第 36 页及下页
- inexpiabile 不可救赎之罪，第 37 页

Scevola 谢沃拉，参见 Cervidio Scevola, Mucio Scevola

Schiavi 奴隶
- accusa contro il proprietario 奴隶和针对主人的控告，第 588、592 页
- affrancazioni (IV sec. a.C.) 奴隶解放（公元前 4 世纪），第 191 页
- capacità penale 奴隶的刑事能力，第 574 页及下页
- circoncisione 奴隶的割礼，第 585 页
- crimen vis 奴隶与暴力犯罪，第 589 页

索 引　915

- damnatio in metalla 奴隶与判处到矿山进行强制劳动，第 582 页
- e Clodio 奴隶和克罗迪，第 348 页
- e coloni 奴隶和佃农，第 579 页
- imperiali 帝国的奴隶，第 475、478、480、485 页
- in proprietà di ebrei 犹太人拥有的奴隶，第 585 页
- influssi cristiani 奴隶与基督教影响，第 574 页及下页
- ius occidendi 奴隶与处决权，第 468、574、581、591 页
- nel dominato 君主专制时期的奴隶，第 556 页、第 577 页以下、第 574 页及下页
- nelle XII Tavole 《十二表法》中的奴隶，第 105 页
- partus ancillae 奴隶与女奴所生儿子，第 302 页
- pene corporali 奴隶与肉刑，第 582 页及下页
- produttività 奴隶与生产力，第 557 页
- rivolta del 135 a.C. 奴隶与公元前 135 年起义，第 305 页

Scholae palatinae 宫廷卫队、御林军，第 565、571、631 页

Scholia Sinaitica 《西奈学说》，第 613 页、第 619 页及下页、第 694 页

"Scholastikós" 诉讼代理人，第 690 页

Scipione Nasica 西庇阿·纳西卡，第 302 页

Scipioni 西庇阿家族
- circolo 西庇阿家族圈子，第 270 页及下页
- processi 对西庇阿家族的审判，第 184 页、第 270 页及下页

Sciri 希利人，第 552 页

Scisma 教会分裂
- acaciano 阿卡乔教会分裂，第 631 页
- donatista 多纳图教派的分裂，第 542 页

Scoli ai Basilici 《巴西利亚法典》的旁注，第 692、699 页

Scribae 书记员
- censori 监察官的书记员，第 170 页
- governatore provinciale 行省总督的书记员，第 269 页

Scrinia 文书处、宫廷办公室，第 480 页
- nel dominato 君主专制时期的宫廷办公室，第 540、565 页；也参见 Officia

Scriptura 记名使用费；书写，第 244 页

Scuole di diritto 法律学派、法律学校
- bizantine 拜占庭的法律学校，第 692 页以下
- - nell' XI sec. 公元 11 世纪时拜占庭的法律学校，第 699 页
- - questione linguistica 拜占庭的法律学校的语言问题，第 659、687 页，第 693 页及下页
- - sistema d'insegnamento 拜占庭的法律学校的教学体系，第 695 页及下页
- nel dominato 君主专制时期的法律学派
- - e volgarismo 君主专制时期的法律学派与通俗化趋势，第 603 页及下页
- - occidentali 君主专制时期西部的法律学派，第 610 页
- - orientali 君主专制时期东部的法律学派，第 610 页及下页、第 658 页
- - giustinianee 优士丁尼时代的法律学派，第 657 页以下

Scuole di retorica 修辞学派、修辞学校，第 546 页

Sectio bonorum 财产割占，第 174 页

Segesta 塞杰斯塔，第 262 页

Segni 塞尼，第 120、241 页

Seiano 谢亚诺，第 478、479 页

Seleucia (concilio) 塞劳齐亚（宗教会议），第 545 页

Sella curulis 象牙宝座，第 130、172 页

Sempronio Gracco (Caio) 森布罗尼·格拉古

（盖尤），参见 Caio Gracco

Sempronio Gracco (Tiberio) 森布罗尼·格拉古（提比留），参见 Tiberio Gracco

Sempronio Sofo (Publio) 森布罗尼·索弗（布布里），第 297 页及下页、第 299 页

Sempronio Tuditano (Caio) 森布罗尼·图蒂塔诺（盖尤），第 307 页

Senato 元老院，第 19 页、第 194 页以下

- *adlectio* 元老院选拔，第 394 页
- ed *aerarium populi Romani* 元老院与罗马人民金库，第 494 页
- appartenenza vitalizia 元老院与终身归属，第 195 页及下页
- attività normativa 元老院的规范性活动，第 283 页以下
- attribuzione delle promagistrature 元老院对行省执法官的分配，第 266 页及下页
- cassazione delle leggi 元老院与法律的废除，第 202 页及下页
- competenza 元老院的职权
- - amministrativa 元老院的行政职权，第 205 页及下页、第 231 页、第 390 页及下页
- - esclusiva 元老院的专属职权，第 206 页
- - finanziaria 元老院的财政职权，第 306 页
- - criminale 元老院的刑事职权，参见 Processo criminale, senatorio
- composizione 元老院的构成，第 48、321、329、356、381、393 页
- *conscripti* 元老院的征召元老，第 186、194、195 页
- deroga alle leggi 元老院与法律的部分废止，第 202 页
- di Costantinopoli 君士坦丁堡的元老院，第 541 页、第 564 页以下、第 575 页
- - elezione dell'imperatore 君士坦丁堡元老院与皇帝的选举，第 556 页
- *dilectus* 元老院与征兵，第 129 页
- e compromesso patrizio-plebeo 元老院与贵族平民之间的妥协，第 125 页
- e magistrati 元老院与执法官，第 125 页
- *eiectio* 元老院与撤职，第 195 页
- funzioni 元老院的功能，第 198 页及下页
- indirizzo politico 元老院的政治方针，第 125 页
- ingresso dei plebei 元老院与平民的进入，第 185 页及下页
- *ius sententiae dicendae* 元老院与发言权，参见 *Ius sententiae dicende*
- *lectio* 元老院的议员选拔，参见 *Lectio senatus*
- nei *municipia* repubblicani 共和国时期自治市的元老院，第 249 页
- nel dominato 君主专制时期的元老院，第 564 页及下页
- - elezione dei pretori 君主专制时期元老院对裁判官的选择，第 569 页
- - nomina dell'imperatore 君主专制时期元老院对皇帝的任命，第 556、562 页
- - pubblicazione del Codice Teodosiano 君主专制时期元老院对《狄奥多西法典》的公布，第 614 页
- - restrizione agli *illustres* 君主专制时期元老院对显贵阶层的限制，第 576 页
- - sotto Diocleziano 君主专制时期戴克里先治下的元老院，第 533 页及下页
- nel principato 元首制时期的元老院，第 387 页以下、第 392 页以下
- - commissioni senatorie 元首制时期元老院的议员委员会，第 477、494 页
- - decadenza 元首制时期元老院的衰落，第 533 页
- - designazione del *princeps* 元首制时期元老院对君主的指定，第 388 页

- - e *princeps* 元首制时期元老院与君主，第 385 页、第 388 页以下、第 391 页及下页

- - elezioni dei tribuni 元首制时期元老院对保民官的选举，第 471 页

- - monetazione bronzea 元首制时期元老院的铜质铸币，第 475 页

- - presidenza 元首制时期元老院的主持，第 462 页

- - sotto Augusto 元首制时期奥古斯都治下的元老院，第 385 页、第 387 页以下、第 390 页及下页

- nel regno ostrogoto 东哥特王国的元老院，第 554 页

- nella lotta fra Cesare e Pompeo 恺撒和庞培之间斗争时的元老院，第 353 页

- nella monarchia 王政时期的元老院，第 47 页以下、第 61 页及下页

- *patres* 元老院与元老，第 185 页及下页、第 195、196 页

- potere regolamentare 元老院与规制权力，第 205 页及下页、第 231 页

- provinciali 行省的元老院，第 392 页

- *relatio* 元老院的发言，第 197 页

- sotto Cesare 恺撒治下的元老院，第 196、356 页

- sotto Silla 苏拉治下的元老院，第 196、329 页

- 参见 *Auctoritas patrum*；*Conscripti*；*Ius agendi cum patribus*；*Patres*；*Senatores*；*Senatusconsultum*

Senatores 元老院议员

- a Costantinopoli 君士坦丁堡的元老院议员，第 541 页

- accesso all'Egitto 元老院议员进入埃及，第 380、492 页

- appalti pubblici 元老院议员和公共承包活动，第 256 页及下页、第 311 页

- censo 元老院议员与财产调查，第 394 页

- *clari* 元老院议员和杰出者，第 541 页

- *divieti di espatrio* 元老院议员的出国禁令，第 357 页

- e commercio 元老院议员与贸易，第 311 页

- e giuristi 元老院议员和法学家，第 428 页

- navi 元老院议员与船舶，第 256 页及下页

- esenzione dalla tortura 元老院议员免于被刑讯，第 593 页

- e *equites* 元老院议员与骑士，第 311 页以下

- e *equus publicus* 元老院议员与公费骑士，第 311 页

- età minima 元老院议员的最低任职年龄，第 394 页

- *follis senatorius* 元老院议员年金，参见 *Follis senatorius*

- *munus iudiciale* 元老院议员的司法审判义务，第 267、285 页、第 282 页及下页、第 343、355、453 页

- patroni nell'accusa *de repetundis* 元老院议员和搜刮钱财罪控告中的恩主，第 279 页及下页

- *pedarii* 不表态元老，第 197 页

- *praefectura urbi* 元老院议员和城市行政长官，第 481 页

- *privilegium fori* 元老院议员特别议事权，第 462 页

Senatus indicti 元老院召会，第 395 页

Senatusconsulta (singoli provvedimenti) 元老院决议（单个措施）

- *Calvisianum* 《卡尔维西安元老院决议》，第 389、462、463 页

- *Claudianum* 《克劳迪元老院决议》

- - *de repetundis* 《关于搜刮钱财罪的克劳迪元老院决议》，第 456 页

- - *de sicariis*《关于杀人罪的克劳迪元老院决议》, 第 456 页
- - sugli onorari《关于酬金的克劳迪元老院决议》, 第 456 页
- - sull'unione di donna libera e schiavo《关于自由女性与奴隶结合的克劳迪元老院决议》, 第 587 页
- *de Bacchanalibus*《关于酒神崇拜的元老院决议》, 第 204 页及下页、第 271 页
- *de collegiis*《关于结社的元老院决议》, 第 349 页
- *de lege Sempronia agraria abroganda*《关于废止〈森布罗尼土地法〉的元老院决议》, 第 307 页
- *de matronarum lenocinio*《关于惩治妇人拉皮条的元老院决议》, 第 456 页
- *de ambitu*《关于叛逆罪的元老院决议》, 第 468 页
- *Geminianum*《杰米尼安元老院决议》, 第 455 页
- *Iuventianum*《尤文第安元老院决议》, 第 398 页
- *Libonianum*《里波尼安元老院决议》, 第 455 页
- *Licinianum*《李其尼元老院决议》, 第 455 页
- *Macedonianum*《马切多尼安元老院决议》, 第 396 页
- *Messalianum*《梅萨里安元老院决议》, 第 455 页
- *Neronianum*《尼禄元老院决议》, 第 396 页
- *Orphitianum*《奥尔菲梯安元老院决议》, 第 397 页
- sugli onori a Germanico (19 d.C.)《关于日尔曼尼斯荣誉的元老院决议》, 第 404 页
- *Tertullianum*《德尔图里安元老院决议》, 第 397 页
- *Trebellianum*《特雷贝里安元老院决议》, 第 396 页
- *Turpillianum*《杜尔皮里安元老院决议》, 第 469 页
- *Vellaeanum*《维勒亚元老院决议》, 第 396、413 页
- *Volusianum*《沃鲁西安元老院决议》, 第 456 页

Senatuconsultum 元老院决议, 第 201 页以下、第 389 页、第 395 页以下、第 594 页
- alla fine della repubblica 共和国末叶的元老院决议, 第 395 页及下页
- *custodia* 元老院决议的保管, 第 97、198 页
- deduzione di conlonie 元老院决议与殖民地开拓, 第 241、246 页
- e *constitutiones principis* 元老院决议与君主谕令, 第 409 页
- e *interpretatio prudentium* 元老院决议与法学家解释, 第 426 页
- e *iurisdictio pretoria* 元老院决议和裁判官司法管辖权, 第 203 页及下页
- e prassi costituzionale 元老院决议和政制实践/宪制惯例, 第 205 页
- e *quaestiones extraordinariae* 元老院决议与非常刑事法庭, 第 204 页及下页
- e *status personarum* 元老院决议与人的主体资格, 第 397 页
- estensione dei *crimina ordinaria* 元老院决议与常设罪名的扩展, 第 397 页、第 455 页及下页、第 467 页
- in materia amministrativa 行政管理事务上的元老院决议, 第 205 页及下页、第 396 页
- *intercessio* tribunizia 元老院决议和保民官否决权, 第 181 页
- interpretativi 解释性元老院决议, 第

414、455 页

- invito a presentare *rogationes* 元老院决议与提交法律提案的邀请，第 203 页及下页、第 204 页

- *ius honorarium* 元老院决议和荣誉法，第 203 页及下页、第 396、425 页

- *legis vicem optinere* 元老院决议具有法律效力，第 201、230、395、396 页、第 397 页及下页、第 398、407 页

- nella politica del *princeps* 君主政策中的元老院决议，第 396、422、423、430 页

- nelle classificazioni tardo-classiche 古典时代晚期分类体系中的元老院决议，第 423 页

- preventivo per i *plebiscita* 为平民会决议预先做出的元老院决议，第 324、329 页

- *ultimum* 元老院最高决议，第 167、205、302、306 页、第 313 页以下、第 342 页、第 352 页及下页、第 396 页

- - e *cognitio senatus* 元老院最高决议和元老院审判，第 461 页

- - ed *intercessio tribunicia* 元老院最高决议和保民官否决权，第 181 页

- - e *lex Clodia de capite civis* 元老院最高决议和《关于市民资格的克罗迪法》，第 349 页及下页

- - e *lex Sempronia de capite civis* 元老院最高决议和《关于市民资格的森布罗尼法》，第 310、313、349 页

- - *hostis publicus* 元老院最高决议和公敌，第 313 页以下

Seniores 老年人；上等人，参见 Centurie, seniores

Sentenza 判决

- e *auspicium* 判决与鸟卜，第 33 页及下页

- motivazione 判决的动因，第 427 页

Sepolcro 陵墓、墓穴，第 470 页

Sepoltura (limiti) 葬礼（限制），第 113 页

Septa 片区，第 213 页

Septimontium 七丘之城，第 16 页

Sequestro di persona 人身扣押、非法监禁，第 469 页

Sergio Catilina (Lucio) 塞尔焦·卡提里纳（卢齐奥），参见 Catilina

Serrata del patriziato 贵族阶级的封闭结构，参见 Patriziato, serrata

Sertorio (Quinto) 塞尔托利（库伊特），第 325 页及下页、第 342、343 页

Servilio Gemino 塞尔维利·杰米诺，第 167 页

Servilio Glaucia (Caio) 塞尔维利·格劳恰（盖尤），第 313、319 页

Servilio Rullo (Publio) 塞尔维利·儒洛（布布里），第 345、347 页

Servio (giurista) 塞尔维（法学家），参见 Sulpicio Rufo (Servio)

Servio Tullio 塞维鲁·图里乌，第 58、61、63 页、第 64 页以下、第 68 页以下、第 79、124 页、第 215 页及下页

Servitus poenae 刑罚奴隶，第 466、582 页

Settimo Severo 塞第米·塞维鲁，第 449、451、468、483、523、612 页

Sessio de plano 简易即时程序，第 417 页

Sessio pro tribunali 法庭程序，第 417 页

Sestio Laterano 塞斯蒂·拉特兰诺，第 122 页及下页

Sesto Elio Peto Cato 塞斯特·埃里·贝杜·卡多，第 99 页及下页、第 290 页、第 299 页及下页、第 334 页

Sesto Papirio 塞斯特·帕比略，第 25 页

Sesto Pedio 塞斯特·佩蒂，第 443 页

Settimo Severo 塞第米·塞维鲁，第 390、392 页、第 450 页及下页、第 494、498、501、506 页

Severo d'Antiochia 安提奥克学派的塞维鲁，第 635 页

Sex Suffragia 六个先投票的百人团，第 208、214 页

Sezze 塞泽，第 121 页

Si pater filium ter venum duuit 家子经三次出卖，第 104、105 页

Sibi non liquere 自己不表态，第 286 页

Sicilia 西西里，第 252、254、255、262、264、321、350、363、365、368、390、487 页
- bizantina 拜占庭时代的西西里，第 701 页
- lex Rupilia 西西里和《鲁庇利法》，第 268 页
- regno ostrogoto 西西里和东哥特王国，第 554 页

Silentiarii 肃静回避官，第 568 页

Siliquaticum 交易税，第 551 页

Silla 苏拉，第 167、174、195、266 页，第 283 页以下，第 323 页以下，第 341、351、365、366 页

Simbazio 辛巴提，第 699 页

Simonia 买卖圣物（职）罪，第 590、665 页

Simulatio 隐瞒事实，第 339 页

Sinagoghe 犹太教堂，第 586 页

Siracusa 叙拉古，第 258、269 页

Siria 叙利亚，第 345 页，第 350 页及下页，第 367、443、551 页
- monofisiti 叙利亚的基督单性说信徒，第 635 页
- provincia 叙利亚行省，第 345、347、490、506 页

Sirmond, Jacques 雅克·西尔蒙德，第 613 页

Sistema 系统、体系；体制
- aperto 开放式体系，第 152、236、429 页
- chiuso 封闭式体系，第 236、429 页
- civilistico 民事体系，第 338 页、第 336 页及下页

- edittale 告示体系，第 338、451、452 页
- istituzionale 制度体系，第 448 页及下页，第 449、452 页
- negoziale 交易行为体系，第 236 页
- onomastico 名号体系，第 521 页

Slavi 斯拉夫人，第 691、701 页
- compilazioni bizantine 斯拉夫人和拜占庭时代的汇编作品，第 698 页

Società e stato 社会与国家，第 10 页

Societas 社会、社团，第 159 页
- *publicanorum* 包税人社团，第 263 页

Socii Italici 意大利同盟者，第 259 页以下、第 320 页以下
- censimento abusivo 意大利同盟者与被滥用的财产调查，第 320 页
- e cittadinanza 意大利同盟者和市民籍，第 320 页及下页
- questione agraria 意大利同盟者和农业问题，第 307、308 页
- *lex Sempronia de pecunia credita* 意大利同盟者与《关于特有产债权的森布罗尼法》，第 203 页及下页
- 也参见 *Bellum sociale, Italici*

Socii 同盟者
- *Italici* 意大利同盟者，参见 *Socii Italici*
- *Latini nominis* 拉丁民族盟友，参见 *Latini*
- *navales* 海上盟友

Sodales 同伴，第 8 页

Sodomia 鸡奸，第 587 页

Solidus 索里迪金币，第 541 页

Sosio (Caio) 索斯（盖尤），第 369 页

Sovranità popolare 人民主权
- e *constitutiones principum* 人民主权和君主谕令，第 410 页
- in Giuliano 尤里安笔下的人民主权，第 429 页及下页
- in Ulpiano 乌尔比安笔下的人民主权，

第 410 页

Spagna 西班牙，第 254、257、259、266、269、274、326、342、350、354、365、385、445、549、550 页

- Citeriore ed Ulteriore 近西班牙和远西班牙，第 264 页及下页、第 269 页

- *lex Romana Visigothorum* 西班牙和《西哥特的罗马法》，第 625 页及下页

- riconquista giustinianea 优士丁尼对西班牙的重新征服，第 635 页

Spartaco 斯巴达克，第 343 页

Spectabiles 权贵阶层，第 565、566、570、575 页

Spes 希望，第 358 页

Spoleto 斯伯里托，第 241 页

Sponsalia 婚约，第 295 页

Sponsio 誓约

- azione di regresso 誓约和诉讼回转，第 136 页

- *et restipulatio tertiae partis* 额外给付三分之一之誓约和复约制度，第 150 页

- giuramento 誓约和起誓，第 32、294 页

- nella dicotomia *ius civile-ius gentium* 在市民法—万民法二元结构中的誓约，第 295、第 511 页及下页、第 512 页及下页

- nelle XII Tavole《十二表法》中的誓约，第 106 页

- struttura 誓约的结构，第 294 页

Sponsi 誓约，第 586 页

Spurio Cassio 斯普里奥·卡西安，第 111、119 页

Spurio Torio 斯普里奥·托利，第 316 页

Statio vigilum 治安辖区，第 484 页

Statilio Tauro 斯塔蒂留·陶洛，第 482 页

Stato 国家

- etnico 民族国家，第 9 页

- e cittadini 国家与公民，第 673 页

- e comunità religiosa 国家与宗教共同体，第 31 页及下页

- e società 国家与社会，第 10 页

- giustinianeo 优士丁尼时代的国家

- - e Chiesa 优士丁尼时代的国家和教会，第 661 页

- - organizzazione periferica 优士丁尼时代的国家和地方组织，第 666 页及下页、第 668 页

- - riorganizzazione 优士丁尼时代国家的重新组织，第 665 页以下

- ipotesi evoluzionistiche 国家的进化论假说，第 6 页以下

- nozione 国家的概念，第 9 页及下页

Statue dell'imperatore 皇帝塑像，第 467 页

Statuto personale 个人的法规，第 156 页

Stefano 斯德法诺，第 695 页

Stellionatus 一物二卖，第 470 页

Stilicone 斯蒂里科内，第 543、548、549 页

Stipendium 军饷，第 208 页及下页、第 262 页

Stipulatio 要式口约

- *clausola stipulatoria* 要式口约条款，第 526 页

- e *ius gentium* 要式口约和万民法，第 295、第 511 页及下页、第 512 页及下页

- struttura 要式口约的结构，第 294 页及下页、第 526 页

- *praetoria* 裁制官要式口约，第 143、148、151、157 页

- - magistrate municipali 自治市执法官的裁判官要式口约，第 503 页

Stlaccio Massimo (Aulo) 斯特拉奇·马西莫（奥罗）第 458 页

Storiografia 史书之历史编纂

- bizantina 拜占庭时代史籍，第 669 页及下页

- senatoria 元老院倾向的史书，第 392、476、480 页

Strabone 斯特拉波，第 487 页
Stranieri in Roma 在罗马的外国人，第 155 页及下页
   - accusa *de repetundis* 在罗马的外国人对搜刮钱财罪的控告，第 279 页及下页、第 281 页
   - diritto ad applicare 在罗马的外国人适用的法，第 141 页、第 510 页以下
   - e *ius honorarium* 在罗马的外国人与荣誉法，第 153 页
   - estensione del *ius civile* 在罗马的外国人与市民法的扩张，第 160 页
   - protezione 在罗马的外国人的保护，第 139 页、第 154 页及下页
   - rapporti di famiglia 在罗马的外国人的家庭关系，第 156 页
   - 也参见 *Iurisdictio peregrina*
Strategie 战略、策略，第 506 页
Strigatio 南北边更长的矩形地块，第 247 页
Stuprum 奸情，第 408、454 页
   - violento 强奸，第 469、587 页
Suasiones et dissuasiones 赞成和反对，第 213 页
Subpraefecti annonae 粮食供应副长官，第 485 页
Subscriptio 落款；附文
   - nelle *constitutiones principis* 君主谕令中的落款，第 419、421、598 页
   - - raccolte di leges 君主谕令中的落款和法律选集，第 612 页
   - nelle *quaestiones perpetuae* 常设刑事法庭里的附文，第 286 页
Subseciva 剩余地，第 247 页
Successione ereditaria 继承
   - *ab intestato* 无遗嘱继承，第 104、585、664、667 页
   - *adscripticii* 额外人员阶层的继承，第 580 页
   - *corporati* 行会从业者的继承，第 578 页
   - *decuriones* 市议员阶层的继承，第 578 页
   - *Latini Iuniani* 尤尼亚拉丁人的继承，第 504 页
   - *testamentaria* 遗嘱继承，第 9 页
Successione al trono 继位，第 562 页及下页
   - Giustiniano 优士丁尼的继位，第 633 页
   - intervento dell'altra *pars imperii* 帝国另一半对继位问题的干预，第 563、599 页
   - nel principato 参见 Principato, successione
   - principio dinastico 继位的王朝制原则，第 540 页、第 562 页及下页
   - sistema dioclezianeo 戴克里先体制下的继承，第 531 页及下页
Suffragatio 支持，第 385、407 页
Suffragium 选举，第 46 页
   - non observare 不按规定进行选举，第 212 页
   - revocare in 重新进行选举，第 212 页
Sulcus primigenius 耕作祈祷仪式，第 247 页
Sulpicio Galba (Publio) 苏尔皮其·加尔巴（布布里），第 269 页
Sulpicio Rufo (Publio) 苏尔皮其·鲁弗（布布里），第 313、324 页
Sulpicio Rufo (Servio) 苏尔皮其·鲁弗（塞尔维），第 143、161、238 页、第 337 页以下、第 438 页
Summa honoraria 入爵费，第 502 页
Summa Perusina 佩鲁贾总稿本，第 663 页
Summa supplicia 酷刑，第 466、582 页
Suovetaurilia 献牲礼，第 171 页
Supplere ius civile 对市民法的补充，第 162 页及下页
Supplicium 死刑，第 37 页
Susceptores 征税者，第 573 页
Suspensio Cereri 丰收女神绞刑，第 38 页

Sutri 苏特里，第 121、190、225、241 页
Svevi 施瓦本人，第 549 页
Synopsis maior《全编概要》，第 700 页
Synopsis minor《简编概要》，第 700 页

T

Tabellae 票板，第 214 页
Tabula 表
- *Banasitana*《巴纳斯塔表法》，第 505 页
- *Hebana*《赫巴铜表》，第 404 页以下
- *Heracleensis*《埃拉克雷铜表》，第 357、360 页
- *Ilicitana*《伊利奇铜表》，第 404 页
- *Siarensis*《希阿鲁姆铜表》，第 404 页

Tabulae 表
- *Bembinae*《本波表法》，第 281 页
- *Caerites* 切雷人列表，第 248 页

Tabularii 文书，第 499 页
Tacito 塔西佗，第 382 页
Talamone (battaglia) 塔拉莫纳（战役），第 257、259 页
Taleleo 塔勒列奥，第 694、696、699 页
Taranto 塔兰托，第 252 页及下页、第 258、262、308 页；也参见 *Lex municipii Tarentini*
Tarquini 塔克文，第 210 页
Tarquini il Superbo 小塔克文王、塔克文·苏佩布，第 75、77 页
Tarquini Prisco 塔克文·普里斯科，第 48 页、第 49 页以下、第 58、61、62、70、195 页
Tassa sull'aria 苛捐杂税，第 684 页
Tattica militare 军事策略，第 63、64 页
Tauresium 托勒西乌，第 631 页
Tebe d'Egitto 埃及底比斯，第 506 页
Tellus 土地神，第 38 页
Temi 主题、题材，第 666 页
Tempio della Concordia 和谐神庙，第 123 页

Tempio di Cerere 谷神／丰收女神神庙
- custodia dei senatoconsulti 谷神神庙和元老院决议的保管，第 97、198 页
- ed edilità plebea 谷神神庙和平民市政官，第 172 页

Templi pagani 异教徒神庙，第 542、545、546、548、552、598 页
Templum 神庙、神坛，第 21 页
Tempus lugendi 啼哭时刻（仪式），第 37 页
Teoderico (re degli ostrogoti) 狄奥多里克（东哥特人的国王），第 553 页及下页，第 555、605、623、632 页
Teoderico II (re dei visigoti) 狄奥多里克二世（西哥特人的国王），第 623 页
Teodora 狄奥多拉，第 623 页及下页，第 682、684、689 页
Teodoro (*antecessor*) 狄奥多罗（法学教授），第 694、696、699 页
Teodoro Bestes 狄奥多罗·贝斯特兹，第 700 页
Teodoro di Mopsuestia 莫普苏埃斯提亚的狄奥多罗，第 688 页
Teodosio I 狄奥多西一世，第 541 页，第 547 页及下页、第 552、563、566、572、583、584、585、588、590、593、597、614、621 页
Teodosio II 狄奥多西二世，第 549、574、585、586、587、590、599、606、652、674、616 页；也参见 Codice Teodosiano
Teodoto 狄奥多托，第 684 页
Teofilo 狄奥菲尔，第 637、643、654、655、660、693、694 页，第 695 页及下页，第 700 页
Terentilio Harsa 特伦蒂里·阿尔萨，第 94 页
Tergiversatio 敷衍推诿，第 470、592 页
Termine (dio) 界神（天神），第 37 页
Terracina 德拉齐纳，第 119、246 页
Territori conquistati 被征服的领土

- confisca 被征服领土的征收，第 60 页
- organizzazione 被征服领土的组织，第 241 页及下页

Territori non autonomi 非自治的领土，第 500、506 页

- "*idia*" 非自治的领土和户籍，第 508 页

Tesoro 财富、财宝，第 496 页

Tessalonica 色萨利，第 549 页

Testamentum 遗嘱
- *calatis comitiis* 会前遗嘱，第 45、47、293、296 页
- *clausola stipulatoria* 遗嘱与要式口约条款，第 526 页
- di M. Antonio 马可·安东尼的遗嘱，第 371 页
- età 遗嘱与年龄，第 657 页
- falsità 遗嘱与作假，第 455 页
- *militis* 军人遗嘱，第 358、416 页
- nelle XII Tavole《十二表法》中的遗嘱，第 105 页
- rustico 乡村的遗嘱，第 676 页

Testamenti factio 立遗嘱资格，第 515 页

Testimoni 证言；证人
- falsità 伪证，第 455 页
- processo penale 证言与刑事审判程序，第 593 页
- rifiuto della testimonianza 证人与拒绝作证，第 112 页

Tetrarchia 四帝共治
- circoscrizione territoriale 四帝共治与领土区划，第 506 页
- dioclezianea 戴克里先时的四帝共治，第 531 页及下页、第 532、539、540 页
- - e unità dell'impero 戴克里先时的四帝共治与帝国的统一，第 544 页
- - quadruplicazione della burocrazia 戴克里先时的四帝共治与官僚系统的四倍增长，第 533 页

Teutoni 条顿人，第 319、320 页

Tiberio 提比留，第 400、401、402 页，第 405 页以下，第 408 页及下页，第 424、430、442、455、462、463、468、473、478、489、494、496 页

Tiberio II 提比留二世，第 670、692、697 页

Tiberio Coruncanio 提比留·科伦卡尼，第 298 页及下页

Tiberio Gemello 提比留·杰梅罗，第 400 页

Tiberio Gracco 提比留·格拉古，第 287、301、302 页，第 303 页以下，第 312、318、334 页

Tibur 提伯城，第 4、16、241 页

Tignum iunctum 梁木，第 106 页

"*Tipoukeîtos*" 《索引》，第 700 页

Tirannia 专制、专制政体，第 61 页

Tiro 蒂罗，第 451 页

Tirolo (nel Bruzio) （布鲁提的）蒂洛罗镇，第 261 页

Tities 提切，第 17 页及下页，第 62、65、208 页

Tito 提图斯，第 392、400、473 页

Tito Tazio 提图斯·塔奇欧，第 17 页及下页

Tituli ex corpore Ulpiani 《乌尔比安论著要目》，第 607 页、第 616 页及下页

Tivoli 蒂沃利，参见 Tibur

Toga 托袈（长袍）
- *praetexta* 紫红色长袍，第 130 页
- *purpurea* 绛红色长袍，第 61 页

Tolemeo Aulete 托勒密·奥勒特，第 353 页

Tolemeo Cesare 托勒密·恺撒，第 354 页

Tolemeo XIII 托勒密十三世，第 353 页及下页

Toma 托马，第 685 页

Tombe "principesche" 王陵；豪华墓葬，第 12 页

Tortura 折磨、刑讯，第 585、588、593 页

- esenzioni 免于刑讯，第 593 页

Traci 色雷斯人，第 273 页

Tracia 色雷斯，第 501、516、549、551 页

    - organizzazione territoriale 色雷斯的领土组织，第 506 页

Tractus 管区，第 499 页

Traiano 图拉真，第 392、402、416、431、444、485、507、516、593 页

Transitio ad plebem 变身为平民，第 47、179 页

Trasimeno (battaglia) 特拉西梅诺湖（战役），第 258 页

Trattati 条约、协定

    - *de agricultura* 关于农业的协议，第 272 页

    - *feziali* 战和事务祭司条约，第 27 页及下页

    - fra Roma e Cartagine 罗马和迦太基之间的条约，第 139 页

    - senato 元老院条约，第 198 页

Tre Capitoli 《三章》，第 635 页

Trebazio Testa 特雷巴奇·特斯塔，第 340、358、436、437、439 页

Trecenarius 三十万薪酬官，第 499 页

Tresviri 三人官

    - *aere argento auro flando feriundo* 三人铸币官，第 176 页及下页

    - *capitales* 三人行刑官，第 175 页及下页、第 277、357、475 页

    - - e *quaestiones perpetuae* 三人行刑官和常设刑事法庭，第 279 页

    - *coloniae deducendae* 三人行刑官和殖民地开辟，第 246 页及下页

    - *nocturni* 三人宵禁官，参见 *capitales*

    - *monetales* 三人铸币官，第 357、475 页

    - *reipublicae constituendae* 为共和国设立的三头执政同盟，第 347、第 365 页以下

    - - rinnovo della carica 为共和国设立的三头执政同盟职务的展期，第 365 页及下页、第 367 页、第 369 页及下页

    - - *iterum* 为共和国设立的新任三头执政同盟，第 365 页、第 369 页及下页

Tria nomina 三段名制度，第 521 页

Triboniano 特里波尼安，第 637、635、639、640、654、655、659、667、681、684 页、第 685 页以下

Tribu motus 莫图部落，第 170 页

Tribù 部落

    - *romulee* 罗慕洛部落，第 17 页及下页、第 62 页及下页、第 63 页

    - *territoriali* 领土部落，第 62 页及下页、第 68 页以下、第 224 页及下页、第 242、245 页

    - - distribuzione dei *cives* 领土部落与市民的分布，第 69 页及下页、第 224 页及下页、第 225 页、第 253 页及下页

    - - rapporto con le centurie 领土部落与百人团的关系，第 69 页、第 255 页及下页

    - - sviluppo 领土部落的发展，第 224 页、第 245 页及下页、第 247 页及下页

    - - *principium* 首个投票的领土部落，第 226、227 页

    - - *rustiche* 乡村的领土部落，第 69 页及下页、第 223 页、第 224 页及下页

    - - *urbane* 城市的领土部落，第 69 页及下页、第 224 页及下页

    - Succusana 苏库萨诺部落，第 404 页

Tribules 一般平民，第 217 页

Tribuni aerarii 司库长、高级骑士，第 285、343、355、453 页

Tribuni della plebe 平民保民官，第 83 页及下页、第 97 页及下页、第 124 页、第 177 页以下、第 471 页、第 473 页及下页

    - accesso alle magistrature curuli 平民保民官与进入贵族执法官职，第 329、

343 页

- *adpellatio* 平民保民官与求助请求，第 180 页

- *assimilazione ai magistrati* 平民保民官向执法官职的趋同，第 218 页

- *assistenza al censo* 平民保民官对财产调查的协助，第 170 页

- *auxilium* 平民保民官与护佑，第 84 页、第 178 页及下页、第 184、474 页

- - e *provocatio* 平民保民官的护佑与申诉制度，第 91 页及下页

- *coercitio* 平民保民官的强制权，第 84、93 页、第 182 页以下、第 474 页

- - e *provocatio ad populum* 平民保民官的强制权和向人民申诉，第 93、184、275 页

- - e *intercessio* 平民保民官的强制权和否决权，第 183 页

- *collegialità* 平民保民官的同僚制，第 179 页

- *controllo della gestione dello stato* 平民保民官对国家管理的控制，第 84 页

- *cooptatio* 平民保民官的补选，第 185 页

- *destinatio del Senato* 平民保民官与元老院的指定推选，第 329 页

- e *lex Manlia de vicesima manumissionum* 平民保民官与《关于解放奴隶税的曼利法》，第 192 页

- e *tribuni militum* 平民保民官与军团长官，第 83 页及下页

- *eleggibilità al senato* 平民保民官与可入选元老院资格，第 185 页

- *elezione da parte del senato* 平民保民官与元老院的选举，第 471 页

- *imago sine re* 平民保民官与无实权的形象，第 178 页、第 324 页及下页

- *intercessio* 平民保民官的否决权，第 84、127 页、第 137 页及下页、第 178 页以下、第 474 页

- - *contro il dittatore* 平民保民官针对独裁官的否决权，第 166、167 页

- - *Silla* 平民保民官的否决权和苏拉，第 329 页

- *ius agendi cum patribus* 平民保民官代表元老院行事权，第 185、474 页

- *ius agendi cum plebe* 平民保民官代表平民行事权，第 184 页及下页、第 218、474 页

- *ius edicendi* 平民保民官的告示权，第 185 页

- *ius referendi in senatu* 平民保民官在元老院的列席权，第 329 页

- *ius sententiae dicendae* 平民保民官的发言权，第 185、196 页

- *multae dictio* 平民保民官做出罚金，第 276、474 页

- *permanenza in Roma* 平民保民官在罗马的长驻，第 182 页及下页、第 222 页

- *potentior est qui intercedit* 为民陈情的保民官的权力最大，第 179 页

- *prehensio* 平民保民官与代位处置权，第 182、321 页

- *rielezione* 平民保民官的重新选举，第 185、306、307 页

- *riforme sillane* 平民保民官与苏拉的改革，第 324 页及下页、第 329 页

- *sacrosanctitas* 平民保民官的神圣不可侵犯性，第 32、97、124、177、178、182、471、474 页

- *summa coercendi potestas* 平民保民官的概括性的强制权，也参见 *coercitio*

Tribuni 长官、保民官

- *et notarii* 军事长官和文员，第 568 页

- *militum* 军团长官，第 83 页及下页

- - *consulari potestate* 具有执政官权力的军团长官，参见 *Tribuni militum consular potestate*

- tribù romulee 长官和罗慕洛部落，第 17 页

Tribuni militum consulari potestate 具有执政官权力的军团长官，第 82 页及下页、第 116 页以下、第 122 页

- plebei 具有执政官权力的军团长官与平民，第 118 页及下页

- e censori 具有执政官权力的军团长官和监察官，第 118、168、169 页

Tribunicii 保民官职位，第 394 页

Tributi 税赋、税负

- militari 军事税赋，第 129 页
- proprietà provinciale 行省财产税

Tributum 土地税；税赋，第 83 页及下页

- capitis 人头税，第 263 页
- equites 骑士的税负，第 200 页
- introduzione 土地税的引入，第 121 页

Trientabula 三一债，第 245 页

Triginta dies iusti 合法宣战日，第 212 页及下页

Trinundinum 三次集市日、三次集会期，第 212 页及下页、第 365、277 页

Trionfo 凯旋仪式，第 127、358 页

Tripertita 《三分法》，第 99 页及下页、第 299 页及下页、第 302 页

Tripolitania 特立波利塔尼亚，第 254、550 页

Triumvirato 三人执政联盟

- primo "前三头"，第 347、350 页
- secondo "后三头"，参见 Tresviri, rei publicae constituendae

Triumviri 三人委员会

- agris dandis iudicandis adsignandis 土地分配和争议三人审判委员会，第 304、307 页
- senatus legendi 选拔元老的三人委员会，第 393 页

Tubicines 号手，第 216 页

Tullio Cicerone (Marco) 图里乌·西塞罗（马可），参见 Cicerone

Tumultus 叛乱，第 166 页

Tunisia 突尼斯，第 254 页

Turba forensis 游商团伙，第 254 页

Turcilingi 土齐尼基人，第 552 页

Turi 图里人，第 252 页

Turmae 骑兵分队，第 66 页

Tusciano 图西安，第 442 页

Tuscolo 图斯科洛，第 119、122、248 页

Tutela 监护、保护

- cognitio 监护审判，第 435、471、472、473、483 页
- genera tutelarum 监护和监护类型，第 336、449 页
- Latini 拉丁人监护，第 515 页

Tutore 监护人

- infedele 不忠实的监护人，第 114 页
- rapporti sessuali con la pupilla 监护人与女性被监护人的性关系，第 587 页

U

Ulpio Marcello 乌尔比奥·马尔切罗，第 449 页

Umanisti 人文主义者，第 649 页

Umbilicus "精章"，第 658 页

Umbri 翁布里人，第 251 页及下页、第 258、259、321、331 页

Unità legislativa 立法统一性，第 597 页以下、第 602 页

Unni 匈奴人，第 550、551、522 页

Usucapione (del colone) （佃农）的占有取得时效，第 580 页

Usurae 税率；利率；第 234 页

- nelle XII Tavole 《十二表法》中的利率，第 114 页

Usurpatio 占有中断，第 297 页

- trinoctii 离夫三夜（夫权）中断，第 105 页

Ususfructus 用益权，第 302 页

Utica 乌提卡城，第 354 页

Utrius sacramentum iustum, utrius iniustum sit 哪个约誓是合理的，哪个是不合理的，第 135 页

Uxor in manu 夫权下的妻子，第 37 页及下页

V

Vades 应诉保证人
- nel processo comiziale 民众大会审判程序中的应诉保证人，第 276 页
- nelle XII Tavole 《十二表法》中的应诉保证人，第 106 页

Vadimonium 出庭保证，第 448 页

Valente 瓦伦兹，第 546 页及下页，第 575、593、596 页

Valentiniano I 瓦伦丁尼安一世，第 546 页及下页，第 563、572、584、593、596、620 页

Valetiniano II 瓦伦丁尼安二世，第 547 页及下页，第 598、621 页

Valetiniano III 瓦伦丁尼安三世，第 550、551、562、567、573、590、599、606、616、614、674 页

Valeria (gens) 瓦勒里（氏族），第 96 页

Valerio Corvo 瓦勒里·科尔沃，第 90 页

Valerio Flacco (Lucio) 瓦勒里·弗拉科（卢齐奥），第 211、327 页

Valerio Messalla Corvino 瓦勒里·梅萨拉·科尔维诺，第 385 页

Valerio Potito 瓦勒里·波提托，第 96 页及下页，第 92、99 页

Valerio Publicola 瓦勒里·布布里科拉，第 8、90 页

Valerio Triario (Lucio) 瓦勒里·特里阿利（卢齐奥），第 342 页

Valle Padana 波河河谷，第 257、258 页

Vandali 汪达尔人，第 549、550、553、555 页

Vario Hybrida (Quinto) 瓦里奥·伊布里达（库伊特），第 322 页及下页、第 323 页

Varro Murena 瓦罗·穆雷纳，第 385 页

Vaticana Fragmenta 《梵蒂冈选段》，第 607、612、617 页，第 620 页及下页

Vectigalia 田税；关税，第 244、262、263 页
- appalti 田税承包，第 171 页
- attribuzione al fisco 关税与向国库的归属，第 496 页

Vediovis 复仇之神，第 37 页

Vedove 寡妇，第 587 页

Velati et accensi 预备差役百人团，第 118、120、224、242、311 页

Veleia 韦雷阿，第 322 页

Veleni 毒药、有害物质，第 586 页

Velia 维里亚，第 262 页

Velletri 维勒特里，第 120 页

Venalità delle cariche 卖官鬻爵，第 555、665、666、670 页

Vende equum 卖掉马匹（骑士除名），第 170 页

Vendetta privata 私力复仇，第 24、35 页
- composizione 私力复仇的构成，第 39 页
- nelle XII Tavole 《十二表法》中的私力复仇，第 113 页及下页

Venditio trans Tiberim 跨越台伯河的销售行为，第 86、136 页

Venere 维纳斯女神，第 358 页

Veneti 威尼托人，第 259 页

Venia delicti 获得宽宥之罪，第 465、584、585 页

Venosa 维诺萨，第 230 页

Ventidio Basso 翁提蒂·巴索，第 365 页

Venuleio Saturnino 维努勒·萨图尔尼诺，第 645 页

Ver sacrum 神圣春祭，第 8 页

Verba e voluntas 表示和意思，第 335 页

Verberatio 笞杖刑，第 110、587 页；也参见 *Ictus*

Vercelli (battaglia) 韦尔切利（战役），第 318 页

Verdi 绿党人，第 682 页

Verre (Caio) 维雷（盖尤），第 145 页、第 343 页及下页

Vescovi 大主教，第 577 页

- ordinazione 大主教与教职授予，第 665、669 页

- 也参见 *Episcopalis audientia*

Vespasiano 维斯帕西安，第 388、392、399、400、402、443、476、494 页

Vestali 维斯塔修女，第 26 页

- testamento di M. Antonio 维斯塔修女和马可·安东尼的遗嘱，第 371 页

Veterani 老兵，第 319、331、341、346、367 页

- *aerarium militare* 老兵与军事金库，第 494 页及下页

- *capitatio* 老兵与人头税，第 576 页

- *curie* 老兵与库里亚，第 576 页

- *praemia militaria* 老兵与军事犒赏，第 390 页

Via 大道，第 106 页

Via Appia 阿庇亚大道，第 253、257 页

Via Flaminia 弗拉米尼大道，第 257 页

Viaticum 旅费，第 268 页

Viatores 侍从官，第 182、269 页

Vicarii 专员，第 532、570、686 页

Vicarius Africae 非洲专员，第 555 页

Vicarius Italiae 意大利专员，第 533、568 页

Vicarius urbis Romae 罗马城市专员，第 568 页

Vice sacra respondere 代表皇帝解答权，第 458 页及下页、第 479 页

Vicesima hereditatum 遗产税，第 495 页

Vicus 郊野、乡村，第 245 页

- *circoscrizione territoriale* 乡村的领土区划，第 250 页

Vigilio 维吉吕，第 635 页；也参见 *Pragmatica sanctio pro petitione Vigilii*

Vigintisexviri 二十六人官，第 127 页、第 175 页以下、第 475 页

Vigintiviri 二十人官，第 177、475 页

Vim fieri veto 不得发生暴力，第 243 页

Viminale 维密纳尔，第 16、19 页

Vindex 推迟应诉保证人，第 136 页

Vindices 监税官，第 555 页

Vipasca 维帕斯卡，第 506 页

Vipsanio Agrippa (Marco) 维普萨尼·阿格里帕（马可），第 368、381、386 页

Vir consularis 执政官，第 498 页

Vir virum legit 选举人（团），第 393 页

Virginia 维尔吉尼娅，第 96 页

Virgo consecrata 献身（于上帝）的贞女，第 587 页

Vis privata 私人暴力，第 454、469 页

Vis publica 公共暴力，第 454 页

Visigoti 西哥特人，第 553、555 页

- *foederati* 结盟的西哥特人，第 547、548、549 页、第 550 页及下页

Vitaliano 维大利亚诺，第 632 页

Vite 葡萄藤，第 303 页

Vitellio (Lucio) 维特留（卢齐奥），第 474 页

Vitellio 维特留，第 400 页

Vivi crematio 火刑，第 466、467、582、586、587、589 页

Volgarismo 通俗化，第 528 页、第 603 页及下页

- e classicismo 通俗化与古典化，第 604 页及下页、第 651 页

"Volksjustiz" 私刑，第 134 页

Volsci 沃西人，第 119、120、121 页

Vulgata 通俗（手稿），第 645、663 页

X

XII Tavole《十二表法》, 第 35 页、第 99 页以下

- ambasceria in Grecia《十二表法》与派往希腊的使团, 第 94、108 页

- astrattezza e generalità《十二表法》的抽象性和概括性, 第 102 页及下页

- carattere endogeno《十二表法》的自发内生性特点, 第 107 页及下页

- commento di Gaio《十二表法》与盖尤斯的评论, 第 446、448 页

- *delicta e crimina*《十二表法》及私犯与公犯, 第 113、115 页

- e assetto socio-economico《十二表法》与社会经济状况, 第 105 页以下

- e certezza dei diritto《十二表法》与法律的明确性, 第 95、102 页

- e *interpretatio prudentium*《十二表法》与法学家解释, 第 288 页及下页、第 426 页

- esaustività《十二表法》的穷尽性, 第 101 页以下, 第 232、233 页

- innovazioni sostanziali《十二表法》的实质创新, 第 107、136 页

- ipotesi critiche《十二表法》与批判性假说, 第 99 页

- norme costituzionali《十二表法》的宪制性规范, 第 101、105 页

- norme di organizzazione e di relazione《十二表法》的组织及关系方面的规范, 第 104 页

译后记

2018年初，北京的晴朗与明媚已经持续一冬，一扫往年的雾霾和阴郁。屈指算来，从我初学马里奥·塔拉曼卡（Mario Talamanca）教授主持编写的《罗马法史纲》（Lineamenti di Storia del Diritto Romano）至今，已近十载。此刻，该书中文版校对清样正静置于书案一角，即将付梓，但我却远谈不上轻松和释然，而是充满胆怯和不安，惟恐贻笑学林。于是，仓促拼凑出本文，聊作对本书成稿过程以及我最为珍视的一段人生经历的回忆，也作为对自己曾经稚嫩的学术理想，以及在这段旅途上指导并陪伴我的诸位师长、学友和亲朋的一份交代。

一

在北京大学法学院攻读法学理论专业硕士期间，我因选修民商法专业薛军老师主讲的"民法总论"课程而与之相识。2006年10月，又因参加学院组织的一次党团活动，我偶获薛老师垂询是否有意前往意大利留学继续研究罗马法。受此垂青，令我颇感意外。一来我并非民商法专业学生，除了选修民法课程以外，我与薛老师素无其他交集，二来我毫无意大利语基础，留学深造谈何容易，尤其还攻读大众眼中生硬晦涩的法律专业，而且是"屠龙之术"的罗马法！除了感到意外，我的一个现实担忧是，在当时，不要说无法与英美国家媲美，即使在欧洲大陆国家当中，意大利也远非中国学生所青睐的留学热土。

因此，尽管我并未拒绝薛老师的好意，可在行动上也未针对留学意大利做更多的努力和争取。但薛老师对我心存的学术志愿似乎洞若观火，犹觉"朽木可雕"也，不仅未放弃对我的鼓励，还一直积极推进此事，协助联络学校、导师、意大利语学习伙伴和留学奖学金等。在他的一再催促下，从 2007 年上半年开始，我也自觉地开始了意大利语学习，并有意识地研读了当时国内主要的几部罗马法文献和著作①。

不过，意大利人的办事风格和效率一再考验着薛老师和我的耐心，留学一事一拖再拖，迟迟没有实质进展。而我的意大利语学习也是时紧时松，语言水平甚至还不能胜任日常交流。从 2008 年上半年开始，我完全转入了一名硕士毕业生的生活状态：论文、求职、答辩，直至毕业。在举世瞩目的北京奥运会前夕，我已经正式入职国内一家律师事务所，成为一名律师助理，告别校园生活，开始了自己的职业生涯。

到了当年 9 月，薛老师来电告知，通过他在意大利的导师、罗马第一大学（La Sapienza）和第二大学（Tor Vergata）罗马法教授桑德罗·斯奇巴尼（Sandro Schipani）（后来，他也成了我在意大利学习期间的导师）的帮助，已经为我正式争取到了一个意大利外交部提供的政府奖学金名额，支持我在罗马二大开展为期一年的关于"罗马法和现代民法"的硕士课程学习，同时进行意大利语强化训练。待一年学习结束后，经考试合格，则改由该校提供为期三年半的大学奖学金，转入博士课程学习，直至完成博士学业。

留学的 OFFER 来得如此仓促，甚至都不容我有更多时间仔细考虑。在取得刚入职单位领导的理解并办理离职手续后，我又再次开始匆忙应对重回校园和课堂的各项工作：填写各种表格、办理签证、国内学历公证认证、确定行程、落实罗马的宿舍……

2008 年 11 月，我满怀忐忑和懵懂，和其他几位同行的学友一同踏上了亚平宁半岛的土地，正式开始了我的留学生涯。

转眼到了 2009 年 3 月，经历了初到时的慌乱和尴尬，我的意大

---

① 参见[意]彼得罗·彭梵得：《罗马法教科书》，黄风译，中国政法大学出版社，1992 年；[意]朱塞佩·格罗索：《罗马法史》，黄风译，中国政法大学出版社，1994 年；[古罗马]盖尤斯：《法学阶梯》，黄风译，中国政法大学出版社，1996 年；[古罗马]查士丁尼：《法学总论》，张企泰译，商务印书馆，1989 年；周枏：《罗马法原论》（上下册），商务印书馆，1994 年。

利语已经可以基本应对普通生活场景了。同时，通过中文学术界引介的学术信息，我也初步了解了包括塔拉曼卡、皮兰杰罗·卡塔拉诺（Pierangelo Catalano）、菲利齐亚诺·塞劳（Feliciano Serrao）等学者在内的当代意大利罗马法学派的学术脉络和学术地位。[①] 为了进一步提高语言水平，并尽快开展有效的专业学习，根据薛老师的指导和建议，也基于自己长期以来阅读政治和历史题材书籍的偏好，我开始接触罗马法以及罗马法历史方面的专业著作，其中就包括塔拉曼卡教授主编的这本《罗马法史纲》。

坦率地说，这种在专业学习和语言学习之间"以学代学""以学促学"的方法令人极其痛苦。一开始，我常常从早到晚忙碌到后半夜，主要精力却基本耗费在查阅意汉词典上。一天下来，往前推进不过两三页，根本谈不上获取有效的学术信息。但随着时间和词汇量的积累，这种方法的效果也日渐显著，到了后期，我的阅读速度明显加快，查阅字典的次数也越来越少。到当年8月份，除了完成正常的学业以外，我已经基本完成了《罗马法史纲》的第一遍通读。

正是在这一次阅读过程中，我感受到了罗马法历史的厚重与精彩，完全颠覆了过去接受的"作为大陆法系源头的罗马法具有成文法特点"的固有观点，并且第一次理解了罗马法作为裁判官个案决疑和法律论辩的产物所展示出来的一种"实践理性"的力量。于是，我也萌发了将这本书翻译成中文的想法。而塔拉曼卡教授于2009年去世，我在求学期间未能亲自拜访他所留下的遗憾，则进一步坚定了我的这一想法。当然，限于我的学力和语言水平，当时我所设想的翻译工作只是停留在"以学代学""以学促学"的一种方法上，完全没有奢望将翻译的文字正式成稿出版。现在看来，即便只是"翻译出来"这样一种简单的想法，也实在是过于幼稚了，更让我后来吃尽了翻译的"苦头"。

那段时期，我一边在这座"永恒之都"享受着罗马法学术世界带来的自由而纯粹的校园时光，而另一边又为国内尤其是北京如火箭般蹿升的房价感到焦灼。显然，这种焦灼的心态已经检验出，我所谓的"学术理想"其实并没有自己曾经认为的那样坚定和纯粹。

[①] 参见[意]桑德罗·斯奇巴尼：《20世纪罗马法研究中的罗马法学派》，肖俊译，载于《厦门大学学报（哲学社会科学版）》，2014年第1期。

为了尽快回国并成家立业，在经过慎重考虑以后，当年7月我决定改变薛老师为我预设的留学计划：在第一年学习结束后，不再攻读博士学位，而是延续并完成硕士课程的学习，将在意留学时间压缩为两年。当我把自己的想法告诉薛老师后，他对我的选择表示理解（或者说谅解？），并且联系斯奇巴尼教授很快为我落实了意大利外交部继续提供第二年的奖学金。此后，当年10月回国参加第四届"罗马法·中国法与民法法典化"论坛之际，我向薛老师首次提出，希望利用第二年的学习时间着手翻译这部《罗马法史纲》，他又一次给予了鼓励和肯定。2009年11月返回意大利至当年年底，我完成了对该书的第二遍精读。

至今我仍然清晰地记得，在2009年的圣诞假期，当我的意大利室友们都各自回家与家人团聚度假的时候，在空旷的公寓里，也是在自我刻意营造的一种仪式感下，我又一次翻开了这部著作的蓝色封面，正式开始了这场连我也未曾预想到的旷日持久的"翻译战斗"。这一战竟是八年！

后来，在罗马的三百多个日夜里，罗马二大法学院大楼的意大利帅哥保安都知道了，有一个中国学生是四楼图书馆最靠里的那间阅览室早到而晚归的常客。他们每次都要佯装生气地对我发出"CHIUSO SUBITO"（马上关门啦）的"怒吼"，我才会不情愿地磨磨蹭蹭收拾包袱离开。至于我常年霸占的网络有线接口（那时候并没有WIFI一说）和打印机、复印机，更是多次引发来自其他国家的留学生的"围攻"，最后不得不请他们到楼下小酌咖啡平息了事。其实，世上没有什么是一杯意大利正宗卡布奇诺或者拿铁解决不了的。如果有，那就两杯！

2010年8月，翻译工作进入到最紧张也是最高效的阶段（期间薛老师到访罗马，还询问了我的工作进展并给予指点）。而到了9月，我的留学生涯转眼就接近尾声，开始同时应对毕业论文撰写、答辩和翻译。到11月毕业回国之际，我已经基本完成全书90%的翻译工作。

回国再入律师行业，我又开始按部就班地经历一名职场人士的人生轨迹：入职、结婚成家、岳父病重并最终离世、爱子降生、父亲病重后手术休养、购房立业……而翻译工作也因为自己严重的拖沓和懈怠而有所延误。直至2012年年中，全书译文初稿才终告完成。在 2012—2015 年期间，我对译稿又进行了两轮校对复核和打磨，并制作了全书的"索引"。在译文质量基本获得薛老师认可后，本书中文版的正式出版才真正提上日程。而此时，据我从意大利回国已经过去整整五年。

从 2016 年上半年开始，在薛老师和斯奇巴尼教授的帮助下，我开始联络出版事宜。2016 年 6 月，北京大学出版社同意将本书纳入"国家出版基金"资助的"西方古典学研究"项目并申请立项。9 月，本书原著出版方意大利尤弗莱出版社（Giuffré Editore）确认无偿授予北大出版社中文版版权。2017 年 7 月，北大出版社与我正式签署出版立项合同。12 月，清样初稿完成校对。2018 年 8 月，清样二稿完成校对。2019 年 7 月，这部《罗马法史纲》中文版终于和读者见面了。

以上，就是我过去十年并不成功的"学术生涯"和本书诞生过程的流水账。

尽管如此，我仍然对这段经历心存感激，并极为珍视。正是通过这样的经历，让我再次深刻地领会到，无论是语言还是学术，"学习"从来就没有任何捷径可走，唯有靠不断地积累和打磨。而学术梦想的实现，不仅需要踏实、勤奋和坚持，有时候还需要一些运气，甚至在一定程度上要甘于"平庸"。因为，闻达者寡而泯然者众，这在任何一个行业都是普遍的状况，也是从业者必须接受的规律。

当下，在国内学术界仍然大量依赖译著而非原著进行学术研究的现状下，学术翻译在很长一段时间内仍有其必要性和合理性。但是，这种翻译工作既基本不能产生可观的经济收益，也无法换取"学术工分"①，早已属"费力而不讨好"的工作。而我非学界中人的身份，使得我所从事的学术翻译无须背负经济上的或者业内学术成果考评上的压力，这或许不失为国内学术翻译成果产出的另一条有效路径吧。

我谨希望，我的翻译工作和点滴努力能成为这条路径上一处踏实的脚印，而本书中文版的出版，能够为国内罗马法研究贡献绵薄之力。

---

① 参见苏力：《当代中国的法学著作翻译——从制度或经济学的角度考察》，载于《清华法学》，2004 年 01 期。

二

尽管在上述关于《罗马法史纲》中文版成书过程的交代中,我并不讳言对这一译著"敝帚自珍"的私心,但除此以外,作为本书的译者,面对该书可能的读者,我应当解答的是:与其他关于罗马政治史、罗马制度史的著作,尤其是那些已经被翻译引入国内的著作相比①,本书的价值何在?

事实上,在 2008 年 10 月我行将结束在意留学生活而与斯奇巴尼教授话别之际,他也不无隐忧地提到:随着越来越多的西方罗马法著作引入中国,以及中国本土罗马法原创著作的不断丰富②,在中

---

① 参见 [德] 特奥多尔·蒙森:《罗马史》(第一卷至第五卷),李稼年译,李澍泖校,商务印书馆,1994 年、2004 年、2005 年、2014 年、2014 年;[英] 爱德华·吉本:《罗马帝国衰亡史》(上下册),黄思宜、黄雨石译,商务印书馆,1997 年;[意] 德·马尔蒂诺:《罗马政制史》(第一卷、第二卷),薛军译,北京大学出版社,2009 年、2014 年;[法] 内莫:《罗马法与帝国的遗产:古罗马政治思想史讲稿》,张竝译,华东师范大学出版社,2011 年。

② 关于 21 世纪以后翻译并引入中国的罗马法文献及著作,包括中意双方学者(以斯奇巴尼教授和中国政法大学的黄风教授、费安玲教授为代表)共同主持的将《学说汇纂》五十卷全部翻译为中文的系统工程,目前已经完成十八卷。而其他的罗马法专著包括:[英] 保罗·维诺格拉多夫:《中世纪的欧洲法》,中国政法大学出版社,2010 年;[英] 乔洛维茨、尼古拉斯:《罗马法研究历史导论》,薛军译,商务印书馆,2014 年;[意] 阿尔多·贝特鲁奇:《罗马法与拉丁法族:贝特鲁奇教授在华法学传习录》,徐国栋等译,中国政法大学出版社,2014 年;[德] 孟文理:《罗马法史》,迟颖、周梅译,商务印书馆,2016 年;[英] 大卫·约翰斯顿:《罗马法上的信托法》,张淞纶译,法律出版社,2018 年。

中国学者撰写或主编的罗马法教科书与专题著作包括:黄风:《罗马私法导论》,中国政法大学出版社,2003 年;丘汉平:《罗马法》,中国方正出版社,2004 年;陈朝璧:《罗马法原理》,法律出版社,2006 年;周枏:《罗马法提要》,北京大学出版社,2008 年;黄右昌:《罗马法与现代》,丁玫校,北京大学出版社,2008 年;徐国栋:《罗马法与现代意识形态》,北京大学出版社,2008 年;李中原:《欧陆民法传统的历史解读:以罗马法与自然法的演进为主线》,法律出版社,2009 年;费安玲主编:《罗马私法学》,中国政法大学出版社,2009 年;王莹莹:《论"增加之诉":罗马法代理与有限责任现象之解读并法学家与裁判官力量之展示》,法律出版社,2011 年;汪琴:《基督教与罗马私法:以人法为视角》,法律出版社,2011 年;蒙振祥、陈涛、律亚璞主编:《罗马法》(第二版),中国政法大学出版社,2011 年;汪洋:《罗马法上的土地制度:对罗马土地立法及土地归属与利用的历史考察》,中国法制出版社,2012 年;黄风:《罗马法》(第二版),中国人民大学出版社,2014 年;徐国栋:《罗马公法要论》,北京大学出版社,2014 年;黄文煌:《阿奎流斯法:大陆法系侵权法的罗马法基础》,中国政法大学出版社,2015 年;徐国栋:《罗马的第三次征服:罗马法规则对现代公私法的影响》,中国法制出版社,2016 年。除此以外,中国学者还独立或者与意大利学者合作主编了多种罗马法题材的(转下页)

国罗马法学界这一极为小众和冷门的学术圈以外，本书是否可能被更为广泛的学者群和学术市场所接受和容纳？

面对这些问题，我并不打算对本书可能的学术价值做过高的评价，也不企图对本书在中国学界可能产生的学术影响力做出预测。关于塔拉曼卡教授的学术生平、以他为代表的当代意大利罗马法研究中的"罗马学派"的学术地位以及主要的学术贡献（也包括本书的学术价值），在本书中文版开篇收录的斯奇巴尼教授和薛军老师分别撰写的两篇译序中已经有了详细的交代。为此，我愿意把我所认识的本书的价值分享给读者诸君。

首先，本书在意大利学界的学术定位是讲授罗马法历史的高阶教科书，是意大利主要大学法学院在硕士阶段或者博士阶段开设罗马法史课程的指定用书。从原著的编排体例上——全书没有一处加入脚注或者尾注形式的学术引证，所引用的罗马法和罗马历史传统文献以及当代文献全部收入正文——也可以明显看出这一点。而另一个有趣的细节是，我所使用的原著版本正好是在罗马一大附近的旧书市场上购得的一部二手书（尽管如此，在2008年时的价格仍然高达四五十欧元，对于当时每月生活费不到两百欧元的我来说，不啻为一笔巨款），这本书上还密密麻麻地留下了一位意大利学霸曾经

（接上页）文集，包括：何勤华主编：《外国法制史研究：罗马法与现代世界》（2014年第17卷），法律出版社，2015年；厦门大学法学院主持的《罗马法与现代民法》，目前已出版至第九卷（最新一卷参见徐国栋、方新军主编：《罗马法与现代民法》[第九卷]，厦门大学出版社，2016年）；中国政法大学主持的《罗马法与学说汇纂》（原名《学说汇纂》），目前已出版至第八卷（最新一卷参见费安玲主编、陈汉执行主编：《罗马法与学说汇纂》[第8卷]，中国政法大学出版社，2017年；中南财经政法大学与意大利方面共同主持的《罗马法与共同法》，目前已经出版至第四辑（最新一辑参见徐涤宇、桑德罗·斯奇巴尼主编，张晓勇执行主编：《罗马法与共同法》[第四辑]，法律出版社，2014年）；以中意两国学者共同主持的"罗马法·中国法与民法法典化"论坛的相关论文为基础，集结出版的《罗马法·中国法与民法法典化》，目前已经出版四卷（参见杨振山、桑德罗·斯奇巴尼主编，黄风、费安玲执行主编：《罗马法·中国法与民法法典化——物权和债权之研究》，中国政法大学出版社，2001年；江平、桑德罗·斯奇巴尼主编，费安玲执行主编：《罗马法·中国法与民法法典化（文选）——罗马法与物权法、侵权行为法及商法之研究》，中国政法大学出版社，2008年；桑德罗·斯奇巴尼、朱勇主编，费安玲执行主编：《罗马法·中国法与民法法典化（文选）——从古代罗马法、中华法系到现代法：历史与现实的对话》，中国政法大学出版社，2011年；费安玲、桑德罗·斯奇巴尼主编，陈汉执行主编：《罗马法·中国法与民法法典化（文选）——从罗马法到中国法：权利与救济》，中国政法大学出版社，2016年。

勾画出来的各处"考前重点"。

按照中国曾经通行的学术判断标准,教科书是学术大生产链条上的"低端产品",学术价值往往无法和专著等量齐观。但是,对西方学术传统稍有了解的人就会知道,在西方大学知识的标准生产体系中——在学术山头已经被基本占领完毕、学术荒地也已开垦殆尽的环境下——年轻学者是没有资格编写教科书的。通常,年轻学者只会选择范围较小的、有待进一步细分的领域切入,展开深入、持久的研究。而编写教科书,作为奠定某个学术领域百年基业的光荣重担,往往只能由这一领域或者其中某一学派最资深的学术领军人物来承担。而这里所说的"编写",是指这些学术大师们亲自操刀,或者组织最一流的学者独立撰写,以此杜绝导师挂名、学生代笔等"学术分包"的情况出现,从而保证其质量。因此,在各个部门法领域,都不乏一种优良的教科书撰写传统,它是由一位大师所开创,凝聚其全部的学术贡献,并由其最器重的弟子或其学派继承人不断地(甚至在作者已经去世后)更新再版、发扬光大,从而保持这部教科书的历久弥新的学术生命力,维护其学术上的荣光。在这种学术分工体系下产生的经典的教科书,其学术价值往往超过一部普通的学术专著。本书就是在这样一种学术传统下诞生的教科书,其初版发表于1979年,并于80年代末完成第二版(本书中文版也是基于这个版本译出)。

正是因为教科书和学术专著之间的学术分工,决定了二者在叙事的路径上存在不同。就作为教科书的本书而言,展示的是罗马法的历史,尽管主题是关于罗马法的发展、构造、与社会发展的其他要素相互整合的事件和过程,但其首先追求的并不是一种理论叙述(尽管并不排斥),而是历史叙述。从内容上讲,其关注的主要是更加适合按照"王政时代—共和国时代—帝国时代—优士丁尼时代"这一脉络进行历史叙述的罗马公法(包括程序法),而非中国学者相对更为熟悉的、更适合按照部门法域进行理论叙事的罗马私法。所以,即使从专著的角度来看,本书也更偏向于一种史学著作,而非法学著作。

而就其首要的贡献而言,通过吸收20世纪考古学在文学文献、碑铭文献、纸莎草文献研究上取得的巨大成果,本书极大地拓展和丰富了罗马法史研究的深度与广度,并将罗马法史研究的准确度提高到了前所未有的水平。在篇幅上，本书超出了在其之前半个世纪发表的同类著作——出自另一位罗马法大师朱塞佩·格罗索的《罗马法史》(*Storia del Diritto Romano*) 不止一倍。因此，可以说本书代表了 20 世纪后期罗马公法研究的最高水准（尽管篇幅并不是认定学术价值的标准）。

对比在内容和篇幅上同样丰富的罗马政治史和罗马制度史方面的著作，以及该类著作中同样详尽的历史叙事，本书关注的罗马公法的历史，虽与政治史和制度史不可避免存在重合与牵连，仍独具价值：它完整而详尽地展示了，在罗马这个政治经济文化共同体形成、发展直至最后消亡的过程中，法律作为一种社会发展的核心要素、作为罗马宪制/政制的最重要的工具，所发挥的独特作用（包括积极的和消极的）及其局限；古罗马人在面对各种社会、经济和政治问题的时候，又是如何利用他们的智慧，借助以及尝试借助法律工具来解决这些问题的。

更具体而言，从传说中的罗马建城之日到西罗马帝国灭亡，直至优士丁尼皇帝完成军事征服和法典编纂，时间跨度长达一千年以上。在这样长期的历史发展过程中，罗马一直面临的根本性的宪制问题是：如何最有效地构建、凝聚和塑造在政治经济文化上的命运共同体，以此对抗始终伴随的来自四周（主要是意大利以北）其他共同体的致命威胁。从功能主义或者单纯的结果论上讲，在从台伯河岸一处极小的居民定居点发展到领土覆盖亚非拉三大洲的帝国这段历史中，罗马在解答这一问题上的实践显然是成功的和有效的。而之后西罗马帝国的覆灭以及东罗马的短暂复兴，则又说明罗马后来的处理模式显然出了问题。而在这一过程中，罗马法（包括最广义的罗马宪制，以及当代学术意义上的各种法律部门——程序法、行政法、刑事法、民法等）扮演了什么样的角色，又是如何发挥作用的呢？这就是本书试图展示和交代的内容。

需要特别交待的是，由于中文篇幅所限，本书的中译本将原著一卷本拆分为上下两卷本分别出版，中译本上卷收录了原著的第一章（王政时期）和第二章（共和国时期），下卷则收录了原著的第三章（元首制时期）、第四章（君主专制时期）、第五章（优士丁尼和拜占庭时代）以及索引部分。

本书的第一章主要关注的是王政时期，也就是罗马从单纯的居民定居点到意大利中部拉齐奥地区最重要的城市这段时期的法制发展，展示的是由普通居民家庭或者单一氏族所构建"村落共同体"向复杂的有组织有分工的"城邦共同体"过渡的过程。从中可以看到，在罗马历史发展的早期阶段，在面对基于血缘、亲缘因素形成的自由法家庭、氏族、父系宗亲家庭/共有法家庭，以及基于地缘因素、经济因素形成的氏族和门客的对立以及拉丁人、埃托鲁斯人和萨宾人之间民族融合等现实时，罗马人所做出的各种制度尝试，当然也就是制定规则（广义的"法"）的尝试：严格要式主义的家事制度（婚姻、继承）、库里亚制度、百人团制度、地域部落制度等。

本书的第二章主要关注的则是共和制时期，从简单的"城邦共同体"到超越罗马城邦的"政治共同体"，再到超越亚平宁半岛的"政治共同体"的法制发展。而这段时期以公元前 367 年的《李其尼和塞斯蒂法》为标志——这一法律本身不仅结束了长达数个世纪的贵族和平民之间阶级斗争，也标志着共和制体制的最终成熟（第 25—26 节）——大体区分为前后两个阶段。在这一过程中，属于罗马政治文化精英的政治共同体最终形成。在本章试图展示的罗马法对这个共同体的形成所发挥的作用中，可以看到罗马法是如何有效地平衡贵族和平民之间、以血缘为标准的早期氏族贵族（*patrizio*）和以经济实力为标准的"贵族—平民"相结合的新贵族（*nobilità*）之间、原生罗马人和古拉丁人以及其他被征服地区人民之间的权利（力），从而兼顾整个共同体的利益。除了上面提到的《李其尼和塞斯蒂法》以外，还包括：《十二表法》的编纂对法律明确性这一社会需求的回应（第 20—22 节）、罗马共和制主要民选执法官职的确定与划分巩固了统治权力从氏族贵族到新贵族转移（第 27、28、33—36 节）、裁判官法和程序法的发展能够向更多的罗马共同体成员提供大体相同的法律公共产品和相应的保护（第 29—32 节）、共和国主要代议制机构民众大会、部落大会、平民会议以及元老院之间进行的权力分工以及对主要官员的制约，包括同僚制与集体领导体制的形成、任期与连任的限制、任职间隔期的确定等（第 39—45 节）、罗马法学从祭司法学向世俗法学的转化以及"法的论辩/法的冲突选择"格局的初步形成在智识上确保罗马私法在古典时期的蓬勃发展（第 59—62、68 节）、罗马对外军事征服对罗马共同体宪制的塑造，包括罗马土地、行省、自治市、殖民地、市民权授予、通婚、奴隶解放等问题(第 46—56 节、第 63—67 节、第 69—71 节)。

本书的第三章、第四章关注的是帝国时期的法制发展,这段时期以戴克里先皇帝于公元 284 年开始的四帝共治为标志,区分为前期的元首制时期(第三章)和后期的君主专制时期(第四章)。第三章首先展示了,在元首制时期,罗马宪制对其面临的首要问题——共和制外表和君主制实质这一现实给予正当性解释(第 74—80 节)。也是在这一时期,由于君权的保障,罗马法学日渐成熟并迎来了最辉煌的古典时期——从马克思主义政治经济学的视角看来,这是"简单商品经济社会最完备的形态"[①],而用本书作者倡导的视角而言,则是指高度发达的裁判官法和"法的论辩/法的冲突选择"的格局完全形成。但值得注意的是,无论如何,罗马私法最发达的状态并不呈现为一种法典编纂和法典化进程,而更多地表现为在纷繁复杂的社会实践中产生的一种"理性"——法律的表现形式并不唯一,而需要在具体语境下逐事逐案地确定(第 81—87 节),这与中国人心目中最完美的罗马法形象(主要是基于优士丁尼法典所产生的)或许相去甚远,而更像是以案例法为传统的"普通法"。与此相伴随的则是罗马宪制发展的鼎盛期,在诉讼法上,经济的发展使国家可以提供的司法公共资源显著增加,由此带来非常审判制度和纠问制的兴起和成熟(第 88—90 节),而在权力体系和官职序列上,元老院、民众大会乃至各种民选执法官职继续被边缘化,直接听命于皇帝的更加复杂的行政管理制度和官僚体系逐渐取得主导地位(第 91—92 节),并进一步影响了帝国的中央与地方分权制衡关系(第 93—98 节)。而这种政制上的成熟和完备,一方面体现了罗马政治文化共同体的高度凝聚力和自信心,另一方面也蕴藏和预示了盛极必衰的命运。随着帝国人口和领土治理难度的加大,无论是卡拉卡拉皇帝于公元 212 年颁布谕令授予罗马境内全体公民以罗马市民权,试图增强共同体内被统治者的身份认同,最大限度地扩大罗马统治的属人基础,还是戴克里先皇帝于公元 284 年开始的四帝共治,试图更加有效地对罗马领土进行属地治理,都预示着罗马宪制无可挽回的衰落以及罗马法在挽回这种颓势上的力不从心(第 99—102 节)。

[①] 参见中共中央马克思恩格斯列宁斯大林著作编译局编:《马克思恩格斯选集》第 4 卷,人民出版社,2013 年,第 248—249 页、第 484 页。

而在君主专制时期，本书作者试图展示的是社会经济结构的封闭（第105节）、统治阶层凝聚力的溃散（第110节）、刑事立法的日益严酷苛峻（第111—114节），以及在这一背景下，后古典时期与前优士丁尼时代罗马法的曲折发展（第115—122节），尤其是基督教因素对罗马法发展的重要影响。

本书第五章关注的是优士丁尼及后续拜占庭帝国时期的罗马法发展。除了优士丁尼的法典编纂活动以外，这一时期的罗马法通常被形容为晦暗闭塞、无甚价值。但本书作者努力为读者开掘出对优士丁尼时期的历史面貌（第123—125节、第135—138节）以及在这种历史语境下产生的优士丁尼法典（第126—133节）作出另一种解读的可能。此外，本书还强调了对拜占庭帝国时期（包括帝国境内和其他地区）的罗马法发展做进一步研究的努力及其学术价值（第140—141节）。

需要特别说明的是，本书的历史叙事所包含的意识形态具有深刻的历史唯物主义基调，即承认物质生产活动与发展水平对法律等上层建筑发展的决定性作用，承认在共同体政治生活中法律对处于强势或者弱势地位的阶层具有不同的工具性效用。而这一意识形态基调与20世纪初以来整个西方学术界整体发展脉络紧密相连，一方面，文史哲法等传统人文科学受到社会学、人类学等新兴社会科学发展的巨大影响，并在研究方法与研究结论上借助甚至依赖于后者[①]，而另一方面，第二次世界大战后，对法西斯主义的彻底清算使得大多数当代意大利罗马法学家（乃至更广义的法学家）的政治立场一致左倾[②]。在这种意识形态下，包括塔拉曼卡在内的本书诸位作者均对罗马法对于主权者的工具性效用有着清醒的认识，因此他们也并不讳言，在推动社会进步和被统治阶层权利保护方面，罗马法（尤其是罗马公法）存在其固有的局限。

坦率地说，作为一部教科书体例的罗马法史专著，由于编著者人数众多，本书难免出现文风不一、详略失当的缺陷。个别章节的

---

① 参见［美］本杰明·卡多佐：《司法过程的性质》，苏力译，商务印书馆，1998年；苏力：《社会转型中的中国学术传统》，载于《法律和社会科学》（第一卷），法律出版社，2006年，序，第5页。

② 参见［意］罗伯特·隆波里、阿尔多·贝特鲁奇等：《意大利法概要》，薛军译，中国法制出版社，2007年。

文字表述过于晦涩难懂,佶屈聱牙,加大了翻译的难度。仅为了保持一部"通史"的连贯性而增加对耳熟能详的罗马史加以铺陈的章节,导致更难寻觅"罗马法"本身的身影。这些都不可避免地淡化了本书的学术性。

但是,正所谓"瑕不掩瑜",即使是在这种看来平淡无奇的历史记叙中,也凝聚着意大利当代罗马法学者和罗马史学者们孜孜以求的学术努力,并展现出他们对自己的历史实践、文化实践以及法律传统的高度自信。而这种学术品格上的骄傲和学术品味上的清高,并不因为意大利这个国家本身的国力强弱而有所损益,而是成为长达几个世纪里包括但不限于意大利的罗马法学者们共同的追求。更为难能可贵的是,这种自信和清高并没有单纯陷入虚妄的"学术民族主义"乃至"民粹主义"的窠臼。对于高举文化自信的大旗,强调应当坚持关注中国历史以及当下的大国政制(也包括法律)实践的中国学者而言,这是很有参考价值的先行者们的学术传统[①]。并且,这种传统所结出的果实也有助于祛除某些想当然的学术偏见。

三

在这里,我还想对本书翻译过程中出现的一些问题,尤其是一些重要术语的翻译做一些交代。

首先,翻译罗马法史著作面临的最大难题就是大量的罗马官职译名的选择。这种难度不仅源于很多罗马官职名称没有对应的中文术语,完全依赖于译者根据翻译学以及本学科的准则进行合理的创作,而且即使是同一个意大利文或者拉丁文官职名称,在罗马不同的历史时期还可能具有完全不同的指代及内涵。关于这一点,我必须要向诸多的学界前辈及其筚路蓝缕的开创之功致敬。没有他们在术语翻译上的贡献,完成本书翻译工作(尤其是拉丁文术语的翻译)将难以实现。在翻译大部分官职译名时,我主要参考了黄风教授的

[①] 参见苏力:《大国宪制:历史中国的制度构成》,北京大学出版社,2018年,第7页以下。

相关译著和著作①以及一些约定俗成的译法，但在个别官职上，尤其是少量尚未被国内学界所熟知的罗马官职（主要集中于君主专制时期）的译名选择上，则按照自己的思考采用了一些新的译法。

这里要特别说明的是"magistrato"和"funzionario"的译法。关于前者，薛军老师和斯奇巴尼教授不止一次地提示我，二者最本质的一个区别在于，前者早在王政末期（最晚共和制初期）就已经产生，其权力来源于民众大会、平民会议或者元老院，其身份是共和国主权者（或者统治集团、平民阶层）的代表，权力正当性基础是选举（投票或者欢呼），而后者则是从元首制初期才开始萌芽，其权力来源于君主，身份是君主的助手和幕僚，权力正当性基础则是君主的直接指定和委任，这是现代意义上的行政管理型官僚体制的产物。为此，我为magistrato选择了"民选执法官""执法官员"等译法（个别情况下简单译为"官员"），而为"funzionario"选择了"官吏""吏员"等译法（个别情况下则译为"官僚"），以突显上述区别。

其次，关于本书最为重要的一个术语"*ius controversum*"，按照薛军老师在本书译序中的观点，其描述的是一种法规范的存在方式。在现象上，这是指在平等层次上发生的法规范之间的相互论辩现象。这种论辩的存在不被认为是法秩序的一种不和谐状态，也不被认为是一种存在"冲突"的状态，而是一种正常状态。这在本质上是对法的本体属性的一种描述，指法本身所具有的论辩性质。他进而认为，塔拉曼卡教授最主要的学术贡献就在于"使罗马法研究超越了规范研究方法和历史研究方法的框架，而进入到对于法本身所具有的论辩性质的研究"，因此，"罗马法的研究具有新的方法和意义。这一方法论上的贡献，影响范围远远超过了罗马法研究领域，对一般的法学研究亦具有重大意义：通过对法本身所具有的论辩性质的研究，最终将动摇我们通常所具有的法的概念，促使我们再一次重新去考虑法究竟是什么"。

我当然完全接受薛军老师的这一观点和评价，但我认为，尽管在罗马人的观念中并不存在当代的法学（*iura*）和法（*ius*）之间的概念区分，但是基于对"论辩"一词的直观感受，上述解读可能会

---

① 参见［意］朱塞佩·格罗索：《罗马法史》（2009年校订本），黄风译，中国政法大学出版社，2009年；黄风编：《罗马法词典》，法律出版社，2002年。

让人误以为罗马法仅仅只是在当代法学意义上具有论辩的特点，而不能完全揭示出 *ius controversum* 在当代实体法规范意义上的涵义，即：以论辩形式存在的法，并不来源于形而上的思辨或者纯粹逻辑上的推演，因此绝对不只是法学家之间论辩的产物，而是完全来源于实践理性，主要是裁判官（以及财政官、市政官）通过归纳大量个案决疑形成的特定法律规则，并在经年累月的适用过程中基于"优胜劣汰"的规律而由法学家们进一步提炼进而上升为普遍性的规则。在这一过程中，（尤其是在古典时代的）罗马法表现为是一种开放性体系，而不是高度理性主义的法典（可以参照并思考的是，在当下中国民法典制定背景下，涌现出来的大量司法解释，并且还可以进一步思考的是，这种法律渊源的形成原因和实际作用）。在我看来，罗马法上 *ius controversum* 格局的形成对于罗马政治共同体的发展和壮大极其重要，它极大地扩张了罗马法适用的主体范围（从市民到非市民/异邦人）和保护力度（从市民法保护到裁判官法保护），巩固和拓展了罗马的统治基础，并对后来西方两大法系即大陆法与普通法的发展均影响巨大。可以说，*ius controversum* 格局的上升期和衰落期与罗马政治文化共同体本身的兴衰周期是完全吻合的。因此，我根据这一术语在文中所处的语境和指向的对象，分别采用了"论辩的法"（当代法学意义上）和"法律的冲突选择"（当代实体法规范意义上）两种译法。当然，这种译法仅代表我对这一问题和原文的理解与思考，是否妥当，仍有待方家指教。

第三，关于本书原著中频繁出现的"constituzione"一词，正如一些学者已经正确指出的，这个词关注的是国家在政治维度上的组织构成，暗指"通过国家政治机器以及政治制度的实践来整合并构成作为整体的一国人民/民族或疆域国家"[①]，而不是与罗马法并列的现代意义上的成文的"宪法律"。因此，我亦遵照有关先例将其译为"宪制"或者"政制"，而非"宪法"。

还要说明的是，针对拉丁文人名、地名和法律名称的 *um*、*us* 等后缀，为了避免译文中出现过多的"乌斯""乌姆"等中文词汇，按通常译法，均不译出，而仅参照有关拉丁文对应的意大利文译出。

[①] 参见苏力：《大国宪制：历史中国的制度构成》，北京大学出版社，2018 年，第 30 页以下。

四

最后，不能也不愿免俗。我想借这篇译后记，向关心并支持我翻译本书和完成学业的所有师长、学友和亲人们致谢。对于我这个学术圈外的非专业译者而言，这又绝非一般流俗的客套，而是代表我内心最真诚的感激。

首先，我要感谢的当然是薛军老师。没有他一直以来的帮助、鼓励和鞭策，也就没有我后来留学生涯的展开，更不要说本书的翻译和中文版的出版。事实上，自从我决定放弃在意大利继续攻读博士学位之时，就已经把坚持完成本书的翻译，当作是我未能实现他对我的学术期待的报偿。如今，我可以向薛老师讲一句：我的答卷虽然不理想，但好歹总算是完成了。

还要感谢我在意大利的导师斯奇巴尼教授，老先生今年已届耄耋之年。作为领导并见证了罗马法在中国近三十年传播历程的中意两国法学界交流的先行者，他至今还在为罗马法在中国的传播积极奔走、笔耕不辍，践行着他高贵的罗马法传教士精神。而每当我遭遇本书原著中令人生畏的拉丁文术语，甚至是令人头皮发麻的希腊文、德文术语时，总是第一时间求助于他，而他总是能够给予最及时、最详尽的解答，解救我于水火。当我提出新的请求时，他又积极联系落实本书中文版的版权，并欣然命笔为本书中文版作序。没有老先生的努力，本书中文版的出版不知还要延宕到几时。在这里，我用一种他并不掌握的语言衷心地祝愿他身体健康。

感谢我的好朋友中南财经政法大学法学院 Ivan Cardillo 先生。据我所知，他是第一位从欧洲一流大学的法学院取得博士学位后在中国大学获聘正式教职，并按照中国学术评价体系进行工作的外籍教师。他的中文和拉丁文水平俱佳，常开玩笑说自己是装在意大利人皮囊里的中国人。他协助我校对了本书大部分拉丁文术语的译文，我们之间怎么也翻不到头的微信聊天记录见证了这段友谊。有意思的是，他的主要研究方向是中国法律传统和法律文化，他也是第一位撰写专题文章向意大利介绍中共十九大精神和翻译中国当代法律与政治文献的意大利学者。这说明，除了向西方的古典文明主动汲取营养外，中国当代社会也正在主动输出或被动传播着自身的理论和实践。在两个伟大文明之间长期以来相互交流和学习的历史巨章中，我们俩分别从事的工作或许正好代表了一处浅浅的注脚吧。

感谢四川大学法学院的徐铁英副研究员和中南财经政法大学法学院的黄美玲副教授，在意大利共同的留学生涯让我们结下了深厚的友谊，而他们也给本书的翻译和校对给予了诸多宝贵的支持。感谢罗马二大法学院的 Massimiliano Vinci 教授和另一位我叫不出名字的讲授罗马法史的小个子教授，回想我成天泡在法学院图书馆的那段期间，总是不时冒昧地搅扰他们，向他们求教我在阅读本书时遇到的疑惑，而我收获的始终是意大利人的热情和友善，从未见过他们对我有丝毫的不耐烦。

感谢我的意大利语启蒙老师 Renata Amati 女士，在我时断时续的意大利语学习过程中，她的鼓励和耐心令人难忘。感谢我留学期间的意大利室友 Tomei Carlo 和 Alessandro Beccia，他们不仅为我解答意大利语学习中的疑问，也常常邀请我共进晚餐，帮助我锻炼听力和口语，更在圣诞假期和新年假期时热情邀请我去他们家里做客，并陪同我参观了意大利南部小镇卡西诺（Cassino）和曼弗雷多尼亚（Manfredonia）留存的古罗马时期和中世纪时期的古迹，让我更真切地感受到意大利民众的友好以及他们对自己国家与历史的自豪。

还要感谢本书原著出版方意大利尤弗莱出版社的慷慨授权，感谢本书中文版编辑北京大学出版社的王晨玉老师为本书申请入项和出版问世所付出的辛勤劳动。尤其是王晨玉老师和北京三联书店出版社的张龙老师为本书文稿的编辑校对所投入的艰苦努力，让我对中国出版业届最优秀的从业者充满敬意，也让我对自己的学力不逮和翻译错误汗颜不已。没有他们的帮助，本书中文版不可能与读者见面。

感谢我的原供职单位北京市中伦律师事务所以及我工作中的领导刘玉明律师、张德才律师、夏惠民律师和王冰律师，无论是 2008 年入职后为了留学而仓促离职，还是 2010 年结束学业后重新入职，以及 2018 年上半年选择再次离开，中伦和这几位合伙人都对我在个人职业发展上的"任性"给予极大的包容，不仅在我工作期间提供优厚的待遇，而且对我的家庭提供了莫大的帮助和关照。

当然还要感谢我的家人。谢谢我的父母，无论我做何选择，他们总是我最坚强的后盾。只有在面对我时，他们才会违心地表达"读书无用论",并真心地不断强调"身体本钱论"。谢谢我的岳母对家庭的照顾,解决我们夫妻的后顾之忧。谢谢我的妻子任娜女士,本书翻译和出版的过程正好见证了我们共同经历的十年,她的优秀和贤淑敦促我亦需时刻保持进取之心,履行我对家庭的责任。谢谢我的爱子晓晓,你的降临给我带来的快乐和幸福,让我充满了继续奋斗前行的动力。

最后,还要不免流俗但并非客套地声明,虽已尽力,但目前所呈现的本书中文版的确代表了我对本书原著所能理解的程度和水平。恐因学力不逮而致错讹迭出,但文责自负。为免贻笑学林,唯赖学界诸君不吝批评指正。

是为记。

周　杰
2018 年 5 月初稿于北京寓所
2019 年 5 月改定